RUDOLF STEINER

GEISTESWISSENSCHAFTLICHE ERLÄUTERUNGEN ZU GOETHES «FAUST»

I

RUDOLF STEINER

Faust, der strebende Mensch

Geisteswissenschaftliche Erläuterungen zu Goethes «Faust»

Band I

Vierzehn Vorträge, gehalten in Berlin am 17. Dezember 1911
und in Dornach zwischen dem 4. April 1915 und 11. September 1916,
mit einem öffentlichen Vortrag in Straßburg am 23. Januar 1910

Vorwort von Marie Steiner

1982
RUDOLF STEINER VERLAG
DORNACH/SCHWEIZ

Nach vom Vortragenden nicht durchgesehenen Nachschriften
herausgegeben von der Rudolf Steiner-Nachlaßverwaltung

Die Herausgabe besorgten Edwin Froböse und Dr. Hans Erhard Lauer

Die vorliegende Ausgabe enthält
den ungekürzten Inhalt des gleichnamigen Bandes
der Rudolf Steiner Gesamtausgabe
(Bibliographie-Nr. 272, 4. Auflage Dornach 1981)

Paperback-Sonderausgabe

1. Auflage Dornach 1974
2. Auflage Dornach 1982

Bibliographie-Nr. 272

Printed in Germany. Gesamtherstellung Clausen & Bosse, Leck

ISBN 3-7274-2731-0 (Reihe) ISBN 3-7274-5221-8 (Bd. I)

Zu den Veröffentlichungen aus dem Vortragswerk von Rudolf Steiner

Die Grundlage der anthroposophisch orientierten Geisteswissenschaft bilden die von Rudolf Steiner (1861–1925) geschriebenen und veröffentlichten Werke. Daneben hielt er in den Jahren 1900 bis 1924 zahlreiche Vorträge und Kurse, sowohl öffentlich wie auch für die Mitglieder der Theosophischen, später Anthroposophischen Gesellschaft. Er selbst wollte ursprünglich, daß seine durchwegs frei gehaltenen Vorträge nicht schriftlich festgehalten würden, da sie als «mündliche, nicht zum Druck bestimmte Mitteilungen» gedacht waren. Nachdem aber zunehmend unvollständige und fehlerhafte Hörernachschriften angefertigt und verbreitet wurden, sah er sich veranlaßt, das Nachschreiben zu regeln. Mit dieser Aufgabe betraute er Marie Steiner-von Sivers. Ihr oblag die Bestimmung der Stenographierenden, die Verwaltung der Nachschriften und die für die Herausgabe notwendige Durchsicht der Texte. Da Rudolf Steiner aus Zeitmangel nur in ganz wenigen Fällen die Nachschriften selbst korrigieren konnte, muß gegenüber allen Vortragsveröffentlichungen sein Vorbehalt berücksichtigt werden: «Es wird eben nur hingenommen werden müssen, daß in den von mir nicht nachgesehenen Vorlagen sich Fehlerhaftes findet.»

Über das Verhältnis der Mitgliedervorträge, welche zunächst nur als interne Manuskriptdrucke zugänglich waren, zu seinen öffentlichen Schriften äußert sich Rudolf Steiner in seiner Selbstbiographie «Mein Lebensgang» (35. Kapitel). Der entsprechende Wortlaut ist am Schluß dieses Bandes wiedergegeben. Das dort Gesagte gilt gleichermaßen auch für die Kurse zu einzelnen Fachgebieten, welche sich an einen begrenzten, mit den Grundlagen der Geisteswissenschaft vertrauten Teilnehmerkreis richteten.

Nach dem Tode von Marie Steiner (1867–1948) wurde gemäß ihren Richtlinien mit der Herausgabe einer Rudolf Steiner Gesamtausgabe begonnen. Die vorliegende Sonderausgabe entspricht inhaltlich dem auf Seite 4 genannten Band der Gesamtausgabe.

INHALT

VORWORT

von Marie Steiner

Die hier gedruckten Vorträge waren für den Sprecher und die Zuhörer unmittelbares Erleben, hervorgehend aus der dramatisch-eurythmischen Darstellung von Szenen aus Goethes «Faust», die alle Kräfte der Mitwirkenden, von der Erarbeitung an des Verständnisses für die gegebenen Rätsel bis zur Herstellung jeder szenischen Einzelheit, in Tätigkeit brachte. Die Verstandesarbeit war nur die Brücke zum Erfassen der durch Rudolf Steiner hier erschlossenen wesenhaften Wirklichkeit, die hinter den Geheimnissen dieses Werkes steht und sich Wege des Ausdrucks sucht, für welche die bisher bekannten künstlerischen Mittel nicht mehr genügen. In der Eurythmie hatte Rudolf Steiner eine Ausdrucksmöglichkeit geschaffen, durch welche das Element des Übersinnlichen seine eigene Sprache sprechen kann: die Sprache der Bewegung, welche die Ausdrucksform jener Welten ist, die nicht bis zum Physischen hinab sich verhärtet haben. Geheime Naturgesetze können wieder zur Offenbarung kommen durch das Medium einer neuen Kunst. Und in seiner Weisheit vom Menschen, in seiner Wissenschaft von der Initiation hat Rudolf Steiner das Tor geöffnet, durch welches wir den Zugang finden können zu jenen Gebieten, in welche die Faust-Dichtung uns immer wieder hineinversetzt, und die uns doch durchweg als Phantasmagorie erscheinen müssen, wenn wir nicht den Schlüssel handhaben können, der jenes Tor eröffnet. Wer versteht denn den «Faust»? Kommentare, gelehrte Betrachtungen können uns hierbei nicht helfen. Sie tun wenig mehr als den Geist erschweren, ja ersticken, der durch die Dichtung zu uns sprechen will. Wenn wir auch Schröer zu Dank verpflichtet sind, weil wir durch seine fleißigen Erklärungen manches wieder auffrischen können, was in den Schächten des Gedächtnisses sonst leicht verschwindet, so wird man bei dieser Arbeit doch oft an Schmerzen erinnert, die man durchmacht zum Beispiel beim Lesen der «Divina Commedia», wenn einem die Seele wie zerschlagen wird durch die Kommentare, die fast jeder schwungvollen Terzine angehängt werden: eine schwer zu ertragende Zergliederung ins Pedantisch-Trockene hinein. Nur ist der Abstand von Text zu Kommentar hier nicht ein so gewaltiger. Schröer trägt in sich die Wesensverwandtschaft mit Goethe und die Begeisterung, und so wirkt seine Gelehrtenarbeit nicht so sehr vertrocknend als gewissenhaft. Man kann sie ohne Ärger beiseite legen, um dann den Text der Faust-Dichtung unmittelbar zu erleben. Dasjenige, was hinter der Dichtung steht, spricht uns zunächst an wie eine Ahnung. Es ergreift uns etwas, das keine gelehrten Kommentare erklären können, das Wort und Schall wäre, wenn es nicht tiefe Wahrheiten enthielte, die uns zunächst freilich nicht zugänglich sind. Das Rauschen von Unterströmungen wird vernehmlich; Geheimnisse raunen an unser inneres Ohr. Man ist Schröer dankbar dafür, daß er die Stimme der Tiefe nicht ertötet hat, daß er nur geholfen hat, manches Mythologische oder Historische wieder präziser uns ins Gedächtnis zu prägen. Zu den Quellen, die durch die Dichtung pulsieren, haben uns auch diese Erläuterungen nicht führen können. Die Quellen, nach denen Faust drängt, sich sehnt, so daß er das Heil seiner Seele dran wagt, sie, die ihm sein verlorenes Menschtum wieder zurückgeben sollen durch den Lebenstrank, den er aus ihnen schlürfen will, sind auch Schröer in diesem Gelehrtendasein nicht geflossen; sie haben nur seine Seele durchzittert als Sehnsucht und als moralischer Impuls. Faust, und durch ihn Goethe, schreit nach den Quellen des Lebens; es ist der Schrei auch der heutigen Menschheit, welche diesen Namen noch voll verdient, welche ihr Menschtum nicht betäubt hat durch den Lärm der Maschinen und den Druck der die Seelen zermalmenden Mechanik. Sie sollte diesen Schrei in der Dichtung in seiner erschütternden Wucht wieder vernehmen, ihn in sich wühlen lassen, auf ihn reagieren. Auf der Bühne sehen wir aber gewöhnlich einen blasierten Faust, der uns irgend etwas vorredet, was sehr abstrakt klingt und ihn nicht stark in seinen Tiefen berührt, nur mit unendlicher Langeweile und Ekel erfüllt, die ihn zuletzt zur Flasche mit der braunen Flüssigkeit greifen lassen; das macht ihn dann etwas sentimental. Eine reale Beziehung zu dem Erlebnis mit dem Erdgeist hat man kaum empfinden können. Dann spielt sich noch ein Stückchen nicht recht fundierter unrealer Sagenromantik auf der Bühne ab, mittelalterlicher Spuk – und so recht lebendig wird Faust erst, wenn es ums Gretchen geht; da weiß er, woran er ist. Sein Spiel mit ihr dauert aber nicht lange. Er muß wieder hinein in spukhafte Romantik. Es folgt dann wohl etwas Reue beim Anblick des wahnsinnig gewordenen Gretchens im Kerker. Aber er vergißt rasch und wacht auf, erfrischt und gestärkt, auf blumiger Wiese.

Wie sich hier erschütternde Wirklichkeit und toller Aberglaube zu einer Gesamtwirkung von unentrinnbarer Größe vereinigen, darüber wird wenig nachgedacht. Freilich ist das Menschliche in dieser Gretchen-Tragödie so packend zum Ausdruck gebracht, daß dies genügt, um der Dichtung dauernden Wert zu geben, auch wenn man das andere, das eigentlich Treibende in Faust, nur als Zutat empfindet. Da aber die Zutaten an Umfang die Gretchen-Episode weit überragen, wenigstens beim Lesen des Werks, wo man nicht nach Belieben kürzt oder streicht wie bei der Bühnendarstellung, so kann man immerhin erstaunt sein, daß sich die Dichtung so durchgesetzt hat, und man ihr den hohen kulturellen Wert zuerkennt, der sie unter den Schätzen deutschen Geistes an erste Stelle hebt. Die Funken, die aus den feingeschliffenen Gedankendemanten nur so sprühen, die überall in den Dialogen mit Mephisto und in den Selbstgesprächen Fausts uns entgegenblitzen, sie haben, neben dem Blütenzauber und dem Leide Gretchens, in ihrer Farbigkeit und Lichtkraft genügt, um die ganze Dichtung vor der Vergessenheit zu retten, trotzdem Goethe selbst gesagt hat, daß sein «Faust» nicht populär werden könne: es wäre zu viel hineingeheimnißt.

Und mit dieser Tatsache haben wir zu rechnen. In die tiefen Schächte der Gedankengänge Goethes, seiner Ahnungen und Intuitionen, in die Welt jener Imaginationen, aus der heraus die feingeschliffenen Worte ihren Bilderreichtum und Ewigkeitswert erhalten haben, konnte vor Rudolf Steiner niemand hineinführen. Er erst macht es uns möglich, tiefer hineinzusteigen in jene Schichten seelenbildenden Menschengeschehens, aus denen die Erkenntnisse von heute ihre Substanz herleiten. Sie geben gleichsam die Kohle her, aus welcher durch Metamorphose der Demant entsteht. Und wie die Kohle nicht zum Demanten werden könnte, wenn nicht in ihr der Strahl der Sonne eingefangen und geborgen wäre, so erhält auch der Gedanke sein Licht von der dem Urbild zugrunde liegenden geistigen Sonne.

Den Weg in diese tiefen Schächte des werdenden Geschehens, den Weg zu den «Müttern», hat uns Rudolf Steiner erschlossen. Nicht, wie der «Faust», den Goethe geschaffen hat, und wie der Faust der Sage, sollen wir diesen Weg suchen mit den Mitteln einer mittelalterlichen Okkultistik, die sich schon damals überlebt hatte, als an der Schwelle der Neuzeit faustische Gestalten kämpften zwischen übernommenen, dekadent gewordenen alchimistischen Forschungsmethoden und neu aufkommender exakter Naturwissenschaft. Man arbeitete an jener Wende des Zeitalters mit vielfach abirrenden, trüben Mitteln, um zu des Lebens Geheimnissen durchzudringen: mit verblichenen Zauberformeln, mit Beschwörungsexperimenten, mit Mediumismus, Hypnose, Tinkturen und Salben, die auch die heutigen Experimentalpsychologen locken würden zur Bereicherung ihrer Wissenschaft. Rudolf Steiner hat uns andere Wege gewiesen, um zu des Lebens Quellen zu gelangen: die Wege des reinen Gedankens, der moralischen Selbsterziehung, der wissenschaftlichen und künstlerischen Arbeit, der freien Ich-Betätigung im Dienste der Menschheit. Doch war die Vorbereitung dazu nötig durch das, was in der Zwischenzeit geschehen ist: der Verzicht auf die letzten Reste atavistischen Hellsehens von seiten der vorgeschrittenen europäischen Menschen, das Untertauchen in die Grenzen der Naturwissenschaft, die Eroberung der Technik, die zeitweilige Abschnürung der Persönlichkeit von ihrem geistigen Urquell. Nun stehen wir vor einem andern Wendepunkt. Wir sind im Begriff, die Persönlichkeit zu verlieren, den Menschen von der Mechanik ertöten zu lassen. Die Kraft des Denkens muß uns zu unserer Seelenhaftigkeit zurückführen, zum Ergreifen der bildhaften Anschauung, zum Verstehen der Geistigkeit, die in uns waltet und allen Erscheinungen des Lebens zugrunde liegt. Im Ringen um das höchste Ziel kann uns die Gestalt des Faust, wie Goethe sie hingestellt hat, Beispiel und Ansporn werden. Und wir brauchen nicht mehr uns verlocken zu lassen durch die Abirrungen mittelalterlicher Zauberei. Es wird uns in der Geisteswissenschaft ein sicherer Erkenntnisweg gewiesen.

Die Tragik der mittelalterlichen, an der Schwelle der Neuzeit stehenden Okkultisten bestand darin, daß sie durch die Überlieferung der Geheimschulen noch wußten von dem realen geistigen Verkehr der höchstentwickelten Menschen mit den Intelligenzen des Kosmos, aber auch wußten, daß für sie dieser Weg nun verschlossen war. Sie konnten nicht weiter gelangen als bis zu dem Verkehr mit den Kräften des Zwischenreichs. Eine allmähliche Verdüsterung, ein Abbiegen von den strengen Wegen geistiger Forschung war oft die Folge dieses Experimentierens mit der Retorte und mit den Kräften der Elemente und ihrer Wesenhaftigkeiten. Das Streben verirrte sich, griff im Verdursten zu den Mitteln der Verzweiflung, jagte nach Gaukelbildern. In diesem Sinne haben wir zu verstehen dasjenige, was die Seele des Faust durchwühlt. Doch lag in der Intensität des Strebens dieser Forscher eine Kraft, die Ich-weckend war. Ihr Bewußtsein öffnete sich durch das Leid immer mehr den wachen Impulsen des Ich; durch die Eroberung der Materie hindurch strebte der Mensch dem Zentrum seines Wesens entgegen, in dem er sich selbst würde finden können, das ihn zum Leben im Geist zurückbringen konnte. In der kleineren Kuppel des verbrannten Goetheanum, in welcher Rudolf Steiner die Repräsentanten der verschiedenen Kulturepochen der Menschheit in Bild und Farbe hat erstehen lassen, sah man in verschwebendem dunklem Blau auch diese Gestalt des Faust, des ernsten Alchimisten an der Schwelle vom Mittelalter zur Neuzeit, in sinnender Gebärde und tiefen Blicks die Rechte zum Antlitz hebend, hinter deren beredter Fingergeste das Siegelwort «Ich» erscheint; ihm die Hände entgegenstreckend schwebt heran in engelartiger Kindesgestalt das werdende höhere, das geistige Ich des Menschen. Unter ihm ragt der Knochenmann, das Skelett, der andere Pol des menschlichen Ich; über der Gestalt des Faust neigt sich zu ihm hin der ihn inspirierende Genius.

Wir können nicht aus kurzgeschürzten Voraussetzungen heraus an das Verständnis des «Faust» herantreten, wir müssen Blickweite gewinnen. Die hier gebrachten Vorträge geben uns Unterlagen zum Verständnisse des «Faust». Sie sind keine in dem Gelehrtenzimmer verfaßten Kommentare, sondern eine Einführung in die Gebiete der Geisteswissenschaft an Hand eines von ihnen inspirierten Dichterwerks, dessen Geheimnisse erst durch diese Geisteswissenschaft ihre rechte Beleuchtung finden. Auf anderen Wegen dringt man nicht durch zum Kern des Faust-Problems. Und erst dann wird diese größte Dichtung des deutschen Geistes populär werden können, wenn die Geisteswissenschaft ebensosehr das Kulturleben des Volkes durchdringen wird, als es die Naturwissenschaft in den letzten Jahrhunderten getan hat.

Gewiß kann man manches einwenden gegen die Veröffentlichung eines solchen Buches, das wie aus Bruchstücken besteht. Die Erläuterungen wurden von Fall zu Fall gegeben, je nachdem es die Arbeit am Goetheanum mit sich brachte; es wurden jene Szenen dargestellt, in denen Faust mit den Geheimnissen des Daseins ringt und in das übersinnliche Erleben hineinrückt. Gespielt wurde in der großen Schreinerei des Goetheanum, in welcher auch die Säulen des verbrannten Baues hergestellt wurden, unter primitiven Verhältnissen, aber mit dem Bestreben, das herauszuarbeiten, was als geistige Wirklichkeit der Dichtung zugrunde liegt. Zur Wiedergabe jener Szenen, die in den übersinnlichen Welten spielen, sei es in der Ober- oder Unterwelt, fand sich als geeignetes Mittel die im Goetheanum gepflegte Bewegungskunst der Eurythmie. Es war, als ob die Faust-Dichtung auf diese Ausdrucksform gewartet hätte, um auf der Bühne ganz lebendig zu werden, um das sonst Unaussprechbare in künstlerische Wirklichkeit überzuführen. Was sonst abstrakt und konventionell-schablonenhaft geblieben wäre, fand in der Eurythmie die ihm angemessene lebensvolle Sprache. Helfend und ratend in jeder Einzelheit der Wiedergabe stand Rudolf Steiner den Darstellern zur Seite. Unser Leid besteht darin, daß es unter den damals herrschenden Verhältnissen nur zu Teilaufführungen kommen konnte. Sie dienen uns aber als Leitfaden zum Erfassen des Ganzen. Deshalb dürfen wir auch diese Gabe nicht ängstlich nur einem kleinen Kreise vorbehalten. Wir müssen unsern Zeitgenossen und der Zukunft weitergeben, was wir hier zur Erkenntnisbildung erhalten haben. Sind es auch leider nur mangelhaft nachgeschriebene Vorträge, die einer unmittelbar gegebenen Situation entspringen, so liegt in ihnen doch das, was kein anderer geben kann, und was die Menschheit zu ihrem Heile fördern wird. Aus dem größten Werke der deutschen Dichtkunst, das zugleich weltanschauungsbildend wirken will, sollte das Volk, das seine Aufgabe in der Eroberung des Geistigen hat, die Impulse schöpfen können, die ihm zu seiner schweren Aufgabe Kraft und Mut geben.

1931

GOETHES «FAUST» VOM GEISTESWISSENSCHAFTLICHEN STANDPUNKT

Öffentlicher Vortrag, Straßburg, 23. Januar 1910

Die Geisteswissenschaft, die in die moderne Kulturströmung sich hineinleben will, will nichts Neues sein und unterscheidet sich gerade dadurch von vielerlei auftretenden Weltanschauungen und sonstigen Geistesrichtungen, die glauben, dadurch, daß sie behaupten, über diese oder jene Frage des Geisteslebens etwas Neues zu bringen, ihre Daseinsberechtigung darlegen zu können. Demgegenüber soll dasjenige, was man Geisteswissenschaft nennt, betonen, daß die Quellen ihrer Erkenntnisse und ihres Lebens zu allen Zeiten, da Menschen gedacht, Menschen gestrebt haben nach den höchsten Fragen und Rätseln des Daseins, in derselben Weise vorhanden waren. Das durfte ich schon öfters betonen auch in dieser Stadt, als ich die Ehre hatte, in früheren Vorträgen zu sprechen.

Es muß nun ganz besonders reizvoll sein, von diesem Gesichtspunkte aus nicht nur die verschiedenen Religionsbekenntnisse, die verschiedenen Weltanschauungen, wie sie aufgetreten sind in der Entwickelung der Menschheit, zu betrachten, sondern auch Persönlichkeiten, die uns nahestehen, einmal von diesem Gesichtspunkte aus anzusehen. Denn soll etwas wahr sein in der Geisteswissenschaft, dann muß wenigstens ein Kern dieser Wahrheit sich finden bei all denjenigen, die ehrlich und energisch nach Erkenntnis und nach dem menschenwürdigen Dasein gestrebt haben.

Wenn nun heute von Geisteswissenschaft die Rede ist, dann machen sich von der einen oder andern Seite die mannigfaltigsten Urteile geltend, und derjenige, der nicht tiefer eingedrungen ist in das entsprechende Gebiet, der sich aus diesen oder jenen Vorträgen oder Broschüren eine oberflächliche Kenntnis verschafft hat, wird je nach seinem Standpunkt diese Geisteswissenschaft ansehen als Phantasterei oder Träumerei einiger weltfremder Menschen, die sich kuriose Vorstellungen machen über das Leben und seine Untergründe. Es muß durchaus zugegeben werden, daß, wenn man nicht genauer zusieht, ein solches Urteil begreiflich erscheinen kann, denn obzwar heute davon nicht die Rede sein kann, da wir ein spezielles Thema zur Voraussetzung haben, so soll doch hingewiesen werden auf einige der hauptsächlichsten Erkenntnisse dieser Geisteswissenschaft. Und schon, wenn diese genannt und charakterisiert werden, wird sich auf eine ganz ehrliche Weise bei unseren Zeitgenossen das Gefühl regen können: Ach, was ist denn das für ein kurioses Zeug!

Im Ganzen beruht ja Geisteswissenschaft, wenn sie ernst genommen wird, darauf, daß vorausgesetzt wird: dasjenige, was uns in der sinnlichen Welt umgibt, was wir mit unseren Sinnen wahrnehmen können, mit dem Verstande begreifen können, der an unsere Sinne gebunden ist, das ist nicht die ganze Welt, sondern hinter alldem, was sinnlich ist, liegt eine geistige Welt. Und diese geistige Welt ist nicht in einem unbestimmten Jenseits, sondern sie ist immer um uns herum, so wie die Farben- und Lichterscheinungen auch um den Blindgeborenen herum sind. Dazu aber, daß wir von etwas wissen, was um uns herum ist, gehört, daß wir ein Organ haben, um es wahrzunehmen. Und so wie der Blindgeborene Farbe und Licht nicht sehen kann, so kann auch in der Regel der Mensch in unserem Zeitalter mit seinen normalen Fähigkeiten die geistigen Tatsachen und Wesenheiten nicht wahrnehmen, die um uns herum sind. Wenn wir aber das Glück haben, einen Blindgeborenen zu operieren, dann gibt es für ihn den Augenblick der Erweckung des Auges, und was für ihn nicht da war, Licht und Farben, das flutet nun herein in sein Inneres. Das ist für ihn eben von seiner Operation ab eine wahrnehmbare Welt. So gibt es auf geistigem Gebiet eine höhere Erweckung, jene Erweckung, durch die ein Mensch ein Eingeweihter wird in die geistige Welt. Um mit *Goethe* zu sprechen: es gibt geistige Augen und Ohren, nur sind die Menschenseelen in der Regel nicht so weit, sie gebrauchen zu können. Wenn wir aber die Mittel und Methoden anwenden, durch die diese Kräfte zum Dasein kommen, dann geht etwas in uns vor auf einem höheren Gebiet wie für einen Blindgeborenen, der operiert wird, und dem dann hereinflutet die Welt der Farben und des Lichtes. Da wird der Mensch, wenn ihm geöffnet werden Augen und Ohren, ein Erweckter. Eine neue Welt ist um ihn herum, eine Welt, die immer da war, die er aber nur von dem Moment der Erweckung an wahrnehmen kann. Dann aber, wenn der Mensch so weit ist, lernt er verschiedene Erkenntnisse sich zu eigen zu machen, Erkenntnisse, welche das Leben aufhellen, Erkenntnisse, welche uns Kraft und Sicherheit für unser Arbeiten geben können, welche uns möglich machen, in das Wesen der Menschenbestimmung und in die Geheimnisse des Schicksals hineinzusehen.

Und nur vorbereitend soll eine dieser Erkenntnisse besprochen werden, eine von jenen Erkenntnissen, die, wenn nicht verrückt, so doch absonderlich und träumerisch dem heutigen Menschen oftmals vorkommen müssen. Es ist die Erkenntnis, die nichts anderes ist als eine Belebung eines uralten Erkenntnisvorganges, seine Fortsetzung auf höherem Gebiet, eine Wahrheit, welche für ein niedrigeres Gebiet vor verhältnismäßig kürzerer Zeit erst errungen worden ist. Die Menschheit hat im allgemeinen für große Ereignisse der geistigen Welt ein kurzes Gedächtnis, und deshalb denkt man heute so wenig daran, daß im 17. Jahrhundert nicht nur Laien, sondern selbst Gelehrte daran geglaubt haben, daß aus Flußschlamm niedere Tiere, ja sogar Würmer und Fische sich entwickeln würden. Der große Naturforscher *Francesco Redi* war es, der zuerst darauf aufmerksam machte, daß kein Regenwurm, kein Fisch aus dem toten Flußschlamm herauswächst, wenn nicht vorher ein Regenwurm-, ein Fischkeim darinnen ist. Er hat den Satz ausgesprochen, daß Lebendiges nur von Lebendigem kommen kann, und daraus erkennt man, daß es nur eine ungenaue Betrachtungsweise ist, wenn man glaubt, es könne aus dem leblosen Flußschlamm herauswachsen das Lebendige eines Fisches oder Wurmes. Genauere Betrachtung zeigt, daß wir zurückgehen müssen zu dem lebendigen Keim, und daß dieser lebendige Keim nur aus seiner Umgebung die Kräfte heranziehen kann, die da sind, um das zur größten Entfaltung zu bringen, was Lebendiges im Keime ist.

Das, was Redi gesagt hat, daß Lebendiges sich nur aus Lebendigem entwickelt, das gilt heute in der Wissenschaft als etwas Selbstverständliches. Als Redi damals den Satz ausgesprochen hat, entging er nur mit knapper Not dem Schicksale des *Giordano Bruno*. So geht es mit der Entwickelung der Menschheit. Erst muß eine solche Wahrheit so errungen werden, daß diejenigen, die sie zuerst aussprechen, verketzert werden, dann wird sie zur Selbstverständlichkeit, zum Gemeingut der Menschheit. Das, was Redi für die Naturwissenschaft getan hat, das soll für den Geist durch die Geisteswissenschaft heute geschehen dadurch, daß jener Satz, den Redi ausgesprochen hat für die Naturwissenschaft, übertragen wird aus den Erkenntnissen des erweckten Geistesauges und Geistesohres heraus auf das seelische Gebiet. Und da heißt dieser Satz: Geistig-Seelisches kann nur aus Geistig-Seelischem entstehen. – Das heißt, es ist eine ungenaue Betrachtungsweise, wenn wir einen Menschen ins Dasein treten sehen, zu glauben, daß alles, was ins Leben tritt, bloß aus Vater und Mutter und den Vorfahren herstammt. So wie wir zurückgehen müssen beim entstehenden Regenwurm zum lebendigen Regenwurmkeim, so müssen wir von dem Menschen, der sich herausentwickelt aus dem Keim zu einem bestimmten Wesen, zurückgehen zu einem früheren geistigen Dasein und müssen uns klar sein, daß dieses Wesen, das durch die Geburt ins Dasein tritt, von seinen leiblichen Vorfahren nur heranzieht die Kraft zu seiner Entfaltung, wie der Regenwurmkeim die Kraft aus der leblosen Umgebung heranzieht. Und in entsprechender Ausdehnung wird dieser Satz: Lebendiges kann nur aus Lebendigem kommen –, zu dem andern Satze: Das gegenwärtige Leben, das durch die Geburt ins Dasein tritt, führt nicht nur zu physischen Ahnen zurück, sondern führt durch die Jahrhunderte zurück auf ein früheres Geistig-Seelisches. – Und wenn Sie sich tiefer darauf einlassen, werden Sie sehen, daß ganz wissenschaftlich gezeigt wird, daß es nicht nur ein, sondern wiederholte Erdenleben gibt, daß das, was jetzt zwischen Geburt und Tod in uns ist, die Wiederholung eines Geistig-Seelischen ist, das schon in früheren Daseinsstufen da war, und daß unser jetziges Leben wiederum der Ausgangspunkt für folgende Leben ist. Geistig-Seelisches kommt von Geistig-Seelischem, geht zurück auf Geistig-Seelisches, das da war vor der Geburt, das aus der geistigen Welt heruntersteigt und sich in physischen Verkörperungen auslebt. Wir sehen jetzt ganz anderes, wenn wir zum Beispiel als Erzieher gegenüberstehen einem Kinde, das stufenweise die Kräfte entfaltet. Wir sehen bei der Geburt, wie ein Unbestimmtes auf seinem Antlitze ist, wie aus seinem Inneren heraus immer bestimmter und bestimmter sich entfaltet, was nicht aus der Vererbung stammt, sondern was aus früheren Leben kommt. Wir sehen, wie dieses Zentrum des Geistig-Seelischen durch die Talente von der Geburt an immer weiter und weiter sich entfaltet.

Das hat heute Geisteswissenschaft zu sagen in bezug auf die wiederholten Erdenleben. Es mag heute eine Träumerei sein, wie es als eine Träumerei galt, was Francesco Redi im 17. Jahrhundert sagte. Aber was heute als Träumerei gilt, wird eine Selbstverständlichkeit werden in nicht gar zu ferner Zeit, und der Satz: Geistig-Seelisches kommt von Geistig-Seelischem –, wird Allgemeingut der Menschheit werden.

Heute behandelt man die Ketzer nicht mehr so wie früher. Man liefert sie nicht mehr dem Scheiterhaufen aus, aber man betrachtet sie als Toren und Träumer, die aus beliebiger Phantasie heraus sprechen. Man macht sie lächerlich und setzt sich auf den hohen Stuhl der Wissenschaft und sagt, das sei mit wirklicher Wissenschaft nicht vereinbar, nicht wissend, daß es die wahre, echte Wissenschaft ist, die diese Wahrheit fordert. Und nun können wir hundert und hundert solcher Wahrheiten anführen, die uns zeigen würden, wie Geisteswissenschaft das Leben beleuchten kann, indem sie zeigt, daß ein unsterblicher Wesenskern im Menschen liegt, der durch den Tod in die geistige Welt zieht, und wenn er seine Bestimmung daselbst erfüllt hat, wiederum zurückkehrt ins physische Dasein, um neue Erfahrungen zu sammeln, die er dann wiederum durch den Tod hinaufträgt in geistige Welten. Wir würden sehen, wie die Bande, die geschlungen werden von Mensch zu Mensch, von Seele zu Seele auf allen Gebieten des Lebens, jene Züge des Herzens, die von Seele zu Seele gehen, die sonst nicht zu erklären sind, erklärt werden können dadurch, daß sie geknüpft worden sind in früheren Lebensverhältnissen. Und wie das, was wir heute knüpfen an inneren Geistesbanden, nicht aufhört, wenn der Tod über das Dasein hinzieht, sondern wie das, was als Lebensbande von Seele zu Seele zieht, unsterblich ist wie die menschliche Seele selber, wie das mitlebt durch die geistige Welt hindurch und wiederum aufleben wird in andern, zukünftigen Erdenverhältnissen und neuen Verkörperungen. Und nur eine Frage der Entwickelung ist es, daß die Menschen sich auch erinnern werden an ihre früheren Erdenerlebnisse, an das, was sie geistig-seelisch durchgemacht haben in früheren Erdenleben und Daseinszuständen.

Solche Wahrheiten werden sich in nicht zu ferner Zeit als notwendige Dinge einleben in das menschliche Leben, und die Menschen werden Kraft und Hoffnung und Zuversicht gewinnen aus solchen Voraussetzungen heraus. Heute können wir nur sehen, daß einzelne wenige Menschen in der Welt durch ihren gesunden Wahrheitssinn hingezogen werden zu dem, was geistige Forscher aus ihren Erlebnissen in der geistigen Welt heraus zu verkünden haben. Aber das, was geisteswissenschaftliche Erkenntnisse sind, wird Gemeingut der Menschheit werden und lebt sich hinein in ernstem Wahrheitssuchen. Und diejenigen, die die Pfade ernster Wahrheitssucher gegangen sind, haben immer in all dem, was sie der Menschheit geboten haben, die großen Weistümer und Erkenntnisse ausgestaltet, die heute die Geisteswissenschaft wiederbringt.

Ein Beispiel soll vor unsere Seele hintreten in einer Persönlichkeit, die unserem neuzeitlichen Leben nahesteht: das Beispiel Goethes, und bei ihm wiederum dasjenige, was ihn als sein umfassendstes und größtes Werk beschäftigt hat sein ganzes Leben hindurch: sein «Faust».

Wenn wir an Goethe herantreten und versuchen mit dem, was Geisteswissenschaft geben kann, sein Streben zu beleuchten, so können wir eigentlich ziemlich früh anfangen. Man kann sagen, aus seiner ganzen Anlage heraus erkennt man bei Goethe, wie in ihm Seele und Geist war. Alles dasjenige, was hindrängt, hinter den Erscheinungen der sinnlichen Welt ein Geistiges zu suchen, das war in ihm eine frühe Anlage. Da sehen wir den siebenjährigen Knaben Goethe, der da hätte aufnehmen können aus seiner Umgebung gewöhnliche Vorstellungen, wie sie ein Knabe aufnehmen kann zu seiner ersten Seelenvorstellung. Das befriedigt ihn nicht; er erzählt es selber in «Dichtung und Wahrheit». Da sehen wir, wie der siebenjährige Knabe etwas ganz Merkwürdiges beginnt, um seine Sehnsucht nach dem Göttlichen zum Ausdruck zu bringen. Er nimmt ein Notenpult aus der Sammlung seines Vaters, macht daraus einen Altar, indem er darauflegt allerlei Mineralien und Pflanzen und sonstige Produkte der Natur, aus denen der Geist der Natur spricht. Ahnend baut sich die Knabenseele einen Altar, stellt darauf ein Räucherkerzchen, nimmt ein Brennglas, wartet, bis die Morgensonne aufgeht, sammelt mit dem Brennglas die ersten Strahlen der aufgehenden Sonne, läßt sie auf das Räucherkerzchen fallen, so daß der Rauch aufsteigt. Und im spätesten Alter erinnert sich Goethe daran, wie er als Knabe dem großen Gotte der Natur, der durch Mineralien und Pflanzen spricht, der uns in den Sonnenstrahlen sein Feuer sendet, seine frommen Gefühle hinaufsenden will. Das wächst mit Goethe heran. Wir sehen, wie er auf einer reiferen Stufe – aber doch aus sehnender Seele heraus, wie es lebt in Goethe –, nachdem er nach Weimar kommt, vom Herzog zu seinem Ratgeber berufen wird, wie da dieses Gefühl für den Geist, der aus allen Naturwesen spricht, in dem schönen Prosahymnus zum Ausdruck kommt. Da sagt er: «Natur, wir sind von ihr umgeben und umschlungen, unvermögend, aus ihr herauszutreten, und unvermögend, tiefer in sie hineinzukommen. Ungewarnt und ungebeten nimmt sie uns in den Kreislauf ihres Tanzes auf und treibt sich mit uns fort, bis wir ermüdet sind und ihrem Arme entfallen ... Nicht wir haben getan, was wir tun, alles hat sie getan; sie denkt und sinnt beständig, schaut mit tausend Augen in die Welt.» Und wiederum später sagt er in dem schönen Buch über Winckelmann, «Antikes»: «Wenn die gesunde Natur des Menschen als ein Ganzes wirkt, wenn er sich in der Welt als in einem großen, schönen, würdigen und werten Ganzen fühlt, wenn das harmonische Behagen ihm ein reines, freies Entzücken gewährt: dann würde das Weltall, wenn es sich selbst empfinden könnte, als an sein Ziel gelangt, aufjauchzen und den Gipfel des eigenen Werdens und Wesens bewundern.» So fühlte Goethe, wie alles, was draußen in der Natur lebt und webt, eine Auferstehung feiert aus der Menschenseele heraus, und wie eine höhere Natur, eine geistige Natur aus Geist und Seele des Menschen hervorgebracht wird. Aber nur langsam ringt sich Goethe zur völligen Klarheit in der geistigen Erkenntnis der Natur durch. Und wir sehen an nichts deutlicher und klarer, wie Goethe sein ganzes Leben ein Strebender war, der nicht gerastet und geruht hat, um die Erkenntnis immer wieder umzubilden, um zu höherer Stufe zu kommen, wir sehen das an nichts klarer und besser als an seinem Lebensgedicht, dem «Faust».

In frühester Jugend hatte er begonnen, alles, was seine sehnende und ahnende Seele erfüllte, in sein Gedicht hineinzulegen; und als Greis im spätesten Alter, kurz vor seinem Tode, hat er dieses Gedicht, an dem er über fünfzig Jahre gearbeitet und in das er das Beste seines Lebens hineingelegt hat, vollendet. Der zweite Teil lag versiegelt bei seinem Tode da wie das große Testament, das er der Menschheit zu geben hatte. Es ist ein bedeutsames Dokument. Wir verstehen dieses Dokument nur, wenn wir Goethe ein wenig verfolgen, wie er selber sich zur Erkenntnis durchzuringen suchte.

Da finden wir zum Beispiel den Studenten Goethe an der Leipziger Universität. Er soll eigentlich Jurist werden, aber das beschäftigt ihn nur untergeordnet. Ein unbesieglicher Drang nach den Geheimnissen der Welt, nach dem Geistigen, lebte schon dazumal in dem jungen Studenten. Deshalb tut er sich um in all dem, was Leipzig darbietet an Naturerkenntnis. Er sucht abzulauschen, was die Natur uns in ihren Erscheinungen zu sagen hat, abzulauschen der Welt die Rätsel ihres Daseins. Aber Goethe brauchte, um das, was die Naturwissenschaft ihm darbieten konnte, umzuprägen, umzuschmelzen in seiner Seele zu jenem alle Kraft seines Inneren durchlebenden und durchwebenden Drange, der nicht nach abstrakter Erkenntnis sucht, sondern nach warmer Herzenserkenntnis, ein großes Erlebnis, ein Erlebnis, das den Menschen wirklich zu jener Erkenntnis führt, die das Tor ist, zu dem wir ahnend hinschauen, das Tor, das zuschließt für den heutigen normalen Menschen das Unsichtbare, das Übersinnliche: das Tor des Todes. Der Tod ging am Ende seiner Leipziger Studentenzeit an ihm vorbei. Eine schwere Krankheit hatte ihn niedergeworfen, dem Tode nahegebracht. Stunden, Tage hatte er durchlebt, wo er sich sagen mußte, es könne jeden Augenblick jene geheimnisvolle Pforte durchschritten werden. Und der geheimnisvolle, ungestüme Drang des Erkennens erforderte höchsten Ernst des Erkenntnisstrebens. Mit der so ausgebildeten Erkenntnisstimmung kehrte Goethe in seine Vaterstadt Frankfurt zurück. Da fand er einen Kreis von Leuten, an deren Spitze eine Frau stand von großer, tiefer Begabung: *Susanne von Klettenberg*. Goethe hat ihr ein wundersames Denkmal gesetzt in den «Bekenntnissen einer schönen Seele». Er hat gezeigt, wie in der Persönlichkeit, der er dazumal geistig so nahegetreten ist, etwas lebte, was man nicht anders zu bezeichnen vermag als dadurch, daß man sagt: In Susanne von Klettenberg lebte eine Seele, welche suchte, das Göttliche in sich zu fassen, um durch das Göttliche in sich das die Welt durchlebende Geistige zu finden. – Goethe wurde dazumal eingeführt durch den Kreis, dem diese Dame angehörte, in Studien, die, wenn man sie heute als so recht moderner Mensch auf sich wirken läßt, einem verrückt erscheinen. Mittelalterliche Schriften waren es, in die sich Goethe hineinlebte. Derjenige, der sie heute in die Hand nimmt, kann nichts damit anfangen. Wenn man die merkwürdigen Zeichen sieht, die darin sind, frägt man sich: Was soll das gegenüber dem heutigen Wahrheitsstreben der Wissenschaft? – Da wirkte ein Buch: «Aurea catena Homeri», «Die goldene Kette des Homer». Wenn man es aufschlägt, findet man eine merkwürdige symbolische Abbildung: einen Drachen oben im Halbkreis, einen Drachen voller Leben, der angrenzt an einen andern Drachen, einen verdorrenden, in sich selber absterbenden Drachen. Allerlei Zeichen sind damit verknüpft: symbolische Schlüssel, zwei ineinander verschlungene Dreiecke und die Planetenzeichen. Das ist für unsere Zeitgenossen eine Phantasterei, gegenüber der heutigen Wissenschaft ist es eine Phantasterei, weil man nicht weiß, was man mit diesen Zeichen anfangen soll. Goethe spürt in seiner Ahnung, daß sie etwas ausdrücken, daß man etwas damit anfangen kann, wenn man sie betrachtet. Sie drücken nicht unmittelbar etwas aus, was man da oder dort finden kann in der Welt. Wenn man aber diese Zeichen auf sich wirken läßt, indem man sie sich so einprägt, daß man gleichsam taub und blind wird gegenüber seiner physischen Umgebung, nur diese Zeichen in sich wirken läßt, dann erlebt man etwas höchst Eigentümliches, dann erlebt man, daß die Seele in sich selber wie etwas verspürt, was früher geschlummert hat, wie ein geistiges Auge, das aufgeht. Und wenn man genügende Ausdauer hat, so ergreift man das, was man Meditation, Konzentration nennen kann, wodurch man seine Seele so zur Entwickelung bringt, daß man tatsächlich so etwas wie eine geistige Augenoperation durchmacht, durch die sich eine neue Welt erschließt. Für Goethe hat sich damals noch nicht eine neue Welt erschließen können, so weit war er noch nicht. Aber was in seiner Seele auflebte, war die Ahnung, daß es Schlüssel gibt für diese geistige Welt, daß man eindringen kann in diese geistige Welt. Diese Stimmung muß man sich vergegenwärtigen; die lebendige Empfindung, das lebendige Gefühl: da

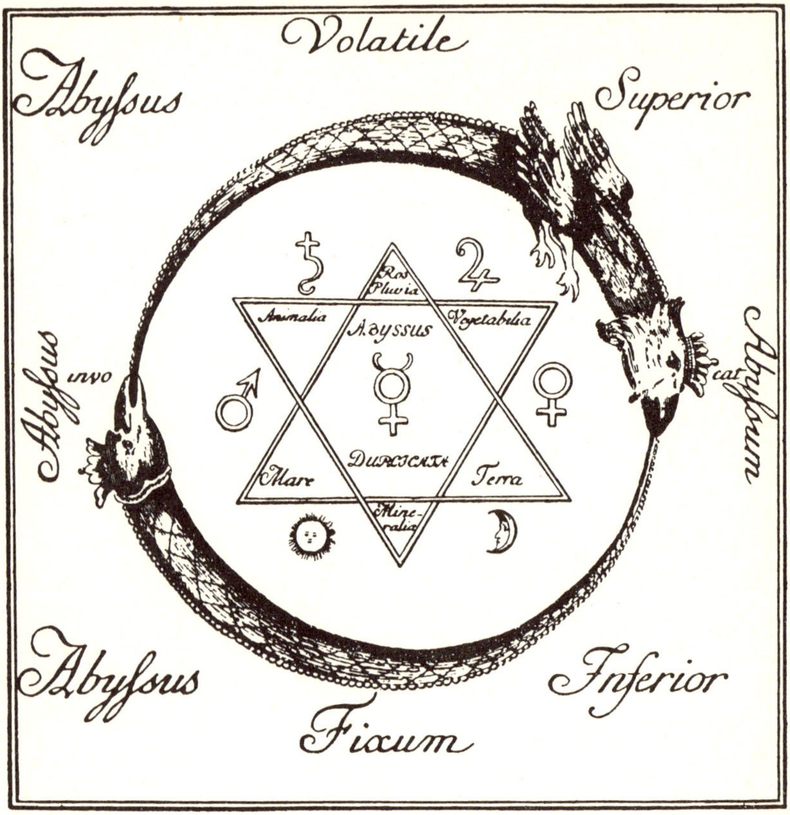

wird etwas in mir rege gemacht, wird etwas lebendig; es muß etwas geben, was in die geistige Welt hineinführt. Aber zu gleicher Zeit spürt er: er kann noch nicht hinein. Wäre Goethe jemals in seinem Leben identisch gewesen mit Faust, so würden wir sagen: Goethe war in derselben Lage, in der uns Faust entgegentritt im Anfang des ersten Teiles, da, wo Faust, nachdem er studiert hat die verschiedensten Gebiete menschlicher Wissenschaft, Bücher aufschlägt, worin solche Zeichen sind, und sich von einer geistigen Welt umgeben fühlt, aber nicht hinein kann in die geistige Welt. So fühlte sich Goethe niemals identisch mit diesem Faust: ein Teil von ihm war der Faust, er selber wuchs hinaus über das, was nur ein Teil von ihm selber war. Und so wuchs das, was in Goethe über den Faust hinausging, wuchs dadurch, daß er, keine Unbequemlichkeit scheuend, immer weiter und weiter strebte und sich sagte: Hinter die Geheimnisse des Daseins kommt man nicht im Sprung, nicht durch Beschwörungen und Formeln, sondern indem man Schritt für Schritt in geduldiger, energischer Erkenntnis das, was immer in der physischen Welt einem entgegentritt, nach und nach wirklich geistig-seelisch durchdringt. – Es ist leicht zu sagen: Es muß aufgehen in der Seele, was eine höhere Erkenntnis ist. – Aufgehen muß diese höhere Erkenntnis in der Seele, aber sie geht in wahrer Gestalt erst dann auf, wenn wir in Geduld und Ausdauer bestrebt sind, von Stufe zu Stufe kennenzulernen die wirklichen Erscheinungen der physischen Welt und dann hinter diesen Erscheinungen der physischen Welt das Geistige zu suchen. Mit dem aber, was Goethe mitnahm aus seiner Frankfurter Zeit, konnte er alles andere zusammenfassen, konnte er alles in anderem Lichte sehen.

Goethe kam von Frankfurt in diese Stadt, Straßburg. Wir könnten mancherlei anführen, was ihn hier höher geführt hat. Besonders charakteristisch ist aber, wie ihm dasjenige vor die Seele trat, was hier in dieser Stadt eine so große Bedeutung hat: das Münster, der Dom. Damals stellte sich vor Goethes Seele die Idee dieses wunderbaren Baues, und er begriff, warum jede einzelne Linie so ist, wie sie ist. Er sah mit geistigem Anschauen, mit dem durch seine Frankfurter Vertiefung gewonnenen Anschauen, jedes Dreieck, jeden einzelnen Winkel dieses bedeutsamen Baues als zum Ganzen gehörig, und in seiner Seele feierte die große Idee des Baumeisters eine Wiederauferstehung, und Goethe glaubte, wiederzuerkennen das, was als Gedanke, als Idee hineingeflossen war in dieses Bauwerk. Und so könnten wir vieles anführen, wo in Goethes Seele eine Ehe einging das, was als innere Anschauung diese Seele gewonnen hatte, und das, was sie an äußeren Weltvorgängen aufnahm. Deshalb ist es nicht weiter wunderbar, daß er, als er später nach Weimar kam, die Naturwissenschaft von einer neuen Seite aufnahm, die Botanik, die Zoologie, die Knochenlehre und so weiter, um jetzt alles wie Buchstaben zu betrachten, die zusammen das Buch der Natur ergeben, die hineinführen in die Geheimnisse des Daseins. So entstanden seine Studien über die Pflanzenentwickelung, über die Tierwelt, die er später noch so betreibt wie als Student, nur daß er überall den Geist hinter den sinnlichen

Erscheinungen des Daseins suchte. So sehen wir, wie er gerade während seiner italienischen Reise die Kunst auf der einen Seite, die Naturwerke auf der andern Seite betrachtete, wie er die Pflanzenwelt betrachtete, um den Geist, der darinnen waltet, zu erkennen. Groß und schön sind die Worte, die er an seine Freunde schrieb, solcher Art geistige Naturwissenschaft treibend. Er sagte: Oh, hier tritt mir alles in neuer Weise entgegen; ich möchte nach Indien reisen, um das, was schon entdeckt, nach meiner Art anzuschauen. – Das heißt: wie es seine Entwickelung nach den Andeutungen, die wir geben konnten, von ihm gefordert hat. Und so sehen wir, wie er auch die Kunstwerke, die ihm da entgegentraten, betrachtet. Er schreibt in einem Briefe: «Soviel ist gewiß, die alten Künstler haben ebenso große Kenntnis der Natur und einen ebenso sicheren Begriff von dem, was sich vorstellen läßt und wie es vorgestellt werden muß, gehabt als Homer. Leider ist die Anzahl der Kunstwerke der ersten Klasse gar zu klein. Wenn man aber auch diese sieht, so hat man nichts zu wünschen, als sie recht zu erkennen und dann in Frieden hinzufahren. Diese hohen Kunstwerke sind zugleich als die höchsten Naturwerke von Menschen nach wahren und natürlichen Gesetzen hervorgebracht worden. Alles Willkürliche, Eingebildete fällt zusammen; da ist Notwendigkeit, da ist Gott.» Wie schon zu dem Knaben mit seinen sieben Jahren von dem selbsterrichteten Altare her der große Geist der Natur sprach, so sprach ihm der große Geist des Daseins der geistigen Welt aus diesen Kunstwerken heraus, die er als Einheit betrachtete. So kam Goethe immer mehr zu der Betrachtung des einzelnen in energischer, hingebungsvoller Arbeit. Dann konnte er den Augenblick ruhig erwarten, wo aus seinen Beobachtungen eine wirkliche Erkenntnis der geistigen Welt heraussprang, eine wahre Geisteswissenschaft, die uns dann entgegentritt, in künstlerischer Weise umgegossen und umgeschaffen, in seinem «Faust».

So haben die ersten Partien des «Faust», die entstehen, ganz die Stimmung eines Menschen, der die Geheimnisse des Daseins ahnt, der aber nicht in diese Geheimnisse hineinkommen kann. Da sehen wir, wie Faust jene Zeichen wirken läßt, die ihn vom Geistigen umgeben sein lassen, aber wir sehen, wie er noch nicht reif ist, dieses Geistige wirklich zu empfinden. Das sind die Sätze, wo Faust als die Nostradamus-Aura die Zeichen des Makrokosmos und des Erdgeistes auf sich wirken läßt, wo der Geist der Erde vor ihm erscheint. In wunderbar schönen Worten wird von Faust der Erdgeist charakterisiert. Wir sehen, wie er ahnt, daß das, was der Planet Erde ist, nicht einfach jene physische Kugel ist, als die sie von der Naturwissenschaft angesehen wird, sondern gerade so, wie der Leib eine Seele enthält, so der Erdenleib einen Geist.

In Lebensfluten, im Tatensturm
Wall' ich auf und ab,
Webe hin und her!
Geburt und Grab,
Ein ewiges Meer,
Ein wechselnd Weben,
Ein glühend Leben,
So schaff' ich am sausenden Webstuhl der Zeit
Und wirke der Gottheit lebendiges Kleid.

Das ist das, was in der Erde lebt als der Geist der Erde, wie in uns unser Geist lebt. Aber Goethe kennzeichnet den Faust als noch nicht reif, seinen Geist als noch unvollendeten. Abwenden muß er sich von dem furchtbaren Zeichen wie ein furchtsam weggekrümmter Wurm. Der Erdgeist antwortet ihm: «Du gleichst dem Geist, den du begreifst, nicht mir.» In Goethes Seele lebte die Erkenntnis, wenn sie zunächst auch nur eine ahnende war, daß wir auf keiner Stufe uns befriedigt erklären dürfen, sondern von jeder Stufe aus höhere und immer höhere Stufen erstreben müssen, daß wir auf keiner Stufe sagen können, wir haben etwas erreicht, sondern von jeder Stufe aus immer höher streben müssen. Goethe führten in diese Geheimnisse hinein seine emsigen Studien von Erscheinung zu Erscheinung. Und nun sehen wir ihn wachsen.

Denselben Geist, den er zuerst gerufen hat, und von dem er nur sagen konnte: «Schreckliches Gesicht!», läßt Goethe durch Faust anreden, nachdem Goethe selber eine höhere Stufe erreicht hatte nach der Italienreise, nach seiner Reise, die ich so charakterisiert habe, daß er die ganze Natur und Kunst mit seiner Anschauung durchdringen wollte. Jetzt ist Faust gestimmt, wie Goethe selber gestimmt war. Jetzt steht Faust vor demselben Geiste, den er also anredet:

Erhabner Geist, du gabst mir, gabst mir alles,
Warum ich bat. Du hast mir nicht umsonst
Dein Angesicht im Feuer zugewendet.
Gabst mir die herrliche Natur zum Königreich,
Kraft, sie zu fühlen, zu genießen. Nicht
Kalt staunenden Besuch erlaubst du nur,
Vergönnest mir in ihre tiefe Brust
Wie in den Busen eines Freunds zu schauen.
Du führst die Reihe der Lebendigen
Vor mir vorbei, und lehrst mich meine Brüder
Im stillen Busch, in Luft und Wasser kennen.
Und wenn der Sturm im Walde braust und knarrt,
Die Riesenfichte stürzend Nachbaräste
Und Nachbarstämme quetschend niederstreift,
Und ihrem Fall dumpf hohl der Hügel donnert;
Dann führst du mich zur sichern Höhle, zeigst
Mich dann mir selbst, und meiner eignen Brust
Geheime tiefe Wunder öffnen sich.
Und steigt vor meinem Blick der reine Mond
Besänftigend herüber: schweben mir
Von Felsenwänden, aus dem feuchten Busch
Der Vorwelt silberne Gestalten auf,
Und lindern der Betrachtung strenge Lust.

Da ist Goethe und mit ihm Faust zu der Höhe gelangt, nicht mehr sich wegzuwenden von dem Geist, den er im Sprunge hat erreichen wollen. Jetzt tritt ihm der Geist als ein solcher entgegen, von dem er sich nicht mehr hinwegzuwenden braucht. Jetzt erkennt er ihn in allem Lebendigen, in allen Reichen der Natur: in Wald und Wasser, im stillen Busch, in der Riesenfichte, in Sturm und Donner. Und nicht nur da. Nachdem er ihm erschienen ist in der großen Natur draußen, erkennt er ihn auch in seinem eigenen Herzen: seine geheimen tiefen Wunder öffnen sich.

Das ist ein Fortschritt in Goethes Geist-Erkenntnis, und Goethe ruhte nicht, um weiterzukommen. Wir sehen dann, wie er, wohl angeeifert durch *Schiller,* sich zu vertiefen sucht, insbesondere in den neunziger Jahren des 18. Jahrhunderts. Sie brachten ihm dasjenige, was es ihm möglich machte, über die unbestimmte Charakteristik des Geistbewußtseins, daß in allem ein Geist lebt, hinauszukommen. Zu ergreifen diesen Geist, gelang ihm im Konkreten. Aber Goethe brauchte viele Vorbereitungen, bevor er imstande war, darzustellen das Leben des Menschengeistes in dem Sinne: Geistig-Seelisches kann nur aus Geistig-Seelischem stammen. Daß aber Goethe den Versuch niemals versäumte, tiefer hineinzukommen, zeigt manches Werk, das er vor Vollendung des zweiten Teiles des «Faust» geschaffen hat. Bis zu welcher Höhe er gekommen ist, zeigt der zweite Teil des «Faust». Manche haben sich schon von ihm abgewendet, als sie in der «Pandora» den in sich vertieften Goethe kennenlernten. Auch heute erleben wir, daß man sagt: Der erste Teil des «Faust» ist voller Leben, atmet unmittelbare Natürlichkeit, der zweite Teil aber ist ein Produkt des Goetheschen Alters, voller Sinnbilder und Künsteleien. – Solche Leute ahnen gar nicht, was in ihm steckt, welche unendliche Weisheit in diesem zweiten Teile des «Faust» steckt, zu dem ein so reiches Leben wie das Goethes erst am Lebensabend kommen konnte, so daß er ihn als Testament hinterlassen hat. Deshalb begreifen wir auch, wenn Goethe gegenüber manchen Werken, die schon den Geist des «Faust» atmen, die Zeilen hinschreibt, von denen bekannt ist, daß er den Faust als eine ringende Seele darstellt, eine Seele, über die ein Neues hereingebrochen ist. Wir erkennen es an dem Ärger, den er ausgoß über diejenigen, die den «Faust» ein minderwertiges Werk des Alters genannt haben. Er sagt von ihnen:

Da loben sie den Faust,
Und was noch sunsten
In meinen Schriften braust,
Zu ihren Gunsten;

Das alte Mick und Mack,
Das freut sie sehr;
Es meint das Lumpenpack,
Man wär's nicht mehr!

Da hat Goethe einmal seine Stimmung in Worte gekleidet, die er empfand gegenüber denen, die glauben, daß nur dasjenige Gültigkeit habe, was Goethe in seinen jüngeren Jahren geleistet hat, die nicht hinaufsteigen wollen zu dem, was er in seinen reiferen Jahren geleistet hat.

Nachdem Goethe seinen Faust hineingeführt hat in das Leben, das uns unmittelbar umgibt, ihn hat erleben lassen jene wunderbare Gretchen-Tragödie, führt er ihn hinaus in die Welt, die äußerlich die große Welt ist, zunächst in die Welt, die äußerlich die große ist: die Welt des Kaiserhofes. Da will Goethe nun zeigen, daß Faust nun wirklich auch geistig eindringen soll in die Geheimnisse dieser Welt. Dann aber sollte Faust nun eingeführt werden in die wirkliche geistige Welt, in die übersinnliche Welt.

Gleich im Anfange des zweiten Teiles sehen wir, wie Goethe den Faust umgeben sein läßt von allerlei geistigen Wesenheiten. Das soll ausdrücken, daß Faust nicht nur in eine äußere physische Welt geführt werden soll, sondern daß er auch durchleben soll, was derjenige durchleben kann, dessen geistiges Auge geöffnet ist, dessen geistiges Ohr wahrnehmen lernt. Daher zeigt uns Goethe im zweiten Teile Stufe für Stufe das Wesen der menschlichen Seele, der menschlichen Entwickelung. Was soll Faust erleben? Er soll erleben die Erkenntnisse der übersinnlichen Welt. Er soll eingeweiht werden in die Geheimnisse der übersinnlichen Welt. Wo ist diese übersinnliche Welt?

Bei dieser Gelegenheit kann uns eigentlich erst, wenn wir den Geistgehalt des «Faust» in Betracht ziehen, die Frage nach dem Mephistopheles beschäftigen, jenem Geiste, der den Faust von Anfang an umgibt, der mitspielt bei allem, was Faust unternimmt. Aber erst im zweiten Teile, da, wo Faust hineingeführt werden soll in die geistige Welt, sehen wir, was für eine Rolle Mephistopheles spielt. Nachdem Faust durchgemacht hat die Ereignisse am «Kaiserhof», beginnt er das zu sehen, was in der sinnlichen Welt nicht mehr da ist: den Geist der Helena, die vor Jahrhunderten und Jahrhunderten gelebt hat. Sie soll für Faust gefunden werden. Sie kann nicht in der physischen Welt gefunden werden. Faust muß in die geistige Welt hinuntersteigen. Mephistopheles hat den Schlüssel zu dieser Welt, er kann aber nicht selbst in diese geistige Welt hinein, er kann sie verstandesmäßig beschreiben. Er kann sagen: Du wirst hinuntersteigen, man könnte auch sagen, du wirst hinaufsteigen. – Er beschreibt dann tatsächlich die geistige Welt, in die Faust eintauchen soll, um sie übersinnlich kennenzulernen, um darin den Geist zu finden, das Unsterbliche, das Ewige, das zurückgeblieben ist von Helena. Ein Wort ertönt, ein wunderbares Wort: zu den Müttern soll Faust hinuntersteigen. Was sind die «Mütter»? Man könnte stundenlang reden, wenn man genau charakterisieren wollte, was die Mütter sind. Wir brauchen hier nur zu sagen, daß die Mütter für die Geisteswissenschaft zu allen Zeiten das waren, was der Mensch kennenlernt, wenn sein geistiges Auge geöffnet wird. Wenn er in die physische Welt blickt, sieht er alle Dinge begrenzt. Wenn er in die geistige Welt eintritt, kommt er in etwas, woraus alle physischen Dinge so herauskommen, wie aus einem Wasserteich das Eis herauskommt. Wie einer, der das Wasser nicht sehen könnte, sagen würde: Nichts ist da als Eis, es türmt sich auf aus dem Nichts, – so sagt der, der den Geist nicht kennt: Nur physische Dinge sind da. – Er sieht nicht den Geist, der zwischen und hinter den physisch-sinnlichen Dingen ist, aus dem sich alle sinnlich-physischen Dinge herausbilden wie Eis aus Wasser. Da, wo der Urgrund der physischen Dinge ist, der nicht mehr durch die physischen Augen sichtbar ist, sind die Mütter. Mephistopheles ist die Wesenheit, die darstellen soll jenen Verstand, der nur kennt, was äußerlich im Raume ausgestaltet ist, die zwar weiß, daß es eine geistige Welt gibt, die aber nicht in sie eindringen kann. Mephistopheles steht da neben Faust, wie heute neben dem Geistesforscher steht der materialistische Denker, der da sagt: Ach, du Geisteswissenschafter, du Theosoph, du willst in eine geistige Welt hineinschauen? Da drinnen ist ja gar nichts, das ist ja alles erträumt. Das ist alles nichts. – Diesem Materialisten, der da fest bauen will auf das, was das Mikroskop, das Teleskop offenbart, der aber alles, was hinter den physischen Erscheinungen liegt, wegleugnen will, ruft der Geistesforscher zu: «In deinem Nichts hoff' ich das All zu finden.» So steht der materialistische Denker dem spirituellen Menschen gegenüber, der den Geist gerade dort zu finden hofft, wo der andere nichts sieht. Ewig werden sich diese zwei Mächte gegenüberstehen. Und von Anfang steht Mephisto dem Faust so gegenüber als der Geist, der bis zur Tür führen kann, der aber diese Pforte nicht durchschreiten kann. Der Theosoph oder Geisteswissenschafter sagt nicht: Die materielle Wissenschaft ist nichts, ist unnötig. – Er sagt: Wir müssen diese Wissenschaft ernst nehmen, sie studieren, aber sie hat nur den Schlüssel, sie führt uns dahin, wo erst das wahre geistige Leben zu finden ist.

Faust steigt dann hinunter in das Reich der Mütter, in die geistige Welt; es gelingt ihm den Geist der Helena heraufzuführen. Aber er ist noch nicht reif, diesen Geist mit seiner eigenen Seele wirklich zu verbinden. Daher die Szene, wo in Faust die Leidenschaft sich regt, wo er mit sinnlicher Leidenschaft umfassen will das Urbild der Helena. Deshalb wird er da zurückgestoßen. So ergeht es jedem, der aus persönlichen, egoistischen Gefühlen sich der geistigen Welt nähern will. Er wird zurückgestoßen, wie Faust zurückgestoßen wird, als er vom Reiche der Mütter herauf den Geist der Helena geholt hat. Faust muß erst reif werden, erkennen lernen, wie sich wirklich zusammenfinden die drei Glieder der menschlichen Natur: der unsterbliche Geist, der von Leben zu Leben, von Verkörperung zu Verkörperung geht; der Leib, der zwischen Geburt und Tod sich auslebt; und die Seele, die zwischen beiden drinnen steht. Leib, Seele und Geist, wie sie sich verbinden, wie sie zusammengehören, das soll Faust kennenlernen. Das Urbild der Helena, das Unsterbliche, das Ewige, das von Verkörperung zu Verkörperung, von Leben zu Leben geht, hat Faust schon gesucht, aber unreif. Jetzt soll er heranreifen, um würdig zu werden, wirklich in die geistige Welt einzutreten. Dazu muß Faust kennenlernen, wie dieses Unsterbliche erst dann herantritt an den Menschen, wenn er sich im physischen Dasein in einem neuen Leben zwischen Geburt und Tod wiederum verkörpern kann. Deshalb muß Goethe zeigen, wie die Seele zwischen Geist und Körper lebt, wie sie sich hineinstellt zwischen den unsterblichen Geist und den Leib, der zwischen Geburt und Tod steht. Das zeigt uns Goethe im zweiten Teile des «Faust».

Die Seele ist bei Goethe verborgen in jenem wundersamen Gebilde, über das die Goethe-Forscher nicht viel zu sagen wissen, in dem die Geistesforscher, die bewandert sind, erkennen das Urbild der Seele. Das ist nichts anderes als das wunderbare Gebilde des Homunkulus, des kleinen Menschleins. Das ist ein Bild der menschlichen Seele. Was hat diese Seele zu tun? Sie ist der Vermittler zwischen Leib und Geist, sie muß die Elemente des Leibes aus allen Reichen der Natur heranziehen, um sich mit ihnen in Verbindung zu bringen. Erst dann kann sie mit dem unsterblichen Geiste vereinigt werden. Daher sehen wir, wie Faust von diesem Homunkulus geführt wird in die klassische Walpurgisnacht bis zu den Naturphilosophen Anaxagoras und Thales, die nachgedacht haben, wie die Natur und das Lebendige entstehen.

Da wird jene wahre Entwickelungslehre gezeigt, die zurückgeht dazu, daß nicht nur ein Tierisches der menschlichen Entwickelung zugrunde liegt, sondern ein Seelisches, das die Elemente aus der Natur sammelt, um nach und nach den Leib aufzubauen. Daher wird dem Homunkulus der Rat gegeben: Vom untersten Reich mußt du beginnen, um zu höherem und höherem aufzusteigen. – An das mineralische Reich wird zunächst die Seele des Menschen verwiesen. Dann wird ihm gesagt: Du hast durch das Pflanzenreich durchzugehen. – Ein wunderbarer Ausdruck ist da: «Es grunelt so», um den Durchgang durch die Pflanzenwelt, das Saftig-Grüne, zu verzeichnen. Da sammelt die Seele alle Elemente der Naturreiche, um dann heraufzusteigen. Es wird ausdrücklich gesagt: «Und bis zum Menschen hast du Zeit.» Dann sehen wir, wie herantritt der Geist der Liebe, Eros, nachdem die Seele aus allen Reichen der Natur sich den Leib herangebildet hat. Da verbindet sie sich mit dem Geiste. Leib, Seele und Geist sind vereinigt. Hier verbindet sich das, was Seele des Homunkulus ist, was sie sich als Leib einorganisiert, mit dem Geist der Helena. Deshalb kann uns im dritten Akte des zweiten Teiles Helena leibhaftig entgegentreten. Die Wiederverkörperungslehre sehen wir künstlerisch-dichterisch in den zweiten Teil des «Faust» hineingeheimnißt. Nicht so kann man sich verbinden mit Helena, daß man in stürmischer Leidenschaft sie an sich heranzieht, sondern so, daß man wirklich die Geheimnisse des Daseins durchlebt, die wirkliche Wiederverkörperung durchlebt.

Goethe konnte im Sinne seiner Zeit noch nicht zum Ausdruck bringen, wie wir es heute können, die Idee der wiederholten Erdenleben. Aber er legte sie hinein in den zweiten Teil seines «Faust». Deshalb konnte er zu *Eckermann* sagen: Ich habe meinen «Faust» so geschrieben, daß er für das Theater paßt; daß die Bilder, die er darbietet, äußerlich sinnlich interessant sind für den, der nur äußerlich sinnlich sehen will. Für die Eingeweihten aber wird ersichtlich sein, daß Tiefstes in diesen zweiten Teil des «Faust» hineingeheimnißt worden ist. – So hat Goethe ausdrücklich darauf hingewiesen, daß man seine Lebensanschauung, seine Geistesanschauung in dieser Dichtung finden kann. Und so begreifen wir nun auch, daß Goethe uns veranschaulichen konnte in dieser Wiederverbindung des Faust mit der Helena das, was wahre Mystik ist.

Faust verbindet sich mit der geistigen Welt. Da entsteht nicht ein gewöhnliches Kind, da entsteht Euphorion, der ebenso wahr ist, als er dichterisch ist. Ebenso wahr stellt er uns dar, was in unserer Seele auflebt, wenn sie sich mit der geistigen Welt verbindet. Wenn die Seele in die Geheimnisse der geistigen Welt eindringt, dann gibt es in der Seele einen Augenblick der Entwickelung, der von ungeheuer tiefer Bedeutung für diese Seele ist. Bevor die Seele zu weiterem gelangt, gelangt sie dazu, für kurze Augenblicke die Verbindung mit der geistigen Welt zu gewinnen, für ganz kurze Zeiträume zu wissen, was geistige Welt ist. Dann ist es so, wie wenn aus der geistigen Erkenntnis herausgeboren würde ein geistiges Kind. Aber dann kommen wieder die Momente des Lebens, wo uns dieses geistige Kind wie in die geistige Welt hinein verschwunden ist. Das muß man lebensvoll mit dem Herzen erfassen, dann fühlt man nach, wie der Euphorion, das geistige Kind des Mystikers, trotz aller dichterischen Lebenswahrheit, hinuntersinkt in die geistige Welt, in die Faust noch nicht ganz eintreten kann, wie er aber hinüberzieht etwas anderes noch. Das ist ein Erlebnis des Geistesforschers, des geistigen Suchers, wenn unsere Seele die Stunde hat, wo sie so recht empfindet ihr Verhältnis zur geistigen Welt, und wo die Erkenntnis erscheint wie ein Kind einer Ehe mit der geistigen Welt. Dann erlebt sie es tief, wenn sie in die Alltäglichkeit hinuntersinkt, und es ist, wie wenn es das Beste, was wir haben, mitnimmt. Es ist, wie wenn unsere eigene Seele entrinnen würde und mitzöge in die geistige Welt. Wenn man das gefühlt hat, fühlt man nachtönen die geistigen Worte des Euphorion, der hinuntergesunken ist, und der ruft aus der dunklen Tiefe: «Laß mich im düstern Reich, Mutter, mich nicht allein.» Diese Stimme kennt der wahre Mystiker, die Stimme, die von dem geistigen Kinde nach unserer Seele als seiner Mutter ruft.

Aber diese Seele muß weiter. Loskommen muß sie von dem, was nur persönliche Leidenschaft ist. Unpersönlich müssen wir hingegeben sein können der geistigen Welt. So lange noch ein Eigennutz, ein Eigenwille da ist, können wir die geistige Welt nicht erfassen. Erst dann können wir diese geistige Welt erfassen, wenn alles Persönliche hinweggescheuert ist vor dem Höheren der geistigen Welt; erst dann können wir wirklich dauernd eintreten in die geistige Welt. Da aber kommen noch mancherlei Momente, wenn wir schon jenen Moment erlebt haben, der uns wieder zurückstößt in die physische Welt, Momente, die uns alle Mystik wegnehmen für lange Zeit. Das sind jene Momente, von denen wir uns sagen müssen: Ja, wenn wir schon alles überwunden haben von Eigennutz und Eigenwillen, es bleibt doch noch dieses oder jenes zurück, wie es im Faust zurückgeblieben ist, nachdem er schon gesagt hatte: Auf freiem Grunde stehe ich hier, ich will nur arbeiten, der Natur alles abgewinnen, nur für andere etwas tun. – So weit ist er aber noch nicht gekommen. Indem er auf die Hütte von Philemon und Baucis blickt, indem das seinen Blick stört, zeigt er: da ist noch nicht hinweg jener Egoismus, der durch den Anblick erfreut sein will. Er hat einen Besitz schaffen wollen, selbstlos, er kann aber noch nicht ertragen, was ihn verunziert: die Hütte des Philemon und der Baucis. Da naht sich ihm noch einmal der Geist des Bösen. Die Hütte wird abgebrannt. Da zeigt sich ihm das, was sich jedem zeigt, der die Entwickelung durchmacht: die Sorge, die an jeden herantritt, der noch eigennützige Bestrebungen in sich trägt, und die ihn nicht hinaufsteigen läßt in die geistige Welt. Da steht sie vor uns, die Sorge, da lernen wir sie erkennen in ihrer wahren Gestalt; dann ist sie etwas, was uns zum Letzten der wirklichen Geisteserkenntnis führen kann. Es soll nicht darauf hingewiesen werden, daß der Mensch weltfremd, weltfeindlich werden soll, sondern darauf, wie der Mensch in der Welt dasjenige kennenlernen soll, was ihn nicht loskommen läßt von der Welt. In weiser Selbsterkenntnis sollen wir die Sorge vor uns hintreten lassen, damit wir frei werden von dem Egoistischen der Sorge, nicht von der Sorge selbst, was veranschaulicht wird, indem die Sorge sagt, sie schleiche sich durch ein Schlüsselloch hinein. Wenn wir diese Sorge kennenlernen, nicht bloß fühlen, sondern ertragen lernen, dann erlangen wir jenen Entwickelungsgrad des Menschen, der uns das geistige Auge aufschließt. Dies wird veranschaulicht dadurch, daß Faust blind wird im hohen Alter, nicht mehr physisch-sinnlich sehen kann, sondern hineinschauen kann in die geistige Welt. «Die Nacht scheint tiefer, tief hereinzudringen.» Finster ist es äußerlich, aber inneres helles Licht, das Licht, das die Welt beleuchten kann, leuchtet auf, das Licht, in dem die Seele ist zwischen Tod und Geburt: das Reich der Mütter. Jetzt erst kann Faust die Wanderung antreten in die geistige Welt, da wo seine Himmelfahrt so schön geschildert wird.

Dann kann Goethe zusammenfassen, was aus Faust geworden ist, von dem ahnenden Streben jenes Menschen an, der an der Wissenschaft verzweifelt und sich abwendet, was er von jener Stufe aus geworden ist bis zur höchsten Geist-Erkenntnis. Er kann es zusammenfassen im Chorus mysticus, der schon durch seinen Namen anzeigt, daß er etwas Tieferes bedeuten soll. In diesem Chorus mysticus soll paradigmatisch in wenigen Worten noch einmal zusammengefaßt werden, was den Schlüssel darbietet zu allen Weltgeheimnissen, wie alles Vergängliche nur ein Gleichnis ist für das Unvergängliche. Das, was das physische Auge sehen kann, ist nur ein Gleichnis für das Geistige, Unsterbliche, von dem Goethe gezeigt hat, daß er sogar die Erkenntnis der Wiederverkörperung erlangt, wenn er in dieses Geistige eintritt. Das soll endlich gezeigt werden, daß, wenn der Mensch eintritt in das geistige Reich, dann alles das, was in der physischen Welt Ahnung, Hoffnung ist, dort eine Wahrheit ist. Was in der physischen Welt angestrebt wird, wird Erreichnis in der geistigen Welt.

Fast pedantisch möchte es aussehen, wenn ich hier etwas angebe, was man wissen muß, um die Schlußworte zu verstehen.

Goethe sprach etwas undeutlich im hohen Alter, weil er zahnlos war. Er diktierte den zweiten Teil seines «Faust» einem Schreiber. Da er immer noch etwas hatte von Frankfurter Mundart, sind manche Worte und Laute etwas undeutlich herausgekommen. So ist für manches ch ein g gesetzt worden vom Schreiber. So zum Beispiel wurde für «Erreichnis» «Ereignis» geschrieben. Goethe hat, als er die Schlußworte des «Faust» diktierte, gesprochen «Erreichnis». Das Unzulängliche wird hier etwas, was erreicht werden kann, ein Erreichnis, also mit zwei r und ch. Überall, in allen Goethe-Ausgaben finden Sie «Ereignis» geschrieben. So wenig wissen die Goethe-Forscher in den Sinn einzudringen. Dasjenige, was unzulänglich ist in der physischen Welt, wird in der geistigen Welt «Erreichnis». Was nicht beschrieben werden kann in der physischen Welt, wird getan in der geistigen Welt. Es wird dort zur lebendigen Tat.

Und endlich erleben wir das Große, das Goethe im Schlußwort des zweiten Teiles des «Faust» zum Ausdrucke bringen darf: «Das ewig Weibliche». Oh, es ist eine Versündigung an Goethe, zu sagen, Goethe meint mit diesem Worte das weibliche Geschlecht. Goethe meint jenes Tiefe, was die Menschenseele darstellt dem Weltgeheimnis gegenüber, das, was sich sehnt als das Ewige im Menschen: Das ewig Weibliche, das die Seele hinanzieht zu dem ewig Unsterblichen, der ewigen Weisheit, und das sich dem ewig Männlichen hingibt. Das ewig Weibliche zieht uns hinan zu dem, was ewiges Männliches ist. Es bezieht sich nicht auf etwas Weibliches im gewöhnlichen Sinne. Deshalb dürfen wir durchaus dieses ewig Weibliche im Manne und in der Frau suchen: Das ewig Weibliche, das zum ewig Männlichen im Kosmos hinstrebt, um sich zu vereinigen, um eins zu werden mit dem die Welt durchwebenden, die Welt durchwirkenden Göttlich-Geistigen, nach dem der Faust strebt. – Dieses Geheimnis der Menschen aller Zeiten, nach welchem der Faust strebt von allem Anfange an, dieses Geheimnis, zu dem uns Geisteswissenschaft in einem modernen Sinne führen soll, drückt Goethe paradigmatisch wie monumental in jenen schönen Worten am Schlusse des zweiten Teiles des «Faust» aus, die er als mystischen Geistchor hinstellt, daß alles Physische, was uns in der sinnlichen Welt umgibt, Maja, Illusion, Täuschung ist, ein Gleichnis ist des Geistigen. Dieses Geistige aber sehen wir, wenn wir zu dem durchdringen, was es wie ein Schleier bedeckt. In diesem Geistigen sehen wir erreicht, was hier auf Erden nicht erreicht werden kann. Wir sehen das, was unbeschreiblich ist für den an die Sinne gebundenen Verstand, in wirkliche Tat umgewandelt, wenn der Geist des Menschen sich vereinigt mit der geistigen Welt. «Das Unbeschreibliche, hier ist's getan.» Und wir sehen jenes Bedeutsame, wo die Seele sich vereinigt, zusammenlebt mit dem ewig Männlichen der großen Welt, das diese Welt durchlebt und durchwebt. Das ist das große Geheimnis, das Goethe ausdrückt mit dem Worte:

Alles Vergängliche
Ist nur ein Gleichnis;
Das Unzulängliche,
Hier wird's Erreichnis;
Das Unbeschreibliche,
Hier ist's getan;
Das Ewig-Weibliche
Zieht uns hinan.

Goethe durfte sich sagen: Jetzt habe ich mein Lebenswerk getan. Es ist jetzt eigentlich gleichgültig, was ich die übrige Zeit, die ich noch zu leben habe, auf Erden vollbringe. – Goethe siegelte den zweiten Teil seines «Faust» ein. Und dieser zweite Teil wurde erst nach seinem Tode der Menschheit übergeben, und diese Menschheit wird alle Geisteswissenschaft zusammennehmen müssen, um einzudringen in die Geheimnisse dieses gewaltigen Werkes.

Nur Skizzenhaftes konnte heute gegeben werden. Man könnte stunden- und wochenlang mit allen Mitteln der Weisheit hineinleuchten in das, was Goethe als Testament der Menschheit gegeben hat. Möge die Menschheit immer mehr eröffnen dieses Testament! Siegel für Siegel wird fallen, je mehr die Menschen den Willen haben werden, in die Geheimnisse des zweiten Teiles einzudringen. Verstummen werden die Stimmen derjenigen, die sagen: Ihr sucht da etwas, was Goethe gar nicht hineinlegen wollte in sein Werk. – Sie kennen die Tiefen der Goetheschen Seele nicht, die da so sprechen. Die allein erkennen sie, die das Höchste sehen in diesem Werk, und in dem, was Goethe zusammendrängt in den mystischen Chor, der so viele Betrachtungen schließen kann, die zum Geiste führen sollen.

DAS VERHÄLTNIS DES GOETHESCHEN «FAUST» ZU GOETHE

Berlin, 17. Dezember 1911

Da durch die Erkrankung von Frau Wandrey ihre Faust-Vorträge nicht stattfinden konnten während der Zeit dieses Berliner Zusammenseins, möchte ich am heutigen Morgen einige abgerissene und mehr wie zufällig zusammengestellte Bemerkungen über den Goetheschen «Faust» machen. Ich habe öfter über den «Faust» vorgetragen und hoffe doch auch einmal in einer kleineren Schrift zu einer Zusammenstellung dessen zu kommen, was in den verschiedenen Vorträgen gesagt wurde. Nun ist das Faust-Thema ein außerordentlich umfassendes auf der einen Seite und auf der andern Seite ein außerordentlich schwieriges, schwierig aus dem Grunde, weil wohl nicht viele Dichtungen der Weltliteratur in so eigenartigem Verhältnis stehen zu ihrem Dichter wie der Goethesche «Faust» zu *Goethe*. Wir brauchen nur die äußere Tatsache zu bedenken, daß Goethe eine Art von erster Gestalt, die sich bei ihm als Faust-Dichtung ausgebildet hatte, nach Weimar mitbrachte, sie in Weimar also in verhältnismäßig sehr früher Zeit nur etwas ergänzt und durchgearbeitet hat und dann vorlesen konnte. Es ist die Gestalt, die am Ende des 19. Jahrhunderts herausgegeben ist, gefunden ist in einer Abschrift, welche den wenig geschmackvollen Namen trägt Goethes «Urfaust». Damit haben wir eigentlich also die Faust-Gestalt vor uns, die Goethe schon sehr früh hatte. Dann haben wir eine Gestaltung der Faust-Dichtung vor uns, die Goethe aus bestimmten Empfindungen heraus 1790 veröffentlichte, ein «Faustfragment». Ich sage selbstverständlich aus bestimmten Empfindungen heraus, weil man die Tatsache, daß Goethe es veröffentlichte, damit in Zusammenhang brachte, daß Goethe eigentlich daran verzweifelte, diese Faust-Dichtung damals zu beenden. Es handelte sich also darum, das von sich abzustoßen, was er bis dahin gedacht hatte, weil er gar nicht die Möglichkeit sah, es weiterzuführen. Dann haben wir die Form, in der im Anfang des 19. Jahrhunderts der «Faust» in die Öffentlichkeit trat.

Das ist ungefähr unser heutiger erster Teil mit der «Zueignung», dem «Prolog im Himmel» und so weiter. Es ist aber damit nicht getan, weil dazumal schon fertig war die «Helena-Szene», die heute als dritter Akt des zweiten Teiles figuriert, so daß in der Zeit, als Goethe diese Gestalt des «Faust» hatte, er schon in seinen Empfindungen und Gedanken lebend hatte einen Zusammenhang dieser Faust-Gestalt mit der Helena-Gestalt. Und dann, als Goethe fünfundsiebzigjährig ist, 1824, geht er mit Energie daran, den zweiten Teil abzurunden und zu einer vollen Dichtung zu machen, die dann von ihm als Testament hinterlassen ist nach seinem Tode.

Wir haben also eine Dichtung vor uns, die nicht nur Goethe während seines ganzen Lebens begleitete, an der er nicht nur während seines ganzen Lebens schuf, sondern die auch ihre ganze innere Fügung, den Gehalt, die Form, die Auffassung, alles überhaupt im Laufe der Zeit fortwährend änderte. Dazu müssen wir nehmen, daß Goethe sich gerade in diesem «Faust» zeigt als einen der wahrhaftigsten Dichter, die wir in der Weltliteratur finden. Denn es war ihm bei dem «Faust» niemals darum zu tun, irgend etwas nach außen hin Schönes oder Vollkommenes zu geben, sondern stets das zu geben, was er aus tiefster, innerster Ehrlichkeit heraus geben konnte, ungeschminkt das zu geben, was die Seele jeweilig als Wahrheit ergriffen hatte. Wenn man dazunimmt, daß dieses Goethe-Leben nun durch und durch zugleich ein Streben war, daß wir verfolgen können, wie dieses Goethe-Leben von Jahrzehnt zu Jahrzehnt sich weiterentwickelt, sich erhebt, wie Goethe Neues denkt, erkennt, zu neuen Welten Beziehungen faßt, so werden wir die Wichtigkeit erkennen, die darin liegt, daß Goethe in die Faust-Dichtung immer das hat einfließen lassen, was in ihm lebte. So konnte es schon sein, daß sein «Faust» ihm selber da und dort recht fragwürdig erschien, wenn er das vornahm, was er vor Jahrzehnten geschrieben hatte. Mittlerweile war er weitergekommen. Jetzt soll das weitergeführt werden, was er vor Jahren geschaffen hatte.

Eine Sache soll hier ins Auge gefaßt werden, um an Hand des «Faust» ein wenig in Goethes Seele hineinzuschauen. Nehmen Sie das, was jetzt unter dem Titel «Urfaust» erschienen ist, so haben Sie darin etwas, was Sie nennen können: Es ist ungefähr das, was Goethe nach Weimar gebracht hatte und in den ersten Weimarer Jahren abrundete. Es ist etwas, was man nennen könnte. die Dichtung eines jungen, außerordentlich begabten Dichters, der aber von dem, was eigentlich in seiner Seele ruhte, noch nicht viel für sich selber aus seiner Seele hat herausbringen können. Denn es fehlen in dieser Gestalt der Faustdichtung noch alle Zusammenhänge, die Goethe in seinem späteren Leben Zusammenhänge mit der geistigen Welt genannt haben würde. Es sind eigentlich nur die äußerlichen, ganz realistisch menschlichen Szenen da, die in solcher Jugendlichkeit gefaßt werden konnten. Es ist selbstverständlich, daß die Menschen, die ihr ganzes Leben bei einem solchen Verhältnis zur geistigen Welt bleiben wollen, und die das Werden, die Entwickelung in Goethe nicht sehen wollen, Widersprüche finden. Von ihnen sagte Goethe:

Da loben sie den Faust,
Und was noch sunsten
In meinen Schriften braust
Zu ihren Gunsten.

Das alte Mick und Mack,
Das freut sie sehr;
Es meint das Lumpenpack
Man wär's nicht mehr.

Aber fassen wir Goethes Situation ins Auge, fassen wir die Sache mit Hinblick auf Goethes Seele ins Auge. Wir können Station machen in der Zeit, als Goethe in Italien weilt, als er in Rom ist, also in der zweiten Hälfte des vorletzten Jahrzehntes des 18. Jahrhunderts, 1787 bis 1788. Was ist von jener Zeit an, wo Goethe das geschrieben hat, was jetzt im Urfaust vereinigt ist, bis zu der Zeit in der Goetheschen Seele geschehen, wo er in Italien weilte, wo er ansah als ihm passendste die Kunstform, die er im «Tasso», in der «Iphigenie» gegeben hat? Bedenken Sie, was es heißt, daß es dieselbe Persönlichkeit ist, die auf der einen Seite schon den merkwürdigen, chaotischen «Götz von Berlichingen» in seiner ersten Gestalt geschrieben hatte und dann die wunderbar in sich gerundete Form im «Tasso» und der «Iphigenie» gegeben hat. Das ist derselbe

Mensch. Aus inneren Gründen wird man später einmal nachweisen können, wenn man nicht mehr wird wissen, daß diese Werke von demselben Dichter sind, daß unmöglich derselbe Dichter diese Dinge geschrieben haben kann. In Goethe selber steckten schon verschiedene Menschen im wahrhaften Sinne des Wortes, können wir sagen. Der Goethe des Jahres 1775 war in Goethe überwunden und 1788 war es der Goethe, der in der Villa Borghese in Rom die «Hexenküche» schrieb und die wunderbare Szene «Erhabner Geist, du gabst mir, gabst mir alles, warum ich bat». Es ist eine tief bedeutsame Tatsache für die Erkenntnis von Goethes Seele, daß aufsteigen vor Goethes Geist die Bilder des Urfaust, die er damals in jugendlichem Titanismus in Auflehnung gegen die bestehenden Geistesströmungen hinschrieb, aus derselben Stimmung heraus, aus der auch der «Götz von Berlichingen» entstanden ist. Derselbe Goethe fühlt sich in Rom gedrungen, Maß und Harmonie hineinzubringen in seine Auffassung, wieder vorzunehmen die alten Gestalten. Er muß wieder ehrlich und aufrichtig aus seiner Gegenwart dem «Faust» etwas hinzufügen, den «Faust» selbst weiterzuführen suchen, wie er selber weitergekommen ist. Das war eine sehr schwierige Lage. Die frühere Zeit ist nicht mehr da, aber dem dichtenden Goethe stand sie gegenüber. Er hätte alles, was bis dahin geschrieben war, neu schreiben müssen, oder er hatte etwas vor sich, was vor ihm stand wirklich, als wenn er mit vierzig Jahren vor sich hätte seine Gestalt mit siebzehn, fünfundzwanzig, dreißig Jahren und so weiter, als wenn er das alles vor sich hätte. Und wiederum, wenn er den ganzen «Faust» umgestaltet hätte, würde er nicht wahr gewesen sein, denn er hätte nicht die Stimmung zum Ausdruck gebracht, die in ihm war, als er sich gerade interessierte für diese Szenen. Das alles macht die Faust-Dichtung so ungeheuer wichtig und so ungeeignet der Philistrosität, die wir im Leben finden. Aber es ist noch etwas vorhanden in Goethe, als er die «Hexenküche» schrieb und die Szene «Erhabner Geist», es ist noch etwas da.

Was war denn damals vor Goethe schon getreten? Goethe war nahegetreten durch alles, was in seiner Seele war, der vierten nachatlantischen Kulturperiode, der griechisch-lateinischen Zeit. Voller Enthusiasmus ist er für diese vierte nachatlantische Kulturperiode, für die griechisch-lateinische Zeit. Ich habe die Vermutung, schrieb er von

Italien aus, daß ich den Gesetzen der griechischen Kunst auf der Spur bin. Die Künstler verfuhren nach denselben Gesetzen, nach denen die Natur selbst verfährt. – Nachdem er sich tief in *Spinoza* eingelesen hatte, um den Gott in der Natur zu finden, steht vor ihm, als er vor den Kunstwerken in Italien steht, das, was ihm erscheint als Kunst, als er sagte: «Hier ist Notwendigkeit, hier ist Gott.» Gegenübergestellt fühlte er sich nun dem, was er in sich aufgesogen hatte im Norden aus einer Kultur heraus, in welche im wesentlichen das hineingespielt hatte, was erste Morgenröte der fünften nachatlantischen Kulturperiode war. Mag von dem, was da in den merkwürdigen Dämmerzeiten des Mittelalters auftauchte, manchem manches sonderbar erscheinen – von dem sonderbaren Teufelsglauben, von den Legenden und was da alles lebte im 13. bis in das 17. Jahrhundert hinein, was mit der Entstehung der Faust-Sage zu tun hat –, es steht in Zusammenhang mit der Kulturperiode, welche die griechisch-lateinische Zeit wiederum ablöste. Und nun steht vor Goethes Geist in dieser Zeit in ganz merkwürdiger Art die Vollendung des Menschen in der griechisch-lateinischen Zeit. Es war eine Vollendung, die dadurch herbeigeführt worden ist, daß dieser Kulturperiode, welche die Mitte der nachatlantischen Zeit ist, drei Perioden vorangehen, die sich in einer gewissen Weise später wiederholen, daß diese vierte Periode aber die Mitte, der Schwerpunkt der nachatlantischen Zeit ist, daß damals der Mensch bis zum Äußersten in die physische Welt hinausgegangen ist. Daher das Abgeschlossene, das ruhig Vollendete dieser Kunst. Das war es, was auf Goethe solchen Eindruck machte. Er fühlte: Wenn du solch ein Kunstwerk vor dir hast, brauchst du nicht in den Raum hinauszugehen, in das Äußere, es ist alles in das Kunstwerk eingeflossen. – Dieses Ausgeflossensein in die Form, in das «Wie», war es, was ihn besonders packte.

Im Norden stellte sich ihm entgegen, was er selbst mit der andern Seite seines Wesens so ungeheuer liebte in der früheren Zeit. Nehmen wir einen gotischen Dom oder die Kunst *Dürers, Holbeins* und so weiter. Da haben wir das, was vorbereitet die fünfte Periode. Die Kunstwerke sind nicht abgeschlossen. Man muß das suchen, was in dem Kunstwerk drinnen ist. Ein griechischer Tempel ist abgeschlossen, so abgeschlossen, daß kein Mensch da zu sein braucht. Der gotische Dom ist das nicht, er ist erst vollständig, wenn andächtige Menschen darinnen sind. Bis in die Zeit des Niedergangs in Griechenland haben wir immer in der äußeren Form das Geistige. Aber in der Form Dürers haben wir überall das Bestreben, tiefer zu gehen als das, was die äußere Form ausdrückt. Die Formen sind im griechischen Sinne manchmal unschön, weil ein gewaltiger Wille sich da ausdrücken will. Goethe war in der Jugend ein Anhänger dieser Kunst, der Shakespeareschen Kunst, die das Gegenteil der griechischen Kunst ist. Das, was hier wie zwei widerstrebende Elemente in Goethes Seele einander entgegengesetzt ist, würde kaum in einer andern Seele solch einen inneren Aufruhr hervorgerufen haben. Goethe wollte nämlich nichts Geringeres als mit allem, was ihm da entgegentrat unmittelbar in der äußeren Welt, zugleich das Übersinnliche, das Geistige haben. Er gehörte nicht etwa zu den Menschen, die mit der äußeren Form zufrieden waren, sondern zu jenen, die die äußere Form, die er in der griechisch-lateinischen Kunst sah, deshalb so sehr schätzten, weil mit der Form zugleich gegeben war das Übersinnliche. Die Form selber war ein Übersinnliches. Das, was in der Natur gegeben ist, was ihm sonst in der Welt entgegentrat, war für Goethe schon Maja, große Illusion, überall war Maja oder große Illusion gegeben. Aber von der Kunst verlangte er, daß sie mitten in die Maja hineinstellt das Wahre, den griechischen Tempel, den griechischen Gott, der vom übersinnlichen Standpunkte aus das Wahre ist. So war Goethe durstend nach der Wahrheit des Übersinnlichen in dem Sinnlichen, trunken nach griechisch-lateinischer Kunst deshalb, weil er in das Reich der Maja durch die Kunst ein Reich der Wahrheit stellen wollte. Alles Unwahre sollte von der Kunst entfernt werden.

Aber auf der andern Seite sah er, wie gefährlich eine solche Kunstforderung ist. Durch die Geisteswissenschaft wissen wir, warum gefährlich. Weil jede Kunstform an eine bestimmte Epoche gebunden ist, weil sie später nicht wieder auftauchen kann. Das war etwas, was für die vierte Periode ist, nicht aber für die fünfte. Da mußten die Menschen sich hinrichten auf das Übersinnliche, das nicht in der Form sich ausdrücken kann. Das war das Los der Menschheit, auf das gerichtet zu sein. Daher das Losringen in den nordischen Kulturen von allem Äußeren, das groteske Schauen des Geistigen in allem. So lange man – sagte

Goethe sich – über diese Dinge bloß redet – Goethe sagte sich das schon, als er in der Villa Borghese saß –, so lange man bloß redet, wie ich es auch getan habe in meiner Jugend, ist man eigentlich nicht wahr. – Denn in der äußeren Rede ist die Phrase so lange unvermeidlich, als sie nicht durchtränkt ist von innerem Seelensein. Goethe kam alles, was er bis dahin geschaffen hatte, wie etwas Unwahres vor gegenüber dem Plane, den er jetzt hatte, in der Kunst in die Maja hineinzustellen die Wahrheit. So entstand in ihm der Drang, herüberzubringen in die neue Zeit das, was wie ein Ewiges in jeder Epoche fortleben kann, herüberzubringen aus der griechisch-lateinischen Epoche das, was fortleben kann. Fassen Sie das wohl. Nicht wahr, es ist unbewußt herübergebracht, denn jede Kulturepoche steht auf der früheren. Unbewußt lebte die vierte in der fünften Kulturepoche fort. Das alles lebte als Drang in Goethe: Wie kriegt man das bewußt herüber, wie kann man das, was damals gelebt hat und Ewigkeitswert hat, herüberströmen lassen? Wie würde sich das, was in der griechisch-lateinischen Kultur lebte, ausnehmen, wenn die Menschen es bewußt in ihr Bewußtsein hinübertragen könnten? – Das war etwas, was in Goethes Seele lebte: Wie mußte ein Mensch sich ausnehmen, der ganz darin gelebt hat in der griechisch-lateinischen Zeit und der nun bewußt sein Bewußtsein in die spätere Zeit herübertrüge? – Damit war in Goethes Seele angeschlagen – wahrhaftig, tiefer konnte es für die damalige Zeit nicht angeschlagen werden – das ganze Problem der Reinkarnation, der Wiederverkörperung, angeschlagen in der Art, daß er sich fragte, wie könnte man zu einem bewußten Herübertragen früherer Kulturinhalte in spätere Kulturinhalte kommen? Das lebte so in ihm, daß er es nicht anzufassen wußte in der eigenen Seele. In der unterbewußten Seele lag das, was umgestaltet hatte die eigene Seele so, daß in dem Übergang von der vierten in die fünfte Periode eine so merkwürdige Gestalt wie der Faust auftreten konnte.

Faust hat wirklich gelebt, ist in die Matrikel der Heidelberger Universität eingeschrieben. Was war das eigentlich für eine Gestalt? Er war in gewissem Sinne ein Zeitgenosse des Nostradamus. Er war ein Mensch, der in gewisser Weise die Sehnsucht empfand, das, was jetzt wieder hervorgeholt werden muß aus verborgenen Seelentiefen, mehr oder weniger bewußt heraufzutragen. Die dritte Kulturepoche soll ja wieder heraufgetragen werden. Fausts Schicksal ist es, diese dritte Kulturepoche wieder heraufzuführen. Die Berechtigung eines solchen Geistes neben dem, der als Ideal in Goethes Seele entstand, die Berechtigung eines solchen modernen Geistes stand Goethe immer vor Augen. Niemals konnte er bezweifeln, daß dieser moderne Geist Berechtigung hatte neben dem Idealmenschen in seiner Seele aus der griechisch-lateinischen Zeit. Aber nun sagte er sich: Dieser Geist muß in die eigenen Seelentiefen hinuntertauchen, muß Bekanntschaft machen mit alledem, was den Menschen zerspaltet, wenn er die höheren Welten betritt. Kaum ist der Mensch an den «Hüter der Schwelle» herangekommen, das fühlte Goethe, tritt ihm sogleich eine Vielheit von Gestalten entgegen. So wurde für Goethe der Faust eine höchst fragwürdige Gestalt, aber eine, an der er nicht vorübergehen konnte: Wie ist der Geist, den ich aus der vierten Kulturperiode herübergetragen habe, in berechtigter Weise enthalten in einem Geiste im Übergang zur fünften Kulturperiode? – Er ist so enthalten, daß in das Streben hineinspielen müssen alle Gefahren, die dem Menschen begegnen, wenn er an dem «Hüter der Schwelle» vorbeigeht und die übersinnlichen Welten betritt. Daß Faust die übersinnlichen Welten betritt, geht aus seiner Sehnsucht, aus seiner gefühlsmäßigen Kontemplation hervor. Damit war Goethe von Anfang an bekannt, aber er wurde erst nach und nach bekannt mit den Gefahren, die damals noch vorhanden waren, heute nicht mehr, denn durch die Lehren in «Wie erlangt man Erkenntnisse der höheren Welten?» können sie vermieden werden. Faust aber hatte die Gefahren noch. Die Art, wie Faust in die übersinnlichen Welten kommt, ist so, daß gleichzeitig mit dem Aufgehen einer gewissen imaginativen Erkenntnis eine Aneiferung, eine Entflammung und Entzündung des niederen Leidenschaftslebens einhergehen muß. Beide Dinge sind nicht zu trennen, wenn nicht ein regulärer spiritueller Pfad eingeschlagen wird. Diese Dinge sind nicht davon zu trennen, das können Sie auch bei *Blavatsky* nachlesen. Sie sagt, man soll nur bemerken, wie das Karma dessen sich ändert, der in die geistigen Welten eindringen will, wie er Unglück über seine Umgebung bringen kann, wenn er nicht in regulärer Weise in die höheren Welten hineinkommt, wie er über seine ganze Umgebung die Kreise verbreitet, die von den

Impulsen ausgehen, die in ihm sind. Dafür mischen sich auch in die höheren Welten die eigenen Triebe und Leidenschaften; Gestaltenwelten umgeben den Menschen.

Diese realen Geistsucher mußte Goethe sich vor die Seele hinstellen, da er auf dem Boden stand, in sich eine Ahnung zu haben von der absoluten Wahrheit der griechisch-lateinischen Kultur. Diesen Geistsucher der fünften Periode mit all seinen Schwierigkeiten mußte er sich vor die Seele stellen. Was umgibt einen solchen Menschen, in welche Gefahren wird ein solcher Mensch hereingebracht? In der ganzen Sinnenwelt gibt es nichts, was konform ist dem, was ein solcher Mensch erlebt. Da muß in die Geisteswelt hineingeschritten werden. Aber man muß zunächst wissen, wie sich das, was ein solcher Mensch erlebt, unterscheidet von der Sinnenwelt. Deshalb die «Hexenküche», weil Goethe das ganze übersinnliche Milieu zeigen wollte, in das Faust kommen mußte, weil gezeigt werden mußte, wie die übersinnlichen Welten sich darstellten bei alle den Antezedenzien, von denen wir gesprochen haben. Man muß ganz als Teil der geistigen Welt diese «Hexenküche» aufnehmen. Man muß wissen, daß Goethe gewisse Geheimnisse der übersinnlichen Welt kannte, so daß er sachgemäß schilderte, wie die Dinge tatsächlich erkannt werden vom hellseherischen Bewußtsein. So ist die übersinnliche Welt ungemein sachgemäß geschildert, wenn das ganze Brodeln der menschlichen Leidenschaften beschrieben wird bei dem damals noch furchtbaren Eintreten in die geistige Welt. Alles, was da auftritt an brodelnden Leidenschaften, spiegelt sich in den Affen, welche die Namen Meerkatze und Meerkater führen, spiegelt sich in alledem, was sachgemäß in der «Hexenküche» dargestellt ist.

Nun hat aber Goethe den Drang, Faust heraufzukriegen zur Wahrheit, nicht zu dieser Welt des Unwahren. Es ist zwar eine Welt, die absolut in den Tatsachen wahr ist, aber eine Welt, die noch mehr Illusion ist, als die gewöhnliche Sinnenwelt für die Sinne Maja ist. Goethe muß sich so bestreben, an die Wahrheit heranzukommen. Da muß er darstellen, wie die äußere Welt, der Mephistopheles angehört, die übersinnliche, die in der «Hexenküche» dargestellt ist, umstellt. Goethe will zeigen, daß Faust aus der Welt heraus kann, aus der Mephisto seine Anregungen empfangen kann. Denken Sie sich einen Menschen so hingestellt in die übersinnliche Welt, wie Faust in die «Hexenküche», wenn man sich in dieser Welt nicht mehr auskennen kann, dann können nicht einmal die gewöhnlichen Gesetze des Zahlensystems stimmen. Auf geistreiche Auslegung des Hexeneinmaleins kommt es nicht an, man muß fühlen, was es heißt, real dem gegenüberzustehen, was in dem Hexeneinmaleins geschrieben ist:

Du mußt verstehn!
Aus eins mach zehn,
Und zwei laß gehn,
Und drei mach' gleich,
So bist du reich.
Verlier' die Vier!
Aus fünf und sechs,
So sagt die Hex',
Mach' sieben und acht,
So ist's vollbracht:
Und neun ist eins,
Und zehn ist keins.
Das ist das Hexen-Einmal-Eins.

Es handelt sich darum, sich in die Seele eines Menschen zu versetzen, der sich plötzlich in dieser Welt sieht, wo alles anders ist, nachdem er das gewöhnliche Zahlensystem kennengelernt hat. Wenn man mehr oder weniger geistvoll diese Dinge auslegt, schadet man der Dichtung, weil es dann den Anschein hat, als ob der Dichter selber so symbolisiert hätte. Nein, vor dem Dichter stand lebendig die Situation. Wer Goethe einen Symboliker, einen abstrakten Denker nennt, der zeigt, daß er nicht das Bedeutungsvolle und Reale dieser Situation erfassen kann. Was mußte dem Faust geschehen, wenn er nicht sein eigenes Karma und das seiner Umgebung, wie zum Beispiel bei Gretchen, verderben wollte? Es war ein weiter Weg von diesem Faust bis zu dem, der aus der Anschauung der vierten Kulturepoche heraus spricht die Worte: Oh, aus dem Menschenherzen entspringen die Imaginationen, die in ein Netz einspinnen die ganze Welt der Illusion:

Erhabner Geist, du gabst mir, gabst mir alles,
Warum ich bat. Du hast mir nicht umsonst
Dein Angesicht im Feuer zugewendet.
Gabst mir die herrliche Natur zum Königreich,
Kraft, sie zu fühlen, zu genießen. Nicht
Kalt staunenden Besuch erlaubst du nur,
Vergönnest mir, in ihre tiefe Brust
Wie in den Busen eines Freunds zu schauen.
Du führst die Reihe der Lebendigen
Vor mir vorbei und lehrst mich meine Brüder
Im stillen Busch, in Luft und Wasser kennen.
Und wenn der Sturm im Walde braust und knarrt,
Die Riesenfichte stürzend Nachbaräste
Und Nachbarstämme quetschend niederstreift,
Und ihrem Fall dumpf hohl der Hügel donnert,
Dann führst du mich zur sichern Höhle, zeigst
Mich dann mir selbst, und meiner eignen Brust
Geheime tiefe Wunder öffnen sich.

Das ist der Faust, der da redet mit der Natur, indem sich seine imaginative Welt verbindet mit dem, was als Maja oder Illusion vorliegt, der ein anderer ist als der, zu dem Mephistopheles so sonderbar sagen darf:

Wie hättst Du, armer Erdensohn,
Dein Leben ohne mich geführt?
Vom Kribskrabs der Imagination
Hab' ich dich doch auf Zeiten lang kuriert.

Wodurch hat er ihn kuriert? Dadurch, daß er ihn in die übersinnliche Welt hineingeführt hat. Aber Faust soll nicht auf diese Weise von der Imagination kuriert werden, sondern so, daß er erkennt die Imagination als allumfassend die große Maja, die Illusion. Was ist dazu notwendig, damit der Faust sagen kann:

Und wenn der Sturm im Walde braust und knarrt,
Die Riesenfichte stürzend Nachbaräste

Und Nachbarstämme quetschend niederstreift,
Und ihrem Fall dumpf hohl der Hügel donnert,
Dann führst du mich zur sichern Höhle, zeigst
Mich dann mir selbst, und meiner eignen Brust
Geheime tiefe Wunder öffnen sich.

Damit diese klassische Ruhe des Öffnens eintreten kann, was muß Faust gegenüber der «Hexenküche», wo er sich verlieren muß, wenn er nicht etwas ganz bestimmtes entwickelt, was muß Faust entwickeln? Er muß nicht wie ein theosophischer Theoretiker vorgehen, er muß wie ein Mensch mit einem ganz bestimmten Erleben zu sich selbst kommen, er muß objektiv sich selbst schauen. Es muß gegenüber der «Hexenküche» etwas ihm entgegentreten, worin er sich selbst schaut. Es muß in der Imagination etwas von höherer Wahrheit erscheinen, aber etwas, was höhere Realität hat als die «Hexenküche». Das höhere Selbst ist ja für den Mann weiblich. Das ist sehr real dargestellt in dem Erscheinen der «Helena» in der «Hexenküche», das Erscheinen des Ätherleibes, den man nur von einer gewissen Entfernung schauen kann. Dieser Gestalt gegenüber sagt Mephistopheles, weil er sie nicht versteht:

Du siehst mit diesem Trank im Leibe
Bald Helenen in jedem Weibe.

Das ist aus einem wahren dichterischen Impulse dargestellt, der nach dem strebt, was die Menschen der Äußerlichkeit nach lange nicht als das ansehen werden, worauf es ankommt. Für die Menschen des fünften Zeitraumes wird noch lange eine Frage ertönen nach dem, was sie nötig haben, eine Frage, die leicht etwas Zweideutiges haben könnte, aber wenn sie wahr beantwortet ist, ist sie leicht zu begreifen. Wie könnte man der wichtigsten Angelegenheit der Menschen des fünften Zeitraumes gegenüber sprechen?

Was ist verwünscht und stets willkommen?
Was ist ersehnt und stets verjagt?
Was immerfort in Schutz genommen?
Was hart gescholten und verklagt?
Wen darfst du nicht herbeiberufen?

Wen höret jeder gern genannt?
Was naht sich deines Thrones Stufen?
Was hat sich selbst hinweggebannt?

Es ist eine merkwürdige Rätselrede, mit der Goethe nahe an dem Beginne des zweiten Teils uns entgegentritt. Man könnte Worte genug finden, dieses Rätsel aufzulösen, für unsere Menschheit aber wird man am besten die Lösung finden, wenn man auf alles, was gefragt ist, ein einziges Wort anwendet. Das Wort: Geist. Goethe wollte aber nicht, daß man es so leicht hat, das Rätsel zu lösen, nicht so knüppeldick wollte er es vorführen. Aber der Geist ist verwünscht in der mannigfaltigsten Weise und doch stets willkommen. Man soll nur die geistige Entwickelung der Menschen ansehen, um zu wissen: Was ist ersehnt und stets verjagt? – Da braucht man ja nur auf die Geisteswissenschaft zum Beispiel hinzuweisen. Damals durfte sich der Geist nur in der Gestalt des Hofnarren zeigen, sonst war er wenig gerne gesehen.

Das ist die große Frage, wie nun die fünfte nachatlantische Kultur zu Geist kommen sollte, zu Geist kommen soll aus dem, was sie ja hat, wie sie erfassen kann die eigentliche Grundwesenheit der Welt. Nun ist in keiner Kulturepoche die Menschheit mehr geeignet gewesen, sozusagen den Geist in der Form des Ich zu finden als in unserer Kulturepoche. Aber wie konnte man doch erst die wahre Natur des Menschen finden, wenn man dieses Ich auf der Unterlage, auf dem Hintergrunde des Astralleibes fassen konnte? Nehmen wir an, wenn sich der Mensch des 19. oder auch des 16. Jahrhunderts schon daranmachen wollte das zu finden, was der Astralleib ist. Die Imagination hat der Mensch zunächst in der äußeren Erkenntnis nicht. Den Astralleib sollte der Mensch suchen, das, was zugrunde liegt von der Mondenzeit her der äußeren Ich-Entwickelung. Der Mensch kann natürlich, weil alle Kräfte überall hinkommen können, auch dann, wenn er auf die Dinge den Intellekt anwendet, zu etwas kommen, aber was wird er dann aus dem Astralleib herausbringen? Nehmen wir an, was dann aus dem Astralleib hervorkommt, wenn man das, was für die äußere Maja gut paßt, auf den Astralleib anwendet. Man kann das nicht passender ausdrücken, als indem man das, was da herauskommt, mit dem Homunkulus bezeichnet. Der Homunkulus hat etwas zu tun mit dem Astralleib, wie er sich herumgliedert um das, was das Ich ist. Man hat es zu tun mit dem Übersinnlichen, so daß Goethe hier ein Wort prägen darf, das von vornherein verweist auf etwas, was in der übersinnlichen Welt erzeugt wird. Da sagt Wagner – der philiströse Intellekt bringt ja im Laboratorium den Homunkulus hervor –:

> Es wird! Die Masse regt sich klarer!
> Die Überzeugung wahrer, wahrer!
> Was man an der Natur Geheimnisvolles pries,
> Das wagen wir verständig zu probieren,
> Und was sie sonst organisieren ließ,
> Das lassen wir kristallisieren.

Mit diesem Worte Überzeugung haben die Kommentatoren das Merkwürdigste anzufangen gesucht, weil sie nicht dahinterkommen konnten, daß hier nicht Überzeugung gesprochen wird, sondern daß Goethe in dem Sinne, wie er vom Übermenschen spricht, hier spricht von einer Überzeugung. Aber man hat ja den zweiten Teil des Faust in merkwürdiger Weise so kommentiert, daß man die Schreibfehler kommentiert hat. Wenn zum Beispiel Goethe diktierte und der Schreiber schrieb: «Nur strebe nicht nach höheren Orden» und so weiter – es ist wahrhaftig hier nicht gemeint Orden, sondern der, dem Goethe diktiert hat, hat geschrieben statt Orten «Orden». Diese Dinge, die wir da haben, zeigen uns, daß für Goethe, nachdem er sich Faust in seinem ganzen geistigen Streben vor Augen gestellt hatte, jetzt besonders brennend wird die Frage: Wie kann man bewußt das Bewußtsein herüberbringen? – Das Bewußtsein, das zum Beispiel in Helena gelebt hat, die jetzt vor seinen Geist hintrat. Das war die brennende Frage. Dabei muß ich erwähnen – Sie müssen den Goethe des Jahres 1797 nehmen –, da ist in der ganzen Goethe-Seele die größte Veränderung vorgegangen, die überhaupt in ihr vorgegangen ist. In derselben Zeit, als die Faust-Gestalt in ihm erzeugt die Notwendigkeit, sie nicht nur zu denken als hervorgegangen aus Vorgängen der inneren Seele, als er den «Prolog im Himmel» dichten muß, da änderten sich in seinem Inneren sozusagen alle Dinge. Da trat auch die Notwendigkeit an ihn heran, immer bestimmtere Gestalt zu geben diesem bewußten Herüberkommen des Bewußtseins aus der vierten in die fünfte Periode. Daher auch das Bestreben, die Frage irgendwie zu lösen.

Ich habe öfter angedeutet, wie Goethe dichterisch die Reinkarnationsfrage zu lösen sucht, indem er zeigt, daß das Ewige der Helena in der geistigen Welt der «Mütter» ruht. Aber der Mensch kann nicht ohne weiteres eindringen in die geistige Welt, sonst tritt das ein, was Faust paralysiert, als er das Bild der Helena anschaut. Der Geist muß sich umschließen erst mit der Seele, dann mit dem natürlichen Leibe. Mit der Seele umschließt sich Helena, als im Astralischen seelisches Material in Homunkulus zur Verfügung gestellt wird. Im Homunkulus haben wir die Kräfte des Astralleibes eines ins Dasein tretenden Menschen.

Ihm fehlt es nicht an geistigen Eigenschaften,
Doch gar zu sehr am greiflich Tüchtighaften.

Alles ist ganz sachgemäß geschildert, und zuletzt das Umhüllen mit der äußeren Natur, wo wir darauf hingewiesen werden, wie das äußerlich Körperhafte aufgenommen wird. Da muß er durch alle Naturelemente durchgehen, er fängt an bei der mineralischen Welt, geht durch die Pflanzenwelt. Goethe findet da das wunderbare Wort: «Es grunelt so», um anzudeuten, das, was aus der grünenden Pflanzenwelt in die Menschennatur übergehen kann. So geht es durch alles durch. «... bis zum Menschen hast du Zeit.» Aber dann kannst du nicht weitergehen.

Denn bist du erst ein Mensch geworden,
Dann ist es völlig aus mit dir.

Das geht weiter, bis der Mensch durch das Mysterium der Liebe ins Dasein tritt, was so wunderbar dargestellt ist, wie der Mensch durch das Mysterium der Liebe, durch das Mysterium des Geschlechtsgegensatzes ins Dasein gerufen wird. Nachdem Goethe alles dargestellt hat, was dem Mysterium vorangeht, läßt er die Sirenen das Wunder aussprechen:

Welch feuriges Wunder verklärt uns die Wellen,
Die gegeneinander sich funkelnd zerschellen?
So leuchtet's und schwanket und hellet hinan,

Die Körper, sie glühen auf nächtlicher Bahn,
Und ringsum ist alles vom Feuer umronnen;
So herrsche denn Eros, der alles begonnen!

Und der Mensch tritt ins Dasein.

Heil den mildgewognen Lüften!
Heil geheimnisreichen Grüften!
Hochgefeiert seid allhier,
Element' Ihr alle vier!

Und wir blättern um. Dritter Akt: die Helena ist da. Diese Dinge dürfen nicht mit groben Händen angefaßt werden, nicht einer äußeren Interpretation anvertraut werden. Die Dinge lassen sich nur so schildern, daß man nachläuft und nachschlüpft dem, was sich da ausdrückt, indem man die Dinge in dem sich metamorphosierenden Wasser löst wie bei Goethe. Aber darinnen ist das alles. In Goethe ist der Drang, das bewußt heraufzubringen, was unbewußt im Menschen der vierten Kulturperiode gelebt hat, und was bewußt heraufkommen muß.

Und dann gebraucht Goethe noch das moralisch-religiös-mystische Element des Nordens, um nun zu zeigen, wie in der Tat das Berechtigte herauskommen kann von dem, was sich unberechtigt in der «Hexenküche» gezeigt hat. Das zeigt er so großartig in der Schlußszene, wo Geisteswissenschaft und Mysterium so wunderbar zusammenspielen, wo dann im «Chorus mysticus» so wunderbar zusammengedrängt ist alles, was da in Goethe gelebt hat, indem dieser Chorus mysticus geradezu auch als Symbolum der Geisteswissenschaft gebraucht werden kann, was vorher schon ausgedrückt ist durch die gestreuten Rosen, und wenn dann gesagt wird:

Alles Vergängliche
Ist nur ein Gleichnis;
Das Unzulängliche
Hier wird's Erreichnis;
Das Unbeschreibliche,
Hier ist's getan;

Das Ewig-Weibliche
Zieht uns hinan

so ist da in wenigen Zeilen alles das ausgedrückt, was wir als geisteswissenschaftliche Wahrheit anerkennen.

DAS RINGEN FAUSTS NACH DEM CHRISTDURCHTRÄNKTEN QUELL DES LEBENS

Dornach, 4. April 1915
nach der eurythmisch-dramatischen Darstellung der «Osternacht»

Unter den Osterdarbietungen, die eben vor unseren Sinnen vorübergezogen sind, waren ja auch diejenigen, welche darstellen, wie eine Seele, die nahe daran ist, durch ihren eigenen Entschluß durchzugehen durch die Todespforte, zurückgeholt wird in die Welt des irdischen Lebens durch die Osterbotschaft. Ich glaube, daß unter den mancherlei Eindrücken, welche die Faust-Dichtung auf uns Menschen machen kann, dieser Szene Eindruck einer der tiefsten sein muß. Bringen Sie jetzt, ich möchte sagen, *nach* der Verwandlung* der die Welt mit ihrer Entwickelung bedeutenden Szenerie, bringen Sie das, was Sie als einen Ausblick innerhalb der Faust-Dichtung in Ihre Seele aufgenommen haben, in Zusammenhang mit dem, was gestern gewissermaßen *vor* der Verwandlung von mir hier gesagt worden ist über jene bedeutungsvolle reale Vision, die der Menschenseele aufgehen kann, wenn sie hintritt vor das Symbolum des im Grabe ruhenden Jesus Christus. Bedenken wir, daß wir gestern sagen durften, daß wachgerufen wird durch ein entsprechendes geistiges Anschauen oder geistiges Empfinden der Anblick dessen, was dem Menschenleben verbunden ist durch seine Erdenentwickelung in bezug auf die luziferische, die ahrimanische Welt. Bedenken wir, daß wir in der Faust-Dichtung vor uns haben eine Seele, welche sich uns sogleich, da die Dichtung beginnt, ankündigt als eine solche, welche aufgenommen hat in sich ahrimanisches Wissen, ahrimanische Erkenntnisse. Und schauen wir dann in diese Seele hinein, wie sie ringt aus ihrer Verbindung mit der ahrimanischen Weisheit heraus nach dem – wir dürfen von unserem Gesichtspunkte aus sagen – christdurchtränkten Quell des Lebens: ein bedeutungsvoller Augenblick, der uns für eine Menschenseele vorgeführt wird. Fassen wir sie ins geistige Auge, diese Menschenseele! Da steht sie vor uns mit all dem Wissen, das sie in sich aufgenom-

* Bei den Worten «Christ ist erstanden» verwandelte sich die schwarze Farbe der Szenerie in eine rote.

men hat durch die Beobachtung der äußeren materiellen Welt und ihrer Zusammenhänge, mit der Erkenntnis, die sie sich erobern konnte durch die Instrumente, durch die der äußere Naturforscher einzudringen versucht in die Zusammenhänge der Natur ... Und wozu ist diese Seele gekommen mit all dem Forschen, das sich knüpft an die verschiedenen Instrumente und auch an die Phiole, in der die Säfte enthalten sind, die für das irdische Leben «eilends trunken machen»? Wir fühlen, wie schon ahrimanisches Wesen an der Seite der Faust-Seele waltet, und wie dieses ahrimanische Wesen verknüpft ist mit dem, was Erdentod ist. Ist es uns nicht, wie wenn diese mit ahrimanischem Wesen angefüllte Menschenseele das Ergebnis ihrer ahrimanischen Erkenntnisse zöge? Und dieses Erkenntnisergebnis, das Ahriman auf Erden den Menschen geben kann, das ist es, was sich zusammenfaßt in die Worte:

Ich grüße dich, du einzige Phiole!
Die ich mit Andacht nun herunterhole,
In dir verehr' ich Menschenwitz und Kunst.
Du Inbegriff der holden Schlummersäfte,
Du Auszug aller tödlich feinen Kräfte,
Erweise deinem Meister deine Gunst!
Ich sehe dich, es wird der Schmerz gelindert,
Ich fasse dich, das Streben wird gemindert,
Des Geistes Flutstrom ebbet nach und nach.
Ins hohe Meer werd' ich hinausgewiesen,
Die Spiegelflut erglänzt zu meinen Füßen,
Zu neuen Ufern lockt ein neuer Tag.

Und schon hat diese Seele die Vision, daß sie zum andern Ufer kommt, wo sie vielleicht dasjenige wird finden können, was sie glauben muß, durch ihre ahrimanische Verstrickung auf dieser Erde nicht finden zu können. Schon hat sie die Vision des Hinübergehens zu dem andern Ufer:

Ein Feuerwagen schwebt, auf leichten Schwingen,
An mich heran! Ich fühle mich bereit,
Auf neuer Bahn den Äther zu durchdringen,
Zu neuen Sphären reiner Tätigkeit.

Dies hohe Leben, diese Götterwonne!
Du, erst noch Wurm, und die verdienest du?
Ja, kehre nur der holden Erdensonne
Entschlossen deinen Rücken zu!
Vermesse dich, die Pforten aufzureißen,
Vor denen jeder gern vorüber schleicht.
Hier ist es Zeit, durch Taten zu beweisen,
Daß Manneswürde nicht der Götterhöhe weicht,
Vor jener dunklen Höhle nicht zu beben,
In der sich Phantasie zu eigner Qual verdammt,
Nach jenem Durchgang hinzustreben,
Um dessen engen Mund die ganze Hölle flammt;
Zu diesem Schritt sich heiter zu entschließen
Und, wär' es mit Gefahr, ins Nichts dahin zu fließen.

Und nachdem er nun auch noch das andere ahrimanische Instrument ergreift, da ist er bereit, den Weg hinüber zu nehmen in diejenigen Gefilde, von denen er in Ahrimans Schule gelernt hat, daß sie nimmermehr erkennbar sind der Seele, solange sie im Erdenleibe eingeschlossen ist. Und aus dieser Stimmung wird diese Seele herausgerissen durch den Klang der Osterglocken und den Chor des Ostergesanges. Und wieder hat die Faust-Seele das irdische Leben, um jetzt innerhalb des irdischen Leibes das zu suchen, was diese Menschenseele als Ergebnis ihres Suchens im irdischen Leibe hindurchtragen soll durch die Pforte des Todes, damit sie es hinauftragen könne in die geistigen Gefilde, in denen sie es braucht zu ihrer weiteren Entwickelung.

Dasjenige, was Sie heute gehört haben von dem ersten Teil von *Goethes* «Faust», und manches, was zu diesem Teile, zu dieser Szene von Goethes «Faust» gehört, erschien zuerst als abgeschlossener erster Teil der Dichtung im Jahre 1808. Vorher aber schon war im Jahre 1790 von Goethe erschienen «Faust, ein Fragment», dieses Fragment, das noch nicht die letzte Gretchen-Szene hatte. Aber auch die Szene hatte dieses Fragment nicht, die uns heute jene für Fausts Seele bedeutungsvollen Ereignisse vor die eigene Seele geführt hat. 1790 gab Goethe sein Fragment noch ohne diese Osterszene und ohne den Monolog heraus, der in die tiefsten Tiefen menschlich-seelischen Erlebens führt. Und am Ende des 19. Jahrhunderts ist dasjenige entdeckt worden, was Goethe fertig hatte in den achtziger, sogar schon in den siebziger Jahren, in den neunziger Jahren. Es ist dann veröffentlicht worden unter dem geschmacklosen Titel «Urfaust». In diesem Urfaust haben wir nun ebenfalls nicht, man kann sagen selbstverständlich nicht diese Osterszene. Warum haben wir sie nicht? Ja, Goethe, der ein Kind seiner Zeit war, mußte reif werden, um in seiner Art, seiner Seele gemäß, die Wirkung des Christus-Impulses auf Fausts Seele darstellen zu können; er mußte erst dazu reif werden. Und Goethe war bis zum Jahre 1790 nicht dazu reif. In die neunziger Jahre fällt jene Vertiefung Goethes in seiner Seele, die ihren Abglanz gefunden hat in dem uns ja bekannten «Märchen von der grünen Schlange und der schönen Lilie». Es fällt hinein in die Zeit zwischen dem Zeitpunkt, in dem der «Faust» erschienen ist ohne die Osterszene, und dem Zeitpunkt, in dem er erschienen ist mit der Osterszene. Eine unendliche Vertiefung erfuhr Goethes Seele durch das, was sie ausgestaltete in dem «Märchen von der grünen Schlange und der schönen Lilie». Und erst an diesem Erlebnis gewahrte Goethe, wie er wirken lassen dürfe die Osterauferlebens-Szene auf Fausts Seele.

Nun, sehen wir in diese Faust-Seele selber hinein, versuchen wir einmal, uns zu versetzen in den Anfang von Goethes «Faust», der in den verschiedenen aufeinanderfolgenden Veröffentlichungen so ziemlich gleich ist. Wir wissen, er heißt:

Habe nun, ach! Philosophie,
Juristerei und Medizin,
Und leider auch Theologie!
Durchaus studiert, mit heißem Bemühn.
Da steh' ich nun, ich armer Tor!
Und bin so klug als wie zuvor;
Heiße Magister, heiße Doktor gar,
Und ziehe schon an die zehen Jahr,
Herauf, herab und quer und krumm,
Meine Schüler an der Nase herum –
Und sehe, daß wir nichts wissen können!

Zehn Jahre also ist er Dozent. Nehmen wir an, er wäre regelmäßig in die Dozentenlaufbahn hineingekommen, dann könnten wir etwa denken, so gegen die Dreißigerjahre hin wäre er Dozent geworden, so hat er also gewissermaßen seit dem dreißigsten Jahre seines Lebens seine Schüler an der Nase herumgeführt! Erinnern wir uns, was ich gestern sagte. In den Dreißigerjahren wird der Mensch stehen vor dem Bilde des Jupiterdaseins, wenn sich ihm vor Augen stellen wird jene Verführung, von der ich gestern gesprochen habe. Und eine Vision, eine prophetische Vision jener Verführung, hat man vor sich, wenn man vor dem im Grabe liegenden Christus Jesus steht. Haben wir nicht in Faust ausgestaltend dramatisch jene Vision? Steht er nicht förmlich vor uns vor dem Ostergeheimnis, und steht er nicht gerade, man kann sagen, am Ende der Dreißigerjahre vor uns vor dem Ostergeheimnis? Dürfen wir nicht annehmen, daß in seinen Empfindungen rumort, was der Mensch aus dem Ostergeheimnis empfinden muß wie eine Vorahnung des Jupitererlebnisses mit Luzifer und Ahriman? Zu Goethes Zeiten konnte man das nicht so darstellen, wie man es jetzt darstellen kann, aber Goethe konnte darstellen die im Herzen rumorende Empfindung gegenüber dem Ostergeheimnis, und die rumorte in Fausts Seele. Und ist es nicht, als wenn Faust fühlte, da wo Mephisto-Ahriman an ihn herantritt, wie verfallen seine Seele ist den ahrimanischen Mächten? Wie er sich zu retten hat vor irgend etwas? Ja, vor was denn? Vor was hat er sich zu retten? Können wir nicht sagen, daß Goethe etwas davon empfunden hat, als er die eigene Faust-Stimmung seiner Jugend wiederum auf sich wirken ließ als reifer Mensch, als reife Seele etwas empfunden hat, so wie er es in seiner Zeit empfinden konnte, von der Osterstimmung, die wir uns in diesen Tagen vor die Seele malten, und daß daraus das Bedürfnis entstanden ist, die Osterszene einzufügen in den «Faust», der früher nicht diese Osterszene gehabt hat? Ins Christliche umgedichtet ist der «Faust» mit der Einfügung der Osterszene zwischen den Jahren 1790 und 1800.

Welche Jahre hatte denn also Faust zu durchleben? Vor welchen Lebensjahren schauderte er so zurück, daß er selbst zur Phiole greifen wollte? Nun, vor dem zweiten, absteigenden Teil des Lebens, jenem Teil des Lebens, von dem wir gesagt haben, wie der Mensch, indem er vor die Vision des Jupiterdaseins tritt, weiß, daß er später auf den Jupiter tragen muß dasjenige, was ihm der Christus als Wegzehrung geben kann, weil er sonst der Nahrung ermangeln müßte in der zweiten Lebenshälfte. Was sucht denn Faust? Er sucht Nahrung der Seele für die zweite Lebenshälfte. Wir suchen sie im Grunde genommen alle seit der Zeit, da das Mysterium von Golgatha über die Entwickelung unserer Erde hinweggegangen ist. Wir suchen sie im Grunde alle. Denn dasjenige, was auf dem Jupiter physisch-psychische Gestalt annehmen wird, das lebt jetzt schon in unseren Seelentiefen, und etwas von dieser Faust-Stimmung müssen wir alle empfinden. Wir brauchen eine Kraft, die wir nicht haben können durch dasjenige, was uns als Mensch nur die Freiheit gibt und uns demgemäß zu Ahriman und Luzifer führt, wir brauchen eine Kraft für diejenigen Impulse in uns, die zusammenhängen mit der absteigenden Lebenshälfte. Die Christus-Kraft ist es, die Christus-Kraft, die der Christus hat, nachdem er durch die Todespforte gegangen ist und in einem irdischen Leibe nicht durchlebt hat des Menschen zweite Lebenshälfte. Warum durchlebte er sie nicht? Weil diese Kraft, die dem Menschen gespendet werden muß in der zweiten Lebenshälfte, in die Erdenaura ausfließen mußte, damit sie alle Menschen durch die Erdenentwickelung in sich finden können. Es aufersteht durch das Ostermysterium dasjenige, was wir brauchen, damit wir mit unserer Seele unser ganzes Leben auf der Erde durchpilgern können. Und denken Sie sich jetzt diesen tiefen Zusammenhang in Goethes «Faust». Faust hat in sich aufgenommen – Goethe wußte, wie man dieses aufnimmt, denn er hat es ohne das Ostergeheimnis hingestellt, als er ohne das Ostergeheimnis sein Fragment herausgab –, Faust hat in sich aufgenommen, was der Mensch durch die Verbindung mit Luzifer und Ahriman aufnehmen kann, was uns die Möglichkeit der freien Seele gibt. Aber er, der die Seelentiefen durchmißt, ist sich klar, mit dem kann er nun nicht weiterleben, er braucht, um weiterzuleben, etwas anderes. Und Goethe wurde reif dazu, zu zeigen, wie es der Impuls des Ostergeheimnisses ist, was Faust braucht. Steht nicht das Ostergeheimnis tiefsinnig vor uns in dem, was Goethe erst als ganz reifer Mann aus seinem «Faust» gemacht hat, was er 1790 noch nicht drinnen haben konnte, weil er es noch nicht verstand?

Wie ist in dem jungen Goethe die dichterische Idee zu diesem Gedicht, von dem Sie sehen, daß es uns in solche Tiefen führt, entstanden? Wir wissen, daß der junge Goethe einen starken Eindruck bekommen hat sowohl von dem Puppenspiel des Faust, als er es gesehen hat, wo man einfach das Schicksal des Faust durch Puppen dargestellt findet, wie auch aus dem Volksschauspiel von dem «Doktor Faust». Dieses durchaus Volksmäßige trat vor Goethes Seele. Was ist denn nur dieser Faust? Und Goethes Seele war sogleich klar: Dieser Faust muß sein der strebende Mensch überhaupt, der durch sein Streben in alle Untergründe des menschlichen Seelenlebens hinuntertauchen kann und den Weg finden muß hinauf in die lichten Höhen des Geistes. Daß ein innerer Weg von einer Menschenseele durchlaufen werden müsse, das wußte der junge Goethe. Denn was ist es im Grunde genommen anderes als eine Meditation, was Faust in seiner Seele sengend durchlebt bei dem Anblick der verschiedenen Zeichen? Eine Meditation ist es, die ihn zuletzt zu der Vision des die Erde durchflutenden und durchwallenden Erdgeistes führt. Die Meditation erhält als Antwort die Worte:

In Lebensfluten, im Tatensturm
Wall' ich auf und ab,
Webe hin und her!
Geburt und Grab,
Ein ewiges Meer,
Ein wechselnd Weben,
Ein glühend Leben,
So schaff' ich am sausenden Webstuhl der Zeit
Und wirke der Gottheit lebendiges Kleid.

Meditation und Gegenmeditation! Hinein führt es ihn in die Tiefen des Lebens, den Faust, aber wie hinaus? Wie hinauf in die geistigen Höhen?

Nachdem wir uns also vor die Seele gestellt haben, welch grandiose Idee von dem strebenden Faust in Goethes Seele am Puppenspiel und am Volksschauspiel entstanden ist, und welche Gestalt diese grandiose Idee angenommen hat durch das Eindringen der Goethe-Seele in das Ostergeheimnis, fragen wir uns jetzt einmal: Was hat nun Goethe zeit seines Lebens aus dem «Faust» gemacht? – Nachdem wir uns das Grandiose desjenigen klargemacht haben, was in Goethes Seelenkraft gelegen hat durch den Eindruck des Faust-Impulses, dürfen wir uns wohl auch fragen: Was ist denn nun geworden künstlerisch-dichterisch aus diesen Eindrücken? – Nun, schon eines, was ich eben sagte, kann uns zu unserem Hange, diesen «Faust» auch ästhetisch-künstlerisch zu begreifen, behilflich sein. Goethe hat ein Fragment, das ungefähr mit der Domszene abschließt, 1790 veröffentlicht. Das, was uns heute den «Faust» so grandios erscheinen läßt, ist nicht darinnen. Er hat es später hinzugedichtet, hat es hineingelegt, als er in Rom war. 1787 hat er das, was wir heute als «Hexenküche» kennen, hineingelegt. Andere Szenen hat er zu andern Zeiten hineingelegt in das Manuskript, das ursprünglich geschrieben und abgeschrieben war und das in der Zeit, in der die späteren Szenen hinzukamen, von ihm selbst als ein «vergilbtes Manuskript» bezeichnet wird. Und als *Schiller* Goethe aufforderte um die Wende des 18. zum 19. Jahrhundert, etwas zu tun, um den «Faust» abzurunden, da sagte Goethe, es würde ihm schwierig werden, das alte Ungeheuer «Faust» wiederum vorzunehmen und das, was so lange liegengeblieben ist, nun in entsprechender Weise zu ergänzen. Goethe hatte Angst, in diesen seinen «Faust» hineinzulegen das, wozu er später reif geworden war, in all dasjenige, was er war und was erschienen ist bis zum Jahre 1790.

Und schauen wir uns nun den ersten Teil dieses «Faust» an. Ist er denn nicht ein Werk, dem wir es genau ansehen, daß es zusammengeflickt ist aus dem, was zu verschiedenen Zeiten entstanden ist? Würden die Menschen nicht an traditionellen Urteilen hängen, so würden sie in dem «Faust» die grandioseste dichterische Idee, die jemals mit Bezug auf das einzelne Menschliche in die Welt gekommen ist, sehen. Und zu gleicher Zeit müßten sie sich gestehen, daß mit Bezug auf das Künstlerisch-Dichterische dieser «Faust» das uneinheitlichste, daß er ein durchaus unharmonisches Werk ist, in das man noch mancherlei hineinlegen könnte, was nicht darinnen liegt, das überall Risse und Sprünge hat, das künstlerisch durchaus nicht vollendet ist. Das große Genie Goethes konnte nur fragmentarisch immer vollenden, was vor seiner Seele stand. Und so sehr wir die grandiose Schönheit einzelner Szenen bewundern müssen, so wenig können wir, wenn wir uns nicht bloß an das traditionelle Urteil anhängen, das Literaturhistoriker gefällt haben, sondern wenn wir unbefangen sind, uns verhehlen, daß der «Faust», wie er ist, kein in sich harmonisches Kunstwerk ist, daß er an vielen Stellen geleimt ist, aber Risse und Sprünge überall zeigt. Warum denn dies? Goethe hat dann noch einmal im höchsten Alter unternommen, wiederum zu vollenden den zweiten Teil seines «Faust», wofür auch schon einzelne Szenen da waren, an die er wiederum angefügt hat dasjenige, was er im höchsten Alter hinzufügen konnte. Zum Beispiel: der Anfang der klassisch-romantischen Phantasmagorie, des Helena-Zwischenspiels, war schon um die Wende des 18. zum 19. Jahrhundert vollendet, und manche Partien waren früher vollendet. Und wiederum haben wir durchaus Veranlassung, nicht zu sagen, wie manche Literaturhistoriker sagen, daß man den zweiten Teil des «Faust» nicht verstehen könnte, oder, wie ein keineswegs blöder, sondern sehr gescheiter Mann gesagt hat, daß der «Faust» «ein zusammengeschustertes, geflicktes Machwerk des Alters» sei. Das ist er nicht! Anderseits ist er ein Werk, dessen Aufgabe so groß war, daß selbst die reiche Lebenserfahrung Goethes in seiner Zeit nicht hinreichte, um es durchzugestalten. Man darf schon auch gegenüber dem Größten in der Welt sein eigenes Urteil haben. Warum aber ist das also? Nun, ich habe es schon einmal gelegentlich eines Vortragszyklus, der in Den Haag gehalten worden ist, angedeutet, daß dieser Faust keineswegs, ich möchte sagen, welthistorisch so außerordentlich jung ist. Der Faust, wie er lebte in dem Volksschauspiel, das Goethe gesehen hat, und wie er lebte im Puppenspiel, stellt den in die Tiefen des geistigen Lebens hinuntersteigenden Menschen dar, und er stellt den sich zu den lichten Höhen erheben wollenden Menschen dar; er stellt ihn so dar, daß der neueren Zeiten größter Dichter das Ostergeheimnis für seiner Seele Befreiung brauchte. Wie er im Volksschauspiel dasteht, ist er zusammengeflossen zunächst aus der äußeren physischen Realität, aus jenem Dr. Georg Faust, der in der zweiten Hälfte des Mittelalters gelebt hat und wie ein Landstreicher herumgezogen ist; von dem uns berichten sowohl *Trithem von Sponheim* wie andere bedeutende Männer, die ihm begegnet sind, und die sogar eine gewisse Achtung vor ihm gehabt haben, die Achtung, die man entgegenbringt einer merkwürdigen Persönlichkeit, welche durch die Art, wie sie sich seelisch ausdrückt, gar mancherlei weiß und gar mancherlei vermag. Und nicht umsonst wurde ja dieser reale Doktor Faust so genannt, wie ich es einmal hier angeführt habe:

Magister Georgius Sabellicus Faustus Junior, fons necromanticorum, Magus Secundus, Chiromanticus Aeromanticus, Pyromanticus, in hydra arte secundus.

So nannte er sich selbst. Nun war es allerdings im Gebrauch dazumal, so viele Titel von sich herumzutragen, und man könnte von *Giordano Bruno* und manchen andern bedeutenden Geistern des Mittelalters auch eine lange Liste ganz ähnlich klingender Titel sagen. Wenn es vielleicht heute von den ganz gescheiten Menschen als absonderlich empfunden wird, daß Trithem von Sponheim und andere Menschen, die um die Existenz dieses realen Faust gewußt haben, so dachten, daß er mit dämonischen Welt- und Erdenmächten in Verbindung stehe und durch sie mancherlei vermöge, so müssen wir eben bedenken, daß ja zu Luthers Zeiten zum Beispiel das gar nichts besonderes war, wenn man solches erzählte. Wir wissen, wie *Luther* selbst mit dem Teufel gerungen hat. Wir wissen, daß alles das gang und gäbe, Anschauungen und Erzählungen jener Zeit waren. Aber ein Gefühl lebte in alledem, was beitrug dazu, den Faust auszugestalten im Volksbewußtsein. Es lebte das Gefühl – ich sage das Gefühl und nicht der Begriff, nicht die Idee –, die Naturwissenschaft kommt herauf, die Naturwissenschaft, die den ahrimanischen Teil der realen Wirklichkeit vor die Menschenseele bringt. Und dadurch entstand das Gefühl: Faust ist eine Persönlichkeit und war eigentlich immer eine solche Persönlichkeit, welche etwas mit diesen ahrimanischen Mächten zu tun hat. Gleichsam die geheimen geistigen Verbindungsfäden erblickte man, die von der Seele des Faust zu den ahrimanischen Mächten hingingen. Und das Geschick des Faust fand man geknüpft an dieses Hinneigen zu den ahrimanischen Mächten. Daß Ahrimanisches und Luziferisches mit der ganzen Entwickelung der Menschenseele zu tun hat, von dem fühlte und empfand man noch etwas aus den Resten des alten Hellsehens und der alten hellsichtigen Erkenntnis. Und so verknüpfte sich die Faust-Figur mit diesem Erfühlen von des Menschen Zusammenhang mit den luziferischen und ahrimanischen Mächten. Aber es war zugleich die Zeit, in der dieses fühlende Erkennen bereits in die Dämmerung heruntersteig, in der das alles schon unklar wurde. Und so entstand dann, man möchte sagen, das Gefühl, da kann man den strebenden Menschen mit all seinen Versuchungen und Gefahren für seine Seele darstellen in der Figur des Faust. Aber wie das zusammenhängt, was da der Mensch erstrebt, mit Luzifer und Ahriman, das wußte man nicht mehr genau. Das war schon verschwommen geworden, und daraus ging dann jene ungeheuerliche Verschwommenheit hervor, von der man einen Eindruck hat, wenn man das mittelalterliche Faust-Buch in die Hand nimmt, worin all dasjenige, was die Volksfigur durchlebt haben soll, geschildert wird, wo wie Kraut und Rüben durcheinander geworfen werden zu einem grotesken Ragout von allen möglichen Abenteuern, die des Menschen Seele durchlebt in ihrem Streben, alle möglichen dämonischen und Elementargeister und Ahriman und Luzifer. Nachdem man diese nicht mehr in ihrer vollen Gestalt gesehen hat, nachdem man sie zertrümmert und zu einem Ragout zusammengemahlen hat mit allen möglichen Elementargeistern der Natur, stellte man nun in diesem Volksbuch, in dieses Ragout die Figur des Doktor Faust hinein. Goethes genialem Tiefblick war es eben einzig und allein angemessen, in dem schauerlichen Ragout die gewaltige Grundidee zu ahnen und sie so weit hinaufzuführen, daß sie an das Ostermysterium herankam. Aber es ist im Grunde recht interessant, zu beobachten, wie, ich möchte sagen, Luzifer und Ahriman nach und nach zu solchen Ragoutteilen zerstückelt worden sind.

Wenn wir zurückgehen und die Figur des Faust in alten Zeiten suchen, so können wir in Büchern suchen, die damals als Volksbücher entstanden sind, und die in all derjenigen Händen waren, die sich damals mit Angelegenheiten befaßt haben, die sich auf solche Dinge beziehen. *Augustinus'* Werke waren sehr verbreitet, als dieses Buch zusammengeschrieben, zusammengeschustert, zusammengeleimt worden ist. Man hat das Gefühl von einem Buchhändler, der ein möglichst dickes Buch machen wollte, und nicht, als ob es von einem Literaten oder gar einem Schriftsteller wäre. Aber seinen Augustinus muß er gekannt haben, namentlich die Lebensbeschreibung des Augustinus. Und Augustinus tritt uns ja in seiner ganzen Entwickelung so merkwürdig entgegen. Wie er zunächst nicht verstehen kann, was das Christentum in seinem

Wesen ist, wie er sich nach und nach durch die inneren Widerstände, die er in der Entwickelung seiner Seele dem Christentum entgegenbringen muß, hindurchwindet, zuerst zu dem, was ihm nun an Kunde werden kann von der Manichäerlehre. Und von einem großen, bedeutenden Manne innerhalb der Manichäersekte erhält Augustinus Kunde, von dem Manichäerbischof Faustus. Und wir spüren fast, wer nun jener Faustus senior ist, dem gegenüber der Faust, den ich vorhin genannt habe, sich Faustus junior nennt. Derjenige ist es, dem Augustinus in alten Zeiten einmal entgegengetreten ist, derjenige, der etwas von der Manichäerlehre vertrat als Faustus, als Bischof der Manichäer.

Aber was vertrat er von der Manichäerlehre? Dasjenige, was angefressen ist von Ahriman, dasjenige, wodurch man nicht mehr einsehen kann, wie der Mensch mit seiner Seele zusammenhängt mit dem ganzen Kosmos, mit allen kosmischen, allen Sternenimpulsen. Man kann sagen: Auch schon im Manichäerbischof Faustus ist zerrissen das Erkenntnisband, das hinaufführt zu den kosmischen Einsichten, die zeigen, wie die Menschenseele aus dem Kosmos herausgeboren ist, und die man kennen muß, wenn man in Wahrheit das Ostergeheimnis verstehen will. – So konnte in dem, der das Volksbuch vom Doktor Faust zusammenschrieb, gerade aus der Gestalt, die uns Augustinus schildert als den Manichäerbischof Faustus, – es konnte in diesem Zusammenschreiber und Zusammenleimer durch diese Gestalt der dem Ahriman verfallene Faustus auftauchen. Aber da alles verschwommen geworden war, so verstand er nicht, daß das gegen Ahriman hin ging. Die Fetzen von ahrimanischer Gefahr sehen wir daher durchschimmern durch die Erzählungen des Volksschauspiels, aber nichts Klares sehen wir durchschimmern. Doch können wir ein deutliches Gefühl erhalten, daß in Faustus der Repräsentant des strebenden Menschen hingestellt werden soll so, daß ihm von ahrimanischer Seite her Gefahr droht. Und vieles war in die Faust-Figur, wie sie sich herausgebildet hat bis zu Goethe, hineingefügt von jenem Manichäerbischof Faustus, dem Faust senior. Manche Kapitel des Volksbuches erscheinen geradezu, wie wenn sie abgeschrieben wären, aber schlecht abgeschrieben nur aus dem Buche, in dem Augustinus schildert seine eigene Entwickelung und sein Zusammentreffen mit dem Bischof Faustus. So sehr können wir beweisen, daß dasjenige, was als ahrimanischer Zug der Faust-Figur anhaftet, nach dieser Seite hinweist, daß also, als das Volksbuch niedergeschrieben worden ist, nur noch der letzte dunkle Drang da war, die ahrimanischen Elemente der Menschennatur gerade an der Faust-Figur darzustellen.

Und nun gar, wie ist es denn mit dem luziferischen Element? Wie sind denn die luziferischen Elemente zerhackt worden in jene Ragoutteile, die dann hineingekocht worden sind in das Ragout aus Elementargeistern und aus Stücken von Luzifer und von Ahriman, wie ich eben gesagt habe? Ja, wir müssen schon suchen, wenn wir nun des Faust Verbindung mit Luzifer auch suchen wollen. Auch da können wir historisch suchen, da brauchen wir nicht einmal gar so furchtbar weit zu gehen, wir brauchen nur nach Basel zu gehen, und wir können Anhaltspunkte in Basel finden, wie Luzifer zu einem Ragout zerhackt worden ist. Es wird uns nämlich erzählt, wie gerade in Basel *Erasmus von Rotterdam* zusammengekommen sei mit Faust, wie sie dort im Kollegium eine Mahlzeit halten wollten, aber nicht die rechte Speise dazu fanden. Und da es dem Erasmus gebrach an etwas, was ihm nun schmecken sollte, so sagte er das dem Faust, der bei ihm saß und mit ihm essen wollte, aber sie hatten nichts Rechtes. Da erzählt uns die Faust-Sage, daß Faustus nun imstande gewesen sei, irgendwo her – man weiß nicht woher – ganz fremde, in Basel sonst nicht auf dem Markte zu habende Vögel plötzlich gekocht, gebraten auf den Tisch hinzubringen. Also wir sehen eine Szene zwischen Erasmus von Rotterdam und Faust, in der Faust imstande ist, solche Vögel, wie man sie in Basel dazumal nicht kaufen konnte, weit herum in der Umgebung auch nicht, dem Erasmus vorzusetzen. Was ist denn das nun eigentlich? Als solches ist es in der Sage gar nicht verständlich, man kann sagen, ganz und gar unverständlich, aber es wird uns die Sache verständlicher, wenn wir nachgehen und zusammenbringen dasjenige, was wir aus den Schriften des Erasmus von Rotterdam gewinnen können, der uns selbst erzählt, daß er in Paris die Bekanntschaft gemacht hat von einem gewissen Faustus Andrelinus. Dieser Faustus Andrelinus war ein außerordentlich gelehrter Mann, aber auch ein außerordentlich sinnlicher Mann. Erasmus wurde zunächst so bekannt mit diesem Faustus, daß er noch keinen rechten Geschmack hatte an den sinnlichen Seiten dieses Faustus. Aber wiederum hören wir da von einer Mahlzeit, welche die zwei miteinander aufgegessen haben sollen. Nun, allerdings, zwei gelehrte Herren der damaligen Zeit, wie Erasmus von Rotterdam und Faustus Andrelinus – wir dürfen ihnen nicht zumuten, daß der eine dem andern solche Vögel vorsetzt und auf solche Art gar, wie der Faustus von Basel sie dem Erasmus vorgesetzt haben soll. Es wird also wahrscheinlich dasjenige, was uns da überliefert worden ist, nur eine Art von, ich möchte sagen, scherzhafter Rede sein, welche die beiden bei der Mahlzeit ausgetauscht haben. Aber wir kommen doch ein wenig hinter diese scherzhaften Reden, wenn wir innerhalb dieser Reden auch vernehmen, daß der Faust – diesmal ist es wohl der Faust – sich auch nicht recht gaumenbefriedigt erklärte mit dem, was ihm da vorgesetzt wird, und anderes verlangte. Faust möchte nun essen, um sich besonders zu letzen, fremde Vögel und Kaninchen; ja, fremde Vögel und Kaninchen. Erasmus hat zunächst die Idee, daß das etwas bedeuten müsse. Er benimmt sich also genauso wie manche Theosophen, die nachdenken, was die Dinge bedeuten. Nun, da sagt der andere, gut, er will verzichten auf die Kaninchen. – Erasmus meinte nämlich: Könnte das nicht bedeuten Fliegen und Ameisen? – Auf die Kaninchen will er verzichten. Aber die Vögel sind wirklich Fliegen, und mit Fliegen wolle er sich einmal besonders letzen. – Jetzt sind wir sehr weit. Jetzt haben sich die Vögel durch astralische Verwandlung in Fliegen verwandelt. Und bei Goethe haben wir in der Gestalt des Mephisto den Gott der Fliegen. Es braucht nur der Geist da zu sein, der diesen Wesen gebietet, und er könnte diese Wesen hinzaubern. Und so haben wir die Verbindungsbrücke geschlagen von der unverständlichen Basler Legende und den sonderbaren Vögeln zu den Fliegen, die einfach vom Teufel herkommen. Und daß der Teufel Fliegen vorsetzt dem, den er zu Tische lädt, darüber brauchen wir uns nicht zu verwundern. Welcher Art aber jenes Faustus Andrelinus Seelenwesen ist, welcher Seelenart gerade dieser ist, ja, das wird uns klar, wenn wir den Erasmus nun ein Stückchen weiter seines Weges verfolgen in Paris. In Paris war Erasmus noch nicht so recht geneigt, einzugehen auf dieses Faustus Andrelinus Eigenart. Aber dann muß er eine Reise machen nach London. Da schreibt er denn, daß er jetzt gelernt habe – wahrhaftig, Erasmus, denken Sie! –, sich im Salon zu bewegen, während er früher Manieren gehabt hätte wie ein grober Bauer, – daß er nun gelernt habe, Verbeugungen zu machen und sogar sich auf dem Hofparkett zu bewegen verstünde! Und – ja, Erasmus schreibt es – daß er in einer Atmosphäre lebe, wo man, wenn man kommt und geht, durcheinander sich immer küßt. Man erkennt daraus, daß er den Geschmack seines Pariser Freundes treffen will. Er schreibt: Komme doch herüber. Und wenn die Gicht zu stark dich abhält, so komme auf dem Geisteswagen durch die Lüfte herübergeflogen. Das ist für dich ein Element! – Man sieht, da haben wir die Verbindung des Faustus mit der luziferischen Art der Seelentendenz.

Bei Goethe tritt uns dann das entgegen, wie Faust seine Verführungen macht, indem er Gretchen verführt und so weiter. Der Luzifer ist wirklich so abgefallen aus der Umgebung der Faust-Figur, daß man schon solche literarische Untersuchungen machen muß, wenn wir an dem Pariser Faust die Verbindung des Faust mit Luzifer konstatieren wollen. Aber wir sehen förmlich den Faust dastehen, Luzifer und Ahriman – wenn auch undeutlich durch die verworrene Zeit – an seiner Seite, im Volksbuch alles zu einem Ragout zusammengekocht. Brauchen wir uns darüber zu verwundern, daß wir in dem Volksspiel und Volksschauspiel, sogar auch in dem Marloweschen Faust etwas haben, was ein Überrest ist uralter Anschauungen, die noch wurzeln in jenen Zeiten, in denen man aus atavistischem Hellsehen heraus des Menschen Zusammenhang mit Ahriman und Luzifer erkannte? Aber all das ist verschwommen geworden, und in dem literarischen Produkt, von dem wir gesprochen haben, durchaus verschwommen hingestellt. Goethe empfand den tiefen Zusammenhang. Aber was konnte Goethe nun nicht? Luzifer und Ahriman voneinander sondern, das konnte er nicht. Sie verschmolzen ihm noch zu der Zwittergestalt des Mephisto, bei dem man nicht recht weiß, ist es nun der Teufel, der Ahriman, der wirkliche Mephisto? Denn er hat auch das, was Luzifer ist, auf sich geladen. Goethe empfängt gleichsam das Ragout, er spürt, daß da Ahriman und Luzifer walten, aber er kann es noch nicht auseinanderklauben, er verschlingt sie zu der okkultistisch unmöglichen Gestalt des Mephisto, der eine Zwittergeburt ist aus Ahriman und Luzifer. Man möchte die Zeit nennen, in die Goethe geblickt hat, indem er das Faust-Buch kennenlernte: das letzte Nachdunkeln eines alten Wissens über diese Sache, die verglimmende Abenddämmerung des alten Wissens von Ahriman und Luzifer. Und Goethes «Faust» ist die erste Morgendämmerung des noch nicht aufgestiegenen Wissens von Ahriman und Luzifer, dunkel und verworren in der Gestalt des Mephisto noch Ahriman und Luzifer durcheinander. Aber schon mit dem Bedürfnis, darzustellen, was die Menschenseele haben kann, indem sie auf sich wirken läßt dasjenige, was in die Erdenaura eingeflossen ist dadurch, daß das Christus-Wesen durch das Mysterium von Golgatha hindurchgegangen ist!

Das Ostergeheimnis erscheint uns selber wie der Aufgang einer neuen Zeit des geistigen Lebens der Menschheit in dem «Faust» Goethes, der trotz seiner grandiosen Art noch immer etwas Verworrenes hat, etwas von nur dunkler, nebelhafter Morgendämmerung hat. Er erscheint uns wie etwas innerhalb dieser dunklen Morgendämmerung, was wir erblicken können, wenn wir hinaufsteigen auf einen Berg und die Sonne früher aufgehen sehen, als wir sie sehen konnten, bevor wir auf dem Berge standen. Wie einer der größten Menschen durch das Streben nach Erneuerung alter Erkenntnis seine Seele hinwendet zum Ostergeheimnis, fühlen wir, indem wir Goethes «Faust» auf uns wirken lassen. Und lassen wir ihn im rechten Sinne auf uns wirken, dann fühlen wir, was in eines größten Menschen Herzen vor sich gehen kann, wenn dieses Menschen Herz vom Ostergeheimnis berührt wurde, wie das Goethe selber zugleich fühlte, wie auch in dieser Vorempfindung Goethes gegenüber dem Ostergeheimnis etwas liegt wie ein Hinweis darauf: Ja, nach der Morgenröte, in welche die ersten dunkel-hellen Strahlen des Ostergeheimnisses hineinscheinen, wird kommen die Sonne einer neuen geistigen Erkenntnis. Des Menschen Seele wird auferstehen aus dem Grabe der verdunkelten Erkenntnis, in das auch sie hinuntersteigen muß. Die Menschenseele selbst wird erleben im Laufe ihrer Entwickelung das Ostergeheimnis, die Auferstehung desjenigen, was der Christus-Impuls in ihren tiefen, grabartigen Untergründen ist, wenn sie sich verbindet mit der Kraft, die ausgeht durch die Anschauung des Christus-Ostergeheimnisses.

So, möchte man sagen, empfinden wir Goethes Ruf und möchten ihn, nachdem wir die Tragik des Ostergeheimnisses auf uns haben wirken lassen, umwandeln in den Ruf: Es möge auferstehen die der Zukunft angemessene geistige Erkenntnis in der Menschen Herzen, in der Menschen Seelen! Es mögen der Menschen Herzen und der Menschen Seelen nach der Empfindung der tiefsten Tragik heilig jubelnd in ihrem Inneren des Ostermysteriums Tiefe empfinden und erleben die Auferstehung in sich durch den Christus!

Mögen Sie auch heute an diesem Tage durch die Worte, die ich mir erlaubte, zu Ihnen zu sprechen, etwas von der Empfindung in Ihre Seele aufnehmen, daß Sie deshalb hier vereinigt sind um unseren dem geistigen Forschen gewidmeten Bau, damit Sie durch die Kraft Ihrer Seelen in die Zukunft etwas hineintragen von jenem Auferstehungsimpulse, der uns so groß anschaulich wird am Ostermysterium, und von dem wir sehen konnten, wie die größten Geister derjenigen Zeit, die nun abgelaufen ist, nach ihm hindrängten.

Empfinden Sie im «Faust» etwas von dem, was der Zauberklang der Osterglocken im Geiste in Ihren Seelen erklingen lassen kann.

DAS EINDRINGEN FAUSTS IN DIE GEISTIGE WELT

Dornach, 11. April 1915,
nach einer eurythmisch-dramatischen Darstellung

Wir haben heute vorausgehen lassen der Osterszene im «Faust» die Szene, in welcher dem Faust der Erdgeist erscheint. Wir konnten heute vor acht Tagen so manchen Gedanken an den «Faust» anknüpfen, welcher demjenigen bedeutungsvoll sein kann, der sich geisteswissenschaftlich den Gesetzen der Welt, dem Leben der Welt nähern will. Es ist wirklich nicht, um Ihnen Erklärungen zu geben zu *Goethes* «Faust», daß das letzte Mal, am Ostersonntag, und dieses Mal hier angeknüpft wird von mir auch an diese dichterische Schöpfung Goethes, es ist aus dem Grunde, weil an den künstlerischen Bildern, die uns im «Faust» entgegentreten, die Menschenseele wirklich etwas von dem wahrnehmen kann, was man Entwickelung dieser Seele nennen muß in die geistigen Welten hinein, was man Sich-Einleben nennen kann in die geistigen Welten. Insofern wir gewissermaßen in den «Faust» uns vertiefen können in geisteswissenschaftlicher Hinsicht, dürfen wir schon an diese dichterische Schöpfung die eine oder andere Betrachtung anknüpfen. Es ist ja im Grunde Goethes «Faust» der Ausdruck des Hineinstrebens in die geistige Welt bei Goethe, also der Ausdruck dafür, wie an einem wichtigen Wendepunkt der neueren Geschichte ein so tiefer Geist wie Goethe hineinzukommen versuchte in die Welt, die wir durch unsere geisteswissenschaftliche Vertiefung suchen.

Wir haben uns das letzte Mal davon überzeugen können, daß Goethe in einer Zeit lebte, in der es wirklich noch nicht möglich war, in klarer, ich möchte sagen, eindeutiger Weise den Weg zu finden in die geistigen Welten hinein. Wir haben uns überzeugen können, daß solche Wahrheiten wie die von der Bedeutung Luzifers und Ahrimans vor Goethes Seele noch schwebten als unklare Erkenntnis, man möchte sagen, wie ein unklares Ahnen der geistigen Welt, und wir haben uns überzeugen können, daß in der Gestalt des Mephisto zusammengeflossen sind die beiden Gestalten des Luzifer und Ahriman, daß Goethe also ein unklares Gebilde in Mephisto vor sich hat, dem er in eindeutiger geisteswissenschaftlicher Beziehung gar nicht nahekommen kann. Und so können wir gerade in diesem Streben Goethes, wie es sich im «Faust» ausdrückte, sehen, mit welchem Ernste und mit welcher inneren Gewissenhaftigkeit, man möchte sagen, mit welcher Verantwortung vor unserer eigenen Seele wir das betreiben sollen, was uns geisteswissenschaftliche Vertiefung eröffnen soll. Wenn ein Geist, der so tief ist, solche Schwierigkeiten im Wege findet zu dem, was heute von vielen, vielen Menschen schon gesucht werden will, so ist wirklich Gelegenheit, gerade an dem Suchen und Streben Goethes vieles zu lernen. Man möchte wünschen, daß jeder, der sich ein wenig in die Ergebnisse unserer Geisteswissenschaft vertieft hat, wiederum heranginge an dieses Dokument, an Goethes «Faust», der ein Dokument ist aus der Morgenröte, noch nicht aus der Zeit nach dem Sonnenaufgang der geisteswissenschaftlichen Bestrebungen. Ich habe das letzte Mal gesagt, daß Goethe die Reife seines Lebens brauchte, um aus dem Zustand herauszukommen, in dem seine Seele in der Jugend war. Goethes Seele kann sich nicht damit begnügen, nur daß in der Welt zu sehen, was die sinnlichen Augen sehen, was der an das Gehirn gebundene Verstand wahrnimmt. Und was da in seiner Seele lebte und wühlte nach den tieferen geistigen Grundlagen des Lebens, das gestaltete er in dem strebenden Faust, der nicht ein Abbild von Goethe ist, der aber gewisse Seiten des Goetheschen Strebens und Goetheschen Lebens wirklich künstlerisch real zur Darstellung bringt. Und so haben wir denn gerade in der Erdgeistszene etwas vor uns, was zu den ältesten Partien des «Faust» gehört, die Goethe niedergeschrieben hat.

Ich habe das letzte Mal über Goethes «Faust» so gesprochen, daß, wenn ich so mißverstanden würde dabei, wie ich es oftmals werde, man hingehen könnte und sagen, ich hätte den «Faust» ein mangelhaftes Kunstwerk genannt, hätte sogar über den «Faust» manches herbe Wort gesagt. Und jemand, der besonders erfinderisch ist, könnte sagen, ich hätte eine Wendung in meiner Auffassung Goethes durchgemacht, denn ich war ja früher ein Goethe-Verehrer und habe mich nun bezeugt als ein solcher, der Goethe abkanzelt. Nun, daß ich Goethe nicht weniger verehre, als ich ihn jemals verehrt habe, daß er mir als der grandioseste Geist der neueren Zeit erscheint, das sollte ich nicht zu erwähnen brauchen. Aber das, was verehrende Hingabe an eine Persönlichkeit ist, soll uns niemals zu einem blinden Autoritätsgefühl bringen, sondern uns immer einen klaren Blick bewahren für dasjenige, was wir als die Wahrheit erkannt haben.

Aus verschiedenen Teilen ist der «Faust», man kann sagen, zusammengelegt, um nicht zu sagen -geleimt, und man kann sagen, daß Goethe in der Zeit, als er die ältesten Partien des «Faust» schon in den siebziger Jahren des 18. Jahrhunderts geschrieben hat, wirklich nicht imstande gewesen ist, die späteren Partien zu schreiben, daß er wirklich erst reifen mußte, um von seiner Sehnsucht nach der geistigen Welt zu dem zu kommen, was man sein Verständnis für das Christentum nennen kann. Erst die Reife des Lebens brachte Goethe dazu, den Faust, der nach der Geisterwelt sucht, künstlerisch so weiterzuführen, daß dieser Faust dazu kommt, dem Leben erhalten zu werden durch die Ostererinnerung, ja, daß dieser Faust sogar dazu kommt, das Evangelium in die Hand zu nehmen und zu beginnen damit, das Johannes-Evangelium zu übersetzen. Wenn man heute so manche Leute hört, daß sie nichts brauchen von geistiger Erkenntnis, um die Tiefen des Christentums auszuschöpfen, daß also diese Geisteswissenschaft ein unnötiges Zeug ist, weil das Christentum schon hinlänglich verstanden werden kann durch das, was jeder Pfarrer von der Kanzel verkündet, daß bloßes Glauben insbesondere in diesem Christentum walten müsse, und man vergleicht solche Seelenstimmung mit dem, was da über Goethe gesagt werden muß, der als einer der tiefsten Geister Jahrzehnte brauchte, um zu seinem Verständnis für das Christentum heranzureifen, dann kann man einen Begriff bekommen von dem ungeheuren Hochmut, dem ungeheuren Dünkel, der in den Menschen steckt, die da, dünkelhaft und hochmütig von der Einfalt ihres Gemütes immer redend, das wegweisen, was sie nicht brauchen – den Inhalt der Geisteswissenschaft, was sie nicht brauchen nach ihrer Anschauung.

In der Erdgeistszene haben wir etwas von dem vor uns, was Goethe in seiner Jugend, in den Dreißigerjahren, auch in den letzten Zwanzigerjahren seines Lebens beschäftigte. Wir ersehen aus dieser Erdgeistszene und aus dem, was vorhergegangen ist, dem sogenannten ersten Faust-Monolog, wie Goethe sich vertieft hat auch in die sogenannte okkultistisch-mystische Literatur, wie er versucht hat, durch dasjenige, was diese Literatur ihm gegeben hat, in Meditation, in meditativer Hingabe, die geistige Welt zu finden. Wir sehen ihn gerade in der Szene, die uns heute vorgeführt worden ist, mitten darinnen im Suchen durch die Meditation, die sich ihm ergibt aus den Andeutungen, die er, wie es hier gesagt wird, aus einem okkultistisch-mystischen Buch, aus einem alten mystischen Buch des *Nostradamus,* gewinnen kann, wie er sich bestrebt durch seine Meditation, die sich ihm aus einem mystischen Buch ergibt, sich hinaufzuschwingen in die geistigen Welten.

Versuchen wir es uns einmal vorzustellen, in welche Welten Faust, und damit auch Goethe, eigentlich da hinauf will. Wenn die Seele des Menschen es wirklich dahin gebracht hat, ihre innere Kraft so zu verstärken, daß der geistig-seelische Wesenskern des Menschen frei wird von dem Instrument des physischen Leibes, wenn die Seele gewissermaßen mit ihren im gewöhnlichen alltäglichen Leben gar nicht für sie wahrnehmbaren Kräften herausgeschlüpft ist aus dem physischen Leib, was wird – nicht etwa der physische Leib selbst in seiner Raumesumgrenzung, sondern das physische Leben, mit dem der Mensch geistig dann doch immer zusammenhängt, weil ein Strahl oder Strom zu diesem physischen Leben hingeht –, was wird für die menschliche Seele dieses physische Erleben? Es geht auch in dem Leben zwischen dem Tod und einer neuen Geburt durch die Zeit zurück ein Strahl oder Strom des geistigen Lebens bis zu dem, was wir auf der Erde durchlebt haben, wie Sie das entnehmen können aus Darstellungen früherer Vorträge, es geht also immer so etwas wie eine geistige Handausstreckung, oder mehr noch als eine geistige Handausstreckung, zurück zu dem, was physisches Erleben ist. Was wird denn dieses physische Erleben für die menschliche Seele, die frei geworden ist von dem Gebrauch des Instrumentes des physischen Leibes? Ich möchte sagen: Das ganze physische Erleben wird für den Menschen, der aus diesem physischen Erleben heraußen ist, Seelenorgan. Das physische Erleben wird gleichsam Auge oder Ohr, der ganze Mensch wird ein Sinnesorgan, ein geistiges Sinnesorgan, ein Organ, könnte man sagen, nunmehr der ganzen Erde, die hinausschaut in den Weltenraum. – Damit unser Auge die physischen Gegenstände sehen kann, müssen wir außerhalb unseres Auges sein, das Auge muß eingebettet sein wie eine

Art selbständiges Organ in die Augenhöhle, die sogar durch Knochenwandungen abgeschlossen ist, so daß das Auge ein verhältnismäßig selbständiges Organ ist. In ähnlicher Weise ist auch das Ohr abgeschlossen. Wiederum der ganze physische Apparat des Gehirns ist in die Kopfhöhle eingeschlossen und von dem übrigen Leibe des Menschen abgeschlossen. So abgeschlossen muß werden das physische Erleben des Menschen, daß es eine Art Sinnesorgan wird, eine Art Auge oder Ohr, durch das der Mensch dann, der außerhalb dessen ist, was sein physisches Erleben ist, hinausschaut in den weiten Weltenraum.

Was da erlebt wird, das kann man auch so darstellen: man kann sagen, man sei jetzt in der Welt, die in dem Buche «Theosophie» als Seelenwelt dargestellt wird. Es ist dies die Welt, in die man zuerst eintritt, wenn man das Erlebnis hat, mit der selbständig gewordenen Seele außerhalb des Leibes zu sein und das eigene physische Erleben außerhalb seiner hat. In dem Wiener Zyklus vom April 1914 habe ich geschildert, wie der Mensch auch in dem Leben zwischen Tod und einer neuen Geburt durch sein letztes Erdenleben ein geistig-seelisches Sinnesorgan hat, um die übrige Welt wahrzunehmen, das heißt, daß er durch dieses Erdenleben die übrige Welt wahrnimmt. In dieser Welt finden wir dann auch eine längere Zeit nach dem Tode unsere Verstorbenen, bis sie in eine andere Welt aufrücken, die dann erst durch einen späteren Entwickelungszustand der Seele erreicht werden kann, auch für den menschlichen Eingeweihten. In dieser Welt, in die wir da einrücken, muß so manches dem Betrachter auffallen. Man kann nur Einzelheiten über diese Welt sagen. Sie müssen zusammenholen aus den verschiedenen Vorträgen, was diese übersinnliche Welt charakterisiert. Was vor allen Dingen sogleich der Seele auffällt, ist, daß die Seele, indem sie frei geworden ist vom Leibe und sich einlebt in eine neue Welt, nun zunächst erlöschen sieht die Sterne, die Sterne erlöschen fühlt. Die Seele lebt sich ein in eine elementare Welt, so daß sie nunmehr mit dem Luftmeer webt, mit der in der Welt wallenden Wärme selbst mitwallt, mit dem Lichte hinausstrahlt, und da die Seele mit dem Lichte hinstrahlt, kann sie nicht durch das Licht die äußeren Gegenstände sehen. Deshalb verlöschen Sonne und Sterne, und der Mond erlischt mit seinem Lichte vor der Seele. Es ist nicht ein äußeres Anschauen, in dem man dann ist, es ist ein

Miterleben der elementaren Welt. Und es ist zu gleicher Zeit ein Miterleben desjenigen, was man die Kraft der historischen Geschehnisse, des geschichtlichen Werdens nennt. In dieser Welt kann man ablaufen sehen das, was die Geschichte im Menschenleben wirklich macht.

In ihrer weiteren meditativen Entwickelung kann sich dann die Seele hinaufringen zu einem höheren Erleben. Da wird ihr nicht mehr bloß das eigene Erleben ein geistig-seelisches Sinnesorgan, sondern da wird die ganze Erde Sinnesorgan. Ganz paradox gesprochen, aber Sie werden mich verstehen, muß da die Menschenseele vorrücken zu einem solchen Erleben, von dem man sagen kann: Der Mensch ist jetzt etwas, in dem eingesetzt ist die ganze Erdkugel, wie sonst das Auge oder Ohr eingesetzt sind unserem Leibe, und wie wir sonst mit den Augen sehen, mit den Ohren hören, so nehmen wir mit der ganzen Erde und ihrem Erleben wahr den Weltenraum. – Da werden wir gewahr, daß das, was die Physiker von der Sonne und den Sternen sagen, eine bloße materialistische Träumerei ist. Die Sterne sind ja schon erloschen, die Sonne, das Mondenlicht ist erloschen in der vorhergehenden Welt. Jetzt aber werden wir gewahr, daß da, wo wir die Sonne vermuteten, eine Gemeinschaft von Geistern ist, daß überall, wo wir einen Stern vermuteten, eine geistige Welt ist. Und wir werden gewahr, indem wir uns zurückerinnern an das Erdenleben, daß das eine phantastische materialistische Träumerei ist, wovon die Physiker sprechen, denn wenn uns Sterne oder Sonnen erscheinen, so ist dies, weil irgendwo in der geistigen Welt der Sitz ist von einer geistigen Gemeinschaft, wie es die Erde für eine Gemeinschaft von Menschen ist. Aber so wenig man von einem fernen Stern die physischen Leiber wahrnehmen würde, nur die Menschenseelen, so wenig kann gesagt werden, daß uns da oben von den Sternen irgend etwas interessieren könnte, was nicht geistig-seelischer Natur ist. Das aber, was wir sehen, das müssen wir uns vorstellen gleichsam als die Dünste der Erdenatmosphäre, die zusammenstoßen mit dem, was da hereinkommt, und nichts sehen kann das physische Auge von dem, was der Stern wirklich ist, sondern den Dunst, den die Erde selber hinauswirft in den Weltenraum. All das, was wir als Sternenhimmel sehen, ist nichts als das aus dem Materiellen, allerdings ätherischen Materiellen der Erde selbst Gewobene, ist ein Vorhang, den die Erde hinzieht vor dem, was dahinter ist.

Wenn aber die Seele dazukommt, sich hinauszuleben in diese Welt hinein, dann nimmt sie wahr, wie da draußen nicht diese phantastischen Sterne sind, diese materialistisch-phantastischen Sterne, von denen die Physiker sprechen, sondern lebendige Wesenheiten, lebendige Wesensgemeinschaften, auf- und abschwebend, hin- und herwebend im Weltenraum draußen und sich die Gaben von oben nach unten reichend, und wiederum werden die Gaben von unten nach oben gereicht. Wenn man ins Geistige umsetzt die Worte:

Wie alles sich zum Ganzen webt,
Eins in dem andern wirkt und lebt!
Wie Himmelskräfte auf- und niedersteigen
Und sich die goldnen Eimer reichen!

– Kräfte, aber jetzt in dem Sinne, wie wir von Urkräften sprechen –,

Mit segenduftenden Schwingen
Vom Himmel durch die Erde dringen,
Harmonisch all das All durchklingen!

das aber alles geistig-seelisch vorgestellt, dann haben wir ungefähr die Welt, in welche die Seele sich hinauslebt.

Wenn wir uns nun vorstellen, was hatte denn Faust in der Zeit, in der er uns da vorgeführt wird, von alldem, was jetzt beschrieben worden ist? Er hat ein altes Buch aufgeschlagen, geschrieben von einem, der eine alte Anschauung in Zeichen aufgezeichnet hat: das hat das Zeichen des Makrokosmos gegeben. Aber Faust ist natürlich nicht in der Lage, mit seiner Seele sich hinauszuleben in Welten, wo die Wesenheiten im Weltenraum ihr großes Geschehen entwickeln. Faust ist nicht in der Lage, da hinaufzukommen. Er sieht nur das Zeichen, das einer hingeschrieben hat, der da hinausgelangt ist, das Zeichen des Makrokosmos. Aber ein Traum, eine Ahnung wird hervorgerufen, daß dieses Zeichen etwas bedeutet. Denken Sie sich also in Ihre Seele hinein, daß Sie niemals etwas von Geisteswissenschaft gehört hätten, daß Sie das Zeichen vor sich hätten, aber daß Sie eine Ahnung hätten, daß einmal einer etwas Ähnliches gesehen hat, das Sie auch sehen möchten, dann sind Sie in Fausts Seele darinnen. Zunächst können Sie sich hineinträumen, daß Ihnen Ihre Phantasie irgend etwas durch diese äußeren Zeichen, die im wesentlichen die Zeichen des Tierkreises sind, die Zeichen der Elemente, die Zeichen der Planeten, belebe, können sogar zunächst mit überquellendem Gefühl in die Worte ausbrechen:

Welch Schauspiel!

Aber das schlägt sich Ihnen zurück, denn jetzt werden Sie gewahr, Sie haben nichts als das Zeichen im Buche, nichts als eine Phantasie ...

Aber ach! ein Schauspiel nur!

Sogar nur ein Schauspiel als innere Phantasie! Und zurückgeworfen sind Sie. Das Zeichen hat Sie zu nichts gebracht, im Gegenteil, es hat Sie zurückgeworfen, hat Ihnen das Gefühl gebracht: da ist die Welt des Geistes, vor der Sie stehen, aber nirgends finden Sie Eingang.

Wo fass' ich dich, unendliche Natur?
Euch Brüste, wo? Ihr Quellen alles Lebens,
An denen Himmel und Erde hängt,
Dahin die welke Brust sich drängt –

Nichts wiederum als das Fühlen in den Elementen drinnen, im Licht und in der Luft, wie ich gesagt habe, in der untergeordneten Welt. Und jetzt sogar deutlich ausgedrückt. Faust hat sich hinaufgedrängt in die geistige Welt, ist zurückgefallen in die Welt, die ich vorhin beschrieben habe als die nächste übersinnliche Welt. Dieses mit dem Luft- und Lichtleben, das drückt sich sehr gut aus in den Worten:

Ihr quellt, ihr tränkt, und schmacht' ich so vergebens?

Er ist ganz in sich zurückgefallen, zurückgefallen aus der geistigen Welt in die elementare Welt. Aber auch diese zu erkennen, ist er ja noch nicht imstande. Da kommt ihm zu Hilfe, daß er das Buch aufschlägt und das Zeichen des Erdgeistes erblickt. Das ist das Zeichen, das nun auch einmal der hingeschrieben hat, der diese untere Welt, die elementarische Welt, als seine eigene Welt gehabt hat. Da fühlt er sich jetzt doch darinnen. Da hat er ein ahnendes Gefühl vom Darinnensein.

Wie anders wirkt dies Zeichen auf mich ein!

– deshalb, weil er etwas dabei fühlt, weil er von dem Sinnenschein sich abgewendet hat, und etwas fühlt von dem Darinnenstecken in der Welt. Nun spricht er eigentlich immer von dieser Welt:

Schon fühl' ich meine Kräfte höher,

– das, was man erlebt, wenn man in der Wärme, im Licht lebt –,

Schon glüh' ich wie von neuem Wein.

Denken Sie sich, wenn Sie Wärme fühlen in der Seele, wenn Sie in der Welt als Wärmewelle leben und weben!

Ich fühle Mut, mich in die Welt zu wagen.

Es ist wirklich wie ein sich in den Elementen Bewegen. Ich habe Ihnen gesagt, das Erdenleben wird zum Sinnesorgan, und wie Sie sonst Auge und Ohr in sich fühlen, so fühlen Sie jetzt Ihre Sinnesorgane in der Erde.

Der Erde Weh, der Erde Glück zu tragen,
Mit Stürmen mich herumzuschlagen, –

wenn Sie als Luftwelle in der Luft sind.

Es wölkt sich über mir –
Der Mond verbirgt sein Licht –

Kein Wunder! Ich habe Ihnen gerade geschildert, wie das geschieht, wie Sterne, wie der Mond verlöschen. Das Licht verlöscht, weil er mit dem Lichte selbst geht.

Es dampft! – Es zucken rote Strahlen
Mir um das Haupt –

Das ist jetzt innerliche Wahrnehmung.

Es weht
Ein Schauer vom Gewölb' herab
und faßt mich an!

Ich fühl's, du schwebst um mich, erflehter Geist.
Enthülle dich!
Ha! wie's in meinem Herzen reißt!
Zu neuen Gefühlen
All' meine Sinnen sich erwühlen!

Merken Sie nicht, wie das Leben in den Elementen da ausgedrückt ist?

Ich fühle ganz mein Herz dir hingegeben!
Du mußt, du mußt! und kostet' es mein Leben!

Und jetzt spricht er aus seiner Meditation heraus den Spruch, der zum Zeichen des Erdgeistes hinzugeschrieben ist, ein meditativer, suggestiver Spruch, der wirklich ihn zu dem Gesicht des Geistes hinführt, der der Anführer der Geister ist, in deren Bereich wir eintreten, wenn wir die elementarische Welt betreten. Aber sogleich merken wir, daß Faust eigentlich nicht reif ist für diese Welt, sich vor allen Dingen nicht reif fühlen kann für diese Welt. Was soll ihm denn werden, dem Faust? Selbsterkenntnis soll ihm werden, in dem Sinne, daß sie eben die höchste Welterkenntnis ist, indem wir alle das miterleben, was erlebt werden kann, wenn wir im Elementaren schwimmen und weben und wallen und wesen. Aber was sich darinnen individualisiert, Faust kann es nicht erkennen.

Dieses Geistgespräch zwischen Faust und dem Erdgeist ist nun so recht charakteristisch für den Reifezustand auch Goethes in der Zeit, wo er die Szene hingeschrieben hat, wie er sein ungeheures Streben in die geistige Welt hinein schildert.

Geist: Wer ruft mir?

Faust wendet sich schon ab. Natürlich klingt das nicht so wie das, was wir sonst mit den Ohren hören, daß es uns von weitem zuklingt, sondern so, daß wir im Tönen darinnen leben. Das klingt anders als das, was man auf der Erde hören kann, ganz anders. Wie man auch das, was man sieht, nicht durch das Licht sieht, sondern damit selbst strahlt. Das sieht anders aus. Übermensch hat der Faust werden wollen. Das heißt, die geistige Welt hat er betreten wollen, aber ein Grauen faßt ihn vor dieser geistigen Welt. Durch diese Begegnung mit dem Erdgeist wird es Faust klar, daß man ein anderer werden muß, als man vorher als Mensch war, wenn man in die geistige Welt hinein will, daß man nicht mit seinen gewöhnlichen Kräften, Empfindungen und Leidenschaften in diese geistige Welt hinein kann. So muß es Faust tief fühlen, wie er zuerst zurückgeworfen wird, aus der höheren geistigen Welt in die elementarische Welt zurückfällt, und wie er jetzt in der elementarischen Welt in seiner Erkenntnis zurückgeworfen ist, weil er nur das Ich geblieben ist, das er früher war, weil er sich nicht hineinentwickelt hat in diese elementarische Welt, wozu ihn die suggestive Meditation brachte, die er vollzogen hat durch den Spruch, der dem Erdgeist zugeschrieben ist. Er hat für einen Moment sehen können, was für Wesen darinnen sind. Aber der Geist sagt ihm:

> Wo bist du, Faust, dess' Stimme mir erklang,
> Der sich an mich mit allen Kräften drang?

Daß diese Stimme aus dem Unterbewußtsein erklang, darauf habe ich schon aufmerksam gemacht, daß das der Faust war, den der äußere Faust selbst nicht einmal richtig kennt.

> Bist du es, der, von meinem Hauch umwittert,
> In allen Lebenstiefen zittert ...

Dieses «Du» bezieht sich jetzt auf den gewöhnlichen Faust, während der strebende Faust der höhere Mensch Faust war.

> Ein furchtsam weggekrümmter Wurm?

Aber jetzt erwacht der Trotz des Faust. Er will gerade hinein in die Welt, für die er nicht reif ist:

> Soll ich dir, Flammenbildung, weichen?
> Ich bin's, bin Faust, bin deinesgleichen.

Jetzt kann er noch hören, wie die Geister der elementarischen Welt, in die er sich versetzt hat, mit der Menschengeschichte leben, mit dem, was auf der Erde durch die Rassen und Kulturen hindurch sich vollzieht, wie sie damit leben. Und das Geheimnis der elementaren Welt wird durch den Erdgeist ausgesprochen, er redet nirgends von dem Sein, sondern von dem Werden, von dem Geschehen.

Geist: In Lebensfluten, im Tatensturm
Wall' ich auf und ab,
Webe hin und her!
Geburt und Grab,
Ein ewiges Meer,
Ein wechselnd Weben,
Ein glühend Leben,
So schaff' ich am sausenden Webstuhl der Zeit
Und wirke der Gottheit lebendiges Kleid.

Nicht im Raume, in der Zeit: Lesen Sie die Haager Vorträge!

So viel kann Faust doch begreifen, daß das der Geist ist, der durch die Geschichte geht:

Der du die weite Welt umschweifst,
Geschäftiger Geist, wie nah fühl ich mich dir!

Der du die weite Welt umschweifst! Der du der Geist bist, der den Zeitgeistern angehört, wie nah fühl ich mich dir! – So sagt er in seiner Vermessenheit. Der Geist sagt ihm jetzt das, was Faust selber später das Donnerwort nennt, was wie ein Donnerwort in seine Seele schlägt und ihn wiederum zurückschlägt in die gewöhnliche Welt, in der er ist, weil er noch nicht reif ist. Selbsterkenntnis soll er suchen und in dem zur Welt erweiterten Selbst die geistige Welt. Er kann sie noch nicht finden, deshalb muß ihm von diesem Erdgeist das Donnerwort entgegentönen:

Du gleichst dem Geist, den du begreifst,
Nicht mir!

Welcher Geist ist denn das, den Faust begreift? Welchen Geist begreift denn Faust? Er, das Ebenbild der Gottheit, der nicht den Erdgeist begreifen kann? Wie kann er denn jetzt in der Selbsterkenntnis weiterkommen? Wie schaut der Menschengeist aus, den Faust begreifen kann? Er tritt herein, in Schlafrock und Nachtmütze, der andere Faust: Wagner! Das ist der Geist, den du begreifst! Wagner, den begreifst du! Weiter bist du noch nicht gekommen, denn das andere lebt in dir nur als Trotz, als Leidenschaft! – In der Selbsterkenntnis kommt er ein Stück weiter. Das ist gerade das Eigentümliche in Goethes «Faust», das ist die schöne künstlerische Gestaltung des Goetheschen «Faust», daß das, was in realer Gestalt auf die Bühne gebracht wird, immer im Grunde genommen ein Stück Selbsterkenntnis ist. Wie der Mephisto ein Stück Selbsterkenntnis ist, so ist Wagner auch ein Stück Selbsterkenntnis des Faust. Wagner ist Faust selbst. Und man würde gar nicht Unrecht tun, wenn man einmal den «Faust» so inszenieren würde, wenn man in der Gestalt des Wagner in Schlafrock und Nachtmütze, von dem Faust sich abwendet, ein Konterfei des Faust selbst haben würde, dann würden die Menschen unmittelbar schon verstehen, warum denn jetzt gerade dieser Wagner hereinkommt. Was der Wagner spricht, das ist im Grunde genommen das, was der Faust schon begreift, das andere deklamiert er nur. Das bringt er nur so heraus. Er glaubt sich zu erheben in höchste Wahrheiten, die er in Phrasenhaftigkeit deklamieren kann, aber sie nicht im Inneren erlebt. Und jetzt spielt sich ein Stück Selbsterkenntnis ab. Wagner spricht die Wahrheit aus. Faust hat im Grunde genommen nicht seine innersten Erlebnisse ausgesprochen, er hat deklamiert.

Verzeiht! Ich hör' Euch deklamieren.

Das ist eine Wahrheit: er hat nur deklamiert. Und es ist ein Stück Selbstbesinnung, einzusehen, daß man sich so nicht dem Geist der Welt nähert, sondern höchstens ein griechisches Trauerspiel liest. So viele Menschen wollen, wenn sie an die Geisteswissenschaft herankommen, deklamieren von den höchsten Wahrheiten, wenn es auch oftmals ein Sich-selbst-Vordeklamieren von den höchsten Wahrheiten ist. Im Grunde genommen wollen sie nichts, als sich von dieser Geisteswissenschaft vordeklamieren, etwas profitieren, sich einen Nebeldunst vormachen. Mit Bezug auf die heutige Zeit kann man sagen, daß in manchen Kreisen das heute viel der Fall ist. Manche Menschen sind sehr interessant, wenn sie von ihren Gesichten deklamieren. In früherer Zeit hat man das von den Priestern gehört, jetzt haben es noch besser gelernt die Komödianten, so daß die Priester von den Komödianten etwas lernen können. Wenn Faust nur so weit gehen würde, als er mit seinem Verständnis dabei ist, so müßte er die Worte sagen, die Wagner spricht, sein Spiegelbild. Aber er geht mit seiner Leidenschaft hinaus, eben mit dem, was luziferisch ist, hinaus, nicht mit dem echten, vollen, menschlichen Seelenkern, sondern mit dem luziferischen Kern. Der Luzifer in Faust ist es, der jetzt dem, was Faust ist, was aber als Wagner vor uns steht, antwortet:

> Ja, wenn der Pfarrer ein Komödiant ist;
> Wie das denn wohl zu Zeiten kommen mag.

Diese Verachtung, dieser Hochmut kommt aus dem Luziferischen in Faust, denn, würde Faust nicht von Luzifer gepackt sein, dann würde er so reden wie Wagner, wenn er eben nur aussprechen würde, was er ehrlich als den Gegenstand seines Verständnisses gestehen kann. Das andere ist eine dunkle Ahnung bei ihm von etwas, zu dem er vordringen will. Aber dieses Selbstgespräch – wirklich, es ist nur ein Gespräch mit sich selbst – bringt ihn doch ein Stück weiter. Man kommt so viel im Leben weiter, wenn man sich einmal in einem andern Selbst entgegentritt. Sich selbst gesteht man nicht gerne, daß man diese oder jene Eigenschaften hat. Wenn sie einem aber in einem andern entgegentreten, so studiert man sie schon lieber. So erwirbt man sich schon Selbsterkenntnis dadurch, daß eine Eigenschaft einem in der Gestalt des andern entgegentritt wie dem Faust bei Wagner. Faust ist noch nicht so weit, daß er sich jetzt sagen würde, als Wagner fort ist: Ja, eigentlich bin ich das selbst. – Würde er mit seinem Verständnis schon vollständig zu sich durchgedrungen sein, so würde er sich sagen: Ich bin erst ein Wagner, hier im Kopf sitzt erst der Wagner!

> Wie nur dem Kopf nicht alle Hoffnung schwindet,
> Der immerfort an schalem Zeuge klebt,
> Mit gier'ger Hand nach Schätzen gräbt,
> Und froh ist, wenn er Regenwürmer findet!

Denn bis jetzt hat er auch nichts anderes gemacht, außer dem, daß er die Geister in der geschilderten Art gesucht hat. Selbsterkenntnis ist es, die dem Faust entgegentritt in Wagner. Wer hat ihm denn den Wagner hereingeschickt? Der Erdgeist hat ihn hereingeschickt, der Erdgeist:

> Du gleichst dem Geist, den du begreifst,
> Nicht mir!

Und jetzt soll Faust sehen, welchen Geistern er gleicht. Dem Erdgeist, der der Beherrscher der Erde ist, gleicht er nicht, aber sehen soll er einmal eine der Gestalten, die in ihm steckt: Da hast du den Wagner! Dieser Wagner steckt in dir!

Aber nun steckt nicht bloß Wagner in Faust, sondern das luziferische Element ist gegen den Wagner, das heißt gegen sich selbst. Da ist noch ein anderes Element in ihm drinnen.

Wenn man den «Faust» in seiner früheren Gestalt, wie er anfangs war, ansieht, ist es so, daß Goethe dazumal nach der Erdgeistszene das folgende nicht fertig gemacht hat. Da geht das so fort: Gespräch mit Wagner, dann mit dem Studenten, Mephisto ... In den Kreis Fausts und seiner Schüler tritt Mephisto ein, von dem Goethe nicht recht weiß, ob er Luzifer oder Ahriman ist. Würde er Geisteswissenschaft gehabt haben, so würde jetzt der Luzifer auftreten. Da hat er den andern, den ihm der Erdgeist schickt. Der Erdgeist schickt ihm Wagner, schickt ihm Mephisto, wir würden sagen Luzifer. Faust soll so nach und nach kennenlernen, was in ihm steckt. Mephisto ist geschickt vom Erdgeist: Da hast du wiederum einen von den Geistern, die du begreifst. Versuche einmal den Luzifer zu begreifen, der in dir steckt, und nicht gleich den Geist der Erde anzuschauen!

Wie Goethe im Unklaren war über die Sache, kann man daraus ersehen, daß ein kleines Stückchen, das später weggeblieben ist, in der ursprünglichen Niederschrift dasteht, in vier Zeilen. 1775 standen vier Zeilen da, nach der Szene, wo Mephisto den Faust soweit gebracht hat, daß er ihn zu Gretchen hingeführt hat, und daß Faust jetzt zu Gretchen dringen will. Da stehen vier Zeilen, die schon 1790 nicht mehr im Fragment darinnen waren. Nachdem Faust den Mephisto, der aber eigentlich Luzifer ist – Goethe bringt es nur durcheinander –, aufgefordert hat, für das Geschmeide für Gretchen zu sorgen, da sagt in der alten Handschrift Mephisto, nachdem Faust weggegangen ist:

Er tut, als wär er ein Fürstensohn.
Hätt' Luzifer so ein Dutzend Prinzen,
Die sollten ihm schon was vermünzen;
Am Ende kriegt' er eine Kommission.

Da steht es, da nennt sich Mephisto selbst mit dem Namen Luzifer. Wie gesagt, die vier Zeilen sind später weggefallen. Um was war es also Goethe eigentlich zu tun in seiner älteren Zeit, in der er sich, man möchte sagen, selbst ausdrücken wollte in seinem «Faust»? Nun, darum war es ihm zu tun, zu zeigen, wie der Mensch zur Selbsterkenntnis kommen soll. Aber, man möchte sagen, ahnend liegt darinnen in dieser ersten Szene, die Goethe in seiner Jugend hingeschrieben hat, was Sie jetzt mit Deutlichkeit lesen können da, wo geschildert wird in «Wie erlangt man Erkenntnisse der höheren Welten?» die Begegnung mit dem Hüter der Schwelle. Wie der Mensch, der nach und nach einsieht, wie verschiedene Wesenheiten in ihm stecken, sich zerteilt, das haben Sie vorgeahnt in Faust, wie er sich aufteilt in Wagner und Luzifer-Mephisto. Er lernt sich so nach und nach kennen in seinen einzelnen Teilen, er lernt sich kennen als Wagner, er lernt sich kennen als Luzifer-Mephisto. Aber wie gesagt, Goethe mußte erst reif werden, um die große Bedeutung des Christus-Impulses für die Menschheit wirklich zu durchschauen, soweit das in seiner Zeit möglich war. Daher sehen wir, wie Goethe erst in seinen reiferen Jahren das, was er früher geschrieben hat über Fausts Streben bis dahin, wo der Mensch sich in seinen verschiedenen Abbildern, auch im Luzifer-Abbild, entgegentritt, nun dadurch zu ergänzen sucht, daß er Faust in Berührung kommen läßt mit dem, was in die Erdenentwickelung durch Christus eingeflossen ist. Man möchte sagen, die Kultzeichen des Christus treten an Faust heran. Und dadurch sehen wir in dem «Faust» das Dokument, das uns anzeigt, wie Goethe selbst herangebracht hat den Okkultismus an das Christentum, an den Christus-Impuls, und wie wir in der Tat heute auf der Bahn weiterarbeiten, die Goethe mit Bezug auf ihre ersten Schritte dazumal eingeschlagen hat. In Goethes Zeit konnte man nur zu einer Ahnung kommen. Heute ist die

Zeit herangekommen, die es dem Menschen möglich macht, durch die Geisteswissenschaft wirklich in die Gefilde des geistigen Lebens einzutreten, in die hinein Goethes ganzes Streben gerichtet war. Die heutige Zeit muß den Faust anders begreifen, als ihn Goethe selbst begriffen hat. Ja, die Welt schreitet vor, und wenn wir nicht voll anerkennen, daß die Welt vorschreitet, so meinen wir es nicht ernst genug mit der Welt. Solche Erlebnisse aber, daß man sich spaltet, daß man sich selbst entgegentritt in seiner wahren Gestalt, in luziferischer Gestalt, solche Erlebnisse bringen einen doch vorwärts, aber immer nur um ein kleines Stückchen. Von dem Glauben müssen wir uns schon trennen, daß wir die ganze geistige Welt überschauen können, wenn wir nur kleine Fortschritte gemacht haben, wie wir sie durch Meditation machen können. Ein wenig nur kommt man immer vorwärts.

Zwei Naturen sind in Faust: die Wagner-Natur und dasjenige, was nun vorwärts strebt. Als Goethe darauf hinweisen wollte in reifen Jahren, hat er das sehr schön gemacht. Es kam Goethe das Bedürfnis, da, als Faust schon an das Christentum herangetreten war, zu zeigen, was die Wagner-Natur in Faust ausmacht. Daher läßt er Wagner und Faust miteinander den Osterspaziergang machen. Es ist jetzt wirklich so, daß uns, wie es dramatisch natürlich ist, an zwei Personen dargestellt wird, was in Fausts Seele vorgeht. Der höhere Mensch in Faust strebt vorwärts, aber der Faust-Wagner hält den Faust zurück. Ein Funken der Erfassung der geistigen Welt ist in Faust entzündet, daher wird ihm der Pudel, der ihm begegnet, so, daß er jetzt nicht nur den sinnlichen Pudel sieht, und es ist wirklich etwas wie eine Seelenkraft in Faust, die sich da ausspricht in dem Gespräch mit Wagner:

Faust:	Siehst du den schwarzen Hund durch Saat und Stoppel streifen?

Jetzt erwacht wiederum die Natur des Wagner in Faust.

Wagner:	Ich sah ihn lange schon, nicht wichtig schien er mir.
Die höhere Natur:	Betracht' ihn recht! Für was hältst du das Tier?
Wagner-Natur:	Für einen Pudel, der auf seine Weise Sich auf der Spur des Herren plagt.

Das sind Einwände, die sich durchaus Faust selbst eigentlich macht. Und nun geht es weiter. Faust beginnt schon hinter dem Sinnlichen das Übersinnliche zu sehen, er ahnt es schon. Also, es ist Ahnen, hervorgerufen durch die Erfahrungen, die er gemacht hat. Ein Funken der geistigen Welt ist in ihn eingezogen. Und schön ist es, möchte man sagen, wie unendlich künstlerisch aufrichtig und ehrlich Goethe ist, nur muß man ihn verstehen. Als Faust jetzt das Luziferische in sich fühlt – wie Sie wissen, hängt das Luziferische mit dem Eigensinn zusammen, dem inneren Egoismus –, trägt er dieses Luziferische, jetzt als Faust, auch schon in sein Ergriffensein der Seele von dem Christus-Impuls herein. Es ist ein luziferischer Zug, daß ihm das Johannes-Evangelium, indem er es übersetzen will, gar nicht vollkommen erscheint. Denn dem Verstehenden sind die Goethe-Kommentatoren etwas kurios, die nun wirklich mitgehen, weil sie immer mit dem Dichter mitgehen, auch da, wo er die Dinge, die er sagen will, auf seine Personen verteilt. Den Text des Evangeliums versteht Faust noch gar nicht, sonst würde er stehenbleiben bei «Im Anfang war das Wort». Er stockt, weil er es noch nicht versteht. Die Professoren stellen es so dar, als wenn Faust es besser verstünde, aber er versteht es noch nicht. Ihm erscheint jetzt die Kraft, die Tat – also Rationalistisch-Verstandesmäßiges trägt er in das Evangelium hinein. Das ruft jetzt die entgegengesetzte Erscheinung hervor. Während er früher heruntergestoßen worden ist in die sinnliche Welt, wird er jetzt hinaufgelenkt in die geistige Welt. Indem er so recht seine Beschränktheit geltend macht, indem er setzt «Sinn und Kraft und Tat», wird er hinaufgestoßen in die geistige Welt, weil schon ein Funken von geistiger Kraft in Faust ist. Da kommen die Geister und wiederum als Sendbote des Erdgeistes ... Mephisto, diese unklare Gestalt zwischen Luzifer und Ahriman. Sie sehen also, man muß aus dem Ringen Goethes heraus das Eindringen Fausts in die geistige Welt begreifen, und man kann gerade für unsere jetzige Zeit daraus unendlich viel lernen.

Worum es mir besonders in dem letzten Vortrag am Ostersonntag und in diesem Vortrag zu tun war, ist, vor Ihre Seelen zu führen, wie es gerade einem Geist, der sich vertiefen will, eine schwerere Angelegenheit ist, zu dem Christus-Impuls vorzudringen, als einem Geist, der in seinem unendlichen Hochmut und in seiner Dünkelhaftigkeit stehenbleibt und das nicht haben will, was Geisteswissenschaft ihm bieten kann. Auf der andern Seite wollte ich auch an dem «Faust» anschaulich machen, wie gewaltig das war, was durch den Christus-Impuls in die Welt eingezogen ist. Es werden Zeiten kommen, da wird man immer besser und besser, gerade durch das, was Geisteswissenschaft zu geben vermag, die innere Natur des Christus-Impulses begreifen lernen. Es steht in der Welt da – ich möchte sagen, wie eine durch die Weltgeschichte gebrachte Illustration für die Erdenentwickelung der Menschheit von dem, was der Christus-Impuls ist – es steht da die Tatsache, daß Jahrhunderte, nachdem der Christus-Impuls eingetreten ist in die Menschheitsentwickelung der Erde, in dieser Menschheitsentwickelung etwas auftritt, das man auch nicht richtig versteht. Im Augenblick aber, wo man anfängt, es richtig zu verstehen, wird man gerade durch dieses Verständnis zu einem tieferen Gefühl von dem Christus-Ereignis gebracht. Sie wissen ja, sechshundert Jahre, nachdem der Christus-Impuls in die Menschheitsentwickelung eingetreten ist, trat in einer gewissen Menschengemeinschaft ein Prophet auf, der das zunächst abgewiesen hat, was durch den Christus-Impuls in die Menschheitsentwickelung eingetreten ist, Mohammed. Wir dürfen heute wirklich nicht mehr zu dem Aberglauben des 19. Jahrhunderts uns bekennen, der aus dem Rationalismus heraus in Kleinheit das erklären will, was aus dem Geiste heraus erklärt werden muß. Und lächerlich muß demjenigen, der in die Geisteswissenschaft wirklich eindringen will, es erscheinen, wenn von Mohammed ein besonders gelehrter, gescheiter Mann sagt: Ja, der behauptet ja, daß in der Gestalt von Tauben zu ihm der Engel herankomme, der ihm ins Ohr geraunt hat, was er in den Koran geschrieben hat! Aber Mohammed – so sagt der rationalistische Gelehrte – war ein bloßer Gaukler. Er hat sich einige Körner, die die Tauben gern fressen, ins Ohr gesteckt, da sind die Tauben herangeflogen und haben sich die Körner geholt, sind aber wieder weggeflogen, wenn sie sie gehabt haben! – Ja, solche Erklärungen hat es gegeben, innerhalb und außerhalb des Christentums, in dem ganz gescheiten 19. Jahrhundert.

Es wird eine Zeit kommen, wo man wirklich über solche Erklärungen nur lachen wird, trotzdem sie den Materialismus voll befriedigen können. Wir müssen schon Mohammed tiefer nehmen, wir müssen uns schon klar sein, daß dasjenige, was in seiner Seele lebte, wirklich ein solcher Verkehr mit der geistigen Welt war, wie ihn Goethe für seinen Faust suchte. Aber was hat Mohammed gefühlt? Was hat er gefunden? Ich kann das heute nur andeuten, ein andermal will ich es noch genauer ausführen. Was hat Mohammed gefunden? Nun, Sie wissen, Mohammed strebte zunächst nach einer Welt, für die er einen Ausdruck hatte, es ist nur ein Wort: Der Gott. Die Welt wird zu einem Monon, zu einem monistischen Ausdruck des Gottes. Diese Welt hat nichts von dem Wesen des Christentums, selbstverständlich. Aber Mohammed schaut doch hinein in die geistige Welt, er kommt hinein in die elementare Welt, von der ich heute gesprochen habe. Er verspricht seinen Gläubigen, daß sie eintreten werden, wenn sie durch die Pforte des Todes gegangen sein werden, in diese geistige Welt. Aber er kann ihnen nur von der geistigen Welt erzählen, die er kennengelernt hat. Was ist das für eine geistige Welt? Diese geistige Welt, von der Mohammed seinen Gläubigen erzählt, ist die luziferische Welt, die er als das Paradies ansieht, die Welt, die gerade erstrebt werden soll. Und wenn man aus dem Abstrakten in das Reale kommt, und man hinzufügt, interpretierend, den Sinn des Islam-Strebens in die geistige Welt hinein, erkennt man, was die Geisteswissenschaft auch verkündet. Aber diese geistige Welt ist die Welt, in der Luzifer seine Herrschaft hat; uminterpretiert wird die luziferische Welt zu dem Paradiese, zu der Welt, die gerade erstrebt werden soll von den Menschen.

Ich glaube, es muß einen tiefen Eindruck auf unsere Seelen machen, wenn wir so in das Wesen des geschichtlichen Werdens an einer sehr wichtigen Erscheinung uns vertiefen können. Es muß uns schon bedenklich machen, wenn wir im Fortgang des religiösen Lebens erfahren, wie ein großer Prophet auftrat mit dem Irrtum, daß die luziferische Welt das Paradies sei. Ich möchte nicht, daß das in Ihre Seele nur so einziehe wie abstrakte Wahrheiten, ich glaube, es kann schon die Seele erschüttern, wenn man dergleichen auf sie wirken läßt. Aber, was tut der Mohammedaner, um in seine geistige Welt hineinzukommen? Wir könnten vielleicht nachher an der Tür jeden einen Zettel abwerfen lassen, der den Koran ganz gelesen hat von den lieben Freunden, die hier sitzen. Es wäre dann interessant, die Zettel zu zählen derjenigen, die ihn gelesen haben. Aber es ist auch nicht leicht, den Koran ganz zu lesen, mit seinen unendlichen Wiederholungen, mit dem, was der abendländische Mensch in der Darstellung so unendlich langweilig findet. Unter den Mohammedanern aber gibt es Menschen, die ihn siebzigtausendmal in ihrem Leben vom Anfang bis zum Ende gelesen haben wollen. Das heißt: ein Wort, das gegeben ist, der Seele zugeführt zu haben so, daß dieses Wort in der Seele lebendig geworden ist! Können wir in bezug auf das Christentum sicher nichts inhaltlich lernen von einer solchen Religionsgemeinschaft, so können wir doch erfahren, daß innerhalb jener Menschengemeinschaft ganz anders verfahren wird selbst mit dem geistigen Irrtum, als bei uns mit dem, was wir als geistige Wahrheiten zu erkennen berufen sind. Dasjenige, was ein Europäer höchstens tut, ist, daß er den «Faust» liest, dann, wenn er ihn vergessen hat, ihn wieder liest, wenn er ihn wieder vergessen hat, nochmals liest. Aber diejenigen, die ihn hundertmal gelesen haben, den «Faust», werden auch zu suchen sein. Es ist auch begreiflich innerhalb der bisherigen abendländischen Bildung. Wie sollte man denn alles siebzigtausendmal lesen, was im Abendland gedruckt wird; ganz begreiflich ist es. Aber etwas sollten wir uns doch aneignen, daß es etwas anderes ist, sich einfach zu informieren über einen Inhalt, der für das Seelenleben bedeutungsvoll ist, und etwas anderes, mit ihm zu leben, immer wieder und wiederum, so daß man ganz eins mit ihm wird, ganz eins. Es ist etwas, wovon man erst Verständnis gewinnen muß, wovon man sich nicht einmal ein Verständnis nach den Denkgewohnheiten unserer Volksgemeinschaft machen kann. Aber wir sollten über solche Dinge nachdenken. Nicht bloß, um Ihnen etwas zu sagen, sondern, um Ihr Nachdenken anzuregen, sind Worte gesprochen, wie diejenigen sind, die in dieser Betrachtung gesprochen worden sind. Um unser Verantwortlichkeitsgefühl gegenüber uns selbst und gegenüber der Welt zu erhöhen, mit Bezug auf dasjenige, was uns Geisteswissenschaft sein kann und soll.

Wir leben in mancherlei Hinsicht in einer schweren Zeit. Die ganz schweren äußeren Ereignisse, die uns in der Gegenwart umgeben, sind nur das äußere Zeichen für unsere ganz schwere Zeit. Es ist nicht gut, diese ganz schwere Zeit wie eine Krankheit anzusehen, wie wir oftmals eine Krankheit Krankheit nennen, denn die Krankheit ist oft ein

Heilungsprozeß, die wahre Krankheit ist der physisch erscheinbaren Krankheit vorausgegangen. So ist auch dem, was jetzt als Trauerereignisse durch die Welt geht, vorangegangen etwas Krankhaftes, und in viel Tieferes sollen wir hineinsehen, als die Menschheit geneigt ist, hineinzusehen. Oh, ein großer Schmerz kann sich auf der Seele ablagern desjenigen, der gerade die heutige Zeit betrachtet mit den Aufgaben, die sie hat, und mit dem geringen Verständnis, das so viele Menschen diesen Aufgaben entgegenbringen. Wenn gesehen wird, wie Menschen gerade heute in der Welt urteilen, wie Menschen denken, fühlen und empfinden, und wie dieses Denken, Fühlen und Empfinden zu äußeren Ereignissen führt, und wie die Menschen von diesen äußeren Ereignissen so wenig lernen, dann lagert sich ein unendlich bedeutungsvoller Schmerz auf der Seele ab. Dieses Schmerzgefühl ist es, das jetzt oftmals über die Seele kommen muß. Kann man doch wirklich hinaussehen in die Zeit – um nur das jüngste zu nennen – monatelanger Prüfung, hinwenden den Blick auf das, was die Menschen gelernt haben durch diese monatelange Prüfung, auf das, was einem an Urteil entgegentritt im Verhältnis zu dem, was vor acht Monaten einem entgegengetreten ist: es ist dieselbe Art des Urteilens, dieselbe Art des Empfindens. Das, womit die Menschen glaubten, Recht zu haben vor acht Monaten, sie denken es immer noch, sie wollen gar, daß die traurigen Ereignisse eingetreten sind, um besonders ihnen Recht zu geben in dem, womit sie Recht zu haben glaubten vor acht Monaten.

Ich kann es nicht aussprechen, wie unendlich der Schmerz ist, den man empfindet über die geringe Art, wie sich in den letzten Monaten die Menschenseelen gewandelt haben nach den Voraussetzungen, die man für diesen Wandel machen mußte, damit wirklich unsere Zeit die Zeit einer Prüfung, die Zeit eines Lernens sei. Von denjenigen aber, die innerhalb der Geisteswissenschaft stehen, möchte man wünschen, daß sie mancherlei von dem gerade aufnehmen, was man lernen kann, wenn solche Betrachtungen, wie diese im Zusammenhang mit «Faust», angestellt werden. Immer wiederum möchte man die Seelen hinweisen auf den tiefen Ernst und auf das heilige Wahrheitsstreben, das mit unserer geisteswissenschaftlichen Anschauung verknüpft sein muß. Und rächen muß sich gerade in einer solchen Bewegung dasjenige, was nicht aus tiefer Ehrlichkeit und tiefem Wahrheitsgefühl heraus ist. All dasjenige, wovon man sagen kann dem, der es äußert: Verzeiht, ich hör' Euch deklamieren! –, alles das sollen wir wirklich zu überwinden versuchen.

Ist es denn nicht sonderbar, wenn wir heute den Bühnentraditionen nach Wagner oft über die Bühne gehen sehen, und wenn auch Gelehrte, wenn gegenwärtig Rationalisten und Verstandesmenschen weidlich höhnen über dasjenige, was Wagner ist, statt daß sie an ihr Herz klopfen und sich in dem Wagner sehen würden. Dieser Wagner sitzt überall auf den Lehrstühlen, in den Laboratorien, und unsere wissenschaftliche Literatur, unsere philosophische Literatur, sie würden eine tiefe Wahrheit enthalten, wenn die größte Zahl der Autoren das Pseudonym «Wagner» wählen würden. Denn sie sind von Wagner geschrieben, diese Philosophien der Gegenwart.

Ich glaube gar sehr, daß auch mancher, der in den Reihen der Geisteswissenschaft lebt, hinreichend Grund hat, an seine Brust zu klopfen, sich selbsterkennend zu prüfen, wieviel von bloßem Sich-selbst-Vordeklamieren in seiner Seele ist, und wieviel aus absoluter Ehrlichkeit, aus absolutem Wahrheitsgefühl entsprungen! Mit dieser Mahnung an Ihre Herzen, an Ihre tiefsten Seelenkräfte schließe ich diese Betrachtung.

PFINGSTSTIMMUNG
FAUSTS INITIATION MIT DEN GEISTERN DER ERDE

Dornach, 22. Mai 1915,
im Anschluß an eine eurythmische Darstellung der ersten Szene des «Faust» II. Teil

Im gewöhnlichen Sinn einen Pfingstvortrag in diesem Jahre zu halten, ist ja, das wird verstanden werden, gerade zu diesem Zeitpunkt, nämlich gerade zu Pfingsten, wohl kaum möglich. Bedenken wir, wodurch die Zeit der Pfingsten charakterisiert ist in dem Dokument des Christentums, in dem Neuen Testament. Wir werden finden, daß die bedeutsame Charakteristik des Pfingstfestes die ist, daß der Geist ausgegossen wird über diejenigen, die Apostel genannt werden. Und die Folge des Ausgießens des Geistes ist, wie wir aus dem zweiten Kapitel der Apostelgeschichte ersehen, daß die Menschen der verschiedensten Sprachen, die da versammelt sind am Pfingstfeste, zehn Tage nach der sogenannten Himmelfahrt, ein jeder das, was ihnen verkündet werden soll, so vernimmt, daß es ihm vertraut klingt, trotzdem ein jeder ausdrücklich betont, daß er nur seiner Muttersprache fähig ist.

Und so erscheint die Ausgießung des Geistes am Pfingstfeste wie die Ergießung des Geistes der Liebe, der Eintracht, der Harmonie derjenigen, die über den Erdkreis hin die verschiedensten Sprachen sprechen. Oder man könnte, besser gesagt, um den Wortlaut der Bibel besser zu treffen, die Sache in der folgenden Weise wenden. Man könnte sagen: Es wird in der Pfingstverkündigung etwas gegeben, was so dem menschlichen Gemüte anklingt, daß ein jeder es verstehen kann, trotzdem er nur seine Muttersprache versteht.

Es empfindet fast jeder als dem widersprechend, was uns in diesem Jahre am Pfingstfeste umgibt, wenn nur eine Interpretation desjenigen gegeben wird, was mit dieser Pfingstverkündigung gemeint sein kann. Wir brauchen nur zu bedenken, daß die Welt neunzehn Jahrhunderte nach dieser Pfingstverkündigung es dahin gebracht hat, diese Pfingstverkündigung so zu befolgen, daß nunmehr dieses Pfingstfest sieht auf vierunddreißig verschieden sprechende Völker miteinander im Kampfe, gewissermaßen völlig widersprechend demjenigen, was der Sinn des Pfingstfestes ist. Vielleicht wird diese Sprache der Tatsache doch wenigstens in eine gewisse Anzahl von Menschen die Erkenntnis einfließen lassen, daß jene Pfingstverkündigung noch nicht in durchgreifender Weise über den Erdkreis sich verbreitet hat, daß sie noch nicht in genügender Art die Gemüter der Menschen ergriffen hat, und daß sie in einer neuen Form zu den Gemütern der Menschen wird sprechen müssen, eindringlicher, bedeutsamer, als sie bisher gesprochen hat, damit sie in die Zukunft hin in derjenigen Weise verstanden werden könne, in der sie doch verstanden werden muß.

Und so sei denn in diesem Jahre als Pfingstbetrachtung gewissermaßen ein allgemeiner Gesichtspunkt eingenommen, ein Gesichtspunkt, der uns von einer gewissen Seite die neue Pfingstverkündigung nahebringen kann, die wir meinen mit der Geisteswissenschaft. Denn als eine Pfingstverkündigung an die Menschheit müssen wir doch ansehen, was gerade in den Vorträgen ausgeführt worden ist, die wir hier absolviert haben; als eine Pfingstverkündigung müssen wir diese Geisteswissenschaft doch auffassen.

Nehmen wir einmal das, was wir über das Mysterium von Golgatha wissen, und lassen wir es vor unsere Seele treten. Worin besteht das Wesentliche dieses Mysteriums von Golgatha? Dieses Wesentliche des Mysteriums von Golgatha besteht darinnen, daß eine geistige Wesenheit, von der wir wissen, daß sie den kosmischen Sphären angehört, herabgestiegen ist und irdische Schicksale, irdisches Leid durchgemacht hat in einem physischen Menschenleibe, daß die Christus-Wesenheit drei Jahre verlebt hat in dem Leibe des Jesus von Nazareth. Durch das, was die Christus-Wesenheit in dem Leibe des Jesus von Nazareth erlebt hat, ist diese Christus-Wesenheit seit dem Mysterium von Golgotha mit dem vereinigt, was wir den Geist der Erde nennen können, was wir das Aurische der Erde nennen können. So daß die gesamte Erdenentwickelung für uns in eine Zeit vor dem Mysterium von Golgatha zerfällt, da gewissermaßen dasjenige, was der Christus-Geist ist, nur angedeutet werden kann, wenn der Mensch sich erhebt durch Initiation aus der irdischen Sphäre heraus, um wahrzunehmen nicht dasjenige, was innerhalb der irdischen Sphäre liegt, sondern dasjenige, woran die Erde keinen Anteil hat, was ihr erst vorbestimmt ist für eine spätere Zukunft, und in die Zeit nach dem Mysterium von Golgatha. Seit dem Mysterium von Golgatha, wissen wir, ist dies so, daß der Mensch mit seinem Geistig-Seelischen nicht der Erde zu entfliehen braucht, sondern innerhalb der Erdensphäre verbleiben kann und vernehmen kann innerhalb dieser Erdensphäre dasjenige, was die Christus-Wesenheit an Impulsen enthält.

Nun müssen wir uns klarmachen, daß die Jahrhunderte bis in unsere Zeit herein in bezug auf einen Teil der Menschheit ein Bewußtsein davon aufgenommen haben, daß der Christus-Impuls mit dem Erdendasein sich verknüpft habe. Ganz geändert hat sich etwas in dem Gesamtbewußtsein der Menschen, derjenigen Menschen, die etwas gefühlt haben, empfunden haben von dem Christus-Impuls. Geändert hat sich etwas in dem Gesamtbewußtsein dieser Menschen. Der Glaube trat in die Seele ein, daß der Christus mit dem Menschen ist, daß sich das menschliche Gemüt vereinigen kann mit dem Christus, daß das menschliche Gemüt etwas durchleben kann innerhalb des Erdendaseins, was von dem Christus-Impuls lebendig durchdrungen wird. Ein Verständnis aber desjenigen, was der Christus-Impuls im gesamten Erdendasein in der Entwickelung der Menschheit ist, muß durch die Geisteswissenschaft erst wirklich in die Menschenseelen dringen. Und dazu ist notwendig, daß erkannt werde, wie dieser Christus-Impuls in der Menschenseele so wirkt, daß zwei andere geistige Impulse gewissermaßen im Gleichgewicht gehalten werden.

Das wird darzustellen haben unser Bildwerk, welches wir aufzustellen haben im Osten unseres Baues. Da werden wir den Repräsentanten der Menschheit hinstellen, den Repräsentanten des Menschen, insofern dieser Mensch das Tiefste in sich erleben kann, insofern dieser Mensch erleben kann das, was man erlebt, wenn man den Christus-Impuls als einen lebendigen Impuls in seine Seele aufgenommen hat. Meinetwillen wird man nennen können die Hauptfigur im Bau im Osten den Christus, man wird ihn auch nennen können den Repräsentanten des verinnerlichten Menschen überhaupt. Aber man wird sehen müssen diesen Geist, der durch einen menschlichen Leib spricht, im Zusammenhange mit zwei andern geistigen Wesenheiten, mit Luzifer und Ahriman. Aufrechtstehend wird der Repräsentant der Menschheit auszudrücken haben das Verhältnis zu Luzifer und Ahriman. Es wird alles an dieser Figur nur charakteristisch sein müssen. Vor allen Dingen werden Sie später, wenn diese Figur gerade einmal aufgestellt ist, bemerken können, daß die Geste der als Linke erhobenen Hand und die Geste der als Rechte gesenkten Hand ganz besondere sind. Diese Geste der Hände wird verstanden werden können, wenn man sehen wird, wie oben auf dem Felsen, nach dessen Gipfel sich die linke Hand des Menschheitsrepräsentanten erhebt, der linke Arm erhebt, wie oben auf diesem Felsengipfel Luzifer abstürzt aus dem Grunde, weil er sich die Flügel bricht.

Nun wird man leicht glauben können, daß dieses Brechen der Flügel durch die Kraft geschähe, welche ausströmt aus dem Arm des Menschheitsrepräsentanten, als ob gleichsam diese Kraft nach Luzifer ausstrahlte und ihm die Flügel bräche. Das wäre eine falsche Auffassung. Und es wird uns hoffentlich gelingen, durch die plastische Darstellung diese falsche Auffassung nicht aufkommen zu lassen. Denn nicht darum handelt es sich, daß von dem durchchristeten Menschen etwas ausströme, was Luzifer die Flügel bricht, sondern darum handelt es sich, daß Luzifer in sich selber etwas erlebt, indem er die Nähe des Christus empfindet, was zum Brechen seiner Flügel führt. Weil er die Christus-Kraft, den Christus-Impuls, nicht ertragen kann, bricht er sich die Flügel. Es ist ein Vorgang, der nicht durch einen Kampf des Christus gegen Luzifer erzeugt wird, sondern es ist ein Vorgang im Inneren des Luzifer selber, etwas, was Luzifer in sich erleben muß, und es darf keinen Augenblick zweifelhaft sein, daß es dem Christus unmöglich wäre, Haß- oder Kampfgefühle gegen Luzifer zu empfinden. Der Christus ist der Christus und erfüllt nur mit Positivem das Weltensein, bekämpft keine Macht der Welt! Aber sich muß die Macht bekämpfen, die als luziferische Macht nun in seine Nähe kommt. Daher darf nicht aggressiv die Hand wirken, die links erhoben wird, und auch nicht aggressiv darf die linke Hälfte des Antlitzes wirken mit dieser eigentümlichen Geste, sondern es ist wie ein Hinweisen darauf, daß im Weltenzusammenhange Christus etwas mit Luzifer zu tun hat. Aber nicht ein Kampf ist es. Der Kampf entsteht erst in der Seele des Luzifer selber. Er bricht sich selbst die Flügel, ihm werden die Flügel nicht von Christus gebrochen.

Und ebenso ist es mit Ahriman, der in einer Felsenhöhle unter der rechten Seite des durchchristeten Menschen kauert, unter der die Erde nach oben getrieben wird: das Materielle, das in die Menschen wie hineingetrieben wird, das aber sich nicht erkraften kann und erlahmt, weil die Christus-Kraft in seiner Nähe ist.

Wiederum darf die Christus-Kraft, die durch den Arm in die Hand wallt und strömt, nichts verraten von einem Haß gegen Ahriman, sondern Ahriman ist es selber, der in sich erlahmt, und der durch dasjenige, was in seiner Seele vorgeht, das versteckt liegende Gold in den Adern der Erde wie Fesseln um sich schlingt, so daß er aus dem Erdengolde sich Fesseln macht und sich selber anschmiedet. Er wird nicht durch Christus angeschmiedet, er schmiedet sich selber an, indem er die Nähe des Christus empfindet.

Damit aber wird erst das Urverhältnis, ich möchte sagen, bloßgelegt, welches erkannt werden muß, damit dasjenige, was der Christus-Impuls ist, wirklich von den menschlichen Seelen verstanden werden kann.

Durch ein einfaches Gleichnis kann man diesen Christus-Impuls abstrakt klarlegen. Denken Sie sich einmal ein Pendel. Das Pendel schlägt aus nach der einen Seite, fällt dann durch seine eigene Schwerkraft bis zum untersten Punkt und schlägt nach der andern Seite aus, eben so weit, bis an dieser andern Seite ein Punkt ist, den wir als Gleichgewichtspunkt bezeichnen. Dieser Punkt wäre ein toter Punkt, ein ruhender Punkt, wenn das Pendel nun nicht nach der andern Seite ausschlagen würde. Leben ist im Pendel dadurch, daß es nach beiden Seiten ausschlägt und in der Mitte einen Ruhepunkt hat.

So können wir uns seit dem Mysterium von Golgatha die Erdenentwickelung vorstellen: Pendelausschlag nach der einen Seite, nach der luziferischen Seite, und Pendelausschlag nach der andern Seite, nach der ahrimanischen Seite. Und der Gleichgewichtspunkt ist der Christus in der Mitte.

Daß dies erst erkannt werden muß, mag Ihnen aus einer bedeutsamen historischen Tatsache hervorgehen. Wir alle bewundern das Bild, das *Michelangelo* als «Jüngstes Gericht» gemalt hat. Sie kennen es aus Nachbildungen des Originals, das sich in der Sixtinischen Kapelle befindet. Wir sehen da mit großartiger Meisterschaft durch Michelangelo hingemalt den Christus, wie triumphierend die einen zur Hölle sendend, den bösen Geistern entgegen, die andern, die Guten, nach dem Himmel sendend. Und schauen wir einmal ins Antlitz diesem Christus, dann sehen wir in ihm den Weltenzorn. Und haben wir Geisteswissenschaft aufgenommen, haben wir alles das wirklich in Liebe mit unserem Gemüte vereinigt, was wir bisher aufnehmen konnten von Geisteswissenschaft, dann sagen wir heute trotz unserer Bewunderung gegenüber dem, was Michelangelo geschaffen hat: Das ist kein Christus, denn der Christus richtet nicht! Die Menschen richten sich selber, wie Luzifer und Ahriman eigene Vorgänge erleben, nicht dasjenige, was durch irgendeinen Kampf des Christus gegen sie bewirkt wird.

Als Michelangelo seinen Christus schuf, war noch nicht die Zeit, den Christus in wirklicher Vollkommenheit zu erkennen. Es waltete in den Menschen noch, ich möchte sagen, Unklarheit. Man sah im Christus selber etwas von dem, wovon wir heute wissen, daß es dem Luzifer oder dem Ahriman zugeschrieben werden muß. Und verstehen können wir heute etwas von dem, wenn Leute in dem Michelangelo-Christus selber etwas wie Luzifer oder Ahriman gefunden haben, denn er ist noch nicht frei, so wie ihn Michelangelo darstellt, von dem, wovon der Christus völlig frei ist.

Halten wir uns einmal vor die Seele, stellen wir uns einmal richtig vor, was es heißt, daß aus jener Anschauung, aus der Michelangelo gewachsen ist, ein Bild des Christus nicht zustande kommen konnte, welches einem wirklichen Verstehen des Mysteriums von Golgatha entspricht, weil noch ungeklärt war dasjenige, was gewußt werden muß: das Verhältnis zwischen Christus, Luzifer und Ahriman.

Wie oft ist es betont worden in unseren Kreisen, daß es eine falsche Empfindung ist, hinzuweisen auf Luzifer und zu sagen: Ich will ihm entfliehen, – oder hinzuweisen auf Ahriman und zu sagen: Ich will ihm entfliehen. – Das würde nur heißen, mit der Schwäche einen Pakt schließen wollen, würde heißen, dem Pendel den Rat zu geben, damit es in der Gleichgewichtslage sei, gar nicht auszuschlagen nach links und nach rechts, sondern immer in Ruhe zu bleiben. Wir können nicht entfliehen den Weltenkräften, die wir als Luzifer und Ahriman bezeichnen, wir müssen zu ihnen nur das rechte Verhältnis finden. Und dieses rechte Verhältnis finden wir, wenn wir den Christus-Impuls in der richtigen Weise verstehen, wenn wir in der Christus-Wesenheit den Führer sehen, der uns in das rechte Verhältnis zu den luziferischen und ahrimanischen Mächten setzen kann, die einmal Mächte der Welt sein müssen.

Betrachten wir alles dasjenige, was Luzifer hineinbringt in das Leben der Menschen. Alles das bringt er hinein, was zusammenhängt mit dem Empfinden, mit den Leidenschaften, mit dem Gefühls- und Gemütsleben. Trocken, nüchtern, abstrakt wäre das Leben, wenn nicht die lebendige Empfindung, das lebendige Gefühl dieses Leben durchfluteten. Sehen wir hin auf die Entwickelung der Geschichte, was die Leidenschaft, die man oftmals auch die edle Leidenschaft nennt – mit Recht die edle Leidenschaft –, in der Geschichte bewirkt hat, was Fühlen und Empfinden bewirkt haben. Nimmermehr sind aber wir imstande, überhaupt Gefühle und Empfindungen zu hegen, ohne in die Sphäre des Luzifer uns zu begeben. Nur darum handelt es sich, daß wir niemals in diese Sphäre eintreten ohne die Führung des Christus-Impulses.

Und sehen wir auf der andern Seite, wie notwendig es gerade in der neueren Zeit geworden ist, immer mehr und mehr die Welt zu verstehen, Wissenschaft auszubilden, die äußeren Naturkräfte zu beherrschen. Herr desjenigen, was die äußere Wissenschaft ist, desjenigen, was in den äußeren Naturkräften lebt, ist Ahriman. Und wir müßten dumm und töricht bleiben, wollten wir fliehen das ahrimanische Element. Nicht darum handelt es sich, das ahrimanische Element zu fliehen, sondern wiederum unter der Führung des Christus-Impulses in jene Sphäre einzutreten, in der Ahriman in der Welt waltet. Und so nicht in träger Weise bloß den Ruhepunkt zu suchen, sondern die lebendige Bewegung des Weltenpendels mitzuerleben, so zu erleben, daß wir keinen Schritt machen ohne die Führung des Christus-Impulses. Christus-Erkenntnis ist erst möglich, wenn das Verhältnis des Christus-Impulses zu den luziferischen und ahrimanischen Kräften der Menschenseele klar geworden ist. Daher gehört die Verkündigung der luziferischen und ahrimanischen Seite der Welt zu demjenigen, was unsere geisteswissenschaftliche Bewegung aufnehmen mußte, da sie sich bewußt war, auf den Boden des Christus-Impulses sich stellen zu müssen. Und darum können Sie gerade in der außerchristlichen theosophischen Lehre von den ahrimanischen und luziferischen Elementen nichts finden, weil dies eben auftreten mußte, dieses luziferische und ahrimanische Element, in dem Augenblick, in dem in ernster Weise die geisteswissenschaftliche Bewegung mit dem Christus-Impuls zu rechnen hatte.

Ich denke, es ist etwas außerordentlich Wichtiges für die Menschenseele, zu fühlen, wie Geisteswissenschaft die Aufgabe hat, wirklich etwas Neues in das Menschenbewußtsein hineinzubringen, etwas so Neues, daß wir es selbst messen dürfen an so großen Schöpfungen der Menschheit, wie es der Michelangelosche Christus des «Jüngsten Gerichtes» ist. Und es wird uns dasjenige, was uns durch Geisteswissenschaft vorschweben muß, als die neue Pfingstverkündigung im rechten Sinne des Wortes erscheinen müssen.

Wir haben um die Osterzeit herum gesehen, wie einer der großen Geister der neueren Zeit, *Goethe,* gerungen hat, denjenigen, den er als den Repräsentanten der Menschheit hingestellt hat, den Faust, in eine Beziehung zu bringen zu dem Christus-Impuls. Und wir haben gesehen, wie Goethe in seiner Jugend das noch nicht konnte, wie es ihm erst im reifen Alter möglich geworden ist. Und so erscheint uns denn vielfach das Geistesleben, wie es sich heraufentwickelte bis in unsere Gegenwart, als ein Ringen, als ein unablässiges Ringen. Es erscheint uns wahrhaftig so, daß es uns im höchsten Grade bescheiden machen muß, wenn wir so sehen, wie die erlesensten Geister der Menschheit gestrebt haben, um Vorstellungen, um Empfindungen zu bekommen für dasjenige, was der Christus-Impuls bedeutet. Da überkommt es uns, wie bescheiden wir sein müssen in dem menschlichen Streben nach dieser Erkenntnis des Christus-Impulses.

Goethe – wir haben es gesehen – lag zunächst daran, das, was als luziferisches und ahrimanisches Element um den Menschen herum wirkt, wirklich hintreten zu lassen an seinen Repräsentanten der Menschheit, an den Faust. Und wir haben gesehen, wie Goethe durcheinandergemischt hat das ahrimanische und das luziferische Element, so daß man es nicht leicht unterscheiden kann in der Mephistopheles-Figur. Wir haben da gezeigt bei den Ostervorträgen, wie in der Mephistopheles-Figur zusammengemischt ist luziferisches und ahrimanisches Element, weil Goethe eine klare Erkenntnis noch nicht möglich war. Goethe hat im

Grunde genommen zeitlebens empfunden, wie in ihm rumorte das Streben, ins Klare zu kommen über das Verhältnis des Menschen zu Luzifer und Ahriman. Als er am Ende des 18. Jahrhunderts als reifer Mann von *Schiller* aufgefordert wurde seinen «Faust» fortzusetzen, und wieder sah, was er in seiner Jugend hingeschrieben hatte, da nannte er dasjenige, was er da zusammengefügt hatte zu verschiedenen Zeiten, einen *Tragelaph* – halb Tier und halb Mensch; so kam ihm sein «Faust» vor. Und er nannte seinen «Faust», um die Schwierigkeit anzudeuten, jetzt ihn fortzusetzen, «eine barbarische Komposition», so daß uns das Urteil vorliegt von Goethe, der genauer Bescheid wissen mußte über seinen «Faust» als diejenigen, die nicht Goethe sind, daß der «Faust» ein Tragelaph sei, «halb Tier und halb Mensch», daß er eine «barbarische Komposition» sei! Dasjenige, was ich zu Ostern darstellen wollte, und was so leicht mißverstanden werden kann, führt zuletzt auf ein Urteil von Goethe selbst zurück. Ja gewiß, sehr gescheite Leute sehen in dem «Faust» ein vollkommenes Kunstwerk, sehen in dem «Faust» dasjenige, was sich nicht überbieten läßt. Es war nicht Goethes Meinung und darf auch nicht ferner unsere Meinung sein. Wenn wir auch im «Faust» die Erhebung zu einem Höchsten sehen, so müssen wir uns darüber klar sein, daß dieser «Faust» vor allen Dingen selbst in der inneren Komposition daran leidet, daß in seiner Figur des Mephistopheles Luzifer und Ahriman in ganz unorganischer Weise ineinandergemischt sind.

Aber trotz all diesem Ineinandermischen fühlte Goethe dunkel: Luzifer und Ahriman, sie hätten ja beide auftreten müssen. Goethe mischt nur alles zusammen und nennt alles «Mephistopheles», so daß in den einzelnen Szenen im «Faust» Luzifer oft Luzifer, in andern Teilen Mephistopheles oder Ahriman ist. Aber dieses war Goethe ganz klar: in dem Menschen geht etwas vor, was unter dem Einflusse von Luzifer und Ahriman geschieht, von Luzifer und Mephistopheles. Solches geht im Menschen vor.

Nun sehen wir uns einmal den Schluß des ersten Teiles von Goethes «Faust» an. Wie endet er? Faust hat die denkbar schwerste Schuld auf sich geladen, hat ein Menschenleben auf seinem Gewissen, hintergangen hat er einen Menschen, die schwere Schuld auf sich geladen, sich selbst und den andern Menschen gegenüber. Und das letzte Wort des ersten

Teiles des «Faust» ist: «Her zu mir!», in demselben Momente, wo nur durch eine Stimme wie vom Himmel heruntertönt verhallend: «Heinrich, Heinrich!» Wir wissen also aus diesem Schluß des ersten Teiles, wohin Faust gekommen ist. Er ist gekommen zu Mephistopheles. Mephistopheles hat ihn. Darüber ist gar kein Zweifel möglich.

Und nun sehen wir den Beginn des zweiten Teiles. Dieser Beginn des zweiten Teiles bietet uns eine anmutige Gegend dar: «Faust auf blumigen Rasen gebettet, ermüdet, unruhig, Schlaf suchend.» Geister treten auf. Und aus dem, was sie sprechen, bekommen wir den Eindruck: wir haben es mit einer Natur zu tun, ja wirklich, mit einer Natur – wir brauchen nur jetzt in dieser Jahreszeit hinauszugehen – und wir haben diese Natur. Pfingstnatur etwa! Pfingststimmung etwa! Diese Pfingststimmung, sie wirkt auf Faust. Und nachher setzt er seinen Lebensweg weiter fort.

Ein Gelehrter hat einen Ausspruch getan gegenüber dem, was Goethe da gemacht hat, der, man kann sagen, immerhin etwas für sich hat, trotzdem der Ausspruch philiströs und pedantisch ist. Der Gelehrte hat gesagt: Wenn du eine schwere Schuld auf dich geladen hast, wie Faust dem Gretchen gegenüber, so begib dich in eine anmutige Gegend, auf blumigen Rasen, mache etwa eine Bergpartie, und deine Seele wird nachher gesundet sein, zu weitern Taten fähig. – Man kann sagen, realistisch ahrimanisch aufgefaßt, hat dieser Ausspruch des Gelehrten – *Rieger* – manches für sich. Denn es müßte eigentlich allen Menschen, die im gewöhnlichen Sinne der heutigen Zeit eine rein materialistische Weltanschauung haben, unerträglich sein, den zweiten Teil des «Faust» auf sich wirken zu lassen, nachdem die große, gewaltige Schuld im ersten Teil charakterisiert ist, die Faust auf sich geladen hat. Aber man nimmt leider die größte Dichtung der Menschheit, soweit das menschlich Persönliche in Betracht kommt – denn das ist der «Faust», trotzdem er eine barbarische Komposition und ein Tragelaph in seinem ersten Teil ist –, man nimmt diese Dichtung leider nicht wörtlich genug. Nähme man sie wörtlich genug, so müßte man eben wissen, daß wahr ist: «Her zu mir!» ... Mephistopheles hat den Faust. So wie er ihn hat, ist jetzt Faust auf blumigen Rasen gebettet, unruhig Schlaf suchend. Und wir dürfen uns den Faust nicht losgelöst denken am Beginne des zweiten

Teiles von den höllischen Mächten. Aber Goethe rang nach wirklicher spiritueller Erkenntnis. Wie nahe Goethe spiritueller Erkenntnis war, mag Ihnen aus einer Briefstelle hervorgehen, die Goethe einmal an seinen Freund, den Musiker *Zelter,* geschrieben hat. Eine bedeutsame Briefstelle! Goethe schreibt da: «Man bedenke, daß mit jedem Atemzug ein ätherischer Lethestrom unser ganzes Wesen durchdringt, so daß wir uns der Freude nur mäßig, der Leiden kaum erinnern.» Mit jedem Atemzug durchdringt unser Inneres in der Tat ein ätherischer Lebensstrom, das heißt aber nichts anderes als: Goethe wußte ganz gut von dem Ätherleib, den der Mensch hat. Er hat das in seiner Zeit natürlich nur im Freundeskreis zur Sprache gebracht.

Wie Goethe stand zu der gesamten menschlichen Wesenheit, wie er, hinblickend auf diese menschliche Wesenheit, sich sagte: Diese menschliche Wesenheit kann schuldig werden, denn in ihr wohnt etwas, was unter mephistophelischem Einflusse steht, was dem Mephistopheles gehört –, wie Goethe hinblickte auf diesen Menschen, der dieser Sphäre angehört, so war ihm zu gleicher Zeit klar, daß etwas in der menschlichen Natur lebt, was diesem Einfluß niemals verfallen kann, was bewahrt werden kann vom ahrimanisch-luziferischen Einfluß. Und dasjenige, was bewahrt werden kann vom ahrimanisch-luziferischen Einfluß, das ist es in Faust, womit wir es im Anfange des zweiten Teiles zu tun haben. Der Faust, der schuldig werden konnte, der Faust, der sich durch Mephistopheles in die trivialsten, banalsten Lebensgenüsse hat ziehen lassen, der Faust, der dann das Gretchen verführt hat, der Faust ist schuldig geworden. Wir in unserer geisteswissenschaftlichen Sprache würden sagen: Dieses im Faust hat zu warten bis zur nächsten Inkarnation.

Aber in der Menschennatur ist etwas, was des Menschen höheres Selbst ist, was in Beziehung bleibt zu den geistigen Mächten der Welt. Daher treten die geistigen Mächte der Welt diesem Ewigen in Faust gegenüber. Der Faust, den wir am Beginn des zweiten Teiles erblicken, müssen wir uns nicht im realistischen Sinne vorstellen als so und so viel älter gewordenen Faust, sondern er ist wirklich nur der Repräsentant zunächst des höheren Selbstes in Faust. Er trägt noch dieselbe Gestalt. Aber diese Gestalt ist der Repräsentant von etwas, was im Faust nicht hat schuldig werden können. Dieses, was im Faust nicht hat schuldig werden können, tritt nun in Beziehung zu den Dienern des Erdgeistes.

Goethes Sehnsucht ging von seiner Jugend an dahin, eine Anschauung darüber zu gewinnen, wie es denn ist mit des Menschen Schuld, mit dem Bösen in der Welt, und wie doch über allem etwas schwebe, was ausgleichend wirken müsse gegenüber Schuld und gegenüber dem Bösen. Und so wagte sich denn Goethe, da er gewissermaßen Fausts eine Natur dem Mephisto überlassen mußte – «Her zu mir!» –, er wagte sich an die andere Natur des Faust. Und wir müssen uns ganz klar sein, jetzt spricht im Beginne des zweiten Teiles zunächst nicht derselbe Faust, den wir kennen aus dem ersten Teil, sondern es spricht eine andere, eine zweite Natur, die nur noch äußerlich Fausts Gestalt trägt, und die sich einleben kann in dasjenige, was als Geistiges die äußere Welt durchzieht. In das aber muß sich hineinfinden, was zunächst keinen Zusammenhang hat mit Fausts äußerem physischem Leib. Denn der physische Leib behält natürlich, solange wir in derselben Inkarnation bleiben, alle Zeichen der Schuld, in die wir verfallen sind. Recht verbinden mit dem, was das höhere Selbst ist, kann sich nur dasjenige in uns, was von dem physischen Leib sich frei macht. Und so muß Faust jene Umwandlung durchmachen, die wir nennen können die Umwandlung der Schuld in eine höhere Erkenntnis.

Das, was er als Schuld trägt, wird er mittragen bis in seine nächste Inkarnation. Für diese Erdeninkarnation trägt er die Schuld als die Quelle einer sich ihm öffnenden höheren Erkenntnis, einer genaueren Erkenntnis des Lebens. Und so öffnet sich denn dem Faust, trotzdem er die ungeheuerste Schuld auf seiner Seele trägt, die Möglichkeit, daß sein höheres Selbst in Zusammenhang gebracht wird mit dem, was die Welt als Geistiges durchwallt und durchlebt und durchwebt.

Fausts höheres Selbst kommt mit einem Geiste der Erdenaura in Beziehung. Goethe wollte gleichsam darstellen: dasjenige, was das Höchste im Menschen ist, konnte gar nicht ergriffen werden von Mephistopheles, wir würden sagen: Luzifer-Ahriman, – das muß bewahrt worden sein, das muß in andere Sphären eintreten, eingehen können. Und so ist denn von Goethe ganz ernst gemeint, daß dieses höhere Selbst in Faust nun in Beziehung tritt zu dem, was die elementarische Welt als geistige Wesenheit enthält.

Wir werden später sehen, wie das wiederum mit dem zusammenhängt, was hier schon in den Ostervorträgen gesagt worden ist. Aber nun bedenken wir, wie anknüpfen diese geistigen Wesenheiten, die unter der Führung des Luftgeistes stehen, denn ein solcher ist Ariel, wie anknüpfen diese Geister, die wir also im ganzen als Luftgeister bezeichnen können, an die äußeren Naturvorgänge, wie sie sich aber offenbaren als dasjenige, was eine andere geistige Welt ist, gegenüber dem Selbst, das in der überirdischen Natur dem Einfluß von Luzifer und Ahriman nicht ausgesetzt ist:

Wenn der Blüten Frühlingsregen
Über alle schwebend sinkt,
Wenn der Felder grüner Segen
Allen Erdgebornen blinkt,

– also wenn die Natur sproßt und sprießt in der Frühlings-Pfingstzeit, da kommen die Elementargeister heraus. Für das Äußerlich-Materielle sind sie klein, groß sind sie als Geister, denn sie sind erhaben über dasjenige, was im Menschenherzen dem Guten, dem Bösen verfallen kann.

Kleiner Elfen Geistergröße
Eilet, wo sie helfen kann;
Ob er heilig, ob er böse ...

– das ist der nächsten Inkarnation überlassen, das geht diese Geister nichts an –

Ob er heilig, ob er böse,
Jammert sie der Unglücksmann ...

Die Geister haben es mit seinem höheren Selbst zu tun, das bewahrt bleibt vor dem, was in Karma oder Inkarnation sich abzuspielen hat. Aber wirken können diese Geister nur in ihrem eigenen Elemente, in dem der Mensch mit seinem Wesen ist, wenn er als Geistig-Seelisches die äußeren Leibeshüllen verlassen hat. Und jetzt setzt Goethe auseinander, was diese Elfen mit ihrer Geistergröße zu bewirken haben:

Die ihr dies Haupt umschwebt im luft'gen Kreise,
Erzeigt euch hier nach edler Elfen Weise,
Besänftiget des Herzens grimmen Strauß;
Entfernt des Vorwurfs glühend bittre Pfeile,
Sein Innres reinigt von erlebtem Graus.

Es kann nicht geschehen gegenüber dem Faust, der Ahriman-Luzifer ausgesetzt ist. Diese Reinigung heißt: Holt heraus Faustens höheres Selbst, stellt es rein dar. – Und nun wird ernst genommen etwas, was wie eine Initiation vorgeht mit dem Faust, der außerhalb seines Leibes ist:

Vier sind die Pausen nächtiger Weile,

– von sechs Uhr abends bis sechs Uhr morgens vollbringen die Elfen ihre Pflicht, indem sie die Seele vom Einschlafen bis zum Aufwachen in Zusammenhang bringen mit dem, was geistig durchwallt und durchwebt das Erdendasein.

Nun ohne Säumen füllt sie freundlich aus.

– die vier Pausen, welche die Seele durchlebt vom Einschlafen bis zum Aufwachen.

Erst senkt sein Haupt aufs kühle Polster nieder,
Dann badet ihn im Tau aus Lethes Flut;
Gelenk sind bald die krampferstarrten Glieder,
Wenn er gestärkt dem Tag entgegen ruht;

– wenn er aufgenommen, was der die Welt durchsetzende Geist darreicht, wenn dieser Geist hineingegangen ist in dasjenige, was in Fausts Wesenheit als ein höheres Selbst bewahrt ist.

Vollbringt der Elfen schönste Pflicht,
Gebt ihn zurück dem heiligen Licht.

Dasjenige, was äußerlich geschieht zwischen dem Einschlafen und dem Aufwachen, sind wirkliche, reale Vorgänge, gleichartig einer Initiation. Und jetzt sehen wir, was je in den drei Stunden von sechs bis neun, von neun bis zwölf, von zwölf bis drei und von drei bis sechs Uhr vor sich geht. Da haben wir zunächst die Pause von sechs bis neun Uhr:

Wenn sich lau die Lüfte füllen
Um den grünumschränkten Plan,
Süße Düfte, Nebelhüllen
Senkt die Dämmerung heran;
Lispelt leise süßen Frieden,
Wiegt das Herz in Kindesruh,
Und den Augen dieses Müden
Schließt des Tages Pforte zu!

Weg ist die Seele, vom Leibe getrennt.
Der zweite Teil:

Nacht ist schon hereingesunken,
Schließt sich heilig Stern an Stern;
Große Lichter, kleine Funken
Glitzern nah und glänzen fern;
Glitzern hier im See sich spiegelnd,
Glänzen droben klarer Nacht,
Tiefsten Ruhens Glück besiegelnd
Herrscht des Mondes volle Pracht.

Aufgenommen wird Sphärenharmonie, Sphärenweisheit von den großen Lichtern, kleinen Funken. Und auch die Geheimnisse des Mondes, all dasjenige, was wir aufnehmen in der Geisteswissenschaft von den Geheimnissen der Sphären, es wird hineinversenkt in Fausts höheres Selbst.

Der dritte Teil des Schlafens:

Schon verloschen sind die Stunden,
Hingeschwunden Schmerz und Glück;
Fühl' es vor! Du wirst gesunden;
Traue neuem Tagesblick.
Täler grünen, Hügel schwellen,
Buschen sich zu Schattenruh;
Und in schwanken Silberwellen
Wogt die Saat der Ernte zu.

Innerlich anknüpfend an das Naturdasein; wir haben auch davon schon gesprochen. Lesen Sie den letzten Haager Zyklus, wie die Menschenseele, wenn sie sich erhebt aus dem Leibe, eins wird mit dem Wallen und Weben des äußerlichen Daseins. Aber ebenso bedeutet das auch das Werden in der Seele des Faust:

> Und in schwanken Silberwellen
> Wogt die Saat – die Seele des Faust – der Ernte zu.

Und erinnern Sie sich, wie ich gesagt habe, daß der Mensch während des Schlafens wünscht, in den Leib wieder hineinzutreten. – Das ist der letzte Teil der Nacht:

> Wunsch um Wünsche zu erlangen,
> Schaue nach dem Glanze dort!

Die Sonne kann dann schon geahnt werden.

> Leise bist du nur umfangen,
> Schlaf ist Schale, wirf sie fort!

Ein wichtiger Satz! Ein großer Dichter schreibt keine Phrasen! Was heißt das: Schlaf ist Schale, wirf sie fort!? – Für denjenigen, der einen gewöhnlichen Schlaf durchschläft, ist der Schlaf nicht Schale; für den ist der Schlaf Schale, für welchen diese Zeit vom Einschlafen bis zum Aufwachen die Aufnahme wird für die Weltengeheimnisse.

> Säume nicht, dich zu erdreisten,
> Wenn die Menge zaudernd schweift;
> Alles kann der Edle leisten,
> Der versteht und rasch ergreift.

Und nun das ungeheure Getöse, welches das Herannahen der Sonne verkündet, uns erinnernd an dasjenige, was Goethe im «Prolog im Himmel» im ersten Teil des «Faust» über dieses Sonnentönen schon gesagt hat:

> Die Sonne tönt nach alter Weise
> In Brudersphären Wettgesang,

Und ihre vorgeschriebne Reise
Vollendet sie mit Donnergang.
Ihr Anblick gibt den Engeln Stärke,
Wenn keiner sie ergründen mag;
Die unbegreiflich hohen Werke
Sind herrlich, wie am ersten Tag.

Wenn die Sonne heraufkommt, das Licht sich ergießt über den physischen Plan, da hört die Seele, wenn sie außerhalb des Leibes ist, dieses Herannahen der Sonne als Sphärenmusik, als besonderes Element in der Sphärenmusik. Geister hören es natürlich. Der Mensch hört es nicht, weil er hören muß durch seinen physischen Leib. Der ist aber einverleibt dem physischen Plan, und wenn die Sonne mit dem physischen Plane zusammen ist, da ist die Zeit, wo der Mensch wach sein kann. Daher müssen Geister sich zurückziehen. Dasjenige, was Ariel, der Geist der Luft, jetzt zu seinen Dienern spricht, das ist andeutend das Heraufziehen der Sphärenmusik. Die Geister können es hören. Derjenige, der außerhalb seines Leibes ist, kann es hören. Faust also hört es noch, dieses Heraufziehen der Sphärenmusik. Dann tritt er in seinen Leib zurück. Dann hat Ariel die Aufgabe, zu verschwinden. Ariel unterrichtet seine Diener, was sie zu tun haben: sie haben zu verschwinden von dem physischen Plan. Denn wenn die Sonne, die sie nur als tönende Sonne zu finden hat, mit ihrem Lichte sie trifft, so werden sie gerade taub davon. Von dem Lichte werden sie taub, während sie die tönende Sonne, in deren Tönen sie selber leben, durchaus ertragen:

Horchet! Horcht dem Sturm der Horen!
Tönend wird für Geistesohren
Schon der neue Tag geboren.
Felsentore knarren rasselnd,
Phöbus' Räder rollen prasselnd;
Welch Getöse bringt das Licht.
Es drommetet, es posaunet,
Auge blinzt und Ohr erstaunet,
Unerhörtes hört sich nicht.
Schlüpfet zu den Blumenkronen,

Tiefer, tiefer, still zu wohnen,
In die Felsen, unters Laub;
Trifft es euch, so seid ihr taub.

Und nun verschwinden die Elfen. Faust tritt in seinen Leib zurück. Aber unbewußt bleibt jetzt der schuldige Faust. Der steht nicht vor uns. Der ist tief hinuntergetreten in Fausts Unterbewußtsein und bewahrt sich da auf bis zur nächsten Inkarnation. Der Faust, der eben durchlebt hat das Zusammensein mit dem ganzen geistigen Kosmos, muß jetzt sich klar werden, wie das sich verhält, was er durchlebt hat in den vier Pausen des Schlaflebens, zu dem, wie er jetzt die Welt vernimmt. Er lebt jetzt als höheres Selbst in seinem Leibe.

Ein Mensch, der, nachdem er eine Nacht geschlafen hat und nicht das alles in sich hätte, was Faust in sich hat, ein Mensch, der dann sagen würde, nachdem er des Morgens aufwacht: Du, Erde, warst auch diese Nacht beständig –, wäre ein Narr, denn kein Mensch erwartet etwas anderes, als daß die Erde auch diese Nacht beständig war. Aber allerdings, wenn man das durchlebt, was Faust als Initiation mit den Geistern der Erde erlebt hat, dann hat man etwas erlebt, durch das man in der Tat glauben konnte, die ganze Erde habe sich verwandelt, dann hat es seine Berechtigung, zu sagen, wenn man sozusagen ein neuer Mensch geworden ist, oder vielmehr, wenn in einem der neue Mensch erweckt worden ist: Du, Erde, warst auch diese Nacht beständig – trotz dessen, was ich erlebt habe. – Da erscheint die Welt ganz neu, weil sie in der Tat einem neuen Menschen gegeben wird.

Des Lebens Pulse schlagen frisch lebendig,
Ätherische Dämm'rung milde zu begrüßen;
Du, Erde, warst auch diese Nacht beständig
Und atmest neu erquickt zu meinen Füßen,
Beginnest schon mit Lust mich zu umgeben,
Du regst und rührst ein kräftiges Beschließen,
Zum höchsten Dasein immerfort zu streben. –

Auch jetzt, wo der Geist sich befreit hat von dem, was in die nächste Inkarnation sich aufbewahren muß!

In Dämmerschein liegt schon die Welt erschlossen,
Der Wald ertönt von tausendstimmigem Leben,
Tal aus, Tal ein ist Nebelstreif ergossen;
Doch senkt sich Himmelsklarheit in die Tiefen,
Und Zweig und Äste, frisch erquickt, entsprossen
Dem duft'gen Abgrund, wo versenkt sie schliefen;
Auch Farb' an Farbe klärt sich los vom Grunde,
Wo Blum' und Blatt von Zitterperle triefen,
Ein Paradies wird um mich her die Runde.

Das sieht der Mensch, indem er, ich sage nicht, die Initiation durchmacht, sondern in dem die Initiation lebt. Und er hat Veranlassung, neu die Welt zu sehen. Alle die Worte, die er jetzt ausspricht, würde er nicht aussprechen, wenn nur derjenige Mensch in ihm steckte, der schuldig geworden ist und der etwa in dieser Inkarnation unter dem Eindruck dieser Schuld leben würde.

Hinaufgeschaut! – Der Berge Gipfelriesen
Verkünden schon die feierlichste Stunde;
Sie dürfen früh des ewigen Lichts genießen,
Das später sich zu uns hernieder wendet.
Jetzt zu der Alpe grüngesenkten Wiesen
Wird neuer Glanz und Deutlichkeit gespendet,
Und stufenweis herab ist es gelungen; –
Sie tritt hervor! – die Sonne nämlich – und leider
schon geblendet,
Kehr' ich mich weg, vom Augenschmerz durchdrungen.

Das höhere Selbst ist jetzt nicht imstande, das, was das sinnliche imstande war, die Sonne – zu schauen. Dennoch hat Faust soviel erfahren, daß die Sonne jetzt für ihn etwas wesentlich anderes ist. Und jetzt regt sich etwas in seinem Inneren, was mit der menschlichen Erkenntnis zusammenhängt:

So ist es also, wenn ein sehnend Hoffen
Dem höchsten Wunsch sich traulich zugerungen,
Erfüllungspforten findet flügeloffen.

Was für Erfüllungspforten? Nur diejenigen, die ihm geworden sind während seines Schlafes zunächst. Aber selbst die gewöhnliche Welt erscheint ihm jetzt, wie wenn es aus ewigen Gründen wie ein Flammenübermaß brechen würde:

Nun aber bricht aus jenen ewigen Gründen
Ein Flammenübermaß, wir stehn betroffen;
Des Lebens Fackel wollten wir entzünden,
Ein Feuermeer umschlingt uns, welch ein Feuer!
Ist's Lieb? Ist's Haß? . . .

Das kennen wir von früher, aber das, was wir jetzt erleben, ist mehr als Liebe und Haß.

Ist's Lieb? Ist's Haß? die glühend uns umwinden,
Mit Schmerz und Freuden wechselnd ungeheuer,
So daß wir wieder nach der Erde blicken,
Zu bergen uns in jugendlichstem Schleier.

Er kann gar nicht in die Sonne schauen jetzt; er schaut nach dem Wasserfall, in dem sich die Sonne spiegelt, und der ihm die Regenbogenfarben an einem Bogen zeigt. Von der Sonne wendet er sich ab. Er wird zum Weltenbetrachter, so wie diese Welt hineinscheint als Abglanz des geistigen Lebens – diese Welt, von der man sagen kann: Alles Vergängliche ist nur ein Gleichnis des Ewigen.

So bleibe denn die Sonne mir im Rücken!

Vorher hat er sie angeschaut. Jetzt wendet er sich zum Wasserfall hin.

Der Wassersturz, das Felsenriff durchbrausend,
Ihn schau' ich an mit wachsendem Entzücken.
Von Sturz zu Sturzen wälzt er jetzt in tausend,
Dann abertausend Strömen sich ergießend,
Hoch in die Lüfte Schaum an Schäume sausend.
Allein wie herrlich, diesem Sturm ersprießend,
Wölbt sich des bunten Bogens Wechseldauer . . .

– der in sieben Farben spiegelt das, was in Einheit in der Sonne ist.

Bald rein gezeichnet, bald in Luft zerfließend,
Umher verbreitend duftig kühle Schauer.
Der spiegelt ab das menschliche Bestreben.
Ihm sinne nach, und du begreifst genauer:
Am farbigen Abglanz haben wir das Leben.

Am farbigen Abglanz haben wir das Leben! – Soweit ist der Faust nach dieser Nacht gekommen, daß er nicht will, wie der Faust des ersten Teiles, sich in das Leben stürzen, so wie es ihn in die Schuld und in das Böse geworfen hat, sondern er wendet sich nach dessen farbigem Abglanz. Es ist derselbe farbige Abglanz, den wir Geisteswissenschaft nennen, der ihm nur vorkommt als ein farbiger Abglanz, und durch den wir uns allmählich hinaufwinden, die Wirklichkeit zu erleben.

Was nun folgt, der zweite Teil, das ist farbiger Abglanz des Lebens zunächst. Unsinn ist es, diesen zweiten Teil bloß realistisch aufzufassen. Wir haben den Faust, der mit seinem höheren Selbst am farbigen Abglanz das Leben betrachtet durch den physischen Leib; diesen trägt er jetzt nur weiter durchs Leben wie etwas, was er aufbewahrt, damit auch noch das in ihm zur Entwickelung kommen kann, was als höheres Selbst ihn bewahrt vor demjenigen, das in späteren Inkarnationen kommt.

Goethe ist es recht schwer geworden, seinen «Faust» fortzusetzen, nachdem das Wort des Mephistopheles ertönt ist: «Her zu mir!» Aber wir sehen, wie Goethe strebt, die Geheimnisse, die wir heute als die Geheimnisse der Geisteswissenschaft erkennen, zu durchdringen. Wie er sich ihnen naht. Und verfolgen Sie dann diesen zweiten Teil, wie der Mephistopheles wirklich zunächst den Faust hat, wie der Mephistopheles überall drinnen ist in dem, was am «Kaiserhof» und so weiter geschieht. Und wie durch die Nachwirkung der in ihm lebenden Initiation Faust sich allmählich im Verlaufe der Handlung des zweiten Teiles dem Mephistopheles entwindet. Doch das sind weitere Geheimnisse dieses zweiten Teiles. Goethe selber hat gesagt, daß er vieles hineingeheimnißt hat in diesen zweiten Teil! – Man hat das Wort nicht ernst genug genommen. Man wird jetzt durch die Geisteswissenschaft allmählich lernen, solche Worte immer ernster und ernster zu nehmen.

Aber das eine werden Sie aus den heutigen Betrachtungen entnommen haben, daß Goethe in seinem «Faust» danach strebt, fortzuschreiten darin über den ersten Teil hinaus, etwas in seinem «Faust» zum Ausdruck zu bringen von der Stimmung, die wirklich sinnbildlich im Laufe der Jahreszeiten hier angedeutet wird.

Wenn Pfingsten herannaht, und wenn die Geister der elementarischen Welt so sich den Menschen nahen, daß von ihnen gesagt werden kann:

Wenn der Blüten Frühlingsregen
Über alle schwebend sinkt,
Wenn der Felder grüner Segen
Allen Erdgebornen blinkt,
Kleiner Elfen Geistergröße
Eilet, wo sie helfen kann,
Ob er heilig, ob er böse,
Jammert sie der Unglücksmann.

Pfingststimmung! Ausgießung des Geistes in den nächsten Sätzen, die der Chor spricht, in den vier Zeiten des Schlafes vom Einschlafen bis zum Aufwachen!

So zeigen wir denn auch durch diesen Faust von einer gewissen Seite her die Notwendigkeit, daß der Menschheit überliefert werde nach und nach dasjenige, was Geisteswissenschaft ihr als eine neue Pfingstbotschaft verkünden will. Ist doch dieser Faust so recht geeignet, uns zu zeigen, wie kompliziert dasjenige ist, was da unten auf dem Grunde der Menschennatur besteht. Es lebt in der Menschennatur da drunten, was fortwährend ausgesetzt ist den ahrimanisch-luziferischen Mächten der Welt, und es lebt da dasjenige, was der Mensch finden kann, wenn er sich in die Führung des Christus-Impulses begibt.

Warum sprechen wir von einer Schwelle? Warum sprechen wir von einem Hüter der Schwelle? Wir sprechen davon, weil wirklich wie durch eine Gnade der weisheitsvollen Weltenlenkung dasjenige der Menschenseele zunächst entzogen war, was da unten auf dem tiefen Untergrunde der Menschenseele kämpft und rumort und Krieg führt in unserem alltäglichen Leben. Es ist wie auf einer Oberfläche, und unten rumort es und kämpft es und kriegt. Und selbst dasjenige, was wir im alltäglichen Leben durchleben, ist ein fortdauernder Sieg. Nur muß er immer neu erkämpft werden. Und in der Zukunft wird er nur neu erkämpft werden, wenn die Menschen dasjenige wissen werden, wodurch sie geführt hat bisher unbewußt eine gütige, weisheitsvolle Weltenlenkung. Auf dem Grunde der Seele müssen wir wirklich dasjenige finden, was im gewöhnlichen Sinnesleben nicht gewußt wird, was aber das Geistige erleben kann. Es ist in jenen Menschentiefen, wo der Menschen Wesen zusammenhängt mit jenen Kräften der Welt, die über Gutes und Böses hinausgehen mit ihrer Geistergröße.

Das möchte ich zum Ausdruck bringen durch einen Pfingstspruch, in dem ich zusammengefügt habe, wie der Mensch auf dem Grunde seines Seelenwesens elementarische, einander widerstrebende Mächte hat, und wie dasjenige, was in seinem Bewußtsein lebt, Sieg ist über dasjenige, was Krieg führt da unten in den Tiefen des Seelenlebens.

Wie die Dinge dann weiter sich verhalten im Zusammenhange des Menschenlebens – wir werden morgen, vielleicht übermorgen davon sprechen. Heute aber möchte ich schließen mit diesem Pfingstspruch, der im Grunde genommen dasjenige ausdrückt, was immer als innerster Nerv in unserer Geisteswissenschaft lebt, und worauf wir auch heute hingewiesen haben:

Wo Sinneswissen endet,
Da stehet erst die Pforte,
Die Lebenswirklichkeiten
Dem Seelensein eröffnet;
Den Schlüssel schafft die Seele,
Wenn sie in sich erstarkt
Im Kampf, den Weltenmächte
Auf ihrem eignen Grunde
Mit Menschenkräften führen,
Wenn sie durch sich vertreibt
Den Schlaf, der Wissenskräfte
An ihren Sinnesgrenzen
Mit Geistesnacht umhüllt.

«FAUST», DIE GRÖSSTE STREBENSDICHTUNG DER WELT
DIE KLASSISCHE PHANTASMAGORIE

Dornach, 30. Mai 1915

Wenn Sie die Betrachtung, die ich gestern hier angestellt habe, mit den andern Vorträgen, die ich vor einer Woche hier gehalten habe, zusammennehmen, dann werden Sie gewissermaßen einen wichtigen Schlüssel zu vielem in der Geisteswissenschaft bekommen. Ich will nur, damit wir uns orientieren können, die hauptsächlichsten Gedanken, die wir für unsere weiteren Betrachtungen brauchen, anführen. Ich habe vor etwa acht Tagen auf die Bedeutung der Vorgänge hingewiesen, die man vom Gesichtspunkt der physischen Welt aus Zerstörungsvorgänge nennt. Ich habe darauf hingewiesen, daß man eigentlich vom Gesichtspunkt der physischen Welt aus das Wirkliche nur in dem sieht, was entsteht, was sich gewissermaßen herausbildet aus dem Nichts und zu bemerkbarem Dasein kommt. Man spricht also von dem Wirklichen, wenn die Pflanze sich der Wurzel entringt, Blatt an Blatt bis zur Blüte hin entwickelt und so weiter. Man spricht aber nicht ebenso von dem Wirklichen, wenn man auf die Zerstörungsvorgänge blickt, auf das allmähliche Welken, auf das allmähliche Hinschwinden, auf das letztliche Hinströmen, man könnte sagen, zu dem Nichts. Für den, der nun die Welt verstehen will, ist es aber im eminentesten Sinne notwendig, daß er auch auf die sogenannte Zerstörung hinblickt, auf die Auflösungsvorgänge, auf dasjenige, was sich zuletzt für die physische Welt wie das Hineinströmen in das Nichts ergibt. Denn Bewußtsein in der physischen Welt kann sich niemals da entwickeln, wo bloß aufsprießende, sprossende Vorgänge vor sich gehen, sondern Bewußtsein beginnt erst da, wo das auf der physischen Welt Ersprossene wiederum abgetragen, vernichtet wird.

Ich habe darauf hingewiesen, wie diejenigen Vorgänge, die das Leben in uns hervorruft, von dem Seelisch-Geistigen zerstört werden müssen, wenn Bewußtsein in der physischen Welt entstehen soll. Es ist in der Tat so, daß, wenn wir irgend etwas Äußeres wahrnehmen, unser Seelisch-Geistiges in unserem Nervensystem Zerstörungsprozesse anrichten muß, und diese Zerstörungsprozesse vermitteln dann das Bewußtsein. Immer, wenn wir uns irgendeiner Sache bewußt werden, müssen die Bewußtseinsvorgänge aus Zerstörungsvorgängen hervorgehen. Und ich habe darauf hingedeutet, wie der bedeutsamste, der für das Menschenleben bedeutsamste Zerstörungsvorgang, der Vorgang des Todes, gerade der Schöpfer des Bewußtseins ist für die Zeit, die wir nach dem Tode verbringen. Dadurch, daß unser Seelisch-Geistiges die volle Auflösung und Loslösung des physischen und Ätherleibes erlebt, das Aufgehen des physischen und Ätherleibes in der allgemeinen Physis und Ätherwelt, schöpft unser Geistig-Seelisches die Kraft – aus dem Todesvorgange schöpft unser Geistig-Seelisches die Kraft, zwischen dem Tod und einer neuen Geburt Wahrnehmungsvorgänge haben zu können. Das Jakob Böhme-Wort: So ist denn der Tod die Wurzel alles Lebens – gewinnt dadurch seine höhere Bedeutung für den ganzen Zusammenhang der Welterscheinungen.

Nun wird Ihnen oftmals die Frage vor die Seele getreten sein: Wie steht es denn eigentlich mit jener Zeit, die von der Menschenseele durchlaufen wird zwischen dem Tod und einer neuen Geburt? – Es ist oftmals darauf hingewiesen worden, daß für das normale Menschenleben diese Zeit eine lange ist im Verhältnis zu der Zeit, die wir hier im physischen Leibe zwischen der Geburt und dem Tode verbringen. Kurz ist sie nur bei denjenigen Menschen, welche ihr Leben in einer weltwidrigen Weise anwenden, welche, ich will sagen, dazu kommen, dasjenige nur zu tun, was in einem wirklich und wahrhaftigen Sinne verbrecherisch genannt werden kann. Da findet ein kurzer Zeitverlauf statt zwischen dem Tod und einer neuen Geburt. Aber bei Menschen, die nicht allein dem Egoismus verfallen sind, sondern ihr Leben in einer normalen Weise zwischen Geburt und dem Tode zubringen, findet gewöhnlich eine verhältnismäßig lange Dauer der Zeit statt zwischen dem Tod und einer neuen Geburt.

Aber die Frage muß uns ja, ich möchte sagen, in der Seele brennen: Nach was richtet sich denn überhaupt das Wiederkommen einer Menschenseele zu einer neuen physischen Verkörperung? – Innig hängt die Beantwortung dieser Frage zusammen mit alledem, was man wissen kann über die Bedeutung der Zerstörungsvorgänge, die ich angeführt habe. Denken Sie nur einmal, daß wir mit unseren Seelen, wenn wir das physische Dasein betreten, hineingeboren werden in ganz bestimmte Verhältnisse. Wir werden hineingeboren in ein bestimmtes Zeitalter, zu bestimmten Menschen hingetrieben. Also in ganz bestimmte Verhältnisse werden wir hineingeboren. Sie müssen schon einmal recht gründlich ins Auge fassen, daß unser Leben zwischen der Geburt und dem Tode inhaltlich eigentlich angefüllt ist mit alledem, in das wir da hineingeboren sind. Was wir denken, was wir fühlen, was wir empfinden, kurz, der ganze Inhalt unseres Lebens hängt von der Zeit ab, in die wir hineingeboren sind.

Aber nun werden Sie auch wiederum leicht begreifen können, daß dasjenige, was uns so umgibt, wenn wir ins physische Dasein hineingeboren sind, von den vorangegangenen Ursachen abhängig ist, von dem, was vorangehend geschehen ist. Nehmen Sie einmal an, wenn ich das schematisch zeichnen soll, wir werden in einen bestimmten Zeitpunkt hineingeboren und laufen durch das Leben zwischen Geburt und Tod. (Es wurde gezeichnet.) Wenn Sie dazunehmen, was Sie umgibt, so steht das nicht isoliert da, sondern ist die Wirkung von Früherem. Ich will sagen: Sie werden zusammengebracht mit Früherem, mit Menschen. Diese Menschen sind Kinder von andern Menschen, diese wieder von andern Menschen und so weiter. – Wenn wir nur diese physischen Generationsfolge-Verhältnisse betrachten, so werden Sie sagen: Ich nehme, während ich in das physische Dasein trete, etwas an von den Menschen, ich nehme während meiner Erziehung vieles an von den Menschen, die mich umgeben. – Diese haben aber auch wiederum sehr vieles angenommen von den Vorfahren, von den Bekannten und Verwandten ihrer Vorfahren und so weiter. Immer weiter hinauf, könnte man sagen, haben die Menschen die Ursachen zu suchen von dem, was sie selber sind.

Wenn man dann die Gedanken weitergehen läßt, so kann man sagen, man kann also über seine Geburt hinauf eine gewisse Strömung verfolgen. Diese Strömung hat gleichsam alles das herangetragen, was uns umgibt in dem Leben zwischen Geburt und Tod. Und wenn wir diese Strömung weiterhin hinaufwärts verfolgen, so würden wir irgendwo dann zu einem Zeitpunkt kommen, wo unsere frühere Inkarnation lag.

Wir würden also, indem wir die Zeit aufwärts verfolgen, vor unserer Geburt, eine lange Zeit haben, in der wir verweilt haben in der geistigen Welt. Während dieser Zeit hat sich auf Erden vieles abgespielt. Aber das, was sich abgespielt hat, hat herangetragen die Bedingungen, in denen wir leben, in die wir hineingeboren werden. Und dann kommen wir zuletzt in der geistigen Welt auch zu der Zeit, wo wir in einer früheren Inkarnation auf der Erde waren. Wenn wir über diese Verhältnisse sprechen, sprechen wir durchaus von Durchschnittsverhältnissen. Ausnahmen sind natürlich sehr zahlreich, aber sie liegen alle, ich möchte sagen, in der Linie, die ich vorhin angedeutet habe für Naturen, die schneller zur irdischen Verkörperung kommen.

Wovon hängt es nun ab, daß wir, nachdem eine Zeit verlaufen ist, gerade hier wiederum geboren werden? Nun, wenn wir hinblicken zu unseren früheren Verkörperungen, so haben uns dazumal während der Erdenzeit auch Verhältnisse umgeben, diese Verhältnisse haben ihre Wirkungen gehabt. Da waren wir von Menschen umgeben, diese Menschen haben Kinder gehabt, haben auf die Kinder das übertragen, was ihre Empfindungen, ihre Vorstellungen waren, die Kinder wiederum auf die folgenden und so fort. Aber wenn Sie das geschichtliche Leben verfolgen, werden Sie sich sagen: Es kommt schon einmal im Laufe der Entwickelung eine Zeit, in der man an den Nachkommen nichts mehr richtig Gleiches oder auch nur Ähnliches erkennen kann mit den Vorfahren. Es überträgt sich das alles, aber der Grundcharakter, der in einer bestimmten Zeit da ist, erscheint in den Kindern abgeschwächt, in den Enkeln noch mehr abgeschwächt und so weiter, bis eine Zeit herankommt, wo nichts mehr von dem Grundcharakter der Umgebung vorhanden ist, in der man in der vorhergehenden Inkarnation war. So daß also der Zeitenstrom an dem Zerstören dessen arbeitet, was der Grundcharakter der Umgebung einmal war. Diesem Vernichten schauen wir zu in der Zeit zwischen dem Tod und einer neuen Geburt. Und wenn der Charakter des früheren Zeitalters ausgelöscht ist, wenn nichts mehr davon da ist, wenn das, worauf es uns in einer früheren Inkarnation angekommen ist, vernichtet ist, dann tritt der Zeitpunkt ein, wo wir wiederum ins irdische Dasein eintreten. So wie in der zweiten Hälfte unseres Lebens eigentlich unser Leben eine Art Abtragen unseres physischen Daseins ist, so muß zwischen dem Tod und einer neuen Geburt eine Art Abtragen der irdischen Verhältnisse stattfinden, ein Vernichten, ein Zerstören. Und neue Verhältnisse, neue Umgebung, in die wir hineingeboren werden, müssen da sein. Also wir werden wiedergeboren, wenn all dasjenige, um dessentwillen wir vorher geboren worden sind, vernichtet und zerstört ist. So hängt diese Idee des Zerstörtwerdens zusammen mit der aufeinanderfolgenden Wiederkehr unserer Inkarnation auf Erden. Und dasjenige, was unser Bewußtsein schafft im Momente des Todes, wo wir den Körper abfallen sehen von unserem Geistig-Seelischen, stärkt sich an diesem Moment des Todes, an diesem Anschauen des Zerstörtwerdens für das Anschauen des Vernichtungsprozesses, der da verlaufen muß in den Erdenverhältnissen zwischen unserem Tod und einer neuen Geburt.

Jetzt werden Sie auch verstehen, daß derjenige, welcher gar kein Interesse hat für das, was ihn auf der Erde umgibt, der sich im Grunde genommen für keinen Menschen und für kein Wesen interessiert, sondern sich nur interessiert dafür, was ihm selbst gut bekommt, und sich einfach von einem Tag zum andern stiehlt, daß der nicht sehr stark zusammenhängt mit den Verhältnissen und Dingen auf der Erde. Er hat auch kein Interesse, ihre langsame Abtragung zu verfolgen, sondern er kommt sehr bald wieder, um das auszubessern, um jetzt wirklich mit den Verhältnissen zu leben, mit denen er leben muß, damit er lernt, ihre allmähliche Zerstörung zu verstehen. Wer niemals mit Erdenverhältnissen gelebt hat, versteht ihre Zerstörung, ihre Auflösung nicht. Daher werden diejenigen, welche ganz intensiv in dem Grundcharakter irgendeines Zeitalters gelebt haben, sich ganz vertieft haben in den Grundcharakter irgendeines Zeitalters, vor allen Dingen die Tendenz haben, wenn nicht sonst irgend etwas dazwischenkommt, das zur Zerstörung zu bringen, wohinein sie geboren worden sind, und wieder zu erscheinen, wenn ein völlig Neues hervorgetreten ist. Natürlich finden, ich möchte sagen, nach oben hin Ausnahmen statt. Und diese Ausnahmen sind insbesondere für uns wesentlich zu bedenken.

Nehmen wir an, man lebt sich hinein in eine solche Bewegung, wie die geisteswissenschaftliche Bewegung jetzt ist, in diesem Zeitpunkt, wo sie nicht stimmt mit alldem, was in der Umgebung ist, wo sie der Umgebung etwas völlig Fremdes ist. Da ist diese geisteswissenschaftliche Bewegung nicht dasjenige, in das wir hineingeboren sind, sondern erst das, woran wir zu arbeiten haben, von dem wir gerade wollen, daß es in die geistige Kulturentwickelung der Erde eintrete. Da handelt es sich dann darum vor allen Dingen, zu leben mit den dem Geisteswissenschaftlichen widerstrebenden Verhältnissen und wiederum zu erscheinen auf der Erde dann, wenn die Erde soweit geändert ist, daß nun wirklich die geisteswissenschaftlichen Verhältnisse das Leben der Kultur ergreifen können. Also hier haben wir die Ausnahme nach oben. Es gibt Ausnahmen nach unten und nach oben. Gewiß bereiten sich gerade die ernstesten Mitarbeiter der Geisteswissenschaft heute vor, möglichst bald wiederum in einem Erdendasein zu erscheinen, indem sie zugleich arbeiten im Verlaufe dieses Erdendaseins daran, daß die Verhältnisse verschwinden, in die sie hineingeboren sind. So sehen Sie gerade, wenn Sie den letzten Gedanken ergreifen, daß Sie gewissermaßen helfen den geistigen Wesenheiten, die Welt zu lenken, indem Sie sich dem hingeben, was in den Intentionen der geistigen Wesenheiten liegt.

Wenn wir heute die Zeitverhältnisse ins Auge fassen, so müssen wir sagen: Wir haben auf der einen Seite eminent das, was in die Dekadenz, in den Untergang hineingeht. – Es wurden gewissermaßen diejenigen, die ein Herz und eine Seele haben für das Geisteswissenschaftliche, hineingestellt in dieses Zeitalter, um zu sehen, wie es untergangsreif ist. Sie werden hier auf der Erde mit demjenigen bekanntgemacht, mit dem man nur auf der Erde bekannt werden kann, tragen aber das in die geistigen Welten hinauf, sehen nun den Untergang des Zeitalters und werden wiederkommen, wenn das ein neues Zeitalter hervorrufen soll, was gerade in den innersten Impulsen des geisteswissenschaftlichen Strebens liegt. So werden gewissermaßen die Pläne der geistigen Führer, der geistigen Leiter der Erdenevolution durch das gefördert, was solche Menschen, die sich mit etwas befassen, was sozusagen nicht Zeitkultur ist, in sich aufnehmen.

Sie werden vielleicht die Vorwürfe kennen, die von den Menschen der heutigen Zeit Bekennern der Geisteswissenschaft sehr häufig gemacht werden, daß sie sich mit etwas befassen, was oftmals äußerlich unfruchtbar erscheint, was äußerlich nicht eingreift in die Zeitverhältnisse. Ja, es gibt wirklich die Notwendigkeit, daß sich auch Leute im Erdendasein mit dem beschäftigen, was zunächst für die weitere Entwickelung eine Bedeutung hat, aber nicht unmittelbar für die Zeit. Wenn man dagegen etwas einwendet, dann sollte man nur das Folgende bedenken. Denken Sie einmal, das wären aufeinanderfolgende Jahre:

1915, 1914, 1913, 1912.

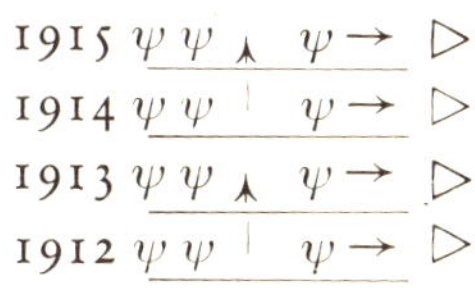

Wir könnten dann weitergehen. Nehmen Sie an, das wären aufeinanderfolgende Jahre und das hier wären die Getreidefrüchte ψ ψ der aufeinanderfolgenden Jahre. Und was ich hier zeichne, das wären immer die Münder ▷, welche diese Getreidekörner verzehren. Es kann nun einer kommen und sagen: Bedeutung hat nur der Pfeil, der von den Getreidekörnern in die Münder hineingeht, →, denn das unterhält die Menschen der aufeinanderfolgenden Jahre. – Und er kann sagen: Wer real denkt, der schaut nur auf diese Pfeile hin, die von den Getreidekörnern zu den Mündern gehen. – Aber die Getreidekörner kümmern sich wenig um das, um diesen Pfeil. Sie kümmern sich gar nicht darum, sondern sie haben nur die Tendenz, jedes Getreidekorn zum nächsten Jahre hin zu entwickeln. Nur um diesen Pfeil ↑ kümmern sich die Getreidekörner, denen liegt gar nichts daran, daß sie auch aufgegessen werden, darum kümmern sie sich gar nicht. Das ist eine Nebenwirkung, das ist etwas, was nebenher entsteht. Jedes Getreidekorn hat, wenn ich so sagen darf, den Willen, den Impuls, ins nächste Jahr hinüberzugehen, um dort wiederum ein Getreidekorn zu werden. Und gut für die Münder, daß die Getreidekörner dieser Pfeilrichtung ↑ folgen, denn wenn alle Getreidekörner dieser Pfeilrichtung → folgten, dann hätte der Mund hier, im nächsten Jahr, nichts mehr zu essen! Wenn die Getreidekörner vom Jahre 1913 alle diesem Pfeil → gefolgt wären, dann hätten die Münder vom Jahre 1914 nichts mehr zu essen. Wenn jemand das materialistische Denken konsequent durchführen wollte, so würde er die Getreidekörner untersuchen darauf, wie sie chemisch beschaffen sind, damit sie möglichst gute Nahrungsprodukte abgeben. Damit würde man aber keine gute Betrachtung anstellen; denn diese Tendenz liegt gar nicht in den Getreidekörnern, sondern in den Getreidekörnern liegt die Tendenz, für die Weiterentwickelung zu sorgen und zu sorgen, sich zum nächstjährigen Getreidekorn hinüberzuentwickeln.

So ist es nun aber auch mit dem Weltengange. Diejenigen folgen wirklich dem Weltengange, welche dafür sorgen, daß die Evolution weitergeht, und diejenigen, die Materialisten werden, folgen den Mündern, die nur auf diesen Pfeil hier sehen →. Aber diejenigen, die dafür sorgen, daß der Weltengang weitergeht, brauchen sich in diesem ihrem Streben nicht beirren zu lassen, die nächstfolgenden Zeiten vorzubereiten, ebensowenig wie sich die Getreidekörner beirren lassen, die nächstjährigen vorzubereiten, wenn auch die Münder hier nach den ganz andersgerichteten Pfeilen verlangen.

Ich habe in den «Rätseln der Philosophie» am Schlusse auf dieses Denken hingewiesen, habe darauf hingewiesen, daß dasjenige, was man materialistische Erkenntnisse nennt, sich durchaus vergleichen läßt mit dem Aufessen der Getreidekörner, daß das, was im Weltengeschehen vorgeht, wirklich in der Welt vorgeht, mit dem Fortpflanzen sich vergleichen läßt, mit dem, was von einem Getreidekorn zum nächstjährigen geschieht. Daher ist das, was man wissenschaftliche Erkenntnis nennt, ebensowenig von Bedeutung für die innere Natur der Dinge, wie das Essen ohne innere Bedeutung ist für das Fortwachsen der Getreidefrüchte. Und die heutige Wissenschaft, die sich nur um die Art und Weise kümmert, wie man dasjenige, was man aus den Dingen wissen kann, in den menschlichen Verstand hereinbekommt, tut genau dasselbe, wie der Mann, der das Getreide zum Essen verwendet, denn das, was die Getreidekörner beim Essen sind, hat gar nichts zu tun mit der inneren Natur der Getreidekörner, ebensowenig hat die äußere Erkenntnis irgend etwas zu tun mit dem, was sich im Inneren der Dinge entwickelt.

Ich versuchte auf diese Weise, einmal einen Gedanken in die philosophische Betriebsamkeit hineinzuwerfen, von dem man gespannt sein wird, ob er verstanden werden wird, oder ob auch einem solchen sehr plausiblen Gedanken immer wieder und wiederum begegnet wird mit dem törichten: Ja, Kant hat doch schon bewiesen, daß die Erkenntnis nicht an die Dinge herankommen kann. – Er hat es eben nur von der Erkenntnis bewiesen, welche verglichen werden kann mit dem Verzehren der Getreidekörner, und nicht von der Erkenntnis, welche aufsteigt mit der fortschreitenden Entwickelung, die in den Dingen ist. Wir müssen uns aber schon bekanntmachen damit, daß wir in allen möglichen Formen, nur nicht in voreiligen Formen und nicht in agitatorischen Formen, nicht in fanatischen Formen unserem Zeitalter und dem Zeitalter, das kommt, immer wieder und wiederum wiederholen, was Prinzip und Wesen der Geisteswissenschaft ist, bis es eingebläut ist. Denn das ist gerade das Charakteristische unseres Zeitalters, daß Ahriman die Schädel so hart und dick gemacht hat, und daß sie sich nur langsam erweichen lassen. So muß schon niemand, ich möchte sagen, zurückbeben vor der Notwendigkeit, in allen möglichen Formen immer wieder und wiederum das zu betonen, was Wesen und Impuls der Geisteswissenschaft ist.

Nun aber blicken wir auf eine andere Folgerung, die gestern im Zusammenhang mit mancherlei Voraussetzungen hier geltend gemacht worden ist, die Folgerung, daß in unserer Zeit wachsen müsse die Ehrfurcht vor der Wahrheit, die Ehrfurcht vor dem Wissen, nicht vor dem autoritativen Wissen, sondern vor dem Wissen, das man sich erwirbt. Die Gesinnung muß wachsen, daß man urteilen solle nicht aus dem Nichts heraus, sondern aus dem angeeigneten Wissen über die Vorgänge der Welt.

Nun, indem wir hineingeboren werden in ein bestimmtes Zeitalter, sind wir abhängig von unserer Umgebung, ganz abhängig von dem, was in unserer Umgebung ist. Aber das hängt zusammen, wie wir gesehen haben, mit dem ganzen Strom der Entwickelung, mit dem ganzen Streben, das aufwärts führt, daß wir hineingeboren werden in Verhältnisse, die abhängig sind von den vorhergehenden Verhältnissen. Bedenken Sie nur, wie wir da hineinversetzt werden. Gewiß werden wir durch unser Karma hineinversetzt, aber wir werden doch in dasjenige hineinversetzt, was uns als etwas ganz Bestimmtes umgibt, als etwas, das einen bestimmten Charakter trägt. Und jetzt bedenken Sie, wie wir dadurch abhängig werden in unserem Urteil. Es tritt uns das nicht immer ordentlich vor Augen, aber es ist doch wirklich so. So daß wir uns sagen müssen, wenn es auch mit unserem Karma zusammenhängt: Wie wäre es denn, wenn wir nicht geboren wären zu einem bestimmten Zeitpunkte an einem bestimmten Ort, sondern fünfzig Jahre früher an einem andern Ort, wie wäre es dann? – Dann würden wir von den andern Verhältnissen unserer Umgebung ebenso die Form und die innere Richtung unserer Urteile bekommen haben, wie wir sie bekommen haben durch das, wo wir hineingeboren sind, nicht wahr?

So daß wir wirklich bei einer genaueren Selbstbeobachtung darauf kommen, daß wir in ein gewisses Milieu, in eine gewisse Umgebung hineingeboren werden, in unseren Urteilen, in unseren Empfindungen von diesem Milieu abhängig sind, daß gleichsam dieses Milieu wieder erscheint, wenn wir urteilen. Denken Sie doch, wie es anders wäre, ich will nur sagen, wenn Luther im 10. Jahrhundert geboren worden wäre und an einem ganz andern Ort! Also selbst bei einer Persönlichkeit, die einen ungeheuer starken Einfluß auf die Umgebung hat, können wir sehen, wie sie in ihre eigenen Urteile dasjenige aufnimmt, was aus dem Zeitalter heraus ist, wodurch die Persönlichkeit wirklich eigentlich die Impulse des Zeitalters wiedergibt. Und das ist für jeden Menschen so der Fall, nur daß eigentlich diejenigen, bei denen es am meisten der Fall ist, es am wenigsten bemerken. Diejenigen, bei denen es am meisten der Fall ist, daß sie nur die Impulse ihrer Umgebung wiedergeben, in die sie hineingeboren sind, die sprechen in der Regel am allermeisten von ihrer Freiheit, von ihrem unabhängigen Urteil, von ihrer Vorurteilslosigkeit und so weiter. Wenn wir dagegen geradezu Menschen erblicken, die nicht so gründlich abhängig sind wie die meisten Menschen von ihrer Umgebung, so sehen wir, daß sich gerade solche Menschen am allermeisten bewußt werden dessen, was sie abhängig macht von ihrer Umgebung.

Und einer von denjenigen, die niemals den Gedanken der Abhängigkeit von ihrer Umgebung losbekamen, ist der große Geist, von dem wir jetzt wieder ein Stück vor unseren Augen haben vorbeiziehen sehen, ist *Goethe*. Er wußte im eminentesten Sinne, daß er nicht so wäre, wie er war, wenn er nicht 1749 in Frankfurt am Main geboren wäre und so weiter. Er wußte, daß gewissermaßen sein Zeitalter aus ihm spricht. Das bewegte und durchwärmte sein Lebensverhalten in ganz außerordentlicher Weise. Er wußte: dadurch, daß er im Hause seines Vaters gewisse Zeiten und Verhältnisse gesehen hatte, hat er sein Urteil geformt. Dadurch, daß er seine Studentenzeit in Leipzig verbracht hat, hat er sein Urteil geformt. Dadurch, daß er nach Straßburg gekommen ist, hat er sein Urteil geformt. Das machte es, daß er so heraus wollte aus den Verhältnissen und in ganz andere hinein wollte, daß er also in den achtziger Jahren, man möchte sagen, plötzlich in Nacht und Nebel verschwand und den Freunden erst etwas erzählte von seinem Verschwinden, als er schon über Berg und Tal weit davon war, nachdem man ihn nicht wieder zurückholen konnte bei den damaligen Verhältnissen. Er wollte heraus, damit anderes aus ihm sprechen konnte. Und wenn man viele Äußerungen Goethes gerade aus seiner Entwickelungszeit nimmt, so wird man überall dieses Gefühl, dieses Empfinden für die Abhängigkeit von dem Milieu bemerken.

Ja, aber was hätte denn Goethe dann anstreben müssen, wenn er in dem Moment, wo ihm das so recht zum Bewußtsein gekommen war, daß man eigentlich ganz abhängig ist von seiner Ungebung, wenn er seine Gefühle, seine Empfindungen für diese Abhängigkeit mit den Gedanken, die wir heute geäußert haben, in Zusammenhang gebracht hätte? Er hätte sagen müssen: Ja, das, was meine Umgebung ist, das ist abhängig von der ganzen Strömung bis zu den Vorfahren hin. Ich bleibe immer abhängig. Ich müßte mich denn schon in Gedanken, im Seelen-Erleben in eine Zeit zurückversetzen, wo gar noch nicht die heutigen Verhältnisse waren, wo ganz andere Verhältnisse waren, dann würde ich, wenn ich mich hineinversetzen könnte in diese Verhältnisse, zu einem unabhängigen Urteil kommen, nicht nur urteilen, wie meine Zeit über meine Zeit urteilt, sondern wie ich urteile, wenn ich mich ganz heraushebe aus meiner Zeit.

Dabei kann es natürlich nicht darauf ankommen, daß sich solch ein Mensch, der dies als Notwendigkeit empfindet, gerade in seine eigene frühere Inkarnation versetzt. Aber doch im wesentlichen muß er sich an einen Zeitpunkt hin versetzen, der mit einer früheren Inkarnation zusammenhängt, wo er in ganz andern Verhältnissen gelebt hat. Und wenn er jetzt sich zurückversetzt in diese Inkarnation, so wird er nicht abhängig sein wie früher, denn die Verhältnisse sind ganz andere geworden, die früheren Verhältnisse sind inzwischen zerstört, zugrundegegangen. Es ist natürlich etwas anderes, wenn ich mich jetzt zurückversetze in eine Zeit, deren ganze Umgebung, deren ganzes Milieu verschwunden ist. Was hat man denn da eigentlich? Ja, man muß sagen: Vorher lebt man im Leben darinnen, man genießt das Leben; man ist verwoben mit dem Leben. Mit dem Leben, das zugrunde gegangen ist, mit dem Leben einer früheren Zeit kann man nicht mehr verwoben sein, dieses Leben kann man nur noch geistig-seelisch durchleben. Dann würde man sagen können: «Am farbigen Abglanz haben wir das Leben.»

Ja, was müßte denn dann geschehen, wenn ein solcher Mensch, der dieses fühlte, darstellen wollte dieses Herauskommen aus den Verhältnissen der Gegenwart und das Kommen zu einem objektiven Urteil, von einem Standpunkt aus, der heute nicht möglich ist? Da müßte er das so darstellen, daß er zurückversetzt wird in ganz andere Verhältnisse. Ob das nun genau die vorhergehende Inkarnation ist oder nicht, darauf kommt es nicht an, sondern auf Verhältnisse, die auf der Erde ganz andere waren. Und er müßte darnach trachten, nun seine Seele anzufüllen mit den Impulsen, die dazumal waren. Er müßte gewissermaßen in eine Art Phantasmagorie sich versetzen, sich identifizieren mit dieser Phantasmagorie und darin leben, in einer Art Phantasmagorie leben, die eine frühere Zeit darstellt.

Dahin strebt aber Goethe, indem er seinen «Faust» fortsetzt im zweiten Teil. Denken Sie, daß er seinen Faust zunächst in die Verhältnisse der Gegenwart gebracht hat. Da läßt er ihn durchleben alles dasjenige, was man in der Gegenwart erleben kann. Aber bei alldem hat er tief innen das Gefühl: Das kann ja trotzdem zu keinem irgendwie wahren Urteil führen, denn da bin ich immer angeregt von dem, was in meiner Umgebung ist; ich muß heraus, ich muß zurückgehen zu der Zeit, deren Verhältnisse bis in unsere Zeit hinein völlig verändert worden sind, die also nicht das Urteil beeinträchtigen können. – Deshalb läßt Goethe den Faust den ganzen Weg machen bis zurück in die klassische griechische Zeit und läßt ihn eintreten, zusammenkommen mit der klassischen Walpurgisnacht.

Dasjenige, was er in der Gegenwart im tiefsten Sinne erleben kann, hat er dargestellt in der nordischen Walpurgisnacht. Nun muß er zurückgehen zu der klassischen Walpurgisnacht, denn von der nordischen Walpurgisnacht bis zu der klassischen Walpurgisnacht sind alle Verhältnisse andere geworden. Das, was das Wesentliche war der klassischen Walpurgisnacht, ist verschwunden, und neue Verhältnisse sind eingetreten, die symbolisiert werden durch die nordische Walpurgisnacht. Da haben Sie die Rechtfertigung des Zurückgehens des Faust in die griechische Zeit. Der ganze zweite Teil des «Faust» ist die Realisierung dessen, was man nennen kann: «Am farbigen Abglanz haben wir das Leben.»

Zunächst der Durchgang noch durch die Verhältnisse der Gegenwart, aber diejenigen Verhältnisse, die schon die Zerstörung vorbereiten. Wir werden sehen dasjenige, was sich am «Kaiserhof» entwickelt, wo der Teufel an die Stelle des Narren tritt und so weiter.

Wir sehen durch die Erzeugung des Homunkulus, wie erstrebt wird das Herauskommen aus der Gegenwart, und wie im dritten Akt des «Faust» nun eintritt die klassische Szene. Den Anfang hatte Goethe schon um die Wende des 18. Jahrhunderts geschrieben; die wichtigsten Szenen kamen erst 1825 dazu, aber die Helena-Szene war schon 1800 geschrieben, und Goethe nennt sie eine «Klassische Phantasmagorie», um durch die Worte anzudeuten, daß er ein Zurücksichversetzen meint in Verhältnisse, die nicht die physischen, realen Verhältnisse der Gegenwart sind.

Das ist das Bedeutsame an der Goetheschen Faust-Dichtung, daß sie, ich möchte sagen, ein Werk des Strebens ist, ein Werk des Ringens. Ich habe wirklich klar genug betont in den letzten Zeiten, daß es ein Unsinn wäre, die Goethesche Faust-Dichtung als ein abgeschlossenes Kunstwerk anzusehen. Ich habe genug getan, um zu zeigen, daß von einem abgeschlossenen Kunstwerke nicht die Rede sein kann. Aber als Werk des Strebens, als Werk des Ringens ist diese Faust-Dichtung so bedeutend. Dann erst kann man verstehen, was Goethe ahnend errungen hat, wenn man sich einläßt auf das, was als ein Licht fallen kann von unserer Geisteswissenschaft aus auf solch eine Komposition, und sieht, wie Faust hineinschaut in die klassische Zeit, in das Milieu des Griechentums hinein, wo innerhalb der vierten nachatlantischen Zeit ganz andere Verhältnisse waren als in unserer fünften nachatlantischen Zeit. Man bekommt wirklich die höchste Ehrfurcht vor diesem Ringen, wenn man sieht, wie Goethe in früher Jugendzeit begonnen hat, an diesem «Faust» zu arbeiten, wie er sich da überlassen hat alldem, was ihm dazumal zugänglich war, ohne daß er das eigentlich sehr gut verstanden hat. Wirklich, wenn man an den «Faust» herantritt, muß man schon diesen

Gesichtspunkt der Geisteswissenschaft anlegen, denn die Urteile, die manchmal die äußere Welt bringt, sind zu töricht in bezug auf den «Faust».

Wie sollte es denn dem Geisteswissenschafter nicht auffallen, wenn immer wieder und wiederum die Menschen, die besonders gescheit sich dünken, herankommen und anführen, wie so großartig das Glaubensbekenntnis ausgesprochen wird von diesem Faust, und sagen: Ja, gegenüber alldem, was so viele Leute sagen über irgendein Gottesbekenntnis, müßte man sich immer mehr und mehr erinnern an das Gespräch zwischen Faust und Gretchen:

. . .Gefühl ist alles;
Name ist Schall und Rauch,
Umnebelnd Himmelsglut.

Nun, Sie kennen das, was Faust da mit Gretchen verhandelt, und was immer dann angeführt wird, wenn jemand denkt, er müsse besonders hervorheben, was man nicht als religiöse Vertiefung ansehen solle, und was man als religiöse Empfindung ansehen solle. Nur bedenkt man dabei nicht, daß Faust in diesem Falle sein religiöses Bekenntnis für das sechzehnjährige Gretchen formte, und daß eigentlich all die gescheiten Professoren dann verlangen, daß die Menschen niemals in ihrer religiösen Auffassung über den Gretchen-Standpunkt hinauskommen. In dem Augenblick, wo man jenes Bekenntnis des Faust vor Gretchen als etwas besonderes Erhabenes hinstellt, verlangt man, daß die Menschheit sich niemals über den Gretchen-Standpunkt erhebe. Das ist eigentlich bequem und leicht zu erreichen. Man kann auch sehr leicht prunken damit, daß alles Gefühl sei und so weiter, aber bemerkt eben nicht, daß es der Gretchen-Standpunkt ist.

Goethe seinerseits hat ganz anders gestrebt, seinen Faust zum Träger eines fortwährenden Ringens zu machen, wie ich es jetzt wiederum angedeutet habe mit Bezug selbst auf dieses Sich-Versetzen in ein völlig früheres Zeitalter, um die Wahrheit zu bekommen. Vielleicht gerade in derselben Zeit oder etwas früher, als Goethe diese «Klassisch-romantische Phantasmagorie» geschrieben hat, dieses Versetztsein des

Faust in das Griechentum, da wollte er sich noch einmal klarmachen, wie eigentlich sein «Faust» verlaufen solle, was er im «Faust» alles darstellen wolle. Und da schrieb sich Goethe ein Schema auf. Es war von seinem «Faust» damals vorhanden: eine Grundlage, eine Anzahl der Szenen des ersten Teiles und wahrscheinlich auch noch die Helena-Szene. Da schrieb Goethe sich auf:

«Ideales Streben nach Einwirken und Einfühlen in die ganze Natur.»

Goethe nahm also, als das Jahrhundert zu Ende ging, auf Anregung *Schillers,* wie er sagte, «den alten Tragelaphen, die barbarische Komposition» wieder auf. So bezeichnete er ja am Ende des Jahrhunderts seinen «Faust» mit Recht, denn es war Szene auf Szene geschrieben worden. Nun sagte er sich: Was habe ich eigentlich da gemacht? – Und er stellte sich vor die Seele diesen strebenden Faust: heraus aus der Gelehrsamkeit, näher hinein in die Natur.

Da schrieb er sich auf: «Ich habe also hinstellen wollen

1. Ideales Streben nach Einwirken und Einfühlen in die ganze Natur.

2. Erscheinung des Geistes als Welt- und Tatengenius.»

So skizziert er sich die Erscheinung des Erdgeistes.

Nun habe ich Ihnen dargestellt, wie nach der Erscheinung des Erdgeistes eigentlich der Wagner, der erscheint, nur ein Mittel zur Selbsterkenntnis des Faust, was im Faust selbst ist, ein Teil des Faust sein soll. Was streitet denn da in Faust? Was macht jetzt Faust, indem etwas in ihm streitet? Er merkt: Du hast bis jetzt nur in deiner Umgebung gelebt, in dem, was dir die äußere Welt dargebracht hat. – Das kann er am besten sehen an dem Stück, das in ihm ist, an Wagner, der ganz zufrieden ist. Der Faust ist eben daran, sich etwas zu erringen, um frei zu werden von dem, in das man hineingeboren ist, aber der Wagner, der will ganz bleiben das, was er ist, will bleiben in dem, was er äußerlich ist. Was sich äußerlich in der Welt auslebt von Generation zu Generation, von Epoche zu Epoche, was ist es? Es ist die Form, in die das menschliche Streben hineingeprägt wird. Da arbeiten die Geister der Form draußen an demjenigen, in das wir hinein sollen. Der Mensch aber muß immer, wenn er nicht in der Form ersterben will, wenn er wirklich weiterkommen will, über diese Form hinausstreben. «Streit zwischen Form und Formlosem», schreibt sich Goethe auch auf.

«3. Streit zwischen Form und Formlosem.»

Aber nun sieht sich Faust die Form an: der Faust in dem Wagner da drinnen. Er will frei werden von dieser Form. Das ist ein Streben nach dem Gehalt dieser Form, einem neuen Gehalt, der aus dem Innern entspringen kann.

Wir hätten ja auch, indem wir beschlossen haben, hier einen Bau aufzurichten für die Geisteswissenschaft, alle möglichen Formen uns anschauen, alle möglichen Stile studieren und dann ein neues Gebäude bauen können, wie es viele Architekten des 19. Jahrhunderts gemacht haben, wie wir es draußen überall finden. Da hätten wir, aus der Form, die gekommen ist in der Weltenentwickelung, nichts Neues geschaffen: Wagner-Natur. Aber wir haben es vorgezogen, eben den «formlosen Gehalt» zu nehmen. Wir haben gesucht aus dem, was zunächst formlos ist, was nur Gehalt ist, die lebendig erlebte Geisteswissenschaft zu nehmen, und sie in neue Formen zu gießen.

Das tut Faust, indem er den Wagner abweist:

Sei er kein schellenlauter Tor!
Es trägt Verstand und rechter Sinn
Mit wenig Kunst sich selber vor.

«4. Vorzug dem formlosen Gehalt», schreibt sich auch Goethe hin.

Und das ist die Szene, die er hingeschrieben hat, indem Faust abweist den Wagner:

«Vorzug dem formlosen Gehalt vor der leeren Form.»

Die Form wird aber im Laufe der Zeit leer. Wenn nach hundert Jahren wieder jemand genau einen solchen Bau aufführen würde, wie wir ihn heute aufführen, so wäre es wiederum eine leere Form. Das ist das, was wir berücksichtigen müssen. Daher schreibt Goethe:

«5. Gehalt bringt die Form mit.»

Das ist es, was ich möchte, daß wir so erleben! Das ist etwas, was wir mit unserem Bau wollen: Gehalt bringt die Form mit. Und: «Form», schreibt Goethe auf, «ist nie ohne Gehalt.» Gewiß ist sie nie ohne Gehalt, aber die Wagner-Naturen sehen den Gehalt nicht darinnen, daher nehmen sie nur die leere Form an. Die Form ist so berechtigt wie nur irgend möglich. Aber darin besteht gerade das Fortschreiten, daß die alte Form durch den neuen Gehalt überwunden werde.

«6. Form ist nie ohne Gehalt.»

1. Ideales Streben nach Einwirken und Einfühlen in die ganze Natur.
2. Erscheinung des Geistes als Welt- und Tatengenius.
3. Streit zwischen Form und Formlosem.
4. Vorzug dem formlosen Gehalt vor der leeren Form.
5. Gehalt bringt die Form mit.
6. Form ist nie ohne Gehalt.

Und jetzt ein Satz, den Goethe sich hinschreibt, um seinem «Faust» sozusagen den Impuls zu geben, ein höchst charakteristischer Satz. Denn die Wagner-Naturen, die denken darüber nach: Ja, Form, Gehalt – wie kann ich das zusammenbrauen – wie kann ich das zusammenbringen? – Sie können sich ganz gut einen Menschen denken in der Gegenwart, der ein Künstler sein will, und der sich sagt: Nun ja, Geisteswissenschaft, ganz schön. Aber das geht mich weiter nichts an, was diese vertrackten Köpfe da als Geisteswissenschaft ausdenken. Aber sie wollen sich ein Haus bauen, das, glaube ich, griechischen, Renaissance-, gotischen Stil enthält; und da sehe ich, was sie sich da hinein denken, in dem Haus, das sie sich bauen, wie der Inhalt der Form entspricht. – Man könnte sich denken, daß das kommen wird. Es muß ja auch kommen, wenn die Leute daran denken, Widersprüche auszumerzen, während die Welt gerade aus Widersprüchen zusammengesetzt ist, und es darauf ankommt, daß man die Widersprüche nebeneinander hinstellen kann. So schreibt Goethe sich auf:

«7. Diese Widersprüche, statt sie zu vereinigen, sind disparater zu machen.»

Das heißt, er will sie so darstellen in seinem «Faust», daß sie möglichst stark hervortreten: «Diese Widersprüche, statt sie zu vereinigen, disparater zu machen.» Und um das zu tun, stellt er zwei Gestalten noch einmal einander gegenüber, da wo einer ganz in der Form lebt und zufrieden ist, wenn er an der Form klebt, gierig nach Schätzen des Wissens gräbt und froh ist, wenn er Regenwürmer findet. Wir könnten in unserer Zeit sagen: Gierig nach dem Geheimnis des Menschwerdens strebt und froh ist, wenn er etwa herausfindet, daß das Menschenwesen entstanden ist aus einer Tierart, welche ähnlich ist unseren Igeln und Kaninchen. – *Edinger,* einer der bedeutendsten Philosophen der Gegenwart, hat kürzlich einen Vortrag darüber gehalten, daß das Menschenwesen entstanden ist aus einer Urform, welche ähnlich war unserem Igel und Kaninchen. Nicht wahr, daß die Menschenwelt abstammt vom Affen, vom Halbaffen und so weiter, darüber ist die Wissenschaft schon weg; es muß weiter hinaufgegangen werden, wo die Tierart schon früher absproßt. Da gab es einmal Vorfahren, die dem Igel, dem Kaninchen gleichen, und auf der andern Seite haben wir als Vorfahren den Menschen. Nicht wahr, weil der Mensch nun in gewissen Dingen seiner Gehirnbildung am ähnlichsten ist dem Kaninchen und dem Igel, muß er von etwas ähnlichem abstammen. Diese Tierarten haben sich erhalten, das andere ist natürlich alles ausgestorben. Also gierig nach Schätzen graben und froh sein, wenn man Kaninchen und Igel findet. Das ist das eine Streben, das Streben bloß in der Form. Goethe wollte es in Wagner hinstellen, und er weiß wohl, daß es ein gescheites Streben ist; die Leute sind nicht dumm, sie sind gescheit. Goethe nennt es: «Helles, kaltes, wissenschaftliches Streben.» «Wagner», setzt er hinzu.

«8. Helles, kaltes, wissenschaftliches Streben: Wagner.»

Das andere, das Disparate, das ist nun, was man mit allen Fasern der Seele von innen heraus erarbeiten will, nachdem man es nicht in den Formen darinnen findet. «Dumpfes, warmes, wissenschaftliches Streben» nennt es Goethe; er stellt es entgegen dem andern und setzt dazu: «Schüler». Dem Faust tritt jetzt, nachdem ihm der Wagner entgegengetreten ist, auch der Schüler entgegen. Faust erinnert sich, wie er früher Schüler war, was er aufgenommen hat als Philosophie, Juristerei, Medizin und leider auch Theologie. Wie er zu dem gesagt hat, als er noch so war wie der Schüler: «Mir wird von alledem so dumm, als ging mir ein

Mühlrad im Kopf herum.» Aber das ist ja vorbei. Auf diesen Standpunkt kann er sich auch nicht mehr zurückversetzen. Aber das hat doch alles auf ihn gewirkt. Also:

«9. Dumpfes, warmes, wissenschaftliches Streben: Schüler.»

Und so geht es denn weiter. Von da ab sehen wir Faust eigentlich wirklich zum Schüler werden und dann sich noch einmal in all das hineinbegeben, wodurch man die Gegenwart aufnehmen kann.

Den ganzen Rest des ersten Teiles, sofern er schon fertig war und noch fertig werden sollte, nennt Goethe nun:

«10. Lebensgenuß der Person von außen gesehen; in der Dumpfheit und Leidenschaft, erster Teil.»

So genau macht sich Goethe klar, was er da geschaffen hat. Nun will er sagen: Wie soll es weitergehen? Wie soll der Faust nun wirklich herauskommen aus diesem Lebensgenuß der Person in eine objektive Weltanschauung hinein? – Da muß er kommen zu der Form, aber die Form muß er jetzt mit seinem ganzen Wesen ergreifen. Und wir haben gesehen, wie weit er zurückgehen muß, dahin, wo ganz andere Bedingungen da sind. Da tritt ihm die Form dann entgegen als Abglanz. Da tritt ihm die Form entgegen so, daß er sie jetzt aufnimmt, indem er eins wird mit der Wahrheit, die dazumal berechtigt war, und abstreift alles dasjenige, was zugleich hat geschehen müssen in jener Zeit. Mit andern Worten: er versucht sich hineinzuversetzen in die Zeit, insofern sie nicht von Luzifer durchsetzt war. Er versucht zurückzugehen zu dem göttlichen Standpunkt des alten Griechenland.

Und wenn man so sich in die Außenwelt einlebt, daß man mit seinem ganzen Wesen in diese Außenwelt hineingeht, aber nichts hineinnimmt von den Verhältnissen, in die man hineingewachsen ist, dann gelangt man zu dem, was Goethe im höchsten Sinne als Schönheit bezeichnet. Deshalb sagt er: «Tatengenuß». Jetzt nicht mehr: Genuß der Person, Lebensgenuß. Tatengenuß, Herausgehen, allmählich sich Entfernen von sich selber. Einleben in die Welt ist Tatengenuß nach außen und Genuß mit Bewußtsein.

«11. Tatengenuß nach außen und Genuß mit Bewußtsein: Schönheit, zweiter Teil.»

Was Goethe nun in seinem Ringen nicht mehr hat erreichen können, weil seine Zeit noch nicht die Zeit der Geisteswissenschaft war, das skizziert er sich aber doch um die Wende des 18. zum 19. Jahrhundert. Denn ganz bedeutsame Worte hat Goethe am Schluß dieser Skizze, die er da hingeschrieben hat, und die in dem ersten Teil eine Rekapitulation desjenigen war, was er gemacht hatte. Er hatte schon vor, noch eine Art dritten Teil zu schreiben zu seinem «Faust»; es sind nur die zwei Teile geworden, die nicht alles ausdrücken, was Goethe wollte, denn er hätte dazu Geisteswissenschaft gebraucht.

Was Goethe da hat darstellen wollen, das ist nun das Erleben der ganzen Schöpfung draußen, wenn man herausgekommen ist aus dem persönlichen Leben. Dieses ganze Erleben der Schöpfung draußen, in Objektivität in der Welt draußen, so daß von innen aus die Schöpfung erlebt wird, indem man das wahrhaft Innere nach außen getragen hat, das skizziert sich Goethe, ich möchte sagen, stammelnd mit den Worten: «Schöpfungsgenuß von innen» – das heißt nicht von seinem Standpunkt, indem er herausgetreten ist aus sich selber.

«12. Schöpfungsgenuß von innen.»

Mit diesem «Schöpfungsgenuß von innen» war Faust nun eingetreten nicht nur in die klassische Welt, sondern in die Welt des Geistigen.

Dann steht noch etwas am Schluß, ein sehr merkwürdiger Satz, der hinweist auf die Szene, die Goethe hat machen wollen, nicht gemacht hat, aber doch hat machen wollen, die er würde gemacht haben, wenn er bereits in unserer Zeit gelebt hätte, die ihm aber vorgeleuchtet hat. Er schrieb:

«12. Epilog im Chaos auf dem Weg zur Hölle.»

Ich habe sehr gescheite Leute darüber reden hören, was denn dieser letzte Satz: «Epilog im Chaos auf dem Weg zur Hölle» bedeute. Die Leute haben gesagt: Also hat Goethe wirklich im Jahre 1800 noch die Idee gehabt, daß Faust zur Hölle fährt und im Chaos, bevor er in die

Hölle eintritt, einen Epilog hält? Er ist also erst viel, viel später darauf gekommen, Faust nicht in die Hölle kommen zu lassen! – Viele, viele sehr gelehrte Gespräche habe ich darüber gehört, wie manches Gespräch! Es bedeute, daß Goethe 1800 noch nicht frei war von der Idee, Faust doch zur Hölle fahren zu lassen. Aber daran dachten sie nicht, daß nicht Faust den Epilog hält, sondern selbstverständlich Mephistopheles, nachdem ihm Faust in den Himmel entronnen!

Den Epilog halten – wir würden heute sagen – Luzifer und Ahriman auf dem Weg zur Hölle; sie würden auf dem Weg zur Hölle besprechen, was sie mit dem strebenden Faust erlebt haben.

Ich wollte Sie auf diese Rekapitulation und auf dieses Exposé Goethes noch einmal aus dem Grunde aufmerksam machen, weil es uns wirklich im eminentesten Sinne zeigt, wie Goethe mit alledem, was er in seiner Zeit gewinnen konnte, hinstrebte nach dem Weg, der geradewegs aufwärts in das Gebiet der Geisteswissenschaft führt.

Man wird den «Faust» nur in richtigem Sinne betrachten, wenn man sich sagt: Warum ist der «Faust» eigentlich im innersten Kern doch eine unvollkommene Dichtung geblieben, trotzdem er die größte Strebensdichtung der Welt ist, und Faust der Repräsentant der ganzen Menschheit dadurch ist, daß er herausstrebt aus seinem Milieu und sogar in ein früheres Zeitalter getragen wird? Warum ist dennoch dieser Faust eine unbefriedigende Dichtung geblieben? Aus dem Grunde, weil er eben erst das Streben darstellte nach dem, was die Geisteswissenschaft der menschlichen Kulturentwickelung einverleiben soll.

Es ist gut, gerade auf diese Tatsache das Augenmerk zu richten und zu lenken, daß an der Wende des 18. zum 19. Jahrhundert eine Dichtung entstanden ist, in der die Gestalt, die den Mittelpunkt dieser Dichtung bildet, Faust, herausgehoben werden sollte aus all den beengenden Schranken, die den Menschen umgeben müssen, dadurch, daß er sein Leben in wiederholten Erdenleben durchläuft. Das Bedeutsame an Faust ist ja dieses, daß, so intensiv er aus seinem Volkstum herausgewachsen ist, er doch über das Volkstum hinausgewachsen und ins Allgemein-Menschliche hineingewachsen ist. Nichts von den engen Schranken des Volkstums hat Faust, sondern ganz hinauf strebt er zu dem Allgemein-Menschlichen so, daß wir ihn nicht nur finden als den Faust der neueren

Zeit, sondern ihn finden im zweiten Teil als einen Faust, der als ein Grieche unter Griechen steht. Es ist ein ungeheurer Rückschlag in unserer Zeit, wo im Laufe des 19. Jahrhunderts man wieder angefangen hat, auf die Schranken der menschlichen Entwickelung das größte Gewicht zu legen, und in der «nationalen Idee» sogar eine Idee sieht, die irgendwie für unsere Epoche noch kulturtragend sein könnte. Wunderbar könnte sich die Menschheit hinaufranken zu einem Verständnis dessen, was Geisteswissenschaft werden soll, wenn man so etwas verstehen wollte, wie es in den «Faust» hineingeheimnißt ist.

Goethe hat nicht umsonst zu *Eckermann* gesagt, als er den zweiten Teil seines «Faust» schrieb, daß er in den «Faust» viel hineingeheimnißt habe, was erst nach und nach herauskomme.

Hermann Grimm, von dem ich Ihnen auch öfter gesprochen habe, hat darauf aufmerksam gemacht, daß man Goethe erst in einem Jahrtausend völlig verstehen wird. Ich muß sagen: Das glaube ich auch. – Wenn die Menschen sich noch mehr vertieft haben werden als in unserer Zeit, dann werden sie immer mehr und mehr noch verstehen von dem, was in Goethe liegt. Allerdings vor allen Dingen das, wonach er gestrebt hat, wonach er gerungen hat, was er nicht hat zum Ausdruck bringen können. Denn, würden Sie Goethe fragen, ob das, was er da in den zweiten Teil des «Faust» hineingelegt hat, auch in seinem «Faust» zum Ausdruck gekommen ist, er würde sagen: Nein! – Aber dessen dürfen wir uns überzeugt halten, daß er unbedingt, wenn wir ihn heute fragen würden: Sind wir mit der Geisteswissenschaft auf dem Wege, den du dazumal angestrebt hast, wie er dazumal eben möglich war? – er sagen würde: Dasjenige, was Geisteswissenschaft ist, bewegt sich in meinen Bahnen.

Und so wird es, da Goethe bis zum Griechentum seinen Faust zurückgehen ließ, um ihn als einen die Gegenwart Verstehenden zeigen zu dürfen, schon erlaubt sein, zu sagen: Ehrfurcht vor der Wahrheit, Ehrfurcht vor dem Wissen, das sich herausringt aus dem Wissen des Milieus, aus den Begrenzungen der Umgebung, das ist dasjenige, was wir uns erwerben müssen. Und es ist wirklich wie ein Mahnen der Zeitereignisse, die uns gerade zeigen, wie die Menschheit nach dem entgegengesetzten Extrem hinsteuert, darnach hinsteuert, die Dinge so kurzsinnig wie möglich zu beurteilen, und am liebsten heute nur bis zu den Ereignissen des Jahres 1914 gehen möchte, um all das, was wir heute so furchtbar erleben, zu erklären.

Derjenige aber, der die Gegenwart verstehen will, muß diese Gegenwart von einer höheren Warte aus beurteilen, als diese Gegenwart selber ist.

Das ist es, was ich wiederum als eine Empfindung in diesen Tagen habe in Ihre Seelen legen wollen, als eine Empfindung, von der ich Ihnen habe zeigen wollen, wie sie aus einem wirklich inneren, lebendigen Verständnis der Geisteswissenschaft folgt, und wie sie angestrebt worden ist von den größten Geistern der Vergangenheit, wie Goethe einer ist.

Indem wir dasjenige, was in diesen Betrachtungen vor unsere Seele tritt, nicht bloß als etwas Theoretisches aufnehmen, sondern es nun in unseren Seelen verarbeiten, es leben lassen in den Meditationen unserer Seele, wird es ja erst lebendige Geisteswissenschaft. Möge es so mit diesem, mit vielem, ja mit allem, was als Geisteswissenschaft durch unsere Seele geht, von uns gehalten werden!

FAUSTS HIMMELFAHRT

Dornach, 14. August 1915

Es soll morgen von uns das Wagnis unternommen werden, die Schlußszene von *Goethes* «Faust» eurythmisch darzustellen. Es wird begreiflich erscheinen, daß sich meine heutige und morgige Betrachtung in Anknüpfung an den Schluß des zweiten Teiles von Goethes «Faust» hält. Wir stehen ja mit Bezug auf den ganzen zweiten Teil des Goetheschen «Faust», aber namentlich in bezug auf die Schlußszene, doch vor einem der allergrößten dichterischen Versuche der Weltenentwickelung, der zugrunde liegend hat die bedeutsamsten geistigen Wahrheiten. Dennoch, so wahr es auch ist, daß Goethes «Faust» verschiedene Grade und Stufen des Verstehens zuläßt, so wahr ist es auch, daß man immer weiter und weiter wird gehen können in bezug auf das Aufsuchen desjenigen, was aus Goethes unendlich reichem Seelenleben in den «Faust» und namentlich in den zweiten Teil des «Faust» eingeflossen ist.

Außerdem werden wir sehen, daß gerade der Schluß des zweiten Teiles uns so viele okkulte Wahrheiten geradezu zu enthüllen hat, wenn wir an die Feinheiten in der Darstellung derselben gehen, wie kaum ein anderer Schriftsteller der Welt bis jetzt versucht hat zu enthüllen. Und wir werden sehen, daß diese Wahrheiten von Goethe in den zweiten Teil des «Faust» mit einer wunderbaren – um einen scheinbar pedantischen Ausdruck zu gebrauchen – okkult-sachgemäßen Wissenschaftlichkeit hineingeheimnißt sind.

Nun muß ich Ihnen offen gestehen, daß ich es nicht wagen würde, in einer solchen Weise über den «Faust» zu sprechen, wie ich es tun will, wenn ich nicht wirklich seit dem Jahre 1884 zurückzublicken hätte auf ein nie ruhendes Faust- und Goethe-Problem. Daher wird es mir vielleicht gestattet sein, manches aphoristisch anzudeuten, was vor demjenigen, der nicht von der Geisteswissenschaft ausgeht, viel genauer begründet werden müßte. Dennoch muß ich gestehen, daß ich nicht ohne eine gewisse Scheu daran gehe, gerade okkulte Bemerkungen an Goethes «Faust», überhaupt an eine Dichtung zu knüpfen. Denn da taucht vor meinem Blicke all das Jammervolle auf, das geleistet worden ist von Okkultisten und Nichtokkultisten in der Interpretation von Dichtungen.

Man muß wirklich etwas zurückbeben vor der okkultistischen Besprechung von Dichtungen, wenn man in Gedanken hat, was alles in der Welt verbrochen worden ist mit Bezug auf solche Interpretationen, sei es von der Seite der Wissenschaft oder von sogenannten Theosophen! Und daher gestatten Sie, daß ich eine Art von Einleitung voraussende, aus der Sie entnehmen können, wie wenig ich selber gerade geneigt bin, leichter Hand okkulte Wahrheiten, okkulte Erkenntnisse hineinzuträumen in irgendwelche Dichtung der Geistesentwickelung der Menschheit, wie sehr ich versuche, nur das vorzubringen, was wirklich als unbedingt begründet gelten kann.

Nun, ich habe so im Gebrauch, wenn ich über einen Gegenstand zu reden habe, mich vorher etwas im weitern Sinne in den Gegenstand hineinzuleben. Beim Ernsthaftnehmen von okkulten Betrachtungen ist das schon notwendig, daß man sich in die ganze Atmosphäre, in die der Gegenstand hineingestellt ist, hineinlebt. Und so war ich denn bestrebt, ein wenig mich wiederum einmal einzuleben in Goetheanismus.

Ich mußte zu diesem Behufe mir manches literarische Hilfsmittel beschaffen, das ich vor Jahrzehnten durchgenommen habe. So nahm ich mir denn auch wiederum vor die «Weissagungen des Bakis» von Goethe. Das sind zweiunddreißig Sprüche, in rätselhafte Form gekleidet, gewissermaßen zweiunddreißig Rätsel. Nun können Sie sich denken, daß unendlich viel geschrieben wurde darüber, was Goethe dazu noch «Weissagungen» nannte und worüber er gewissermaßen orientalisierende Weisheit gegossen hat – es ist das eine besondere Speise für die Literarhistoriker. So haben in den zweiunddreißig Rätselversen die mannigfaltigsten Leute die kolossalsten Geheimnisse gesehen.

Ich will Ihnen gleich eine charakteristische Probe geben. Es ist der neunundzwanzigste und dreißigste Rätselvers, den Goethe also geprägt hat. Es ist ganz gut, daß wir uns, bevor wir an die letzte Szene des «Faust» gehen, erst in diese Art Rätselverse vertiefen.

Eines kenn' ich verehrt, ja angebetet zu Fuße;
Auf die Scheitel gestellt, wird es von jedem verflucht.

Eines kenn' ich, und fest bedrückt es zufrieden die Lippe;
Doch in dem zweiten Moment ist es der Abscheu der Welt.

Man muß sagen: es klingt schon recht geheimnisvoll! Und gleich der dreißigste Rätselvers heißt:

Dieses ist es, das Höchste, zu gleicher Zeit das Gemeinste!
Nun das Schönste, sogleich auch das Abscheulichste nun,
Nur im Schlürfen genieße du das, und koste nicht tiefer:
Unter dem reizenden Schaum sinket die Neige zu Grund.

Bevor wir uns etwa eine Vorstellung machen, wie so ein Theosoph diese geheimnisvollen Verse «deutet», wollen wir uns einen Exoteriker ansehen. Man wird zwar nicht klug aus dem werden, was er sagt, aber das schadet nichts; daran kann man einmal sehen, was so «Wissenschaft» heißt: «Eine höchst merkwürdige Wendung! Goethe hat diese Form gewählt, um seine Meinung zu verschließen und zu gleicher Zeit zu enthüllen.» Ein anderer Goethe-Erklärer hat diese Verse bezeichnet als «Freiheit und Liebe». Der gute Mann zeiht den andern der Ratlosigkeit und will nun selber auf eine Erklärung hinweisen. «Das Höchste, zugleich auch das Abscheulichste.» Das soll sein: Die Jugend. Die genießt sowohl das Höchste wie das Abscheulichste. Er sagt: So löst sich das Rätsel von selbst.

Das ist ein Exoteriker! Ein Esoteriker könnte sagen: So etwas muß man unendlich viel tiefer nehmen!

Eines kenn' ich verehrt, ja angebetet zu Fuße;
Auf die Scheitel gestellt, wird es von jedem verflucht.
Eines kenn' ich, und fest bedrückt es zufrieden die Lippe;
Doch in dem zweiten Moment ist es der Abscheu der Welt.

Das bezieht sich auf die Pflanze, könnte man sagen, die den umgekehrten Menschen darstellt. Man kann es in Zusammenhang bringen mit dem Logos und Luzifer, oder mit weißer und schwarzer Magie und so weiter! Solche Erklärungen sind zu Tausenden in der theosophischen Literatur verbreitet.

Nun, nicht darauf beruht das Sich-Einleben in die Geisteswissenschaft, daß man dasjenige, was man aufgenommen hat in der Geisteswissenschaft, auf alles Beliebige anzuwenden wüßte, sondern darauf, daß man sich in das richtige Verhältnis – in unserem Falle zum Beispiel zu Goethe – stellt. Die Geisteswissenschaft soll uns nicht verleiten zu allerlei Spintisierereien, sondern sie soll uns dahin bringen, wo die Wahrheit fließt. Und dann findet man, daß in den zwei ersten Zeilen des erstgenannten Verses gemeint ist – ein Pantoffel, und in den zwei letzten – eine Zigarre. Goethe war Zigarrenrauch verhaßt. Ja, das ist die Wahrheit, sie ist nicht tief, aber sie ist so, wie Goethe sie gemeint hat. Und die Lösung von dem zweiten Vers heißt: Spiritus. Als der Geist ist er das Höchste, im Alkohol als der Rausch das Abscheulichste. Es ist ganz gut, einen solchen Prozeß einmal vorzuführen, weil man sich wirklich nicht verblenden lassen soll von Interpretationskunst und allerlei tiefsinnigen Künsten, sondern man soll sich dahin führen lassen, wo die Wahrheit ist.

Auch zu einem nationalen Chauvinisten hat man Goethe gemacht. Das war er aber ganz und gar nicht. Nehmen wir den fünften Vers:

> Zweie seh' ich! den Großen! ich seh' den Größern! Die beiden
> Reiben mit feindlicher Kraft, einer den andern sich auf.
> Hier ist Felsen und Land, dort sind Felsen und Wellen!
> Welcher der Größere sei, redet die Parze nur aus.

Das wurde bezogen auf die Kontinentalmacht, den Kampf zwischen Frankreich und England. Der oben zitierte Kommentator verwirft das aber und sagt, die Französische Revolution und das deutsche Volk seien gemeint. Das ist ganz ordentlich töricht! Gemeint ist in Wirklichkeit Leben und Tod!

Nun, die Sache ist wirklich sehr ernst zu nehmen. Denn, daß irgend etwas sich beweisen läßt, das ist durchaus kein Beweis, daß die Sache richtig ist.

Ich wollte dieses vorausschicken, damit Sie nicht etwa glauben, daß ich in denselben Fehler verfallen will bei der Erklärung der Schlußszene des «Faust». Diese Schlußszene stellt uns dasjenige dar, was man nennen könnte «Fausts Himmelfahrt». Faust ist bekanntlich hindurchgegangen durch schwere Verirrung, auch durch alle möglichen Irren und Wirren der weiteren, größeren Welt. So soll gezeigt werden: Faust soll zwar unter den Einfluß des Ahriman-Mephistopheles geführt werden durch die Verirrungen der Welt, aber das Tiefste, was als das Ewige in der Menschenbrust verkörpert ist, das soll nicht angefressen werden können von demjenigen, was von Mephisto-Ahriman kommt. Es soll Faust zuletzt dennoch aufgenommen werden können von den guten geistigen Welten. Das ist das, was Goethe sich als das Ziel seiner Faust-Dichtung vorgenommen hat.

Derjenige, der etwas von den geistigen Welten durch die Geisteswissenschaft kennengelernt hat und wenig künstlerischen Sinn in sich hat, kann im allgemeinen sich eine Vorstellung bilden, wie er sich das erdichten würde. Für Goethe, der im intimsten und im höchsten Sinne eine Künstlernatur war, war das nicht so einfach. Er konnte nicht so einfach darstellen, wie Faust da in den Himmel hinaufsteigt, und das alles in abstrakt-allegorische Gebilde bringen, das wäre für ihn Symbolik, Stroh gewesen, das wollte er nicht. Er wollte Kunst. Dasjenige, was vor der wahren Wirklichkeit Bestand und Sicherheit hat, das wollte er, das sollte da sein. Daher kam ihm in den Sinn: Wie soll ich das nun auf der Bühne darstellen, daß Faust in den Himmel geführt wird? Man kann doch nur höchstens Gegenstände des physischen Planes hineinstellen, die können nur etwas Symbolisches andeuten, aber das wäre Stroh, das wäre keine Kunst! Selbst mit allerlei Maschinerien könnte man nur Stroh darstellen. Goethe mußte erst das Weltenmittel suchen, durch das Faust hinaufdringen kann als Seele in die geistigen Welten. Man kann nicht durch die Luft, man kann nicht durch die äußeren physischen Elemente in die geistigen Welten hinaufdringen. Wo ist etwas Reales, was das Mittel, durch das Faust hinaufzudringen vermag, abgeben kann? Das kann nur dasjenige sein, was zunächst auf Erden das Geistige darstellt. Ja, wo ist das auf Erden? Das ist das Bewußtsein, das das Geistige aufnimmt! Das heißt, Goethe hat nötig, erst eine Bewußtseinsrealität zu schaffen, die das Geistige aufnimmt. Das tut er, indem er in seine Szenerie Menschen hineinstellt, von denen man voraussagen kann, daß in ihrem Bewußtsein das Geistige lebt: Mönche, Anachoreten, die lagert er übereinander. Und man kann sagen: das Hinaufsteigen einer Seele in die geistigen Welten ist ein realer Vorgang. Vor einem gewöhnlichen Parkett einen geistigen Vorgang darzustellen, wäre nicht real, da wurzelt er nicht; in den Seelen, die Goethe vorführt, da wurzelt er. So suchte er erst die Bewußtseine darzustellen, die den geistigen Vorgang anschauen. So stellt er den Chor und das Echo hin, welche die elementarische Welt des Geistes wahrnehmen können in dem Sinnlich-Physischen darinnen. Sie haben sich vorbereitet darauf, nicht bloß die äußere physische Natur zu sehen, sondern innerhalb des physischen Planes auch die geistige Welt, in die die Seele des Faust hineingehen muß.

Und nun wird so geschildert, wie nur diese Mönche das empfinden können. Denn nehmen Sie nur die Worte, Schilderungen von physischen Vorgängen sind sie wirklich nicht:

Waldung, sie schwankt heran.

Das ist so, wie wenn man aus den natürlichen Dingen die elementarische Welt hervorgehen fühlt.

Waldung, sie schwankt heran,
Felsen, sie lasten dran,
Wurzeln, sie klammern an,
Stamm dicht an Stamm hinan,
Woge nach Woge spritzt,
Höhle, die tiefste, schützt.
Löwen, sie schleichen stumm-
Freundlich um uns herum,
Ehren geweihten Ort,
Heiligen Liebeshort.

Zu diesem Chor ist ein Echo da. Das ist nicht ohne Bedeutung. Es soll uns andeuten, wie wirklich das, was aus der elementarischen Natur kommt, allseitig ist.

Nun werden wir zugleich zu etwas geführt, was bei Goethe zu einer wunderbaren Steigerung wird. Uns werden drei weitergekommene Anachoreten vorgeführt, der Pater ecstaticus, der Pater profundus und der Pater Seraphicus, drei, die höhere Stufen erlangt haben als die andern, die als Anachoreten nur die eben geschilderten Vorgänge beschreiben. Aber eine wunderbare Steigerung liegt von dem Pater ecstaticus durch den Pater profundus zu dem Pater Seraphicus.

Der Pater ecstaticus hat es mit den niederen Stufen der Vervollkommnung zu tun, mit den Sinnenerlebnissen, dem Selbstinnensein. Der Pater profundus ist schon so weit, daß er von innen nach außen geht, daß er das erlebt, was als Geist die Natur durchlebt und zugleich Menschengeist ist. Er steht höher als der Pater ecstaticus, vom geistigen Gesichtspunkt aus gesehen. Wir können sagen: Der Pater profundus sieht den Geist im Kosmos, der bei ihm zugleich Geist im Menschen wird. Der Pater Seraphicus sieht unmittelbar in die Welt des Geistes hinein, für ihn offenbart sie sich nicht durch die Natur hindurch, sondern er hat es unmittelbar mit dem Geiste zu tun.

Daher das Mystischwerden des Pater ecstaticus durch innere Entwickelung. Es bedeutet lauter innere Zustände, was jetzt gesagt wird:

Ewiger Wonnebrand,
Glühendes Liebeband,
Siedender Schmerz der Brust,
Schäumende Gottes-Lust.
Pfeile, durchdringet mich,
Lanzen, bezwinget mich,
Keulen, zerschmettert mich,
Blitze, durchwettert mich;
Daß ja das Nichtige
Alles verflüchtige,
Glänze der Dauerstern,
Ewiger Liebe Kern.

Wir haben den Pater profundus bereits durchgenommen, der zu der Stufe übergeht, durch die Natur den Geist zu fühlen.

Wie Felsenabgrund mir zu Füßen
Auf tiefem Abgrund lastend ruht,
Wie tausend Bäche strahlend fließen
Zum grausen Sturz des Schaums der Flut,
Wie strack, mit eignem kräftigen Triebe,
Der Stamm sich in die Lüfte trägt:
So ist es die allmächtige Liebe,
Die alles bildet, alles hegt.

Ist um mich her ein wildes Brausen,
Als wogte Wald und Felsengrund!
Und doch stürzt, liebevoll im Sausen,
Die Wasserfülle sich zum Schlund,
Berufen, gleich das Tal zu wässern;
Der Blitz, der flammend niederschlug,
Die Atmosphäre zu verbessern,
Die Gift und Dunst im Busen trug:
Sind Liebesboten, sie verkünden,
Was ewig schaffend uns umwallt,
Mein Innres mög' es auch entzünden,
Wo sich der Geist, verworren, kalt,
Verquält in stumpfer Sinne Schranken,
Scharfangeschloßnem Kettenschmerz.
O Gott! beschwichtige die Gedanken,
Erleuchte mein bedürftig Herz.

Nun kommt in dem Pater Seraphicus das unmittelbare Erfassen im Bewußtsein der geistigen Welt, in die Faust aufgenommen werden soll, das heißt solcher Geister, in deren Mitte Faust nun zunächst eintreten soll. Dafür muß zuerst wieder ein Bewußtsein dargestellt werden: das ist der Pater Seraphicus; er gibt das Medium ab, durch das die seligen Knaben erscheinen können. Und nun wiederum wunderbar, ich möchte sagen fach- und sachgemäß beobachtet:

Welch ein Morgenwölkchen schwebet
Durch der Tannen schwankend Haar!
Ahn' ich, was im Innern lebet?
Es ist junge Geisterschar.

Kinder läßt Goethe auftreten, die gleich gestorben sind, nachdem sie geboren sind, man nennt sie im Volksmund: Mitternachtsgeborene.

In Gesellschaft von solchen Mitternachtsgeborenen soll Faust zunächst kommen; sie wissen nichts von der Welt, ihr Bewußtsein von früher hat sich getrübt durch die Geburt, und von der neuen Welt wissen sie noch nichts. Das gehört zusammen mit der Himmelfahrt des Faust. So wie in der physischen Welt der Blitz nicht ohne den Donner ist, so ist in der geistigen Welt eine solche Himmelfahrt Fausts nicht ohne ein Sich-Bewußtwerden des seligen Knaben.

Daß ein Liebender zugegen,
Fühlt ihr wohl, so naht euch nur;
Doch von schroffen Erdewegen,
Glückliche! habt ihr keine Spur.

Durch unsere Augen und Ohren können geistige Wesenheiten überhaupt nur das Physische des physischen Planes sehen, sonst sehen sie das Geistige. Wenn ein Geist eine Hand sieht, so sieht er den Willen, der die Hand bewegt, und die Form; wenn er das Physische der Hand sehen will, muß er sich eines physischen Auges bedienen.

Steigt herab in meiner Augen
Welt- und erdgemäß Organ,
Könnt sie als die euern brauchen,
Schaut euch diese Gegend an!
(Er nimmt sie in sich.)
Das sind Bäume, das sind Felsen,
Wasserstrom, der abestürzt
Und mit ungeheurem Wälzen
Sich den steilen Weg verkürzt.

Die seligen Knaben sind jetzt in dem Pater Seraphicus darinnen. Er gibt ihnen soviel von seiner geistigen Kraft, daß sie zu höheren Sphären aufsteigen können. Daraus sieht man wieder den Zusammenhang der geistigen mit der physischen Welt. Wenn wir meditieren, kommt das auch den Geistern zugute, deshalb sollen wir den Toten vorlesen. So gibt der Pater Seraphicus den Knaben die Frucht seiner Meditation ab, und dadurch steigen sie auf.

Steigt hinan zu höhrem Kreise,
Wachset immer unvermerkt,
Wie, nach ewig reiner Weise,
Gottes Gegenwart verstärkt.
Denn das ist der Geister Nahrung,
Die im freisten Äther waltet:

Ewigen Liebens Offenbarung,
Die zur Seligkeit entfaltet.

Den «Faust» so kennen, wie hier einmal bei Goethe eine tiefste okkulte Wahrheit einer Weltendichtung einverleibt worden ist, heißt näher dem Okkultismus stehen, als noch so viele «okkulte» Erklärungen geben.

Jetzt sind die Knaben in ihren eigenen Regionen. Sie sind übergegangen aus der Sphäre der Geister der Form in die Sphäre der Geister der Bewegung.

Nun kommen die Engel, heraufbringend Faustens Entelechie, das heißt sein Unsterbliches. Sie haben entrissen dieses Glied der Geisterwelt dem Mephistopheles und bringen es hinauf mit den Worten:

Gerettet ist das edle Glied
Der Geisterwelt vom Bösen:
Wer immer strebend sich bemüht,
Den können wir erlösen;
Und hat an ihm die Liebe gar
Von oben teilgenommen,
Begegnet ihm die selige Schar
Mit herzlichem Willkommen.

Die jüngeren Engel:

Jene Rosen, aus den Händen
Liebend-heiliger Büßerinnen,
Halfen uns den Sieg gewinnen
Und das hohe Werk vollenden,
Diesen Seelenschatz erbeuten.
Böse wichen, als wir streuten,
Teufel flohen, als wir trafen.
Statt gewohnter Höllenstrafen
Fühlten Liebesqual die Geister;
Selbst der alte Satansmeister
War von spitzer Pein durchdrungen.

Es ist ein okkulter Satz: dem Mephisto-Ahriman ist die Liebe ein verzehrendes Feuer und eine furchtbare Gabe der Finsternis.

Jauchzet auf! es ist gelungen.

Nun die vollendeteren Engel:

Uns bleibt ein Erdenrest
Zu tragen peinlich,
Und wär' er von Asbest,
Er ist nicht reinlich.
Wenn starke Geisteskraft
Die Elemente
An sich herangerafft...

Was ist das für ein Erdenrest? Unsere Seele, wenn sie auf der Erde lebt, nimmt durch ihre Wahrnehmungen, Vorstellungen, Gefühle dasjenige auf, was auf der Erde vorgeht, dadurch rafft gleichsam die Seele an sich heran, was in den Elementen des physischen Planes lebt. Das kann nicht gleich getrennt werden. So wie man früher die Leichen in ein Gewebe von Asbest eingehüllt hat, damit die Asche zusammengehalten wird, so hat Fausts Seele einen Rest von der Sinnenwelt, der ist nicht rein, wenn er auch wäre wie der Asbest, der dem Feuer standhält.

Kein Engel trennte
Geeinte Zwienatur
Der innigen beiden,
Die ewige Liebe nur
Vermag's zu scheiden.

Die Engel verhüllen vor der Menschwerdung ihr Angesicht. Das ist ein Geheimnis, das nur geschaut werden kann von denjenigen Wesenheiten, die tiefer hinabsteigen können als Engel, welche die Menschwerdung nicht mitgemacht haben. Nur die Liebe kann das scheiden.

Jetzt werden die Engel der seligen Knaben gewahr. Die seligen Knaben empfangen das, was da hinaufgeführt wird:

Löset die Flocken los.

Hier knüpft Goethe wiederum an physische Vorgänge an, um geistige Vorgänge zu charakterisieren. Die Benediktinermönche werden, wenn sie sterben, in ein besonderes Kleid, die «flocca», von bräunlicher Farbe, gehüllt; alle Benediktiner werden in derselben Flocca bestattet, daher das Wort «Flocken».

Hier habe ich versucht, eine Freiheit mir zu gestatten gegenüber dem, was um Faust herum wirklich da ist. Ich habe gesagt: durch ein Bewußtsein muß das alles uns aufgehen. Bis jetzt geht alles hin durch das Bewußtsein des Chores, der Anachoreten. Jetzt muß Faust selber durch ein Bewußtsein hinaufgehen, aber er muß durch ein Vollbewußtsein hinaufgehen, er muß ein neues Bewußtsein ganz ausfüllen, ein neues Bewußtsein, das aber mit ihm identisch ist, denn er gelangt als voller Mensch hinauf.

Vieles im «Faust» ist noch unvollendet, und sicher unvollendet ist der Pater Marianus, den Goethe später Doctor Marianus nannte. Dieser Doctor Marianus ist da, damit durch sein Bewußtsein der Faust erscheint, daher lasse ich einfach den Doctor Marianus den Faust selber sein. Der Anachoret Doctor Marianus ist zu gleicher Zeit Doctor Marianus und Faust.

Nun handelt es sich darum, daß das tiefe Mysterium der Liebe herankommt, als durchdringend die Welt im ganz christlichen Sinne.

Faust hat ja, im profanen Sinne gesprochen, Gretchen verführt, Gretchen ist sogar hingerichtet worden, sie ist unschuldig schuldig geworden, in ihr ist jene Unschuld, die in dem Mysterium des Menschen eingeschlossen ruht, und ihre Liebe ist «ewiger Dauerstern». Will man das in einer Imagination ausdrücken, so kommt man zu der Mater-Dolorosa-Gloriosa. Sie bringt mit sich drei Büßerinnen, sie sieht nicht auf die Schuld dieser drei, sondern auf dasjenige, was in ihnen unschuldig schuldig ist. Dem Doctor Marianus geht dieses Geheimnis auf.

Hier ist die Aussicht frei,
Der Geist erhoben.
Dort ziehen Fraun vorbei,
Schwebend nach oben;
Die Herrliche mitteninn
Im Sternenkranze,
Die Himmelskönigin,

Ich seh's am Glanze.
(Entzückt)
Höchste Herrscherin der Welt!
Lasse mich im blauen
Ausgespannten Himmelszelt
Dein Geheimnis schauen.
Billige, was des Mannes Brust
Ernst und zart beweget
Und mit heiliger Liebeslust
Dir entgegen träget.

Unbezwinglich unser Mut,
Wenn du hehr gebietest,
Plötzlich mildert sich die Glut,
Wie du uns befriedest.
Jungfrau, rein im schönsten Sinn,
Mutter, Ehren würdig,
Uns erwählte Königin,
Göttern ebenbürtig.

Um sie verschlingen
Sich leichte Wölkchen ...

Goethe läßt ganz sachgemäß die Seele erst aus dem Nebelnden – Wölkchen – hervorgehen, um sich dann erst zur fertigen Form zu ballen.

Es folgt der Chor der Büßerinnen. Es ist großartig, daß Goethe gerade, ich möchte sagen, die Liebe in ihrer sinnlichen Form genommen hat und sie hier religiös verklärt hat – zum zweiten Male; die Bibel hat es schon zum ersten Mal getan. Die Maria Magdalena hat viel geliebt im wirklichen Sinn, aber sie hat eben geliebt, und der Christus sieht nur die Liebe, nicht die Sünde, darum gehört sie auch zum Christus. Dann die Maria Aegyptiaca und die Una Poenitentium, sonst Gretchen genannt. Ebenso könnte stehen: Doctor Marianus, sonst Faust genannt.

Die seligen Knaben nehmen Faust auf in ihren Kreis. Faust sucht das Mariahafte in Gretchen durch die Himmelskönigin, daher darf das, was sich zugetragen hat, ein mystischer Chor aussprechen. Dieser mystische Chor enthält die großen, die lapidaren Worte:

Alles Vergängliche
Ist nur ein Gleichnis,
Das Unzulängliche,
Hier wird's Erreichnis;
Das Unbeschreibliche,
Hier ist's getan;
Das Ewig-Weibliche
Zieht uns hinan.

Mit diesem Gerippe wollte ich Ihnen zeigen, daß Goethe wirklich sachgemäß, aus geistiger Erkenntnis heraus, diese letzte Szene dargestellt hat, daß er überall die realen Grundlagen zu schaffen gewußt hat: die Bewußtseinsgrundlagen.

Wie einer, der die Sache kennt, weiß, wirklich versteht, so hat Goethe geschildert. Allerdings, man muß sich einleben in das, was Goethe gewollt hat. Man muß in seinen Intentionen darinnen sein, gleichsam als lebend den toten Goethe vor sich stehen haben. Denn manches ist nicht so leicht einzusehen.

MYSTISCHE ERKENNTNIS UND GEISTIGE OFFENBARUNG DER NATUR
WAHRNEHMUNG DER GEISTER

Dornach, 15. August 1915

nach einer eurythmischen Darstellung von Fausts Himmelfahrt

Wir haben versucht, eurythmische Darbietungen zu geben in bezug auf Goethes «Faust» zu Ostern und zu Pfingsten und am Feste von Mariä Himmelfahrt. Es war uns in gewisser Beziehung eine Art Bedürfnis, fertig zu werden mit diesen Darbietungen gerade bis zum Feste von Mariä Himmelfahrt. Sie werden sich erinnern, daß von mir in Anknüpfung an die vorigen Darstellungen aus Goethes «Faust» versucht worden ist, zu zeigen, wie die Art, in der *Goethe* seine Geistesentwickelung durchgemacht hat, in hohem Grade vorbildlich wirken kann, weil wir an ihm sehen können, wie gerade die große Persönlichkeit das, was der kleinere Mensch oftmals rasch zu ergreifen glaubt, wie der Genius das langsam und allmählich sich aneignet, sich langsam und allmählich durcharbeitet zu dem Standpunkte in bezug auf eine Sache, der ihn dann befriedigen kann. Wie glaubt mancher, ein guter Christ zu sein und das Christentum zu verstehen. Wir haben darauf aufmerksam machen müssen, wie Goethe damals, als er die ersten Szenen seines «Faust» hingeschrieben hat, im Grunde genommen eine, wenn auch nicht antichristliche, so doch, man kann sagen, achristliche Empfindungsweise hatte. Man sehe sich einmal durch, was erhalten ist als der – verzeihen Sie, daß ich den geschmacklosen Titel gebrauche, aber er ist einmal üblich geworden – sogenannte «Urfaust», und was dann veröffentlicht ist unter dem besseren Titel «Faust, ein Fragment».

Wir können daraus sehen, daß Goethe ziemlich alt werden mußte, bevor er, beim Aussprechen der geheimsten Impulse seiner Seele in der bedeutungsvollen Weise diesen Dingen ein christliches Element einzufügen, in der Lage war. Unendliche Vertiefung in Welterkenntnis und Weltempfindung brauchte diese Seele. Und als das Fragment des «Faust» 1790 erschien, da war noch nicht darinnen jene Szene, die Goethe erst in einem viel reiferen Alter seines Lebens schreiben konnte, jene Szene, wo Faust zurückgenommen wird von dem Schritte, den er tun will, vom Selbstmord, durch die Osterglocken. Goethe fühlte sich erst im reifen Alter veranlaßt, dieses christliche Element in den ersten Teil seines «Faust» hineinzubringen. Viel, viel mehr muß ein solcher Genius durcherleben, durcherfahren, bis er sich zu dem in seiner Art reif fühlt, wozu sich mancher so bald sonst reif fühlt. Und wir sehen, daß Goethe wirklich dieser Ansicht war, so daß er dem «Faust», den er in seiner Jugend – aber auch schon in seiner späteren Jugend – begonnen und in gewissen Szenen durchgeführt hatte, etwas Christliches, etwas vom Christentum einfügte.

Charakteristisch ist nun, daß Goethe gewissermaßen noch einmal einen Anhub brauchte, um sich durchzuarbeiten in seiner Empfindungsweise und in der innerlichen Arbeitsweise seiner Gefühle gegenüber der Welt – ich möchte sagen durch ein Weltengebiet. aus dem die christlichen Impulse herausgerissen sind, bevor er in der neuen Weise, in dieser sein späteres Alter befriedigenden Weise, dem Christentum sich auch dichterisch nähern konnte.

Ich habe Sie schon gestern darauf hingewiesen, wie sach- und fachgemäß, um den pedantischen Ausdruck zu gebrauchen, der ganze Aufbau der letzten Szene von der Himmelfahrt des Faust ist. Aber wir blicken noch tiefer in die Sache hinein, wenn wir uns ein weiteres klarmachen aus den geistigen Betrachtungen heraus.

Stellen wir uns einmal vor: da tritt innerhalb einer besonders geeigneten Natur – Einödc, Bergschlucht, Felsen und alles mögliche, die einen der Mystik entsprechenden Eindruck machen – uns ein Chor, wir können uns einen Mönchs-Chor vorstellen, entgegen, der in seinem Bewußtsein das aufnimmt, was geschieht. Wir haben gehört, warum dieser Mönchs-Chor da ist, weil Goethe, um die Sache auf einen realen Boden zu stellen, dieses Bewußtsein draußen als ein Medium brauchte, damit aufgenommen wurden die Geschehnisse, die verbunden waren mit dem Hinaufstieg der Seele Fausts in die geistige Welt. Was geht vor? Der Chor weist uns zunächst darauf hin, was vorgeht. Wir können sagen: Dieser Chor empfindet dasjenige, was sonst ruhend ist, als Bewegung. Die Welt der Geister der Form beginnt langsam in die Welt der Geister der Bewegung überzugehen. Es vergeistigt sich, indem es beginnt, bewegt zu werden, dasjenige, was uns elementar entgegentritt – alles zunächst in Bewegung:

Waldung, sie schwankt heran,
Felsen, sie lasten dran,
Wurzeln, sie klammern an,
Stamm dicht an Stamm hinan,
Woge nach Woge spritzt ...

Warum ist das? Ja, das ist deshalb, weil uns gezeigt werden soll, wie von diesem irdischen Sein, dem physischen Plane aus, eine Seele sich erheben soll in die geistige Welt hinauf. Entwunden werden dem physischen Plane soll eine Seele – der physische Plan ist auch die Natur –, entwunden werden soll sie der Natur. Wir wissen nun, daß die Natur durchsetzt ist von der elementarischen Welt, daß in dem Augenblick, wo wir übergehen vom starren Naturdasein zum elementarischen Dasein, alles wirklich in Bewegung ist. Wir können uns nicht vorstellen, daß wir die Vorstellung vom Hinaufgehen der Seele des Faust in die geistigen Welten vor unsere Seele hingezaubert erhalten könnten, wenn wir uns nicht lebendig das Lebendigwerden der Natur und das Entlassenwerden aus dem Leben der Natur gegenüber der Seele Fausts vor unser Seelenauge hinstellen können. Denn das muß schon einmal gesagt werden: Gegenüber so vielem, so unendlich vielem Ungesunden, das sich gerade in mystisch-okkulten Bewegungen geltend macht, haben wir in alldem, was anknüpfen darf an Goethes Okkultismus, etwas durch und durch Gesundes, in dem festen Boden der Weltenwirklichkeit Fußendes. – Daher wäre Goethe gar nicht imstande, anders die geistige Welt vor uns hinzustellen, als indem er sie anknüpft an das, was dem Menschen auf dem physischen Plan entgegentritt, an die Natur, indem er gleichsam zeigt, wie die Natur sich vor den gesunden Sinnen vergeistigt. Und niemals würde Goethe sein Jawort gesagt haben zu einem Okkultismus, der nicht im innigen Bunde mit einer wirklichen Liebe zur Erkenntnis und zur Durchdringung der Natur auch verbunden wäre.

Wir können ungeheuer viel tun zur Gesundung unserer geisteswissenschaftlichen Anschauung, wenn wir uns bestreben, die Geheimnisse der Natur zu überschauen. Es ist das in unserer Zeit schwierig, weil – wie dies gestern gezeigt werden mußte für die Forschung zum Beispiel der Weisheit des Bakis oder anderer Dinge, die im geistigen Werden uns vor die Seelenaugen treten – in so törichter Art an die Natur herangegangen wird. Und wie ist es? Ebenso, wie jene scheinbar unendlich tiefsinnige Erklärung der acht Zeilen Goethes, die sich beziehen sollen auf alles Mögliche, während sie sich auf Pantoffeln und Zigarren beziehen, geradeso ist es in Wirklichkeit mit manchem, was heute von der Wissenschaft über die Natur gesagt wird. Sie sehen, wie vieles, was heute als Naturwissenschaft figuriert, sich genau so verhält zu der Wahrheit, wie das, was gestern Ihnen mitgeteilt worden ist als philologische Wissenschaft, und wie Goethes Weisheit sich zu dem verhält, worauf es sich in Wirklichkeit bezieht. Daher ist es in unserer Zeit schwierig, von der Wissenschaft ausgehend jenes Verhältnis zu der Natur zu gewinnen, das Goethe eigentlich hat. Aber wir müssen unablässig streben, unseren Okkultismus durchaus gesund zu gestalten. Und da gibt es für unsere Zeit keinen besseren, keinen würdigeren Ausgangspunkt als das, was Goethe gerade zum Okkultismus hinzugesteuert hat.

Wir sehen, wie im Bewußtsein des Chores – wobei dieses sich nun wirklich hineinstellt in das Unpersönliche der Natur, indem das Echo mitklingt – das Geistige der Natur sich losringt. Und wir können nun gleich hoffen, daß dasselbe Bewußtsein, das imstande ist, die Natur so zu durchschauen, daß alles tief aus der Natur herauskommt, die emporsteigende Seele mitschaut. Indem man es erst überhaupt sieht, schaut man es mit der im Geiste emporsteigenden Seele, ganz hineingestellt in das wirkliche Leben. Aber wie kommt man zu der Anschauung dieser geistigen Welt? Ich habe schon gestern erwähnt: in drei Stufen wird es uns würdig dargestellt, indem hinzutritt zu dem Bewußtsein des Chors, der ein allgemeines Bewußtsein davon hat, daß innerhalb der Natur geistige Wesenheit verborgen ist, das Bewußtsein des Pater ecstaticus, das Bewußtsein des Pater profundus, das Bewußtsein des Pater Seraphicus: aufeinanderfolgende Stufen seelischer Entwickelung sind das. Wie die mystische Entwickelung von der Selbstvertiefung und dem Selbst sich erhebt zu dem Durchschauen weiterer Geistigkeit der Natur, als der Chor das durchschauen kann, das wird uns beim Übergang vom Pater ecstaticus zum Pater profundus gezeigt, und dann beim Übergang vom

Pater profundus zum Pater Seraphicus, wie die Seele sich gesund entwickeln kann, wirklich hinein sich entwickeln kann in die geistige Welt, so daß sie die geistige Welt in ihren Urtiefen offenbar schauen kann. Dazu hatte Goethe die Anleitung schon früh in seiner Jugend erhalten, als er erfuhr, was *Swedenborg* für einen Verkehr mit der Geisterwelt hatte. Wir wissen, daß wir diesen nicht allzuhoch einzuschätzen haben, aber für Goethe war das eine mächtige Anregung. Swedenborg erzählt ja, daß er mit geistigen Wesen so verkehrte, daß diese ganz nahe an seinen Kopf herankamen, daß sie von seinen Sinnesorganen Besitz ergriffen, daß sie, durch seine Augen geführt, die Welt sehen, und selbstverständlich ganz anders das Gehörte und Gesehene mitteilen können als die Menschenseele. So erlebt Swedenborg durch jene englischen Wesen, welche in sein Sinnesorgan eingehen, die geistige Welt. Das machte auf Goethe einen großen Eindruck, dies Eingehen der Geister in den menschlichen Organismus. So daß es in einer gewissen Beziehung ihm ganz vertraut geworden war, wie ein solcher Geist umgeht mit der geistigen Welt. Goethe waren überhaupt diese Dinge ganz vertraut. Was wir hier noch nicht darstellen konnten – später werden wir es einmal, wenn unser Bau fertig ist –, das ist die Tatsache, daß der Pater ecstaticus auf und ab schwebt. Goethe schreibt am 26. Mai 1787 über *Filippo Neri:* «Im Laufe seines Lebens entwickelten sich in ihm die höchsten Gaben des religiösen Enthusiasmus: die Gabe der Tränen, der Ekstase und zuletzt sogar des Aufsteigens vom Boden und des Schwebens über demselben, welches von allen für das Höchste gehalten wird.»

Ich möchte dies ausdrücklich erwähnen, weil ich Ihnen sagen muß, daß Goethe dies nicht etwa unbewußt oder wie ein bloßes Phantasiebild hingeschrieben hat, sondern daß er sehr wohl bewandert war in diesen Dingen, daß er sie kannte, tief kannte. Also er läßt den Pater ecstaticus nicht einfach auf und ab schweben, weil es ihm so einfällt; wir müssen bedenken, daß Goethe ein Mann war, der von Filippo Neri so sprach. Das vertieft ungeheuer das Gefühl. Viel weniger auf geistreiche Erklärungen kommt es bei diesen Dingen an, viel mehr darauf, sich hineinzuversenken in Goethes Seele, wie tief er in seiner Seele verbunden war mit diesem Hinaufsteigen des Menschen auf diesem Pfad der mystischen Erkenntnis. Und dann sehen wir, es zeigt uns der Pater ecstaticus, wie die Seele innerlich etwa in der Art des Meister Eckart oder Johannes Taulers oder des Suso aufnimmt das göttliche Walten, so daß die Seele soweit kommt, mit dem Meister Eckart sich zu gestehen: «Nicht ich, sondern der Gott in mir will und denkt und fühlt.» Denn steigt die Seele weiter auf, so wird ihr aus der elementaren Welt die geistige Offenbarung in der Natur, wie wir das beim Pater profundus sehen, dessen Inneres sich ausdehnt über das Ganze, Allwaltende der Natur.

Dann steigt die Menschenseele, indem sie das durchgemacht hat, hinauf zu dem unmittelbaren Verkehr mit der geistigen Welt, wie wir das beim Pater Seraphicus sehen, der nun wirklich in sein Bewußtsein hereinbekommt die Wahrnehmung von solchen Geistern, wie es die seligen Knaben sind, die Mitternachtsgeborenen, die als geistige Wesenheiten dadrinnen leben in all dem geistigen Weben und Leben, das sich zwischen den Wohnungen der Anachoreten und der Mönche hier entwickelt.

So tritt uns ganz lebendig entgegen – und auf die Vorstellung dieses Lebendigen kommt es an –, daß Goethe Faustens Seele in die geistige Welt hinaufgeleitet, daß er aber dazu eine spirituelle Szenerie braucht. Wir können vermuten, wie die Natur zuerst in Bewegung gerät, wie sich das elementarische Leben aus der Natur heraus erhebt, wie dann die Naturwesen übergehen in die Bewußtseine, die immer höhere sind, mit der Seele übergehen in das Umfangen von geistigen Wesenheiten, wie es die seligen Knaben sind, und wie es dann sein können die Seelen der Büßerinnen und auch die Seele des Faust selber. In der ganzen spirituellen Szenerie steckt das darinnen. Und dann fortwährend wunderbare Steigerungen bis zum Schlusse hin, wo der Chorus mysticus das Weltgeheimnis ausspricht, wo wir sehen, wie unser geistiges Auge heraufgehoben wird in eine geistige Welt. Wir machen den Aufstieg mit von dem Stehen in der Natur und auf dem festen Boden des physischen Planes zu den geistigen Welten, in welche die Seele des Faust aufgenommen wird.

Zu Goethes Lebzeiten war vom «Faust» nur veröffentlicht der erste Teil, wie wir ihn jetzt haben. Dann die Szene: «Anmutige Gegend», Faust auf blumigen Rasen gebettet. Dann einzelne Teile der Szene am

«Kaiserhof» vom ersten Akt des zweiten Teiles. Darin ein Übergang zum Hingehen zu der «Klassischen Walpurgisnacht», diese aber selber nicht, und dann die «Helena-Szene».

Es haben sich manche Menschen Gedanken gemacht, noch zu Goethes Lebzeiten, wie der «Faust» vollendet werden könnte. Wenn man diese Gedanken verfolgt – und solche sind ja auch gedruckt worden –, so findet man überall, daß die Leute schon gewußt haben: Fausts Seele muß erlöst werden, muß in die geistige Welt hinaufkommen. Aber alle die Vorstellungen, die sich die Menschen gemacht haben, haben etwas – man kann es nicht anders sagen – abstrakt vages, etwas außerordentlich vages. Goethe sagte dann zu *Eckermann* einmal, daß er die christlichen Bilder zu Hilfe rufen mußte, um aus dem Vagen in das hineinzukommen, was er als eine geistige Wirklichkeit hinstellen wollte.

Und so tritt uns denn noch einmal in Goethes höchstem Alter dieses Wunderbare entgegen. Bedenken Sie, daß Goethe hingeschrieben hat das ganze Heidnische, das ganze Vorchristliche: die Verbindung des Faust mit der Helena. Dann wiederum etwas, was gewiß nicht antichristlich ist: den vierten Akt des «Faust», daß er erst, nachdem er noch einmal untergetaucht ist in dasjenige, worin nicht unmittelbar christliche Impulse wirken, nachdem er noch einmal sich da durchgewunden hat wiederum, indem er das Rätsel des Faust im höchsten Sinne vor uns hinstellen soll, daß er erst im höchsten Alter aus allem Heidenkultus heraus in den «Faust» das Christentum hineinpflanzen muß. Achtzig Jahre mußte Goethe alt werden, damit er sich sagen kann, er ist imstande, die christliche Vorstellungen so zu verwenden, daß sie eine Umkleidung sind für den Weg, den die Seele des Faust zu gehen hat.

Es sind wirklich von Goethe die Wege gemacht worden, die wir in der Geisteswissenschaft als Wege bezeichnen, den Christus-Impuls immer mehr und mehr zu begreifen. Und zu den Anfängen des Begreifens, die wir jetzt durchmachen konnten, werden in der Zukunft viele andere noch kommen, wenn wir einmal nicht mehr dabei sein können, oder in folgenden Inkarnationen dabei sein können. Mit dem, was von der Geisteswissenschaft durchgemacht werden muß, wurde von Goethe der Anfang gemacht: mit dem Durchdringen der Wirklichkeit dasjenige zu verbinden, was in unserer Seele strömt durch den Christus-Impuls. Und in ungeheurer Tiefe hat Goethe dies dargestellt, aber so, daß es immer anschaulich ist, daß es immer sachgemäß ist.

Da steht die Natur vor uns. Der Chor der Mönche, der zunächst auf das Geistige hinweisend uns entgegentritt, sieht aus der Natur die Elemente hervorgehen, und zu den Elementen hinzu gesellen sich geistig-seelische Wesenheiten, das kommt aus der Natur heraus. Das empfand Goethe schon als spezifisch christliche Anschauung. Es kommt beim Christentum nicht darauf an, daß man immer sagt: Christus, Christus und wieder Christus! Es kommt beim Christentum nicht darauf an, daß man die christlichen Dogmen immer wiederholt. Es ist eine Art, zu empfinden, sich zur Welt zu stellen. Und dieses Empfinden, dieses Sich-zur-Welt-Stellen kommt in einer wunderbaren Weise dadurch heraus, wie es bei Goethe dargestellt ist. Wie dieses Empfinden die letzten Szenen des «Faust» durchlebt und durchwebt, das ist in eminentestem Sinne christlich, und seine Christlichkeit tritt uns dadurch besonders entgegen, daß der ganze «Faust» – trotzdem manches Fragment und manches unvollendet geblieben ist – künstlerisch so groß, so gewaltig konzipiert ist, daß man erst nach und nach auf die gewaltige künstlerische Konzeption kommt.

Und es steht vor uns das breite natürliche Dasein des physischen Planes, das wir im echt christlichen Sinne übergehen sehen in das elementarische und echt geistige Dasein. Da hinein wird Faust geführt, nachdem er seine Verbindung mit der Helena, mit der antiken geistigen Welt durchgemacht hat. Da stehen wir auch geistigen Wesenheiten gegenüber. Helena wird heraufgeführt aus der Unterwelt. Faust begegnet sich mit ihnen. Von einem Chor ist sie umgeben, zwölf Chorpersönlichkeiten umgeben die Helena. Als die Helena wiederum zurückkehrt zur Unterwelt, da steht der Chor da, und der Chor zeigt sich uns an diesem Ende des dritten Aktes als noch nicht voll zur Menschlichkeit gereift wie elementarische Wesen. Und wie verschwindet der Chor im dritten Akt des zweiten Teiles des Goetheschen «Faust»? Das ist sehr interessant! Da haben wir es auch mit elementarischen Wesenheiten zu tun. Und als Helena verschwindet, verschwindet auch der Chor dieser elementarischen Wesenheiten. Der Chor teilt sich in vier Teile. Das eine Viertel des Chores, was wird es? Nun – je drei Personen des Chores beschreiben es selber, wie sie verschwinden: sie verschwinden hinein in die Natur. Da, wo Goethe das Heidnische darstellt, zeigt er uns die elementarischen Wesenheiten, die als der Zwölfchor um Helena stehen, die verschwinden jetzt, sie gehen in die Natur. Fühlen Sie es, wie der erste Teil des Chors hineingeht in die Natur:

Wir, in dieser tausend Äste Flüsterzittern, Säuselschweben,
Reizen tänzelnd, locken leise, wurzelauf des Lebens Quellen
Nach den Zweigen; bald mit Blättern, bald mit Blüten überschwenglich
Zieren wir die Flatterhaare frei zu luftigem Gedeihn.

Das heißt, diese Wesen des Chors werden Bäume, werden Natur. Sie dürfen uns dann, wenn sie uns wieder entgegenkommen, aus den christlichen Impulsen heraus entgegenkommen als

Waldung, sie schwankt heran.

Die heidnischen Elementargeister verschwinden in die Natur hinein, und sie treten da, wo der Christus-Impuls sich mit der Erde lebendig verbunden hat, wiederum hervor. Oh, wie wunderbar dieser Chor mit der Helena da verschwindet, und dann – wir wissen es aus der letzten Szene – als die Wesenheiten, die als selige Knaben den Christus-Impuls empfangen haben, heraustreten aus der Natur. Und nehmen Sie gleich noch den andern Teil des Chores:

Wir, an dieser Felsenwände weithinleuchtend glattem Spiegel
Schmiegen wir, in sanften Wellen uns bewegend, schmeichelnd an;
Horchen, lauschen jedem Laute, Vogelsingen, Röhrigflöten.

Wahrhaftig, das sind dieselben Felsen, in die hineingeschlüpft sind diese Elementarwesen, die dann «anklammern», und aus denen uns herauskommen später die Wesen der geistigen Welt, die aus der Erde, nachdem sie den Christus-Impuls empfangen haben, herauskommen.

Da sehen Sie, wie tief empfunden dieses Faust-Gedicht ist, wie da noch andere Zusammenhänge darinnen sind, als die gewöhnlich beobachteten. Und auf diese Zusammenhänge kommt es ja so sehr an. Dessen war sich Goethe bewußt. Daß er sich dessen bewußt war, geht aus einer ganz bestimmten Andeutung hervor, die Goethe geben wollte, als er noch nicht ganz fertig war mit dem dritten Akt des zweiten Teiles des «Faust». Er hatte ihn ungefähr bis zu dem Verschwinden der Helena und bis zu dem «In die Natur hineingehen» dieser elementarischen Chorwesenheiten vollendet, gerade bis zu dieser Szene, ungefähr so weit, als ich jetzt gelesen habe. Dann wollte er, was er in einer gewissen Weise getan hat zum Schlusse des dritten Aktes, aus der Phorkyas den Mephisto entstehen lassen, und nun sollte Mephisto aussprechen, was Goethe beim Abschluß seines «Faust» mit diesem Faust eigentlich gewollt hat. Daß er es gerade durch den Mund des Mephisto sprechen ließ, das liegt in Aufführungsgründen, weil Mephisto gewissermaßen derjenige ist, der den dritten Akt doch zustande bringt. Der dritte Akt ist ja als klassisch-romantische Phantasmagorie einverleibt dem «Faust». Mephisto ist gewissermaßen derjenige, der mit einer Art spiritistischen Laboratoriumsmagie den dritten Akt einführt, er soll sagen, was Goethe eigentlich will, indem er den «Faust» fortführt. In einer Zeit, in der Goethe schon einsieht, daß er ihm den Christus-Impuls einverleiben muß, da will er sagen durch den Mephistopheles: Gewiß, es hat immer Zeiten gegeben, welche erkannt haben, daß auf dem Grunde des Sinnendaseins spirituelles Dasein ruht. Wir können zurückgehen in die Mystik des alten Indiens, des alten Ägyptens: da hat man gewußt und dargestellt, daß auf dem Grunde des natürlichen Daseins Geistiges ist. Aber es ziemt uns nicht – wollte Goethe sagen –, heute dies Geistige so aufzufassen, wie es in diesen alten Mystiken aufgefaßt worden ist. Der Christus-Impuls hat etwas gegenüber allen alten Mystiken und gegenüber aller uralten Weisheit völlig Neues in die Welt gebracht. Das Alte kann uns nicht mehr dienen. – Das wollte Goethe sagen. Und ich behaupte es nicht nur, daß er es hat sagen wollen, sondern die Stelle ist erhalten, sie ist jetzt nicht im «Faust» darinnen, aber die Stelle ist erhalten, von Goethe konzipiert, von seinem Schreiber mit Korrekturen noch versehen, die Goethe angegeben hat. Dort ist am Ende des dritten Aktes gesagt, wie er den neueren Christus-Impuls gerade für seinen «Faust» fordert, wie er nicht etwa irgendeine uralte Weisheit will, sondern etwas völlig Neues im Sinne des Christus-Impulses. Denn Mephisto sollte, indem er vor das Publikum hintreten soll, die folgenden Worte sprechen:

Genug, ihr seht ihn,
- gemeint ist Euphorion –
ob es gleich viel schlimmer ist
Als auf der britischen Bühne, wo ein kleines Kind
Sich nach und nach herauf zum Helden wächst.
Hier ist's noch toller. Kaum ist er gezeugt,
So ist er auch geboren,
Er springt, tanzt und spricht ein zierlich Wort.
Tadeln viele das,
So denken andere, dies sei nicht so grad
Und gröblich zu verstehen, dahinter stecke was.
Man wittert wohl Mysterien, vielleicht auch gar
Mystifikationen, Indisches und auch
Ägyptisches, und wer das recht zusammenkneipt,
Zusammenbraut, etymologisch hin und her
Sich zu bewegen Lust hat, ist der rechte Mann.

Goethe ahnt schon etwas voraus von jenen Lehren, die gekommen sind und alles etymologisch zusammengebraut haben, er will aber von all denen nichts wissen, denn er läßt hier sagen:

Wir sagen's auch und unseres tiefen Sinnes wird
Der neueren Symbolik treuer Schüler sein.

Das spricht Goethe aus: nicht ägyptisch, nicht indisch, sondern «der neueren Symbolik treuer Schüler sein»!

Dann kam er dazu – nicht bloß, indem er etwa da oder dort ein Christliches angebracht hat, sondern indem er die ganze Art und Weise der Seele, sich zu stellen, in den Fluß seines Schaffens hineingeheimnißt hat –, auf diese Art den Christus-Impuls seinem «Faust» einzuverleiben. Und wie wir sehen, tut er das. Wir sehen, wie er wirklich den Gang der Mystik kennt an der Steigerung der drei Patres, und wir finden auf der andern Seite, wie er ganz wunderbar den erst einheitlichen Engelchor trennt in zwei Gruppen: in den Chor der jüngeren Engel und in den Chor der vollendeteren Engel. Und wenn man liest, was die jüngeren

Engel sagen und was die vollendeteren Engel sagen, so finden wir wiederum etwas ganz Merkwürdiges. Nehmen Sie das, was die jüngeren Engel sagen zunächst:

Jene Rosen, aus den Händen
Liebend-heiliger Büßerinnen

– man muß sich an die vorhergehende Szene erinnern –

Halfen uns den Sieg gewinnen
Und das hohe Werk vollenden,
Diesen Seelenschatz erbeuten.
Böse wichen, als wir streuten,
Teufel flohen, als wir trafen.
Statt gewohnter Höllenstrafen
Fühlten Liebesqual die Geister;
Selbst der alte Satansmeister
War von spitzer Pein durchdrungen.
Jauchzet auf! es ist gelungen.

Aber die Engel sind schon in den vorhergehenden Szenen wahrzunehmen. Das sind jetzt die jüngeren Engel. Man kann gar nicht sagen, wie tief man berührt ist, wenn man das Sachgemäße einer solchen Darstellung auf sich wirken läßt. Die jüngeren Engel – weshalb das, die jüngeren Engel? Das heißt: sie sind jünger, sie haben noch nicht so viel Zusammenhang mit der irdischen Welt.

Die Engel sind in der vorchristlichen Zeit diejenigen Wesen, welche überhaupt ihr Antlitz verhüllen vor der Menschwerdung auf Erden, welche sich in der vorchristlichen Zeit in das nicht mischen, was da irdisch unten vorgeht. Sie bleiben ganz oben in geistigen Sphären.

Nun denken Sie einmal, wie charakteristisch diese jüngeren Engel, die noch nicht den Anschluß gefunden haben an die christliche Sphäre, sondern die da oben sind, die noch nicht heruntergestiegen sind während der christlichen Sphäre, wie charakteristisch diese sind! Denken Sie daran, wie die Elohim bei der Schöpfung der Welt charakterisiert sind. Nachdem uns die Schöpfung von Tag zu Tag dargestellt wird, wird uns dann am Schlusse gesagt: «Und sie sahen, daß es gut war», oder «schön» war. Es ist das Wort schwierig zu übersetzen, das da steht. Das heißt, die Elohim sind solche geistige Wesen, daß sie zuerst die Dinge machen und nachher sehen, daß es schön war. Das ist es, worauf es ankommt. Das ist die andere Art von Wesenheiten, die auf dem alten Monde ihre Vollendung erlangt haben, und nun ins Erdendasein geistig übergehen, zuerst tun und dann schauen und wahrnehmen, daß es gelungen ist. Diese jüngeren Engel müssen die Wahrnehmung dieser geistigen Wesenheiten haben, sie müssen zuerst sagen, was sie getan haben. Jetzt werden sie gewahr, daß sie Rosen gestreut haben aus den Händen der Büßerinnen, daß sie selbst dem alten Satansmeister Pein gemacht haben.

So sachgemäß schreibt Goethe, daß er weiß: Wesenheiten, die nicht in Berührung gekommen sind mit der christlichen Welt, erkennen erst nachher die Schönheit, die Güte des Getanen:

Jene Rosen, aus den Händen
Liebend-heiliger Büßerinnen
Halfen uns den Sieg gewinnen ...

Daß der Sieg gewonnen ist, kommt hinterher. Sie sehen, ich spintisiere nicht!

Nebelnd um Felsenhöh'
Spür' ich so eben,
Regend sich in der Näh'
Ein Geisterleben.
Die Wölkchen werden klar;
Ich seh' bewegte Schar
Seliger Knaben,
Los von der Erde Druck,
Im Kreis gesellt,
Die sich erlaben
Am neuen Lenz und Schmuck
Der obern Welt.
Sei er zum Anbeginn
Steigendem Vollgewinn
Diesen gesellt!

Die seligen Knaben sind längst da, und sie haben etwas zu tun mit dem Erscheinen dieser Engel, aber die Engel merken es erst, daß sie da sind, als das Ganze in Szene gesetzt ist. Das alles ist Goethe voll bewußt. Sie tragen nicht dasjenige an der Seele des Faust, was mit der Erde in Verbindung ist, das müssen diejenigen tragen, die etwas älter, vollendeter geworden sind, die durch das Mysterium von Golgatha mit hinuntergekommen sind und in Berührung gelangt sind mit dem Irdischen.

Uns bleibt ein Erdenrest

– sagen die vollendeteren Engel, nicht die jüngeren –

Zu tragen peinlich,
Und wär' er von Asbest,
Er ist nicht reinlich.

Und dann erklären sie, daß sie nun durch das Mysterium von Golgatha schon die Einsicht erlangt haben, vor der die andern Engel das Angesicht verhüllen, wie sich Geisteskraft verbindet mit den Elementen, die der Natur des irdischen Lebens beigemischt sind. Das ist etwas ganz Gewaltiges, wahrzunehmen, wie sach- und fachgemäß Goethe schildert, wie er so die einzelnen Glieder der geistigen Welt richtig zu charakterisieren weiß. Wenn man vergleicht, was andere, die auch Geister darstellen wollten, für buntes, charakterloses Zeug zusammenschmieden, so nimmt sich das manchmal geradeso aus, wie wenn irgendeiner die äußere Natur schildern wollte und sagen würde: Ach, ich ging über Wald und Wiese und sah auf den Wiesen so wunderbare blaue Rosen und so wunderbare gelbe Zichorien und so wunderschöne rote und gelbe Veilchen und ähnliches –, was alles nicht paßt. Derjenige, der die geistige Welt kennt, empfindet manche Schilderung als ungemein tölpisch, weil alles nicht stimmt. Bei Goethe stimmt alles! Das ist das Wesentliche, wahrzunehmen nicht eine spintisierte Interpretation, sondern wahrzunehmen, wie diese Seele in der geistigen Welt darinnen wurzelt in dem Moment, wo sie sich vornimmt, nun aus ihr selbst heraus ein geistiges Ereignis zu schildern, wie es der Aufstieg des Faust in die geistige Welt ist. Und dabei das im eminentesten Sinne

Künstlerische, künstlerisch Kompositionelle in dem Spirituellen darinnen!

Ich habe einmal versucht, Ihnen zu zeigen, wie, ganz abgesehen von dem, was das Johannes-Evangelium sonst ist, einfach in der Stimmung des Johannes-Evangeliums etwas liegt, was es zugleich zu einem der größten Kunstwerke macht. Erinnern Sie sich an den Kasseler Zyklus über das Johannes-Evangelium! Wirklich, solche künstlerischen Bestrebungen, die im Spirituellen das Künstlerisch-Vollkommene anstreben, finden wir überall im «Faust» darinnen, so aber, daß das Künstlerische darinnen wirklich, indem es künstlerisch ist, zugleich spirituell richtig ist. Das ist das Bedeutsame. Denn darauf kommt es an, daß die Welt immer mehr und mehr einsieht, daß das, was aus dem Geiste heraus wirklich erkannt und erfahren wird, das Richtige ist, auch wenn es in die Welt hineingestellt ist. Das, was aus dem Geistigen heraus spintisiert wird, das nimmt sich gewöhnlich in der Welt wie ein Kartenhaus aus. Das aber, was aus dem Geistigen heraus erkannt ist, läßt sich in die Welt hineinstellen.

Solches wurde erstrebt bei der ganzen Architektur unseres Baues, daß er wirklich aus dem Geistigen heraus erzeugt ist. Daher ist auch alles ausführbar. Um so weniger Skrupel macht es einem, wenn da oder dort Menschen kommen und sagen: das gefiele ihnen nicht und das gefiele ihnen nicht. Es gibt solche Leute, die das oder jenes an unserem Bau zu tadeln haben. Aber, wenn man die Welt ein bißchen kennt und weiß, daß oder inwiefern die Menschen zu dem Chor derjenigen gehören, die derart Goethe interpretieren wie jener Herr, von dem ich Ihnen erzählt habe, so macht man sich aus all dem Tadel nichts, denn jener Herr zum Beispiel, der erwähnt wurde, könnte sagen, was er will über unseren Bau und unsere Denkungsweise und so weiter, es würde einem nicht zu imponieren brauchen. Und solchen Geistes sind ja schließlich die Leute. Man muß nur ein wenig das Leben kennen. Aber dasjenige, was aus dem Geistigen heraus geboren ist, wird möglich, da es zu gleicher Zeit Geist und zugleich Künstlerschaft ist.

Und da möchte ich heute wenigstens noch auf eines hinweisen. Drei Büßerinnen im Verein mit der Büßerin, die sonst Gretchen genannt wird, treten uns entgegen. Ja, der Künstler macht das niemals so – der echte, wahre Künstler –, daß er sagt: Nun, ich will drei Büßerinnen auftreten lassen. Wo gibt es denn drei Büßerinnen? – Allerdings kann man auch im Leben allerlei Leute kennenlernen. So gibt es Leute, wirklich, solche Leute, die nehmen ein Reimlexikon und dichten darnach, man kann im Alphabet aufschlagen – was sich darauf reimt – und dann kommt die zweite Zeile und so weiter. Ich kannte auch solche Leute. Aber nicht einmal das macht der wahre Dichter, der ein Künstler ist, daß er etwa drei Büßerinnen in beliebiger Weise nimmt, sondern hier bringt er – das tritt besonders charakteristisch bei Goethe hervor – wiederum eine jener wunderbaren Steigerungen, einen Fall wunderbarer innerer Komposition, die zu gleicher Zeit sachlich treffend und richtig ist. Was sollen denn die drei Büßerinnen: zunächst die Maria Magdalena, dann die Samariterin am Brunnen, und dann gar die ägyptische Maria, was sollen sie? Nun, ich habe schon angedeutet. Sie sollen uns zeigen, daß in der weiblichen Natur ein Ewiges – «ewiger Liebe Dauerstern» – ist, daß der gewissermaßen nicht angefressen werden kann, will Goethe sagen, wenn sich verbindet mit der weiblichen Seele, auch mit der Schuld, die Liebe, die Liebe, die der Christus gebracht hat, trotzdem sie im äußeren Leben durchaus nicht Mustermenschen waren, aber ihre Seele war so geartet, daß sie die Liebe verstehen konnten. Wird das nun richtig gedacht, so müssen wir sagen: Ja, so etwas, was wie der Christus-Impuls sich in der Welt ausbreitet, zuerst ergreift er das Nächste, dann ergreift er das Weitere, dann ergreift er das Weiteste. – Und es wäre nun schön, wenn sich der Liebesimpuls des Christus wie eine Welle ausbreitete, wenn er auch die Schuldigen ergriffe und die Schuldigen überstrahlte, immer weitere Kreise ziehend. Also, die Maria Magdalena, die jüdische, die Hebräerin, unmittelbar aus dem Lande, das innig im Judentum verbunden war mit dem Christus Jesus: die nächste Umgebung wird von der christlichen Liebe ergriffen. Dann geht er schon hinaus, der Christus, aus dem Bereich des Judentums, aber noch in die nächste Region, zu den Samaritern, die keine Volksgemeinschaft mit den Juden haben: der zweite Kreis. Und dann kommt er zum dritten Kreis. Sie wissen, dasjenige, was sehr ferne dem Christentum vorgestellt wird, wird als das Ägyptertum vorgestellt: die ägyptische Maria. Sie kommt aus dem, was noch weit fremder draußen in der heidnischen Welt liegt, was nun ergriffen wird in einer fernen Weise, wie durch eine unsichtbare Hand zurückgedrängt wegen der Sünde von der Kreuzesberührung, und nur abbüßend die Schuld durch eine vierzigjährige Buße: wie weit schlagen die Wellen der Liebe da hinaus!

Wir sehen sie wirklich, die Wellen der Liebe, wie sie sich ausbreiten, und wir verstehen etwas von dem, was sich allmählich zusammenkristallisiert in Goethes Vorstellung als das, was er dann zum Schlusse als das «Ewig-Weibliche» bezeichnet, in dessen Auffassung jede Spur von Niedrigkeit entfernt bleiben muß.

Und dem, was da sich ausbreitet an Liebe, entspricht genau, ich möchte sagen der Tonfall, die ganze Art und Weise, wie Goethe die Worte in den Mund genommen hat. Versuchen Sie nur einmal, jene wunderbare Steigerung herauszufinden, die nun in der eigentümlichen Empfindung, rhythmischen Bildung der Worte liegt:

Bei der Liebe, die den Füßen
Deines gottverklärten Sohnes
Tränen ließ zum Balsam fließen,
Trotz des Pharisäerhohnes;
Beim Gefäße, das so reichlich
Tropfte Wohlgeruch hernieder;
Bei den Locken, die so weichlich
Trockneten die heil'gen Glieder –

Wir fühlen etwas, wie das Rieseln in der Nähe.

Bei dem Bronn, zu dem schon weiland
Abram ließ die Herde führen,
Bei dem Eimer, der dem Heiland
Kühl die Lippe durft' berühren;
Bei der reinen, reichen Quelle,
Die nun dorther sich ergießet,
Überflüssig, ewig helle,
Rings durch alle Welten fließet –

Denken Sie, wie sich das weitet! Wir sind eigentlich mit der ganzen Vorstellung in unmittelbarer Nähe der Person des Christus. Dann werden noch ganze Welten in dem Naturvorstellen aufgenommen. Und dann, indem wir zur ägyptischen Maria kommen:

Bei dem hochgeweihten Orte,
Wo den Herrn man niederließ;
Bei dem Arm, der von der Pforte
Warnend mich zurücke stieß;

Das Unsichtbare, das Spirituelle wird unmittelbar angeschlagen. Noch einmal eine Steigerung! Es ist nicht so, daß man erst mit dem Verstand herauszufinden braucht, daß diese drei Kreise wirklich da sind. Man muß sie empfinden, indem die Worte ausgesprochen werden. Das ist das Bedeutsame.

Und wir wollen nun folgendes bedenken. Wir haben in jahrelangen Betrachtungen die Tatsache durchgemacht, daß sich vor unserer Erdenentwickelung eine Saturnzeit entwickelt hat, dann eine Sonnenzeit, dann eine Mondenzeit, und daß wir jetzt bei der Erdenzeit stehen. Der Mensch hat gewissermaßen alles dasjenige mitgemacht, was durch diese Entwickelungsstadien durchgegangen ist. Worin liegt denn das Wesentliche dieser Entwickelungsstadien? Das liegt darin, daß diese Zeiten einmal da waren und wieder vergangen sind, und daß die Erdenzeit aufgegangen ist. Der Mensch hat aber vor der Erdenzeit Saturn-, Sonnen- und Mondenzeit mitgemacht, und er trägt die Wirkung dieser Zeiten in seinem Inneren. Wenn wir nun den heutigen Menschen mit den Mitteln der Geisteswissenschaft untersuchen, dann finden wir, daß der physische Leib, indem er seine erste Anlage auf dem Saturn erlangt hat, sich dann weiter entwickelt durch die Sonne, durch den Mond hindurch bis zur Erde, wo er sich neuerdings mit kosmischen Mächten verbunden hat, um etwas Neues an sich heranzunehmen. Was der physische Leib des Menschen durch die drei Stadien durchgemacht hat – und dadurch berühren wir den Saum eines bedeutsamen Mysteriums –, insofern es der physische Leib durchgemacht hat, das ist auf der Erde als deutlichste Wirkung in der Konstitution der inneren weiblichen Organe zum Ausdruck gekommen. Das Innere der weiblichen Organisation, sowohl des

Physisch-Leiblichen, wie alles desjenigen, was in Verbindung mit dem physischen Leib auch als Seele zum Ausdruck kommt, das trägt die Wirkungen von Saturn, Sonne und Mond im eminentesten Sinne an sich. Es wird nicht umsonst in der Bibel erzählt, daß die Elohim den Staub, das heißt dasjenige, was auf der Erde erst hinzugetreten ist, so wie Luft und Wasser – man meint mit «Staub» das irdische Element – nahmen, um den Adam zu formen, den Mann. Aus dem Kosmos heraus wird zunächst dem Makrokosmischen, welches das Weib herüberträgt von Saturn, Sonne und Mond, das Männliche hinzugefügt. Es liegt ein tiefes Geheimnis über demjenigen, was auf der Erde sich als männlich und weiblich gegenübersteht. Selbstverständlich bezieht sich das eben Gesagte nur auf das, was eben in der Organisation des Menschen das Männliche und Weibliche zum Ausdruck bringt. Und dieses Mysterium hängt zusammen mit der ganzen Erdenwelt, hängt zusammen mit den Fähigkeiten, die dem Weibe nur als Weib eigen sind während der Erdenentwickelung, damit, daß im Inneren des Weibes herübergetragen wird das Makrokosmische der Saturn-, Sonnen- und Mondenentwickelung und in den Mikrokosmos des Weibes aufgenommen wird, während der Makrokosmos der eben vorhergehenden Erdenentwickelung in den Mikrokosmos des Mannes aufgenommen wird. In einer ganz besonderen Weise tragen das Weibliche und das Männliche in sich den ganzen Kosmos. Und wenn ich oftmals hier ausgesprochen habe, daß der Mensch überhaupt den ganzen Makrokosmos in sich trägt, so trägt ihn die weibliche und die männliche Organisation in einer verschiedenen Weise in sich.

Goethe geht ein kosmischer Gedanke auf, indem er die Büßerinnen heranbringt an die Mater gloriosa. Denn, was ist ihm die Mater gloriosa? Diejenige, die am reinsten herübergetragen hat die ewig gebliebenen Wirkungen von Saturn-, Sonnen- und Mondenzeit in die Erdenzeit herein, sie unberührt gelassen hat vom Irdischen und mit dem Makrokosmos sich verbunden hat, indem sie den Christus der Erde hat vorbereiten dürfen. Das Makrokosmische, das Ewige des Weiblichen, zieht hinan. Was zieht hinan? Wie könnten wir noch sagen, um diese Frage zu beantworten? Indem wir den Chorus mysticus nachsprechen.

Das meinte Goethe – nur will er nicht einen allgemeinen Ausdruck gebrauchen –, das meinte Goethe:

Alles Vergängliche
Ist nur ein Gleichnis;
Das Unzulängliche,
Hier wird's Erreichnis;
Das Unbeschreibliche,
Hier ist's getan;
Die Mater gloriosa
Zieht uns hinan.

Dasjenige, was getan ist, was sich vor uns abgespielt hat, das zieht zu gleicher Zeit die ganze geistige Welt hinan.

Tief christlich schließt Goethes Lebensgedicht. An diese aphoristischen Bemerkungen – solche sollten es sein – werden wir dann im folgenden anknüpfen.

DAS REICH DER MÜTTER. DIE MATER GLORIOSA

Dornach, 16. August 1915

Blicken wir zurück in eine frühere Szene des zweiten Teiles von Goethes «Faust», in die Szene, die ich in manchem Zusammenhange schon öfters erwähnt habe, wo es Faust möglich gemacht werden soll, mit Helena sich zu vereinigen. Wie wird innerhalb der ganzen Faust-Dichtung diese Möglichkeit der Vereinigung des Faust mit Helena dargestellt?

Wir wissen, daß Faust sich zunächst, um die Vereinigung mit der Helena vollziehen zu können, in jene Region zu begeben hat, in die selbst Mephistopheles nicht hinein kann, in das Reich, das genannt wird «das Reich der Mütter». Wir haben es öfter hervorgehoben, daß Mephistopheles-Ahriman nur in der Lage ist, Faust den Schlüssel zum Reiche des «Unbetretenen, nicht zu Betretenden» zu reichen. Wir haben es auch erwähnt, wie in diesem Reiche der Mütter dasjenige zu finden ist, was das Ewige ist an Helena, und wir haben erwähnt, wie Goethe versucht hat, das Geheimnis des Wiedereintretens der Helena in die Erdenwelt zu lösen. Wir haben dieses Geheimnis von Goethe ausgesprochen gefunden dadurch, daß er den Homunkulus entstehen läßt, daß der Homunkulus durchgeht durch die Evolution der Erdenentwickelung, diese Evolution der Erdenentwickelung gleichsam nachholt, und daß dann der Homunkulus, indem er sich auflöst in den Elementen, übergeht in die elementarische geistige Welt so, daß er, indem er sich vereinigt mit dem Urbild der Helena, welches Faust von den Müttern holt, gewissermaßen die Wiederverkörperung gibt, mit der nun Faust sich verbinden kann. Faust ist gewissermaßen auf den großen Schauplatz der Geschichte erhoben, er sucht Helena. Was braucht er, um Helena zu suchen? Helena, der Typus der griechischen Schönheit, Helena, das Weib, das so viel Verderben in die Griechenwelt gebracht hat, das aber Goethe doch so darstellt, daß es uns ebenfalls – ich sage dies mit Bezug auf das Gretchen – in griechischem Sinne unschuldig schuldig erscheint. Denn so tritt Helena am Beginn des dritten Aktes auf: unschuldig schuldig. Durch ihre Tat ist viel Schuld bewirkt worden. Allein Goethe sucht in jeder

Menschennatur das Ewige und kann nicht rechnen da, wo er die Evolution der Menschheit im höheren Sinne darstellen will, mit der Schuld, sondern er kann nur rechnen mit der Notwendigkeit.

Wenn wir uns nun fragen, wodurch wird Faust in die Lage versetzt, in jene geistigen Reiche zu steigen, in denen er die Helena finden kann, da klingt es uns entgegen:

Die *Mütter* sind es!
Mütter!

Und Mephistopheles reicht ihm den Schlüssel zu den Müttern. In charakteristischer Weise wird uns auseinandergesetzt, daß Faust hinabsteigen soll zu den Müttern, man könnte ebensogut sagen hinaufsteigen, denn in diesem Reich kommt es nicht darauf an, in physischem Sinne das Hinab und Hinauf voneinander zu unterscheiden.

Die Mütter! Mütter! – 's klingt so wunderlich!

Wir hören das Wort aus dem «Faust». Und wenn wir uns erinnern, wie dies Reich der Mütter beschrieben wird, wie sie sitzen um den goldenen Dreifuß, wenn wir die ganze Szenerie des Reiches der Mütter ins Auge fassen, wie könnte dieses Sich-Begeben des Faust ins Reich der Mütter ausgedrückt werden? Was sind sie, die Mütter, die ewig walten, aber – weiblich dargestellt – die Kräfte darstellen, von denen Faust hervorgeholt hat das Ewige, das Unsterbliche der Helena? Wollte man an der Stelle, wo Faust zu Helena geschickt wird, die ganze Tatsache ausdrücken, so müßte man sagen: Faust wird seinen Drang zu Helena und zu den Müttern auszudrücken haben dadurch, daß er sagt: Das Ewig-Weibliche zieht uns hinan oder hinab – darauf kommt es jetzt nicht an. Wir könnten ebensogut dieses letzte Motiv, das uns am Schlusse des «Faust» entgegentritt, angewendet wissen da, wo Faust zu den Müttern hinuntersteigt. Aber wir stehen mit dem Faust bei seinem Gang zu den Müttern und zu Helena auf dem Boden der alten heidnischen Welt, der vorchristlichen Welt, der Welt, die dem Mysterium von Golgatha vorangegangen ist. Und am Schlusse des «Faust»? Wir stehen einem ähnlichen Gange des Faust gegenüber, dem Gange des liebenden Faust, der sich Gretchens Seele nähern will, aber wir stehen jetzt mit ihm auf dem

Boden der Evolution nach dem Mysterium von Golgatha. Und nach was strebt er jetzt? Noch nach den Müttern? Nach der Dreizahl der Mütter nicht mehr. Nach der einen Mutter, nach der Mater gloriosa, die ihm den «Weg ins Unbetretene, nicht zu Betretende», wo Gretchens Seele weilt, ebnen soll. Die Mütter, auch ein Ewig-Weibliches, sind in der Dreizahl. Die Mutter, die Mater gloriosa, sie ist in der Einzahl. Und das Streben zu den Müttern, indem es uns versetzt in die Zeit der Evolution vor dem Mysterium von Golgatha, und das Streben zu der Mutter, zu der Mater gloriosa, indem es uns versetzt in die Evolution nach dem Mysterium von Golgatha – zeigt es uns nicht in einer wunderbaren Weise, dichterisch großartig, überwältigend großartig dasjenige, was das Mysterium von Golgatha der Menschheit gebracht hat? Aus der Dreiheit des noch astralischen Denkens, Fühlens und Wollens strebt hinauf die Menschheit im «Faust» nach der Dreigliedrigkeit des Ewig-Weiblichen. Wir haben es oft charakterisiert, wie die Einheit des menschlichen Inneren in dem Ich über die Menschheit gekommen ist durch das Mysterium von Golgatha. Aus den drei Müttern wird die eine Mutter, die Mater gloriosa, dadurch, daß der Mensch in der uns bekannten Weise zu der innerlichen Durchdringung mit dem Ich fortgeschritten ist.

In der Faust-Dichtung ist verkörpert das ganze Geheimnis des Überganges der Menschheit vor dem Mysterium von Golgatha. Und dieses von dem Ewig-Weiblichen der Dreiheit zu dem Ewig-Weiblichen der Einheit ist eine der größten, der wunderbarsten, schönsten Steigerungen nun in der künstlerischen Ausgestaltung, die sich in diesem zweiten Teil des «Faust» befindet. Aber wie tief wir auch in die Geheimnisse des «Faust» hineinsehen, überall finden wir das, was ich pedantisch ausgesprochen, aber nicht pedantisch gemeint habe, indem ich gesagt habe: Alles klingt so sach- und fachgemäß.

Ich habe schon früher darauf aufmerksam gemacht, wie wir, wenn wir vollständig den menschlichen Zusammenhang begreifen wollen, darauf hinweisen müssen, daß der Mensch zunächst als ganzer Mensch mit dem Makrokosmos zusammenhängt, wie im Menschen sich der Makrokosmos abbildlich als im Mikrokosmos findet. Nur müssen wir uns erinnern, daß des Menschen Erdenentwickelung unverständlich bleibt, wenn man nicht weiß, daß der Mensch in seinem Inneren dasjenige trägt, was zunächst für diese Erdenentwickelung ein Vergängliches ist, was aber für des Menschen Entwickelung ein Dauerndes ist, was sich hineinentwickelt hat in die menschliche Natur beim Durchgang durch die alte Saturn-, Sonnen- und Mondenentwickelung. Wir wissen, daß des Menschen physischer Leib sich in der ersten Anlage schon während der alten Saturnentwickelung gebildet hat. Wir wissen, daß er sich damals immer weiter und weiter gebildet hat durch Sonnen- und durch Mondenentwickelung bis zur Erdenentwickelung herüber. In verschiedener Weise – darauf habe ich früher schon hingewiesen – ist nun eingegangen in die äußere irdische Bildung des Menschen das, was in den drei Vorstufen der Evolution, der vorirdischen Evolution, mit dem Menschen sich vereinigte.

Ich konnte den Teil, der früher über die Sache zu sagen war, nur flüchtig andeuten, und bei diesem flüchtigen Andeuten muß es auch bleiben. Ich habe gesagt: Wir berühren dabei den Saum eines bedeutsamen Geheimnisses. – Und es ist sehr natürlich, daß diese Dinge nur angedeutet werden können. Wer sie weiter verfolgen will, muß über das Angedeutete eine Meditation anstellen. Er wird dann schon das, was ihm noch wünschenswert ist, finden, wenn es vielleicht auch etwas lange dauert.

Wir aber müssen uns klarmachen, daß der Mensch, indem die Mondenentwickelung sich abgeschlossen hat, die Erdenentwickelung begonnen hat, gewissermaßen in diesem Übergang von der Mondenentwickelung zur Erdenentwickelung durchgegangen ist durch eine Art von Auflösung, Vergeistigung, durch eine Weltennacht, und erst wiederum sich hereingebildet hat ins Materielle. Gewiß, die Anlagen, die er sich durch die Saturn-, Sonnen- und Mondenentwickelung gebildet hat, sind ihm geblieben, auch die Anlagen zum physischen Leibe. Aber er hat sie auch aufgenommen in das Geistige und hat sie dann wieder herausgebildet aus dem Geistigen, so daß wir uns während der Erdenentwickelung eine Zeit denken müssen, in welcher der Mensch noch nicht physisch war.

Wenn wir von allem übrigen absehen, was teil hat an der Entwickelung der Tatsache, daß der Mensch sich in seinem physischen Erdendasein männlich und weiblich bildet, so können wir im allgemeinen sagen: So wie der Mensch überhaupt hereingekommen ist, ist er zunächst als ätherischer Mensch hereingekommen. – Gewiß, in diesem ätherischen Menschen waren schon die Anlagen zum physischen Menschen, die während der Saturn-, Sonnen- und Mondenzeit sich entwickelt haben, aber dennoch, sie waren im Ätherischen ausgebildet. Ich habe das schon in der «Geheimwissenschaft im Umriß» genauer angedeutet. Und es muß sich das Physische erst wiederum aus dem Ätherischen heraus entwickeln. Aber an diesem ganzen Prozeß des Herausentwickelns haben Luzifer und Ahriman ihren Anteil. Denn Luzifer und Ahriman greifen schon vorher, wenn sich auch ihr Einfluß während der Erdenentwickelung wiederholt, während der Mondenentwickelung und schon während der Entwickelung hin zum Mond in die ganze Entwickelung der Menschheit ein.

Nun habe ich hier etwas zu sagen, was schwer verständlich ist – weniger schwer verständlich für den menschlichen Verstand als schwer verständlich, glaube ich, für das ganze menschliche Gemüt –, aber was doch auch einmal wirklich verstanden werden muß. Stellen wir uns vor: der Mensch war also einmal im Erdenlauf, bevor er sich seit der lemurischen und atlantischen Zeit physisch allmählich gebildet hat, ätherisch, und – ich will das schematisch andeuten – aus diesem Ätherischen habe sich herausgebildet allmählich sein Physisches. Also der Mensch war ätherisch. Nun wissen wir, daß das Ätherische ein viergliedriges ist. Wir kennen den Äther als eine gewissermaßen viergliedrige Wesenheit. Wenn wir von unten nach oben steigen, so kennen wir den Äther als: Wärmeäther; Lichtäther; den Äther mit stofflicher Natur oder auch chemischen Äther, der aber seine stoffliche Natur dadurch hat, daß der Stoff innerlich noch den Ton füllt, die Weltenharmonie, die Sphärenharmonie, denn Stoffe sind dadurch Stoffe, daß sie Ausdruck sind für die Weltenharmonie. Zunächst haben wir uns die Welt harmonisch vorzustellen. Der eine Ton bedingt, indem er hinklingt durch die Welt, sagen wir, Gold, der andere Ton bedingt Silber, der dritte Ton bedingt Kupfer und so weiter. Jeder Stoff ist der Ausdruck eines gewissen Tones, so daß wir natürlich auch sagen können Tonäther, nur dürfen wir nicht den Äther so darstellen, daß er irdisch wahrnehmbar ist, sondern als noch in der Äther-Geistsphäre verklingenden Ton. Und der letzte Äther ist der Lebensäther. So daß der Mensch, wenn wir ihn uns noch als ätherisch vorstellen, ätherisch dadurch gebildet ist, daß diese vier Ätherarten ineinandergreifen. Wir können also sagen: Der Mensch erscheint da, wo die Erdenentwickelung sich anschickt, aus dem Äthermenschen allmählich den physischen Menschen hervorgehen zu lassen, als ein Ätherorganismus vor seinem Physischwerden, wo durcheinander organisiert ist Wärmeäther, Lichtäther, stofflicher oder Tonäther und Lebensäther.

Nun nehmen an diesem ganzen Prozeß des Physischwerdens des Menschen teil Luzifer und Ahriman. Sie sind immer dabei. Sie nehmen teil an dieser ganzen Evolution. Sie üben ihren Einfluß aus. Natürlich gibt es besondere Punkte, wo sie diesen Einfluß ziemlich stark ausüben, aber immer sind sie da, diese besonderen Punkte, das finden Sie ja in der «Geheimwissenschaft» hervorgehoben. So wie, ich möchte sagen, die ganze pflanzliche Kraft immer in der Pflanze ist, aber einmal sich als grünes Laubblatt, einmal sich als Blüte geltend macht, so sind auch Luzifer und Ahriman immer dagewesen, während sich der Mensch hindurchentwickelt hat durch die verschiedenen Epochen der Erdenentwickelung, sind sie gewissermaßen bei allem dabei.

Wenn Sie nun von allem übrigen absehen, man kann ja nicht immer alles aufzählen, so können Sie sich ungefähr dieses aus der ätherischen Organisation heraus entstehende Physische des Menschen so vorstellen – alles übrige eingerechnet, was ich in der «Geheimwissenschaft» und sonst natürlich dargestellt habe –, daß weibliche Gestalt und männliche Gestalt entsteht. Was sonst mitwirkt, davon sehen wir jetzt ab, aber es entsteht weibliche und männliche Gestalt. Hätten Luzifer und Ahriman nicht mitgewirkt, so wäre nicht weibliche und männliche Gestalt entstanden, sondern das, was ich einmal in München beschrieben habe: ein Mittleres. So daß wir wirklich sagen können: Luzifer und Ahriman ist es zuzuschreiben, daß die Menschengestalt auf Erden differenziert wurde in eine männliche und weibliche Gestalt. – Und zwar, wenn wir uns nun schon vorstellen den Zustand, wie sich der Mensch der Erde nähert, die sich allmählich durch das mineralische Reich verfestigt, wenn wir uns dazu noch vorstellen, daß sich der Erdenplanet bildet, physisch verfestigt, daß sich im Umkreise der Erde der auch die Erde durchdringende Äther befindet, so können wir uns vorstellen, daß der Mensch sich aus dem Äther der ganzen Erde herausbildet und damit sich in seinem Charakter auch nähert dem Physischen der Erde, daß sich in ihm gleichsam das Ätherisch-Mineralisch-Physische begegnet mit dem Mineralisch-Physischen der Erde. Aber Luzifer und Ahriman sind dabei, sind richtig dabei wirksam. Viele Mittel haben sie, um ihren Einfluß auf die Evolution der Menschheit geltend zu machen. Und dieser verschiedenen Mittel bedienen sie sich zu diesen oder jenen Vorgängen, die sie hervorrufen.

Luzifer hat vor allen Dingen die Tendenz, den Geist des Leichten zu entwickeln; er möchte eigentlich immer den Menschen nicht recht irdisch werden lassen, möchte ihn gar nicht so völlig auf die Erde herabkommen lassen. Luzifer ist ja bei der Mondenentwickelung zurückgeblieben, und er möchte den Menschen für sich gewinnen, ihn nicht hereinlassen in die Erdenentwickelung. Das strebt er auf die Weise an, daß er sich vor allen Dingen der Kräfte des Wärmeäthers und des Lichtäthers bemächtigt. Diese Kräfte verwendet er auf seine Art in den Vorgängen, die jetzt geschehen bei dem Physischwerden des Menschen. Luzifer hat hauptsächlich Macht über den Wärmeäther und den Lichtäther, die beherrscht er vorzugsweise. Dazu hat er sich schon während der Mondenentwickelung gut vorbereitet, die organisiert er auf seine Art. Dadurch kann er in einer andern Weise die Menschwerdung beeinflussen. Indem er aus dem Äther heraus den Menschen physisch werden läßt, kann er dadurch, daß er gerade über Wärme- und Lichtäther sich hermacht und darin seine Gewalt geltend macht in einer andern Weise, als es sonst ohne diese geschehen wäre, die menschliche Gestalt bewirken. So wie er nun im Wärme-Lichtäther waltet und webt, wird durch dieses Walten und Weben nicht der Mittelmensch, der sonst entstehen würde, sondern die weibliche Gestalt des Menschen. Die weibliche Gestalt des Menschen wäre nie ohne Luzifer zustande gekommen. Sie ist schon der Ausdruck des Hervorgehens aus dem Äther, indem Luzifer sich gerade des Wärme-Lichtäthers bemächtigt.

Über den Ton- und Lebensäther hat besonders Ahriman seine Gewalt. Ahriman ist zugleich der Geist der Schwere. Ahriman hat das Bestreben, Luzifer entgegenzuwirken. Dadurch wird in einer gewissen Weise wesentlich das Gleichgewicht bewirkt, daß von den weise wirkenden, fortschreitenden Göttern der luziferischen Gewalt, die den Menschen hinausheben will über das Irdische, entgegengestellt wird die ahrimanische Gewalt. Ahriman will nun den Menschen eigentlich herunterziehen ins Physische. Er will ihn mehr physisch machen, als er sonst würde als Mittelmensch. Dazu ist Ahriman dadurch vorbereitet, daß er besonders Gewalt hat über den Ton- und Lebensäther. Und in Ton- und Lebensäther wirkt er und webt er, der Ahriman. Und dadurch wird nun die menschliche physische Gestalt, indem sie aus dem Äther herausgeht ins Physische hinein, in einer andern Weise physisch, als sie geworden wäre durch die bloß fortschreitenden Götter, zur männlichen Gestalt. Die männliche Gestalt wäre ohne den Einfluß Ahrimans gar nicht denkbar, gar nicht möglich. So daß man sagen kann: Die weibliche Gestalt ist herausgewoben durch Luzifer aus dem Wärme- und Lichtäther, indem Luzifer dieser Gestalt ätherisch ein gewisses Streben nach oben einflößt. Die männliche Gestalt wird von Ahriman so geformt, daß ihr ein gewisses Streben zur Erde hin eingepflanzt wird.

Dies, was so gleichsam jetzt aus dem Makrokosmischen der Weltenevolution heraus gewollt ist, können wir im Menschen wirklich geisteswissenschaftlich beobachten. Nehmen wir einmal die weibliche Gestalt, schematisch gezeichnet, so müssen wir also sagen: Da ist ätherisch hineinverwoben von Luzifer Wärme und Licht in seiner Art. – Es ist also die physisch-weibliche Gestalt so gewoben, daß im Licht- und Wärmeäther nicht nur die gleichmäßig fortschreitenden Götter ihre Kräfte entwickelt haben, sondern daß luziferische Kräfte in diesen weiblichen Ätherleib hineinverwoben sind. Nehmen wir nun an, es werde in diesem weiblichen Ätherleib dasjenige, was die Erde besonders gegeben hat, das Ich-Bewußtsein, das zusammenhaltende Bewußtsein herabgestimmt, es trete eine Art herabgestimmtes Bewußtsein ein, was manche Leute schon «Hellsehen» nennen, eine Art des traumhaften, trancehaften Schauens, dann tritt in einem solchen Falle dasjenige, was Luzifer in Licht- und Wärmeäther verwoben hat, in einer Art von Aura heraus, so daß, wenn Visionärinnen in ihren Visionszuständen sind, sie von einer Aura umgeben sind, welche luziferische Kräfte in sich hat, nämlich die des Wärme- und Lichtäthers. Nun handelt es sich darum, daß diese Aura, die nun den weiblichen Leib umgibt, wenn Visionszustände eintreten auf mediale Art, als solche nicht geschaut wird. Denn selbstverständlich, wenn nun der weibliche Leib inmitten dieser Aura ist (es wird gezeichnet), dann sieht der weibliche Organismus in diese Aura hinein, und er projiziert ringsherum das, was er in dieser Aura sieht. Er sieht das, was in seiner eigenen Aura ist. Der objektive Betrachter sieht etwas, was er nennen kann: der Mensch strahlt Imaginationen aus, er hat eine Aura, die aus Imaginationen gebildet ist, an sich. Das ist ein objektiver Vorgang, der dem, der ihn betrachtet, nichts macht. Das heißt, wird diese imaginative Aura von außen betrachtet, durch einen andern betrachtet, so wird einfach eine Aura objektiv gesehen, wie etwas anderes gesehen wird; wird aber diese Aura von innen, von der Visionärin selber durchschaut, so sieht sie nur das, was in ihr selber Luzifer ausbreitet. Es ist ein großer Unterschied, ob man etwas selber sieht, oder ob es von andern gesehen wird. Ein gewaltiger Unterschied!

Mit diesem hängt es zusammen, daß bei dem Eintritt des visionären Hellsehens bei der Frau die große Gefahr dann vorhanden ist, wenn dieses visionäre Hellsehen in Form von Imaginationen auftritt. Da ist von seiten der Frau ganz besondere Vorsicht nötig. Und es ist immer das vorauszusetzen, daß die Entwickelung scharf in die Hand genommen werden muß, daß sie eine gesunde ist. Nicht stehenbleiben bei alledem, was man sieht, nicht wahr, denn das kann einfach die eigentlich luziferische Aura sein, von innen angeschaut, die nötig war, um den weiblichen Leib zu bilden. Und manches, was Visionärinnen beschreiben, ist aus einem ganz andern Grunde interessant als aus dem Grunde, aus dem es die weiblichen Visionärinnen für interessant halten. Wenn sie es so beschreiben oder ansehen, als ob es eine interessante objektive Welt wäre, so haben sie ganz unrecht, so sind sie ganz im Irrtum. Wenn aber diese entsprechende Aura von außen gesehen wird, dann ist es das, was aus dem Äther heraus die weibliche Gestalt gerade möglich gemacht hat in der Erdenentwickelung. So daß wir sagen können: Die Frau hat besondere Vorsicht anzuwenden, wenn bei ihr das Visionäre, das imaginative Hellsehen beginnt oder sich zeigt, denn da kann sehr leicht eine Gefahr lauern, die Gefahr, in Irrtum zu verfallen.

Der männliche Organismus ist nun anders. Wenn wir den männlichen Organismus ins Auge fassen, so hat in seine Aura hinein Ahriman seine Kraft, aber jetzt in den Ton- und Lebensäther gewoben. Und wie es bei der Frau vorzugsweise der Wärmeäther ist, so ist es beim Manne vorzugsweise der Lebensäther. Bei der Frau ist es vorzugsweise der Wärmeäther, in dem Luzifer wirkt, und beim Manne der Lebensäther, in dem Ahriman wirkt. Wenn der Mann nun aus seinem Bewußtsein herauskommt, wenn der Zusammenhalt, der sich in ihm als Ich-Bewußtsein ausdrückt, herabgedämpft wird, wenn eine Art passiver Zustand bei dem Manne eintritt, dann ist es so, daß man wiederum sehen kann, wie die Aura sich um ihn geltend macht, die Aura, in der Ahriman seine Gewalt darinnen hat.

Aber es ist jetzt eine Aura, die vorzugsweise Lebensäther und Tonäther in sich enthält. Da ist vibrierender Ton drinnen, so daß man eigentlich diese Aura des Mannes nicht so unmittelbar imaginativ sieht. Es ist keine imaginative Aura, sondern es ist etwas von vibrierendem geistigem Ton, das den Mann umgibt. Das alles hat zu tun mit der Gestalt, nicht mit der Seele natürlich; das hat mit dem Manne zu tun, insofern er physisch ist. So daß derjenige, der diese Gestalt von außen betrachtet, sehen kann: der Mensch strahlt – kann man jetzt sagen – Intuitionen aus. Das sind dieselben Intuitionen, aus denen eigentlich seine Gestalt gebildet worden ist, durch die er da ist als der Mann in der Welt. Da tönt es von lebendig-vibrierendem Ton um einen herum. Daher ist beim Manne eine andere Gefahr vorhanden, wenn das Bewußtsein zur Passivität herabgedämpft wird, die Gefahr, diese eigene Aura nur zu hören, innerlich zu hören. Der Mann muß besonders achtgeben, daß er nicht sich gehen läßt, wenn er diese eigene Aura geistig hört, denn da hört er den in ihm waltenden Ahriman. Denn der muß da sein.

Sie sehen jetzt, wie auf der Erde nicht das Männliche und Weibliche in der Menschheit wäre, wenn nicht Luzifer und Ahriman gewirkt hätten. Ich möchte wissen, wie die Frau dem Luzifer entfliehen könnte, wie der Mann dem Ahriman entfliehen könnte! Die Predigt: man soll ihnen entfliehen, diesen Gewalten – ich habe es oft betont –, ist ganz töricht, denn sie gehören zu dem, was in der Evolution lebt, nachdem die Evolution schon einmal so ist, wie sie ist.

Aber wir können jetzt sagen: Ja, indem der Mann also auf der Erde als Mann steht, in einer männlichen Inkarnation, geht er durch sein Leben, und das, was er als Mann ist, was er als Mann erfahren kann, was gewissermaßen die männliche Erfahrung ist, hat er davon, daß dieser tönende Lebensäther in ihm ist, daß er gewissermaßen immer in sich, allerdings von Ahriman gemischte Lebechöre hat, die eigentlich seine männliche Gestalt aufbauen. Lebechöre hat er um sich, in sich, die nur, wenn er medial wird, um ihn herum sichtbar, hörbar werden.

Nehmen wir nun an, wir hätten es mit bei der Geburt gleich Gestorbenen zu tun, die ausdrücken wollen, daß sie nicht «Mann» geworden sind hier während ihrer Inkarnation. Was würden denn die sagen? Die würden sagen, daß dies bei ihrer Geburt nicht gewirkt hat, daß sie zwar die Anlagen gehabt haben, in dieser Inkarnation Männer zu werden, aber es hat das, was den Mann zum Mann macht, nicht gewirkt. Sie sind entfernt worden gleich von dem, was sie in der physischen Inkarnation zu Männern gemacht hätte. Kurz, sie werden sagen:

Wir wurden früh entfernt
Von Lebechören.

Das sagen die seligen Knaben.

Wir wurden früh entfernt
Von Lebechören;
Doch dieser hat gelernt,

das heißt: der hat die Erfahrung durchgemacht, der Faust. Der ist durch das lange Leben gegangen, durch das lange Erdenleben. Der kann uns etwas übermitteln von diesem Erdenleben.

Er wird uns lehren.

So müssen wir gewissermaßen in die tiefsten Tiefen des okkulten Erkennens hineinschauen, wenn wir verstehen wollen, warum das eine oder andere Wort gerade in dieser Dichtung steht. Der Kommentator kommt dann und sagt: Nun ja, der Dichter wählt so ein Wort: Lebechöre und so weiter. – Dem ist alles recht, wenn er nur nicht nötig hat, sich der Unbequemlichkeit zu unterwerfen, etwas zu lernen. Durch solche Dinge möchte ich Sie hinweisen darauf, wie sach- und fachgemäß im Sinne der geistigen Weltauffassung diese Goethesche Dichtung ist, was in dieser Goetheschen Dichtung eigentlich ruht.

Nun habe ich Ihnen vielleicht – ich sagte es gleich: es hat etwas für das Menschengemüt schwer Verständliches – nach der einen oder andern Richtung hin das Herz schwergemacht, indem ich wiederum einmal auf charakteristische Punkte hingewiesen habe, wo Ahriman und Luzifer so in der Welt wirken, daß wir ihnen schon nicht entkommen können. Denn, wir mögen es anstellen, wie wir wollen, wenn wir uns zu einer Inkarnation anschicken – in eine männliche oder in eine weibliche Inkarnation müssen wir ja hinein –: ist in ihr nicht Luzifer, so ist Ahriman in ihr. Also es geht wirklich nicht, die Sache so weit zu treiben, daß man sagt: Man muß beiden entfliehen. – Nicht wahr, ich habe Ihnen gewissermaßen auch noch dadurch ein schweres Herz gemacht, daß ich Ihnen gezeigt habe, daß es eine gewisse Gefahr bedeutet, die eigene Aura zu beobachten, gleichsam in diese eigene Aura hineinzuschauen. Aber darin besteht gerade die unendliche Weisheit der Welt, daß das Leben nicht so ist, daß es ein ruhendes Pendel ist, sondern daß es ausschlägt. Und wie das Pendel nach rechts und nach links ausschlägt, so schlägt das Leben nicht nur der Menschheit, sondern der ganzen Welt nach ahrimanischer und luziferischer Seite aus. Und nur dadurch, daß das Leben zwischen ahrimanischen und luziferischen Einflüssen hin und her pendelt und dazwischen das Gleichgewicht hält und die Kraft dieses Gleichgewichtes hat, ist dieses Leben möglich. Daher wird auch diesem, was ich jetzt als Gefährliches geschildert habe, etwas entgegengesetzt. Ist es ein Luziferisches: das Ahrimanische. Ist es ein Ahrimanisches: das Luziferische.

Also nehmen wir noch einmal den weiblichen Organismus. Er strahlt aus gewissermaßen eine luziferische Aura. Aber dadurch, daß er sie ausstrahlt, schiebt er zurück den Lebens- oder Tonäther, dadurch bildet sich um den weiblichen Organismus herum eine Art ahrimanische Aura, so daß dann der weibliche Organismus in der Mitte die luziferische Aura hat, weiter draußen die ahrimanische. Aber dieser weibliche Organismus kann jetzt, wenn er nicht so untätig ist, daß er bei seinem Schauen der eigenen Aura stehenbleibt, sich weiterentwickeln. Und das ist gerade das, worauf es ankommt, daß man nicht in ungesunder Weise bei den erstgebildeten Imaginationen bleibt, sondern daß man gerade alles Willensmäßige mächtig anwendet, um durchzudringen durch diese Imaginationen. Denn man muß zuletzt es so weit bringen, daß einem nicht die eigene Aura erscheint, sondern daß zurückgespiegelt gleichsam von einer Spiegelplatte, die jetzt eine ahrimanische Aura ist, das erscheint. Man darf nicht in die eigene Aura hineinschauen, sondern man muß von der äußeren Aura zurückgespiegelt das haben, was in der eigenen Aura ist. Dadurch sehen Sie, ist es für den weiblichen Organismus so, daß er das Luziferische vom Ahrimanischen zurückgespiegelt erhält und dadurch neutralisiert, dadurch gerade ins Gleichgewicht gebracht wird. Dadurch ist es nun weder ahrimanisch noch luziferisch, aber es wird entweiblicht, es wird allgemein-menschlich. Wirklich, es wird allgemein-menschlich.

Ich bitte Sie nur, das so recht zu fühlen, wie der Mensch wirklich, indem er ins Geistige aufsteigt, dadurch daß er, sei es der luziferischen, sei es der ahrimanischen Gewalt der eigenen Aura entgeht, gerade ins Luziferische oder Ahrimanische nicht hineinschaut, sondern das eine sich spiegeln läßt und dadurch es zurückempfängt, asexuell, ohne daß es männlich oder weiblich ist. Das Weibliche wird neutralisiert zum Männlichen am Ahrimanischen, das Männnliche wird neutralisiert zum Weiblichen am Luziferischen. Denn ebenso, wie sich die weiblich-luziferische Aura umgibt mit der ahrimanischen Aura, so umgibt sich die männlich-ahrimanische Aura mit der luziferischen Aura, und es strahlt sich da ebenso dasjenige zurück, was man in sich hat wie bei der weiblichen. Man sieht es als Spiegelbild.

Nehmen wir nun an, es wollte diesen Vorgang jemand schildern. Wann könnte er denn in die Lage kommen, ihn zu schildern? Nun, dasjenige, was beim Hellsehen eintritt, tritt doch auch nach dem Tode ein. Der Mensch ist in derselben Lage. Beim Hellsehen muß sich neutralisieren das Weibliche ins Männliche hinein, das Männliche in das Weibliche hinein. Das ist wiederum so der Fall nach dem Tode. Was müssen sich denn da für Vorstellungen herausstellen? Nun, nehmen wir einmal an, eine Seele, die in einem weiblichen Organismus gewesen ist, wäre durch den Tod gegangen, hätte nach dem Tode mancherlei durchzumachen, was ein Ausgleich sein soll gegenüber irdischer Schuld. Eine solche Seele wird dann langsam streben aus dem, woran sie auf der Erde gebunden war, nach Neutralisierung. Es wird gleichsam das Weibliche nach Neutralisierung durch das Männliche streben. Es soll die Neutralisierung das sein, daß für sie eine Erlösung ist, nach dem höchsten Männlichen zu streben. Werden wir Büßerinnen finden nach dem Tode, so wird für sie charakteristisch sein müssen, daß ihre Sehnsucht in der geistigen Welt etwas ist voll Hinstreben nach dem Männlich-Ausgleichenden. Die drei Büßerinnen – die Magna peccatrix, die Mulier Samaritana, die Maria Aegyptiaca – sind allerdings im Gefolge der Mater gloriosa, aber sie sollen nach Neutralisierung, nach Ausgleich streben. Daher wirkt die Mater gloriosa zwar in der Aura; das wird uns sehr deutlich ausgedrückt, daß die Mater gloriosa in ihrer Aura wirken kann, ihre eigene Aura hat. Man höre nur:

Um sie verschlingen
Sich leichte Wölkchen,
Sind Büßerinnen,
Ein zartes Völkchen,
Um Ihre Kniee
Den Äther schlürfend,
Gnade bedürfend.

Dir, der Unberührbaren,
Ist es nicht benommen,
Daß die leicht Verführbaren
Traulich zu dir kommen.

Aber das werden sie nur so als ein Bewußtsein gewahr. Das tritt ihnen nicht entgegen wie etwas, was ihnen wie das Hohe des Lebens entgegentönt. Das tönt ihnen entgegen, was sie im Zusammenhang mit der Mater gloriosa durch den Christus erfahren sollen. Daher sehen wir überall die Reden der drei Büßerinnen nach dem Männlichen, Christus, hin gerichtet:

Bei der Liebe, die den Füßen
Deines gottverklärten Sohnes . . .

Und bei der Samariterin, der Maria:

Bei dem Bronn, zu dem schon weiland
Abram ließ die Herde führen . . .

Und hier vergeistigt:

Bei der reinen, reichen Quelle,
Die nun dorther sich ergießet . . .

Der Christus nennt sich ja selbst der Samariterin gegenüber: das rechte Wasser.

Und bei der Maria Aegyptiaca haben wir es schon zu tun mit der Grablegung:

Bei dem hochgeweihten Orte,
Wo den Herrn man niederließ . . .

Wir sehen, wie in den dreien das darinnen lebt, was aus der eigenen Aura heraus will zu dem, was sich neutralisiert.

Und fragen wir, was denn der Mann nun findet als dasjenige, was ihn neutralisiert, was ihn aus der Männlichkeit heraushebt, dann ist es die Sehnsucht nach dem Weiblichen, das die Welt durchwallt.

Hier ist die Aussicht frei,
Der Geist erhoben.
Dort ziehen Fraun vorbei,
Schwebend nach oben;
Die Herrliche mitteninn
Im Sternenkranze,
Die Himmelskönigin,
Ich seh's am Glanze.

Er wird nicht so wie die Büßerinnen angezogen unmittelbar durch das Christus-Männliche, sondern er wird durch dasjenige, was zum Christus gehört als das Weibliche, zunächst angezogen. Und das führt ihn wiederum zu dem mit ihm karmisch Verbundenen der Gretchen-Seele hin, wiederum zu dem Weibe. Da sehen Sie zart hineinverwoben in die Dichtung dieses tiefe Mysterium von dem Stehen des Menschen zur geistigen Welt. Denn wie sollte es nicht, ich möchte sagen, bestürzend tief empfunden werden, wenn uns der okkulte Tatbestand vor Augen tritt: die entkörperte Seele, die noch die Elemente in sich hat – Natur, die erst getrennt werden muß –, die sich neutralisieren muß durch das

Weibliche. Und wir sehen, wie im Aufstreben zu der Neutralisierung, weil wir es mit dem Männlichen, Faust, zu tun haben, das Weibliche als das «Heranziehen» sich geltend machen muß. Es ist etwas ganz Wunderbares in dieser Dichtung dargestellt. Und klar und deutlich wird uns angedeutet, daß es darin sein soll. Faust wird also streben durch den Mund des Doctor Marianus dem Weiblichen, das heißt dem geistigen Ewig-Weiblichen entgegen, aber dem Geheimnis, dem Mysterium. Als er geistig ansichtig wird der Mater gloriosa, da sagt er:

Höchste Herrscherin der Welt!
Lasse mich im blauen,
Ausgespannten Himmelszelt
Dein Geheimnis schauen.

Nun stellen wir uns also vor: Faust nach der geistigen Welt strebend, verlangend, das Geheimnis des Weiblichen zu schauen in der Mater gloriosa. Wie wird es denn sein können? Nun, es wird so sein können, daß das Licht durch seine Gegenstrahlung neutralisiert wird, das heißt, daß auftritt die weibliche Licht- und Wärmeaura, aber entgegengestrahlt, nicht wie sie unmittelbar ausfließt. Das muß neutralisiert sein, muß verbunden sein damit, daß dieses Licht eine Gegenstrahlung hat. Im ausgespannten Himmelszelt wird geschaut das Geheimnis: das Weib mit der Aura, mit der Sonne. Wenn das Licht zurückgestrahlt wird vom Monde: das Weib auf dem Monde stehend. Sie kennen dieses Bild, es sollte wenigstens bekannt sein. So sehen wir Faust Verlangen tragend, im ausgespannten Himmelszeit zuletzt zu schauen das Mysterium: Maria, das Weib, mit der Sonne bekleidet, den Mond zu Füßen, der zurückstrahlt. Und zusammen bildet das, was er sonst weiß von der Mater gloriosa, mit diesem Geheimnis, mit diesem Mysterium im ausgespannten Himmelszelt dann den Gefühls- und Empfindungsgehalt des Chorus mysticus. Denn auch das, was noch menschliche Gestalt an der Mater gloriosa ist, ist ein Gleichnis, denn das ist das Vergängliche, was an ihr an menschlicher Gestalt ist, und alles das ist ein Gleichnis. Das Unzulängliche, das heißt das in der menschlichen Sehnsucht Unzulängliche, hier wird es erst Erreichnis. Hier erhält man das Schauen der Aura-Strahlung sonnenhaft, deren Licht vom Monde zurückwirkt, zurückleuchtet: das Unbeschreibliche, hier ist es getan. Dasjenige, was im physischen Leben nicht begriffen werden kann, – daß gesucht wird das, was aus dem Selbst ausstrahlt in der selbstlosen Zurückerstrahlung: hier ist es getan. – Dann empfindungsgemäß das ganze aus Mannesmund gesagt oder für Mannesohren gesagt:

Das Ewig-Weibliche zieht uns hinan.

Man muß schon sagen: Den «Faust» auf sich wirken lassen, bedeutet wirklich in bezug auf viele Parteien dieses «Faust» ein direktes Sich-Hineinbegehen in eine okkulte Atmosphäre. – Und wollte ich Ihnen alles sagen, was in bezug auf den «Faust» in okkulter Beziehung zu sagen wäre, dann müßten wir noch lange zusammenbleiben. Sie müßten viele Vorträge darüber hören. Aber das ist zunächst gar nicht notwendig, denn es kommt nicht so sehr darauf an, daß man möglichst viele Begriffe und Ideen aufnimmt, sondern zunächst kommt es wirklich bei uns ganz stark darauf an, daß unsere Gefühle sich vertiefen. Und wenn wir unsere Gefühle und Empfindungen gegenüber dieser Weltdichtung so vertiefen, daß wir eine tiefe Ehrfurcht haben vor dem Walten des Genius auf Erden, in dessen Tun und Schaffen wirklich Okkultes gegenwärtig ist, dann tun wir der Welt und uns ein Gutes an. Wenn wir empfinden können dem Geistig-Großen gegenüber in der richtigen ehrfürchtigen Weise, dann ist das ein bedeutungsvoller Weg zum Tore der Geisteswissenschaft.

Noch einmal sei es gesagt: Weniger um das Spintisieren handelt es sich, als um das Vertiefen der Gefühle. – Und ich möchte wenig darum geben, daß ich Ihnen zum Beispiel sagen durfte, daß der Ausspruch der seligen Knaben von dem Hinweggerissensein von Lebechören in solch okkulte Tiefen führt, ich möchte wenig darum geben um dieser bloßen Ideen willen, wenn ich nur wissen dürfte, daß Ihr Herz, Ihr Gemüt, Ihr innerer Sinn bei dem Aussprechen einer solchen Wahrheit so ergriffen wird, daß Sie etwas von den heilig tiefen Kräften verspüren, die in der Welt leben, die sich in das menschliche Schaffen ergießen, wenn dieses menschliche Schaffen wirklich mit den Weltgeheimnissen verknüpft ist. Wenn man erschauern kann bei einer solchen Tatsache, daß so Tiefes in einer Dichtung liegen kann, so ist dieses Erschauern, das einmal unsere

Seele, unser Gemüt, unser Herz durchgemacht hat, viel mehr wert als das bloße Wissen, daß die seligen Knaben sagen, sie wären nicht mit Lebechören vereinigt. Nicht das Freuen an dem Geistreichen der Idee soll es sein, das uns ergreift, sondern das Erfreuen, daß die Welt so aus dem Geistigen herausgewoben ist, daß im Menschenherzen des Geistes Walten so hereinwirkt, daß solches Schaffen in der geistigen Entwickelung der Menschheit leben kann.

WEISHEIT – SCHÖNHEIT – GÜTE
MICHAEL – GABRIEL – RAPHAEL

Dornach, 19. August 1916

Nach eurythmisch-dramatischen Darstellungen der «Zueignung» und des «Prolog im Himmel»

Wir haben in den letzten Wochen von den drei großen, höchsten Idealen der Menschheit gesprochen und haben diese drei Ideale bezeichnet, wie sie seit langen Zeiten immer bezeichnet werden als das Ideal der Weisheit, der Schönheit und der Güte.

Nun hat man in den neueren Zeiten immer diese drei höchsten Ideale der Menschheit in Zusammenhang gebracht mit den drei uns bekannten und in den verschiedensten Beziehungen betrachteten menschlichen Seelenkräften. Man hat das Ideal der Weisheit mit dem Denken oder dem Vorstellen in Zusammenhang gebracht, das Ideal der Schönheit mit dem Fühlen, das Ideal der Güte mit dem Wollen.

Weisheit kann dem Menschen nur werden in klaren Vorstellungen, in klarem Denken. Das, was Gegenstand der Kunst ist, das Schöne, kann nicht so erfaßt werden. Das Fühlen ist diejenige Seelenkraft, die vorzugsweise zu tun hat mit der Schönheit, so sagten die Seelenforscher, die Psychologen seit langer Zeit. Und das, was als das Gute in der Welt sich verwirklicht, hängt mit dem Wollen zusammen. Es scheint, daß dies recht einleuchtend ist, was so die Psychologen, die Seelenkenner über die Beziehungen der drei großen Menschheitsideale zu den verschiedenen Seelenkräften gesagt haben. Gewissermaßen wie eine Art von Ergänzung können wir noch hinzufügen, daß *Kant* drei Kritiken geschrieben hat, von denen die eine, die «Kritik der reinen Vernunft», dienen soll der Weisheit, weil sie kritisieren will das Vorstellungsvermögen. Eine andere Kritik nannte Kant die «Kritik der Urteilskraft», und sie zerfällt bei ihm in zwei Teile: in die «Kritik der ästhetischen Urteilskraft» und in die «Kritik der teleologischen Urteilskraft». Im Grunde meint Kant, wenn er hier von Urteilskraft spricht, doch dasjenige, was beschlossen ist in der Gefühlserkenntnis, durch die man bejaht, daß etwas schön oder häßlich, nützlich oder schädlich ist. So könnten wir also – als von einer Unterabteilung gerade in diesem Kantschen Sinne, und andere haben ja die Benennungsweise beibehalten – davon sprechen, daß die Urteilskraft, wobei wir nicht bloß an das vorstellende Urteil denken, sondern daran, daß das Urteil aus dem Herzen heraus kommt, zur Auffassung des Schönen in Beziehung steht. Und eine dritte Kritik Kants ist die «Kritik der praktischen Vernunft», die sich auf das Wollen bezieht, auf das Erstreben des Guten.

Nun können wir das, was ich eben gesagt habe, bei allen Psychologen finden, bis auf einen Psychologen, der in der zweiten Hälfte des 19. Jahrhunderts aufgetreten ist, und der gefunden hat, daß diese ganze Einteilung in menschliche Seelenkräfte nicht geht, nicht mit der unbefangenen Betrachtung der menschlichen Seele übereinstimmt. Und ebensowenig stimme die Zuteilung der großen Ideale der Menschheit an die verschiedenen Seelenkräfte, an Vorstellen, Fühlen und Wollen so, daß man dem Vorstellen die Weisheit als höchstes Ideal zuerteilt, dem Fühlen die Schönheit, dem Wollen die Güte. Der Psychologe, auf den ich hindeute, *Franz Brentano,* meinte, er müsse die ganze Lehre, die ich jetzt skizziert habe, umstoßen und, man möchte sagen, im Fundamente die Gliederung des menschlichen Seelenlebens anders darstellen. Er teilt das Vorstellen – wollen wir davon ausgehen – der Schönheit zu. Sie sehen, während alle andern der Schönheit das Fühlen, beziehungsweise die Urteilskraft, die ästhetische Urteilskraft, überhaupt die Urteilskraft zuteilen, teilt Brentano der Schönheit das Vorstellen zu. Der Weisheit, insofern sie etwas ist, was der Mensch erwirbt, teilt Brentano die Urteilskraft zu, er sagt nicht gerade das Fühlen, aber die Urteilskraft. Und das Wollen, das stumpft er kurioserweise sogar ab, indem er gar nicht den Blick richtet auf die Willensentfaltung, auf den Willensimpuls, sondern auf dasjenige, was dem Willensimpuls zugrunde liegt: die Sympathie und Antipathie. – Es hat viel für sich, die Dinge so zu betrachten. Zum Beispiel schon die Sprache führt uns manchmal darauf, den Willensimpuls mit Sympathie und Antipathie in Zusammenhang zu bringen. Wenn wir zum Beispiel sagen: Widerwillen gegen etwas haben! – Da wollen wir gar nichts, aber wir haben eine Antipathie gegen etwas. Und so stumpft Brentano gewissermaßen das Wollen ab zu Sympathie und Antipathie und teilt dem Wollen diese Sympathie und

Antipathie zu, ja oder nein zu sagen zu etwas. Er geht nicht bis zum Willensimpuls, sondern nur zu dem, was dem Willen zugrunde liegt: das Jasagen oder Neinsagen zu etwas, das Bejahen oder Verneinen einer Sache.

Durch das Vorstellen, meint Brentano, kommt man niemals zu einer wahren, also zu einer weisheitsvollen Anschauung, sondern überhaupt nur zu einer Anschauung. Er meint, man stelle sich zum Beispiel ein geflügeltes Pferd vor. Es ist nichts dagegen einzuwenden, ein geflügeltes Pferd sich vorzustellen. Aber es sei nicht – wir müssen beachten, daß Brentano im Zeitalter des Materialismus lebt –, es sei nicht weisheitsvoll, ein geflügeltes Pferd sich vorzustellen, weil ein geflügeltes Pferd ja keine Wirklichkeit habe. Es müsse noch etwas hinzukommen, wenn man eine Vorstellung faßt. Das ist aber, es müsse hinzukommen die Anerkennung oder Nichtanerkennung der Vorstellung durch die Urteilskraft, dann kommt erst Weisheit heraus.

Wir können uns fragen, was liegt denn nun gewissermaßen einer solchen vollständigen Verkehrung der Seelenkräfte zugrunde? Was hat Brentano veranlaßt, ganz anders die Seelenkräfte an Schönheit, Güte und Weisheit zu verteilen als die andern Psychologen? Wenn man nachforscht, warum Brentano zu dieser andersartigen Gliederung des menschlichen Seelenlebens gekommen ist, so kann man auf keine andere Weise eine Antwort bekommen als dadurch, daß man auf Brentanos eigenen, persönlichen Entwickelungsgang Rücksicht nimmt. Die andern Psychologen der neueren Zeit sind Menschen, welche aus der neueren Weltanschauungsentwickelung zumeist hervorgegangen sind. Es ist eine Eigentümlichkeit der neueren Philosophen, aller Philosophen, daß sie recht gut verhältnismäßig die griechische Philosophie kennen – in ihrer Art natürlich –, und dann beginnt wiederum die Philosophie im Grunde mit Kant. Und was zwischen der griechischen Philosophie und Kant liegt, von dem wissen die neueren Philosophen nicht viel. Kant selber wußte von alldem, was zwischen der griechischen Philosophie und ihm lag, auch nicht viel mehr als dasjenige, was er bei *Hume* und bei *Berkeley* gelesen hatte; er wußte nichts von der ganzen Entwickelung der mittelalterlichen Philosophie. Kant war ein vollständig Unwissender in dem, was man die Scholastik des Mittelalters nennt. Und diejenigen, die alles in ihrer Art bequem übertreiben, finden darinnen gerade viel Anlaß, weil Kant von der Scholastik nichts wußte, die Scholastik überhaupt als so ein Bündel von pedantischen Torheiten zu betrachten und sie nicht weiter zu studieren. Daß Kant nichts wußte von der Scholastik, das hindert nicht, daß er daneben auch nichts wußte von der griechischen Philosophie. Andere wußten eben mehr als er auf diesem Gebiete. – Brentano nun war ein gründlicher Kenner der Scholastik, ein gründlicher Kenner der mittelalterlichen Philosophie und außerdem ein gründlicher Kenner des Aristoteles. Was die betrifft, welche die Welt der Philosophie mit Kant auffassen, so sind sie keine Kenner, keine echten Kenner des Aristoteles, denn Aristoteles, der große Grieche, wurde gerade am meisten malträtiert in der Entwickelungsgeschichte des neueren Geisteslebens. Brentano also war ein gründlicher Kenner des Aristoteles und der Scholastik, aber nicht, was man einen historischen Kenner bloß nennt, so einen, der gewußt hat, was der Aristoteles schrieb und die Scholastiker schrieben, denn in bezug auf ein solches Wissen kann man sich so seine Gedanken machen, wenn man die Historie der Philosophie durchgeht! Brentano war von innen heraus ein Mensch, der sich sowohl in die Philosophie des Aristoteles wie in die Philosophie der Scholastik eingelebt hatte, in dieses in den Klosterzellen durch Jahrhunderte vor sich gehende einsame Denken, in dieses Denken, welches arbeitete mit einer gründlichen Technik der Begriffswelt, mit jener gründlichen Technik der Begriffswelt, die dem neueren Denken ganz verlorengegangen ist. Diejenigen, die daher Psychologie in den siebziger, achtziger Jahren bei Brentano hörten, hörten im Grunde genommen einen ganz andern Ton menschlichen Denkens, als bei andern Philosophen der neueren Zeit zu hören war und ist. Es lebte in Brentano wirklich etwas wie ein Unterton desjenigen mit, was aus der Seele der Scholastiker gesprochen hat. Und das ist bedeutsam, weil er aus diesem andersartigen Denken diese andersartige Einteilung gemacht hat. So daß wir sagen können: Es liegt die eigentümliche Tatsache vor, daß all die neueren Denker, denen die Scholastik bloß ein Begriffsgespinst war und ist, die menschliche Seele und ihre Beziehungen zu Weisheit, Schönheit und Güte so darstellen:

Weisheit: Vorstellen
Schönheit: Fühlen
Güte: Wollen.

In Brentano lebten all das Fühlen, all die inneren Impulse, die in einem Scholastikerherzen waren, soweit so etwas in der Gegenwart möglich ist. Er mußte so denken, mußte anders die menschliche Seele gliedern in ihren Kräften und auf die großen Menschheitsideale beziehen. Woher kommt das?

Wenn Sie heute sich hätten entschließen können, die Engel oben auf der Bühne zu fragen – und insbesondere die drei Erzengel –, wie sie die Seelengliederung vornehmen und wie sie sie auf die großen Ideale beziehen, dann würden sie Ihnen, allerdings in einer viel vollkommeneren Weise, als Brentano das konnte, geantwortet haben mit einer ähnlichen Antwort, wie die ist, die Brentano gegeben hat. Raphael, Gabriel, Michael würden gar nicht ihrerseits verstehen jene Einteilung, aber sie würden sich leicht hineinfinden, nur eben sie vollkommener umgestalten, in die Einteilung, die Brentano gegeben hat. Wir berühren da eine bedeutsame Tatsache der geistigen Entwickelung der Menschheit. Man mag heute noch so ferne stehen der Denkweise des scholastischen Mittelalters, es lag dieser Denkweise etwas zugrunde, das man etwa in der folgenden Weise darstellen kann. Der Scholastiker versuchte nicht stehenzubleiben, wenn er von den höchsten Dingen sprach, bei dem, was sich unmittelbar auf dem physischen Plane abspielt, sondern der Scholastiker versuchte erst seine Seele bereit zu machen, daß aus ihr sprechen konnten die geistigen Wesenheiten der höheren Welt. Es wird dies in vieler Beziehung ein Stammeln der menschlichen Seele sein, weil selbstverständlich die menschliche Seele nur immer unvollkommen wird darstellen können dasjenige, was die Sprache der höheren, den Menschen übergeordneten Geister ist. Aber so wollten bis zu einem gewissen Grade die Scholastiker sprechen von den geistigen Angelegenheiten des Menschen, wie eine Seele sprechen muß, die sich hingibt dem, was übersinnliche Geister zu sagen haben.

Wir gewöhnen uns, hier auf dem physischen Plane die Zustimmung oder Nichtzustimmung zu dem, was eine Vorstellung zu einer gültigen, zu einer weisheitsvollen macht, nach der äußeren physischen Welt uns zu bilden, seit die Zeit des Materialismus die eigentliche Menschheitszeit ist. Wir sagen, ein geflügeltes Roß sei keine gültige Vorstellung, weil wir niemals ein geflügeltes Roß gesehen haben. Eine Vorstellung betrachtet der Materialismus als eine weisheitsvolle Vorstellung, wenn sie übereinstimmt mit dem, was die Außenwelt diktiert.

Aber versetzen Sie sich in die Sphäre der Engel. Die haben nicht diese physische Außenwelt, denn diese physische Außenwelt ist wesentlich bedingt durch das Wohnen in einem physischen Leibe, durch das Besitzen physischer Sinnesorgane, welche die Engel nicht haben. Wodurch bekommen die Engel die Möglichkeit, von ihren Vorstellungen zu sprechen als von gültigen, von wahren Vorstellungen? Dadurch, daß sie in Beziehungen treten zu andern geistigen Wesenheiten. Denn sobald man die Schwelle zur geistigen Welt überschreitet, hört diese Welt der Sinne auf, sich so auszubreiten, wie sie sich vor den Sinnen ausbreitet. Ich habe das oftmals charakterisiert, daß man, sobald man die Schwelle zur geistigen Welt überschreitet, in eine Welt von lauter Wesenheiten kommt. Und von der Art, wie einem die Wesenheiten entgegentreten, hängt es ab, ob eine Vorstellung, die man sich macht, gültig oder nicht gültig ist. So daß Brentano, wenn er bloß von Urteilskraft spricht, nicht ganz richtig spricht. Er müßte sprechen von Wesensoffenbarung. Dann würde man zur Weisheit kommen. Man kann, sobald man die Schwelle zur geistigen Welt überschritten hat, nicht anders zur Weisheit kommen, als wenn man in ein richtiges Verhältnis zu den jenseits dieser Schwelle befindlichen geistigen Wesenheiten tritt. Wer kein richtiges Verhältnis entwickeln kann zu den elementarischen Wesenheiten, zu den Wesenheiten der verschiedenen Hierarchien, kann nur konfuse Vorstellungen entwickeln, nicht richtige Vorstellungen, nicht weisheitgetragene Vorstellungen. Richtig anzusehen die Wesen jenseits der Schwelle zur geistigen Welt, davon hängt das richtige Vorstellen jenseits der Schwelle ab, davon hängt die Weisheit in bezug auf die geistigen Welten ab, denen auch die menschliche Seele angehört. Weil so – Sie finden das schon in meiner «Theosophie» im Schlußkapitel dargestellt – der Mensch keinen Anhaltspunkt hat an einer äußeren physischen Wirklichkeit, muß er sich halten mit Bezug auf die Weisheit an die Mitteilungen der elementarischen Wesenheiten, der Wesenheiten der höheren Hierarchien und so weiter. Wir treten ein in eine ganz lebendige Welt, nicht in die Welt, in der wir nur Photographen der Wirklichkeit werden.

Brentano hat gewissermaßen den letzten abstrakten Abklatsch gegeben von der Sprache der Engel. Engel würden sagen: Weisheitsvoll ist dasjenige, was entspricht dem Zusammenhange der Mitteilungen der Wesen, die jenseits der Schwelle der geistigen Welten sind. – Daß man sich eine Vorstellung macht, genügt nicht, sondern daß diese Vorstellung im Einklang steht mit dem, was die geistigen Wesen jenseits der Schwelle offenbaren. Das bloße Vorstellen darf also jenseits der Schwelle nicht dienen der Weisheit. Wem darf es denn dienen? Dem Schein, in dem die Schönheit lebt. Wendet man ohne weiteres jenseits der Schwelle das Vorstellen auf die Wirklichkeit an, dann kommt man zu keinem richtigen Vorstellen. Aber auf den Schein, in dem die Schönheit wirkt und lebt, darf man es anwenden. Da hat Brentano sogar ganz richtig gesprochen, indem er das Vorstellen auf die Schönheit bezieht. Denn die Engel werden, wenn sie vorstellen wollen, sich immer sagen: Was für Vorstellungen dürfen wir uns bilden? Niemals häßliche, sondern immer schöne Vorstellungen. – Aber diese Vorstellungen, die sie sich bilden und die sie gemäß dem Ideal der Schönheit bilden, werden nicht der Wirklichkeit entsprechen, wenn sie nicht entsprechen den Offenbarungen anderer Wesenheiten, die ihnen in der geistigen Welt begegnen. Vorstellen ist da wirklich nur der Schönheit zuzuteilen. Engel haben das Ideal, so vorzustellen, daß ihre ganze Vorstellungswelt durchsetzt und durchleuchtet ist von dem Ideal der Schönheit. Und Sie brauchen nur das Kapitel meiner «Theosophie» zu lesen, welches von der Seelenwelt handelt, und dort die beiden Kräfte in der Gestalt studieren, wie man sie findet jenseits der Schwelle zur geistigen Welt, die beiden Kräfte von Sympathie und Antipathie, dann finden Sie, wie das Verhältnis von Sympathie und Antipathie dort zugrunde liegt den Impulsen des Wollens. Das stimmt also wieder in einer gewissen Beziehung überein. Nur muß man es auf das Leben der Seele beziehen, wie sich dieses Leben, aus dem Unterbewußten heraus, bei der heutigen Menschenseele noch aus der Seelenwelt ergibt. Da sehen Sie, wie ein moderner Philosoph aus dem Grunde, weil er gewissermaßen atavistisch die Scholastik des Mittelalters in seinem Herzen bewahrt hat, versucht, allerdings in der unvollkommenen Sprache des modernen Materialismus, in der Terminologie der Engel zu sprechen. Es ist eine außerordentlich interessante Tatsache. Anders versteht man gar nicht, wie Brentano sich so der ganzen modernen Psychologie entgegenstellte, daß er die Seelenkräfte ganz anders unterschied als die andern Psychologen und sie den höchsten Menschheitsidealen anders zuteilte.

Nehmen Sie aber dasjenige, was so gesagt wird, in allen seinen Konsequenzen. Beachten Sie alle Konsequenzen. Wenn wir die Schwelle zur geistigen Welt überschreiten, dann leben wir in einer Welt von Wesenheiten, sagte ich, insofern wir vom Wirklichen sprechen. Da können wir also nicht in demselben Sinne so abstrakte Begriffe bilden, wie wir sie hier in der physischen Welt bilden, wenn wir vom Wirklichen sprechen. Wir müssen Wesen haben. Wir müssen also schon, wenn wir vom Wirklichen sprechen, sagen: Es kann gar nicht sein, daß Weisheit, Schönheit und Güte in der geistigen Welt drüben dieselbe Bedeutung haben wie hier in der physischen Welt. Da wären sie ja wieder abstrakte Begriffe, wie wir sie hier in der physischen Welt anwenden können. Da drüben müssen Wesenheiten sein. – Also, sobald wir im Sinne der Weisheit selber sprechen, das heißt, ein Wirkliches suchen, müssen da drüben Wesenheiten existieren, nicht bloß dasjenige, was man in abstracto mit Weisheit, Schönheit, Güte bezeichnet. Wenn man von Schönheit in der geistigen Welt spricht, dann kann man nicht sagen: Schönheit ist da als Maja, als Schein in der geistigen Welt. – Geradeso wie der physischen Welt Schönheit und Weisheit eingeprägt sind, indem wir zum Beispiel die weisheitsvolle Schönheit darstellen im Drama oder in andern Kunstwerken oder das Gute in Schönheit darstellen im Drama oder in andern Kunstwerken, wie das alles miteinander in Verbindung tritt, so wirkt Weisheit, Schönheit und Güte im Reich der Schönheit drüben jenseits der Schwelle. Aber wir dürfen dann nicht als Vorstellungen von ihnen sprechen, wir müssen das da drüben nicht so anwenden, wie wir es hier anwenden. Nehmen wir also an, es wollte jemand von drüben aus sprechen, und er wollte von drüben aus mit der Seelenkraft sprechen, die unserer Vorstellungskraft entspricht, so dürfte er nicht sagen: Weisheit, Schönheit, Stärke, denn das sind abstrakte Ideen, er müßte Wesenheiten anführen. Weisheit müßte als Wesenheit drüben auftreten.

In der Sprache der alten Mysterien hat man das, was ich jetzt ausführe, wohl gewußt, und man hat deshalb auch Benennungen eingeführt, die dies zum Ausdrucke bringen können, die nicht hindeuten auf bloße abstrakte Ideen, sondern auf Wesenhaftes. Ein Wesen müßte es sein drüben jenseits der Schwelle, was hier die Weisheit ist, ein Wesen. Sie werden, wenn Sie etwas nachdenken, leicht finden können, daß etwa ein Wesen, das wir bezeichnen als Gottschauer, als der Gottschauende, ein solches Wesen sein könnte, das da drüben der Weisheit entspricht: Gottschauer.

Ein Wesen, das der Schönheit entspricht, unserer abstrakten Idee der Schönheit für den physischen Plan, würde offenbaren müssen. Die Schönheit offenbart sich, sie ist der Schein, das Scheinende, dasjenige, was scheint. Im Augenblicke, wo man die Schwelle überschreitet, tritt dasjenige auf, was viel lebendiger ist als hier auf dem physischen Plan. Es ist nicht, wenn von dem Schönen die Rede ist, dem wesenhaft Schönen, von etwas so Stummem oder bloß in menschlichen, physischen Gehör- oder Sprachabstraktionen Lebendem die Rede, wie hier auf dem physischen Plan es ist. Es ist alles Offenbarung, lebendige Offenbarung. Und wenn Sie das, was ich jetzt sage, zusammennehmen mit dem schon früher Gesagten, so werden Sie begreifen, daß die alten Mysterien ein Wort geprägt haben für das, was da drüben jenseits der Schwelle der Schönheit entspricht, das man bezeichnen kann als Gottverkündigung. Gottes Wort, Gott-Aussager etwa, Gottverkünder. Wort Gottes könnte man auch sagen.

Ebenso muß ein Wesen da sein für das Wollen: der Gottwollende. Nicht das Abstrakte, wie wir es in unserer Seele haben als Wollen, sondern ein Wesen muß jenseits der Schwelle sein für den Willen. Gottwoller – wenn wir das Wort bilden dürfen. Warum sollten denn durchaus nur solche Worte gebildet werden, die schon gang und gäbe sind, da wir doch in Reiche eintreten, für die Worte gar nicht geprägt sind! Gottwoller gewissermaßen. Gott hat in sich – wenn wir Gott als Sammelnamen nehmen für die geistigen Wesenheiten der höheren Hierarchien – nicht nur ein Wollen, wie wir in unseren Seelen, sondern einen Woller: das ist wesenhaft. Was bei uns nur die drei Seelenkräfte: Vorstellen, Fühlen, Wollen sind, sind Wesen bei Gott, sind: der Gottschauer, der Gottverkünder, der Gottwoller. Und wenn man – Sie wissen ja, ich habe das öfter bei andern Gelegenheiten erwähnt, was mit Übersetzungen alles geschehen ist im Laufe der Zeiten –, wenn man die alten hebräischen Ausdrücke nimmt, so entsprechen sie vollständig den Worten, die ich versuchte, hier zu prägen. Gewiß, Sie werden in keinem hebräischen Lexikon die Übersetzung dieser Worte so finden, aber wenn man sich einlebt in das, was gemeint war, so müßte man die alten hebräischen Worte mit diesen Worten heute eigentlich übersetzen, und zwar so, daß Gottschauer ganz dasselbe in unserer Sprache bedeutet wie Michael; Gottverkünder ganz dasselbe bedeutet wie Gabriel; Gottwoller ganz dasselbe bedeutet wie Raphael. Während wir in der physischen Welt wirken durch unsere drei Seelenkräfte, wirken die Wesen der höheren Hierarchien durch Wesenheiten selber. Indem wir wirken durch Vorstellen, Fühlen, Wollen, wirkt ein Gott durch Michael, Gabriel und Raphael. Und das bedeutet für einen Gott dasselbe: Ich wirke durch Michael, Gabriel, Raphael – was für unsere Seele bedeutet: Ich wirke durch Denken, Fühlen und Wollen. Diese Übersetzung: Ich wirke durch Denken, Fühlen und Wollen – in: Ich wirke durch Michael, Gabriel, Raphael, ist einfach die Übersetzung aus der Sprache der Menschen in die Sprache, die gesprochen werden sollte – wenn man die wirkliche Sprache, die dort herrscht, spricht – jenseits der Schwelle zur geistigen Welt. Wenn Sie sich einlassen auf manche Darstellungen der Bibel, so werden Sie übrigens überall fühlen können – wenn Sie einigermaßen sachgemäß fühlen und nicht so fühlen, wie es der heutigen Interpretation der Bibel, die eine Mißinterpretation in vieler Beziehung ist, entspricht –, Sie werden fühlen können, wie wirklich für Michael, Gabriel und Raphael dies hier gedacht werden muß.

Weisheit:	Urteilskraft – Gottschauer: Michael Wesensoffenbarung
Schönheit:	Vorstellen – Gottverkünder: Gabriel Urteilskraft
Güte:	Sympathie, Bejahen / Antipathie, Verneinen – Gottwoller: Raphael

Denken Sie nun, dies zugrunde legend, zurück an die Art und Weise, wie Gabriel, Michael, Raphael aus *Goethes* «Prolog im Himmel» sprechen. Man kann nur sagen, man wird im Tiefsten erschüttert von der instinktiven Sicherheit, mit welcher in diesem «Prolog im Himmel» angedeutet wird, wie sich das wollende Wesen der Gottheit durch Raphael, das schauende Wesen der Gottheit durch Michael, das schönheitsvoll sich enthüllende Wesen der Gottheit, das sich offenbarende, sich verkündende Wesen der Gottheit durch Gabriel manifestiert. Das Wollen der Gottheit liegt im Sphärenzusammenklang, liegt in dem, was sich ausspricht in den großen Bewegungen der Himmelskörper und in dem, was da geschieht, währenddem die Himmelskörper sich bewegen:

Die Sonne tönt nach alter Weise
In Brudersphären Wettgesang,
Und ihre vorgeschriebne Reise
Vollendet sie mit Donnergang.
Ihr Anblick gibt den Engeln Stärke,

– man könnte auch sagen: Güte, die Stärke des übermoralischen Lebens jenseits der Schwelle. Daher bezeichnen manche auch die drei Seelenkräfte Weisheit, Schönheit, Güte als Weisheit, Schönheit, Stärke.

Wenn keiner sie ergründen mag;

– man beißt sich die Zähne aus, wenn man versucht, die Faust-Kommentatoren an dieser Zeile festzuhalten: «Wenn keiner sie ergründen mag.» Die meisten sagen: O ja, Goethe hat eben gemeint, wennschon, oder wenngleich, oder obgleich keiner sie ergründen mag. Aber so spricht ein wirklich großer Dichter nicht – ich habe das schon öfter gerade Goethe gegenüber erwähnt –, so spricht ein großer Dichter nicht. Das Ergründen gehört zur Weisheit, wie sie lebt innerhalb der menschlichen physischen Welt. Jenseits der Schwelle ist alles ein Bekanntwerden mit geistigen Wesenheiten, denen man so entgegentritt, wie man hier Menschen entgegentritt, die auch ein Inneres behalten müssen, die man nicht ganz ergründen kann. Dieses Ergründen in dem Sinne, wie es hier auf Erden geschieht, das gibt es für die Engel gar nicht. Sie haben vor sich die geistige Wirklichkeit; sie ergründen nicht; sie schauen an, weil jedem auch zugeteilt ist etwas von der Schaukraft des Michael. Jeder hat etwas von der andern Kraft, so wie jede Seelenkraft etwas hat von der andern, zum Beispiel das Vorstellen etwas von dem Wollen, denn wenn wir beim Vorstellen nicht wollen könnten, so würden wir nur immer träumen und so weiter. So hat auch Raphael etwas von Michael und Gabriel in sich selbstverständlich.

Die unbegreiflich hohen Werke
Sind herrlich wie am ersten Tag.

Versuchen Sie einmal, diese zwei Zeilen zu empfinden mit all den Empfindungen, die Sie haben können aus der Geisteswissenschaft!

Die unbegreiflich hohen Werke

– die da beschrieben werden –

Sind herrlich wie am ersten Tag.

Was heißt denn das? Sie sind nicht herrlich wie an diesem Tag, herrlich wie am ersten Tag. So, wie sie dazumal herrlich, das heißt sich äußernd, sich offenbarend den Engeln entgegengetreten sind, sind sie noch – luziferisch. Denn was zurückgeblieben ist, ist ja luziferisch. Man muß wirklich die Empfindungen anwenden, die man sich erwirbt durch die Geisteswissenschaft. Luziferisch wie am ersten Tag leuchten die Sterne. Sie sind nicht fortgeschritten; sie behalten ihren ursprünglichen Charakter – wieder ein Grund, daß die Engel sie nicht ergründen, sondern anschauen. Für Engel ist das Luziferische anschaubar. Sie werden nicht schlecht dadurch, die Engel. Das Luziferische habe ich oftmals als eine Notwendigkeit in der Weltenentwickelung bezeichnet. Hier wird es Ihnen vorgeführt als etwas, dessen Anblick steht vor den Engeln: Luzifer – nicht wie er für Menschen waltet –, wie er herrlich erhält die unbeschreiblich hohen Werke, wie sie am ersten Tag waren. Und hingeführt werden wir in erhabener Sprache dazu, daß uns gezeigt wird, wie sich das Luziferische im Weltenall auslebt, und die Engel es anschauen dürfen wie am ersten Tag. Da ist es berechtigt. Nur soll es sich nicht herabsenken in die physische Welt zu dem Menschen in der gewöhnlichen Weise, wie es oben lebt in der Welt, die jenseits der Schwelle ist. Und die Welt, die vom Weltenwillen durchbraust, durchdonnert ist, sie wird erst verkündet auf der Erde. Da oben soll sie unergründlich bleiben, da soll sie nicht ergründet werden. Hier die Erde mit den Kräften, die dem Menschen zuerteilt sind, die ist da, damit das für Engel Unergründliche ergründet werde durch Menschenweisheit. Aber Gabriel, der Gottverkünder, das Wort Gottes, kann das nur so andeuten, wie er es von außerhalb der Erde schaut. Erinnern Sie sich an das tiefe Bibelwort: Vor dem Geheimnis der Menschwerdung verhüllten sie ihr Angesicht. – In diesem tiefen Bibelwort liegt das Ganze von dem für die Engel Unergründlichen der Welten, die dem Menschen zugänglich sind durch die Weisheit, die auf Erden entwickelt wird. Und hier wird Engelsprache gesprochen im «Prolog im Himmel», deshalb charakterisiert Gabriel, der Gottverkünder, von außen dasjenige, was auf der Erde sich enthüllt als Weisheit.

Und schnell und unbegreiflich schnelle
Dreht sich umher der Erde Pracht;
Es wechselt Paradieses-Helle
Mit tiefer schauervoller Nacht;

So sieht es sich von außen an: das, in dem wir hier leben, das wir zu enträtseln versuchen, und das auf uns wirkt im Sinnesumkreis. Da draußen ist es der wunderbare Wechsel von Tag und Nacht.

Es schäumt das Meer in breiten Flüssen

Davon hängt menschliches Wohl und Wehe ab; da draußen enthüllt es sich nur als dasjenige, was im Schäumen zusammensetzt die kugelige Erde.

Am tiefen Grund der Felsen auf,
Und Fels und Meer wird fortgerissen
In ewig schnellem Sphärenlauf.

In dem ist unser ganzes, an unser Sinnesleben gebundenes Erdenschicksal gebunden. Der Gottverkünder zeichnet es von außerhalb der Erde.

Und der Sinn der Erde, wie enthüllt er sich? Indem man nicht nur auf dasjenige blickt, was gültig ist für den menschlichen Sinnesumkreis, sondern auch auf dasjenige, was seine Wirkung hinaus ins Weltenall sendet. Gabriel schildert die Erde zwar so, wie sie sich von außen anschaut, aber er schildert das, was im Sinnesumkreis für den Menschen Bedeutung hat. Michael, der Gottschauer, schildert das, was hinausstrahlt in das Weltenall und auch für die Erdenumgebung, für die ganze

Himmelssphäre seine Bedeutung hat. Daher beginnt er beim Umkreise, nicht unten, wo das Meer strömt, wo die Flüsse strömen, sondern beim Umkreise. Er schaut den Umkreis.

Und Stürme brausen um die Wette,

Ein tiefes Wort!

Vom Meer aufs Land, vom Land aufs Meer,
Und bilden wütend eine Kette
Der tiefsten Wirkung rings umher.

Stellen Sie sich nur einmal vor, von außen gesehen, sagen wir, die Passatwinde, die in regelmäßigen Strömen da draußen walten. Unsere beschränkte Naturwissenschaft schildert das alles so, was in diesen atmosphärischen Erscheinungen vor sich geht, aber sie ist eben beschränkt, diese Naturwissenschaft. Wenn man die Regelmäßigkeiten in der atmosphärischen Erscheinung untersucht, so kommt man auf einen tiefen Zusammenhang zwischen diesen regelmäßigen atmosphärischen Erscheinungen und den Mondesphasen, den Mondeserscheinungen, aber nicht deshalb, weil der Mond dasjenige bewirkt, was in der Atmosphäre vor sich geht, sondern weil in gleichem Maße, parallel gehend, die alten Mondengesetze den Mond heute noch beherrschen, und die atmosphärischen Erscheinungen auch von den alten Mondengesetzen noch zurückgeblieben sind. Nicht daß der Mond die atmosphärischen Erscheinungen und Ebbe und Flut beherrscht, sondern beide werden von weit zurückgehenden Ursachen gleich beherrscht, parallel beherrscht. Was so in der Atmosphäre vor sich geht, hat deshalb nicht nur eine Bedeutung für dasjenige, was auf Menschen wirkt im Sinnesumkreis, sondern es hat auch eine Bedeutung für dasjenige, was draußen im Weltenall geschieht. Wir schauen hinauf zum Blitz, wir hören den Donner. Aber auch die Götter schauen den Blitz und hören den Donner von der andern Seite aus. Und der bedeutet für sie noch etwas ganz anderes – davon kann ein anderes Mal gesprochen werden – als für uns Menschen hier, die gerade Blitz und Donner nicht verstehen. Aber der Gottschauer Michael versteht von der Erde gerade dasjenige, was sich nach der andern Seite hin in Blitz und Donner auslebt, was hier von mir geschildert worden ist – erinnern Sie sich an den ersten Vortrag, den ich hier in diesem Sommer wieder gehalten habe – als das Unterirdische der Menschenseele, als die Gewitterstürme der Menschenseele, die ich Ihnen auseinandergesetzt habe an dem Charakter des jung verstorbenen *Weininger.* Was diesen Gewitterstürmen in der menschlichen Seele, in der Atmosphäre entspricht, es wirkt hinaus. Und wie dasjenige, was in uns die Seelenstürme sind, harmonisiert, gemildert ist, wenn wir es übergießen mit unseren höheren Seelenkräften, so wird für die Welt draußen dasjenige, das hier in unserer Atmosphäre stürmt und donnert und unregelmäßig ist in der Meteorologie, nach dem Weltenall hinaus regelmäßig, harmonisch. So wie wir, wenn wir uns entwickeln, nicht bleiben bei den Ungewittern, sondern zum Harmonischen des Seelenlebens vorschreiten. Da unten walten Blitz und Donner –

Doch deine Boten,

– die Engel –

Herr, verehren
Das sanfte Wandeln deines Tags.

Da gliedert sich alles zum Sanften, zum Harmonischen zusammen, von der Sphäre der Engel aus draußen gesehen.

Der Anblick gibt den Engeln Stärke,

– das heißt, er bestärkt ihr Wollen –

Da keiner dich ergründen mag,

– um das Ergründen handelt es sich eben da nicht, sondern um das Anschauen!

Und alle deine hohen Werke
Sind herrlich wie am ersten Tag.

Das heißt: sie sind luziferisch, sie sind für Engel da, sie sollen nur nicht in derselben Weise herein auf den Menschen wirken. Luzifer ist das Unberechtigte in der Menschenwelt, insoferne als er seinen berechtigten Schauplatz draußen für die geistige Welt hereinverlegt in die Menschenwelt und da dieselben Gesetze anwendet, die er nur anwenden sollte draußen in der geistigen Welt.

Und erinnern Sie sich, wie ich auseinandergesetzt habe in andern

Vorträgen anlehnend an Goethes «Faust» das Unklare, das noch in Goethe steckte, als er den «Faust» dichtete. Ich sagte Ihnen dazumal, Goethe hielt noch nicht ordentlich auseinander Luzifer und Ahriman. Mephistopheles ist eigentlich Ahriman, der nur in anderer Weise als Luzifer zurückgeblieben ist. Aber diese Unterscheidung ist erst gegeben durch die neuere Geisteswissenschaft. Goethe verwechselt fortwährend Luzifer und Ahriman, wirft sie durcheinander, so daß sein Mephistopheles wirklich in dieser Beziehung ein verworrenes Gebilde ist, luziferische und ahrimanische Züge hat. Würde Goethe schon die Geisteswissenschaft gehabt haben, so würde diese heillose Verwirrung in bezug auf den Charakter des Mephistopheles allerdings nicht auftreten. Ich habe schon dazumal gesagt: Ich bitte, mich nicht anzuklagen, daß ich Goethe nicht genügend verehre, oder kleinlich philiströs kritisiere, weil ich dieses sage. – Dadurch, daß man die Wahrheit sagt, steht man in der Verehrung irgendeines Genius wahrhaftig nicht geringer da, als wenn man bloß lobhudelt. Ich glaube, daß mich niemand einer geringen Goethe-Verehrung anklagen kann nach dem, was ich über Goethe geschrieben habe, gesagt habe. Aber daß sein Mephistopheles ein verworrener geistiger Charakter ist, das muß ich immer betonen, wenn ich aus dem Impuls der Geisteswissenschaft heraus spreche. Hätte Goethe das ganz Richtige gewußt, so wäre nach dem Vers:

Und alle deine hohen Werke
Sind herrlich wie am ersten Tag

zunächst Luzifer aufgetreten, derjenige, der wirkt durch den Schein der Sphärenwelt, durch das Schöne der Sphärenwelt hindurch. Luzifer stünde da. Und weil Luzifer zu seinem Gefährten den Ahriman hat, den Mephistopheles – was dasselbe ist wie Ahriman –, so würde Mephistopheles dann hinzutreten, oder Luzifer würde abtreten, und Mephistopheles würde auftreten. Das würde Goethe gemacht haben, wenn er Geisteswissenschaft schon in der heutigen Gestalt gehabt hätte. Wir hätten zunächst einen roten Luzifer heute gesehen und dann erst den grauschwarzen Ahriman, den grauschwarzen Mephistopheles. Aber Goethe ist nicht so weit gekommen. Daher läßt er bloß den Mephistopheles auftreten, der in seiner Art auch die zurückgebliebenen Eigenschaften, die droben in der geistigen Welt wirken sollen und nicht in menschlicher Weise herein ins Menschenleben wirken sollen, in sich vereinigt. Goethe hat das gefühlt, richtig gefühlt. Daher stimmt auch nicht alles so recht bei diesem Mephistopheles und stimmt doch wieder. Das Gefühl wirkt hier viel sicherer, als Goethes Anschauung schon gewirkt hat. Vieles von dem, was an Faust als Versuchung herantritt, ist wirklich von Mephistopheles her, aber anderes, das kann sich nicht recht auf Mephistopheles beziehen. Daß Faust in niederen Leidenschaften Versuchung finden soll, das kann nicht recht von Ahriman kommen, das kann nur von Luzifer kommen. Und als Ahriman-Mephistopheles das sagt, da erinnert sich Goethe, unterbewußt, daß das so nicht recht geht. Da müßte eigentlich Mephistopheles den Luzifer an seiner Seite haben. Daher sagt auch Mephistopheles: «Staub soll er fressen», das heißt, in niederen Leidenschaften soll er leben, «wie meine Muhme, die berühmte Schlange». Das ist Luzifer. Da erinnert er an seine Muhme, an die gute Tante Luzifer! Da haben Sie die Reminiszenz an den Luzifer, der eigentlich da sein soll.

Sie sehen, ungeheuer tiefe Weltengeheimnisse stecken in diesem «Prolog im Himmel», womit ich nicht sagen will, daß Goethe diese so darstellen wollte, wie wir sie heute in der Geisteswissenschaft empfinden. Aber die instinktive Weisheit ist oftmals viel tiefer als die offenbare. Und in alten Zeiten gab es nur instinktive Weisheit, und die war wahrhaftig eine höhere Weisheit als diejenige, welche heute die beschränkte Naturwissenschaft produziert.

So ist denn Mephistopheles-Ahriman hereingekommen in die physische Welt, wo er nicht sein sollte. Es stimmt auch schlecht zusammen dasjenige, was er zu sagen hat, mit der physischen Welt und den Intentionen, welche die Gottheit in der physischen Welt hat. Er will regieren auf der Welt, aber er findet alles «herzlich schlecht». Er muß anders sein als die andern, als die echten Göttersöhne, denn er soll hier in der physischen Welt sein, wo die Werke ergründet werden sollen. Da der Mephistopheles überhaupt in die physische Welt hereingeht, so gilt für ihn nicht das Wort, daß er die Welt nicht ergründen soll, er muß sie ergründen. Nur ist er auf der Erde eine Halbnatur, er gehört als Geisteswesen nicht eigentlich herein. Er müßte ergründen – und kann nicht ergründen. Daher findet er alles «herzlich schlecht». Inwiefern er zum Schaffen da ist, davon wollen wir noch morgen sprechen im Zusammenhange mit andern Lehren der Geisteswissenschaft. Heute wollen wir nur dieses noch sagen.

Also dieser Ahriman-Mephistopheles ist hier in der physischen Welt anders als die echten Göttersöhne. Er muß hier wirklich zu etwas anderem verwendet werden. Er muß auf das in der physischen Welt Wirkliche wirken, anders die echten Göttersöhne. Die müssen in ihren Vorstellungen nicht das Irdisch-Wirkliche haben. Die müssen sich erfreuen an der «lebendig reichen Schöne», der Schönheit in ihren Vorstellungen. Da ist Diskrepanz zwischen den Engeln, den echten Göttersöhnen, und dem Ahriman, dem Mephistopheles. Für sie gilt: die Engel können es nicht so machen wie der Mephistopheles, sie erfreuen sich an der lebendig reichen Schöne.

> Das Werdende, das ewig wirkt und lebt,
> Umfaß' euch mit der Liebe holden Schranken.

Hier ist so ziemlich die tiefste Stelle des Prologs. Erinnern Sie sich, was wir von dem Kosmos der Weisheit und dem Kosmos der Liebe gesagt haben. Und erinnern Sie sich noch einmal an das Wort: Sie verhüllten ihr Angesicht vor dem Geheimnis der Menschwerdung. – Die Liebe lebt nicht so für die Göttersöhne der Weisheit wie für den Menschen: sie sind Wesen innerhalb der Weisheit; da sind Schranken für die echten Göttersöhne. Und indem sie in der großen Maja, in der Herrlichkeit der luziferischen Welt leben, weben sie ein die «dauernden Gedanken», die wiederum Wesen sind, nicht abstrakte Ideen, die Kräfte sind, nicht bloße Gedanken.

Es ist eigentlich ganz merkwürdig, wie im Jahre 1797 dieser «Prolog im Himmel» gedichtet worden ist, man möchte sagen, nicht in der Sprache der Menschen, sondern in der Sprache der Götter, und wie die Menschheit lange brauchen wird, um alle Tiefen dieses Prologs auszumessen. Es ist, glaube ich, möglich, ein wenig sich hineinzuversetzen in die Gefühle, die in Goethe lebten, als er, durch *Schiller* angefeuert, 1797 wieder daranging, den «Faust» fortzusetzen, den er vor Jahren begonnen hatte. Es begann da: «Habe nun, ach, Philosophie, Juristerei» und so weiter «studiert». Dann fehlen die drei Teile: «Zueignung», «Vorspiel auf dem Theater», «Prolog im Himmel». Dann fehlte der ganze Osterspaziergang. Einige Szenen wurden dann während der italienischen Reise 1787 geschrieben, und unter Schillers Anfeuerung ging Goethe wieder daran. Da mochte er wohl zurückdenken an die Zeit, wo er den «Faust» noch nicht so tief genommen hatte, wo er ihn nur genommen hatte, wenn auch schon sehr tief, als den, der strebt aus der Welt der physischen Wirklichkeit heraus über die Schwelle, hinein in die geistige Welt, zum Erdgeist und so weiter. Aber er konnte ihn dazumal, er, der zwanzigjährige Goethe, nicht so nehmen, wie er ihn jetzt nahm am Ende des Jahrhunderts, 1797, wo er selber fühlte, daß er vieles von dem wirklich nicht in abstrakter Art verstand, was er im «Prolog im Himmel» auszusprechen hatte. Denn da herrscht die Sprache der Engel. Da hätten sich schon diejenigen, die die ersten Gesänge des «Faust» gehört haben, so mit Goethe entwickeln müssen, wie sich Goethe selber entwickelt hat, wenn sie hätten verstehen wollen, was aus der ganzen reichen Welt des «Faust» in Goethes Seele bis zum Jahre 1797 geworden ist. Es ist etwas anderes geworden. In einer höheren Sphäre erschien ihm das, was er als junger Mensch geschaffen hatte. Er mußte zum Teil etwas empfinden von jenem Hinunterschauen aus der Geistersphäre von jenseits der Schwelle in die irdische Welt, in der auch der Faust wandelte, der da sagt: «Habe nun, ach, Philosophie, Juristerei ...» und so weiter «. . . durchaus studiert mit heißem Bemühn.» Da konnte schon Goethe sagen, er habe damals mit den Genossen etwas anderes genossen als dasjenige, was ihm jetzt geworden ist. Und fühlen mochte er etwas von dem, wie wenig man ihn verstehen werde. Denn Goethe hat schon gefühlt, vom Ende der neunziger Jahre des 18. Jahrhunderts ab, daß etwas kommen muß wie eine geistige Wissenschaft, wenn das voll verstanden werden soll, was er instinktiv empfunden und gefühlt hat als Weltenweisheit und Weltenschönheit und Weltenstärke.

Sie hören nicht die folgenden Gesänge,
Die Seelen, denen ich die ersten sang;
Zerstoben ist das freundliche Gedränge,
Verklungen ach! der erste Widerklang.

Widerklang aus den Seelen, denen er die ersten Szenen des «Faust», die er als Zwanzigjähriger gedichtet hat, vorgelesen hat: der erste Widerklang. Verständnis allerdings dazumal – denn auch diese Zeit ist jetzt schon dahin in der Zeit des Materialismus –, Verständnis allerdings für das Übertreten der Schwelle bei einem Charakter, wie es der Faust war, Verständnis für das Appellieren an den Erdgeist, der da «webt und lebt in Lebensfluten, im Tatensturm». Aber ein Stehenbleiben bei diesem Verständnis, ein Nicht-aufsteigen-Können zu dem, wozu sich Goethe hindurchringen mußte. Daher – nunmehr, wo eine Engelsprache waltet und das Ganze von einem andern Gesichtspunkte angesehen wird – nicht mehr der alte Widerklang. Verklungen, ach! – dieser alte Widerklang! Zerstoben die Seelen, für die er die ersten Gesänge gesungen hat. Jenes Leid, das jeder durchmacht, der die geistige Welt wirklich anschauen will, Goethe kannte es und wußte, daß er mit diesem Leide in seiner Zeit einsam stand.

Mein Leid ertönt der unbekannten Menge.

Das ist heute noch nicht viel anders, als daß einem bange machen könnte der Beifall, den die Leute dem «Faust» spenden. Denn was hören die Menschen heute noch von den tiefen Weistümern, die im «Faust» walten, viel mehr als Äußerlichkeiten!?

Goethe aber mochte sagen, wenn er jetzt empfand, daß er sein Lied emporheben mußte, das Lied von seinem Leid, in die Sphäre des Geisterreiches: Was mir früher Wirklichkeit war, es entschwebt weit in Weiten, und was verschwand früher, das wird zu Wirklichkeiten – das stille, ernste Geisterreich, demgegenüber man sich mit jenem Schauer naht, den man empfindet, wenn man etwas ahnt von der ganz andern Gestalt, welche die Welt hat jenseits der Schwelle und diesseits der Schwelle. Daher ist aus einem tiefen Empfinden der Zukunftsmöglichkeiten bei Goethe auch diese «Zueignung» entsprungen. Könnte Geisteswissenschaft auch in solchen Fällen menschliche Herzen vertiefen, daß sie das, was tief genommen werden muß, auch wirklich tief zu nehmen vermögen, so erfüllte Geisteswissenschaft eine ihrer Aufgaben. Denn wahr, tief wahr ist das Wort, das ich erst kürzlich hier angeführt habe: «Die Welt ist tief, und tiefer als der Tag gedacht», das heißt als jener

Tag, der uns nur die physisch-sinnliche Umwelt zeigt. Die Welt ist tief, wie sie uns geoffenbart wird von jener Nacht, die dem physischen Tag gegenüber zwar Nacht und Finsternis ist, in die wir aber jenes Licht hineintragen, das wir in unserer eigenen Seele entzünden als Leuchte, und die wir dann selber zu erleuchten haben. Die Welt ist tief, und sie muß ergründet werden von einem Lichte, das wir uns durch unser geistiges Streben erst entzünden, damit es scheinen könne in der geistigen Welt. Dann wird es so scheinen, wie das Licht im ewig Werdenden, das wirkt und lebt und in dem sich die Wesen der höheren Welt zu ergehen haben, damit ihnen offenbar werde, was sie brauchen, um zu befestigen mit dauernden Gedanken das, was in schwankender Erscheinung schwebt.

Von diesem Punkte aus wollen wir dann morgen in unserer Betrachtung weitergehen.

Ich möchte nur noch unsere Basler Freunde bitten, morgen keine Kinder mitzubringen. Wir müssen, weil ja diese Szene sich wirklich durch die Anwesenheit der Ihnen heute vorgestellten Persönlichkeit aus der Hölle nicht für Kinderphantasien und Kinderträume eignet, diesmal ausnahmsweise diese Bitte aussprechen, daß alles dasjenige, was unter fünfzehn, sechzehn Jahren ist, morgen nicht mitgebracht wird.

DIE HISTORISCHE BEDEUTUNG DES «FAUST»

Dornach, 20. August 1916
nach eurythmisch-dramatischen Darstellungen:
«Zueignung», «Vorspiel auf dem Theater», «Prolog im Himmel»

Ich habe gestern und schon öfter davon gesprochen, daß der Goethesche Mephistopheles im Grunde genommen eine widerspruchsvolle Figur ist. Wir wissen auch schon, warum er eine widerspruchsvolle Figur ist. Es vereinigen sich in ihm, man könnte sagen, bunt durcheinander mephistophelische, also ahrimanische, und luziferische Charaktereigenschaften. *Goethe* wußte – so könnte man zunächst sagen – diese Charaktereigenschaften noch nicht auseinanderzuhalten. Wenn man auf der einen Seite ein Kunstwerk so hoch stellt, wie Sie gesehen haben, daß ich es mit dem «Faust» tue, so darf man wohl auch auf solche tatsächlichen Dinge aufmerksam machen. Merkwürdig bleibt es allerdings, daß man so wenig – in einzelnen Fällen ist es ja geschehen – die Widersprüche aus der Dichtung selber heraus eigentlich bemerkt. Es ist das auch ein Zeichen für die Art, wie heute vielfach Dinge aufgenommen werden, daß man nicht mit genügender innerer Teilnahme an die Dinge so herangeht, daß man das innere Leben und Weben bemerkt. Denn täte man es, so würde man zum Beispiel die inneren Widersprüche in der Mephistophelesfigur bald bemerken müssen.

Nehmen wir zunächst einen vielleicht nicht vollständigen, aber immerhin sehr starken Widerspruch, der gleich auffallen könnte, wenn man den Mephistopheles reden hört in der Szene, die eben an unserer Seele vorbeigezogen ist.

> Ich sehe nur, wie sich die Menschen plagen.
> Der kleine Gott der Welt bleibt stets von gleichem Schlag,
> Und ist so wunderlich als wie am ersten Tag.
> Ein wenig besser würd' er leben,
> Hätt'st du ihm nicht den Schein des Himmelslichts gegeben;
> Er nennt's Vernunft und braucht's allein,
> Nur tierischer als jedes Tier zu sein.

Was für eine Empfindung muß man dabei haben, wenn Mephistopheles tadelt, daß der Mensch es so macht? Nun wird niemand dem Mephistopheles sehr tiefe, selbstlose Ziele zutrauen. Das kann er auch gar nicht, schon nach dieser ersten Szene im «Prolog im Himmel». Denn was will denn der Mephistopheles eigentlich? Er will doch den Faust haben, nicht wahr, will ihn doch für sich haben und wird daher doch im Grunde alles gut finden müssen – in seinem Sinne gut –, was der Faust tut, um mit ihm zusammenzukommen, um ihn zu erfassen, zu ergreifen. Erfassen heißt in diesem Falle ergreifen, nicht begreifen; es ist nicht begrifflich, abstrakt gemeint. «Kannst du ihn erfassen» – kannst du ihn ergreifen. Dazu wird ja doch Mephistopheles alles tun wollen. Da könnte es ihm nun sehr gelegen kommen, wenn Faust alle diejenigen Eigenschaften hätte, die ihn gerade in die Klauen des Mephistopheles brächten!

Schlagen wir einmal einen späteren Vers auf, wo Mephistopheles dem Faust selbst gegenübersteht, im Studierzimmer, wo Faust davon spricht, wie er sich zu Vernunft und Wissenschaft stellt. Faust geht ab; Mephistopheles bleibt in seinem langen Kleide zurück. Man kann sich denken, daß er jetzt doch wohl mit sich selber aufrichtig sein wird, dieser Mephistopheles. Da sagt er:

> Verachte nur Vernunft und Wissenschaft,
> Des Menschen allerhöchste Kraft,
> Laß nur in Blend- und Zauberwerken
> Dich von dem Lügengeist bestärken,
> So hab' ich dich schon unbedingt.

Also das könnte ihm gerade passen, wenn der Mensch Vernunft und Wissenschaft nicht im richtigen Sinne anwendet, sondern sie gebrauchte, um tierischer als jedes Tier zu sein. Da wird er just dem Herrn vorreden, nicht wahr:

> Hätt'st du ihm nicht den Schein des Himmelslichts gegeben;
> Er nennt's Vernunft und braucht's allein,
> Nur tierischer als jedes Tier zu sein.

Ich sage, es ist nicht ein vollständiger Widerspruch, aber für die Empfindung ein starker Widerspruch.

In der Szene, die ich eben angeführt habe, wo Mephistopheles dem Faust im Studierzimmer gegenübersteht, da ist es ja klar, da redet er schon aufrichtig als Ahriman-Mephistopheles. Aber an der Stelle, die Sie heute gehört haben:

Er nennt's Vernunft und braucht's allein,
Nur tierischer als jedes Tier zu sein,

da kommt ein luziferischer Zug hinein. Dem Luzifer kann das nicht passen, wenn der Faust recht sehr zur Aufstachelung der tierischen Leidenschaften die Vernunft gebraucht. Aber dem Ahriman würde es ja gerade recht sein müssen, wenn der Faust sich so verhielte, wie Mephisto es da tadelt. Da haben wir einen jedenfalls nicht halben Widerspruch, sondern schon dreiviertel Widerspruch!

Aber mit einer andern Stelle, was soll man denn mit der machen?

Solang' er auf der Erde lebt,
Solange sei dir's nicht verboten.
Es irrt der Mensch, solang' er strebt.

Da dank ich Euch; denn mit den Toten
Hab' ich mich niemals gern befangen.
Am meisten lieb' ich mir die vollen, frischen Wangen.
Für einen Leichnam bin ich nicht zu Haus;
Mir geht es wie der Katze mit der Maus.

Wenn man das vergleicht mit der Szene, die wir vielleicht auch einmal aufführen können, wo sich der Mephisto zum Schluß so bemüht, die Seele zu kriegen, im zweiten Teil, als der Leichnam daliegt, wie soll man denn da überhaupt zurechtkommen? Der Teufel geht doch auf Seelen aus, und hier spricht er geradezu vom Gegenteil! Solche Widersprüche sind durchaus viele vorhanden. Ich wollte nur die zwei Beispiele nennen; das erste: ein dreiviertel Widerspruch, der sich in der Dichtung selber findet. Solche Widersprüche sind durchaus darauf zurückzuführen, daß die zwei Charaktereigenschaften, das Luziferische und das Ahrimanisch-Mephistophelische, durcheinanderkommen.

Nun kann für uns die Frage entstehen: Wie kommt es denn, daß Goethe geradezu den Ahriman-Mephistopheles dem Faust zur Seite stellt, alles Augenmerk auf den Ahriman-Mephistopheles hinlenkt und gewissermaßen den Luzifer noch ganz unterdrückt? – Das muß doch eine Frage sein. Denn dadurch, daß Goethe aus dem Impulse seiner Zeit heraus dazu verführt worden ist, den Mephistopheles gerade dem Faust an die Seite zu stellen, hat er auch luziferische Züge herübergenommen und dadurch gewissermaßen dem Mephistopheles-Ahriman alles angehängt, was auf die zwei verteilt sein sollte. Es muß also Gründe geben in der Zeit, mehr Augenmerk dem Mephistopheles zuzuwenden als dem Luzifer. Goethe geht, indem er die Faust-Sage behandelt, zurück bis dahin, wo das Mittelalter mit der neuen Zeit zusammenstößt. Und er hat im wesentlichen die Zeitimpulse in sich aufgenommen, die aus diesem Zusammenstoßen des Mittelalters mit der neuen Zeit entstanden sind. Wenn wir etwas weiter zurückliegende Dichtungen ins Auge fassen, Dichtungen, die weiter zurückliegenden Impulsen folgen, so finden wir eine entgegengesetzte Verwechslung. Wir können auch darüber einmal sprechen. Aber heute will ich nur darauf hindeuten. In *Miltons* «Verlorenem Paradies» finden Sie den entgegengesetzten Fehler gemacht. Da ist alles, was dem Ahriman-Mephistopheles zugeschrieben werden sollte, auf den Luzifer abgeladen, wenn auch nicht in einer so groben Weise, wie das im «Faust» geschehen ist. Wie gesagt, wir wollen darüber einmal sprechen. Das war mehr der Fehler, den das Mittelalter gemacht hat, mehr das Augenmerk nach dem Luzifer hin zu richten. Und der Fehler, den die neuere Zeit macht, ist, mehr das Augenmerk nach dem Ahriman-Mephistopheles hin zu richten. Jetzt leben wir in einer Zeit, in welcher das richtige Verhältnis zwischen den beiden Weltmächten Mephistopheles und Luzifer immer mehr und mehr von den Menschen eingesehen werden muß. Daher unsere Gruppe, unsere plastische Gruppe, die bestimmt ist für den Bau hier, und die Ahrimanisches und Luziferisches – Mephistopheles und Luzifer – in dem richtigen Verhältnis zueinander bildhaft zeigen soll.

Wenn Sie verstehen wollen, um was es sich eigentlich dabei handelt, so müssen Sie etwas ins Auge fassen, was heute noch dem Menschen ganz paradox erscheint, was aber einmal, wenn die Menschen Geisteswissenschaft wirklich nicht zurückweisen von dem Erdendasein, tief verstanden werden wird. Wir leben in der neueren Zeit unter ganz besonderen Impulsen, unter denen wir leben müssen. Es ist richtig, daß wir unter diesen Impulsen leben. Man muß nur diese Impulse erkennen. Man darf sie nur sozusagen nicht verkennen. Ich habe es oftmals selber ausgeführt, wie da im Beginne der neueren Zeit heraufkommen mußte die Kopernikanische Weltanschauung, wie sie berechtigt, tief berechtigt ist. Wir stehen zwar mit etwas andern Gefühlen dieser Kopernikanischen Weltanschauung gegenüber als die äußere Welt. Denn wenn man die Gefühle, mit denen die äußere Welt der Kopernikanischen Weltanschauung gegenübersteht, ins Auge faßt, so kommt man doch kaum zu einer andern Anschauung, als daß die Leute sagen: Nun, das Mittelalter und das Altertum, die waren dumm, und wir sind gescheit geworden, und als das Mittelalter und das Altertum dumm waren, da haben sie gedacht, die Sonne bewege sich, und haben allerlei Zyklen und Epizyklen konstruiert – Ptolemäische Weltanschauung – und haben dann das geglaubt, haben nach dem Augenschein die Bewegungen der Himmelskörper angenommen. – In einem gewissen Sinne ist das sogar richtig für das Mittelalter, für das spätere Mittelalter namentlich, denn da waren schon Konfusionen hereingekommen in das, was als Ptolemäische Weltanschauung heraufgekommen ist. Aber die ursprüngliche Ptolemäische Weltanschauung war nicht so, sie war ein Teil der ursprünglichen alten Uroffenbarung, war in die Menschenseelen gekommen auf dem Wege durch die alten Mysterien und keineswegs durch das bloße äußere Anschauen, beruhte also auf Offenbarung. Mit dieser Offenbarung brach die neuere Zeit, und die neuere Zeit stellte sich die Frage: Wie muß man denn den Himmel anschauen, um ihn und seine Bewegungen kennenzulernen? – *Kopernikus* hat zunächst die Rechnung aufgestellt, versucht, eine einfache Rechnung zu machen über die Bewegungen der Himmelskörper, um dann zu zeigen, wie die Orte, die man errechnet hat, wirklich mit der Stellung der Himmelskörper stimmen. Und so hat er auf dem Wege der Rechnung sein Kopernikanisches System erfunden, drei Sätze aufgestellt, die in Kopernikus' Werken selber zu finden sind, über die Bewegungen der Himmelskörper im Verhältnis zu unserer Erde. Von diesen drei Sätzen hat man allerdings einen weggelassen, und dadurch ist die heutige konfuse Kopernikanische Weltanschauung zustande gekommen, die nicht die des Kopernikus selber ist. Der dritte war unbequem – den hat man weggelassen! Daher kennt heute derjenige, der aus den gebräuchlichen Büchern die Kopernikanische Weltanschauung bloß lernt, die Ansicht des Kopernikus keineswegs. Aber nun, das mußte so kommen. Zunächst mußte Kopernikus eine weitaus richtigere Lehre aufstellen, mit den drei Sätzen, dann mußte unsere Lehre kommen, die auf zwei Sätzen des Kopernikus beruht, und es wird erst, wenn die ganze Sache geisteswissenschaftlich wird durchdrungen werden, das Richtige zum Vorschein kommen.

Dann kamen diejenigen, die mehr auf äußerliche Weise, nicht durch Rechnen, hinter die Bewegungen der Himmelskörper und ihre Gesetze zu kommen suchten. Das Fernrohr kam. Man lernte den Himmelsraum so untersuchen, wie man auf Erden die Dinge untersucht. Und auf diese Weise entstand die moderne Astronomie, die moderne Astrophysik, eine Wissenschaft, die ganz auf die Weise entsteht, daß man dasjenige in Gesetze faßt, was man beobachtet; das heißt, man will den Himmel dadurch erklären, daß man den Himmel beobachtet. Und was könnte natürlicher sein als dieses? Es müßte ja – so muß der moderne Mensch denken – derjenige schon ein ganz verrückter Kerl sein, der eigentlich etwas anderes wollte, als den Himmel dadurch kennenlernen, daß er den Himmel beobachtet. Das ist doch ganz selbstverständlich, nicht wahr. Und doch ist es nicht richtig, doch ist es eine von den großen Täuschungen. Es ist etwas, was in der Zukunft ganz anders werden wird. Man wird auch in der Zukunft, und zwar mehr noch als in der Gegenwart, den Himmel befragen; man wird kennenlernen wollen, was als Bewegungen in den Himmelskörpern lebt und webt, man wird genau lesen, studieren am Himmel; aber man wird eines wissen, was man heute noch nicht weiß, was heute dem Menschen ganz paradox erscheint, wenn man es ausspricht: Man erfährt nämlich über den Himmel gar nichts, wenn man ihn beobachtet. Die allerfalscheste Methode, den Himmel und seine Bewegungen kennenzulernen, ist, ihn so zu beobachten, wie man es heute macht. – Nicht wahr, ich sage etwas ganz Verdrehtes. Aber man muß schon sich zu den Verdrehungen anders verhalten, als sich der gute Christian von Ehrenfels dazu verhalten hat, auf den ich vor acht Tagen hingewiesen habe. Man wird den Himmel beobachten, immer eingehender und eingehender beobachten und sich von ihm sagen lassen seine Geheimnisse. Aber was werden diese Geheimnisse einer späteren Zukunft enthüllen? Sie werden das enthüllen, was hier auf der Erde vorgeht. Das werden sie enthüllen. Man wird zwar den Himmel beobachten, aber aus dem, was man am Himmel erkennt, wird man erklären, wie die Pflanzen auf der Erde wachsen, wie die Tiere auf der Erde entstehen, alles dasjenige, was auf der Erde sich bildet, was auf der Erde webt und lebt. Darüber wird einem Aufklärung geben dasjenige, was der Himmel offenbart. Es wird einem gar nicht mehr einfallen, den Himmel um den Himmel zu fragen, sondern man wird den Himmel fragen, um über die Erde Aufklärung zu finden. Und die bedeutsamsten Gesetze, die man kennenlernen wird vom Himmel, wird man dazu verwenden, um die Geheimnisse des irdischen Daseins zu enthüllen. Die alte Astrologie, die in ihrer Urbedeutung heute wenig mehr erkannt wird, die zum größten Teil zum Dilettantismus, ja zum Scharlatanismus geworden ist, wird in einer ganz neuen Form wieder aufleben. Man wird nicht nur irdische Schicksale suchen aus den Bewegungen der Sterne und aus den Gesetzen des Himmelsraums, sondern man wird die Gesetze des irdischen Lebens, dasjenige, was webt und lebt, aus den Gesetzen der Himmelskörper erklären. Man wird nicht eher wissen, warum das Salz in Würfeln kristallisiert, warum der Demant in Oktaedern kristallisiert und so weiter, bevor man dasjenige, was Formen hat hier auf der Erde, erklären wird aus den Stellungen der Himmelskörper. Und man wird nicht eher wissen das Geheimnis des Lebens der Tiere, der Pflanzen, der Menschen als Lebensgeheimnis, bis man erklären wird aus den Bewegungen der Himmelskörper, deren Wirkung das Leben ist, dasjenige, was hier auf der Erde webt und lebt. Aus dem Himmel erklärt sich die Erde. Allerdings, dasjenige, was man über den Himmel wissen wird, wird eine etwas andere Gestalt annehmen als das, was man heute zu wissen vorgibt. Man wird erforschen die Gesetze der Stellungen und Bewegungen der Himmelskörper. Aber dann wird man sich anregen lassen meditativ durch das, was man da erforscht, um gewissermaßen mit den Wesen, die in den Sternen leben, in eine Beziehung zu treten. Man wird sich sagen lassen von den

Wesen, die da leben, was man wird wissen müssen für das Leben auf der Erde.

Das ist eine Zukunftsperspektive. Sie wissen nun, daß in einer ähnlichen Weise, wie *Kopernikus, Galilei, Kepler,* denen übrigens noch immer alte Anschauungen in ihren Sinn geflossen sind, versuchten, die Gesetze der Himmelsbewegungen durch die Beobachtung des Himmels zu gewinnen, und wie man es in ihrem Sinne fortgesetzt hat in der neueren Zeit, so ist versucht worden von *Darwin, Lamarck, Haeckel,* die Gesetze des irdischen Lebens zu finden. Und was wäre hier wiederum natürlicher, als daß man die Erde durch die Erde kennenlernt! Man reist herum, wie es Darwin gemacht hat, man mikroskopiert, wie es Haeckel gemacht hat, man rationalisiert, wie es Lamarck gemacht hat, über die Wesen der Erde und versucht zu erkennen die Gesetze, von denen das Leben auf der Erde beherrscht wird. Wiederum kann man als ein Verrückter gelten, wenn man das nicht als eine Selbstverständlichkeit ansieht. Die Zukunft wird das gar nicht als eine Selbstverständlichkeit ansehen! Wenn man den geraden, schönen Entwickelungsgang, den die neuere Biologie genommen hat von Darwin zu Haeckel und zu den Schülern Haeckels, ins Auge faßt, so findet man, daß er dazu geführt hat, namentlich über das Embryonalleben gewisse Gesetze zu bilden. Das sogenannte biogenetische Grundgesetz spielt eine große Rolle, daß nachlebt der Mensch im Embryonalleben die einzelnen Tiergattungen. Sie wissen, ich habe auf das biogenetische Grundgesetz öfter aufmerksam gemacht. Um dieses zu finden, wurden solche Beobachtungen angestellt, durch die man hoffte, etwas eben über das Leben der Lebewesen zu finden. Man kann sagen, die heutige Zeit arbeitet schon wiederum an der Aufdröselung dieser Anschauungen, nur bemerkt man es in Laienkreisen wenig. Die kopernikanische Astronomie wird schon stark von einzelnen Einsichtigeren bezweifelt. Und Haeckels Schüler, *Oscar Hertwig,* hat namentlich in seinen letzten Schriften Dinge geäußert, die dazu geeignet sind, alles das sehr in Frage zu stellen, was die Darwin-Haeckelsche Theorie an die Oberfläche gebracht hat. Wenn man sich unterrichtet aus dem, was innerhalb der Fachwissenschaft vorgeht, so bekommt man doch eine andere Ansicht, als wenn man sich nur unterrichtet nach dem, was in populären Vorträgen durch die üblichen

– mauthnerisch darf ich nicht sagen, wie soll ich nur sagen? –, na ja, also was durch die üblichen Vortragenden dem Publikum dargeboten wird. Es geht schon heute viel in der eigentlichen Fachwissenschaft vor, und es bereitet sich schon das vor, was hier als Zukunftsperspcktive angegeben wird. Nur wird man zur Geisteswissenschaft kommen müssen, damit das, was so vorgeht, nicht konfus werde, sondern wirklich sachgemäß werde.

Nun muß ich wiederum etwas sagen, was paradox ist. Durch die Beobachtung desjenigen, was auf der Erde vorgeht, lernt man gar nichts über die Erde kennen, das wird man einmal kennenlernen, wenn man es aus den Sternen abliest, was auf der Erde vorgeht. Was aber draußen im Himmelsraum eigentlich vorgeht, das lernt man kennen durch die Beobachtung zum Beispiel der Embryologie und so weiter. Man kann diese Beobachtung wiederum so behandeln, wie ich vorhin angedeutet habe, daß man die Himmelsbewegungen beobachtet, man kann in eine Beziehung zu den elementarischen Wesenheiten treten, die da regeln diese Bewegungen innerhalb des Erdengeschehens. So wie man den Himmel fragen wird, um die Erde zu erklären, so wird man die Erde fragen, um den Himmel zu erklären. Wie gesagt, es ist heute noch paradox, aber es wird kommen, auf irgendeine Weise wird es schon über diese Erde kommen, daß diese richtige Anschauung Platz greift. Die Astronomen werden mit den Mitteln ihrer Wissenschaft die Biologie begründen, und die Biologen werden mit den Mitteln ihrer Wissenschaft die Astronomie begründen. Und eine im echten Sinne mit den Mitteln der Astrologie begründete Biologie wird spirituelle Wissenschaft sein, und eine mit den Mitteln der echten Embryologie begründete Astrologie wird spirituelle Himmelskunde sein. Wenn Sie das bedenken, so müssen Sie sich sagen: Die Menschheit macht eben nicht eine gerade Entwickelungslinie durch, sondern geht gewissermaßen in Wellen, in einer Wellenlinie vorwärts, auf und ab. – Und damit in der rechten Weise vorbereitet werden konnte die richtige spirituelle Anschauung, die da kommen muß, mußte der Irrtum heraufkommen, der darinnen besteht, daß man in der neueren Zeit den Himmel durch den Himmel, die Erde durch die Erde erklären will. Unter diesem Eindruck lebten die Menschen.

Aber nicht ganz lebte Goethe unter diesem Eindruck, nicht ganz. Goethe hatte ja in einer gewissen Weise den Darwinismus vordarwiniert, aber einen viel spirituelleren Darwinismus. Er ging nicht bloß auf die äußere sinnliche Aufeinanderfolge der Erscheinungen, sondern auf Urpflanze und Urtier. Und ich habe öfter hingewiesen auf das bekannte Gespräch zwischen Goethe und Schiller, wo Goethe, nachdem sie bei dem Botaniker *Batsch* in Jena gesehen hatten, wie die Pflanzen so nebeneinander betrachtet werden, und Schiller das unbefriedigend fand, mit wenigen Strichen die sogenannte Urpflanze hinzeichnete. Es gibt dieses Bild Goethes nicht. Ich habe versucht, in der Einleitung zu Goethes morphologischen Schriften in Kürschners National-Literatur, die ich geschrieben habe schon in den achtziger Jahren, diese Goethesche Urpflanze nachzuzeichnen. Sie können sie dort finden, wie ich sie nachgezeichnet habe. Schiller aber sagte: Das ist keine Realität, das ist eine Idee. – Goethe sagte: Dann sehe ich meine Idee mit Augen. – Er war sich klar darüber, daß das eine Anschauung für ihn ist, eine Erfahrung, nicht etwas Ausgedachtes, etwas Errationalisiertes. Und wenn man so Goethe kennenlernt, recht intim kennenlernt, sei es durch seine dichterischen Bestrebungen in Verbindung mit seinen wissenschaftlichen, sei es umgekehrt in seinen wissenschaftlichen in Verbindung mit seinen dichterischen – ich habe das gerade bei meiner Interpretation Goethes angestrebt –, so sieht man, wie Goethe sich nicht recht behaglich fühlt, den Himmel durch den Himmel, die Erde durch die Erde zu erklären, und wie fortwährend in seinen Ideen dieses Prinzip der neueren Zeit durchbrochen wird. Deshalb kann man so schwer Goethes Farbenlehre heute noch verstehen, denn, was Goethe will, ist eigentlich eine astronomische Erklärung des Farbengeheimnisses. Und wenn Sie ganz aufmerksam Goethes Morphologie lesen, so werden Sie sehen, wie da gewisse Dinge hereinspielen, die schon von den ersten Anfängen einer Astronomie herrühren. Insbesondere fühlt man das durch, wenn man die Aufsätze Goethes über die Spiraltendenz der Pflanzen ins Auge faßt. Nun, das würde auf Einzelheiten führen, auf die ich heute nur aufmerksam machen kann; ich will nur hinweisen darauf.

Werfen wir nun die Frage auf: Woher kommt es denn, daß diese neuere Zeit, die wir jetzt rechnen seit dem Zusammenstoß des Mittelalters mit der Neuzeit, seit dem Aufkommen des Kopernikanismus, des Galileismus, des Keplerismus, und die wir wiederum weiterverfolgen bis zum Darwinismus, zum Haeckelismus, zum Lamarckismus, wie kommt es denn, daß diese Zeit ins Auge faßt, den Himmel durch den Himmel, die Erde durch die Erde zu erklären, statt die Erde durch den Himmel und den Himmel durch die Erde? Wie kommt das? – Das kommt durch eine doppelte Verführung, indem Ahriman sowohl wie Luzifer die Menschen verführen. Im Mittelalter, als sich die Sachen vorbereitet haben, als man hinsteuerte nach dem Kopernikanismus, Darwinismus, da war es mehr eine luziferische Wirksamkeit, da waren es luziferische Impulse, die das vorbereiteten. Und als der Kopernikanismus heraufgekommen war, da war es mehr die ahrimanische Verführung. Ahriman ist es, der im wesentlichen in den Menschen lebt, indem er diese Umkehrung der Menschen vollzieht, von der ich gesprochen habe. Denn schließlich steht gerade die moderne Wissenschaft ganz unter ahrimanischem Einflusse. Und Goethe hat richtig gefühlt, als er den Ahriman dem Menschen nahe fühlte, den Mephistopheles, in der neueren Zeit. Für ihn war es weniger wichtig, das Verhältnis des Luzifer zum Menschen, als das des Ahriman zum Menschen ins Auge zu fassen. Darauf mußte sich sein ganz besonderes Augenmerk richten. Weniger kam ihm der luziferische Einfluß in Betracht. Denn Faust ist ja vom Anfang an so hingestellt durch die Geschichte, daß er der Mensch der neueren Zeit ist. Die verschiedenen Verirrungen der Theologie des ausgehenden Mittelalters rührten von Luzifer her. Faust aber tritt gleich so auf, daß er die Bibel unter die Bank legt und ein Weltmensch und Mediziner werden will, das heißt, die Erde durch die Erde erklären will, den Himmel durch den Himmel, nicht so, wie es bei den alten Theologen des ausgehenden Mittelalters der Fall war, daß man noch wie in einem letzten Atavismus die Wunder der Erde aus den Offenbarungen der Theologie zu erklären versuchte, also vom Himmel her zu erklären versuchte. Ahriman trat an des Menschen Seite in der neueren Zeit. Diejenigen, die das zwar fühlten, aber die von der Notwendigkeit nicht durchdrungen waren, sondern nur von der Teufelsfurcht durchzogen waren, verlästerten daher den Faust, der nur folgte dem notwendigen Impulse der neueren Zeit. Und so kam denn die Faust-Dichtung des 16. Jahrhunderts zustande, die den Faust in die Hölle hinein verbrennen läßt, weil er dem Ahriman verfällt. Diejenigen, die noch unter dem Atavismus des Mittelalters standen, die haben gewissermaßen der Dichtung diese Form gegeben. Goethe stand nicht mehr unter dem Einflusse des Mittelalters. Daher konnte er seinen Faust nicht in die Hölle hinein verbrennen lassen. Aber die große Frage entstand bei ihm: Was denn eigentlich tun?

Fassen wir die Sache einmal recht konkret. Was tut man denn eigentlich, wenn man die Erde durch die Erde erklärt? Fassen wir es bei einem Beispiel, das vielleicht, weil es ein bißchen der gewöhnlichen Wissenschaft entrückt ist, uns näher steht. Nehmen wir eine Mythe oder eine Dichtung und denken wir an einen Kommentator oder an einen Interpreten von der Art, wie ich sie oftmals getadelt habe – Sie erinnern sich! Nehmen wir an, so ein Kommentator, ein Interpret einer Mythe, einer Sage oder einer Dichtung, tritt vor uns hin und erklärt uns, wie er sagt, die Dichtung aus der Dichtung; er sucht die Gesetze der Dichtung in der Dichtung oder in der Mythe. Er kann sehr geistvoll sein. Es gibt durchaus sehr geistvolle Mythen- und Dichtungserklärer. Aber sie sündigen alle, denn so kann man nie eine Mythe und nie eine Dichtung erklären, daß man den Verstand auf sie anwendet. Ach, was haben die Hamlet-Erklärer alles geschrieben, um den «Hamlet» zu interpretieren! Was haben selbst die Faust-Erklärer alles geschrieben, um den «Faust» zu interpretieren! Was haben Theosophen alles getan, um allerlei Mythen zu interpretieren! Auf den Grund der Mythe, auf den Grund der Dichtungen kommt man nur, wenn man den Blick hinauszurichten versteht dahin, wo die Mythen und die Dichtungen her sind – aus dem Himmel herein. Das deutet schon wiederum auf jene Zukunftsperspektive. Das liegt uns näher, als bei der Wissenschaft darauf hinzuweisen. Mythen führt man an, indem man gleichsam durch sie illustriert, wenn man darauf gekommen ist, was die großen Zusammenhänge im himmlischen Weltenall sind; man läßt sie dann durch die Mythe spiegeln wenigstens. Und wenn man Einsicht hat in die kosmischen Gesetze, die da walten, dann wird man auch nicht zu verstandesmäßigen Kommentatorenkünsten kommen gegenüber Dichtungen; denn wenn man herausschält aus der Mythe und aus der Dichtung das, was solche verstandesmäßigen Erklärer gewöhnlich bekommen, was tritt denn da eigentlich auf? Ja, man kann da immer ein gewisses Bild vor sich haben, wenn so ein Mythenerklärer oder ein Dichtungskommentator auf die Art, wie es heute ist, auftritt. Da tritt etwas auf, wie der war, der da hervorgekommen ist in seiner Fledermausgestalt, wirklich so etwas fledermausartiges Graues, gegenüber dem lebendigen Leben, das in Dichtung und Mythe waltet. Da macht man schon auch Bekanntschaft mit Ahriman-Mephistopheles.

Das, was ich jetzt angeführt habe an einem solchen Beispiel, das könnte ausgedehnt werden über das ganze Treiben in der Wissenschaft, wobei ich diese Wissenschaft nicht tadle. Ich will Ihnen gerade die Notwendigkeit zeigen, daß es so ist. Ahriman mußte eine gewisse Zeit lang eingreifen, sonst wäre die Art und Weise, wie die Menschen in dem Mittelalter gewirkt haben, eine solche geworden, welche die Menschen allzuleicht hätte erschlaffen lassen. Die Menschen lieben sich gern die unbedingte Ruh, drum gibt ihnen die Welt den Teufel zu, der wirkt und lockt und muß als Teufel eben schaffen –, der reizt und lockt und wirkt. Das ist notwendig, dieses Eingreifen des Ahriman. Und es ist ein völliger Unsinn, wenn man etwas gehört hat von Ahriman und Luzifer und nun fragt: Ist das vielleicht ein ahrimanischer Einfluß? Ist das ein luziferischer Einfluß? Man muß sich davor nur ja hüten!

Welche Rolle Ahriman spielt – Goethe verstand das! Warum aber mußte denn Ahriman eine solche Rolle in der neueren Zeit spielen? Warum mußte überhaupt Ahriman-Mephistopheles in die Sphäre des Menschen eintreten? Nicht wahr, wir wissen, es verläuft die Evolution so, daß wir die sogenannte lemurische Zeit haben, die atlantische Zeit, unsere nachatlantische Zeit. Wir wissen, in der lemurischen Zeit, da war des Menschen Ich, das heißt das Bewußtsein, noch recht wenig tätig, noch recht wenig betriebsam; es beginnt ja eigentlich erst hier.

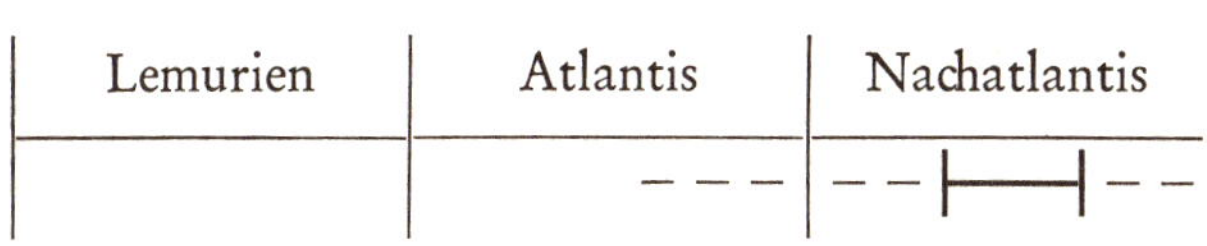

Aber erst nach und nach klärt sich der Mensch auf über dasjenige, was als Ich-Impuls in ihm lebt und webt. Nach und nach erst werden die Menschen sich klar darüber, wie sie stehen, indem das Ich in ihrer Seele wohnt, zu Luzifer und Ahriman, nach und nach werden sie sich erst klar, die Menschen. Wenn man dasjenige, was Prinzip sein muß der zukünftigen Zeit, ins Auge faßt, so stellt es sich ja dar, schematisch nur angedeutet: nach der Erde hinweisend, um die Geheimnisse des Himmels zu entdecken; nach dem Himmel hinweisend, um die Geheimnisse der Erde zu entdecken. Macht man die Sache verkehrt, macht man die Sache im Sinne unserer Zeit nur, so findet man nicht die Geheimnisse der Erde, sondern aus der Erde heraus kommt statt der Himmelsgesetze, statt der Himmelsgeheimnisse, die herauskommen sollten, das Ahrimanische, das an die Menschen herantritt, das versucht, an den Menschen heranzukommen. Es muß zurückgewiesen werden, weil in der Erde nicht gesucht werden muß verstandesmäßig das, was die Erde gibt, sondern das, was sie offenbart für den Himmel. Von dem Weltenraum herein kommt Luzifer; er muß weichen. Würde er an den Menschen herankommen, so würde das so sein, daß im Weltenraum draußen gesucht würde das, was in ihm nicht zu finden ist: die Geheimnisse des Himmels selber. Diese Beziehung wird man einsehen müssen.

Man mußte einstmals einsehen, wie nahe zum Menschen Luzifer steht. Es ist den Menschen möglich gemacht worden, dieses einzusehen in einem Symbolum, das viel mehr ist als ein Symbolum, in einem Symbolum, das tief in die Geheimnisse der geistigen Welt hineinweist. Man kann, wenn man das, was Luzifer für den Gesamtmenschen ist, charakterisieren will, dies nicht intimer machen, als wenn man die Sache so hinstellt, daß an die Kräfte des Weibes herankommt Luzifer und mit Hilfe der spezifisch weiblichen Kräfte in die Welt hereinwirkt, und der Mann durch das Weib dann mit Hilfe Luzifers verführt wird. Dieses Symbolum mußte hingestellt werden vor die Menschheit, und es mußte dastehen, als der vierte nachatlantische Zeitraum da war, wo die Menschen zunächst begreifen sollten das Verhältnis Luzifers zum Menschen, wo sie es fühlen sollten, empfinden sollten dieses Verhältnis, es sich zum Bewußtsein bringen sollten. Durch nichts konnte man sich so sehr zum Bewußtsein bringen das Verhältnis Luzifers zum Menschen, als indem man den Anfang der Bibel studierte, wie die Schlange herantritt an das Weib, das Weib an seinen Kräften faßt und dadurch die Verführung, die Versuchung der Welt begann. Dieses bedeutsame Symbolum war das wirksamste für diesen vierten nachatlantischen Kulturzeitraum, wenn es auch schon früher dagewesen ist. Das Geheimnis des Luzifer ist in diesem Symbolum enthalten.

Der fünfte nachatlantische Zeitraum mußte den Menschen bewußt aufklären über das ahrimanisch-mephistophelische Geheimnis. Da mußte ein anderes Symbolum hintreten. So wie in dem Religionsbuche, das sich auf die geistige Welt bezieht, das Symbolum des luziferischen Verführers des Weibes an der Spitze steht, und der Mann dadurch mitverführt wird durch die Künste, die Luzifer mit Hilfe des Weibes ausführt, so mußte das Gegenbild im fünften nachatlantischen Zeitraum entstehen: Ahriman, der an den Mann herantritt, den Mann zunächst verführt, und mit Hilfe des Mannes die Frau. Wenn es auch vielleicht nicht so grandios gelungen ist im ersten Anhub der Faust-Dichtung, das tief Ergreifende der Gretchen-Tragödie beruht vielfach darauf, daß geradeso wie Adam auf dem Umwege durch Eva von Luzifer verführt wird, so das Gretchen auf dem Umwege durch Faust von Ahriman-Mephistopheles verführt wurde. Die innere Notwendigkeit der Sache trieb dazu, ein Weltbuch dem Theologiebuch gegenüberzustellen: den Verführten und die Verführerin; die Verführte und den Verführer; den Luzifer, den Ahriman. Das Verhältnis Luzifers zum Weibe auf der einen Seite, Ahrimans zum Manne auf der andern Seite. Dies ist ein tief bedeutungsvoller geistiger Zusammenhang.

Und deshalb entstand wirklich aus einem inneren geistigen Impulse heraus dieses Weltbuch des «Faust» im Gegensatze zu dem Theologiebuch. Und die neuere Zeit ist dazu berufen, die Wege zu finden zwischen Ahriman und Luzifer. Denn alle Kräfte, durch die Luzifer in die Welt hereinwirkt, sind zwar nicht gleich, aber ähnlich den Kräften, durch die es Luzifer gelungen ist, die Frau zu verführen. Alle Kräfte, durch die Ahriman in die Welt hereinwirkt, sind ähnlich den Kräften, mit denen Ahriman den Mann verführt. Und wie wir uns richtig denken die luziferische Verführung, die uns die Bibel darstellt, in die lemurische Zeit hinein, so müssen wir den Ahriman suchen an einer Stelle der Bibel, die nicht mehr klargeworden ist, weil das ahrimanische Geheimnis in der Bibel noch nicht in derselben Weise enthüllt ist wie das luziferische Geheimnis. Wir müssen, während wir das luziferische Geheimnis in die lemurische Zeit versetzen, das ahrimanische Geheimnis, wie ich öfter ausgeführt habe, in die atlantische Zeit versetzen. Da hat die Bibel nur eine Andeutung, nicht ein so klares, weithin glänzendes Bild wie das von der Paradiesesversuchung. Da steht darinnen nur in der Bibel, daß bewirkt wurde durch die Impulse, die hereinkamen in das Erdendasein, daß die Göttersöhne Gefallen fanden an den Töchtern der Menschen. Das ist nur die Hindeutung auf dasjenige, was als ahrimanischer Impuls hereinkommt.

Goethes «Faust» hat schon eine gewisse historische Bedeutung. Und diese historische Bedeutung liegt in dem, was ich versuchte, Ihnen heute zu skizzieren. Man muß, wenn man auf das aufmerksam machen will, was Geisteswissenschaft der Menschheit werden will und werden soll, heute vielfach Paradoxes aussprechen, solches aussprechen, das vielen Menschen kurios erscheint. Aber wahr ist es doch. Wenn einstmals die Menschen so sein werden, daß ihre Wissenschaft wieder erinnern wird an die Uroffenbarung, indem sie aus dem Himmelsgeheimnisse das Erdenleben erklären, wenn die Erdenwissenschaft so sein wird, daß zum Beispiel aus der Gestaltung der Embryonalentwickelung erkannt werden die tiefsten Geheimnisse des Himmels, dann wird die Menschheit das richtige Verhältnis gefunden haben zu Ahriman und Luzifer, und dann wird in einer gewissen Weise dasjenige in der Menschheit sich ausleben, was dargestellt werden soll in unserer Hauptgruppe im Bau, in welcher der Repräsentant der Menschheit zwischen Ahriman und Luzifer in der richtigen Geste hingestellt wird.

Tiefer und immer tiefer wird man dasjenige aufzufassen haben, was in Goethes «Faust» ruht. Aber man wird eine autoritätslose Auffassung brauchen. Diejenigen Menschen, welche dadurch allein zu einer Erkenntnis kommen wollen, daß sie, wie eine Dame unserer Gesellschaft einmal gesagt hat, «immer ein Gesicht machen bis ans Bauch», um ihre innere Seelenstimmung auszudrücken, erreichen ihr Ziel nicht. Es war eine Dame, die nicht gewohnt war, deutsch zu sprechen, und daher diesen Sprachfehler gemacht hat. Doch kommt es nicht darauf an, es war eine richtige Bezeichnung. Sie wollte hinweisen auf diejenigen Menschen, denen jede Möglichkeit fehlt, Humor zu entwickeln in der Auffassung der Welt. Wenn man keinen Humor entwickeln kann, dann kann das unter Umständen recht schlimm werden. Das wird also schon kommen müssen, daß man sich in der Weise, wie ich es charakterisiert habe, in der Welt zurechtfinden muß. Diejenigen Menschen, die bloß in Sentimentalstimmung sich den Dingen der Welt werden nähern wollen, werden selbstverständlich es lieber haben, wenn sie auch ein solches Kunstwerk wie den Goetheschen «Faust» so auffassen können, daß sie bei jeder Zeile «ein Gesicht bis ans Bauch» machen. Die Menschen aber, die den «Faust» verstehen wollen, werden ihn autoritätslos auffassen müssen. Dann werden sie schon durch die Widersprüche sich hindurcharbeiten müssen, aber das Hindurcharbeiten durch die Widersprüche wird die Möglichkeit des Verständnisses bieten. Ein Kinderspiel ist gerade so etwas nicht wie der «Prolog im Himmel»! Wenn man gar zu sehr scheut eine gewisse Ironie und einen gewissen Humor der Welt gegenüber, dann verfällt man zu leicht dem größten Humoristen, der ein Genosse ist desjenigen, der uns in Goethes Mephistopheles gegenübertritt, der dem Herrn mehr zur Last ist als der Schalk, der ein etwas gefährlicherer Geist von der Sorte derer ist, die da verneinen können.

Anregen möchte ich dazu, daß solche Dinge, die schon eine Ausnahmestellung einnehmen in der geistigen Menschheitsentwickelung, wiederum tiefer erfaßt werden. Denn sie sind auch ein Weg, hineinzukommen in die Geheimnisse jenseits der Schwelle, wo alles anders ist als diesseits der Schwelle, wo alles so ist, daß man sich schon bekanntmachen muß damit, daß manches paradox klingt, was aus dem Bewußtsein derjenigen Tatsachen heraus gesprochen wird, die jenseits der Schwelle zur geistigen Welt liegen. Die heutige Zeit will nicht viel wissen von den Geheimnissen, die jenseits der Schwelle zur geistigen Welt liegen. Zwar sind die meisten Geister dieser heutigen Zeit immer überzeugt gewesen, daß wir es so herrlich weit gebracht haben. Nun, ich weiß nicht, wie weit sich die Menschen diese Überzeugung hindurchretten werden auch durch unsere uns zunächst liegende Zeit, die es so herrlich weit gebracht hat, und die doch nur in den Konsequenzen desjenigen lebt, was sie durch die Jahrhunderte geglaubt hat. Aber wenn auch für viele heute noch dasjenige paradox klingt, was verkündet wird aus dem Gebiete von jenseits der Schwelle, es muß immer mehr und mehr Verständnis sich für diese Geheimnisse des Daseins bilden. Und vieles von der gedeihlichen Entwickelung der Menschheit in die Zukunft hinein hängt davon ab, daß die Menschen Verständnis finden für dasjenige, was heute noch so vielfach paradox klingt.

Töricht mag es heute noch vor der Welt sein, zu sagen, die Erde müsse durch den Himmel, der Himmel durch die Erde erklärt werden. Wer hineinschaut in all das Menschengeschick Bezwingende, das sich offenbart von jenseits der Schwelle, der weiß, daß das, was so töricht vor den Menschen gilt und paradox, dennoch die Weisheit ist vor dem Geistigen und vor der Welt. Und es darf heute schon gesagt werden, ohne unbescheiden zu werden, weil man schon, wenn man es aus dem Bewußtsein der geistigen Welt heraus sagt, die nötige Demut, um es sagen zu dürfen, aufbringt, weil schon im Herzen diese Demut waltet, trotzdem man vielleicht Kraft anwenden muß, um das, was man am liebsten auch in der Geste der Demut vorbringen möchte, in der Geste der nötigen Kraft vorzubringen, die vielleicht den Anschein der Geste des Hochmuts erwecken könnte. Aber auch das könnte nur eine ahrimanische Auffassung so finden, wenn sie in diesem Falle verwechseln würde Demut und Hochmut. Davon dann ein andermal.

DIE «GRABLEGUNG»
DAS WESEN DER LEMUREN, DER DICK- UND DÜRRTEUFEL

Dornach, 4. September 1916

Wir wollen demnächst darstellen die Szene des zweiten Teiles von *Goethes* «Faust», welche vorangeht der Schlußszene, die ja schon dargestellt worden ist, wie Sie wissen. Diejenige Szene, die mit den heiligen Anachoreten beginnt:

> Waldung, sie schwankt heran,
> Felsen, sie lasten dran,

sie wird von Goethe «Fausts Himmelfahrt» genannt, und die Szene, die nun vorangeht, wird gewöhnlich die «Grablegung» genannt. Wir werden aber beginnen schon da, wo im weiteren Sinne diese Grablegung Fausts dargestellt ist.

Wenn man zu den verschiedenen Partien von Goethes «Faust» kommt, so muß man immer wieder und wiederum in ein gewisses Erstaunen verfallen über die unendliche Tiefe, die namentlich im zweiten Teil von Goethes «Faust» liegt, tief dadurch, daß man es mit einer durch die Geisteswissenschaft zu rechtfertigenden Sachlichkeit in der Darstellung der geistigen Welt zu tun hat. Und es ist das Merkwürdige, daß Goethe mit solcher Sachlichkeit dargestellt hat die geistige Welt in der Zeit, in der es die Geisteswissenschaft als solche noch nicht gegeben hat. Wir brauchen uns nicht erst lange zu befassen mit der Frage, die einmal an mich gestellt worden ist, als ich vor vielen Jahren einen Vortrag hielt über Goethes «Märchen von der grünen Schlange und der schönen Lilie», und mich eine theosophische Autorität der alten Schule fragte, ob ich denn meine, daß Goethe das alles gewußt habe, was da zur Rechtfertigung des tieferen Geheimnisses der Dichtung von der grünen Schlange und der schönen Lilie aus der Geisteswissenschaft heraus gesagt worden ist. Ich konnte nur erwidern, ob denn der Betreffende glaube, daß auch die Pflanze alles ganz genau weiß, was der Botaniker über sie ausmacht, um wachsen zu können in der richtigen Weise nach den botanischen Gesetzen. Wenn man eine solche Frage hört, so hat man gewöhnlich das Bewußtsein, wie gescheit sich der Fragende vorkommt. Aber wenn man eine solche Frage im Zusammenhange denkt, dann kommt man darauf, wie unendlich töricht die Menschen oftmals sind, welche sich gar so gescheit dünken. Also mit der Frage, ob etwa Goethe auch noch irgendwo Geisteswissenschaft so studiert hat, wie wir sie heute studieren können, brauchen wir uns nicht weiter zu befassen, wenn auch gerade Einwände von einem Gesichtspunkte, der diese Frage ins Auge faßt, sehr leicht gemacht werden können. Wir wollen vielmehr gleich an die Sache selber gehen.

Es werden uns dreierlei Gestalten zunächst vorgeführt außer denen, die man aus der übrigen Faust-Dichtung kennt. Es werden uns dreierlei Gestalten vorgeführt, welche zu tun haben mit dem Zeitraum, der verfließt zwischen dem Sterben des Faust und dem Aufstieg seiner Seele in die geistigen Regionen. Die erste Art der Gestalten, die uns vorgeführt wird, sind die Lemuren; die zweite Art der Gestalten, die uns vorgeführt wird, sind die Dickteufel mit kurzem, gradem Horn, und die dritte sind die Dürrteufel mit langem, krummem Horn; beide Arten von Teufeln sind «vom alten Teufelsschrot und -korne».

Nun können wir sagen: Welch spirituellem Instinkt, welcher tieferen Weisheit kann man ebensogut sagen, entspricht es, daß Goethe diese dreierlei Gestalten bei der Grablegung und vor der Himmelfahrt Fausts uns vorführt? Diese «Grablegung» wird ja so eingeleitet, daß Faust alt geworden ist in seiner Evolution, und zwar – wie Goethe selber angegeben hat – hundert Jahre geworden ist. Also wir haben es hier beim Beginne dieser Szene mit dem alten, hundertjährigen Faust zu tun, welcher noch immer an den Mephistopheles gekettet ist, aber so, daß Faust jetzt den Glauben haben kann, daß Mephistopheles sein Diener geworden sei. Faust hat den Entschluß gefaßt, ein Stück Land dem Meere abzuringen, zu kultivieren dieses Stück Land, und dadurch die Grundlage für ein der Menschheit segensreiches Gebiet zu schaffen, auf dem diese Menschheit, ein Teil der Menschheit, in Friede und Freiheit sich entwickeln kann. Dieses Land ist also gewissermaßen, da es durch die Arbeit des Faust dem Meere abgerungen ist, Faustens Schöpfung. Es soll noch fertiggestellt werden dadurch, daß ein Sumpf, der da ist, abgeleitet wird durch einen Graben, damit auch die Luft gereinigt werde, damit nicht durch verpestende Dünste des Sumpfes die Gesundheit der Menschen, die sich entwickeln sollen in Friede und Freiheit, gefährdet werde. Faust glaubt nun, Mephisto sei sein Aufseher geworden in segensreicher Arbeit und befehlige diejenige Schar, welche nunmehr das letzte Werk verrichten soll. Faust ist ja bereits erblindet, was schon in der vorhergehenden Szene dargestellt ist. Er sieht also nicht, was auf dem äußeren physischen Plan Mephistopheles anrichtet, und dadurch ist es begreiflich, daß er später die Worte «graben» und «Grab» verwechselt. Während Faust der Meinung ist, daß ein Graben, der den Sumpfinhalt nach dem Meere ableiten soll, um die Luft zu reinigen, angelegt werde, läßt Mephistopheles durch seine Lemuren das Grab des Faust schaufeln. Als Hundertjähriger erlebt also Faust noch den Betrug, wird verstrickt in das Lügengewebe des Mephistopheles, der das Grab graben läßt und durch den Namensanklang in Faust die Vorstellung betrügt, daß ein Graben gegraben wird.

Da sind schon sehr viele Geheimnisse darinnen. Ich möchte mich auf diese Dinge heute nicht einlassen, vielleicht kann das ein andermal besprochen werden. Aber ich möchte vorzugsweise, daß wir uns begreiflich machen, welcher Art diese dreierlei Wesen sind. Gleich im Beginne der Szene, um die es sich da handelt, die da spielt im Vorhof des Palastes, den sich Faust aufgerichtet hat, tritt Mephistopheles auf, wie gesagt als Aufseher der Arbeiterschar, die Faust versammelt zu haben glaubt, während Mephistopheles seine Lemuren ruft. Nicht in einer besonderen szenischen Bemerkung, sondern in der Szene selbst charakterisiert Mephistopheles die Lemuren:

Herbei, herbei! Herein, herein!
Ihr schlotternden Lemuren,
Aus Bändern, Sehnen und Gebein
Geflickte Halbnaturen!

Also beschrieben werden sie uns als Wesen, welche zusammengefügt sind nur aus Bändern, durch welche die Glieder des menschlichen Leibes zusammenhängen, anatomische Sehnen und Gebein. Also das, was nicht einmal zu Muskeln gekommen ist am menschlichen Organismus, das hält diese Gestalten zusammen, daraus sind sie zusammengeflickt. Sie sind nicht Vollnaturen, nicht Ganznaturen, sie sind Halbnaturen, da sie ja nur haben, was nicht Blut ist, nicht Muskeln ist, nicht Nerven ist, sondern was Sehnen, Bänder und Gebeine sind. Daraus sind sie zusammengeflickt. Weiter werden sie uns dadurch charakterisiert, daß sie später selber im Chore sich aussprechen. Und das, was sie aussprechen, zeigt uns zweierlei an. Erstens, wie sie eigentlich dazu kommen, dort eine Arbeit unter der Aufsicht des Mephistopheles zu verrichten; aber es spricht uns dieses zugleich wiederum etwas aus über ihre Natur. Die Lemuren äußern sich so, daß man in ihren schlotternden Tonfolgen hört:

Wir treten dir sogleich zur Hand,
Und, wie wir halb vernommen,
Es gilt wohl gar ein weites Land,
Das sollen wir bekommen.

Also die Lemuren sind zunächst auch in der Täuschung befangen: sie haben halb vernommen, daß sie ein weites Land sollen zugewiesen bekommen. Sie sollen nach des Mephistopheles Auffassung das Grab graben. Aber sie haben halb vernommen und nicht ganz vernommen, daß sie ein weites Land bekommen sollen. Dazu bringen sie zur Arbeit gespitzte Pfähle mit.

Gespitzte Pfähle, die sind da,
Die Kette lang zum Messen;
Warum an uns der Ruf geschah,
Das haben wir vergessen.

Es klingt in ihrer Halbnatur, die zusammengeflickt ist aus Sehnen, Bändern und Gebein, da klingt und klappert noch etwas nach von einem Ruf. Aber was der Inhalt des Rufes ist, was sie da eigentlich wirklich tun sollen, das haben sie vergessen. Sie sind wirklich damit charakterisiert. Man kann sagen, sie sind da, aber sie wissen nicht, warum sie da sind. Halb wissen sie es, warum sie da sind, sie haben etwas gehört, aber sie wissen nicht, was sie gehört haben. Sie haben einen Ruf vernommen, aber den haben sie wieder vergessen. So also stehen sie vor uns da, diese Lemuren, und der Mephisto weist sie sogleich zurecht. Er sagt: Das ist nichts mit dem weiten Land, das ihr habt haben wollen; verfahret nur nach eigenen Maßen, nach solchen Maßen, wie es angemessen ist demjenigen, der nur aus Beinen noch und Sehnen besteht:

Der Längste lege längelang sich hin.

Also der eine Lemur muß sich der Länge nach hinlegen, und nun weist er sie an, wie sie das Grab zu graben haben.

Im nächsten Lemurenchor werden wir darauf verwiesen, daß noch in ihnen etwas steckt von einer halben Erinnerung daran, daß sie etwas waren einmal wie Menschen, daß sie von so etwas herkommen wie Menschen:

Wie jung ich war und lebt' und liebt',
Mich däucht, das war wohl süße;
Wo's fröhlich klang und lustig ging,
Da rührten sich meine Füße.

– Das haben sie hinter sich, das ist halb bewußt –

Nun hat das tückische Alter mich
Mit seiner Krücke getroffen;
Ich stolpert' über Grabes Tür,
Warum stand sie just offen!

Also sie erinnern sich halb, daß sie herrühren von gestorbenen Menschen. Mit denen hat zunächst Mephisto versucht, sich abzufinden, die braucht er zunächst.

Nun bitte ich Sie, dabei sich zu erinnern, daß ich allerdings öfter schon gesagt habe, daß wir unseren physischen Leib nicht so ohne weiteres wesenlos an uns tragen und ihn nur wie eine leere Hülle abwerfen. Er ist nicht nur unsere Hülle, sagte ich oft, er ist unser Werkzeug. Er enthält die Kräfte, durch die wir verbunden sind der mineralischen Erde. Nun bitte ich Sie, das Folgende zu beachten: Wir sind mit dem, wie wir jetzt dastehen zwischen Geburt und Tod mit unserem physischen Leib, gebildet auf Saturn, Sonne, Mond und Erde. – Denken wir uns das alles, was uns eingepflanzt worden ist durch Saturn, Sonne, Mond und Erde, ich möchte sagen, summiert angedeutet durch alles das, was ich hier zeichne, und denken wir uns dasjenige, was uns in der Erde eingegliedert wird dadurch, daß wir in der Erde ein Ich als Werkzeug bekommen, daß als physisches Werkzeug dieses Ich eingegliedert wird. Denken wir uns das darinnen.

Während der Erdenzeit bekommt wiederum unser physischer Leib das, was in ihm verlangt worden war auf dem Saturn, was ausgebildet worden ist während der Sonnen- und Mondenzeit. Aber dadurch, daß in diesem das Ich darinnen arbeitet, wird eingegliedert dem Menschen dasjenige, was er nicht durch Saturn, Sonne und Mond hat, sondern nur durch die Erdenentwickelung, was äußerer physischer Ausdruck des Ich ist. Aus diesem geht im Tode das Ich heraus. Dasjenige, was uns von Saturn, Sonne und Mond geblieben ist, hat im Erdenleben keinen Bestand, das hat nichts mit den Kräften der Erdenentwickelung zu tun. Die physischen Kräfte der Erdenentwickelung würden niemals unsere Muskeln erzeugen, die mußten schon durch die physischen Kräfte der Mondenentwickelung erzeugt werden; sie würden niemals unsere Nerven und so weiter erzeugen. Aber während der Erdenentwickelung durch die Impulse des Ich sind allerdings die Knochen zustande gekommen, die Knochen sogar erst während der atlantischen Entwickelung, durch die Salzablagerungen im Atlantischen Meere sind zustande gekommen die Bänder, die Sehnen. Das alles ist eingegliedert nur durch die Erdenkräfte. Da tragen wir die Erde in uns, in unseren Knochen,

Sehnen und Bändern. Darinnen lebt der Geist der Erde. Darinnen leben dieselben Kräfte, die in allem mineralischen Natur- oder technischen Walten der Erde vorhanden sind. In der Zusammenstellung unserer Knochen, Sehnen und Bänder lebt alles das, was aus mineralisch-physischen Naturwirkungen der Erde und technischen Wirkungen hervorgehen kann. Wenn wir nun durch die Pforte des Todes gehen, lassen wir unseren Saturn-, Sonnen-, Mondenteil zurück. Die werden dadurch, daß sie nicht bestehen können in der Erde, zerstört. Knochen, Sehnen, Bänder müssen die Kräfte der Erde selbst zerstören, gleichgültig, ob der Mensch verwest oder verbrannt wird; das macht dabei keinen Unterschied, das müssen die speziellen Kräfte der Erde zerstören.

Indem also Faust gestorben ist, wird das, worinnen die speziellen Kräfte der Erde walten, der Erde übergeben, jener Erde, der auch übergeben sind alle gestorbenen Menschen, insofern sie aus Knochen, Sehnen und Bändern sind. Eine tiefe spirituelle Natureinsicht spricht sich in dieser Gestaltung, die Goethe dieser Szene gegeben hat, aus, eine unendlich tiefe Naturerkenntnis! Denn man soll nur nicht glauben, daß man schon erschöpft hat das, was von uns übrigbleibt, wenn man sagt: Nun, der physische Leib fällt ab von uns, und unser Seelisches – wie wir es immer beschrieben – geht weiter in die geistigen Welten. – Nein, es sind geheime spirituelle Kräfte im ganzen physischen Leib, die der Erde verbleiben. Nur kann die Erde nicht das halten, was sie nicht selbst erzeugt hat, sondern nur die Kräfte aus Knochen, Sehnen und Bändern behält sie. Begraben Sie den Menschen und lassen ihn verwesen, verbrennen Sie ihn – in dem Erdenkörper selbst bleibt, trotz Verwesung oder Verbrennung, immer für alle Zukunft das vorhanden, was als Kräfte in Knochen, Sehnen und Bändern wirkt! Unseren Knochenmann gewissermaßen, den übergeben wir der Erde, der bleibt da, bis die Erde selbst am Ziel ihrer Evolution angelangt sein wird. Unser Knochenmann wird aufgenommen von den Knochenmännern aller voranverstorbenen Menschen, tritt ein in die Gemeinschaft der vorangestorbenen Menschen. Es wäre eine oberflächliche Anschauung, zu sagen: Da ist alles vergänglich. – Nur die Form ist vergänglich. Die Kräfte, die darinnen walten, sind in dem Erdenwirken enthalten. Und wenn Sie heute die physischen Erdenwirkekräfte nehmen, so sind, wenn Sie hineinsehen gerade in die

Erde, die Kräfte darinnen, die hineingekommen sind dadurch, daß Menschen in der Erde begraben worden sind, oder daß sie sonst irgendwie zur Zerstörung gebracht worden sind, die Körper irgendwie zerstört worden sind. Die Kräfte, die den Menschen geformt haben, sind nun in der Erde darinnen, wirken in dem Erdeninneren, sind da, sind erhalten.

So können wir sagen: Mephisto wird zunächst vor die Aufgabe gestellt, sich auseinanderzusetzen mit dem Wege des physischen Leibes, mit dem Wege, mit den Bahnen, die der physische Leib einschlagen will. – Da braucht er die Lemuren, ich möchte sagen, die nicht gespenstische, sondern untergespenstische Wesen sind, Phantomwesen, die mit dem Erdenleib immer vereinigt sind als die Reste der gestorbenen Menschen. Die braucht er.

Wissen Sie, was geschehen würde, wenn das vergehen würde, was uns seit der atlantischen Zeit eigen ist in Knochen, Sehnen und Bändern? Schon heute wäre die Erde nahe daran, und sie würde bald mehr daran sein, daß alle Menschen geboren werden würden mit sogenannten «englischen Gliedern», mit mark- und kraftlosen Gliedern. Rachitisch würden die Menschen geboren werden, denn die Erde hat nur einen gewissen Fonds von der Kraft, die in unseren Knochenbewegungen und Sehnenentwickelungen liegt. Und das, was wir wieder zurückgeben im Tode, geht immer auf einem geheimnisvollen Wege in die späteren Menschenkörper hinein. Rachitisch würden sonst die Menschen geboren werden. Und wenn man rachitisch geboren wird, so ist das ein Zeichen, daß man kein rechtes Verhältnis eingegangen ist in seinem Gesamtkarma zu jenen Kräften, welche die Erde immer wieder und wiederum gibt, und immer wieder und wiederum zurückerhält von den Knochen, Sehnen und Bändern der Menschheit.

Also ein unendlich tiefer, spiritueller Naturgedanke ist darinnen ausgedrückt, daß Mephisto herbeigerufen hat diese untergespenstischen, diese reinen Phantomwesen, in deren Reihe auch Faustens Phantom eintritt. Wir müssen natürlich die Szene ganz geistig fassen. Die Faust-Erklärer haben immer geglaubt, es gehen da Knochenmenschen herum. Aber es sind nur die Kräfte, die in den Knochen, Sehnen und Bändern liegen, die übersinnlichen Kräfte. Die Szene ist durchaus geistig zu fassen, nur durch geistiges Schauen, nach Art des geistigen Schauens. Das also haben diese Lemuren an sich, was der Mensch an sich trägt dadurch, daß er ein Ich hat. Aber das Ich ist draußen. So auch alle Eigenschaften, die erst durch das Ich hereingekommen sind, sind weg, sind nur halb vorhanden, nur Nachklänge. Daher sind sie da und sind auch nicht da. Wir Menschen sind erst dann da, wenn wir in Knochen, Sehnen und Bänder unser Ich hineinsenden. Das haben sie nicht mehr. Wir verstehen erst das, was wir gehört haben, wenn wir durch Knochen, Sehnen und Bänder unser Ich hineinsenden. Sie haben nur den Nachklang; sie hören und wissen nicht, was sie hören; sie haben einen Ruf vernommen und haben ihn nur halb vernommen, haben ihn vergessen, weil das Gedächtnis in dem System liegt, das durch Knochen, Sehnen und Bänder zusammengestellt wird. Also indem Mephistopheles zunächst sich auseinandersetzen muß mit den Wegen, die der physische Leib des Faust macht, kommt er, der ein Geistwesen ist, aber auf der Erde seine Rechte geltend machen will, selbstverständlich in die Notwendigkeit, sich mit den Lemuren, so wie sie hier gemeint sind, befassen zu müssen, denn von ihnen könnte er das Geistige von Fausts physischem Leib erhaschen. Es liegt ja dem physischen Leib auch ein Geistiges zugrunde. Dieses Geistige könnte er erfassen.

Nun erinnern wir an etwas, um das Ganze zu verstehen, was wir finden können in dem Kapitel des Buches «Wie erlangt man Erkenntnisse der höheren Welten?» da, wo von dem Hüter der Schwelle die Rede ist. Da werden Sie auseinandergesetzt finden, daß, wenn der Mensch eine höhere Entwickelung durchmacht nach dem Spirituellen hin, die einzelnen Kräfte, die sonst in ihm vereinigt sind beim gewöhnlichen menschlichen Erkennen, auseinandergehen. Ich habe sie dort nach den Fähigkeiten charakterisiert. Wollen, Fühlen und Denken gehen auseinander, werden jedes etwas für sich. Mephisto, der zurückgeblieben ist auf der Mondenentwickelung mit seinem eigenen Wesen, war bekannt noch mit der Mondenentwickelung. So müssen Sie ihn auffassen. Er, der Mephisto, ist in seiner praktischen Lebensauffassung bekannt mit der Mondenentwickelung. Aber auch in der atavistischen Anschauung des Mondes lag das, daß die Glieder des Menschen getrennt waren, noch nicht durch das Ich vereinigt waren. Wenn also Mephisto in seiner Art das

Geistige des Faust erhaschen will, so muß er es eigentlich in der Dreiheit erhaschen. Er muß es erhaschen als das Geistige des physischen Leibes; da muß er sich mit den Lemuren auseinandersetzen. Dann muß er es erhaschen wollen als zweites Glied in dem Ätherleib, der sich bald nach dem Tode abtrennt. Das kennt er, da muß er es erhaschen wollen. Und dann muß er es erhaschen wollen in dem, was in die geistige Welt übertritt und sich vom Ätherleib gelöst hat. Das durch das Ich Zusammengeschlossene entspricht noch nicht seinem Reich, da ist er noch nicht zu Hause, der Mephisto, er hat noch die Getrenntheit. Also er muß instinktiv einen Wert darauf legen, das zu erreichen, was das Geistige ist des physischen Leibes; da muß er die Lemuren arbeiten lassen. Nun will er, weil er nur in Getrenntheit das Seelische kennt, von diesem Getrennten für sich erhaschen – er weiß nicht was –, den Ätherleib, der durch die untere Gliedhaftigkeit des Menschen herausgeht. Da stellt er die Dickteufel hin, die sollen ihm den Ätherleib erhaschen. Dann – weiß er nicht, wie es werden soll. Vielleicht kann er Faustens Geistiges beim dritten Glied erfassen, bei dem, was in die geistige Welt hinauf will? Da stellt er die Dürrteufel hin. Und so will er Faustens Geistiges erfassen. Aber er muß, ich möchte sagen, mit Teufelsinstinkt die Dreiheit zusammenführen, die ihm den physischen Leib direkt in seiner Geistigkeit – Ätherleib, Seelisch-Geistiges – übermitteln kann.

Ätherleib – sehen Sie, mit dem Äther, der da vorhanden ist, kommt die Physik nicht so ganz zurecht, weil der Äther eine merkwürdige Eigenschaft hat, die ihn unterscheidet von der gewöhnlichen Materialität. Er ist nicht schwer, er hat kein Gewicht. Die gewöhnliche Erdenschwere, die kann den Äther nicht halten. Mephisto will ihn halten. Er will ihn durch geistige Wesenheiten halten. Weil er schon geistig geworden ist, der Äther, soll er auch durch geistige Wesen gehalten werden. Dazu braucht er die Dickteufel, die als geistige Wesen eine gewisse Schwere haben. Sie müssen daher dickbäuchige Gäuche sein mit riesig dicken Leibern – selbstverständlich klein, denn würden sie hochragend sein, dann würden sie zu stark in die oberen Regionen reichen. Sie müssen klein gestaltet sein, dick, das Geistige muß bei ihnen erdverwandt sein, das Geistige muß so sein, daß es dasjenige, was geistwärts fliegen will, auf der Erde erhalten kann. Sie müssen also klein und ausgepicht sein, und alles dasjenige, was in ihnen physiognomischer Ausdruck des Menschentums ist, muß plump sein. Sie müssen gewaltige Kräfte in ihrem gewissermaßen untersetzten Körper haben. Daher haben sie diejenigen Gliedmaßen, welche mehr vergeistigt sind, klein; sie würden in Wirklichkeit auch kleine Hände, Stumpfe, Armstumpfe haben müssen. Es ist schwer darzustellen, kann nur dargestellt werden, wenn sich die Schauspieler möglichst bemühen, bloß den unteren Teil der Arme in Bewegung zu versetzen; das muß natürlich geübt und eingelernt werden. Aber auch die Nase, die geht ins Schwere. Sie ist entwickelt, die Nase, die zum Horn geworden ist bei den Teufeln, sie geht ins Schwere; sie ist also mit der Stirn zusammen zum schweren Organ, das den Menschen nicht mit der Luft verbindet, sondern das durch Eigenschwere wirkt, gestaltet.

Solche Wesen braucht Mephisto, damit sie ihm den Ätherleib, von dem wir wissen, welchen Weg er macht dadurch, daß er keine Erdenschwere hat, im übrigen Erdbereich zurückhalten können. Die muß er also anstellen, daß, wenn aus den unteren Regionen des Leibes des Faust der Ätherleib erscheint, sie diesen fassen können. Daher stellt er diese an:

Nur frisch heran! verdoppelt euren Schritt,
Ihr Herrn vom graden, Herrn vom krummen Horne,
Vom alten Teufelsschrot und -korne
Bringt ihr zugleich den Höllenrachen mit.
Zwar hat die Hölle Rachen viele! viele!
Nach Standsgebühr und Würden schlingt sie ein;
Doch wird man auch bei diesem letzten Spiele
Ins künftige nicht so bedenklich sein.

(Der greuliche Höllenrachen tut sich links auf.)

Eckzähne klaffen; dem Gewölb des Schlundes
Entquillt der Feuerstrom in Wut,
Und in dem Siedequalm des Hintergrundes
Seh' ich die Flammenstadt in ewiger Glut!

Das ist natürlich dieselbe Flammenstadt, die bei *Dante* vorkommt! –

Die rote Brandung . . . und so weiter.

Da kommen sie, die dicken Teufel zunächst mit kurzem, gradem Horne! Er beschreibt sie nun:

Nun, wanstige Schuften mit den Feuerbacken!

Also sie sind in der Verfassung, in der die Mondenwesen noch Feuer geatmet haben. Sie sind «wanstige Schufte mit Feuerbacken», die «so recht vom Höllenschwefel feist» sind.

Klotzartige, kurze, nie bewegte Nacken!

Also alles ist unbeweglich; die Beweglichkeit ist ja schon halb geistig. Es ist alles an ihnen plump und ungelenk, alles so, daß sie den Geist zwingen in die Schwere hinein, weil sie den leichten Äther halten sollen. Und da postiert er sie:

Hier unten lauert, ob's wie Phosphor gleißt:

– ob da der Ätherleib herauskommt, den sie fangen sollen –

Das ist das Seelchen, Psyche mit den Flügeln,

– er sieht es als die Seele an! –

Die rupft ihr aus, so ist's ein garstiger Wurm;

Also er will den Ätherleib in Drachenform haben, nicht wahr.

Mit meinem Stempel will ich sie besiegeln,
Dann fort mit ihr im Feuerwirbelsturm!

Er sagt sehr treffend nun, indem er die Dickteufel dahin postiert:

Paßt auf die niedern Regionen,
Ihr Schläuche, das ist eure Pflicht;
Ob's ihr beliebte, da zu wohnen,
So akkurat weiß man das nicht.

Wie soll er es auch wissen, denn er hat ja die drei Glieder der Seele; er weiß es nicht recht, an was er sich hinmachen soll!

Im Nabel ist sie gern zu Haus,

Das ist ja die Region, wo der Ätherleib zunächst verlassen muß den Menschen.

> Nehmt es in acht, sie wischt euch dort heraus.

Da haben wir also die dicken Teufel mit kurzem, gradem Horn, die versuchen wollen, das Geistige so zu gestalten, daß es Erdenschwere entwickelt.

Den dritten Teil, den will Mephisto bezwingen durch die Dürrteufel. Die müssen ganz dünne Kerle sein, wiederum schwer darzustellen! Ganz dünn, und alles geistig geworden, also Nase und Stirn zusammen zu einem Horn vereinigt, welches die Materie möglichst überwindet, in teuflischer Art überwindet, also krumm und lang, weil sie es erreichen sollen, recht geistig zu werden, die Erdenschwere ganz zu überwinden. Daher sind sie «Firlefanze», so wie Drehkreisel, bewegen sich rasch wie Drehkreisel. Sie müssen nun angestellt werden, um dasjenige, was in die geistige Welt geht – das Dritte –, zu fangen. Also sie sollen sozusagen den Kräften, die gerade aus der Schwere heraus sich entwickeln, nachsausen. Das, was sie nicht in die Erdenschwere hereinkriegen sollen, sollen sie also, wie ein Kreisel – der Schwere entgegengesetzt – entwickeln durch ihre langen, beweglichen Glieder, die eigentlich aus ihnen herauswachsen müßten. So sollen sie sich entwickeln. So stellt Mephisto sie an:

> Ihr Firlefanze, flügelmännische Riesen!
> Greift in die Luft, versucht euch ohne Rast;
> Die Arme strack,

– strack heißt lang in diesem Falle, daß sie dünn und lang werden –

> Die Arme strack, die Klauen scharf gewiesen,

– also lange Klauen statt der Finger gehen heraus –

> Daß ihr die Flatternde, die Flüchtige faßt.

– die Seele, die in die geistigen Welten geht –

> Es ist ihr sicher schlecht im alten Haus,
> Und das Genie

– im Gegensatz zum Ätherleib: das Genie, das immer seelisch-geistig ist –

Und das Genie, es will gleich obenaus.

Da sehen Sie, wie nach dem, wie der Mensch konstituiert ist, die Funktion der Lemuren auf den physischen Leib, der Dickteufel auf den Ätherleib, der Dürrteufel für das Geistig-Seelische scharf, klar umrissen ist!

Nun naht die himmlische Schar, die himmlische Heerschar, also die Wesen, die den geistigen Welten angehören. Und die Sache ist so dargestellt, daß alle diejenigen, welche dienen können dem Mephisto – Lemuren, Dick- und Dürrteufel –, nichts erreichen. Die himmlische Heerschar kommt:

Folget Gesandte,
Himmelsverwandte,
Gemächlichen Flugs;
Sündern vergeben,
Staub zu beleben;
Allen Naturen
Freundliche Spuren
Wirket im Schweben
Des weilenden Zugs.

Das sind also Wesenheiten, die zwar auch nicht das Irdische mitgemacht haben, aber nicht Anspruch machen, in die Erdensphäre hereinzuwirken, sondern nur auf das Geistig-Seelische des Menschen wirken. Mephisto ist gerade deplaciert, er ist Geist geblieben, Mondengeist, und wirkt auf die Erde herein. Die sind in ihrem Gebiet geblieben. Sie müssen daher ihm vorkommen wie Menschen, die nicht einmal Menschen geworden sind, sondern die noch Vormenschen sind, unmündig sind, weniger als Kinder.

Mißtöne hör' ich, garstiges Geklimper,
Von oben kommt's mit unwillkommnem Tag;
Es ist das bübisch-mädchenhafte Gestümper,
Wie frömmelnder Geschmack sich's lieben mag.

Und so weiter. Die tiefe Verwandtschaft als Geistwesen, die er mit den Engeln hat, kennt Mephisto natürlich sehr gut. Sie sind beide Geistwesen geblieben. Daher nennt er sie Teufel nach seiner Art, aber verkappte Teufel.

Es sind auch Teufel, doch verkappt.

Nun beginnt der Kampf dieser Engelschar mit dem, was da unten an Dick- und Dürrteufeln sich bemüht um Fausts Seele. Der Mephisto steht da, muß diesen Kampf mitmachen. Er weist seine Teufel an, denn er wittert etwas. Was wittert er denn eigentlich? Ja, er kennt die Dreiheit als Seelisches. Aber das ist nicht fähig, die Ich-Einheit zu erfassen. Er glaubt nicht, daß beim Faust die Ich-Einheit so stark ist, daß sie die Dreiheit zusammenhält. Das ist sein großer Irrtum. Während er eigentlich immer von der Dreiheit der Seele redet, wird geltend gemacht in diesem Moment die Einheit des Seelischen von der geistigen Welt aus, die alles zusammenhält. Würde diese Einheit, diese Ich-Einheit nicht da sein, da würden die Lemuren das Geistige des physischen Leibes, ohne daß es im Zusammenhang geblieben wäre mit der Gesamtwelt, mit dem Gesamtkosmos, für sich an sich ziehen können, es würden die Dürrteufel die Seele fassen können, das Genie. Aber weil sie beim Erdenmenschen durch das Ich zusammengehalten werden zwischen der Geburt und dem Tod, geht zwar ein jedes seinen Weg: der Leib zur Erde, der Ätherleib in die Ätherregion, dasjenige, was Seele ist, in die geistige Region, aber sie bleiben füreinander bestimmt. Es bleibt ein Zusammenhang. Und sobald der Zusammenhang, der durch den Charakter des Ich hervorgerufen wird, da ist, kann der Teufel nichts machen. Aber er stellt sich ganz richtig an.

Was duckt und zuckt ihr? ist das Höllenbrauch?

– die Dick- und Dürrteufel verspüren, daß da ein anderes Element kommt.

So haltet Stand und laßt sie streuen.

Die streuen nämlich Rosen als Symbolum der geistigen, von oben kommenden Liebe.

An seinen Platz ein jeder Gauch!
Sie denken wohl, mit solchen Blümeleien
Die heißen Teufel einzuschneien;
Das schmilzt und schrumpft vor eurem Hauch.

Nun fangen sie an, weil er ihnen befiehlt:

Nun pustet, Püstriche! –

Nun pusten sie das fort, was da als Liebesqual um sie geht. Das ist ihnen heiße Glut, die sie nicht aushalten. Nun pusten sie, aber sie pusten zu stark, weil sie die rechten Maße nicht finden können. Sie sind nicht auf dasjenige eingelernt, was durch Erdenentwickelung gebildet wird.

– Genug, genug! . . .
Daß ihr doch nie die rechten Maße kennt!

Er kennt sie auch nur, insofern er sie auf der Erde beobachtet; aus seinem eigenen Wesen kennt er sie auch nicht, die rechten Maße. Aber weil er so lange beim Faust war und gesehen hat, was der Faust bedarf, erkennt er wiederum für eine Weile die Maße der Menschen.

– – Genug, genug!
Vor eurem Brodem bleicht der ganze Flug. –
Nicht so gewaltsam! Schließet Maul und Nasen!
Fürwahr, ihr habt zu stark geblasen.
Daß ihr doch nie die rechten Maße kennt!
Das schrumpft nicht nur, es bräunt sich, dorr't, es brennt!
Schon schwebt's heran mit giftig klaren Flammen;
Stemmt euch dagegen, drängt euch fest zusammen! –
Die Kraft erlischt! dahin ist aller Mut!
Die Teufel wittern fremde Schmeichelglut.

Ihm ist die Liebe nur Schmeichelei, er setzt alles ins rein Egoistische um. Und so sehen wir, wie durch diesen Kampf, der sich hier entspinnt, wie da in der Vorstellung – denn das Ganze spielt sich ab in der Vorstellung des Mephisto, der sich eine Weile zurückversetzt in seine alte Mondenzeit –, wie sich da für die Vorstellung des Mephisto die Möglichkeit zeigt, er könnte die Seele in der Dreiheit haben, während sie eigentlich durch die Einheit ihm entrissen ist.

Das Interessante ist, daß wir gerade in dieser Szene auch ein Bewußtsein finden von der inneren geistigen Evolution der Menschheit. Denken Sie doch an das, was ich oftmals gesagt habe, daß nur eine gewisse Beschränktheit glauben kann, wenn man zurückgeht, soweit als es Menschen gibt, hätten sie immer gleich ausgesehen; also seelisch denkt man sich namentlich die Römer, Griechen, Ägypter alle mehr oder weniger doch schon so wie die jetzigen Menschen, während große Entwickelungen durchgemacht worden sind. Die Menschen, die stets nur an die allerletzten Jahrhunderte denken, wissen nichts von dem, was die Menschen im Laufe der Jahrhunderte in der Evolution durchgemacht haben. Aber die geistigen Wesen merken das, weil sie geistig die Sache ansehen. Und daher ist es so schön, daß wir aus Mephistos Worten hier an Faust gerade das sehen, was er, Mephisto, der natürlich ein alter Bursche ist, die ganze Erdenentwickelung durchgemacht hat – Sie wissen, wie er an einer Stelle sagt, daß er einmal «kristallisiertes Menschenvolk» gefunden hat! – ja, Mephisto sieht da, wie es anders geworden ist:

> Der Körper liegt, und will der Geist entfliehn,
> Ich zeig' ihm rasch den blutgeschriebnen Titel; –

Also, was will er eigentlich? Faust ist gestorben. Die Seele will er haben, von der er nur die Dreiheit weiß. Wir erinnern uns, daß ja Faust mit Mephisto einen Vertrag geschlossen hat, der mit Blut sogar geschrieben ist, einen Vertrag. Was will nun Mephisto eigentlich, Mephisto-Ahriman? Was will er denn? Er will sich auf seinen Vertrag berufen. Wenn er nun in dem Augenblick, wo die Seele herauskommt, den Vertrag zeigt, da, glaubt er, kann ihm die Seele nicht entschlüpfen. Nun, von diesem Punkte aus will ich lieber nicht weiter sprechen angesichts mancher schnöden Worte, die in dieser aufgewühlten Zeit wiederum gefallen sind. Nachdem schon unsere Freunde beschuldigt sind, über Verträge nicht recht zu denken, so will ich nicht jetzt eine Vertragstheorie entwickeln, die etwa wiederum ausgenützt werden könnte. Vielleicht könnte sogar gesagt werden, wenn ich nicht gerade in dieser Szene auf die Seite des Mephisto trete, sondern auf die Seite des Faust: Faust wäre in bezug auf seine Vertragsauffassung so ein rechter Pangermanist! – Ich will nicht weiter reden über die Misere, in die man da hineinkommen könnte, denn entweder müßte man für Mephisto-Ahriman Partei ergreifen, oder man würde der Gefahr sich aussetzen, weil Faust auf den blutgeschriebenen Titel nicht eingeht, uns als eine pangermanistische Auffassung das anzukreiden. Also schweigen wir lieber über all diejenigen tieferen Weisheiten, welche man entwickeln müßte, wenn man über Faustens und Mephistos Vertrag sprechen würde. Lassen wir das!

Aber die Evolution mit ihrem inneren Sinn, sie tritt uns entgegen bei den Worten des Mephisto, der darauf aufmerksam macht, daß die Zeiten sich ändern und mit ihnen die Impulse, die in der Menschheitsentwickelung sind. Früher, da verstand er sich noch ziemlich gut, die Seelen zu erhaschen, als die alten – heute nennt man es Aberglaube, aber wir wissen, es waren die etwas hellseherischen Zeiten –, als die alten Zeiten da waren. Da waren wirklich die Seelen noch in der Dreiheit leicht da; da konnte er wirklich die Seelen, wenn die Sache gut vorbereitet war – und schließlich, vorbereitet hat er sie ja bei Faust ganz gut –, noch erhaschen. Aber jetzt, wo der fünfte nachatlantische Zeitraum anrückt, und die Einheit der Seele hergestellt wird durch das Ich, da hat er noch nicht seine volle Schulung durchgemacht.

Doch leider hat man jetzt so viele Mittel,
Dem Teufel Seelen zu entziehen.
Auf altem Wege stößt man an,
Auf neuem sind wir nicht empfohlen.

Es muß wirklich aufmerksam gemacht werden auf Mephistopheles-Ahrimans Art im fünften nachatlantischen Zeitraum, und da findet er sich eigentlich «schlecht empfohlen» in diesem fünften nachatlantischen Zeitraum. Er ist auch nicht sehr gut empfohlen, der Teufel, empfohlen nicht, weil er nicht anerkannt wird, wenn er irgendwo vorgestellt wird als Mephistopheles-Ahriman, da gilt er nicht als standesgemäß.

Den Teufel spürt das Völkchen nie,
Und wenn er sie beim Kragen hätte.

Da ist er doch; aber empfohlen ist er nicht. Und so holt er sich denn die Helfershelfer, von denen er glaubt, daß sie ihm verhelfen können zu dem, was er will: die Seele in ihrer Dreiheit. Aber daß sie in der Dreiheit, in ihrer ursprünglichen Gestalt nicht mehr vorhanden ist, das läßt sie ihm entschlüpfen.

Es ist schon einmal mit diesem Mephisto-Ahriman eine kuriose Sache. Da kommen die Wesen, die der geistigen Welt angehören, in seine Sphären herunter, und – ja, er verliebt sich eigentlich in diese Wesen. Goethe schildert ganz recht eine Liebesszene zwischen Mephisto und den Engeln. Der Teufel hat Verstand. Und eine Liebschaft zwischen Mephisto und den Engeln ist wahrhaftig eine absurde Liebschaft, so nennt sie auch der Mephisto, es ist schon eine absurde Liebschaft. Aber wie kommt es denn, daß ihn diese absurde Liebschaft doch befallen kann? Daß überhaupt Liebesempfindungen in ihm entstehen? Hätte er nicht so lange an der Seite des Faust gelebt und den Faust betören wollen dadurch, daß er in Faust dergleichen Gefühle besonders verlockend angeregt hat, so würden sie auf ihn nicht übergegangen sein. Und so haben Sie hier wiederum eine tiefe Weisheit, eine wunderbare Weisheit. Der Teufel hat eigentlich keine erotische oder sonstige Liebe im irdischen Sinne. Die hat er nicht. Liebschaft ist natürlich für ihn absurd, denn wir wissen ja, daß die Erde der Kosmos der Liebe ist. Er ist aus dem Kosmos der Weisheit. Aber er ist deplaciert, er wandert auf der Erde herum und will immer die Erde seinem Reich einverleiben. Dadurch kommt er immer wieder in die Lage, sich selbst Eigenschaften, die auf der Erde entwickelt werden und die jetzt zu seiner Natur nicht mehr passen, einzuverleiben. Er muß, um in die Hoffnung kommen zu können, eine Seele zu erringen, diese Seele für den Teufel präparieren, das heißt, sie geeignet machen, die Eigenschaften, die Luzifer am Beginne eingepflanzt hat, zu erfassen. Aber dadurch wird er selber von dieser Eigenschaft angesteckt und macht sich wiederum unfähig, diese Seele halten zu können. Sie sehen hier im Großen bei dem Teufel ausgebildet dasjenige, was im Kleinen eintritt. Denken Sie sich einmal, der Mensch ist auch dazu veranlagt, Leidenschaften zu erregen, aber wenn er sie bis zu einem gewissen Punkte entwickelt, so zerstören sie ihm zu gleicher Zeit den Organismus. Man kann es also nur bis zu einem gewissen Punkte treiben. Der Teufel muß menschliche Eigenschaften gewissermaßen vampirisch in sich einsaugen, damit er in Faust die Leidenschaften erregen kann. Aber damit zerstört er in sich selber seine rechte Teufelsnatur. Dadurch ist es möglich, daß die absurde Liebschaft zu den Engeln entsteht, und er unaufmerksam wird und gar nicht merkt, daß ihm die Engel die Seele wegschnappen. Diese Umdüsterung des Bewußtseins, dieser Übergang des Bewußtseins in das Unterbewußte, das mußte schon bei ihm eintreten.

Da wir heute die Aufführung noch haben werden, kann ich nicht mehr sagen. Ich denke, es ist vorläufig genug gesagt, um das Verständnis gerade der in dieser Szene liegenden Dreiheit ein wenig zu vermitteln. Ich denke, wir sehen, gerade wenn wir uns einer solchen Betrachtung hingeben, wie unendlich tief dasjenige ist, von dem Goethe sagt, daß er es in den zweiten Teil des «Faust» hineingeheimnißt hat.

Solche Leute, welche in sich die Vorstellung hervorrufen konnten davon, daß durch die Evolution der Menschheit spirituelle Weisheit geht, daß sie nur in unserer Zeit etwas zurückgetreten ist, daß diese spirituelle Weisheit oftmals nur noch wie ein Schatten ruht in allerlei berechtigten oder unberechtigten okkulten Gesellschaften, solche Leute wußten als Vereinzelte immer, welche tiefe Weisheit in Goethes «Faust» steckt, reale Weisheit, konkrete Weltenweisheit. Daher haben sie sich in diesem Sinne ausgesprochen. Und ein solcher hat zum Johannisfeste 1880 den Manen Goethes ein kurzes Gedicht gewidmet, ein Gedicht, in dem er ausdrücken wollte, wie sehr er sich eins fühlte mit ihm in spiritueller Weisheit, ein Mann, der durch die Gelehrsamkeit des materialistischen Zeitalters im Grunde doch eigentlich recht wenig von Goethe mehr in sich hatte, recht wenig Konkretes. Und da Geisteswissenschaft noch nicht geboren war, als dieser Mann schrieb, so hatte er nur ein dumpfes Gefühl, daß diese Geisteswissenschaft in Goethe wie ein Instinkt lebt. Der Faust-Kommentar, den er daher geschrieben hat, *Oswald Marbach*, ist nicht bedeutend geworden. Aber in dem Gedichte, das er zum großen Weisheits-Maurerfeste den Manen Goethes gewidmet hat – so hat man ja früher immer gesagt, wenn man zu dem unsterblichen Teile des Menschen gesprochen hat, Manen, worinnen derselbe Geist lebt, der in dem Manas lebt –, da zeigt sich, daß, gewissermaßen wie halb bewußt nur in einsamen Seelen, doch immer der Zusammenhang da war mit dem Großen, das in Goethes Dichtung gelebt hat. Und daher sagt dieser, der sich verbunden fühlte mit den Manen Goethes, mit der Individualität Goethes, zum Johannes-, zum Maurerfeste 1880:

Dir – Bruder – Vater – hoch erhabner Meister!
Dem über ein Jahrhundert heut als Zeichen
Der treusten Lieb im Bunde freier Geister
Wir unsre festverschlungnen Hände reichen; –
Der Geister Größter und der Freien Freiester!
Zu dem empor wir streben, ihm zu gleichen; –
Dir weih'n wir uns! Dir weih'n wir unsre Söhne,
Daß unsern Bau dereinst Vollendung kröne!

Du hast gestrebt wie wir; doch Dein Bestreben
Nach Selbsterkenntnis, die zur Weisheit leitet,
War stets beseelt von urgesundem Leben,
Von Schöpfer-Stärke, die zu Taten schreitet,
Zu Werken, die zum Licht empor sich heben,
Um die der Schönheit Glanz sich ewig breitet:
Du hast wie Israel mit Gott gerungen,
Bis Du als Sieger selber Dich bezwungen!

Was uns geheimnisvoll mit Dir verbündet,
Wird Ungeweihten durch kein Wort verraten;
Doch sei es laut vor allem Volk verkündet
Durch reinster Liebe nimmermüde Taten,
Durch klares Licht, das Geist im Geist entzündet,
Durch ewigen Lebens immergrüne Saaten. –
Voran, o Meister! Wo Du hingegangen,
Zieht Dir uns nach sehnsüchtigstes Verlangen.

Möge wieder eine Zeit kommen, in der solche Worte Wahrheit sein mögen und können!

GOETHES EINBLICKE IN DIE GEHEIMNISSE DES MENSCHLICHEN DASEINS

Dornach, 9. September 1916

nach einer eurythmischen Darstellung der Szenen «Mitternacht» und «Grablegung»

Wir haben wieder ein Stück des Goetheschen «Faust» vor unserer Seele vorüberziehen lassen. Einiges von dem, was aus geisteswissenschaftlichen Grundlagen heraus in das Verständnis einführen kann, versuchte ich im letzten Vortrag hier zu entwickeln, als ich über das Wesen der Lemuren, der Dick- und Dürrteufel sprach. Bei einer solchen Gelegenheit versuchen wir dann immer, nicht bloß etwas zum Verständnis dieser Dichtung uns aufzusuchen, sondern von der Dichtung ausgehend einiges zu gewinnen in allgemein geisteswissenschaftlicher Bedeutung, Ausblicke zu tun in jene wahren Wirklichkeiten, die *Goethe* zu erreichen versuchte mit seinem «Faust».

Heute möchte ich einige Betrachtungen anknüpfen gerade an dasjenige, was eben vor unserer Seele vorübergezogen ist. Bedeutsam kann es uns doch erscheinen, daß diese Szene, die wir gerade haben zu Ende gehen sehen, nicht die letzte Szene des Goetheschen «Faust» ist, sondern daß sie, wie wir wissen, gefolgt ist von jener andern Szene, die wir vor einiger Zeit schon hier aufgeführt haben. Sie erinnern sich: Bergschluchten, Wald, Fels, Einöde, heilige Anachoreten, Chor, Echo, Waldung, die heranschwankt und so weiter, wo wir geführt werden durch die andächtige Meditation des Pater ecstaticus, Pater profundus, Pater Seraphicus, durch den Chor der seligen Knaben, wo uns die Engel wieder begegnen, welche in der Szene, die wir heute gesehen haben, Faustens Unsterbliches in die oberen Regionen tragen, wo uns ferner begegnet die Dreiheit der Büßerinnen, der Doctor Marianus, die Mater gloriosa als Gretchen-Führerin bis zum Schlußchor, dem eigentlichen mystischen Chor:

Alles Vergängliche
Ist nur ein Gleichnis ...

Das alles folgt auf jene Szene, die wir heute gesehen haben, und die darstellt den Kampf der Lichtgeister mit den Geistern der Finsternis um die Seele des Faust.

Man geht oftmals, wenn man den «Faust» zu erklären versucht, von Szene zu Szene, ja oftmals von Satz zu Satz, man stellt nicht Fragen, die gestellt werden können, und die eigentlich erst Licht verbreitend sind über diese große, gewaltige Dichtung. – Wir haben heute gesehen, wie Fausts Grablegung erfolgt ist, wie Mephistopheles-Ahriman sein Spiel verloren hat, wie die Seele in die geistigen Regionen hinaufgetragen worden ist. Man könnte sich von einem gewissen Gesichtspunkte aus fragen: Könnte denn nicht die Faust-Dichtung eigentlich damit schließen? Wissen wir jetzt nicht im Grunde genommen alles, um was es sich handelt? Wissen wir nicht, daß Mephistopheles seine Wette verloren hat, daß alle Anstrengungen, die er hat machen können durch die Lebenszeit des Faust hindurch, die er hat begleiten können, verloren sind, daß Faustens Seele in die Lichtregion aufgenommen ist, daß also das ebenfalls im Hinblick auf eine Faust-Dichtung von *Lessing* gesprochene Wort gegenüber den Geistern der Finsternis: «Ihr sollt nicht siegen» erfüllt ist? Könnten wir nicht glauben, damit wäre eigentlich alles aus, die Faust-Dichtung hätte ihr Ende gefunden? – Die Frage stellt sich uns vor die Seele: Warum folgt denn der uns bekannte Schluß nun noch auf dasjenige, was wir heute gesehen haben? – Und indem man diese Frage aufwirft und sich dann mit ihrer Beantwortung beschäftigt, rührt man an bedeutungsvolle Geheimnisse des menschlichen Lebens in seinem Zusammenhange mit dem Weltganzen. Daß Goethe diesen Schluß des «Faust» so gestaltet hat, wie er ihn gestaltet hat, zeigt gerade, wie tief er in den Untergründen seines Lebens in einer Zeit, in der es die Geisteswissenschaft noch nicht gegeben hat, Einblick hatte in die Geheimnisse des menschlichen Daseins. Vieles, vieles liegt in der Szene, die heute vorgeführt worden ist, und noch mehr liegt in der Tatsache, daß diese Szene gefolgt wird von andern Schlußszenen. Vieles von dem, welches beweist, daß Goethe tiefste Geheimnisse des Daseins kannte, daß er aber auch genötigt war, in einer solchen Weise die Geheimnisse des Daseins vorzuführen, welche nur dem, der tiefer in das geistige Leben, in seine Wesenheit sich einlassen will, zugänglich sind. Ganz absichtlich hat Goethe vieles verhüllt ausgedrückt, wie er selbst sagte, in die Faust-Dichtung hineingeheimnißt. Vieles von dem gewissermaßen nur in Umhüllung gesagt, was bei den stumpfsinnigen Menschen, die aus Furcht und Bequemlichkeit nicht an die Erkenntnis der geistigen Welt heran wollen, Haß und Gegnerschaft auslöst, vieles von dem hat er verhüllt angedeutet. Allerdings ist dadurch auch durch vierundachtzig Jahre die Faust-Dichtung Goethes mehr oder weniger unverstanden geblieben und wird erst nach und nach, wenn wir der Zukunft entgegenleben können, in ihren Tiefen sich der Menschheit enthüllen. Ja, man kann schon sagen, die geisteswissenschaftliche Erkenntnis wird erst diejenigen künstlerischen Empfindungen auslösen können, welche das Verständnis der Faust-Dichtung vermitteln können.

Blicken wir zunächst zurück auf die erschütternd eindrucksvolle Szene, in der Faust ansichtig wird der vier grauen Weiber: des Mangels, der Schuld, der Not, der Sorge. Seien wir uns klar darüber, daß Faust dieses Erlebnis mit den vier grauen Weibern hat in einem Augenblicke, da er durchgegangen ist durch viele, viele geistige Lebenserfahrungen, besser gesagt: Lebenserfahrungen, die bei ihm geistiges Verständnis hervorgerufen haben. Goethe stellt sich seinen Faust in der Zeit, welche für den Faust dargestellt wird durch diese Schlußszene, hundertjährig vor, hundert Jahre alt geworden, das hat Goethe selbst ausgesprochen. Heute ist Faust zunächst vor uns gestanden mit diesen ganzen in seiner Seele vergeistigten Erfahrungen, wie er auf dem Balkon steht seines Heims, das er sich geschaffen hat an einer Arbeitsstätte, von der aus er für die menschliche Zukunft hat Arbeit leisten wollen. Auf seine Seele blicken wir so, daß in deren Empfindungen sich gleichsam zusammenfaßt all das, was er an Befriedigung empfindet, was er hat leisten dürfen für die Menschheit dadurch, daß er ein freies Land für freie Menschen dem Meere abgerungen hat.

Die Sterne bergen Blick und Schein,
Das Feuer sinkt und lodert klein;
Ein Schauerwindchen fächelt's an,
Bringt Rauch und Dunst zu mir heran.
Geboten schnell, zu schnell getan!

Nun geht scheinbar vor seinem Blick, in Wahrheit in innerer Vision, dasjenige vor, was die Erscheinung der vier grauen Weiber bildet:

> Was schwebet schattenhaft heran?

Wir müssen uns vorstellen, daß durch die Vertiefung, welche die Seele Fausts erfahren hat, diese Seele fähig geworden ist, aus dem tiefen inneren Born selber heraus die Vision der vier Gestalten – des Mangels, der Not, der Sorge, der Schuld – zu haben. Innerliches Erlebnis im wahrsten Sinne des Wortes ist diese «Szene um Mitternacht», innerliches Erlebnis, wie es in Faust dadurch hervorgerufen wird, daß sich die Seele beginnt langsam vom Leibe zu lösen. Denn das ist das merkwürdig Geheimnisvolle, was Goethe ganz augenscheinlich beabsichtigt hat, daß von dem Augenblicke an, wo die drei grauen Weiber sprechen das Wort:

> Es ziehen die Wolken, es schwinden die Sterne!
> Dahinten, dahinten! von ferne, von ferne,
> Da kommt er, der Bruder, da kommt er, der – Tod,

– daß von diesem Moment ab bereits sich der Tod wirklich breitet über Faustens Leben. Und nur dann verstehen wir diese Szene recht, wenn wir uns von da ab Faust wie einen Sterbenden denken, wie einen, bei dem sich die Seele langsam loslöst vom Leibe. Und unrecht wäre es, wenn man sich denken würde, daß dasjenige, was jetzt folgt, bloß äußerlich sinnlich realistisch gemeint sei. Das ist es nicht. Indem wir Faust im Zimmer seines Palastes, in das die Sorge eingetreten ist, sehen, finden wir, so wie er da sitzt, daß die Seele in einer gewissen Weise sich schon gelockert hat von dem Leibe, daß zusammenfließen die Erfahrungen des physischen Lebens mit den Erfahrungen, welche die Seele macht, wenn sie sich schon vom Leibe gelockert hat. Und nur dann verstehen wir die merkwürdig tief ineinandergeflochtenen Sätze, wenn wir dieses Ineinanderspielen der geistigen Welt, in die Faust sich schon hineinversetzt durch seine sich lockernde Seele, ins Auge fassen, dieses Zusammenspielen der geistigen Welt mit der physisch-sinnlichen Welt, in der Faust noch ist, weil eben die Seele sich lockert, noch nicht gelöst hat. Mangel, Schuld, Not vermochten nichts, sie sind nur die Verkündiger gewesen des Todes. Aber die zehrende Sorge bleibt da, wo sich die Vision so verwandelt, daß sie schon die Vision der vom Leibe gelockerten Seele ist:

Vier sah ich kommen, drei nur gehn;
Den Sinn der Rede konnt ich nicht verstehn.
Es klang so nach, als hieß es – Not,
Ein düstres Reimwort folgte – Tod.
Es tönte hohl, gespensterhaft gedämpft.

Wenn man weiß, was Goethe bei dem Worte gespensterhaft empfand, er, der viel konkreter bei den Worten empfand als die heutigen stumpfen Materialisten, dann nimmt man ein solches Wort:

Es tönte hohl, gespensterhaft gedämpft –

auch nicht leicht, sondern wichtig und wesentlich und sucht nach der Empfindung, die Goethe hatte, als er dem Faust diese Worte in den Mund legte. Bei Goethe findet sich unter anderem ein schönes Wort, worinnen er das Folgende ausspricht. Er sagt: «Manchmal kommt mir das Leben vor, wie wenn urferne vergangene Ereignisse in das gegenwärtige Bewußtsein hereintreten würden, und dann erscheint alles fern Vergangene wie Gespenst, das in die Gegenwart herein sich versetzt.» Goethe hatte einen sehr konkreten Begriff von dem, was er gespensterhaft nannte. Da standen vor ihm, visionär, jahrtausendealte Zeiten seines eigenen Lebens, die er oftmals glaubte, wie die Gespenster hereinrücken zu sehen in sein gegenwärtiges Leben. Da sind nicht Behauptungen, die ich tue aus der Willkür heraus, das läßt sich streng nachweisen aus dem, was Goethe selber geäußert hat, wenn er sich intim äußerte über die Erfahrungen seines inneren Lebens.

Nun fließen die Anschauungen, die Gedanken zusammen, die der Faust hat, halb darinnenstehend in der geistigen Welt, halb noch auf dem physischen Plane lebend. Wie wenn Sie sich das Ineinanderspielen dieser zwei Welten vorstellen würden, so ist es nun für Faust. Er erlebt jetzt etwas, was man eigentlich nur in diesem Ineinanderspielen der zwei Welten erleben kann, was nicht entwickelt würde, wenn er sich mehr entfernt haben würde von seinem physischen Leibe. Gebunden fühlt er noch die Ereignisse von jenseits der Schwelle an die Ereignisse des physischen Lebens:

Noch hab' ich mich ins Freie nicht gekämpft.

Und nun die merkwürdige Rede, die manchem wie ein bloßer Widerspruch erscheinen wird, die aber gerade verständlich wird, wenn man das Erlebnis so faßt, daß es sich abspielt zwischen physischem Leben und geistigem Leben. Die geistige Welt suchte Faust zu erreichen sein ganzes Leben hindurch. Geisteswissenschaft im eigentlichen Sinne gab es ja damals nicht. Er hat die geistige Welt versucht zu erkennen auf dem Wege der vom Mittelalter her übernommenen Magie, jener Magie, die ihn in Zusammenhang brachte mit Ahriman-Mephistopheles in der Weise, wie wir das öfter und auch im letzten Vortrag besprochen haben. Diese Magie, durch die er in die geistige Welt gelangte, ist von Mephistopheles nicht zu trennen. Blicken Sie auf das zurück, was sich zugetragen hat um Faust herum, Sie werden überall sehen, daß Mephistopheles die magischen Handlungen in Szene gesetzt hat. Da können wir nicht hoffen, daß Faust festhalten will, jetzt, da er schon halb darinnensteht in der geistigen Welt, an dieser Magie:

Könnt' ich Magie von meinem Pfad entfernen,
Die Zaubersprüche ganz und gar verlernen.

Jene Zaubersprüche, die er sich aus alten Büchern geschöpft hat, und die schon, weil sie sich von alten Zeiten erhalten haben, luziferisch und ahrimanisch geworden sind. Auf diesem Wege findet er jetzt, wo er wirklich die geistige Welt betritt, daß das, was er erreicht hat, doch nicht das war, was er gesucht hat. Und jetzt blickt er zurück. Er beginnt schon zurückzublicken, wie man bei der gelockerten Seele zurückblickt. Jetzt beginnt er zurückzublicken in das eben verflossene Leben. Der Augenblick steht lebendig vor ihm, der Augenblick, bevor er zu den mittelalterlichen Büchern gegriffen hat, bevor er das verhängnisvolle Wort ausgesprochen hat:

Drum hab' ich mich der Magie ergeben.

Er ist durch gute Kräfte, die ihn gnadevoll geleitet haben im Sinne des «Prologs im Himmel», bewahrt geblieben vor den Früchten derjenigen Magie, die er hätte pflücken müssen, wenn dieses gnadevolle Wirken besonderer Kräfte nicht durch seinen Lebensweg durchgegangen wäre. Jetzt sieht er schon hinein in die geistige Welt, jetzt weiß er es anders. Das spielt hinein. Mit dem jetzigen Wissen würde er den Weg anders machen:

> Stünd' ich, Natur! vor dir ein Mann allein,
> Da wär's der Mühe wert, ein Mensch zu sein.

Das konnte er früher, solange er seine Seele nicht gelockert hatte vom Leibe, nicht sagen in dieser Weise. Da mußte er den ganzen Irrtumsweg machen. Jetzt blickt er zurück, sieht, daß es eben doch der Weg durch die Finsternisse des Mephistopheles war. Zurück blickt er zunächst auf diejenige Zeit seines Lebens, da Mephistopheles noch nicht seine Bahn durchkreuzt hatte:

> Das war ich sonst,

– ein Mensch allein –

> eh' ich's im Düstern suchte,
> Mit Frevelwort mich und die Welt verfluchte.
> Nun ist die Luft von solchem Spuk so voll,
> Daß niemand weiß, wie er ihn meiden soll.

Die ganze Schwere der Ereignisse liegt jetzt auf seiner Seele.

> Wenn auch ein Tag uns klar vernünftig lacht,
> In Traumgespinst verwickelt uns die Nacht;
> Wir kehren froh von junger Flur zurück,

– so hat er ja sein Leben zugebracht, halb bloß in der physischen Welt, halb schon – obzwar im physischen Leib – von Mephistopheles in die geistige Welt versetzt, hineinblickend in die geistige Welt, aber immer wieder und wiederum zurück müssend in die physische Welt, weil Mephistopheles nicht finden kann, ihn auch nicht vermitteln kann, den Zugang, weil er den Zusammenhang doch nicht ordentlich findet.

> Ein Vogel krächzt; was krächzt er? Mißgeschick.

Auf diesem Wege ist nur Aberglaube zu finden.

Von Aberglauben früh und spät umgarnt –
Es eignet sich, es zeigt sich an, es warnt –
Und so verschüchtert stehen wir allein.

Immer hat sich der Weg des Aberglaubens, allerdings in den starken Weg, den Faust durch seine eigene starke Natur gehen konnte, gemischt. Und jetzt hat er jene Vision, die ihm bleiben konnte, da sich seine Seele immer mehr und mehr lockert: die Vision der Sorge. Und versuchen Sie zu empfinden, wie Goethe auch in der Sprache an Höchstes hier seine Worte anklingen läßt. Man möchte sagen, die ganze Weltgeschichte liegt auf unserer Seele, wenn wir das Gewicht dieser Worte verspüren. Die Sorge schleicht sich ein. Ist jemand da? – frägt Faust.

Ist jemand hier?

Die Antwort ertönt:

Die Frage fordert Ja!

Nicht eine einfache Antwort: Ja! Die Frage fordert Ja! Ich sagte: Die ganze Weltgeschichte drängt sich in unsere Seele herein durch die Fügung der Worte schon. Denn wie könnte man anders als bei diesen Worten denken an jene großartige Szene, wo vor dem Gericht der Christus Jesus gefragt wird: «Bist du es, der Sohn Gottes?» Der antwortet auch nicht einfach: Ja –, sondern: «Du sagst es!»

Nun wird nicht in einem abstrakten Wort ausgedrückt, wen jetzt Faust erlebt:

Bin einmal da.

Aber sie ist in ihm. Es ist im Grunde ein Selbstgespräch. Und es ist ein tiefes Selbstgespräch. Die Menschheit wird erst nach und nach erfahren, in inneren Erlebnissen erfahren die ganze Schwere dieses Selbstgespräches. Mit dem, was als Geisteswissenschaft in die Menschheit versetzt werden soll, werden auch Erkenntnisse in die Menschheit kommen, welche mit tiefen, tiefen Gefühlen und Empfindungen über das Leben verknüpft sein werden, mit Gefühlen und Empfindungen, von denen sich der dumpfe, stumpfe Materialismus allerdings nichts träumen läßt, und nichts träumen läßt auch diejenige leicht errungene Weltanschauung, welche da glaubt, mit Sätzen, in denen man das Physische oder Geistig-Wirkliche charakterisiert, sei nun schon alles gewonnen. Solche Sätze hat man. Von solchen Sätzen weiß man, daß sie in schweren inneren Erlebnissen errungen sind. Man birgt sie in seiner Seele, man trägt sie mit durchs Leben. Aber sie sind nicht, was sie wirklich sein können und sein müssen der menschlichen Seele, wenn sie nicht begleitet sind von allen möglichen Stimmungen, von jenen Stimmungen, die oftmals uns das Seelenleben so erscheinen lassen, als ob es über einem Abgrunde dahinlebte. Und nie kann uns, wenn wir uns geistige Erkenntnisse errungen haben, die Sorge verlassen, die uns überkommt über die Beziehung der geistigen Erkenntnisse zu der gesamten Wirklichkeit des Lebens. Der Mensch muß fühlen, gerade wenn er in die geistige Welt eintritt, daß es eine Flachheit ist, in falscher Askese davon zu sprechen, daß dieses Erdenleben nur ein niedriges ist, das man am liebsten abstreifen möchte. Den ganzen tiefen Sinn dieses Erdenlebens für die Ewigkeit fühlt der Mensch gerade aus den geistigen Erkenntnissen heraus: daß dieses Erdenleben durchgemacht werden muß, damit dasjenige, was es gibt, einverleibt werden kann den Impulsen, die wir durch den Tod in die Sphäre der Ewigkeit hineintragen. Aber wie könnte es anders sein, als daß am Ende eines Prüfungslebens gerade in einem solchen Augenblicke, wo die Seele herausgelockert ist, der Mensch gewahr wird in ernster, schwerer Sorge, was werden kann aus seinem eben erlebten Leben, wenn er nun mit seiner Seele durch die geistige Welt zu gehen hat, was die Früchte sein können dieses eben verlebten Lebens. Viel, viel hat Faust durchgekämpft. Aber groß ist er dadurch, daß er jetzt, wo er eben in die geistige Welt eingetreten ist und halb darinnen ist und halb noch zurückfühlt zum physischen Erdendasein, in dem ganz ungeheuer bedeutungsvollen Vergleiche, der sich zwischen Physischem und Geistigem in einer solchen Lebens-Todeslage ergibt, weiß:

Ich bin nur durch die Welt gerannt;
Ein jed' Gelüst ergriff ich bei den Haaren,
Was nicht genügte, ließ ich fahren,
Was mir entwischte, ließ ich ziehn.

Ich habe nur begehrt und nur vollbracht
Und abermals gewünscht, und so mit Macht
Mein Leben durchgestürmt; erst groß und mächtig,
Nun aber geht es weise, geht bedächtig.

Fühlen Sie dieses Zusammenklingen dessen, was jetzt in seiner Seele ersteht: wie er die kleine und die große Welt, wie es im «Faust» heißt, durchgegangen ist und mit einem Gesamtblick, der sich eben eröffnet, wie in dem bedeutungsvollen Rückblick auf das Leben – jetzt erst, seit er aus der geistigen Welt ein Überleuchten fühlt in seinem Schauen, das, was er so durchgemacht hat im Durchrasen der Lebensfluten, weise und bedächtig überschauen kann. Und jetzt: Was sieht er? Was beginnt er zu schauen? – Das, was er im Erdenkreise erlebt hat, beginnt er zu schauen. Denken Sie zurück an all das, was wir besprochen haben über die Rückschau, die im Beginne des nach dem Tode folgenden Lebens die Seele überkommt, die jetzt langsam Faust überkommt. Denken Sie an diese Rückschau. Er sieht sein Erdenleben. Er sieht es gerade so, daß er sich sagen muß:

Der Erdenkreis ist mir genug bekannt.

Was er im Erdenkreis erlebt hatte, das schaut er jetzt. Halb ist er schon in der geistigen Welt. Aus dieser Stimmung fühlen Sie die Worte:

Nach drüben ist die Aussicht uns verrannt.

Das kann man sagen, wenn man zurückblickt gerade auf das Erdenleben. Das ist kein philosophisches Bekenntnis zum Materialismus, das ist ein unmittelbares Erleben, nachdem der Tod halb schon die Seele ergriffen hat. Tröpfe, welche Faust-Kommentatoren geworden sind, haben diese Stelle so ausgelegt, als ob Faust in seinem hohen Alter noch einmal zurückkäme zu einem materialistischen Glaubensbekenntnis. Jetzt aber, in dieser Lage wäre Faust wahrhaftig ein Tor, wenn er überrennen wollte die Rückschau auf das Leben und jetzt schon blinzelnd nach jener geistigen Welt schauen wollte, die oftmals ausgemalt wird hier von denjenigen Toren, die diese geistige Welt so aufbauen, daß sie über Wolken einfach ihresgleichen dichten, wie das in vielen Bekenntnissen gemacht wird. Auf seinem Ergebnis des Lebens, da will er fest stehen. Und jetzt fallen eigentlich tief bedeutungsvolle Worte, vor denen jeder Schein von Materialismus schwinden muß, ganz schwinden muß. Die verwaschenen Mystiker, jene gräßlichen Mystiker, welche immer davon sprechen, im All nur aufzugehen, die Ewigkeit mystisch ergreifen zu wollen im chaotischen Alldunkel, das sie All-Licht nennen, wollen in die Ewigkeit schweifen. Derjenige, der konkret das geistige Leben ergreifen will, ergreift es da, wo es zu ergreifen ist in seiner Konkretheit, er wird nicht zum Toren, verschwimmend in unbestimmten Fernen, die eigentlich nichts enthalten als Leerheit und leeren Raum, und in die sich die Seele einträumt, er wird nicht verführt, in solche Ewigkeiten zu schweifen, sondern die Erkenntnis konkret zu ergreifen. Das, was er erkennt, läßt sich ergreifen:

Er wandle so den Erdentag entlang.

Denken Sie daran, wie wunderbar dieser Satz wird, wenn man denkt, es beginnt die Rückschau auf das Erdenleben: die Schauung wandelt den Erdentag entlang. Jetzt steht er auf dem Punkt, wo er das rechte Verhältnis finden kann zu jenen spukenden Geistern, zu denen ihn Mephistopheles hier verführt hat.

Wenn Geister spuken,

– jetzt in der Rückschau –

geh' er seinen Gang;
Im Weiterschreiten find' er Qual und Glück,
Er! unbefriedigt jeden Augenblick.

Die noch nicht ganz vollendete, aber jetzt hereinbrechende Rückschau müssen wir uns vorstellen, jene Rückschau, die noch voll von der Sorge durchsetzt ist, durch welche Früchte aus dem erlebten Erdentag in die geistige Welt hineingetragen werden können. Und immer so: hinüber-herüber. Geistiges Erleben, aber weil er noch am Leibe haftet, auch physisches Erleben, so finden wir Faust. Die Sorge hält ihn noch am physischen Leibe. Bewußt soll er hineingehen in die geistige Welt, bewußt gemacht gerade von der lastenden Sorge. Daher wächst er auch so hinein in die geistige Welt, daß er, indem er schon die geistige Welt in seiner Seele trägt, noch immer glaubt, der physischen Welt befehlen zu können. Die Menschen, welche der banalen Gegenwartsansicht sind, daß der Mensch im wesentlichen immer so war, wie er jetzt ist, wissen nicht, daß viele Griechen so gestorben sind, wie Faust stirbt, besser gesagt, wie Goethe Faust sterben läßt. Wir können es aus der griechischen Literatur nachweisen, daß dieser Tod für die Griechen geradezu ein Begehrenswertes war, wie noch nachzuleben etwas von dem physischen Dasein, während man die Seele schon gelockert hat. Bei Sophokles können Sie Worte finden, welche das andeuten, wie der Grieche etwas Besonderes gesehen hat in einem solchen Sterben, in einem nicht plötzlich Sterben, sondern langsam Hinsterben, wobei sich schon für die physische Welt halb das Bewußtsein herabdämmert, aber das, was da als Dämmerung ins physische Bewußtsein tritt, erleuchtet wird nach und nach, um voll hineinzuschauen in die geistige Welt. Und Goethe hat ja versucht, vieles vom Griechentum gerade in den zweiten Teil seines «Faust» herüberzunehmen. Wir dürfen uns schon denken, daß er etwas von dem wollte, was man so charakterisieren könnte, als hätte er Faust als sterbenden Griechen darstellen wollen. So fließt schon herüber aus der geistigen Welt dasjenige, was er an Empfindungen hineinlegt in die Worte, wenn er auch noch hier befiehlt. Und das können wir weiter verfolgen, verfolgen, wie Goethe voll bewußt das darstellt, von dem ich Ihnen gesprochen habe.

Sie sahen Faust an die Stelle treten, wo sein Grab schon geschaufelt wird. Man darf wieder sagen: Geschmackvolle Leute sind jene Goethe-Kommentatoren nicht, die Goethe die Geschmacklosigkeit zutrauen, das Grab schaufeln zu lassen, solang der Faust noch lebt! – Das wäre natürlich eine bloße Geschmacklosigkeit. Wir sehen den hinsterbenden Faust. Dann ist es keine Geschmacklosigkeit, dann ist es eine wunderbare Imagination, wenn wir neben dem hinsterbenden Faust nun auch von jenen halbgeistigen Wesen, von deren Artung ich neulich gesprochen habe, von den Lemuren, das Grab geschaufelt sehen. Aber wie spricht Faust? Nun, ich will zunächst die Worte übergehen, die er spricht, indem er sich, aus dem Palaste heraustretend, an den Türpfosten vortastet. Ich will auf die Worte Ihr Augenmerk lenken, die Faust ausspricht, indem er gewissermaßen den Auftrag gibt, den Graben zu graben, der den verpestenden Sumpf ableiten soll. Zunächst kann man der Meinung sein, daß alles physisch gemeint ist. Aber Goethe war sich wohl bewußt, daß Faust halb aus dem geistigen Bewußtsein heraus spricht, und so will er diese Worte aufgefaßt haben. Und was offenbart sich aus diesem physisch-geistigen, geistig-physischen Bewußtsein? Zunächst in Faust ein wunderbares Wohlgefühl. Denken Sie, was Faust sagt:

Ein Sumpf zieht am Gebirge hin,
Verpestet alles schon Errungene;
Den faulen Pfuhl auch abzuziehn,
Das Letzte wär' das Höchsterrungene.
Eröffn' ich Räume vielen Millionen,
Nicht sicher zwar, doch tätig-frei zu wohnen.

Schön, aber nun folgen andere Worte:

Grün das Gefilde, fruchtbar; Mensch und Herde
Sogleich behaglich auf der neusten Erde,
Gleich angesiedelt an des Hügels Kraft,
Den aufgewälzt kühn-emsige Völkerschaft.
Im Innern hier ein paradiesisch Land,

– voll bewußt sind diese Worte hingesetzt, aus dem Physisch-Geistigen, Geistig-Physischen bewußt heraus. Das paradiesische Land ist das Hineinspielen des Geistigen in das physische Bewußtsein, dann wiederum ins Physische zurück:

Da rase draußen Flut bis auf zum Rand.

Gewiß, es bedeutet auch die äußere Situation, aber daß die Worte gewählt sind, das ist von Goethe voll bewußt geschehen. Nun:

Gemeindrang eilt, die Lücke zu verschließen.

Und jetzt merkwürdige Worte:

Ja! diesem Sinne bin ich ganz ergeben,
Das ist der Weisheit letzter Schluß:
Nur der verdient sich Freiheit wie das Leben,
Der täglich sie erobern muß.

Und so verbringt, umrungen von Gefahr,
Hier Kindheit, Mann und Greis sein tüchtig Jahr.
Solch ein Gewimmel möcht' ich sehn,
Auf freiem Grund mit freiem Volke stehn.
Zum Augenblicke dürft' ich sagen:
Verweile doch, du bist so schön!
Es kann die Spur von meinen Erdetagen
Nicht in Äonen untergehn.

Man muß dieses Wort oft und oft wiederholt hören als ein schönes Wort, das Faust ausspricht, weil er fühlt: Du hast etwas getan für das Gemeinwohl, du hast gewirkt. – Und jetzt überkommt ihn das ungeheure Gefühl, wie das fortwirken wird durch Äonen, wie er gleichsam seinen Ruhm begründet hat in seinen Taten, und seinem Wohlgefühl überläßt er sich. Man hört es oft zitieren. Ich habe es sogar schon zitieren gehört von Leuten, die andern Leuten etwas Schönes sagen wollten und diese Worte zitieren. Du kannst auch sagen: Es wird die Spur von meinen Erdentagen – das heißt, von deinen Erdentagen – nicht in Äonen untergehn. – Und dennoch, wie sehr auch dies als ein schönes Wort aufgefaßt wird, seien wir uns doch klar darüber, es ist ein rein luziferisches Wort, ein Wohlgefühl im Ruhm. Wir fühlen noch einmal, wie die Seele des Faust ganz wie von Luzifer verführt wird, nicht nur hinblickend auf die Taten, sondern in wüst geistig-egoistischer Weise fühlend seinen Ruhm durch Äonen. Es wächst der Egoismus ins Riesengroße und wird noch besiegelt, dieser maßlose Egoismus:

Im Vorgefühl von solchem hohen Glück
Genieß' ich jetzt den höchsten Augenblick.

Wahrhaftig, der Teufel ist kein Tropf. Nach solchem luziferischen Ausbruch, da könnte man schon vermeinen, daß der Teufel ihn hätte, denn es ist noch einmal ein ganz luziferisch-wonniges Gefühl, eine höchste Ewigkeitsbegierde. Und wir dürfen nicht an den dummen Teufel denken, sondern an den gescheiten Mephistopheles-Ahriman, wenn er jetzt sagt, was ganz zutreffend ist:

Ihn sättigt keine Lust, ihm genügt kein Glück,

So buhlt er fort nach wechselnden Gestalten;
Den letzten, schlechten, leeren Augenblick,
Der Arme wünscht ihn festzuhalten.

Die Seele hat sich ganz gelockert, aber mit einem Luziferischen vom Leibe getrennt. Ganz gut schließt es sich an die nicht minder innerlich wollüstigen Worte an, die der Faust äußert, indem er aus dem Palast tritt und sich an den Türpfosten forttastet:

Wie das Geklirr der Spaten mich ergetzt!
Es ist die Menge, die mir frönet.

Man soll nicht denken, daß das keine Versuchung ist, in diesem letzten Augenblicke noch einmal daran zu denken, daß einem die Menge frönet! Die luziferische Versuchung ist noch einmal da, deutlich da. Und nicht dumm ist Mephistopheles, wenn er glaubt, jetzt sei der Augenblick da, der sich anschließen kann an jenes Gespräch, in dem Faust ihm die Seele verschrieben hat. Da sind sie miteinander im Gespräch gewesen: wir erinnern uns an den ersten Teil, wo Faust noch nicht aus dem halb errungenen geistigen Bewußtsein, sondern aus dem physischen Bewußtsein heraus die Worte gesagt hat:

Schlägst du erst diese Welt zu Trümmern,
Die andere mag darnach entstehn.
Aus dieser Erde quillen meine Freuden,
Und diese Sonne scheinet meinen Leiden;
Kann ich mich erst von ihnen scheiden,
Dann mag, was will und kann, geschehn.
Davon will ich nichts weiter hören,
Ob man auch künftig haßt und liebt,
Und ob es auch in jenen Sphären
Ein Oben oder Unten gibt.

Man könnte meinen, zurückblickend auf diese Zeit könnte Faust schon sagen:

Ich bin nur durch die Welt gerannt.

Da sagt Mephistopheles:

In diesem Sinne kannst du's wagen.
Verbinde dich; du sollst in diesen Tagen
Mit Freuden meine Künste sehn,
Ich gebe dir, was noch kein Mensch gesehn.

Faust: Was willst du armer Teufel geben?
Ward eines Menschen Geist, in seinem hohen Streben,
Von deinesgleichen je gefaßt?
Doch hast du Speise, die nicht sättigt, hast
Du rotes Gold, das ohne Rast,
Quecksilber gleich, dir in der Hand zerrinnt,
Ein Spiel, bei dem man nie gewinnt,
Ein Mädchen, das an meiner Brust
Mit Äugeln schon dem Nachbar sich verbindet,
Der Ehre schöne Götterlust,
Die, wie ein Meteor, verschwindet?
Zeig mir die Frucht, die fault, eh' man sie bricht,
Und Bäume, die sich täglich neu begrünen!
Ein solcher Auftrag schreckt mich nicht,

antwortet Mephistopheles,

Mit solchen Schätzen kann ich dienen.
Doch, guter Freund, die Zeit kommt auch heran,
Wo wir was Gut's in Ruhe schmausen mögen.

Und jetzt das gewichtige Wort, das Faust spricht:

Werd' ich beruhigt je mich auf ein Faulbett legen,
So sei es gleich um mich getan!
Kannst du mich schmeichelnd je belügen,
Daß ich mir selbst gefallen mag,
Kannst du mich mit Genuß betrügen;
Das sei für mich der letzte Tag!
Die Wette biet ich!

Nun, wie wäre das nicht erfüllt? Vollster Genuß sogar im Vorgefühl ewigen Ruhmes ist jetzt da.

Mephistopheles: Top!
Faust: Und Schlag auf Schlag!
Werd' ich zum Augenblicke sagen:
Verweile doch! du bist so schön!

– Sagt er es denn nicht?! –

Dann magst du mich in Fesseln schlagen,
Dann will ich gern zu Grunde gehn!
Dann mag die Totenglocke schallen,
Dann bist du deines Dienstes frei,
Die Uhr mag stehn, der Zeiger fallen,
Es sei die Zeit für mich vorbei!

Mephistopheles:
Bedenk' es wohl, wir werden's nicht vergessen.

Und er vergißt es nicht. Er sagt es jetzt, der Mephistopheles, nachdem Faust den höchsten Augenblick genossen hat:

Ihn sättigt keine Lust, ihm gnügt kein Glück,
So buhlt er fort nach wechselnden Gestalten;
Den letzten, schlechten, leeren Augenblick,
Der Arme wünscht ihn festzuhalten.
Der mir so kräftig widerstand,
Die Zeit wird Herr, der Greis hier liegt im Sand.
Die Uhr steht still –

Vollständig die Erfüllung der Situation; denn Faust sagt:

Die Uhr mag stehn, der Zeiger fallen.

Mephisto: Die Uhr steht still –

Der Lemurenchor: Steht still! sie schweigt wie Mitternacht.
Der Zeiger fällt.

Eingetreten, was beim Eingehen der Wette vorausbestellt ist. Mephistopheles kann annehmen, sein Werk sei getan:

Er fällt, es ist vollbracht.

Aus des Mephistopheles Munde das Wort des Kreuzes: «Es ist vollbracht!» Gleich aber der Lemurenchor, der die Stimme der Erde gibt:

Es ist vorbei.

Das fällt in des Mephistopheles Seelentum furchtbar hinein. Er hat gesagt: «Es ist vollbracht.» Der Lemurenchor antwortet ihm: «Es ist vorbei.» Das ist der gewaltige Unterschied. Vorbei – das Wort will er nicht:

Vorbei! Ein dummes Wort.
Warum vorbei?
Vorbei und reines Nichts, vollkommnes Einerlei!

Bei diesen Worten, da ist es zu suchen, um was es sich handelt. Zunächst ist ja Mephistopheles im Gespräch mit seinen Lemuren; er glaubt, es ist vollbracht, aber es ist nur vorbei. Und nun besinnt er sich auf sich. Den Widerspruch: Vollbracht, vorbei – er will ihn verstehen.

Vorbei und reines Nichts, vollkommnes Einerlei!
Was soll uns denn das ew'ge Schaffen!
Geschaffenes zu nichts hinwegzuraffen!
«Da ist's vorbei!» Was ist daran zu lesen?
Es ist so gut, als wär es nicht gewesen,
Und treibt sich doch im Kreis, als wenn es wäre.
Ich liebte mir dafür das Ewigleere.

In diesen Worten, ich sagte schon, liegt das, was zu suchen ist. Daß Goethe solche Worte gewählt hat, daß er die Szene aufgebaut hat aus dem Genießen des höchsten Augenblicks, so wie es dargestellt ist, daß er den Mephistopheles so mit den Lemuren sich unterhalten läßt, bezeugt, daß Goethe ein Allertiefstes hat sagen können, ein Tiefstes, an das auch heute eigentlich nur gerührt werden kann, denn in diesem liegt es, warum die letzte Szene folgen muß. Wäre die Sache so, wie viele Faust-Kommentatoren gemeint haben, daß Mephisto einfach mißverstanden hat, aufgesessen ist, dann brauchte die letzte Szene wahrhaftig nicht mehr zu folgen. Dann wäre die Sache einfach genug, dann läge sie so, daß Faust nicht gedacht hat, daß es auch einen so hohen Genuß geben kann wie den, der sich ausdrückt in den Worten:

> Es kann die Spur von meinen Erdetagen
> Nicht in Äonen untergehn ...

Mephisto hatte auch nicht daran gedacht; alle beide haben sie daran nicht gedacht. Alle beide haben sie nicht gedacht, daß Faust jemals zum Augenblick sagen wird: «Verweile doch, du bist so schön.» Aber weil das etwas Höheres ist, den Augenblick so zu empfinden, wird der dumme Teufel geprellt um seine Wette: so ungefähr erklären es die Faust-Erklärer alle zusammen. – Nun, dann hätte der Teufel eben die Seele verloren, die Engel hätten sie erbeutet – es wäre alles in Ordnung. Wir brauchten die letzte Szene nicht. Und Goethe hätte sie ganz gewiß nicht geschrieben, da er ein Mann der dichterischen Ökonomie war. Aber man versteht den «Faust» nicht, wenn man ihn so oberflächlich nimmt. Man versteht ihn nur, wenn man sich voll klarmacht: Ja, hier will Goethe noch einmal eine luziferische Verführung, selbst schon als der Tod vollständig eintritt, an Faust herankommen lassen, eine echte luziferische Verführung. – Und es ist Luzifer nochmals da in dem Augenblicke, als Faust spricht:

> Im Vorgefühl von solchem hohen Glück
> Genieß' ich jetzt den höchsten Augenblick.

Nun folgt die eigentliche Grablegung und das Sich-Anschicken des Mephisto, mit den Höllengeistern die Seele zu erbeuten. Die Engel kommen und gewinnen den Sieg über die Teufel. Die Seele ist scheinbar erlöst, wird hinweggetragen, aber die Dichtung ist nicht aus. Was geht da eigentlich vor? Ja, so ohne weiteres konnte Goethe nicht sagen, was da vorgeht. Aber es stehen viele Worte da, durch die er sich für den, der verstehen will, deutlich genug ausgesprochen hat. Nur stimmt die Vorstellung nicht, die man sich so leicht macht von jenem Engelchore, der da anrückt, um sich die Seele zu holen. So ganz ist es nicht unrichtig, daß die Engel, die da anrücken, allzu hoffärtig sind und sich nun vorkommen als die vollsten Lichtgeister, und die Teufel – die dicken und die dürren Teufel – nur so verachten, und sich jetzt ganz fromm nur vorkommen, so recht brav, so recht fromm. Daß er die Vorstellung doch nicht so ohne weiteres haben wollte, hat Goethe schon angedeutet, indem er den Mephisto, den er wahrhaftig nicht als einen ganz dummen Teufel hinstellt, die Worte sagen läßt, die so eingestreut sind an einer Stelle:

Die Pfaffenmiene will dich gar nicht kleiden,

und insbesondere das bedeutungsvolle Wort:

Es sind auch Teufel, doch verkappt.

Sie sind auch von Luzifers Geschlecht. Das steht nicht zum Spaß da! – So weit sich das überhaupt sagen läßt, inwieferne es im Ernste dasteht, wollen wir morgen die Sache weiterbetrachten.

AUSBLICKE IN DIE VON GOETHE GESUCHTEN WAHREN WIRKLICHKEITEN

Dornach, 10. September 1916

Ich werde nun heute und morgen, ausgehend von der Faust-Dichtung, versuchen, einiges zu sagen über gewisse Beziehungen des Menschen zu den geistigen Welten. Es darf angenommen werden von demjenigen, der wirklich sich mit dem Rüstzeug der Geisteswissenschaft vertieft in die Faust-Dichtung, daß *Goethe* eigentlich gerade in diesen letzten Szenen etwas von dem Tiefsten sagen wollte, was er in innerem Erlebnis sich errungen hatte durch sein langes Erdenleben als seine Weltanschauung. Weltanschauung in diesem Falle auch so gemeint, daß Goethe wie instinktiv, möchte ich sagen, wie als selbstverständliche Beigabe diese Szenen so gemacht hat, daß man wirklich aus ihnen herausfühlt seine Stellung auch zu der Menschheitsentwickelung, zu den Impulsen der Menschheitsentwickelung, soweit sie seiner Erkenntnis zugänglich waren. Wenn man geisteswissenschaftliche Ideen heranbringt an die Gestalten, die Goethe in seiner Faust-Dichtung geschaffen hat, dann muß das natürlich in einer ganz bestimmten Weise aufgefaßt werden. Es wäre durchaus falsch, wenn Sie glauben wollten, daß Goethe diese Ideen, von denen hier die Rede ist, zunächst zugrunde gelegt hat und dann, gewissermaßen wie man auf einen Kleiderrechen Kleider aufhängt, die Reden der Personen und ihre Charakteristik aufgehängt hätte. Das ist nicht der Fall. Wenn man also spricht, so wie wir jetzt sprechen wollen über diese Gestalten des Goetheschen «Faust», so muß man das in dem Sinne nehmen, daß Goethe gewissermaßen diese Gestalten von Angesicht zu Angesicht kannte und so charakterisierte, wie er sie charakterisieren konnte, daß aber Geisteswissenschaft mit vollem Rechte noch tiefer in die Sache eingehen kann. Nicht wahr, wenn Sie einem Menschen begegnen, den Sie gewissermaßen zum erstenmal sehen, so werden Sie auch nicht gleich darauf kommen, was alles in seiner Seele ist. Trotzdem ist dieses in seiner Seele. Wenn Sie nun nach der ersten Begegnung mit diesem Menschen den Menschen beschreiben, so kann es sein, daß Sie nur einige Seiten beschreiben von dem Menschen, vielleicht etwas, was rein äußerlich ist, von ihm beschreiben. Aber es ist doch dieser Mensch, den vielleicht Sie selbst, wenn Sie ihn oft gesehen haben, oder ein anderer, der tiefer in die Seele zu sehen vermag, mit viel tieferen Ideen dann charakterisieren müßten. Wenn ich also zunächst, um das Bedeutsame heute und morgen aussprechen zu können, was im Zusammenhang mit der Faust-Dichtung ausgesprochen werden kann, wenn ich zunächst die Frage aufstelle: Was ist dieser Mephistopheles bei Goethe? – so ist das nicht so vorzustellen, als ob Goethe in seinem Bewußtsein auch die Ideen gehabt hätte, die ich Ihnen entwickeln muß, wenn ich von Mephistopheles spreche. Goethe hat eben den Mephistopheles charakterisiert, wie er ihn gekannt hat, aber deshalb bleibt doch der Mephistopheles, wie er in Wirklichkeit ist, eine bestimmte Gestalt, die man auch durch geisteswissenschaftliche Ideen charakterisieren kann; und es ist gerade das Bedeutsame, daß man durch diese geisteswissenschaftliche Charakteristik tiefer hineinschauen kann in die Individualität des Mephistopheles oder anderer in der Faust-Dichtung vorkommender Gestalten.

Im Sinne der Geisteswissenschaft muß man jedenfalls solch eine Gestalt, wie Mephistopheles es ist, sich vorstellen als in gewissem Sinne zurückgeblieben auf der alten Mondenentwickelung. Das ist die Voraussetzung gewissermaßen, die geisteswissenschaftliche Voraussetzung, daß Mephistopheles ein Wesen ist, das nicht mitgemacht hat in der entsprechenden Form die Entwickelung, die es hätte mitmachen können vom Monde, oder sagen wir vielleicht schon von der Sonne aus zur Erde, oder durch den Mond zur Erde. Aber wenn er uns auch entgegentritt – allerdings geistig-visionär entgegentritt –, wenn er uns auch entgegentritt, dieser Mephistopheles, in der irdischen Menschengestalt, so würden wir doch fehlgehen, wenn wir ihn auffassen würden so, daß wir etwa sagten: Er ist gegenüber der menschlichen Entwickelung auf dem Monde zurückgeblieben. – Er steht ganz entschieden höher auf der Erde, der Mephistopheles, als der Mensch auf der Erde steht, mit Bezug natürlich auf seine Entwickelung, nicht in bezug auf das Talent zum Bösen. Das können Sie ja, wenn Sie wollen, tieferstehend nennen, daß Mephistopheles dieses Genie zum Bösen hat. Aber er ist ein Wesen gewissermaßen einer höheren hierarchischen Ordnung, als der Mensch es ist, das ist schließlich selbstverständlich. Würden wir also zurückgehen zur alten Mondenentwickelung, so würden wir dort finden, daß der Mensch selbstverständlich in seiner Mondenentwickelung klar unter der Entwickelung des Mephistopheles steht, desjenigen Wesens, aus dem der Mephistopheles auf der Erde geworden ist. Also wir müssen ein höheres Wesen suchen in Mephistopheles, ein Wesen, das einfach mit höheren Fähigkeiten zurückgeblieben ist auf der Mondenentwickelung, als der Mensch sie jemals gehabt hat. Wie könnten wir uns, ich möchte sagen, durch eine Analogie noch klarmachen, wie solch ein Wesen eigentlich beschaffen ist?

Nehmen wir einmal an, wir blickten auf unsere jetzige Erdenentwickelung hin. Wir finden auch während unserer jetzigen Erdenentwickelung, daß Menschen weiter sind in ihrer Entwickelung als andere Menschen. Es gibt Menschen, die entschieden weiter sind in ihrer Entwickelung als andere Menschen, ja, wir sprechen während der Erdenentwickelung von gewissen Menschen, welche die Initiation durchgemacht haben, die also – während das im jetzigen Erdenzyklus für die Allgemeinheit noch nicht der Fall ist – schon in die Welt hineinschauen, die jenseits der Schwelle liegt. Natürlich gibt es auch eine entsprechend fortschreitende Entwickelung für solche vorgeschrittene Menschen. Aber auch diese Menschen können in einer gewissen Weise zurückbleiben auf den Stufen ihrer Erdenentwickelung und zum Jupiter sich so hinüberleben, daß sie gewissermaßen, wenn die Jupiterentwickelung akut wird, sagen: Ginge alles den Gang, den die regelmäßige Weltenentwickelung macht, dann würden wir jetzt auf dem Jupiter dieses oder jenes durchmachen, aber das wollen wir nicht, wir bleiben stehen auf dem Standpunkt, den wir während der Erdenentwickelung erlangt haben. – Der Standpunkt ist ein höherer vielleicht, als er von Menschen hat während der Erdenentwickelung erlangt werden können; der Standpunkt ist ein solcher, daß schon während der Erdenentwickelung die Jupiterentwickelung vielleicht vorausgenommen ist. Aber diese Wesen – Menschen sind es in diesem Fall – bleiben doch zurück auf dem Standpunkt, den sie auf der Erde gehabt haben, und stellen sich in diese Jupiterentwickelung so hinein mit einer Jupiterentwickelung, die sie schon während der

Erdenzeit durchgemacht haben. Also sie sind zurückgeblieben gegenüber ihren eigenen Maßen, aber nicht zurückgeblieben gegenüber der allgemeinen Entwickelung. Sie machen die Entwickelung nur nicht so durch, wie sie die Menschen dann auf dem Jupiter durchmachen werden, sie bleiben Erdenwesen, Erdenmenschen, aber sie tragen schon von der Erde aus die Jupiterentwickelung in sich.

Sie müssen durchaus sich klar sein darüber, daß die verschiedenen Evolutionsvorgänge wirklich recht kompliziert sind, und daß es solche Evolutionsvorgänge, wie ich sie eben charakterisiert habe, tatsächlich auch gibt. Und übertragen Sie jetzt das, was ich gesagt habe von Jupiter-Erde, auf Erde-Mond, dann bekommen Sie ungefähr die Vorstellung von dem, was zunächst der Mephistopheles ist, der in Goethes «Faust» auftritt. Er ist dadurch den ahrimanischen Hierarchien zuzuzählen, daß er die Erdenentwickelung des Menschen schon vorausgenommen hat während der alten Mondenzeit, aber jetzt sich so auf die Erde hereinstellt, daß er nicht Erdenvernunft, Erdenverstand, Erdenindividualität hereinbringt in die Erdenentwickelung, wie sie von der Erde gegeben werden, sondern wie er sie voraus auf dem alten Monde genommen hat, angenommen hat. Daher fühlt er sich im «Prolog im Himmel» so außerordentlich überlegen dem Menschen Faust. Er ist ihm auch überlegen, dem Menschen Faust, denn der Mensch Faust soll im Goetheschen Sinne ein richtiger Erdenmensch sein, der nur nicht in der Region der Stumpflinge zurückgeblieben ist, der aber ganz auf Erdenkräfte baut, auf Erdenimpulse baut das, was er in seiner Seele zu entwickeln hat. Faust ist Erdenmensch, Erdenkämpfer. Mephistopheles tritt ihm gegenüber als der Mondenmensch, der natürlich sich ihm ungeheuer überlegen fühlt, weil er noch in den geistigen Regionen des Mondes schon angenommen hat Vernunft und Wissenschaft, die sonst die Erdenmenschen auf der Erde haben. Daher kann natürlich Mephistopheles nur ein geistiges Wesen sein. Würde er Menschengestalt so wie ein anderer Mensch annehmen, dann müßte er auch der Erdenevolution sich anbequemen. Das tut er aber nicht. Da sehen wir also in Mephistopheles ein Wesen, welches außerordentlich hoch sich fühlen kann gegenüber dem Erdenmenschen. Da aber während der Erdenentwickelung erst die Möglichkeit auftritt, moralische Impulse zu haben – erinnern Sie sich an Vorträge, die wir gerade in diesen Wochen gehalten haben –, da während der Erdenzeit die menschlich-moralischen Impulse erst auftreten, namentlich alles dasjenige da erst auftritt, was aus dem Impuls der Liebe hervorgeht, so hat Mephistopheles, der seine Mondenentwickelung festgehalten hat, diese Impulse der Liebe ohne weiteres nicht. Er hat sie ohne weiteres nicht. Er ist also ein geistiges Wesen, das zu einer Hierarchie gehört, die deshalb, weil sie sich zurückgehalten hat und auch in früheren Entwickelungsepochen sehr hoch gestiegen ist, eine gewisse Höhe aus ihrer ganzen Wesenheit hat.

Stellen wir diesem Mephistopheles gegenüber die höheren Engel. Nehmen wir an, so ein jetziger Engel stünde neben Mephistopheles, also ein Wesen, das jetzt Engel ist. Was ist das für ein Wesen, das jetzt Engel ist? Es ist ein Wesen, das hinuntersteigen muß während der Jupiterentwickelung, um während der Jupiterentwickelung die Dienste an der Jupitermenschheit zu leisten, welche andere Wesen – sagen wir zum Beispiel Erzengelwesen – an der heutigen Erdenmenschheit leisten. Das ist also ein Wesen, ein solches Engelwesen, das naturgemäß, weil es geistig ist, wenn es einfach neben Mephistopheles steht, in der Evolution weniger weit ist als Mephistopheles selber, respektive die Hierarchie, der er angehört. Die Engelwesen werden in bezug auf Intellektualität dasjenige erst während der Jupiterentwickelung erreichen können, was Mephistopheles durch seine Hierarchie – wenn auch nicht durch sich selbst, falls wir ihn als einen Mondenmenschen ansehen, als einen Monden-Initiierten – schon auf dem Monde erlangt hat. Man könnte sagen, der unmittelbare Vorgesetzte des Mephistopheles ist sogar ein außerordentlich hochstehendes Wesen, wenn auch ein in der Evolution zurückgebliebenes Wesen, ein so hochstehendes Wesen, daß ein Wesen wie etwa von dem Range des Erzengels Michael sich unter dem Range des unmittelbaren Vorgesetzten des Mephistopheles fühlt. Diese Evolutionsvorgänge komplizieren die Rangordnungen der geistigen Wesen. Solch ein Wesen wie Mephistopheles hat sich während der Mondenentwickelung sehr weit entwickelt. Dadurch ist es voraus der gewöhnlichen Engelentwickelung, der normalen Engelentwickelung. Solch ein Wesen wie Mephistopheles ist aber Geist geblieben. Dadurch, daß es Geist ist, hat es etwas Verwandtes mit der gewöhnlichen Engelentwickelung. Engel sind ja auch Geister. So daß wir sagen können: Vom mephistophelischen Standpunkte aus ist es ganz richtig, wenn Mephistopheles davon spricht: «unmündiges Volk» – zu den Engeln. Sie sind ihm gegenüber wirklich ein unmündiges Volk, ein Volk, das es in der Entwickelung, auf die er besonderen Wert legt, nicht so weit gebracht hat wie er selber.

Nun gibt es natürlich auch wiederum alle möglichen Evolutionsstufen in der Hierarchie der Angeloi. Auch da können wir eine – gewissermaßen pedantisch-philiströs gesprochen – normale Evolutionsstufe für die Engelentwickelung annehmen. Aber wir müssen annehmen – das ist ja Tatsache –, daß auch gewisse Engel zurückgeblieben sind, daß sie sich also, wenn ich den Ausdruck bilden darf, verluziferisieren. Vor der normalen Entwickelung bleiben gewisse Engel zurück und verluziferisieren sich. Es sind solche, die nicht mitgehen, sondern auf früheren Stufen zurückbleiben. Die Engel, die sich so verluziferisierten, schon verluziferisiert hatten vor der lemurischen Erdenzeit, nehmen nun noch eine ganz besondere Stellung ein. Denn wodurch erlangten sie denn das, daß sie sich dazumal verluziferisieren konnten? Es stand – wenn ich mich jetzt populär, wenn auch vielleicht nur annähernd ausdrücken soll, weil es nicht anders sein kann –, damals bevor, daß eben die Wesensgruppe, die Mensch war, ihre Mondenentwickelung durchmachte. Nun kam das, was man die luziferische Verführung nennt, durch geistige Wesenheiten, die sich luziferisiert hatten. Diese Luziferisierung führte gewisse Wesen dazu, während der lemurischen Entwickelung dasjenige für den Menschen zu bewirken, was Sie aus der «Geheimwissenschaft im Umriß» kennen. Dann führte wiederum die ahrimanische Entwickelung dazu, während der atlantischen Zeit dasjenige zu bewirken, was Sie auch aus der «Geheimwissenschaft» und aus Vorträgen, die jetzt gehalten worden sind, kennen. So müssen wir also sagen: Von luziferischer Seite ging während der alten lemurischen Zeit ein gewisser Impuls aus, an dem für die Menschheit alle Wesen, die sich vorher luziferisiert hatten, beteiligt waren. Dieser Impuls besteht darinnen, daß der Mensch weiter in das Materielle heruntergestiegen ist während der Erdenentwickelung, als er in der fortschreitenden Entwickelung hätte sollen, daß seine Begierden, Triebe und Leidenschaften, man könnte sagen, in die materielle Entwickelung verstrickt worden sind. Es mußte ein

Gegengewicht gegeben werden. Und dieses Gegengewicht wurde gegeben durch die ahrimanische Entwickelung, so daß der Mensch im Gleichgewicht schwebt zwischen der luziferischen und der ahrimanischen Entwickelung. Das alles aber, daß der Mensch also im Gleichgewicht schwebt zwischen der luziferischen und der ahrimanischen Entwickelung, ist doch in einem gewissen höheren Stile, in einem gewissen höheren Sinne wiederum der Plan der fortschreitenden Evolution, liegt im Plan der fortschreitenden Evolution.

Indem ich Ihnen das rekapituliert habe, können Sie sich sagen: Faust, dem rechten Erdenmenschen, werden gegenüberstehen luziferische und ahrimanische Gewalten. Und die ahrimanischen Gewalten, die ihm gegenüberstehen, zeigt Ihnen Goethe besonders in dem Mephistopheles, den er Faust an die Seite stellt als den Repräsentanten der ahrimanischen Gewalt. Wir hatten schon das besprochen, warum Goethe es unterlassen hat, deutlich herauszustellen, wie die luziferischen Impulse an den Faust herankommen. Aber überall – ich habe das angedeutet – schimmert das durch, daß Goethe eigentlich den Faust hineingestellt hat in die Mitte zwischen die mephistophelischen und die luziferischen Gewalten. Ich habe ausdrücklich wiederholt hervorgehoben, Goethe konnte sich zu seiner Zeit, weil es die Geisteswissenschaft noch nicht so gegeben hat wie heute, noch nicht ganz klar sein über das Verhältnis des Menschen Faust zu Ahriman-Mephistopheles und zu Luzifer. Aber er hatte ein gewisses instinktives Erkennen, daß Faust diesen zwei Impulsarten gegenübersteht.

Nun fragen wir uns: Worin besteht denn eigentlich dasjenige, was, sei es Mephistopheles selber oder seien es die Verwandten des Mephistopheles, mit den Menschen wollten? – Was Mephistopheles mit den Menschen wollte, ist wirklich nichts anderes eigentlich als etwas, was die Menschen auf der Erde unmöglich gemacht hätte, richtig unmöglich gemacht hätte. Denn was auf der Erde erst eingetreten ist, das ist die Fortpflanzung durch die Geschlechter der Menschen, durch das Männlich-Weibliche. Mephistopheles als ein richtiger Monden-Initiierter, der nur zurückgeblieben ist, kann das absolut nicht leiden, und das ist dasjenige, was er eigentlich als seine Aufgabe betrachtet, aus der Welt zu schaffen die Möglichkeit, durch geschlechtliche Fortpflanzung eine

Menschheit auf der Erde zu haben. Das soll es nicht geben auf der Erde. Also fassen wir das genau: Die normale Entwickelung des Menschen auf der Erde besteht ja darinnen, daß sich auf der Erde das Menschengeschlecht durch die Geschlechter fortpflanzt. Aber Mephistopheles wollte auf der Mondenentwickelung zurückbleiben. Er wollte das daher nicht haben, daß die Liebe zur Liebe der Geschlechter auf der Erde führt. Mephistopheles ist der Feind der Liebe der Geschlechter auf der Erde. Der ganz entschiedene Feind ist er. Er fühlt sich daher – und Goethe charakterisiert das ganz richtig – außerordentlich dazu berufen, alles dasjenige ad absurdum zu führen, was irgendwie zur Geschlechterliebe führt. Was er veranlassen will in der Beziehung des Faust zu Gretchen – lesen Sie nur mit Aufmerksamkeit die Gretchen-Szenen, da werden Sie überall spüren, er will da allerlei, was das Amt des Ahriman-Mephistopheles ist. Aber die Liebe zwischen Faust und Gretchen, die wirkliche menschliche Erdenliebe, die will er nicht aufkommen lassen, weder bei Faust noch bei Gretchen will er sie eigentlich dulden. Dagegen ist er richtig im Spiele da, wo im Laboratorium der Homunkulus erzeugt wird. Und Sie wissen aus früheren Darstellungen, die ich aus dem «Faust» gegeben habe, daß der Homunkulus erzeugt wird, um aus der Natur heraus, ohne Geschlechterliebe, ein Hervorbringer eines Menschlichen – der Helena – zu werden. Das setzt sich Mephistopheles zur Aufgabe, nicht eine Menschheit im Sinne der fortschreitenden Entwickelung, die auf der Erde durch Geschlechterliebe hervorgeht, zu erzeugen, sondern auf einem andern Wege, durch die Kräfte, die dem Ahriman zugeteilt sind, eine Wesensart zu erzeugen, die nicht im Sinne des für die Erde bestimmten Menschengeschlechtes ist. Denn denken Sie einmal nur an anderes als an diesen Homunkulus, denken Sie an den Euphorion, denken Sie an die ganze Art, wie Helena wieder heraufkommt, da ist überall Mephistopheles im Spiele. Aber nirgends soll da irgend etwas von regulärer Geschlechterliebe in Betracht kommen. Also die Rolle, die Mephistopheles zugeteilt ist, ist schon ganz außerordentlich gut getroffen und kann von der Geisteswissenschaft aus durchaus gerechtfertigt werden. Es ist eine ungeheure Tiefe darinnen.

Und nun nehmen Sie das merkwürdige Wort, gleich als die himmlische Heerschar beginnt da zu sein:

Mißtöne hör' ich, garstiges Geklimper,
Von oben kommt's mit unwillkommnem Tag;
Es ist das bübisch-mädchenhafte Gestümper,
Wie frömmelnder Geschmack sich's lieben mag.
Ihr wißt, wie wir in tiefverruchten Stunden
Vernichtung sannen menschlichem Geschlecht:

Das traut er den Engeln schon zu, zu wissen, daß sie zugeschaut haben damals, als Mephistopheles mit seinen Genossen Vernichtung gesonnen hat menschlichem Geschlecht. Jetzt sagt er weiter etwas, indem er gewissermaßen die Sprache des Erdenmenschen annimmt:

Das Schändlichste, was wir erfunden,

– das Schändlichste ist eben diese Vernichtung des menschlichen Geschlechtes. Man nennt es das Schändlichste.

Um nun weiterzukommen mit dem Verständnisse – es ist natürlich außerordentlich schwer, an diese Dinge heranzugehen, denn Goethe wollte sein tiefstes menschlich-geistiges Fühlen und Empfinden und Erkennen darin ausdrücken –, um weiterzukommen hat man ungefähr die folgende Betrachtung nötig. Nicht wahr, Sie wissen, es gibt – für uns wenigstens – eine Geisteswissenschaft, wenn sie auch heute erst im Anfange ihrer Entwickelung ist. Sie wissen auch, es hat immer so etwas gegeben, wenn es auch in früheren Zeiten auf andere Weise erlangt worden ist, als wahre Erkenntnis der Welt, die über den Schein hinausgeht, die zur Wirklichkeit dringt. Nun wissen Sie auch, daß in einer gewissen Weise sorgfältig gewacht wurde, namentlich in älteren Zeiten, über das geistige Gut, das in den Mysterien bewahrt wurde und das auf wirkliche Welterkenntnis ging. Dieses Geistesgut wurde nur denjenigen – das wissen Sie – mitgeteilt, die ihre Reife dafür zeigten. Wenn man sich nun frägt, welcher Art war denn eigentlich diese besondere Art des Erkennens, diese besondere Art des Geistesgutes, welche da in den Mysterien mitgeteilt worden ist, so kommt man am besten zu Rande, wenn man versucht zu vergleichen unseren fünften nachatlantischen Zeitraum mit vorhergehenden Zeiträumen, dem griechisch-lateinischen, ägyptisch-chaldäischen und so weiter. Und wenn man sich an der Hand dieser Vergleichung frägt, wie hat sich die ganze Auffassung der Welt durch den Menschen geändert aus den früheren Zeitepochen, aus den früheren Kulturepochen in unsere Kulturepoche herein? Es ist wirklich wahr, daß sich Wichtiges, Bedeutungsvolles vollzogen hat in der Evolution der Menschheit, daß es eine fable convenue ist, wenn man glaubt, nur das brauche man zu wissen über die Entwickelung der Menschheit, was die triviale Geschichte, das, was man heute eben Geschichte nennt, mitteilt. Es waren die früheren Kulturzeitalter ganz anders, als man sie sich vorstellte nach der gewöhnlichen Geschichte, die eine fable convenue ist. Erinnern Sie sich nur einmal an die Tiefe eines solchen Spruches, wie ich ihn angeführt habe:

O Sonn', ein König dieser Welt,
Die Luna dein Geschlecht erhält;
Merkur kopuliert euch fix.
Ohn' Venus' Gunst erreicht ihr alls nichts,
Welch Marten sich als Mann erkoren.
Jovis G'nad ist euch unverloren;
Damit Saturnus, alt und greis,
In vielen Farben sich erweis.

Es liegt eine ungeheure Tiefe verballhornt in einem solchen Spruche, aber sie war einmal da, diese Tiefe. Die Menschen haben einmal, wenn auch durch die Ergebnisse des atavistischen Hellsehens, in diese Realitäten hineingesehen, auf die gedeutet wurde zum Beispiel auch in einem solchen Spruche. Aus diesem Wissen der Grundlage des Daseins ist herausgetreten der fünfte nachatlantische Zeitraum. Nach zwei Seiten hin ist er abgeirrt. Die eine Seite habe ich Ihnen gewissermaßen durch die Initiation des fünften nachatlantischen Zeitraums charakterisiert, die ich geschildert habe durch *Baco von Verulam,* durch Lord Bacon. Da haben wir die Sehnsucht, alles, was über das Sinnlich-Wahrnehmbare hinausgeht, als bloße Idole zu behandeln. Sie wissen, vier Arten von Idolen hat Bacon angenommen. Wir haben sie angeführt: Idola tribus, Idola specus, Idola fori, Idola theatri, vier Arten. Dadurch drückt sich durch Bacons Geist im Beginne des fünften nachatlantischen Zeitraums die eine Tendenz aus, alles, alles nur zu bauen auf eine Erkenntnis, die durch sinnliches Anschauen und durch Begriffe gewonnen ist, die sich wiederum aus der sinnlichen Anschauung ergeben. Alles, was über die sinnliche Anschauung hinausgeht, ist Idol, dessen Inhalt sich eigentlich in Worten erschöpft. Und das haben wir ja schon charakterisiert, das ist gewissermaßen die eine Strömung.

Nehmen Sie nun einmal, schematisch ausgedrückt, die Strömung, welche sich ausdrückt durch so etwas wie: «O Sonn', ein König dieser Welt», die noch in tiefe Grundlagen des Daseins hineingeht, nehmen Sie diese in ihrer Fortsetzung. Wenn sie durch sich nur sich entwickeln wollte von dem vierten in den fünften nachatlantischen Zeitraum hinüber, können wir sagen, so würde sie so gehen (siehe Zeichnung). Die Entwickelung, welche zu den Idolen führt, die geht unter diese Evolution hinunter (blaue Linie), sie erkennt nicht an, daß man in Wirklichkeit unmittelbar ein Geistiges findet, so wie man ein Sinnliches findet; sie schaltet das Geistige aus und betrachtet es nur als in den Wortidolen enthalten, diese Entwickelung wird also inauguriert mit Bacon.

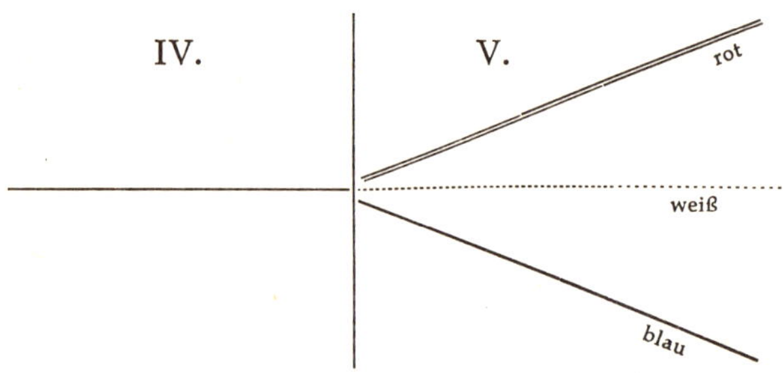

Welches wäre denn das Gegenbild dazu? Das Gegenbild dazu wäre eine Entwickelung, welche nur anerkennen würde, daß ein Geistiges, ein Seelisch-Geistiges vorhanden ist, welche das Physisch-Materielle nicht anerkennt. Das wäre das Gegenbild dazu. Wir könnten also fragen: Ist auch diese Entwickelung vorhanden? Gibt es ebenso, wie Bacon sagt, nur die sinnliche Wirklichkeit ist Wirklichkeit, das andere sind Wortidole, einen Ausdruck dafür, daß es nur ein Geistig-Wirkliches gibt und kein Materiell-Physisches, das in die Sinne tritt? Das gibt es in der Tat auch. Etwas später als Bacon lebt Berkeley, *George Berkeley*, und der stellt diese Linie der Entwickelung dar (rote Linie). Machen wir uns mit ein paar Worten klar, worin das Wesentliche der Weltanschauung Berkeleys liegt.

Berkeley ist der Anschauung, die sich ihm im wesentlichen aus seiner theologischen Weltanschauung heraus ergeben hat – er war zuletzt Bischof –, daß alles das, was außerhalb des Menschen ist und durch die Sinne wahrgenommen wird, nur so lange da ist, als es durch die Sinne wahrgenommen wird. Also Berkeleys Anschauung ist diese – nicht wahr, am Gegensatz kann man es vielleicht am besten charakterisieren –: Sie nehmen an, jetzt aus einer, ich möchte sagen, Anschauung heraus, die dem Berkeleyismus gegenüber naiv ist, Sie nehmen an das Folgende: Wenn Sie da hereinkommen, so sehen Sie, sagen wir, Herrn Bauer hier sitzen, aber Sie nehmen an, er hätte auch schon vorher hier gesessen, und Sie sehen ihn nachher. – Es gibt, wie gesagt, nicht den geringsten Beweis dafür, daß dasjenige, was Sie auf diesem Stuhle sitzen sehen, auch da war, bevor Sie es gesehen haben. Und wenn Sie wieder hinausgehen, so glauben Sie, der Herr bleibe hier sitzen und sitze da, während Sie ihm den Rücken wenden und hinausgehen. Berkeley ist der Ansicht: Es gibt keinen Beweis dafür, daß, sagen wir das, was Sie hier gesehen haben, noch da sitzt. So lange sitzt es da, als Sie hinschauen, denn das ist lebendig, das Bilden im Auge, und wie sollte das Bilden im Auge da sein, wenn Sie nicht hinschauen? Man kann die Baconsche Weltanschauung logisch vollständig beweisen. Man kann auch die Berkeleysche Weltanschauung logisch vollständig beweisen, denn es gibt keinen Widerspruch im Berkeleyismus, der logisch sich ergeben könnte, es ist durchaus logisch zu erhärten, wenn es auch dem naiven Bewußtsein nicht entspricht. Berkeley ist nämlich nicht der Ansicht, daß Sie, wenn Sie hereingehen, den Herrn Bauer schaffen, und wenn Sie hinausgehen, ihn wieder hinwegzaubern, dieser Ansicht ist er gerade nicht, aber daß das, was Sie sehen, erst mit Ihrem Schauen kommt und wieder weggeht mit Ihrem Schauen. Esse est percipi: Sein ist Wahrgenommenwerden. Und ein anderes Sein als das Wahrgenommenwerden in der umliegenden Welt gibt es nicht. Daher ist, wie Sie sich jetzt vorstellen können, für Berkeley alles das, was Sinnenwelt ist, überhaupt nur im Werden. Sie gucken hin, da ist es da; Sie gucken weg, da ist es weg, da ist es nicht mehr da. Das alles ist also nur in Ihren Anschauungen da. Wie gesagt: Esse est percipi, es gibt nichts außer dem Wahrnehmen, außer dem Wahrnehmungsprozeß. Aber hinter diesem Wahrnehmungsprozeß, der also gar nichts anderes ist als der Wahrnehmungsprozeß, da ist das göttlich-geistige Sein. Außer Ihrem Wahrnehmen hat es mit dem Herrn Bauer noch der Gott zu tun, der ihn hinsetzt, so wie er will. Und dieser Gott, wenn Sie hereingehen, erzeugt aus dem, was nur in ihm ist, in Ihnen das Bild des Herrn Bauer. Dann, wenn Sie weggehen, läßt er es wieder verschwinden. Diese Sinnenwelt gibt es also nicht, nur Geistig-Seelisches gibt es. Sie alle, so wie Sie hier vor mir stehen, sind nur das Geschöpf meiner Augen. Außer dem, was das Geschöpf meiner Augen ist, gibt es noch die göttlich-geistige, seelisch-geistige Welt, die aber Sie ganz anders erhält und trägt, als Sie da als Geschöpf meiner Augen existieren.

Ich habe diese Anschauung nur charakterisiert. Sie ist wirklich philosophisch streng beweisbar. Aber sie ist dasjenige, was, man möchte sagen, von dem Baconismus die andere Hälfte der Welt gibt. Und in diesen zwei Richtungen, in der roten und blauen, pendelt alle Weltanschauung des fünften nachatlantischen Zeitraums. Entweder es verstrickt sich diese Weltanschauung in die bloße Anerkennung des Sinnlich-Wirklichen und erklärt sich dadurch selber ohnmächtig, in dem Sinnlich-Wirklichen ein reales Geistiges zu schauen, oder sie erschöpft sich in der bloßen Anerkennung des Geistig-Seelischen, sieht überall nur Gott und göttliche Gedanken und erklärt sich ohnmächtig, von dem Leben in Gott und in göttlichen Gedanken herunterzusteigen zur sinnlichen Wirklichkeit. Diese zwei Abirrungen gibt es durchaus im fünften nachatlantischen Zeitraum. Und wer das geistige Leben betrachtet, wie es sich außerhalb der Esoterik entwickelt, wird es laufend finden entweder auf der einen oder auf der andern, auf der roten oder auf der blauen Linie. Das äußere Exoterische liegt nicht auf dem, was ich hier gezeichnet habe als die weiße Linie.

Man kann sagen, daß der Mensch des fünften nachatlantischen Zeitraumes in eine gewisse Spannung hineinkommt zwischen diesen zwei Anschauungen der Welt. Und intensiv hat Goethe diese Spannung gefühlt. Ich habe Ihnen hier, ich möchte sagen die theoretischen, die mehr philosophischen Impulse vorgeführt, aber bei denen ist es nicht geblieben. Alles Leben irrt ebenso zwischen dem bloß Geistig-Seelischen und dem bloß Sinnlich-Materiellen hin. Goethe empfand diese Spannung in eminentester Weise. Daß er das alles empfand, was in der Außenwelt lebt, ich möchte sagen unter dem Einfluß der Strömung der blauen Linie, werden Sie nicht wunderbar finden, denn so geht unsere wesentliche Entwickelung im fünften nachatlantischen Zeitraum überhaupt, möglichst zum Materiellen hin und zur bloßen Anerkennung des Materiellen.

Aber auch die andere Linie empfand Goethe schon. Er empfand sie tief, nur war es zu Goethes Zeiten wirklich noch nicht so, ich möchte sagen, bedenklich, den Materialismus materialistisch zu nennen wie heute. Es war damals noch nicht so bedenklich, auf das Abirrende der blauen Linie hinzuweisen, als es heute ist. Heute muß Geisteswissenschaft auf das Abirrende der blauen Linie hinweisen, und sie wird daher aushalten müssen alle Anpralle, alle furchtbaren Anpralle, die da kommen müssen, weil man immer nur zunächst mit Vorurteilen, ja mit Haß sich dem entgegenstemmt, was als Erkenntnis sich in die Welt begeben will. Und immer mehr und mehr wird der Materialismus heiliggesprochen werden, allerdings auf eine weltliche Art. Aber man kann doch sagen, heiliggesprochen werden wird der Materialismus. Wie nahe ist heute schon die materialistische Medizin daran, sakrosankt sich zu erklären, wie viele andere Bestrebungen sind heute daran, sich sakrosankt zu erklären im Sinne des Materialismus, im Sinne der Abirrung, die die blaue Linie anzeigt, der Abirrung von dem Geistig-Seelischen, das zu gleicher Zeit aber als seine Offenbarung das Sinnlich-Materielle enthält, das dann dazugehört, das eins ist mit ihm, und das geltend gemacht werden muß von dem, was wir Geisteswissenschaft nennen. Jene Verfolgungen, welche man die inquisitorischen Verfolgungen nennen könnte, die auf andern Gebieten früher schon waren, werden im Gebiete des Materialismus erst kommen, beginnen eigentlich erst jetzt so recht, beginnen jetzt, fangen jetzt erst an, sich geltend zu machen, wenn auch die Formen andere werden. Die Auflehnung gegen die materialistische Färbung der Erkenntnis wird nicht minder der Inquisition verfallen, der Inquisition der Zukunft, die in etwas andern Formen auftreten wird als die Inquisition der Vergangenheit, als frühere Bestrebungen den entsprechenden Inquisitionen verfallen sind. Man glaube nur nicht, daß alles das, was nach der blauen Linie abirrt, nicht ebensogut intolerant werden wird, wie Bestrebungen auf andern Gebieten intolerant wurden.

Nicht so deutlich trat die rote Linie früher schon hervor. Sie sonderte sich gleichsam erst in der fünften nachatlantischen Zeit und sogar etwas später ab als die blaue Linie, aber sie war in früheren Bestrebungen schon darinnen enthalten. In einer besonderen Form trat sie eigentlich erst auf und hat ihren bedeutendsten, ihren größten philosophischen Vertreter gerade in Berkeley. Doch hat sie genügend andere Vertreter. Sie trat in der fünften nachatlantischen Zeit hervor, aber gewisse Dinge blieben ihr aus den Formen, die sie schon hatte, und deshalb war es, daß es zu Goethes Zeiten schon bedenklich war, über die rote Linie ordentlich zu reden, während Goethe noch durchaus unbedenklich reden konnte über die blaue Linie. Über die rote Linie war es bedenklich zu reden. Denn was strebt denn eigentlich auf der Bahn dieser roten Linie? Da streben alle diejenigen Weltanschauungen, welche vermeiden, den Blick über die Welt, über die ganze Breite der Welt auszudehnen, und welche schwelgen möchten in einem allgemein Geistig-Seelischen, in einem Geistig-Seelischen, das ohnmächtig sein will gegenüber der sinnlichen Offenbarung; eine Weltanschauung, die zwar sprechen will über das Übersinnliche, aber die eigentlich nichts erkennen will. Da haben wir ein weites Gebiet, zu dem sich nach und nach fast alle Religionsbekenntnisse und alle Sekten gewendet haben, denn das ist das Eigentümliche, daß diese Weltanschauungen eigentlich verzichten darauf, die Welt zu begreifen, und nur über irgend etwas Übersinnliches im allgemeinen reden und redend schwelgen wollen. Sie wollen sich nicht die positive konkrete Erkenntniskraft aneignen, mit dem, was sie erlangen, mit dem, wovon sie reden, wirklich unterzutauchen in die Welt der Wirklichkeit.

Sie werden mich vielleicht besser verstehen, wenn ich versuche, in der folgenden Weise mich auszudrücken. Denken Sie einmal, wie heute das Leben für einen Durchschnittsmenschen verlaufen kann. Der steht, sagen wir, sechs Tage in der Woche in der Fabrik oder im Kontor oder wo immer. Da steht er innerhalb eines rein materiellen Getriebes, das aufgeht in der bloßen Sinnesbetrachtung, da mischt sich nichts Geistiges hinein heute, und immer weniger und weniger Geistiges mischt sich da hinein. Da betrachtet man im Gegenteil denjenigen, der etwas Geistiges hineinmischen will, als einen ganz tollen Kerl. Aber auf diesem Gebiete funktionieren alle die Kräfte, welche die heutige Wissenschaft erkennen will. Da funktionieren alle die menschlichen Zusammenhänge, über die sich die Erkenntnis hermachen will, kurz, da ist alles das an Gedanken und Begriffen entwickelt, was über die sich vor unseren Augen ausbreitende Wirklichkeit sich ergeht. Und dann nehmen wir an, nehmen wir zu seinem Besten an, daß dieser Mensch, der also die Woche über im Büro oder in der Fabrik mit dem rein materiell Erkennbaren sich beschäftigt hat oder der das rein materiell Erkennbare gelehrt hat – schließlich wird in den gewöhnlichen Schulen auch nichts anderes gelehrt als das materiell Erkennbare –, daß der Mensch – nehmen wir zu seinem Besten an aus gewisser Aufrichtigkeit – am Sonntag in die Kirche geht, und da hört er nun reden von dem, von dem heute in der Kirche geredet wird, geredet wird nach der Evolution, die sich seit Jahrhunderten ergeben hat. Versuchen Sie einmal, wenn Sie es können, ich meine, wenn Sie dazu genügend oft in der Kirche gewesen sind und Predigten angehört haben mit offenem Ohre, wenn Sie mit offenem Auge gesehen haben, was da vorgeht, fragen Sie sich einmal, ob in dem, was da gesprochen wird, etwas steckt, was geeignet ist, über die Welt aufzuklären, die sich um uns herum ausbreitet. Man gibt zwar vor, daß der Gott, von dem da geredet wird, der Welt zugrunde liegt, aber man spricht nicht, nirgends, von der Art und Weise, wie er durch seine Kräfte, durch seine Impulse in die Welt eingreift. Man hat eine eigene Weltanschauung für die Wochentage: blaue Linie; eine eigene Weltanschauung für die Sonntage: rote Linie. Nirgends, nirgends haben wir einen Zusammenhang zwischen beidem, wenn wir wirklich die Dinge durchschauen. Fragen Sie einmal: Was hat denn dasjenige, was gelehrt wird von der Kanzel herunter, für eine Beziehung zu der Chemie, zu der Physik, zu der Biologie? – Es wird gar keine Beziehung gesucht, sie wird sogar perhorresziert.

Nehmen Sie dagegen die Geisteswissenschaft, so werden Sie gleich sehen, worauf es ankommt. Geisteswissenschaft spricht nicht so von der sinnlich-materiellen Welt wie die gewöhnliche Physik, die gewöhnliche Chemie, sondern sie spricht so von der physisch-sinnlichen Welt, daß in das, was sie von der physisch-sinnlichen Welt spricht, hereinfließen kann in allen Einzelheiten das, was sie nun über die geistige Welt sagt. Sie hat nicht eine Wochentagsansicht und eine Sonntagsansicht, sondern eine Ansicht, die über die geistige Welt sich ergeht und wie hinunterfließt in die Einzelheiten der physisch-sinnlichen Welt. Sie erklärt sich nicht ohnmächtig, wie der Berkeleyismus, vom Geistigen aus die Sinnenwelt zu erfassen, sie erklärt sich nicht ohnmächtig, wie der Baconismus, den Geist zu finden in der Sinnenwelt, sondern nur Idole zu finden. Woher kommt denn das? Nun, das haben wir schon begriffen. Es ist naturgemäß dem fünften nachatlantischen Zeitraum, daß die Evolution, die durch die blaue Linie schematisiert wird, entstand. Bacon konnten wir gewissermaßen den Inaugurator nennen. Es mußte der Mensch einmal untertauchen in die Materie, ich habe das oft auseinandergesetzt und auseinandergesetzt, daß die Geisteswissenschaft durchaus nicht Gegner des Materialismus ist, sondern versteht, warum die materielle Entwickelung erkannt wird in der fünften nachatlantischen Zeit. Aber sie kann nicht erkannt werden, ohne daß man sich inspirieren läßt durch einen solchen Geist wie Ahriman. Und lassen Sie diesen Materialismus der fünften nachatlantischen Periode noch so lange sich entwickeln in seinem ahrimanischen Sinne, er wird glauben müssen seinerseits – das können Sie versichert sein, und Sie werden es nicht sein, weil ich es Ihnen sage, sondern weil Sie es verstehen werden aus dem ganzen Geiste der Geisteswissenschaft heraus –, er wird festhalten müssen, dieser materialistisch-ahrimanische Sinn, an dem, was sich Ahriman-Mephistopheles in tief verruchten Stunden gelobt hat, nichts zu tun haben zu wollen mit dem regelmäßigen Fortgang des Menschengeschlechtes auf der Erde. Daher wird diese Wissenschaft, die aus diesem Materialismus herausgewachsen ist, niemals zu einem Durchschauen kommen des Geheimnisses der Menschwerdung, des Rätsels der Embryologie und so weiter – niemals! Sie würde kommen können zu einem Verständnis der Entstehung solcher Wesenheiten, die auf dem Wege des Homunkulus sich bilden können. Aber niemals wird diese Wissenschaft dazu kommen. Nun ist das nur eine Evolutionsströmung. Aber vieles, vieles hängt mit diesem Ahrimanismus zusammen. Das Wissen ist nur ein Teil. Aber es läuft in der ganzen Kultur dieser Ahrimanismus.

Die andere Strömung, die durch die rote Linie schematisiert wird, empfand Goethe auch tief, nur war es ihm nicht möglich, ich möchte sagen, so deutlich, so ganz deutlich die Gestalten hinzustellen für diese rote Linie, wie er sie hingestellt hat für die blaue Linie. Für die blaue Linie hat er den Mephistopheles und seine Dick- und Dürrteufel und die Lemuren hingestellt. Da stehen sie vor uns. Das hat er gewagt. Denn verleumdet werden diejenigen, die über die Lemuren und die Dick- und Dürrteufel sprechen, erst vom jetzigen Zeitalter ab, werden immer mehr verleumdet, wenn sie in dem Sinne der Geisteswissenschaft sprechen. Zu Goethes Zeiten war das noch gewissermaßen weniger bedenklich. Aber bedenklich war das andere, das Goethe auch durchschaute und recht gut durchschaute, war das, daß er wohl wußte, wenn diese rote Linie sich hereinstellt in unsere Gegenwart, wenn wirklich da eine Anschauung ist, die sich ohnmächtig erklärt und immer mehr und mehr ohnmächtig erklären wird, von der Anerkennung des Geistig-Seelischen zur Durchdringung der wirklichen Welt zu kommen, so beruht es darauf, daß gewisse luziferische Geister verhindern, daß Strömungen, die früher berechtigt waren, fortschreiten. Luziferische Wesenschaft verhindert gewisse Strömungen, religiöse und sektiererische Strömungen, fortzuschreiten. Und so können diese nicht durchdringen die Welt, bleiben in der bloßen Anerkennung des Geistig-Seelischen stecken. Der Berkeleyismus ist nur ein besonderer Ausdruck dafür. Das beruht auf einem luziferischen Zurückgehaltenwerden. Wie drückt es sich aus für Goethe zum Beispiel? Mephistopheles erinnert sich an sich und seine Geschwister, an diejenigen, die einstmals in tiefverruchten Stunden – das bedeutet in der Sprache des Mephistopheles etwas anderes – Vernichtung geschworen haben dem menschlichen Geschlecht, das heißt, nichts wissen zu wollen von der Art und Weise, wie die Menschheit die Erde bevölkert. Mephistopheles erinnert sich daran, daß eigentlich zu seinem Wesentlichen gehört, daß er in der ahrimanischen Zeit, bildlich gesprochen, in der bedeutsamen Sitzung seiner Geister war, die damals beschlossen haben, es solle niemals ein Mensch auf der Erde auf natürliche Art geboren werden, sondern die Kräfte, die als geschlechtliche auf der Erde existieren, sollen zu etwas ganz anderem benützt werden. Das haben diese ahrimanischen Wesenheiten beschlossen in der alten Zeit, ja nicht die Liebe der Geschlechter aufkommen zu lassen. Aber nun sagt Goethe, indem er sich selbstverständlich nicht identifiziert, aber hineindenkt in den Mephistopheles: Es gibt andere, die nicht von Mephistopheles inspiriert sind, aber auch inspiriert sind, nun, die sagen zwar nichts darüber, daß das Menschengeschlecht auf der Erde sich nicht auf gewöhnlich menschliche Weise fortpflanzen soll, aber sie fangen an zu beten, finden, daß diejenigen erst das wahrhaft heilige Leben führen, die nichts tun in dem Sinne der gewöhnlichen Fortpflanzung der Menschheit, die davon absehen, die nichts wissen wollen davon: die Asketen, die Heiligen, die gegenüber der Liebe der Geschlechter die bekannten langen Gesichter machen, von denen wir schon öfter gesprochen haben. – Solche vermutet, sieht, schaut Mephistopheles auf der andern Seite in der Engelschar darinnen. Da sieht er die Inspiratoren dieser andern, die anbeten im Grunde genommen dasjenige, was Mephistopheles und seine Geschwister beschlossen haben:

> ... wie wir in tiefverruchten Stunden
> Vernichtung sannen menschlichem Geschlecht:
> Das Schändlichste, was wir erfunden,
> Ist ihrer Andacht eben recht.

Daran heftet sich ja die Andacht. Die luziferisierten Inspiratoren der zurückgebliebenen Kirchengemeinschaften, Mönchsgemeinschaften, sektiererischen Richtungen, die luziferisierten Inspiratoren, stehen doch unter den andern Scharen darinnen. Nicht umsonst sagt der Mephistopheles zu dem einen langen Burschen, der ihm besonders gefällt:

> Die Pfaffenmiene will dich gar nicht kleiden.

Da hat Goethe vieles von dem hineingeheimnißt, was er auf der Seele hatte gegenüber der Weltanschauung, die mit der Pfaffenmiene einhergeht, gegenüber der Sonntagsweltanschauung, die er als luziferisch gedacht hat gegenüber der ahrimanischen. Mephistopheles fühlt sich verwandt denjenigen, die in ihre Andacht aufgenommen haben das, was Mephistopheles in seine Wissenschaft aufgenommen hat und in seinen Willen.

Wie wir zu denken haben über all diese Sachen rein geisteswissenschaftlich, davon können wir ja noch sprechen. Jetzt wollen wir aber im Goetheschen Sinne über diese Dinge sprechen. Und eine – wenn ich so sagen darf – Ur-Goethesche Empfindung ist das schon, was ich eben ausgesprochen habe. So stehen zunächst die ahrimanische Welt – Lemuren, Dickteufel, Dürrteufel – und etwas luziferisch zunächst Angehauchtes sich gegenüber. Das drückt Goethe ganz klar aus. Luziferisch Angehauchtes steht gegenüber dem Mephistophelischen, wie gesagt, so kaschiert, als es nur möglich ist, daß diejenige Persönlichkeit es ausdrückt, na, der man so manches gestattet: der Teufel. Der darf von der «Pfaffenmiene» sprechen, von den «allerliebsten» Jungen und so weiter. In den Tatsachen steht sich also das gegenüber. Auf der einen Seite Mephistopheles, der gewissermaßen verpfändet hat Faustens Seele. Wodurch verpfändet? Dadurch, daß er den Faust durch alles Irdische getrieben hat, was unter die Sphäre hinuntergeht, die im Erdenwerden hereingekommen ist, und unter die Menschwerdung durch geschlechtliche Liebe heruntergeht. Dadurch hat er Anspruch auf die Seele des Faust, daß er ihn eingeführt hat in alles Ahrimanische. Was durch den Faust noch in die Gretchen-Liebe hineingekommen ist, dafür kann Mephistopheles wahrhaftig nichts, und das hat er genügend in sein Gegenteil verkehrt. Und nachher geht es recht ahrimanisch zu. Da werden nur ahrimanische Künste angewendet, um gewisse äußere Erscheinungen der Griechenwelt hervorzurufen. Was man durch ahrimanische Künste erreichen kann, wird erreicht zuerst im staatlichen Zusammenhange – sagen wir es ganz leise. Dann wird es gesucht im Werden des Menschen, im Zusammenhang mit der Evolution, aber mit der untermenschlichen und untertierischen Evolution, im Zusammenhange mit dem mechanisierten Homunkulus, historisch mechanisierten Homunkulus. Helena wird heraufgebracht auf eine Weise, wie es nicht im Erdensein der Menschheit liegt. Dann werden einige Erdenhandlungen hervorgebracht, na, das sind ja schließlich auch keine Erdengestalten, die da mithelfen, helfen als Eilebeute und Habebald. All das ist unter dem Einfluß ahrimanischer Künste schon sehr verpfändet, und verpfändet durch das einzige, was er haben kann von dem eigentlichen Erdensegen des Menschen. Also dadurch, daß er ihn durch die flache Unbedeutendheit führt – für das

Erdendasein ist es nur flache Unbedeutendheit, aber es ist deshalb nicht etwas, wozu nicht ungeheure Vernunft und Wissenschaft gehört, wenn es auch flache Unbedeutendheit ist –, durch das ist die Seele ihm verpfändet. Dann verpfändet durch das andere, daß er von dem eigentlichen Erdensegen – nun, was denn hat? Der Mensch hat sein Ich auf der Erde bekommen, also erst sein Blut. Knochen, Sehnen, Bänder, was die geflickte Halbnatur macht, kann der Mephistopheles haben, aber den eigentlichen Erdensegen, das Blut, den Repräsentanten, den physisch-materiellen Repräsentanten des Erdenmenschen, den möchte er zwar haben, aber den kann er ja nicht haben. Er ist auf dem Monde stehengeblieben. Von dem kann er nur haben den blutgeschriebenen Titel, nur dasjenige, was gewissermaßen in den abstrakten Vertrag hereinzubringen ist, was nicht zusammenhängt mit den Impulsen, die in der Realität sind, sondern was in der Abstraktheit, der Vertragsmäßigkeit bleibt. Das kann er nur herausziehen aus dem Blut, nicht den Impuls selber, sondern nur das kann Mephistopheles herausziehen.

Die Seele ist ihm verpfändet. Nun, in seiner Sprache sieht es so aus, als ob die andere Schar sie ihm einfach weggeschmuggelt hätte, listig weggenommen. Aber so ohne weiteres ist das nicht. Bis zu dem Tod, den wir gestern geschildert haben, hat schon der Mephisto den Faust noch immer ziemlich in seinen Krallen. Wenn Sie aber den Tod so anerkennen, wie wir ihn gestern gezeigt haben, nicht erst, wenn der Faust hinfällt, sondern wie der Tod so allmählich eintritt, dann ist dasjenige, was Faust da erlebt, und insbesondere als das wonnige Gefühl erlebt, das ich gestern am Schlusse beschrieben habe, nachdem sich die Seele vom Leibe gelockert hat, schon etwas in der geistigen Welt darinnen Erlebtes. Da gleitet Faustens Seele oder, wie Goethe zuerst geschrieben hat, Faustens Entelechie – wir werden morgen von dieser Entelechie sprechen – hinüber in die luziferische Sphäre und würde in der luziferischen Sphäre sich auflösen. Da hätte Faust ebensowenig davon, wie wenn er dem Mephistopheles verfallen würde. Denken Sie doch nur, was ihm da droht!

> Wendet zur Klarheit
> Euch, liebende Flammen!

Die sich verdammen,
Heile die Wahrheit;
Daß sie vom Bösen
Froh sich erlösen,
Um in dem Allverein
Selig zu sein.

Aber diese Seligkeit würde zur Auflösung im All führen, zum Übergehen in die achte Sphäre! Faust hätte eben dies davon: er hätte die Auflösung in das All, was identisch wäre mit der Vernichtung. Und nun schlagen Sie die letzte Szene auf, von der ich gesagt habe, daß sie notwendig mit der vorhergehenden Szene verbunden ist, daß sie dazugehört, daß sie da sein muß. Da sehen wir in einem ganz andern Gebiete die Handlung fortgehen. Da kommen die Engel wiederum und bringen Faustens Entelechie, Faustens Unsterbliches. Aber indem sie diese Entelechie, dieses Unsterbliche bringen, sagen sie, wodurch sie diese Entelechie hierherbringen können. Die jüngeren Engel, so heißt es in der letzten Szene:

Jene Rosen, aus den Händen
Liebend-heiliger Büßerinnen,
Halfen uns den Sieg gewinnen
Und das hohe Werk vollenden,
Diesen Seelenschatz erbeuten.

Die Engel heben also die Entelechie, die Seele des Faust nicht durch ihre eigene Natur, sondern dadurch, daß sie die Rosen der liebend-heiligen Büßerinnen haben, aus der menschlichen Sphäre heraus, beziehungsweise aus dem heraus, wo Menschen hineingewachsen sind, die das menschliche Erdenleben durchgemacht haben, die wirklich aus dem Erdenleben heraus sich entwickelt haben. Goethe leitet die ganze Evolution von dem Mephisto, von den Engeln ab auf die menschliche Evolution, indem die Engel die Entelechie nicht durch ihre eigene Kraft nur retten, sondern sie dadurch retten, daß sie die Rosen empfangen haben aus den Händen liebend-heiliger Büßerinnen. Das ist der unendlich tiefe Gedanke. Da bringt Goethe seine Überzeugung hinein von der Bedeutung der fortlaufenden menschlichen Entwickelung, von der Bedeutung der Erdenentwickelung. Und daher muß er aus dem Menschenwesen heraus etwas finden, was das bloße Ahrimanisch-Mephistophelische überwindet. Mephistopheles steht da, die Lemuren befehligt er – aus Knochen, Sehnen und Bändern zusammengeflickte Halbnaturen –, die Dickteufel, die Dürrteufel befehligt er. Ich habe auseinandergesetzt, was dies bedeutet: die untermenschliche Natur, die nie den Menschen hervorbringen könnte, liegt in alldem nur, die Natur in einer Basis, aus der der Mensch nicht herauswachsen kann, liegt dadrinnen. Alles liegt dadrinnen, was die Weltanschauung begreifen kann, die auf der blauen Linie läuft, aber so darf dasjenige, was uns umgibt, nicht gefaßt werden. Dem Mephistopheles stehen von seiner Mondenzeit her nur zur Verfügung die Kräfte, welche befehligen Lemuren, Dick- und Dürrteufel, aber was die aus der Natur herausziehen, aus der Erdennatur, ist nur das Mephistophelische, und da kann noch anderes herausgezogen werden, was Mephistopheles nicht wissen kann, weil er nicht die Erdenentwickelung in seiner Art mitgemacht hat. Das wird herausgezogen, indem aus der nun wirklichen Heiligung der physischen Natur, der Veredelung der physischen Natur die Verwandtschaft mit den irdischen Kräften und Elementen gesucht wird.

Ewiger Wonnebrand,
Glühendes Liebeband,
Siedender Schmerz der Brust,
Schäumende Gottes-Lust.
Pfeile, durchdringet mich,
Lanzen, bezwinget mich,
Keulen, zerschmettert mich,
Blitze, durchwettert mich; ·

– und so weiter. Da haben Sie das Durchbrausen der Natur, die zum Menschen gehört, die auch verbunden ist mit dem Luziferischen, mit dem Teuflischen, aber höher hinaufgeht. Da haben Sie diese Natur. Und die Engel haben auf der Erde die Aufgabe oder für die Erde die Aufgabe, mitzunehmen die Pflege des Menschengeschlechtes. Die Engel, die nicht zurückbleiben, sondern fortschreiten bis zu der Pflege des Menschengeschlechtes, wie es auf der Erde sein soll, betrachtet Goethe als die eigentlichen Erlöser. Erinnern Sie sich, welchen Auftrag der Herr den eigentlichen Engeln gibt:

> Doch ihr, die echten Göttersöhne,
> Erfreut euch der lebendig reichen Schöne!
> Das Werdende, das ewig wirkt und lebt,
> Umfaß' euch mit der Liebe holden Schranken

– da sollen sie Hilfe leisten, da sollen sie eingreifen, und sie tun es. Diejenigen Engel schreiten in der Engelschar wirklich vorwärts, die sich beschäftigen mit den liebend-heiligen Büßerinnen und von ihnen die Rosen nehmen. So wie der Mensch das ihm in der Erdenevolution Zugeteilte aufnimmt, so nehmen diese Engel, die nicht zurückbleiben auf der Mondenentwickelung, sondern mit der Erdenentwickelung mitgehen, die Kräfte entgegen, die da kommen von solchen Naturen, wie sie dargestellt sind in dem letzten Akt in den liebend-heiligen Büßerinnen. Das bringt sie weiter. Das ist Goethes Überzeugung, daß sich die Engel entwickeln über das Luziferische hinaus. Wie gesagt, ich wollte mit alldem das andeuten, was Goethes Gedanke ist, wie Goethe verbunden war mit all den großen Evolutionsgedanken in seiner Art.

Nun wollen wir morgen weitersprechen. Ich hoffe, daß Sie aus dem heute Auseinandergesetzten gesehen haben, wie Goethe Tiefen des Werdens und der Weltengeheimnisse aufsucht, um seinen «Faust» zu schaffen, und wie er sein Urteil abgeben wollte über die sich fortentwickelnden Weltanschauungsströmungen. Ja wahrhaftig, es liegt viel in diesem «Faust», sehr, sehr viel liegt in diesem Faust! Und man muß schon sagen: Unendliches könnte die Menschheit gewinnen, wenn sie versuchen würde, sich an alldem zurechtzufinden, was in diesen Goetheschen «Faust», um Goethes eigenen Ausdruck zu gebrauchen, hineingeheimnißt ist. Doch von alldem wollen wir dann morgen weiter reden und von einigen Zusammenhängen dieser Faust-Ideen mit den Ideen der Geisteswissenschaft.

GOETHES AUFSUCHEN DER TIEFEN DES WERDENS UND DER WELTGEHEIMNISSE IN SEINEM «FAUST»

DIE LUZIFERISCHE UND DIE AHRIMANISCHE VERFÜHRUNG

Dornach, 11. September 1916
nach einer eurythmischen Darstellung der Szenen «Mitternacht» und «Grablegung»

Es wäre natürlich sehr viel zu sagen, wenn man alles ausschöpfen möchte, was gerade in diesen Schlußszenen des Goetheschen «Faust» liegt, wenn man in diesem Zusammenhang auf alle Perspektiven hinweisen wollte, die sich für die Geisteswissenschaft ganz naturgemäß ergeben aus den Gedanken, die da fließen aus diesen Schlußszenen. Von der Fülle dessen, was zu sagen wäre, will ich heute noch einiges herausholen. Ich möchte aber durchaus nicht die Vorstellung hervorrufen, als ob es sich dabei um eine völlige Erschöpfung dieser Dinge handeln könnte.

An zwei Tatsachen der Erdenentwickelung müssen wir besonders anknüpfen, wenn wir diese Schlußszenen verstehen wollen, an zwei wichtigste Tatsachen der Erdenentwickelung. Wir haben schon auf sie hingewiesen. Die erste Tatsache liegt in der lemurischen Zeit, die zweite liegt in der atlantischen Zeit. Wir wollen sie heute nur, soweit wir sie brauchen, charakterisieren. Die Tatsache der lemurischen Zeit, von einem gewissen Gesichtspunkte aus gekennzeichnet, besteht darin, daß durch all die Ereignisse, die nachgelesen werden können in der «Geheimwissenschaft im Umriß» oder in unseren Zyklen, die Menschen gewissermaßen tiefer in die Materie herein sich organisiert haben, als es vorausbestimmt war. Das ist geschehen durch den luziferischen Impuls. Durch diesen Impuls ist gewissermaßen die eine der Absichten erfüllt worden, auf die Mephistopheles hinweist mit dem, wovon er sagt, daß er es mit den andern zusammen unternommen habe in tiefverruchten Stunden, als Vernichtung ersonnen wurde dem menschlichen Geschlecht. Damit, daß die Menschheit sich tiefer in die Materie hereinorganisierte, als es ihr eigentlich vorbestimmt war, verband sich das menschliche Bewußtsein mit alldem, was das Dasein des Menschen in der Erdenentwickelung bedeutet, in anderer Weise, als es hätte sein sollen. Wir haben öfter darauf hingewiesen, daß dadurch, daß dieser luziferische Impuls gegeben worden ist, der Mensch ein ganz anderes Bewußtsein verbindet mit der Generation, mit der geschlechtlichen Fortpflanzung. Es wurde dazumal sozusagen die geschlechtliche Fortpflanzung in das Bewußtsein hereingeholt, und dadurch wurde sie in gewissem Sinne, man kann schon sagen aus einer übersinnlichen Tatsache zu einer sinnlichen Tatsache gemacht. Das ist das erste.

Die Tatsache, die dann in der atlantischen Zeit vorliegt, besteht darin, daß, indem der Mensch nun schon in der Sinnlichkeit tiefer organisiert war, als es ihm vorbestimmt war, er seinen ganzen Organismus so ausbildete, daß die Verahrimanisierung, könnte man sagen, so stattfinden konnte, wie wir es oftmals beschrieben haben, daß der Mensch seine geistigen Kräfte mit den sinnlich-physischen Naturkräften und Naturtatsachen verband. Sie wissen, daß in der Bibel die erste Tatsache ausgedrückt wird durch das Bild, das gegeben wird über die luziferische Verführung, das in den Worten hauptsächlich charakterisiert ist, die Luzifer spricht mit Bezug auf das Menschengeschlecht: Eure Augen werden aufgetan sein, und ihr werdet unterscheiden das Gute und das Böse. – Eure Augen werden aufgetan sein – in diesem Hereinnehmen der Sinnlichkeit in das Bewußtsein mit dem Aufgetanwerden der Augen liegt eben der Fall der Menschheit in die Materie. Also jetzt war die Menschheit tiefer in die Materie hineingefallen, als es ihr vorbestimmt war. Es war der Menschheit vorbestimmt, zu schauen die materielle Welt von außerhalb der materiellen Welt. Durch die luziferische Verführung ist die Menschheit gesunken in die materielle Welt, und durch das Ahrimanische der atlantischen Zeit ist dann innerhalb des Materiellen eine Verwandtschaft des Menschen mit dem Materiellen eingetreten, die nur gewissermaßen im geistigen Gegenbild oben hätte stattfinden sollen. Was sich oben hätte vollziehen sollen, gewissermaßen schwebend über dem Materiellen, hat sich in dem Materiellen vollzogen.

Das erste also ist dadurch ausgedrückt, daß über dem Menschen die Worte gesprochen worden sind: Eure Augen werden aufgetan sein, und ihr werdet unterscheiden – äußerlich – in der sinnlichen Anschauung das Gute und das Böse. – Das zweite wird ausgedrückt in der Bibel, wie Sie wissen, dadurch, daß gesagt wird: Und die Söhne der Götter fanden, daß die Töchter der Menschen schön seien, und sie verbanden sich mit ihnen in der Materie. – Das ist das biblische Wort, welches, ich möchte sagen mit Anlehnung an den Menschen und das, was im Menschen wohnt, eine breite Tatsache ausdrückt. Denn in dieser breiten Tatsache ist alles ahrimanische Wirken im Menschengeschlecht zugleich mit inbegriffen. Durch dieselbe Kraft, mit der die himmlische Liebe hineingesunken, -gezogen ist in die Materie und zur irdischen Liebe geworden ist, durch die Kraft, die der Tatsache der Verwandlung der himmlischen Liebe zur irdischen Liebe zugrunde liegt, durch diese Impulse, diese Tatsache wurde zugleich das bewirkt, daß in einer irdischen Weise der Intellekt des Menschen sich verbindet mit der Materie und die materialistische Form der Wissenschaft schafft. Ohne daß die ahrimanischen Impulse im Menschen Platz gegriffen hätten, die ausgedrückt werden durch ihre gewissermaßen menschlichste Tatsache: Und die Söhne der Götter fanden, daß die Töchter der Menschen schön seien, und sie verbanden sich mit ihnen im Fleische –, ohne daß die Impulse in das Menschengeschlecht eingezogen wären, wären auch die Impulse nicht eingezogen, die den menschlichen Intellekt dazu verwenden, alle möglichen Instrumente zu erzeugen, die nur Zusammenfügungen von materiellen Kräften sind, und die darin bestehen, daß man bloß maschinenmäßig alles mögliche erzeugt zu jedem beliebigen Zwecke, wenn auch dieser Zweck die Vernichtung des menschlichen Geschlechtes ist. Es würde, wenn diese ahrimanische Verführung nicht geschehen wäre, nicht möglich geworden sein auf der Erde, daß Mordinstrumente und dergleichen ersonnen worden wären, weil, wenn die Menschen die Verwandtschaft behalten hätten zwischen dem Intellekt und dem Schaffen da oben, nicht da unten in der Materie, sie auch nicht den Intellekt in die Materie hineingießen würden, um solche Gebilde zu schaffen, wie sie in unseren bloß dämonischen Mechanismen geschaffen werden, die eine immer größere Rolle in der Vermaterialisierung der menschlichen Kultur spielen. So wie alles, was Verwirrungen und Verirrungen des menschlichen Affekt-, Leidenschaftslebens ist, des menschlichen emotionellen Lebens, ausgedrückt ist durch die Tatsache: Und Eure Augen werden aufgetan sein, und ihr werdet unterscheiden – äußerlich, sinnlich unterscheiden – das Gute und das Böse –, so sind alle die Tatsachen, die gewissermaßen aus dem Hochmut der Menschen heraus und aus der ahrimanischen Natur der Menschen heraus wie große Fortschritte der Menschheit angestaunt werden, die rein mechanische Kultur, aus demselben Prinzip, aus dem heraus ist, was angedeutet ist in der Bibel: Und die Söhne der Götter fanden, daß die Töchter der Menschen schön seien, und sie verbanden sich mit ihnen im Fleische. – Die Urkunden drücken diese Dinge in ihrer Art aus. Auf einem gewissen Gebiete leuchten sie dahin, wo diese Impulse liegen, aber diese Impulse sind im weiten Umkreise geltend. Im jetzigen Zeitalter, wo die Menschheit Luziferisches und Ahrimanisches überwinden soll – und dieses muß voll erkannt werden –, in unserer Zeit muß eine klare Einsicht immer mehr und mehr Platz greifen über das, was da geworden ist durch das Auftun der Augen, durch das Verbinden der Göttersöhne mit den Töchtern der Menschen, das heißt, durch das Heruntersteigen der himmlischen Liebe zur irdischen Liebe. Ein klares Verständnis muß sich darüber verbreiten.

Und an die Notwendigkeit dieses klaren Verständnisses reichte *Goethes* Empfinden heran. Gerade als er die letzten Szenen des «Faust» dichtete, reichte sein instinktiv-empfindungsgemäßes Erkennen heran. Das ist so unendlich bedeutsam. Um was kann es sich also handeln? Sie wissen, damit erreicht man nichts, daß man sagt: Oh, ich fliehe das Luziferische, ich fliehe das Ahrimanische. – Das ist törichtes Gerede, denn das kann man nicht, man kann nur das Gleichgewicht herstellen zwischen beiden. Man muß also das Luziferische durch das Ahrimanische allmählich paralysieren im weiteren Fortschreiten der Menschheitsentwickelung, und umgekehrt das Ahrimanische durch das Luziferische paralysieren. Das empfand Goethe und das geheimnißte er hinein in die letzten Szenen seines «Faust».

Erinnern wir uns noch einmal an die ergreifend erschütternde Szene mit der Sorge. Erinnern Sie sich, wie einmal ausgeführt worden ist in einem früheren Zyklus, daß das dem Ahriman-Mephistopheles rechtmäßig zugehörige Reich das Reich des Todes ist. Also in einer gewissen Weise gehört Vernichtung, Sterben schon zum Reiche des Ahriman; er darf nur nicht in deplacierter Weise seine Impulse anwenden. Wenn er sie anwendet auf Orte, wo sie nicht hingehören, dann entsteht das Schlimme. Nun läßt Goethe Mangel, Not, Schuld in dem Augenblicke abgehen, wo der physische Leib sich beginnt zu lockern von dem Geistig-Seelischen. Damit zeigt er an, daß er die Verbindungen kennt, die gerade für das im Leib verbrachte physische Erdenleben bestehen zwischen dem Menschen und Mangel, Not und Schuld. Aber als die Seele schon gelockert ist, als schon gesagt ist von den dreien, daß der Tod heranzieht, da bleibt noch die Sorge, die aber doch wiederum verschwistert ist mit den andern. Sie bleibt gewissermaßen in der Zeit, in welcher der Tod schon wirkt. Sie ist aus dem berechtigten Reich des Ahriman hereingesendet, die Sorge. Ahriman könnte nichts Schlimmeres für den Faust tun, als die Sorge verhindern, über den beginnenden Tod des Faust mit dem Faust zu bleiben, denn darin liegt das Hereinspielen ganz geheimnisvoller Kräfte. Hier wird an ein tiefes Mysterium gerührt. Was tut die Sorge? Die Sorge, die auch von Mephistopheles-Ahriman, wie alle grauen Weiber, herangebracht ist, denn bis dahin dauert die Magie des Mephistopheles noch, was tut die Sorge? Sie macht an Faust zunichte, was Luzifer bewirkt hat, sie macht ihm die Augen wieder zu. Denken Sie, welche Tiefe der Weltanschauung hier liegt! Das, was durch Luzifers Impuls an den Menschen herangekommen ist, wird nun durch einen Impuls Ahrimans auf dem Umwege durch die Sorge paralysiert. Der Mensch ist sehend geworden auf physischem Gebiete durch Luzifer. Jetzt wird er durch die aus dem ahrimanischen Reich hereingeholte, hereingeschickte Gestalt wiederum blind gemacht, das heißt innerlich sehend gemacht.

Allein im Innern leuchtet helles Licht.

Eine ungeheure Tiefe ruht in dieser Sache. Und so sucht Goethe wirklich in diesem sterbenden Faust an einem Menschen nicht ungeschehen zu machen, aber so zu gestalten das Luziferische, daß es im Gleichgewicht mit dem Ahrimanischen ins Leben hereintritt. Und jetzt spricht die Sorge gewissermaßen ein tiefes Wort aus, um das zu interpretieren, was sie tut. Luzifer hat einst gesagt: Ihr Menschen werdet sehend sein dadurch, daß eure Augen aufgetan werden. – Was sagt die Sorge? Die Sorge stellt dem Luziferischen das Ahrimanische entgegen. Die Menschen sind zwar äußerlich-physisch sehend geworden, aber in geistiger Beziehung blind, und das sind sie das ganze Leben hindurch. Wodurch kann es überwunden werden, dieses Blindsein? Dadurch, daß man mit Bewußtsein hineintaucht, daß man es faßt, daß man es erkennt, dadurch tritt wiederum geistiges Sehen, geistiges Schauen ein. Nun spricht die Sorge ein Wort aus, von dem man schon mit einem gewissen Rechte sagen könnte, es klingt zunächst gleich geheimnisvoll für Kluge und für Toren:

> Die Menschen sind im ganzen Leben blind,
> Nun, Fauste, werde du's am Ende!

So scheint die Sorge zu sprechen:

> Die Menschen sind im ganzen Leben blind,
> Nun, Fauste, werde du's am Ende!

Man kann nichts Rechtes zunächst daraus machen aus diesen zwei Sätzen. Man frägt sich: Was soll es eigentlich heißen? – Also physisch sind die Menschen das ganze Leben sehend, aber das nennt die Sorge blind.

> Nun, Fauste, werde du's am Ende!

Er wird nun wirklich blind. Sie wendet das Wort in einer ganz andern Weise an, aber sie meint eigentlich, daß er sehend wird innerlich. Es kommt darauf an, daß man nun diese Sätze in der richtigen Weise zu lesen lernt. Und das besteht darinnen:

> Die Menschen *sind* im ganzen Leben blind,
> Nun, Fauste, *werde* du's am Ende!

In dem Werden liegt das Erleben. Die Menschen, für die ist es eine gegebene Tatsache: sie sind blind. Aber Faust soll nicht blind sein, sondern erleben das Hineingehen in die Blindheit. Werde blind, erlebe werdend diesen Zusammenhang zwischen Sehend-sein und Blind-sein. Nehmen Sie dieses Wort und knüpfen Sie es an ein anderes Wort:

> Doch ihr, die echten Göttersöhne,
> Erfreut euch der lebendig reichen Schöne!
> Das Werdende

– auf das wird hingewiesen! –

> Das Werdende, das ewig wirkt und lebt,
> Umfaß' euch mit der Liebe holden Schranken.

Das Werdende, das ewig wirkt und lebt, das wird als das Geistige, als der Widerschein des Geistigen gefaßt im «Prolog im Himmel», dieses Werdende, das wird jetzt über Faust ausgegossen durch die Sorge:

> Die Menschen sind im ganzen Leben blind,
> Nun, Fauste, werde du's am Ende!

Das ist etwas anderes, wenn man werdend erlebt den Zusammenhang zwischen sehend und blind, als wenn man ihn nicht erlebt, sondern in der sehenden Blindheit nur darinnen ist.

Man kann, wenn man mit Goethe gut bekannt ist, seine eigentümlichen Empfindungen gegenüber Sein und Werden wohl nachfühlen, und dann hat man gerade an dieser Auffassung dieses Spruches hier ein Tiefes, Tiefes an Goethe. Also sehen wir, wie Goethe an tiefste menschliche Geheimnisse dringt. Dieses Erblinden durch die Sorge ist wirklich das Gegenstück zum Sehendwerden des Menschen durch Luzifer im Paradiese.

Und nun gehen wir weiter. Schauen wir uns Mephistopheles an, wie er da steht, den Göttersöhnen gegenüber, die empfangen haben, damit sie wirklich den Seelenschatz haben können, die Rosen aus den Händen liebend-heiliger Büßerinnen. Was ist denn da geschehen? Diese Büßerinnen waren einmal auf der Erde, sind durch die irdische Liebe durchgegangen, durchgegangen durch das, was durch die ahrimanische Verführung in der atlantischen Zeit geworden ist. Was ist aber erreicht durch die menschlichen Erlebnisse, die diese Büßerinnen durchzumachen hatten? Die irdische Liebe ist wieder himmlisch geworden! Gretchen selber, sehen wir am Schluß, hat in die geistigen Regionen die hier verlebte irdische Liebe hinaufgetragen. Und ins Geistige, Himmlische ist das verwandelt, was hier auf der Erde vorgegangen ist. Gretchen ist da oben unter den Büßerinnen, sie ist unter den Rosen streuenden Büßerinnen. Die irdisch gewordene Liebe tritt uns da wiederum himmlisch entgegen. Sie ist zurückgeführt durch den Menschheitsprozeß, durch das, was Menschen erleben können, wieder in den himmlischen Bereich. Und wenn die Bibel es ausdrückt an der Stelle, wo sie die himmlische Verführung meint, daß die himmlische Liebe irdisch geworden ist, so deutet Goethe auf den Menschheitsprozeß, wo die irdische Liebe wieder himmlisch wird, und Mephistopheles steht unten als auch ein Göttersohn, der sich aber jetzt verbindet mit den wiederum geistig gewordenen Töchtern der Menschen durch die Rosen, die sie gestreut haben. Es ist der umgekehrte Prozeß von dem, den uns die Bibel andeutet: Und die Söhne der Götter verbanden sich mit den Töchtern der Menschen. – Wiederum mit den von den Göttern aufgenommenen Töchtern der Menschen verbindet sich der mit den Töchtern der Menschen verirrte Mephistopheles. Also der umgekehrte Prozeß. Sowohl der Paradiesesprozeß der luziferischen Verführung wie der spätere Prozeß, der angedeutet wurde durch die Worte: Die Söhne der Götter verbanden sich mit den Töchtern der Menschen im Fleische –, wird in der Umkehrung angewandt. Der Göttersohn Ahriman-Mephistopheles verbindet sich mit den wiederum in die Götternatur aufgenommenen Töchtern der Menschen, aber jetzt in himmlischer Liebe, nicht in irdischer Liebe, im Geiste, in der Seele, nicht im Fleische. Der umgekehrte Prozeß. Wiederum ein wunderbares Mysterium, durch das die Vorgänge des «Faust» unmittelbar angeknüpft werden an die höchsten Traditionen der Menschheit.

Und jetzt erst verstehen wir, wenn wir die Dinge so nehmen, was Goethe eigentlich meint, denn jetzt erst sind wir imstande, real den Prozeß zu fassen, der sich da abspielt. Es ist höchst interessant, zu verfolgen, wie Goethe durch die Notwendigkeit der Sache, ich möchte sagen, geführt worden ist, den Schluß seines «Faust» gerade so zu gestalten, wie er ihn gestaltet hat. Er hat sich wirklich von der Sache führen lassen, nicht von irgendeiner bloßen inneren Willkür, von der Sache hat er sich führen lassen. Bedenken Sie nur, er hat sich einmal aufgeschrieben, als die Sache noch nicht fertig war, als sie so reif war, daß er sie dichten konnte, in einem Schema, wie er diese Szene gestalten will. Da schreibt er sich auf:

«Vier graue Weiber». – Nun, das hat er so ausgeführt.
«Faust und Sorge» – ausgeführt.
«Mephistopheles und Lemuren» – ausgeführt.
«Faust Zufriedenheit» – ausgeführt.

«Vorbei. Leiche. Lemuren begrabend. Entfernt. Satane und Höllenrachen» – gut.

«Verwesung erwartend» – das hat er gebildet.

«Weil die Seele später als sonst entflieht» – das ist wieder ausgeführt.

«Satanische Posituren, sie zu erhaschen» – nun, das haben wir heute hier darzustellen versucht!

«Engel, Himmelsglorie, schweben heran. Mephistopheles. Widersetzen. Engel streuen Rosen. Die verwelken auf den Hauch der Satane. Verwandelt in Liebesflammen. Satane fliehen. Mephistopheles' Liebespein. Engel entschweben. Mephistopheles zur Appellation.»

An diese Appellation, wo Mephistopheles gewissermaßen dem Himmel gegenüber appelliert um die Seele des Faust, will Goethe anschließen ursprünglich. Also das hat er sich aufgeschrieben: Mephistopheles ab zur Appellation. – Dazu schreibt er sich: «Himmel, Christus, Mutter» – also die Mater dolorosa – «Evangelisten und alle Heiligen. Gericht über Faust». Also nicht lange, bevor Goethe seinen «Faust» vollendet hat, hat er ihn so vollenden wollen, daß er den Mephistopheles appellieren läßt in bezug auf Fausts Seele dem Himmel gegenüber, und gedacht hat, eine Art Gericht halten zu lassen, wo man hätte sehen sollen eine Art himmlische Szene, bei der sich versammelt haben Christus, die Mutter Gottes, die Evangelisten und alle Heiligen. Goethe hatte also daran gedacht, diese Szene etwa so vorzuführen, wie wir den oberen Teil auf dem bekannten Raffaelischen Bilde finden, wo das Sakrament in der Mitte ist. Wir kennen dieses Bild. Da hätte Gericht gehalten werden sollen über Faust. So hat Goethe das nicht ausgeführt, weil er in der Zeit, in der er sich das aufgeschrieben hat, mehr noch seiner inneren Willkür folgen wollte. Er ist getrieben worden durch die Sache, es anders auszuführen. Das erste hätte ja recht schön sein können, aber, man möchte sagen, das hätte auch in früheren Zeiten so geschrieben werden können. In die Goethe-Zeit paßt das nicht mehr herein. Nur diejenigen, die nichts verstehen von der Entwickelungsgeschichte der Menschheit, glauben, daß man alles zu allen Zeiten schreiben kann, und daß man in jeder Zeit über alle Sachen in der gleichen Weise schreiben kann. Das tun diejenigen nicht, die lebendig im Menschheits-Entwickelungsprozesse darinnenstehen. Also das hat Goethe nicht ausgeführt. Dagegen hat er das ausgeführt, was wir jetzt kennen, und was vor einiger Zeit hier vorgeführt worden ist, die Szene, wo es hinaufgeht durch die heiligen Anachoreten, wo wir dann geführt werden in das Gebiet, wo die Engel kommen, in das Gebiet der seligen Knaben, wo die Büßerinnen auftreten, wo Gretchen selber auftritt. Das heißt, Goethe hat ganz im Sinne der Zeitforderung, die an ihn gestellt war, vermenschlicht die letzte Szene, hat das Menschheitliche in seiner Bedeutung für die geistige Realität hereingenommen. Goethe hat es selbst einmal ausgedrückt, daß gewissermaßen das Hauptsächlichste für die Lösung seines Faust-Problems in den Worten liegt, die in der Schlußszene enthalten sind:

Wer immer strebend sich bemüht,
Den können wir erlösen;
Und hat an ihm die Liebe gar
Von oben teilgenommen,
Begegnet ihm die selige Schar
Mit herzlichem Willkommen.

Man muß solch ein Goethe-Wort nicht leicht nehmen. Die Faust-Kommentatoren haben es sehr leicht genommen. Goethe wollte, indem er auf dieses hinwies, zeigen, wie tief er das Geheimnis des gnadenvollen Wirkens des göttlich-geistigen Prinzipes in bezug auf den Menschen zu fassen imstande war. Und tief bedeutungsvoll verfuhr er darnach. Aber er nahm es lebendig. Dadurch, daß Gretchen an Faustens Seite gewisse Erlebnisse hatte während ihrer Erdenzeit und dann hinaufversetzt ist in die geistigen Welten, ist ein Band geschaffen zwischen Faust und Gretchen, und Goethe will zeigen, daß ihm so etwas eine Realität ist, daß, wenn der Tod hingeht über diese Dinge, sie eine Realität bleiben. Der Mensch ist hineingestellt in die Verbindungen, die sich bilden während seines physischen Daseins, nur nehmen sie, wenn der Tod über sie hingegangen ist, eine geistige Form an.

Und hat an ihm die Liebe gar
Von oben teilgenommen,

– das heißt, er ist eingegangen Wahlverwandtschaft mit dem Geistigen, das aus dem Sinnlichen geworden ist. Dann begegnet ihm das, was seelisch geworden ist, mit herzlichem Willkommen, dann ist er nicht nur der freie Mensch, dann ist er der in die Gnadenwirkungen eingesponnene Mensch. Da weist Goethe darauf hin, wie tief bedeutungsvoll alles das für den Menschen wird, was der Mensch an Wahlverwandtschaft eingeht, und wie real das ist, was aus dem Physischen ins Geistige aufgenommen ist, für den Menschen, der da in irgendeiner Weise hineinverwoben ist. Und wie Realitäten sind dasjenige, was die Menschen auf moralischem, auf geistigem Gebiete tun, wie das nicht bloß, wie der Materialismus glaubt, etwas Vorübergehendes ist, sondern etwas Fortwirkendes ist, was Bedeutung hat für die sich entwickelnde Menschheit. Das zeigt Goethe in dieser Schlußszene. Dadurch ist diese Schlußszene so grandios.

Was kann der Materialismus anders sagen als: Nun, da ist der Pater ecstaticus, der macht sich so etwas vor; aber wenn der Pater ecstaticus tot sein wird, dann ist es mit alldem aus. Ebenso der Pater profundus, ebenso der Pater Seraphicus und so weiter. – Für Goethe sind das ebenso reale Vorgänge, was diese erleben, diese Anachoreten, wie ihm reale Vorgänge sind das Auf- und Untergehen der Sonne. Und so wie durch das Auf- und Untergehen der Sonne hier für den Menschen der physischen Welt etwas bewirkt wird, so wird für Goethe in Faustens Seele ein realer Prozeß bewirkt durch dasjenige, was die Welt durchströmt aus den Verzückungen und Gebeten und mystischen Verschwebungen der Anachoreten. Die Realität der geistigen Welt, insofern diese geistige Welt wurzelt im menschlichen Fühlen und im menschlichen inneren Erleben, das wird von Goethe nun hingestellt. Nicht bloß die gewissermaßen vom Menschen losgelösten überirdischen Vorstellungen, sondern die mit dem Menschen tief innerlich zusammenhängenden überirdischen Vorstellungen werden von Goethe hingestellt. Und dadurch ist seine Faust-Dichtung so recht die Dichtung geworden vom Ausgang [der vierten], von der ersten Zeit der fünften nachatlantischen Periode.

Nur muß eines denjenigen auffallen, welche verschiedene Notizen verfolgen, die sich Goethe gemacht hat, bevor er die einzelnen Szenen geschrieben hat. Ich habe von einigen Notizen schon gesprochen in anderem Zusammenhang. So in der Zeit des ausgehenden 18. Jahrhunderts, als Goethe neuerdings heranging, seinen «Faust» zu bearbeiten, da schrieb er sich mit einigen Sätzen diese Skizze auf, wie er da arbeiten will, wie er das schon Bearbeitete in das Folgende hinüberleiten will. Da schreibt er sich auf:

«Ideales Streben nach Einwirken und Einfühlen in die ganze Natur.
Erscheinung des Geists als Welt- und Tatengenius.»

– Das ist alles da.

«Streit zwischen Form und Formlosem.
Vorzug dem formlosen Gehalt
Vor der leeren Form.
Gehalt bringt die Form mit.
Form ist nie ohne Gehalt.
Diese Widersprüche, statt sie zu vereinigen, disparater zu machen.
Helles, kaltes wissenschaftliches Streben. Wagner.
Dumpfes, warmes wissenschaftliches Streben. Schüler.
Lebensgenuß der Person von außen gesehen, I. Teil.
In der Dumpfheit, Leidenschaft.
Tatengenuß nach außen, II. Teil, und Genuß mit Bewußtsein.
Schönheit.
Schöpfungsgenuß von innen.»

Da deutet er schon hin auf die Richtung, die er gegen den Schluß zu nehmen will. Und dann schreibt er sich auf, was nicht zur Ausführung gekommen ist: «Epilog im Chaos auf dem Weg zur Hölle».

Ich habe schon gesagt, wie mißverstanden worden ist, daß dieser Epilog hätte gehalten werden sollen im Chaos auf dem Weg zur Hölle. Die Leute haben sich den Kopf darüber zerbrochen, wie denn der Faust noch hätte schließen sollen mit einem Epilog im Chaos, auf dem Weg zur Hölle. Also hätte doch Goethe in einem verhältnismäßig vorgerückten Stadium den Faust nicht erlöst werden lassen wollen, sondern ihn zur Hölle fahren lassen wollen. Die Leute haben durchaus nicht daran gedacht, daß diesen Epilog der Mephistopheles sprechen solle und durchaus nicht Faust. Der zieht ab zur Hölle, nachdem er die Wette verloren hat, und spricht seinen Epilog. Aber den konnte Goethe nicht ausführen, der ist wirklich nicht da. Warum ist er nicht da? Weil er in dieser Zeit noch nicht geschrieben werden konnte aus dem tiefen Mysterium, und zugleich aus dem Mysterium seiner Zeit heraus. Denn was würde denn in diesem Epilog im Chaos auf dem Weg zu Hölle enthalten sein? Stellen wir uns einmal vor, was da enthalten sein würde. Was ist geschehen? Wir haben die verschiedenen Wechselwirkungen betrachtet, die zwischen dem Ahrimanischen und dem Luziferischen eingetreten sind, die dargestellt sind am Schlusse des Goetheschen «Faust». Dadurch ist Faustens Seele wirklich nicht von Ahriman-Mephistopheles erbeutet worden, sondern sie geht in der entsprechenden Weise in die geistige Welt hinein, um sich zu verbinden mit den Kräften, die von der seligen Schar kommen in der Weise, wie wir das dargestellt haben. Es ist dadurch bewirkt, daß zunächst das luziferische Element ein wenig Übergewicht gewonnen hat, daß eine Art Vergeistigung für Faust eingetreten ist, daß die Vermaterialisierung, die durch Ahriman hätte eintreten sollen, wodurch Faustens Seele gewissermaßen durch Erdenschwere mit der Materie vereinigt geblieben und Faust in einen Abgrund versunken wäre – der Herrscher über die Materie ist Ahriman-Mephistopheles! –, daß das nicht eingetreten ist. Das ist nicht eingetreten. Es ist gewissermaßen die Waagschale mehr nach der luziferischen Seite ausgeschlagen. Dadurch ist es möglich geworden, daß Faustens Seele in die Region kommt, in die sie dann hineinkommt da, wo mit Überwindung des Ahrimanischen in der entsprechenden Weise die menschlichen Wirkungen der Büßerinnen und Gretchens selber in der geistigen Sphäre sind.

Nun steht Mephistopheles da. Er hat diese Seele erbeuten wollen, er hat sie nicht erbeuten können. Es ist ihm nicht gelungen, sie mit der Erdenschwere zu verbinden, sonst würde sie entweder schon am Leichnam geblieben sein und in dem Kreis der Lemuren erhascht worden sein, oder es würden sie die Dickteufel erbeutet haben oder die Dünnteufel. Das alles ist nicht gelungen. Es ist eine solche Gleichgewichtslage zwischen dem Ahrimanischen und dem Luziferischen eingetreten, daß Faust himmelwärts gekommen ist. Aber Mephistopheles ist nun stehengeblieben. Die Seele ist ihm entgangen. Aber er könnte sich jetzt sagen: Ja, hier stehe ich; diese Seele ist mir entgangen, aber sie wird wieder in meinen Bereich ziehen, sie wird wiederkommen auf die Erde. Dann werde ich sie erkennen, dann werde ich wiederum in ihre Nähe kommen können, denn dann wird sie neue ahrimanische Prüfungen durchzumachen haben. – Das ungefähr ausgeführt, würde den «Epilog im Chaos auf dem Weg zur Hölle» geben. Denn das ist das Eigentümliche von Mephistopheles-Ahriman, daß er immer glaubt, in jeder Inkarnation zu siegen. Und in jeder Inkarnation kann er, wenn die entsprechende Gleichgewichtslage eintritt gegenüber Luzifer, wiederum seinen Sieg verlieren. Das ist das Eigentümliche. Aber dieses Hin- und Herpendeln des Menschen zwischen Ahriman und Luzifer muß schon stattfinden, sonst könnte sich die menschliche Persönlichkeit nicht entwickeln. Würde der Mensch nicht den Geist haben, der wirkt und schafft durch den Widerstand, so würde sich die menschliche Persönlichkeit nicht entwickeln können. Nur am Widerstand entwickelt sich die menschliche Persönlichkeit. Selbst an unserem Leibe entwickelt sich die Persönlichkeit am Widerstand. Denken Sie, wenn wir nicht zwei Augen hätten und sie so auf die Dinge richten würden, daß sich ihre Achsen schneiden, wenn wir nicht zwei Hände hätten, die sich gegenseitig berühren, und von denen eine die andere wäscht, es würde sich nicht das Persönlichkeitsbewußtsein leiblich entwickeln können. Der Herr der Widerstände, der Herr der Hindernisse ist auch Ahriman-Mephistopheles. Daher mußte schon in der fünften nachatlantischen Periode Ahriman einen großen Einfluß gewinnen, weil die Persönlichkeit gerade in diesem fünften nachatlantischen Zeitraum ausgebildet werden soll. In früheren Zeiträumen hatte der Mensch weit weniger Persönlichkeit, in der ägyptisch-chaldäischen Zeit fast noch gar nicht, da war der Mensch noch fast ganz eingeschlossen in einem Gemeinsamkeitsbewußtsein. Ich habe das öfter auseinandergesetzt. Es beginnt eigentlich erst die Persönlichkeit bewußt zu werden im griechisch-lateinischen Zeitraum, und auch da langsam, es ist noch viel Gemeinsamkeitsbewußtsein da. Dann in unserem fünften nachatlantischen Zeitraum ist die Zeit, wo die Persönlichkeit ihrer selbst vollbewußt werden muß, so daß sie das, was für diesen fünften nachatlantischen Zeitraum zu erringen ist, voll aus sich heraus schafft. Stärkste Anforderungen an die Schaffens- und Lebensimpulse der Persönlichkeit ist das Charakteristikon des fünften nachatlantischen Zeitraums.

Geisteswissenschaft muß hereinkommen in diesem fünften nachatlantischen Zeitraum in die menschliche Entwickelung. Aber diese Geisteswissenschaft fordert eben, damit sie verstanden, begriffen, erfaßt werden kann, eine stärkere Anspannung der intellektuellen, der Empfindungs-, auch der Willenskräfte, eine stärkere Anspannung aller Persönlichkeitskräfte, als sie in früheren Zeiten eben da waren. Und es ist aus einem tief empfindungsgemäßen Erkennen seiner Zeitimpulse bei Goethe erflossen, daß er Ahriman-Mephistopheles an die Seite des Faust gestellt hat, der Persönlichkeitsbewußtsein in seinen Prüfungen entwickeln soll. Er muß sich an den Widerständen der mephistophelischen Einflüsse entwickeln, dieser Faust; er muß erkennen, was in der einseitigen Ausbildung von Vernunft und Wissenschaft bei Ahriman-Mephistopheles lebt, aber er muß sich erhalten darin. Bei einer Persönlichkeit, die so durch alle Wissenschaft durchgegangen ist – «Habe nun, ach, Philosophie, Juristerei und Medizin, und leider auch Theologie! durchaus studiert», die sich auch an die Magie gemacht hat, an die magischen Überlieferungen, da war es nur möglich, entweder zu verfallen in mystische Schwärmerei, dem Erdgeiste gegenüber:

In Lebensfluten, im Tatensturm
Wall' ich auf und ab,
Webe hin und her!
Geburt und Grab,
Ein ewiges Meer ...

– da mitzuweben! Aber das ist ein Aufgehen, ein selber Nebuloswerden in diesem Weben und Leben im Tatensturm ... da hinein mögen sich verwaschene Mystiker sehnen, welche die Persönlichkeit verlieren wollen! Der fünfte nachatlantische Zeitraum fordert gerade Anspannung der stärksten Persönlichkeitskräfte, und daraus soll Wissen und Wille im Menschen entstehen im fünften nachatlantischen Zeitraum. Daher ist aber in diesem fünften nachatlantischen Zeitraum der Menschheit vorgesetzt, die Persönlichkeit voll einzusetzen. Und dieses wird immer mehr und mehr eine Forderung werden dieses fünften nachatlantischen Zeitraums: Erstarkung, Erkraftung der Persönlichkeit durch volles Einsetzen der Persönlichkeit. Es wird notwendig werden, auch in bezug auf moralische Lebensauffasung, für die Menschen, die nicht hinter der Entwickelung zurückbleiben wollen, die Persönlichkeit immer stärker und stärker einzusetzen. Dieses Erstarken der Persönlichkeit wird eine Forderung der Zeit sein. Und dieses Erstarken der Persönlichkeit liegt im Sinne der normalen, der guten, der regelrechten Fortentwickelung. Das Verschwächen, Verschwefeln der Persönlichkeit liegt nicht in den Impulsen des Restes der fünften nachatlantischen Zeit. Dieses Aufgehen der Persönlichkeit im Nebulosen, das ist ein Rückfall, ein atavistischer Rückfall in alte Zeiten. Aber, wenn sie sich selbst überlassen sind, die den Menschen gegnerischen luziferischen und ahrimanischen Kräfte, wirken sie dem Menschen entgegen, untergraben seine Aufgaben. Weil der Mensch dann mit Geisteswissenschaft, die aus den starken Kräften der Persönlichkeit für den fünften nachatlantischen Zeitraum wird hervorgehen sollen, die Persönlichkeit voll einsetzen muß, wirken gerade ahrimanische Gegenkräfte gegen die Persönlichkeit. Das muß man nur verstehen, und von diesem Gesichtspunkte muß man unsere Zeit betrachten.

Wenn man auf frühere Zeiten zurücksieht, wird man wirklich trotz allem Persönlichen, was schon waltet, viel mehr sachlichen Kampf finden. In unserer Zeit wirken die ahrimanischen Kräfte so, daß sie den sachlichen Kampf nach und nach ganz in die Sphäre der Persönlichkeit hereinziehen wollen bei den Individualitäten, die sich dazu finden lassen. Denken Sie, wie nach und nach alles abgeleitet wird von dem Sachlichen auf die Persönlichkeit. Das ist nicht bloß etwas Zufälliges, sondern das ist etwas, was im Charakter unserer Zeit liegt. Irgend jemand wirkt im Dienste der regelrecht fortwirkenden Evolution. Statt an die Sache sich heranzumachen, wird immer mehr und mehr der Kampf gegen seine Persönlichkeit losgehen, persönliche Verleumdungen, persönliche Entstellungen, das wird an die Stelle des Sachlichen treten. Und heute schon sehen wir, wie in unserem Zeitalter das fortgeschritten ist, wie die Menschen gar nicht mehr wissen zu unterscheiden, was rein persönliche Verdächtigung ist, und was sachlich angegriffen ist. Und gerade da, wo in einer ungehörigen Weise versucht wird, Geisteswissenschaft zu betreiben, da drückt sich das auch am groteskesten, am stärksten aus.

Erinnern Sie sich nur an unsere eigenen Kämpfe. Erinnern Sie sich, wie sachlich etwas vorgebracht werden mußte gegen jene Bewegung, welche in neuerer Zeit an den Namen von Mrs. *Besant* geheftet ist. Ist bei der Entgegnung von jener Seite ein einziges sachliches Argument eingewendet worden? Nichts! Aber lauter persönliche Verdächtigungen von der stärksten Art. Alles persönliche Verdächtigungen! Das ist nur die karikierte Vorausnahme desjenigen, was ein Charakteristikon unserer Zeit ist und immer mehr und mehr Platz greifen wird, und das man mit vollem Bewußtsein durchschauen muß. Weil die Persönlichkeit in die Bresche geschoben werden muß – denn nur durch die Persönlichkeit wird immer mehr und mehr das kommen können, was früher mehr durch den Gemeinsinn gegeben worden ist –, geht auch der Kampf gegen die Persönlichkeit los. Und weil Stärke der Persönlichkeit gefordert wird, und der Bequemlichkeitssinn die Stärke nicht suchen will aus der Sache heraus, die erstrebt wird, wird die schwache Persönlichkeit, die unfähige Persönlichkeit durch eigenen Machtspruch heute so geleitet, hinaufexerziert in das Starke. Ohne etwas gelernt zu haben, ohne sich mit etwas ernsthaftig beschäftigt zu haben, ohne tiefer eingegangen zu sein in etwas, wird heute, rein aus Willkür der Persönlichkeit heraus, dies oder jenes getan. Und man versteht gar nicht, mit diesen Dingen zu rechnen.

Auf unserem Gebiete können Sie wiederum schöne Studien machen. Wie oft war es notwendig, die sich aufblähende Torheit zurückzuweisen, die gerade im Laufe der Jahre in unserer Bewegung sich ausgebildet hat, die sich aufblähende Nichtigkeit zurückzuweisen. Aber die Nichtigkeit versteht nicht, daß sie zurückgewiesen werden muß. Ein Beispiel: In Frankfurt, als ich einmal da war, wurde ich telephonisch angerufen von einem Menschen, der sagte, er müsse gleich mit mir sprechen. Dann kam er, hatte riesig lange Haare, die bis über die Schultern herunterwallten, und entsprechenden Patriarchenbart, erklärte, daß er mir schon seit längerer Zeit nachgereist sei, und daß er so gewissermaßen eine Art Kompromiß schließen wolle zwischen dem, was er der Welt zu geben hat, und demjenigen, was durch mich vertreten wird. – Nun, man kann schon nicht anders, als gegen jenes Prinzip der Brüderlichkeit verstoßen, das gleichwertig betrachtet die dilettantenhafte Dummheit und dasjenige, was in ehrlicher Weise erstrebt wird. Man muß sich schon anmaßen, da zu unterscheiden. Also natürlich, solche Leute muß man abfahren lassen, man muß sich nicht weiter um sie kümmern. Man braucht ihnen nicht gerade Grobheiten zu sagen, aber zeigen, daß man sie für das hält, was sie sind, und daß man nicht auf dem Standpunkt des verwaschenen Gleichheitsprinzips steht, daß jede sich aufblähende Idiotie als gleichbedeutend angesehen werden muß mit dem andern. Nun, nach einiger Zeit trat der Betreffende hier in der Schweiz auf und kündigte sogar in den einzelnen Städten Vorträge an gegen mich. Er hat auch in anderer Weise Unfug getrieben, das wissen einige von denen, die hier sitzen. So bilden sich die Feindschaften heraus, indem sich die Persönlichkeit, die sich allenthalben heute in die Bresche schieben muß, durchdringen muß mit etwas, aber wenn sie das nicht kann, so will sie stark sein, ohne daß sie sich erst stark macht durch die Kräfte, die sie durchdringen. Man muß durchschauen, wodurch die Konflikte herbeigeführt werden. Das ist das Notwendige. Man muß seine Zeit wirklich verstehen, nicht aus der Willkür heraus irgend etwas treiben. Also stärkste Einsetzung der Persönlichkeit fordert unsere Zeit, kämpft daher den ahrimanischen Kampf gegen die Persönlichkeit.

Das zweite, das unsere Zeit fordert, und zwar ganz energisch fordert, ist Eingewöhnung in Tatsachensinn. Angewiesen wird die Menschheit sein darauf, die geistige Welt zu verstehen. In dieser geistigen Welt hat man es nicht so, daß man verfolgen kann, wie man korrigiert wird. Ich habe das im Schlußkapital meiner «Theosophie» zum Ausdruck gebracht, daß man nicht korrigiert wird, wenn man etwas falsch gemacht hat. Lesen Sie das nach. Tatsachensinn, Sinn für wirkliche Tatsachen. Aber der stärkste luziferische Kampf wird entwickelt gegen diesen Tatsachensinn in unserer Zeit. In keiner Zeit, trotz allem und allem, was geschehen ist, wurden Tatsachen so gefälscht wie in unserer Zeit! Die luziferischen Instinkte rufen ahrimanische Kräfte auf, welche Tatsachen verlogen darstellen. Dieser Hang, Tatsachen verlogen darzustellen, ist im Beginn und wird immer mehr und mehr überhandnehmen. Das ist wichtig wiederum, daß man es durchschaut. Gewöhnung an Tatsachensinn und Gewöhnung an die Tatsache, daß man immer mehr und mehr wird mit seiner Persönlichkeit wirklich eintreten müssen für dasjenige, wofür in der Welt eingetreten werden muß, das gehört einmal zum fünften nachatlantischen Zeitraum.

Man versuche zu verstehen, wie gerade auf unserem Gebiete heute schon der ahrimanische und luziferische Kampf zu bemerken ist, wie bis in die jüngsten Ereignisse herein wir den mangelnden Tatsachensinn gegen uns aufgeführt finden. Er werden heute schon Dinge geschrieben und gesagt, an denen überhaupt nichts mehr wahr ist.

Alles das hat Goethe empfunden, tief empfunden. Wenn Sie seinen «Faust» durchgehen, so werden Sie sehen, daß er die luziferischen und die ahrimanischen Kräfte zur Faust-Natur in eine solche Verbindung bringt, wie es vom Menschen angesehen werden muß, wenn sich der Mensch richtig mit Bewußtsein in die Impulse des fünften nachatlantischen Zeitraumes hineinstellen will. Im Einzelnen und im Großen wirken die ahrimanischen und luziferischen Kräfte dem Menschen entgegen. Würde man Ahriman nicht erkennen, würde man Luzifer nicht erkennen, so würde man gar nicht in entsprechender Weise weiterleben können. Und das alles muß durch die Geisteswissenschaft bewirkt werden. Man möchte sagen, es kann heute gar nicht stark genug besprochen werden, denn man wird heute noch wenig verstanden nach dem Gewichte desjenigen, was da aus der Geisteswissenschaft herausgeholt werden muß. Die Dinge werden zu leicht genommen, zu leicht vergessen. Dem, was unsere Zeit erfordert, Vertiefung, Erkraftung der Persönlichkeit, Tatsachensinn, Sinn für wahre Tatsachen, dem wirken entgegen im Großen, man könnte sagen heute geradezu die äußeren Weltereignisse. Zweierlei wirkt entgegen dem, was notwendig ist zum Fortschritt der Menschheit: ein widersinniges, weil atavistisch gewordenes Nationalitätenprinzip. Das ist das erste. Ein widersinniges Nationalitätenprinzip, wie es insbesondere im 19. Jahrhundert durch die Napoleons in die Welt gebracht worden ist, ein Nationalitätenprinzip, in dessen Namen heute viele Impulse aufgerufen werden *gegen* den wahren Sinn der menschlichen Entwickelung. Ein benebelndes Nationalitätenprinzip, welches die Begriffe umnebelt und verwirrt, die Begriffe in falsche Sphären hineinsetzt. Ich will mich in der folgenden Weise klarmachen.

Wir reden in einer gewissen Weise mit Recht, wenn wir die Sache richtig verstehen, von einer grünen Wiese. Aber wir verstehen die Sache nur dann richtig, wenn wir von der grünen Wiese so reden, daß wir wissen, die einzelnen Pflanzen sind grün, und die Grünheit der Wiese besteht in der Grünheit der einzelnen Pflanzen; das konkrete Grün haben die einzelnen Pflanzen. Würde ich wollen die Grünheit der Wiese konkret haben, ohne die konkrete Grüne der einzelnen Pflanzen, da müßte ich die Wiese grün anstreichen, dann wäre sie aber wahrhaftig nicht eine grüne Wiese. Ich darf von der Grünheit der Wiese nur sprechen, wenn ich mir bewußt bin, daß ich konkret nur die Grünheit der einzelnen Pflanzen meinen kann. Ich muß wissen, daß die Grünheit in diesem Falle nur angewendet werde auf die einzelnen Pflanzen, und daß ich nicht verworren denken darf so, als ob die Grünheit der Wiese dem Ganzen zukommen könnte. Wenn ich abstrakt das Wort die Grünheit der Wiese gebrauche, so muß ich mir darüber klar sein, daß ich nur ein Abstraktum forme, welches zusammenfaßt die einzelnen Konkreta, die grünen Pflanzen. Das ist im eminentesten Sinne notwendig, daß solche Klarheit herrscht in bezug auf Begriffsbildungen, daß zum Beispiel die Menschen lernen, daß die Worte «Freiheit» und «Recht» konkret nur anzuwenden sind in bezug auf den einzelnen Menschen, wie die Grünheit konkret auf die einzelnen Pflanzen, und daß, wenn ich von Recht und Freiheit der Völker spreche, ich nur meinen kann ein Abstraktum, so wie die Grünheit der Wiese. Heute aber wird die verlogenste Devise, die es geben kann, fast über die halbe Welt hin gestreut, indem geredet wird von etwas, was man erkämpfen will im Namen von Recht und Freiheit der Völker, was solch ein Unsinn, eine solche Torheit ist, wie die Grünheit der Wiese eine Torheit ist, wenn man meint, man könne die ganzen Pflanzen der Wiese anstreichen, statt daß die Wiese grün ist durch die einzelnen Pflanzenindividuen. Dennoch wird durch die heutige Benebelung der Völker mit dem falschen Nationalitätsprinzip geredet von dieser törichten Devise: Recht und Freiheit der Völker. Und man wird ganz sicher selber für einen Toren, für einen Wahnsinnigen gehalten, wenn man das ausspricht, was schon einmal, gerade in Anknüpfung an den «Faust», der da sagt: «Auf freiem Grund mit freiem Volke stehen», nicht mit einer freien Nation, wovon gar keine Rede sein könnte, – was schon in Anlehnung an den «Faust» ausgesprochen werden muß. Ganz gewiß wird man heute für einen Narren gehalten oder für einen Böswilligen, der sich auflehnt gegen etwas, was so schön und so groß und so ideal ist, was so gut gewollt ist, was aber ungenau gedacht ist, schlampig gedacht ist, böswillig denkend gedacht ist, weil es etwas Atavistisches hereinbringt, was nicht hereingehört in unsere Zeit, weil es dem einzelnen ein Bewußtsein beibringt, das aus der Schwäche stammt und nicht aus der Stärke der Persönlichkeit.

Und das andere, das in unserer Zeit wirkt gegen die fortschreitenden Prinzipien außer dem widersinnigen Nationalitätenprinzip, das ist die Politisierung des Gedankenlebens. Wichtig ist es, daß man diese zwei Dinge versteht, daß man auch versteht die Politisierung des Gedankenlebens. Ich habe in einem andern Zusammenhange schon auf den Sinn der «Policy» aufmerksam darauf gemacht, wo fortwährend von Policy gesprochen wird, von dem In-Szene-Setzen von gewissen Gedanken, um dieses oder jenes zu erreichen. Aber wie ist dieses überhaupt verbreitet in der Welt! Aus dieser Politisierung des Gedankenlebens geht in unserem fünften nachatlantischen Zeitraum geradezu das Schlimmste hervor. Eine Zeit, die noch glauben konnte in einer gewissen Weise, wenn sie Gedanken bildete, inspiriert zu sein, konnte auf ihren Konzilien meinetwillen dieses oder jenes Dogma, das dann verwendet wurde, um das oder jenes in der Welt zu erreichen, beschließen. Unsere Zeit, die aber wahrhaftig in ihrem materialistischen Gefüge inspirationslos ist, wird, wenn sie den Gedanken nicht so knüpft, daß er in Verantwortung gegenüber der unpersönlichen Wahrheit geknüpft ist, den Gedanken nur aus der persönlich-willkürlichen oder aus der vereinsmäßig-willkürlichen oder sonst irgendwie gemeinsamkeits-willkürlichen Aspiration heraus fassen. Und da wird der Gedanke nicht in die Welt gestellt, weil man seine Richtigkeit einsieht, sondern weil man mit ihm politisieren will. Diese Politisierung des Gedankenlebens geht immer weiter und weiter. Und man erzieht sich nicht so, daß man zu dem richtigen, zu dem wahren Gedanken kommt, sondern man erzieht sich so, daß man zu einem Gedanken kommt, mit dem man politisieren kann, zum Beispiel mit dem Gedanken des Nichtvivisezierens der Tiere. Aber man faßt den Gedanken nicht in seinem Wahrheitsgehalt, sondern durch seine politische Agitationskraft. Man agitiert mit dem Gedanken, man politisiert mit dem Gedanken in Abstinenzvereinen, in Anti-Vivisektionsvereinen. Man faßt einen Gedanken nicht in seiner Realität – Abstinenz, Vivisektion oder dergleichen –, sondern man politisiert ihm gegenüber. Überall wird mit den Gedanken politisiert. Sie werden in politische Getriebe hineinversenkt. Falsches Nationalitätenprinzip, falsches Politisieren mit den Gedanken, wie es namentlich in unserer Vereinsmeierei der Gegenwart lebt, das ist es, was entgegen den gegenwärtig fortschreitenden richtigen Evolutionen der Menschheit ist. Vereine werden gegründet, nicht um die Wahrheit zu vertreten, sondern um dies oder jenes zu erreichen. Dadurch kann auch der richtige Gedanke fanatisiert, einseitig gemacht werden, während der fünfte nachatlantische Zeitraum in seinem Grundcharakter das hat, durch die Wahrheit wirken zu sollen.

Mit Recht hat *Herman Grimm,* der sich in das Goethesche Leben eingelebt hat, gesagt: Der Goethesche «Faust» stellt eine Dichtung dar, die wirklich ganz aus der Organisation der menschlichen Persönlichkeit heraus gedacht ist. Ein Universitätsprofessor mittleren Ranges wird irre an seinem wissenschaftlichen Streben, macht allerlei durch. Aber das, was er durchmacht, ist im höchsten Sinne repräsentativ für alles menschliche Streben und enthält wirklich, wenn man tief genug eingeht, alles dasjenige, was in unserer heutigen Zeit dem Menschen an philosophischen Fragen auftauchen kann, enthält auch alles dasjenige, was an Herzensfragen auftauchen kann, enthält auch alles dasjenige, was an politischen Kräften auftauchen kann. – Und man könnte aus den Tiefen der Geisteswissenschaft heraus hinzufügen: Gerade dasjenige, was rein menschlich ist, was Inhalt der Humanität ist, ist in diesem «Faust» enthalten. Welcher Nation gehört er denn an? Keiner, selbstverständlich. Und er ist der lebendigste Protest gegen das falsche Nationalitätenprinzip unserer Tage, das mit einem Worte *Grillparzers,* mit einem hart klingenden, aber doch tief wahren Worte Grillparzers gründlich getroffen ist. Grillparzer sprach das Wort aus: Von Humanität durch Nationalität zur Bestialität. – Das ist schon der Weg! Die Nationalität führt ab, wenn auf sie gepocht wird, wenn aus ihr die Aspirationen herausgeschöpft werden, von der Humanität und sie führt bald in die Bestialität hinein. Und selbstverständlich ist Politik in der Welt notwendig, aber nicht die Politisierung der Gedanken. Und man sehe, wie von Goethe die Gedanken entpolitisiert werden! Man versuche, von diesem Gesichtspunkte aus den zweiten Teil von Goethes «Faust» zu verstehen; er ist schon aus ungeheuren Tiefen heraus geschrieben. Er ist ein größtes Dokument nicht bloß unserer Zeit, sondern aller Menschheitszeiten, denn er berührt die Fragen, die wir gesehen haben, die unmittelbar sich neben die großen biblischen Fragen hinstellen. Die Sorgeszene steht neben der Paradiesesszene; die Szene, wo Mephistopheles den Geistern des Himmels gegenübersteht, steht neben dem Bilde, welches die Bibel gibt, daß die Söhne der Götter Gefallen fanden an den Töchtern der Menschen und sich mit ihnen im Fleische verbanden.

Man möchte viel, viel bessere Worte haben, um auf dasjenige hinzuweisen, was recht tief eingeschrieben werden sollte in menschlichen Geist und menschliche Herzen, und was nicht vergessen werden sollte, was nur leider viel zu schnell immer vergessen wird, nachdem es einmal gehört ist. Denn die Heilung von den großen Übeln der Zeit kann nur vom Verständnis derjenigen Dinge kommen, die da berührt worden sind.

Wenn ich versucht habe, gerade heute im Zusammenhang mit dem Goetheschen «Faust» einiges über die Impulse des fünften nachatlantischen Zeitraumes anzuführen, wie sie geistgemäß sind, so möchte ich vor allen Dingen, daß ein Verständnis kommen möchte dafür, wie sich überall in der Welt die Sünden zeigen gegen diese Impulse des fünften nachatlantischen Zeitraumes, wie überall in der Welt Unverständnis auftritt gerade gegenüber dem, was verstanden werden soll. – Oh, ich möchte die Worte haben, mit denen ich gerne reden wollte von diesen Dingen! Aber vielleicht werden in Zeiten, die da kommen werden, andere Menschen bessere Worte finden, um die Dinge zu besprechen, die heute so wenig verstanden werden, weil doch so viele ihre Persönlichkeit gerne untertauchen lassen möchten in irgendeine bequeme Anlehnung an dieses oder jenes, suchen möchten, da oder dort durch diese oder jene Bewegung dieses oder jenes zu werden, und dann nicht mehr herauskommen aus dem falschen Gemeinsamkeits- oder falschen Nationalitätenprinzip, nicht mehr herauskommen aus der Politisierung der Gedanken. Und doch – verfallen dem Luzifer und Ahriman wird alles, was auf dieser falschen Fährte geht. Fortgedeihen wird nur dasjenige, was da wissen wird, daß auf dieser Fährte nichts zu erreichen ist! Mag man bequem sitzen in all den verschiedenen Agitationen und Vereinsmeiereien unserer Tage, – der Weg, der gefunden werden muß, wird doch nur gefunden werden im Dienste derjenigen Menschenwirksamkeit, die da sucht die Weisheit in der Wahrheit, und die da überzeugt ist, daß nur durch die Inkorporierung der Wahrheit in der Menschheit das Menschenziel unserer Epoche erreicht werden kann, und die da weiß, daß alle Politisierung des Gedankens aufhören muß, alles Agitieren mit den Gedanken als wie mit Dogmen, daß sie erfaßt werden müssen mit dem vollen Verantwortungsgefühl für die Wahrheit, nicht für ihren Agitationswert, nicht für das Gefallen, das wir ihnen entgegenbringen. Nicht dafür, daß sie uns gefallen, die Gedanken, dürfen sie in unsere Sphäre treten, sondern daß wir wirklich das volle Verantwortungsgefühl gegenüber Wahrheit und Wahrheitswert haben.

Ich möchte viel mehr gesagt haben, als in den Worten liegen kann, mit dem, was da im Anhang an den Goetheschen «Faust» gesagt ist. Ich möchte, daß es in den Herzen und in den Seelen fortwirkt, denn ich weiß, wie viel darinnen steckt von dem, was seelisch-geistige Heilmittel sein müssen für unsere Epoche und für die in unserer Epoche auf solchen Irrpfaden wandelnde Menschheit. Kann man sich nicht gestehen die Irrpfade, will man in ihnen weiterwandeln, so kann man auch nicht mit dem rechten Ziel, das die Menschheit verfolgen muß, in rechter Weise weiterkommen.

HINWEISE

Der vorliegenden Sonderausgabe liegt die 4. Auflage (1981) des gleichnamigen Bandes der Rudolf Steiner Gesamtausgabe zugrunde.

Im zweiten Band findet sich eine *Zeittafel* von den zwischen 1915–1919 stattgefundenen eurythmisch-dramatischen Aufführungen in Dornach und eine *Chronik,* welche die Entstehung der Goetheschen Faust-Dichtung zeigt.

Auf den besonderen Charakter auch dieser Darstellungen Rudolf Steiners weist das Vorwort von Marie Steiner nachdrücklich hin, wenn es unter anderem dort heißt: «Die hier gebrachten Vorträge sind keine in dem Gelehrtenzimmer verfaßten Kommentare, sondern eine Einführung in die Gebiete der Geisteswissenschaft an Hand eines von ihnen inspirierten Dichterwerkes, dessen Geheimnisse erst durch diese Geisteswissenschaft ihre rechte Beleuchtung finden. Auf anderen Wegen dringt man nicht durch zum Kern des Faust-Problems.»

Die Zitate der Faust-Dichtung wurden nach der durch K. J. Schröer besorgten, mit Einleitung und fortlaufender Erklärung versehenen Ausgabe angeführt.

Werke Rudolf Steiners, welche innerhalb der Gesamtausgabe (GA) erschienen sind, werden in den Hinweisen mit der Bibliographie-Nr. angegeben. Siehe auch die Übersicht am Schluß des Bandes.

Zu Seite:

15 *in früheren Vorträgen:* Diese Vortragstätigkeit begann im Winter 1905.

16 *daß vorausgesetzt wird:* Siehe Manuskriptvermerk auf Seite 5.

Um mit Goethe zu sprechen: es gibt geistige Augen und Ohren: In «Goethes Naturwissenschaftlichen Schriften», herausg. und kommentiert von Rudolf Steiner in Kürschners «Deutsche National-Litteratur» (1883/97), 5 Bände, Bibl.-Nr. 1a–e, GA 1975, Band I.
Erster Entwurf einer allgemeinen Einleitung in die vergleichende Anatomie, ausgehend von der Osteologie. (Seite 262) «Wir lernen mit Augen des Geistes sehen, ohne die wir, wie überall, so besonders auch in der Naturforschung, blind umhertasten.»
Anmerkung von Rudolf Steiner: «In diesen Worten liegt der Schlüssel zum Verständnis der Goetheschen Naturauffassung. Mit den Augen des Geistes sehen ist

nichts anderes, als die tierische Gestalt nicht bloß in ihrer sinnenfälligen Realität, sondern in der ihr zugrunde liegenden Idee in ihrer eigenen Form (intuitiv) erfassen können. Jede empirische Form zeigt dann eine Abweichung davon, aber jene gibt uns die Norm und den Anhaltspunkt, wie eine solche besondere Form zu erklären ist.» Ferner (Seite 107) über Kaspar Friedrich Wolff in «Verfolg. Bildung und Umbildung organischer Naturen»: «. . . daß die Geistesaugen mit den Augen des Leibes in stetem lebendigem Bunde zu wirken haben, weil man sonst in Gefahr gerät, zu sehen und doch vorbeizusehen.» Anmerkung von Rudolf Steiner: «Diese Worte beweisen wieder, wie viel tiefer Goethes Anschauungen sind als der bloße Empirismus. Während dieser nichts anerkennt, als was man mit den Sinnen wahrnimmt, wollte Goethe vor allem, daß mit den Augen des Geistes gesehen werde, das heißt, daß die nicht durch den Sinn gegebene, nur für den Geist bestehende Gesetzlichkeit, welche die sinnenfällig wirklichen Tatsachen beherrscht, zum Ziele der Forschung gemacht werde.»

17 *Francesco Redi:* 1626–1697.

18 *ganz wissenschaftlich gezeigt:* Bereits 1903 verfaßte Rudolf Steiner den Aufsatz «Reinkarnation und Karma, vom Standpunkt der modernen Naturwissenschaft notwendige Vorstellungen», in «Luzifer», Zeitschrift für Seelenleben und Geisteskultur – Theosophie. Herausgeber: Dr. Rudolf Steiner. Von 1909 an erschien der Aufsatz als Broschüre. Jetzt in «Luzifer-Gnosis. Gesammelte Aufsätze 1903–1908». GA Bibl.-Nr. 34.

21 *in dem schönen Prosahymnus zum Ausdruck kommt:* Die Natur, aphoristisch von Goethe (1780) mit Anmerkungen von Rudolf Steiner (1887). «Natur! Wir sind von ihr umgeben und umschlungen – unvermögend, aus ihr herauszutreten, und unvermögend, tiefer in sie hineinzukommen. Ungebeten und ungewarnt nimmt sie uns in den Kreislauf ihres Tanzes auf und treibt sich mit uns fort, bis wir ermüdet sind und ihrem Arm entfallen . . . Gedacht hat sie und sinnt beständig; aber nicht als ein Mensch, sondern als Natur. Sie hat sich einen eigenen allumfassenden Sinn vorbehalten, den ihr niemand abmerken kann. . . . Sie liebt sich selber und haftet ewig mit Augen und Herzen ohne Zahl an sich selbst. . . . Ich sprach nicht von ihr. Nein, was wahr ist und was falsch ist, alles hat sie gesprochen.»

22 *wo er sich sagen mußte:* In seiner «Faust»-Ausgabe mit Einleitung und fortlaufender Erklärung macht *Karl Julius Schröer auf Seite XXXVIII* der Einleitung folgende Mitteilung zu der schweren Krankheit, die Goethe in Leipzig durchzumachen hatte. «Der Blutsturz, den er damals erlebte, hatte einen erschütternden Eindruck auf ihn gemacht, wie wir aus seinen poetischen Schreiben an Friederike Oeser am 9. November 1768 ersehen. Er schildert sich da ‹gleich einem Toten aus dem Grabe› mit dem Zusatz: ‹wem der Tod nur einmal recht nah' ums Haupt geschwebt, der bebt bei der Erinnerung gewiß, so lang er lebt; *ich weiß, wie ich gezittert habe!*›»

23 *weil man nicht weiß, was man mit diesen Zeichen anfangen soll:* Als «Erklärung der Figur ‹Abyssi Duplicatae oder Des doppelt flüchtig und fixen Abgrundes›» findet sich folgender Spruch in den Ausgaben:

Ein Abgrund den andern ruft heraus,
Sie machen zusammen einen harten Strauß:
Das Flüchtige ganz fix soll werden,
Wasser und Dampf sich kehren in Erden.
Der Himmel selbst muß irdisch sein,
Sonst kommt ins Erdreich kein Leben ein.
Das Oberste soll das Unterste sein,
Das Unterste wird das Oberste fein.
Das Fixe soll ganz flüchtig werden,
Ein Wasser und Dampf soll sein die Erden.
Die Erde muß höchst zum Himmel auffliegen,
Der Himmel ins *Zentrum* der Erde einkriechen.
So muß verkehrt sein Himmel und Erden,
Soll das Unterste zum Obersten werden.
Der flüchtige Drach den fixeren tötet,
Der fixe zum Tode den flüchtigen nötet.
Also muß offenbar kommen an Tag,
Die *Quint-Essenz,* und was sie vermag.

26 *Er (Goethe) sagte:* Rom, 18. August 1787 an Knebel: «Nach dem, was ich bei Neapel, in Sizilien, von Pflanzen und Fischen gesehen habe, würde ich, wenn ich zehn Jahre jünger wäre, sehr versucht sein, eine Reise nach Indien zu machen, *nicht, um Neues zu entdecken, sondern um das Entdeckte nach meiner Art anzusehen.»*

in einem Briefe: Rom, 6. September 1787.

29 *Das freut sie sehr:* in «Deutsche National-Litteratur», Band 3, I (Goethes Werke, Dritter Teil, I) statt sie: *sich.*

33 *Dann wird ihm (Homunkulus) gesagt:* In der Schlußszene der «Klassischen Walpurgisnacht», Felsbuchten des Ägäischen Meeres:

Hier weht gar eine weiche Luft,
es grunelt so, und mit behagt der Duft.
Gib nach dem löblichen Verlangen,
Von vorn die Schöpfung anzufangen!
Zu raschem Wirken sei bereit!
Da regst du dich nach ewigen Normen,
Durch tausend abertausend Formen,
Und bis zum Menschen hast du Zeit.

Deshalb konnte er zu Eckermann sagen: Am 29. Januar 1827: «Aber doch ist alles sinnlich, und wird, auf dem Theater gedacht, jedem gut in die Augen fallen. Und mehr habe ich nicht gewollt. Wenn es nur so ist, daß die Menge der Zuschauer Freude an der *Erscheinung* hat; dem Eingeweihten wird zugleich der höhere Sinn nicht entgehen, wie es ja auch bei der ‹Zauberflöte› und andern Dingen der Fall ist.»

36 *die Schlußworte:* «Hier wird's Erreichnis.» Rudolf Steiner schloß sich hier der Vermutung an, welche Ad. Rudolf im Archiv für neuere Sprachen, LXX, 1883; Seite

473, vertreten hat. Auf einem erst 1928 entdeckten, von Goethes eigener Hand geschriebenen Blatt, das sich erhalten hat, steht in dieser Verszeile «Ereignis». Vgl. «Goethes Geistesart . . .», Fußnote S. 18, s. Hinweis zu S. 39.

39 *Frau Wandrey:* Camilla Wandrey, 1859–1941. Mitglied der Anthroposophischen Gesellschaft in Berlin; lebte später in Dornach.

in einer kleineren Schrift: 1918 erschien «Goethes Geistesart in ihrer Offenbarung durch seinen Faust und durch das Märchen ‹von der Schlange und der Lilie›» (1918), GA Bibl.-Nr. 22.

41 *Das freut sie sehr:* Siehe Hinweis zu S. 29.

42 *der vierten nachatlantischen Kulturperiode:* Siehe Rudolf Steiner «Die Geheimwissenschaft im Umriß», Kapitel «Die Weltentwickelung und der Mensch», GA Bibl.-Nr. 13.

42/43 *schrieb er von Italien aus:* Rom, 28. Januar 1787. Wörtlich: «Ich habe die Vermutung, daß sie – jene unvergleichlichen Künstler – nach eben den Gesetzen verfuhren, nach welchen die Natur verfährt, und denen ich auf der Spur bin.»

43 *als er sagte:* Rom, 6. September 1787.

46 *an den «Hüter der Schwelle»:* Siehe Rudolf Steiner «Wie erlangt man Erkenntnisse der höheren Welten?» (1904/05), GA Bibl.-Nr. 10.

Blavatsky: H. P. Blavatsky, Begründerin der Theosophischen Gesellschaft, 1831–1891.

55 Die Schlußworte wurden nicht übernommen; sie beziehen sich – ähnlich wie auf Seite 36/37 – auf die Schreibweise von Ereignis = Erreichnis.

56 *was gestern gewissermaßen vor der Verwandlung von mir gesagt worden ist.* Vortrag vom 3. April 1915, «Der Baldur-Mythos und das Karfreitag-Mysterium» in «Wege der geistigen Erkenntnis und der Erneuerung künstlerischer Weltanschauung» (13 Vorträge, Dornach 1915), GA Bibl.-Nr. 161.

57 *ahrimanisches Wesen.* Vgl. S. 70/71.

60 *von dem wir gesagt haben:* Im Vortrag vom 3. April 1915.

63 *da sagte Goethe:* Goethe an Schiller, 6. Dezember 1797: «Ich werde wohl zunächst an meinen Faust gehen, teils, um diesen Tragelaphen loszuwerden, teils, um mich zu einer höheren und reineren Stimmung, vielleicht zum Tell, vorzubereiten.» Siehe Chronik in Band II 1794.

64 *Vortragszyklus, der in Den Haag gehalten worden* ist: 20.–29. März 1913, «Welche Bedeutung hat die okkulte Entwicklung des Menschen für seine Hüllen und sein Selbst?» (10 Vorträge), GA Bibl.-Nr. 145.

Dr. Georg Faust: Die nachfolgenden Ausführungen fußen auf der Darstellung, die Herman Grimm in seinem Aufsatz «Die Entstehung des Volksbuches von Dr. Faust» in «Fünfzehn Essays, Dritte Folge», Berlin 1882, gegeben hat.

70 *in dem Marloweschen Faust:* Christopher Marlowe, englischer Dramatiker, 1564–1593, «Life and death of Dr. Faustus«, 1588.

72 *um unseren dem geistigen Forschen gewidmeten Bau:* Das 1915 in der Entstehung begriffene und in der Silvesternacht 1922/23 niedergebrannte erste Goetheanum.

77 *In dem Wiener Zyklus vom April 1914:* 9.–14. April 1914, «Inneres Wesen des Menschen und Leben zwischen Tod und neuer Geburt» (8 Vorträge), GA Bibl.-Nr. 153.

82 *in der Zeit:* Siehe Chronik. «Dieses Geistgespräch zwischen Faust und dem Erdgeist» hat Goethe schon in den siebziger Jahren verfaßt.

84 *Lesen Sie die Haager Vorträge:* Siehe Hinweis zu S. 64.

85 *wenn man einmal den «Faust» so inszenieren würde:* In der Dornacher Inszenierung im Goetheanum tritt Wagner in einem ähnlichen Kostüm auf wie Faust, so daß die hier charakterisierte Gegenüberstellung deutlich hervortritt.

94 *vor acht Monaten:* Ausbruch des ersten Weltkrieges.

97 *über das Mysterium von Golgatha:* Siehe Rudolf Steiner, «Das Christentum als mystische Tatsache und die Mysterien des Altertums» (1902), GA Bibl.-Nr. 8, und die Vortragszyklen über die Evangelien.

104 *Und er (Goethe) nannte seinen «Faust»:* Goethe an Schiller, 27. Juni 1797: «Ihre Bemerkungen zu Faust waren mir sehr erfreulich. Sie treffen, wie es natürlich war, mit meinen Vorsätzen und Plänen recht gut zusammen, nur daß ich mir's bei dieser barbarischen Komposition bequemer mache und die höchsten Forderungen mehr zu berühren als zu erfüllen denke.» Siehe auch die Bemerkungen zu Seite 63.

105 *Rieger:* Maximilian Rieger, Germanist, 1828–1909.

106 *Eine bedeutsame Briefstelle:* Goethe an Zelter, 15. Februar 1830: «Man bedenke, daß mit jedem Atemzug ein ätherischer Lethestrom unser ganzes Wesen durchdringt, so daß wir uns der Freuden nur mäßig, der Leiden kaum erinnern. Diese hohe Gottesgabe habe ich von jeher zu schätzen, zu nützen und zu steigern gewußt.»

111 *Lesen Sie den letzten Haager Zyklus:* Siehe Hinweis zu S. 64.

119 *die ich gestern hier angestellt habe, mit den anderen Vorträgen:* Siehe Hinweis zu S. 56.

133 *Da schrieb Goethe sich auf:* Goethes Werke, Sophien-Ausgabe. I. Abteilung, 14. Band, Seite 287.

barbarische Komposition: Siehe Hinweis zu S. 104.

140 *Goethe hat nicht umsonst zu Eckermann gesagt:* Wir führen hier die Worte aus den Gesprächen vom 13. Februar 1831 an: «. . . auch kommt es bei einer solchen Komposition bloß darauf an, daß die einzelnen Massen bedeutend und klar seien, während es als Ganzes immer inkommensurabel bleibt, aber ebendeswegen, gleich

einem unaufgelösten Problem, die Menschen zu wiederholter Betrachtung immer wieder anlockt.»

140 *Herman Grimm:* Literatur- und Kunsthistoriker, Sohn von Wilhelm Grimm, 1828–1901. Professor der Kunstgeschichte in Berlin. Vorlesungen über Goethe, 1877. Rudolf Steiner weist in seinen Schriften und in vielen Vorträgen auf ihn hin. Siehe vor allem auch «Mein Lebensgang» (1923/25), Kapitel XIV. GA Bibl.-Nr. 28. Goethe-Vorlesungen, Berlin 1874/75. Erste Vorlesung. «Goethes erstes Jahrhundert ist erst abgelaufen; keinem der folgenden aber, soweit wir die Zukunft ermessen dürfen, wird die Mühe erspart bleiben, Goethes Gestalt immer wieder neu sich aufzubauen. Das deutsche Volk müßte seine Natur ändern, wenn das ausbleiben sollte. Es gibt seit Jahrtausenden eine Wissenschaft, welche Homer heißt und die in nicht abreißender Kontinuität ihre Vertreter gefunden hat; seit Jahrhunderten eine, die Dantes, eine, die Shakespeares Namen trägt: so wird es von nun an eine geben, welche Goethe heißt.»

142 *seit dem Jahre 1884.* «Goethes Naturwissenschaftliche Schriften», hrsg. und kommentiert von Rudolf Steiner in Kürschners «Deutsche National-Litteratur» (1883–97), 5 Bände, GA Bibl.-Nr. 1 a–e, Band I. – Rudolf Steiner «Goethes Recht in der Naturwissenschaft. Eine Rettung.» (Betr. Hauptgesichtspunkte für die Einleitung zu Goethes Naturwissenschaftliche Schriften, I. Band.) In: «Methodische Grundlagen der Anthroposophie 1884–1901», Gesammelte Aufsätze, GA Bibl.-Nr. 30.

151 *Geister der Form / Geister der Bewegung:* Siehe Hinweis zu S. 42.

156 *am Feste von Mariä Himmelfahrt:* Am 15. August 1910 hatte in München die Uraufführung des ersten Mysteriendramas von Rudolf Steiner «Die Pforte der Einweihung» stattgefunden. «Vier Mysteriendramen» (1910/13), GA Bibl.-Nr. 14.

160 *wenn unser Bau fertig ist:* In der im zweiten Goetheanum von Marie Steiner inszenierten ungekürzten Gesamtaufführung der Faust-Dichtung wird die Darstellung in der hier skizzierten Weise durchgeführt.

Filippo Neri: Heiliger, 1515–1595. Siehe Goethe «Italienische Reise», I. Teil, Neapel, Sonnabend, den 26. Mai 1787.

162 *Goethe sagte dann zu Eckermann einmal:* 6. Juni 1831 «. . . Übrigens werden Sie zugeben, daß der Schluß, wo es mit der geretteten Seele nach oben geht, sehr schwer zu machen war, und daß ich, bei so übersinnlichen, kaum zu ahnenden Dingen, mich sehr leicht im Vagen hätte verlieren können, wenn ich nicht meinen poetischen Intentionen durch die scharf umrissenen christlich-kirchlichen Figuren und Vorstellungen eine wohltätig beschränkende Form und Festigkeit gegeben hätte.»

165 *die folgenden Worte:* Das Blatt schließt mit den folgenden Versen, die in dem Vortrag indessen nicht mehr zitiert werden:

Ich aber bin nichts nütze mehr an diesem Platz.
Gespenstig spinnt der Dichtung Faden sich immer fort
Und reißt am Ende tragisch! Alle seid gegrüßt,
Wo ihr mich wieder findet, werd' es euch zur Lust.

170 *Kasseler Zyklus:* 24. Juni–7. Juli 1909, «Das Johannes-Evangelium im Verhältnis zu den drei anderen Evangelien, besonders zu dem Lukas-Evangelium» (14 Vorträge), GA Bibl.-Nr. 112.

Architektur unseres Baues: Siehe «Wege zu einem neuen Baustil» (5 Vorträge, Dornach 1914, 16 Abb.), GA Bibl.-Nr. 286. «Der Baugedanke des Goetheanum». Gesamtausgabe, Stuttgart 1958.

173 *Erdenentwickelung:* Siehe Hinweis zu S. 42.

180 *Nun wissen wir:* Zum Beispiel Rudolf Steiner «Die Geheimnisse der biblischen Schöpfungsgeschichte» (11 Vorträge, München 1910), GA Bibl-Nr. 122.

181 *in München:* 24.–31. August 1913, «Die Geheimnisse der Schwelle» (8 Vorträge), GA Bibl.-Nr. 147.

191 *Hier erhält man das Schauen der Aura-Strahlung sonnenhaft:* Siehe Rudolf Steiner «Die Geheimnisse. Ein Weihnachts- und Ostergedicht von Goethe». Dornach 1977.

194 *Wir haben in den letzten Wochen von den drei großen höchsten Idealen der Menschheit gesprochen:* 29. Juli bis 15. August 1916. «Das Rätsel des Menschen» (15 Vorträge, Dornach 1916), GA Bibl.-Nr. 170, Band I der Reihe «Kosmische und menschliche Geschichte». – Im Zusammenhang mit dem Vortrag vom 19. August 1916 sei besonders auf die Ausführungen vom 6. August hingewiesen.

drei Kritiken: Kant «Kritik der reinen Vernunft», 1781; «Kritik der praktischen Vernunft», 1788; «Kritik der Urteilskraft», 1790.

195 *Franz Brentano:* Philosoph, 1838–1917. Siehe dessen «Psychologie vom empirischen Standpunkt», Band I, 1874. Ferner Rudolf Steiner, «Von Seelenrätseln» (1917), Franz Brentano, ein Nachruf, GA Bibl.-Nr. 21.

196 *bei Hume und bei Berkeley:* David Hume, 1711–1776, schottischer Geschichtsschreiber und Philosoph; Georg Berkeley, 1684–1753, englischer Philosoph.

197 *Diejenigen, die daher Psychologie in den siebziger, achtziger Jahren bei Brentano hörten:* Siehe Rudolf Steiner «Mein Lebensgang» (1923/25), Kapitel III, GA Bibl.-Nr. 28.

207 *an den ersten Vortrag:* 29. Juli 1916. Siehe Hinweis zu S. 194.

209 *Wir hätten zunächst einen roten Luzifer heute gesehen:* In der eurythmisch-dramatischen Aufführung.

213 *das ich erst kürzlich hier angeführt habe:* Dornach, 6. August 1916, in «Das Hineinwachsen des Menschen in die drei geistigen Reiche der Weisheit, Schönheit und Güte». Siehe Hinweis zu S. 194.

218 *In Miltons «Verlorenem Paradies»:* John Milton, 1608–1674, «The Paradise lost». Zwölf Gesänge in reimlosen Jamben, 1667. Siehe hierzu Vortrag I in Rudolf Steiner, «Die Sendung Michaels» (12 Vorträge, Dornach 1916), GA Bibl.-Nr. 194.

219 *drei Sätze aufgestellt:* Siehe Rudolf Steiner «Das Verhältnis der verschiedenen naturwissenschaftlichen Gebiete zur Astronomie» (18 Vorträge, Stuttgart 1921), GA Bibl.-Nr. 323.

220 *der gute Christian von Ehrenfels:* Christian von Ehrenfels «Kosmogonie», I. Kapitel «Die Reversion, ein Paradoxon der Erkenntnis». Im Vortrag vom 13. August 1916, siehe Hinweis zu S. 194.

222 *Das ist eine Zukunftsperspektive:* Siehe dazu den Vortragszyklus «Das Verhältnis der Sternenwelt zum Menschen und des Menschen zur Sternenwelt. Die geistige Kommunion der Menschheit» (12 Vorträge, Dornach 1922), GA Bibl.-Nr. 219.

Oscar Hertwig: 1849–1922, Anatom.

223 *mauthnerisch:* Fritz Mauthner, 1849–1923, Schriftsteller. «Beiträge zu einer Kritik der Sprache», 3 Bände, Stuttgart und Berlin 1913. «Wörterbuch der Philosophie. Neue Beiträge zu einer Kritik der Sprache», 2 Bände, München 1911.

Die Astronomen . . . die Biologen. Siehe Hinweis zu S. 219.

224 *Einleitung zu Goethes morphologischen Schriften:* Siehe Hinweis zu S. 142.

227 *in seiner Fledermausgestalt:* Bei der Bühnendarstellung im Goetheanum: Mephistopheles aus dem Abgrund hervortauchend.

die Evolution: Siehe Rudolf Steiner «Aus der Akasha-Chronik» (1904/08), GA Bibl.-Nr. 11.

228 *schematisch nur angedeutet:* Skizzenhafte Zeichnung des Motives der plastischen Gruppe im Goetheanum.

230 *Da hat die Bibel nur eine Andeutung:* I. Mos., 6, 2. Im «Buch Henoch» findet sich die Stelle in der folgenden Weise unter Hinweis auf den Vers im Buch Moses: «Es begab sich aber, da die Menschenkinder zugenommen hatten in jenen Tagen und ihnen schöne und reizende Töchter geboren worden waren, hatten die Engel, die Söhne des Himmels, sie erblickt und begehrten nach ihnen . . .» (Kapitel 7, 1/2).

233 *vor vielen Jahren:* Siehe Hinweis zu S. 39.

243 *das muß natürlich geübt und eingelernt werden:* Die Dick- und Dürrteufel wurden durch Eurythmistinnen dargestellt.

249 *«kristallisiertes Menschenvolk»:* Faust II, zweiter Akt, Laboratorium, Zwiegespräch mit Wagner.

Mephistopheles: «Wer lange lebt, hat viel erfahren,
Nichts Neues kann für ihn auf dieser Welt geschehn;
Ich habe schon in meinen Wanderjahren
Kristallisiertes Menschenvolk gesehn.»

in dieser aufgewühlten Zeit: Die Vorgänge unmittelbar nach Ausbruch des Ersten Weltkrieges 1914.

252 *Faust-Kommentar:* Goethes Faust, erster und zweiter Teil, erklärt von Oswald Marbach. Stuttgart 1881.

255 *das ebenfalls auf eine Faust-Dichtung gesprochene Wort:* D. Faust. Ein Fragment von Lessing. IV. An den Herausgeber des theatralischen Nachlasses. «Aber der

Engel der Vorsehung, der unsichtbar über den Ruinen geschwebt hat, verkündigt uns die Fruchtlosigkeit der Bestrebungen Satans mit den feierlich aber sanft gesprochenen Worten, die aus der Höhe herabschallen: *‹Ihr sollt nicht siegen!›*»

258 *ein schönes Wort:* Vergl. Zweiter Aufenthalt in Rom. 1. März 1788.

277 *Vorträge, die wir gerade in diesen Wochen gehalten haben:* Siehe Hinweise zu S. 194.

283 *die Tiefe eines solchen Spruches:* Siehe Hinweis zu S. 194: Vortrag vom 3. September 1916.

Francis Bacon: Englischer Philosoph und Staatsmann, 1561–1626. «Novum organon», Methodenlehre. Siehe Hinweis zu S. 194.

285 *Herr Bauer:* Michael Bauer, der Freund von Christian Morgenstern, 1871 bis 1929.

295 *die achte Sphäre:* Dornach, 18. Oktober 1915, «Die achte Sphäre», in «Die okkulte Bewegung im 19. Jahrhundert und ihre Beziehung zur Weltkultur» (13 Vorträge, Dornach 1915), GA Bibl.-Nr. 164; ferner Dornach, 23. November 1919, in «Die Sendung Michaels» (12 Vorträge, Dornach 1919), GA Bibl.-Nr. 194; und 27. November 1916 in «Das Karma des Berufes des Menschen» (10 Vorträge, Dornach 1916), GA Bibl.-Nr. 172. Band III von «Kosmische und menschliche Geschichte».

298 *in unseren Zyklen:* Siehe «Rudolf Steiner. Das literarische und künstlerische Werk. Eine bibliographische Übersicht». Dornach 1961.

301 *in einem früheren Zyklus:* Siehe Hinweise zu S. 181.

305 *er hat sich einmal aufgeschrieben:* Goethes Werke, Sophien-Ausgabe, I. Abtlg. 15. Band, 2. Abtlg., Seite 243.

306 *auf dem bekannten Raffaelischen Bilde:* «Disputa». Siehe auch Vortrag vom 5. Oktober 1917, in «Kunstgeschichte als Abbild innerer geistiger Impulse» (13 Lichtbilder-Vorträge, Dornach 1916/17), GA Bibl.-Nr. 292.

313 *Erinnern Sie sich nur an unsere eigenen Kämpfe:* Die Auseinandersetzungen mit der Theosophischen Gesellschaft, die 1913 zum Ausschluß der Deutschen Sektion der Theosophischen Gesellschaft führten.

319 *Herman Grimm:* Siehe Hinweis zu S. 140.

ÜBER DIE VORTRAGSNACHSCHRIFTEN

Aus Rudolf Steiners Autobiographie «Mein Lebensgang» (35. Kap., 1925)

Es liegen nun aus meinem anthroposophischen Wirken zwei Ergebnisse vor; erstens meine vor aller Welt veröffentlichten Bücher, zweitens eine große Reihe von Kursen, die zunächst als Privatdruck gedacht und verkäuflich nur an Mitglieder der Theosophischen (später Anthroposophischen) Gesellschaft sein sollten. Es waren dies Nachschriften, die bei den Vorträgen mehr oder weniger gut gemacht worden sind und die – wegen mangelnder Zeit – nicht von mir korrigiert werden konnten. Mir wäre es am liebsten gewesen, wenn mündlich gesprochenes Wort mündlich gesprochenes Wort geblieben wäre. Aber die Mitglieder wollten den Privatdruck der Kurse. Und so kam er zustande. Hätte ich Zeit gehabt, die Dinge zu korrigieren, so hätte vom Anfange an die Einschränkung «Nur für Mitglieder» nicht zu bestehen gebraucht. Jetzt ist sie seit mehr als einem Jahre ja fallen gelassen.

Hier in meinem «Lebensgang» ist notwendig, vor allem zu sagen, wie sich die beiden: meine veröffentlichten Bücher und diese Privatdrucke in das einfügen, was ich als Anthroposophie ausarbeitete.

Wer mein eigenes inneres Ringen und Arbeiten für das Hinstellen der Anthroposophie vor das Bewußtsein der gegenwärtigen Zeit verfolgen will, der muß das an Hand der allgemein veröffentlichten Schriften tun. In ihnen setzte ich mich auch mit alle dem auseinander, was an Erkenntnisstreben in der Zeit vorhanden ist. Da ist gegeben, was sich mir in «geistigem Schauen» immer mehr gestaltete, was zum Gebäude der Anthroposophie – allerdings in vieler Hinsicht in unvollkommener Art – wurde.

Neben diese Forderung, die «Anthroposophie» aufzubauen und dabei nur dem zu dienen, was sich ergab, wenn man Mitteilungen aus der Geist-Welt der allgemeinen Bildungswelt von heute zu übergeben hat, trat nun aber die andere, auch dem voll entgegenzukommen, was aus der Mitgliedschaft heraus als Seelenbedürfnis, als Geistessehnsucht sich offenbarte.

Da war vor allem eine starke Neigung vorhanden, die Evangelien und den Schrift-Inhalt der Bibel überhaupt in dem Lichte dargestellt zu hören, das sich als das anthroposophische ergeben hatte. Man wollte in Kursen über diese der Menschheit gegebenen Offenbarungen hören.

Indem interne Vortragskurse im Sinne dieser Forderung gehalten wurden, kam dazu noch ein anderes. Bei diesen Vorträgen waren nur Mitglieder. Sie waren mit den Anfangs-Mitteilungen aus Anthroposophie bekannt. Man konnte zu ihnen eben so sprechen, wie zu Vorgeschrittenen auf dem Gebiete der Anthroposophie. Die Haltung dieser internen Vorträge war eine solche, wie sie eben in Schriften nicht sein konnte, die ganz für die Öffentlichkeit bestimmt waren.

Ich durfte in internen Kreisen in einer Art über Dinge sprechen, die ich für die öffentliche Darstellung, wenn sie für sie von Anfang an bestimmt gewesen wären, hätte anders gestalten *müssen.*

So liegt in der Zweiheit, den öffentlichen und den privaten Schriften, in der Tat etwas vor, das aus zwei verschiedenen Untergründen stammt. Die ganz öffentlichen Schriften sind das Ergebnis dessen, was in mir rang und arbeitete; in den Privatdrucken ringt und arbeitet die Gesellschaft mit. Ich höre auf die Schwingungen im Seelenleben der Mitgliedschaft, und in meinem lebendigen Drinnenleben in dem, was ich da höre, entsteht die Haltung der Vorträge.

Es ist nirgends auch nur in geringstem Maße etwas gesagt, was nicht reinstes Ergebnis der sich aufbauenden Anthroposophie wäre. Vor irgend einer Konzession an Vorurteile oder Vorempfindungen der Mitgliedschaft kann nicht die Rede sein. Wer diese Privatdrucke liest, kann sie im vollsten Sinne eben als das nehmen, was Anthroposophie zu sagen hat. Deshalb konnte ja auch ohne Bedenken, als die Anklagen nach dieser Richtung zu drängend wurden, von der Einrichtung abgegangen werden, diese Drucke nur im Kreise der Mitgliedschaft zu verbreiten. Es wird eben nur hingenommen werden müssen, daß in den von mir nicht nachgesehenen Vorlagen sich Fehlerhaftes findet.

Ein Urteil über den Inhalt eines solchen Privatdruckes wird ja allerdings nur demjenigen zugestanden werden können, der kennt, was als Urteils-Voraussetzung angenommen wird. Und das ist für die allermeisten dieser Drucke *mindestens* die anthroposophische Erkenntnis des Menschen, des Kosmos, insofern sein Wesen in der Anthroposophie dargestellt wird, und dessen, was als «anthroposophische Geschichte» in den Mitteilungen aus der Geist-Welt sich findet.

RUDOLF STEINER GESAMTAUSGABE

Gliederung nach: Rudolf Steiner – Das literarische und künstlerische Werk. Eine bibliographische Übersicht (Bibliographie-Nrn. *kursiv* in Klammern)

A. SCHRIFTEN

I. Werke

Goethes Naturwissenschaftliche Schriften, eingeleitet und kommentiert von R. Steiner, 5 Bände, 1883/97, Neuausgabe 1975, *(1a–e);* separate Ausgabe der Einleitungen, 1925 *(1)*
Grundlinien einer Erkenntnistheorie der Goetheschen Weltanschauung, 1886 *(2)*
Wahrheit und Wissenschaft. Vorspiel einer ‹Philosophie der Freiheit›, 1892 *(3)*
Die Philosophie der Freiheit. Grundzüge einer modernen Weltanschauung, 1894 *(4)*
Friedrich Nietzsche, ein Kämpfer gegen seine Zeit, 1895 *(5)*
Goethes Weltanschauung, 1897 *(6)*
Die Mystik im Aufgange des neuzeitlichen Geisteslebens und ihr Verhältnis zur modernen Weltanschauung, 1901 *(7)*
Das Christentum als mystische Tatsache und die Mysterien des Altertums, 1902 *(8)*
Theosophie. Einführung in übersinnliche Welterkenntnis und Menschenbestimmung, 1904 *(9)*
Wie erlangt man Erkenntnisse der höheren Welten? 1904/05 *(10)*
Aus der Akasha-Chronik, 1904/08 *(11)*
Die Stufen der höheren Erkenntnis, 1905/08 *(12)*
Die Geheimwissenschaft im Umriß, 1910 *(13)*
Vier Mysteriendramen: Die Pforte der Einweihung – Die Prüfung der Seele Der Hüter der Schwelle – Der Seelen Erwachen, 1910/13 *(14)*
Die geistige Führung des Menschen und der Menschheit, 1911 *(15)*
Anthroposophischer Seelenkalender, 1912 *(in 40)*
Ein Weg zur Selbsterkenntnis des Menschen, 1912 *(16)*
Die Schwelle der geistigen Welt, 1913 *(17)*
Die Rätsel der Philosophie in ihrer Geschichte als Umriß dargestellt, 1914 *(18)*
Vom Menschenrätsel, 1916 *(20)*
Von Seelenrätseln, 1917 *(21)*
Goethes Geistesart in ihrer Offenbarung durch seinen Faust und durch das Märchen von der Schlange und der Lilie, 1918 *(22)*
Die Kernpunkte der sozialen Frage in den Lebensnotwendigkeiten der Gegenwart und Zukunft, 1919 *(23)*
Aufsätze über die Dreigliederung des sozialen Organismus und zur Zeitlage 1915–1921 *(24)*
Kosmologie, Religion und Philosophie, 1922 *(25)*
Anthroposophische Leitsätze, 1924/25 *(26)*
Grundlegendes für eine Erweiterung der Heilkunst nach geisteswissenschaftlichen Erkenntnissen, 1925. Von Dr. R. Steiner und Dr. I. Wegman *(27)*
Mein Lebensgang, 1923/25 *(28)*

II. Gesammelte Aufsätze

Aufsätze zur Dramaturgie 1889–1901 *(29)* – Methodische Grundlagen der Anthroposophie 1884–1901 *(30)* – Aufsätze zur Kultur- und Zeitgeschichte 1887–1901 *(31)* – Aufsätze zur Literatur 1886–1902 *(32)* – Biographien und biographische Skizzen 1894–1905 *(33)* – Aufsätze aus «Lucifer-Gnosis» 1903–1908 *(34)* – Philosophie und Anthroposophie 1904–1918 *(35)* – Aufsätze aus «Das Goetheanum» 1921–1925 *(36)*

III. Veröffentlichungen aus dem Nachlaß

Briefe – Wahrspruchworte – Bühnenbearbeitungen – Entwürfe zu den Vier Mysteriendramen 1910–1913 – Anthroposophie. Ein Fragment aus dem Jahre 1910 – Gesammelte Skizzen und Fragmente – Aus Notizbüchern und -blättern – *(38–47)*

B. DAS VORTRAGSWERK

I. Öffentliche Vorträge

Die Berliner öffentlichen Vortragsreihen, 1903/04 bis 1917/18 *(51–67)* – Öffentliche Vorträge, Vortragsreihen und Hochschulkurse an anderen Orten Europas 1906–1924 – *(68–84)*

II. Vorträge vor Mitgliedern der Anthroposophischen Gesellschaft

Vorträge und Vortragszyklen allgemein-anthroposophischen Inhalts – Christologie und Evangelien-Betrachtungen – Geisteswissenschaftliche Menschenkunde – Kosmische und menschliche Geschichte – Die geistigen Hintergründe der sozialen Frage – Der Mensch in seinem Zusammenhang mit dem Kosmos – Karma-Betrachtungen – *(91–244)*
Vorträge und Schriften zur Geschichte der anthroposophischen Bewegung und der Anthroposophischen Gesellschaft *(251-263)*

III. Vorträge und Kurse zu einzelnen Lebensgebieten

Vorträge über Kunst: Allgemein-Künstlerisches – Eurythmie – Sprachgestaltung und Dramatische Kunst – Musik – Bildende Künste – Kunstgeschichte – *(271–292)* – Vorträge über Erziehung *(293–311)* – Vorträge über Medizin *(312–319)* – Vorträge über Naturwissenschaft *(320–327)* – Vorträge über das soziale Leben und die Dreigliederung des sozialen Organismus *(328–341)* – Vorträge für die Arbeiter am Goetheanumbau *(347–354)*

C. DAS KÜNSTLERISCHE WERK

Originalgetreue Wiedergaben von malerischen und graphischen Entwürfen und Skizzen Rudolf Steiners in Kunstmappen oder als Einzelblätter: Entwürfe für die Malerei des Ersten Goetheanum – Schulungsskizzen für Maler – Programmbilder für Eurythmie-Aufführungen – Eurythmieformen – Skizzen zu den Eurythmiefiguren, u. a.

Die Bände der Rudolf Steiner Gesamtausgabe
sind innerhalb einzelner Gruppen einheitlich ausgestattet
Jeder Band ist einzeln erhältlich

RUDOLF STEINER

Goethes Geistesart in ihrer Offenbarung durch seinen «Faust» und durch das Märchen von der Schlange und der Lilie

Inhalt: Goethes «Faust» als Bild seiner esoterischen Weltanschauung – Goethes Geistesart in ihrer Offenbarung durch seinen Faust – Goethes Geistesart in ihrer Offenbarung durch sein «Märchen von der grünen Schlange und der Lilie». – Diese schriftlichen Ausführungen aus dem Jahre 1902 sind erstmals 1918 in dieser Zusammenstellung erschienen.
GA Bibl.-Nr. 22

Die Rätsel in Goethes «Faust» – exoterisch und esoterisch

Zwei Vorträge, Berlin 11. und 12. März 1909. Aus GA Bibl.-Nr. 57

GOETHES «FAUST» IN DER RUDOLF STEINER GESAMTAUSGABE (GA)

Außer in den vorliegenden Faust-Betrachtungen Band I/II kommt der «Faust» in über zwanzig Bänden unter verschiedensten Gesichtspunkten zur Sprache. Wir weisen besonders auf jene Bücher hin, in welchem ein Aufsatz oder ein Vortrag ganz diesem Thema gewidmet ist.

In «Gesammelte Aufsätze der Dramaturgie, 1889–1900» (GA Bibl.-Nr. 29) sind zwei Kritiken Rudolf Steiners zu «Faust»-Aufführungen in Berlin enthalten.

In «Gesammelte Aufsätze zur Literatur, 1884–1902» (GA Bibl.-Nr. 32) findet man eine Besprechung eines Buches über Goethes «Faust».

In «Der Goetheanumgedanke inmitten der Kulturkrisis der Gegenwart» (GA Bibl.-Nr. 36) ist der Aufsatz «Faust und Hamlet» aus der Wochenschrift «Das Goetheanum» abgedruckt.

Den Vortrag «Fausts Weltwanderung und seine Wiedergeburt aus dem deutschen Geistesleben» hat R. Steiner 1916 innerhalb der öffentlichen Vortragsreihe «Aus dem mitteleuropäischen Geistesleben» (GA Bibl.-Nr. 65) im Architektenhaus in Berlin gehalten.

Im Band «Innere Entwicklungsimpulse der Menschheit. Goethe und die Krisis des neunzehnten Jahrhunderts» (GA Bibl.-Nr. 171) kommt Rudolf Steiner in drei Vorträgen auf den «Faust» zu sprechen.

Sechs Ansprachen zur eurythmischen Darstellungen von «Faust»-Szenen sind in «Eurythmie. Die Offenbarung der sprechenden Seele» (GA Bibl.-Nr. 277) zu finden.

Weitere Hinweise auf Werke, wo Rudolf Steiner auf Goethes «Faust» Bezug nimmt, können dem zweiten Band der «Übersichtsbände zur Rudolf Steiner Gesamtausgabe: Sachwort- und Namensregister der Inhaltsangaben» entnommen werden.

RUDOLF STEINER VERLAG, DORNACH/SCHWEIZ

RUDOLF STEINER

GEISTESWISSENSCHAFTLICHE ERLÄUTERUNGEN ZU GOETHES «FAUST»

II

RUDOLF STEINER

Das Faust-Problem
Die romantische und die klassische Walpurgisnacht

Geisteswissenschaftliche Erläuterungen zu Goethes «Faust»

Band II

Zwölf Vorträge, gehalten in Dornach
zwischen dem 30. September 1916 und 19. Januar 1919,
ein öffentlicher Vortrag in Prag am 12. Juni 1918

1982
RUDOLF STEINER VERLAG
DORNACH/SCHWEIZ

Nach vom Vortragenden nicht durchgesehenen Nachschriften
herausgegeben von der Rudolf Steiner-Nachlaßverwaltung
Die Herausgabe besorgten Edwin Froböse und Dr. Hans Erhard Lauer

Die vorliegende Ausgabe enthält
den ungekürzten Inhalt des gleichnamigen Bandes
der Rudolf Steiner Gesamtausgabe
(Bibliographie-Nr. 273, 4. Auflage Dornach 1981)

Paperback-Sonderausgabe
1. Auflage Dornach 1974
2. Auflage Dornach 1982

Bibliographie-Nr. 273

Printed in Germany. Gesamtherstellung Clausen & Bosse, Leck
ISBN 3-7274-2731-0 (Reihe) ISBN 3-7274-5222-6 (Bd. II)

Zu den Veröffentlichungen aus dem Vortragswerk von Rudolf Steiner

Die Grundlage der anthroposophisch orientierten Geisteswissenschaft bilden die von Rudolf Steiner (1861–1925) geschriebenen und veröffentlichten Werke. Daneben hielt er in den Jahren 1900 bis 1924 zahlreiche Vorträge und Kurse, sowohl öffentlich wie auch für die Mitglieder der Theosophischen, später Anthroposophischen Gesellschaft. Er selbst wollte ursprünglich, daß seine durchwegs frei gehaltenen Vorträge nicht schriftlich festgehalten würden, da sie als «mündliche, nicht zum Druck bestimmte Mitteilungen» gedacht waren. Nachdem aber zunehmend unvollständige und fehlerhafte Hörernachschriften angefertigt und verbreitet wurden, sah er sich veranlaßt, das Nachschreiben zu regeln. Mit dieser Aufgabe betraute er Marie Steiner-von Sivers. Ihr oblag die Bestimmung der Stenographierenden, die Verwaltung der Nachschriften und die für die Herausgabe notwendige Durchsicht der Texte. Da Rudolf Steiner aus Zeitmangel nur in ganz wenigen Fällen die Nachschriften selbst korrigieren konnte, muß gegenüber allen Vortragsveröffentlichungen sein Vorbehalt berücksichtigt werden: «Es wird eben nur hingenommen werden müssen, daß in den von mir nicht nachgesehenen Vorlagen sich Fehlerhaftes findet.»

Über das Verhältnis der Mitgliedervorträge, welche zunächst nur als interne Manuskriptdrucke zugänglich waren, zu seinen öffentlichen Schriften äußert sich Rudolf Steiner in seiner Selbstbiographie «Mein Lebensgang» (35. Kapitel). Der entsprechende Wortlaut ist am Schluß dieses Bandes wiedergegeben. Das dort Gesagte gilt gleichermaßen auch für die Kurse zu einzelnen Fachgebieten, welche sich an einen begrenzten, mit den Grundlagen der Geisteswissenschaft vertrauten Teilnehmerkreis richteten.

Nach dem Tode von Marie Steiner (1867–1948) wurde gemäß ihren Richtlinien mit der Herausgabe einer Rudolf Steiner Gesamtausgabe begonnen. Die vorliegende Sonderausgabe entspricht inhaltlich dem auf Seite 4 genannten Band der Gesamtausgabe.

INHALT

DAS FAUST-PROBLEM

Dornach, 30. September 1916
nach einer Aufführung der Szene im Studierzimmer aus «Faust» I

Ich möchte heute wiederum an das eben Dargestellte anknüpfen, um daraus eine Einheit zu gewinnen, die es dann möglich machen wird, morgen zu einer umfassenderen Betrachtung zu kommen.

Wir haben gesehen, wie der Übergang vom 14., 15. ins 16., 17. Jahrhundert in der ganzen Entwickelung der Menschheit einen außerordentlich bedeutenden Einschnitt zeigt, der Übergang von dem griechisch-lateinischen Zeitalter zu unserem fünften nachatlantischen Zeitraum, zu dem Zeitraum, in dem wir jetzt leben, aus dem unsere Impulse für alles Erkennen und auch für alles Handeln fließen, zu dem Zeitraum, der bis zum vierten Jahrtausend währen wird. Nun, aus alldem, was Sie über *Goethes* «Faust» wissen und über den Zusammenhang dieses Goetheschen «Faust» mit der Faust-Gestalt, wie sie aus der Sage des 16. Jahrhunderts stammt, werden Sie einsehen, daß sowohl diese Faust-Gestalt aus dem 16. Jahrhundert wie dasjenige, was Goethes Anschauung aus ihr geformt hat, in innigem Zusammenhange steht mit all den Übergangsimpulsen, die das neue Zeitalter in geistiger Beziehung und damit auch in äußerlich materieller Beziehung heraufgebracht haben. Nun ist bei Goethe die Sache wirklich so, daß gerade dies Problem vom Heraufkommen der neuen Zeit und vom Fortwirken der Impulse der neuen Zeit ungeheuer mächtig war, daß er ganz und gar inspiriert war die sechzig Jahre, die er an seinem «Faust» geschaffen hat, von der Frage: Welches sind die wichtigsten Aufgaben, die wichtigsten Gesinnungsrichtungen der neueren Menschen? Und Goethe konnte wahrhaftig zurückblicken in das abgelaufene Zeitalter, das heute selbst der Wissenschaft so wenig mehr bekannt ist, jenes abgelaufene Zeitalter, das mit dem 14., 15. Jahrhundert zu Ende geht. Was die Geschichte meldet – ich habe es oftmals gesagt – über die Seelenstimmung der Menschen, über die menschlichen Fähigkeiten und Bedürfnisse früherer Jahrhunderte, das ist doch im Grunde etwas, was recht sehr «graue Theorie» ist.

In den Seelen der Menschen früherer Jahrhunderte, der Jahrhunderte noch, die dem Faust-Zeitalter vorangegangen sind, sah es gewaltig anders aus als in den Seelen der Gegenwartsmenschen, in den Seelen der gegenwärtigen Menschheitsepoche. Und Goethe hat so recht eine Gestalt, eine Persönlichkeit in seinem «Faust» verkörpert, die zurückblickt auf die Seelenverfassung der Menschen in früheren Jahrhunderten, in lang vergangenen Jahrhunderten, und die zugleich vorwärtsblickt auf die Aufgaben der Gegenwart, auf die Aufgaben der Zukunft.

Indem Faust zunächst zurückblickt auf das, was seinem Zeitalter vorangeht, kann er im Grunde nur noch auf die Trümmer einer zu Ende gegangenen Kultur blicken. Wir müssen zuerst immer den Faust des 16. Jahrhunderts ins Auge fassen, der eine historische Gestalt ist, der wirklich gelebt hat, und der dann in die Volkssage übergegangen ist. Dieser Faust lebte noch in den alten Wissenschaften darinnen, die er sich angeeignet hat, lebte in Magie, in Alchimie und in der Mystik darinnen, welche die Weisheit früherer Jahrhunderte war, namentlich auch die Weisheit der dem Christentum vorangegangenen Zeit war, die aber in der Zeit, in welcher der historische Faust des 16. Jahrhunderts lebte, schon gründlich im Verfall war. Das, was da in der Faust-Zeit als Alchimie, als Magie, als Mystik von denjenigen angesehen worden ist, unter denen Faust lebte, war durchaus schon krauses Zeug, war ein Zeug, das auf Traditionen, auf Hinterlassenschaften aus älterer Zeit fußte, in dem man sich aber nicht mehr auskannte. Die Weisheit, die darinnen lebte, kannte man nicht mehr. Man hatte mancherlei gesunde Formeln aus alten Zeiten, mancherlei richtige Einsichten aus alter Zeit, aber verstand sie nurmehr schlecht. Also in ein Zeitalter eines verfallenden Geisteslebens war in dieser Beziehung der geschichtliche Faust hineingestellt. Und Goethe vermischt fortwährend dasjenige, was der geschichtliche Faust erlebte, mit dem, was er geformt hat zum Faust des 18. Jahrhunderts, zum Faust des 19. Jahrhunderts, ja zum Faust noch vieler kommenden Jahrhunderte. Daher sehen wir auch den Goetheschen Faust wieder zurückblicken zur alten Magie, zur alten Art von Weisheit, Mystik, die nicht Chemie im heutigen materialistischen Sinne getrieben hat, die durch die Hantierungen mit der Natur in Zusammenhang kommen wollte mit einer geistigen Welt, aber die Kenntnisse schon nicht mehr hatte, um in der richtigen Art der früheren Zeit mit der geistigen Welt in Zusammenhang zu kommen. Was man in Jahrhunderten, die nun längst vergangen sind, als Heilkunde betrachtet hat, ist nicht so töricht, wie es eine heutige Wissenschaft oftmals machen will, nur ist die eigentliche darinnensteckende Weisheit verlorengegangen, und sie war zum Teil schon verloren im Zeitalter des Faust. Das kannte Goethe gut. Aber er kannte es nicht mit dem Verstande allein, er kannte es mit dem Herzen, er kannte es mit allen Seelenkräften, die an dem Wohl und Heil der Menschheit hängen und die für das Heil der Menschheit besonders in Betracht kommen. Goethe wollte sich die Rätselfragen, die für ihn daraus entsprossen, beantworten, daß man erkennen könne, wie man, immer weiter fortgehend, zu andern, für die neuere Zeit ebenso geeigneten Weisheiten in bezug auf die geistige Welt kommen könne, wie es die Alten vermochten, deren Weisheit nach dem Gange der Menschheit notwendig verglimmen mußte. Daher läßt er seinen Faust Magier werden. Faust hat sich der Magie ergeben wie der Faust des 16. Jahrhunderts. Aber er bleibt doch unbefriedigt aus dem einfachen Grunde, weil die eigentliche Weisheit der alten Magie eben schon verglommen war. Aus dieser Weisheit stammte auch die alte Heilkunde. Mit der alten Chemie, Alchimie stand alle Rezeptierkunde, alle Arzneikunde in Zusammenhang.

Nun berührt man, wenn man eine solche Frage berührt, sogleich die tiefsten Geheimnisse der Menschheit, insofern diese nämlich dahin gehen, daß man in Wahrheit Krankheiten nicht heilen kann, ohne sie zugleich erzeugen zu können. Die Wege zum Heilen der Krankheiten sind zugleich die Wege zum Erzeugen der Krankheiten. Wir werden gleich nachher hören, wie in der alten Weisheit durchaus der Grundsatz herrschend war, daß derjenige, der Heiler war, zugleich Erzeuger von Krankheiten sein konnte, und wie deshalb in alten Zeiten die Heilkunst mit einer tief moralischen Weltauffassung im Zusammenhang gedacht wurde. Aber wir werden auch gleich nachher sehen, wie wenig sich dasjenige hätte entwickeln können in diesen alten Zeiten, was man die neuere Freiheit der menschlichen Entwickelung nennt, die eigentlich erst in unserem fünften, in dem auf den griechisch-römischen folgenden Zeitraum von der Menschheit in Angriff genommen worden ist. Wir werden sehen, wie diese hätte sein müssen, wenn die alte Weisheit verblieben wäre. Auf allen Gebieten aber mußte diese Weisheit zugrunde gehen, damit der Mensch gewissermaßen von vorne anfangen müsse, aber so, daß er mit dem Wissen und mit dem Handeln zugleich zur Freiheit streben konnte. Das hätte er nicht können unter dem Einflusse der alten Weisheit. In solchen Übergangszeiten, wie diejenige war, in der Faust lebte, ist der Verfall des Alten da; das Neue ist noch nicht gekommen. Da entstehen denn solche Stimmungen, wie sie im «Faust» zu bemerken sind in der Szene, die vorangeht derjenigen, die wir heute dargestellt haben. In dieser Szene sehen wir ganz klar, wie Faust aus dem Zeitalter heraus ist und sich heraus fühlt, in dem noch alte Weisheit, aber die schon nicht mehr völlig verstandene alte Weisheit, da war. Wir sehen, wie Faust, von seinem Famulus Wagner begleitet, hinausgeht ins Grüne aus seiner Zelle, wie er zunächst das Volk betrachtet, welches das Osterfest im Freien, im Grünen feiert, wie er selbst österliche Stimmung bekommt. Aber wir sehen sogleich, wie er nicht entgegennehmen will die Huldigungen, die ihm von dem Volk dargebracht werden. Ein alter Bauer tritt ja auf, tritt Faust gegenüber und bringt Huldigungen dar, weil das Volk glaubt, daß Faust, der Sohn eines alten Adepten, eines alten Heilkundigen, auch ein bedeutender Heilkundiger sei, der Heil und Segen unter das Volk bringen kann. Ein alter Bauer tritt Faust entgegen und sagt:

Fürwahr, es ist sehr wohl getan,
Daß ihr am frohen Tag erscheint;
Habt ihr es vormals doch mit uns
An bösen Tagen gut gemeint!
Gar mancher steht lebendig hier,
Den euer Vater noch zuletzt
Der heißen Fieberwut entriß,
Als er der Seuche Ziel gesetzt.
Auch damals ihr, ein junger Mann,
Ihr gingt in jedes Krankenhaus,
Gar manche Leiche trug man fort,
Ihr aber kamt gesund heraus;

Bestandet manche harte Proben;
Dem Helfer half der Helfer droben.

Das sagt der alte Bauer, erinnernd, wie Faust zusammenhängt mit der alten Heilkunde, die aber sich nicht nur bezog auf die Heilung physischer Krankheiten, sondern auf die Heilung auch der moralischen Übel des Volkes. Faust weiß, daß er nicht mehr in einem Zeitalter gelebt hat, in dem die alte Weisheit wirklich hilfreich der Menschheit war, sondern schon in einer Verfallszeit. Und in seiner Seele glimmt auf Bescheidenheit, aber zu gleicher Zeit Niedergeschlagenheit über die Unwahrheit, der er eigentlich gegenübersteht, und er sagt:

Nur wenige Schritte noch hinauf zu jenem Stein,
Hier wollen wir von unsrer Wandrung rasten.
Hier saß ich oft gedankenvoll allein
Und quälte mich mit Beten und mit Fasten.
An Hoffnung reich, im Glauben fest,
Mit Tränen, Seufzen, Händeringen
Dacht ich das Ende jener Pest
Vom Herrn des Himmels zu erzwingen.
Der Menge Beifall tönt mir nun wie Hohn.
O könntest du in meinem Innern lesen,
Wie wenig Vater und Sohn
Solch eines Ruhmes wert gewesen!
Mein Vater war ein dunkler Ehrenmann,
Der über die Natur und ihre heil'gen Kreise,
In Redlichkeit, jedoch auf seine Weise,
Mit grillenhafter Mühe sann.
Der, in Gesellschaft von Adepten,
Sich in die schwarze Küche schloß
Und, nach unendlichen Rezepten,
Das Widrige zusammengoß.
Da ward ein roter Leu, ein kühner Freier,
Im lauen Bad der Lilie vermählt,
Und beide dann mit offnem Flammenfeuer
Aus einem Brautgemach ins andere gequält.

Also Goethe hat sehr wohl studiert, wie man dazumal verfahren ist, wie man den «roten Leu» – das Quecksilberoxyd, Schwefelquecksilber – behandelt hat, wie man die verschiedenen Chemikalien zusammengemischt und ihren Prozessen überlassen hat, wie man Arzeneien daraus fabriziert hat. Das alles aber entsprach nicht mehr der alten Weisheit. Goethe kennt auch die Ausdrucksweise. Man hat durchaus das, was man darzustellen hatte, in Bildern dargestellt. Die Verbindungen von Stoffen hat man wie eine Vermählung dargestellt. Daher sagt er:

> Aus einem Brautgemach ins andere gequält.
> Erschien darauf mit bunten Farben
> Die junge Königin im Glas –

Das war ein Kunstausdruck. Wie in der heutigen Chemie Kunstausdrücke sind, so nannte man dazumal, wenn gewisse Substanzen einen gewissen Zustand und Farbe erreicht haben, «die junge Königin».

> Hier war die Arzenei, die Patienten starben,

Sie starben damals dem Faust weg, wie sie auch heute noch bei vielen Arzeneien sterben.

> Hier war die Arzenei, die Patienten starben,
> Und niemand fragte: wer genas?
> So haben wir mit höllischen Latwergen
> In diesen Tälern, diesen Bergen
> Weit schlimmer als die Pest getobt.
> Ich habe selbst den Gift an Tausende gegeben,
> Sie welkten hin, ich muß erleben,
> Daß man die frechen Mörder lobt.

Das ist Selbsterkenntnis des Faust. So steht Faust nun vor sich selber da, er, von dem Sie wissen, daß er in alten magischen Weistümern sich umgetan hat, um in die Geheimnisse der Natur und des Geistes einzudringen. Durch alles das ist er aber vergeistigt worden. So wie Wagner, sein Famulus, der sich Genüge getan hat mit der neueren Weisheit, die im Schriftwerke ruht, die in Buchstaben ruht, kann es Faust nicht halten. Dieser Wagner ist ja eine Persönlichkeit, welche weit geringere Ansprüche an die Weisheit und an das Leben stellt. Und als Faust sich hineinträumen will in die Natur, um den Geist der Natur zu finden, da denkt der Wagner nur an den Geist, der ihm aus den Theorien, aus dem Pergamente, aus den Büchern fließt. Was da über Faust kommt, nennt er grillenhafte Stunden:

> Ich hatte selbst oft grillenhafte Stunden,

– sagt Wagner –

> Doch solchen Trieb hab ich noch nie empfunden.
> Man sieht sich leicht an Wald und Feldern satt,
> Des Vogels Fittich werd ich nie beneiden.

Er will nie mit dem Vogel hinausfliegen, um die Welt kennenzulernen!

> Wie anders tragen uns die Geistesfreuden
> Von Buch zu Buch, von Blatt zu Blatt!
> Da werden Winternächte hold und schön,
> Ein selig Leben wärmet alle Glieder,
> Und ach! entrollst du gar ein würdig Pergamen,
> So steigt der ganze Himmel zu dir nieder.

Ein vollständiger Büchermensch, ein ganzer Theorienmensch!

So, nachdem das Volk abgegangen ist, stehen sie nun da: derjenige, der hinein will zu des Lebens Quellen, der sein eigenes Wesen verbinden will mit den geheimnisvollen Kräften der Natur, um diese geheimnisvollen Kräfte der Natur zu erleben: Faust – und derjenige, der nichts sieht als das äußere materielle Leben und dasjenige, was in den Büchern eben durch Materie aufgezeichnet ist: Wagner. Man braucht nicht viel nachzudenken, was, durch all das, was er erlebt hat bis zu diesem Augenblicke, wie es uns Goethe darstellt, in Fausts Innerem vorgegangen ist; soviel aber kann man sich sagen nach alledem, was uns in Faust entgegentritt, daß das Innere, man möchte sagen, sich um- und umgekehrt hat, daß eine wirkliche Seelenentwickelung bei Faust stattgefunden hat, daß er ein gewisses inneres Schauen erlangt hat, sonst hätte er nicht den Erdgeist rufen können, der im Tatensturm auf und ab wallt. Eine gewisse Fähigkeit, die äußere Welt nicht nur ihren äußeren Erscheinungen nach zu sehen, sondern den Geist zu sehen, der in allem webt und lebt, hat sich Faust angeeignet. Da springt ihnen, Faust und Wagner, ein Pudel von ferne entgegen. Wie sie beide den Pudel sehen, einen gewöhnlichen Pudel, wie ihn Faust sieht und wie ihn Wagner sieht, das charakterisiert die beiden Menschen ganz und gar. Nachdem Faust sich hineingeträumt hat in das lebendige Geistweben der Natur, erblickt er den Pudel:

Siehst du den schwarzen Hund durch Saat und Stoppel streifen?

Wagner: Ich sah ihn lange schon, nicht wichtig schien er mir.

Faust: Betracht ihn recht! Für was hältst du das Tier?

Wagner: Für einen Pudel, der auf seine Weise
Sich auf der Spur des Herren plagt.

In Kreisen geht der Pudel ringsherum.

Faust: Bemerkst du, wie im weiten Schneckenkreise
Er um uns her und immer näher jagt?
Und irr' ich nicht, so zieht ein Feuerstrudel
Auf seinen Pfaden hinterdrein.

Faust sieht nicht bloß den Pudel, sondern im Inneren des Faust regt sich etwas, er sieht etwas, was zum Pudel gehört wie ein Geistiges. Das sieht Faust. Wagner sieht es selbstverständlich nicht. Mit äußeren Augen kann man ja das nicht sehen, was Faust sieht.

Wagner: Ich sehe nichts als einen schwarzen Pudel;
Es mag bei euch wohl Augentäuschung sein.

Faust: Mir scheint es, daß er magisch leise Schlingen
Zu künft'gem Band um unsre Füße zieht.

Wagner: Ich seh' ihn ungewiß und furchtsam uns umspringen,
Weil er, statt seines Herrn, zwei Unbekannte sieht.

Faust sieht also in dieser einfachen Erscheinung zugleich etwas Geistiges. Halten wir das fest. Faust geht, indem sein Inneres ergriffen ist von einem gewissen Geistzusammenhang selbst mit diesem Pudel, nun in sein Studierzimmer. Nun, selbstverständlich, dramatisch stellt Goethe das so dar, daß der Pudel da ist, wie er ist; das ist auch gut, das Drama muß das so darstellen. Aber im Grunde haben wir es doch mit etwas, was Faust innerlich erlebt, zu tun. Und wie jetzt diese Szene sich abspielt, wie Faust hier etwas innerlich erlebt, das ist von Goethe wirklich meisterlich in jedem Worte gesagt. Sie sind draußen geblieben, Faust und Wagner, bis in die Nacht hinein, wo das äußere Licht nicht mehr wirkt, wo nur die Dämmerung gewirkt hat. In die Dämmerung hinein sieht Faust dasjenige, was er geistig sehen will. Nun kommt er nach Hause wiederum in seine Zelle. Nun ist er allein mit sich. Solch ein Mensch wie Faust, nachdem er all das durchgemacht hat, mit sich allein gelassen, ist in der Lage, Selbsterkenntnis, das heißt, das Leben des Geistes im eigenen Selbst zu erleben. Er drückt es aus, wie gewissermaßen sein Innerstes rege geworden ist, aber auf geistige Art rege geworden ist:

> Verlassen hab' ich Feld und Auen,
> Die eine tiefe Nacht bedeckt,
> Mit ahnungsvollem, heil'gem Grauen
> In uns die beßre Seele weckt.
> Entschlafen sind nun wilde Triebe
> Mit jedem ungestümen Tun;
> Es reget sich die Menschenliebe,
> Die Liebe Gottes regt sich nun.

Der Pudel knurrt. Aber seien wir uns klar: es sind innere Erlebnisse, auch das Pudelknurren ist inneres Erlebnis, wenn es auch dramatisch äußerlich dargestellt wird. Faust hat sich mit der verfallenden Magie eingelassen, mit Mephistopheles eingelassen. Mephistopheles ist kein Geist, der ihn in die fortschreitenden, regulären geistigen Kräfte hineinführt, Mephistopheles ist der Geist, den Faust erst überwinden muß, der ihm beigesellt wird, daß er ihn überwinde, der ihm zur Prüfung, nicht zur Belehrung, beigegeben ist. Das heißt: wir sehen jetzt Faust vor uns stehen, wie er auf der einen Seite hinein will in die göttlich-geistige

Welt, welche die Weltentwickelung vorwärtsträgt, und wie auf der andern Seite die Kräfte in seiner Seele rege sind, die ihn hinunterziehen ins gewöhnliche Triebleben, das den Menschen abbringt von dem geistigen Streben. Gerade wenn Heiliges in seiner Seele sich regt, da spottet es; die entgegenstehenden Triebe spotten. Dies ist jetzt in Form äußerlicher Ereignisse wunderbar dargestellt: Faust, gewissermaßen nach dem Göttlich-Geistigen mit all seinem Wissen hinstrebend, und seine eigenen Triebe, die dagegen knurren, so wie der materialistische Sinn des Menschen knurrt gegen das geistige Streben. Und wenn Faust sagt: Sei ruhig, Pudel! Knurre nicht – so beruhigt er im Grunde genommen sich selber. Und nun spricht Faust, das heißt, in diesem Fall läßt Goethe Faust in einer wunderbaren Weise sprechen. Erst wenn man eingeht auf die einzelnen Worte, findet man, wie wunderbar Goethe das innere Leben des Menschen in geistiger Entwickelung kennt:

> Ach, wenn in unsrer engen Zelle
> Die Lampe freundlich wieder brennt,
> Dann wird's in unserm Busen helle,
> Im Herzen, das sich selber kennt –

im Herzen, das Selbsterkenntnis, das heißt, den Geist im eigenen Selbst sucht.

> Vernunft fängt wieder an zu sprechen –.

Ein bedeutungsvoller Satz! Derjenige, der die geistige Entwickelung durchmacht, in die Faust gebracht wird durch sein Leben, weiß, daß Vernunft nicht nur etwas Totes im Inneren ist, kennt nicht nur die Kopfvernunft, weiß, wie lebendig Vernunft wird, wie inneres Geistweben Vernunft wird und wirklich spricht. Das ist kein bloßes dichterisches Bild:

> Vernunft fängt wieder an zu sprechen,
> Und Hoffnung wieder an zu blühn.

Vernunft spricht, fängt wieder an zu sprechen über das Vergangene, das lebendig geblieben ist aus dem Vergangenen, und Hoffnung wieder an zu blühen, das heißt, unseren Willen finden wir umgestaltet, so daß wir wissen, wir werden durch die Pforte des Todes als ein geistig-lebendiges Wesen gehen. Die Zukunft und die Vergangenheit gliedern sich wunderbar zusammen. Goethe will Faust sagen lassen, daß Faust weiß, in der Selbsterkenntnis das innere Leben des Geistes zu finden.

Man sehnt sich nach des Lebens Bächen,
Ach! nach des Lebens Quelle hin.

Und nun sucht Faust näherzukommen dem, wonach es ihn drängt, nach des Lebens Quellen. Einen Weg sucht er zunächst: den Weg der religiösen Erhebung. Er greift zum Neuen Testament. Und wie er jetzt zum Neuen Testament greift, das ist eine wunderbare Darstellung Goethescher weisheitsvoller Dramatik. Zu demjenigen greift er, wo die tiefsten Weisheitsworte der neueren Zeit darinnenstehen, zum Johannes-Evangelium. Das will er in sein geliebtes Deutsch übersetzen. Daß Goethe den Moment des Übersetzens wählt, das ist bedeutungsvoll. Derjenige, der das Wirken tiefer Welten- und Geisterwesenheiten kennt, weiß, daß beim Herübertragen von Weisheiten aus einer Sprache in eine andere alle Geister der Verwirrung auftreten, alle Geister der Verwirrung eingreifen. In den Grenzgebieten des Lebens äußern sich insbesondere der menschlichen Entwickelung und dem menschlichen Heil entgegenstehende Mächte. Goethe wählt absichtlich die Übersetzung, um den Geist der Verkehrtheit, ja den Geist der Lüge, der jetzt noch im Pudel ist, hinzustellen neben den Geist der Wahrheit. Geht man auf das ein, was an Gefühlen und Empfindungen aus einer solchen Szene herausfließen kann, dann erscheint einem die wunderbare geistige Tiefe, die in diesen Szenen lebt. Alle die Anfechtungen, die ich eben charakterisiert habe, die von dem kommen, was im Pudel steckt, die sich aufbäumen, um die Wahrheit in die Unwahrheit zu entstellen, all das wirkt fort und wirkt gerade hinein in eine Tat des Faust, die einem recht Gelegenheit gibt, Wahrheit in Unwahrheit zu entstellen. Und wie wenig man eigentlich bemerkt, daß Goethe dies gewollt hat, das zeigen heute noch immer die verschiedenen Faust-Erklärer, denn diese Faust-Erklärer – was sagen sie denn gerade über diese Szene? Nun, Sie können es lesen. Da wird gesagt: Goethe ist eben ein Mensch des äußeren Lebens, dem genügt das Wort nicht, er muß das Johannes-Evangelium verbessern, er muß eine richtigere Übersetzung finden, nicht: Im Anfang war das Wort, der Logos, sondern: Im Anfang war die Tat. Das findet Faust nach langem Zögern heraus. Das ist eine tiefe Goethe-Weisheit.

Diese Weisheit ist nicht eine Faust-Weisheit, ist eine echte Wagner-Weisheit, eine richtige Wagner-Weisheit! Geradeso wie jene Weisheit, die so oft und oft betont wird, daß Faust später dem Gretchen gegenüber so schöne Worte über das religiöse Leben sagt: Wer kann ihn nennen, wer bekennen, den Allumfasser, der alles hält und trägt, und so weiter – Gretchen-Weisheit ist! Das, was da Faust dem Gretchen sagt, das ist immer wieder und wieder zitiert worden, und es wird immer wieder und wiederum als eine tiefe Weisheit hingestellt von den Herren, die das zitieren, den Herren Gelehrten:

Wer darf ihn nennen?
Und wer bekennen:
Ich glaub' ihn?
Wer empfinden
Und sich unterwinden
Zu sagen: ich glaub' ihn nicht?
Der Allumfasser,
Der Allerhalter,
Faßt und erhält er nicht
Dich, mich, sich selbst?
Wölbt sich der Himmel nicht da droben?
Liegt die Erde nicht hierunten fest?
Und steigen freundlich blickend
Ewige Sterne nicht herauf?
Schau ich nicht Aug' in Auge dir,
Und drängt nicht alles
Nach Haupt und Herzen dir . . .
und so weiter.

Das, was da Faust sagt, wird als eine tiefe Weisheit oftmals dargestellt! Nun, hätte es Goethe als die allertiefste Weisheit gemeint, so hätte er es nicht Faust in dem Moment in den Mund gelegt, da er das sechzehnjährige Gretchen unterrichten will. Eine Gretchen-Weisheit ist es! Man muß die Dinge nur ernst nehmen. Die Gelehrten sind nur aufgesessen. Sie haben dasjenige, was eine Gretchen-Weisheit ist, für tiefe Philosophie genommen. Und so wird denn auch das, was da als Bibelübersetzung bei Faust auftritt, für eine ganz besonders tiefe Weisheit genommen, während Goethe nichts anderes darstellen will, als, wie Wahrheit und Irrtum den Menschen hin und her werfen, wenn er an eine solche Aufgabe geht. Tief, tief hat Goethe diese zwei Seelen des Faust gerade bei dieser Bibelübersetzung dargestellt.

Geschrieben steht: «Im Anfang war das *Wort*!»

Wir wissen, es ist der griechische Logos. Das steht wirklich im Johannes-Evangelium. Dagegen bäumt sich dasjenige, was durch den Pudel symbolisiert wird, in Faust auf, will ihn nicht zu dem tieferen Sinn des Johannes-Evangeliums kommen lassen. Warum ist gerade das Wort, der Logos, gewählt von dem Schreiber des Johannes-Evangeliums? Weil der Schreiber des Johannes-Evangeliums kennzeichnen will, daß dasjenige, was das Wichtigste ist in der menschlichen Erdenentwickelung, was den Menschen in der Erdenentwickelung äußerlich wirklich zum Menschen macht, nicht sich nach und nach entwickelt hat, sondern in den Urbeginnen da war. Wodurch unterscheidet sich der Mensch von allen übrigen Wesen? Dadurch, daß er sprechen kann, alle übrigen Wesen – Tiere, Pflanzen, Mineralien – nicht. Der Materialist glaubt, daß der Mensch zum Wort, das heißt zur Sprache, zum Logos, der vom Denken durchzittert ist, erst gekommen sei, nachdem er die tierische Entwickelung durchgemacht hat. Das Johannes-Evangelium nimmt die Sache tiefer und sagt: Nein, im Urbeginne war das Wort. Das heißt: Des Menschen Entwickelung ist ursprünglich veranlagt; der Mensch ist nicht bloß im materialistisch-darwinistischen Sinne höchste Spitze der Tierwelt, sondern in den allerersten Absichten der Erdenentwickelung, in den Urbeginnen, im Anfange war das Wort. Und nur dadurch kann der Mensch auf Erden ein Ich entwickeln, wozu die Tiere nicht kommen, daß einverwoben ist das Wort der menschlichen Entwickelung. Das Wort steht geradezu für das Ich des Menschen. Aber gegen diese Wahrheit bäumt sich der Geist, der dem Faust beigegeben ist, der Geist der Unwahrheit, auf, und er muß tiefer herunter, er kann noch nicht verstehen die ganze tiefe Weisheit, die in dem Johannes-Worte liegt.

Hier stock' ich schon!

Aber es ist eigentlich der Pudel, der Hund in ihm, und was im Pudel steckt, was ihn stocken macht. Er kommt nicht höher hinauf, er kommt im Gegenteil tiefer herunter.

Hier stock' ich schon! Wer hilft mir weiter fort?
Ich kann das *Wort* so hoch unmöglich schätzen,
Ich muß es anders übersetzen,
Wenn ich vom Geiste recht erleuchtet bin.

Während er den Mephistopheles an sich herankommen sieht, glaubt er gerade, daß er vom Geist erleuchtet ist; er ist aber vom Geist der Finsternis verfinstert und kommt herunter.

Geschrieben steht: «Im Anfang war der *Sinn*!»

Das ist nicht höher als das Wort. Der Sinn waltet, wie wir leicht nachweisen können, auch im Leben der Tiere, doch das Tier kommt nicht zum menschlichen Worte. Des Sinnes ist der Mensch fähig dadurch, daß er einen astralischen Leib hat. Faust steigt tiefer in sich herunter, vom Ich in den astralischen Leib hinein.

... «Im Anfang war der *Sinn.*»
Bedenke wohl die erste Zeile,
Daß deine Feder sich nicht übereile!

Er glaubt höher zu kommen, aber er kommt tiefer.

Ist es der *Sinn,* der alles wirkt und schafft?

Nein, er steigt noch tiefer hinab von dem astralischen zu dem dichtermateriellen Ätherleibe und schreibt:

... «Im Anfang war die *Kraft*!»

Kraft ist dasjenige, was im Ätherleibe lebt.

Doch, auch indem ich dieses niederschreibe,
Schon warnt mich was, daß ich dabei nicht bleibe.
Mir hilft der Geist!

Der Geist, der in dem Pudel steckt!

Auf einmal seh' ich Rat
Und schreibe getrost: «Im Anfang war die *Tat*!»

Und jetzt ist er beim völligen Materialismus angekommen, jetzt ist er beim physischen Leib, durch den die äußere Tat sich vollzieht.

Wort (Logos)	–	Ich
Sinn	–	Astralleib
Kraft	–	Ätherleib
Tat	–	Physischer Leib

So haben Sie Faust lebend und webend in einem Stück Selbsterkenntnis. Er übersetzt die Bibel falsch, weil die verschiedenen Glieder der menschlichen Wesenheit, die wir so oft besprochen haben – Ich, astralischer Leib, Ätherleib, physischer Leib –, in ihm in chaotischer Weise durch den mephistophelischen Geist zusammenwirken. Jetzt zeigt sich auch, wie diese Triebe walten, denn das äußere Bellen des Pudels ist dasjenige, was sich in ihm gegen die Wahrheit aufbäumt. Er kann noch nicht in seiner Erkenntnis die Weisheit des Christentums erfassen. Das sehen wir an der Art und Weise, wie er Wort, Sinn, Kraft, Tat in Zusammenhang bringt. Aber in ihm lebt schon der Drang, der Trieb zum Christentum. Indem er das, was als der Christus in ihm lebt, lebendig macht, besiegt er den Gegengeist. Er versucht es zunächst mit dem, was er aus der alten Magie erhalten hat. Da weicht der Geist nicht, da zeigt er sich nicht in seiner wahren Gestalt. Die vier Elemente und ihre Geister: Salamander, Sylphe, Undine, Gnomen ruft er auf; das alles beirrt den Geist nicht, der in dem Pudel steckt. Aber als er die Christus-Gestalt aufruft: den freventlich durchstochenen, durch alle Himmel ergossenen – da muß der Pudel seine wahre Gestalt zeigen.

Alles das ist im Grunde Selbsterkenntnis, eine Selbsterkenntnis, die Goethe ganz deutlich macht. Was tritt auf? Ein fahrender Scholast!

Faust übt wirklich Selbsterkenntnis; er steht im Grunde genommen sich selbst gegenüber. Erst haben in der Pudelgestalt die wilden Triebe, die sich gegen die Wahrheit aufgelehnt haben, gewirkt, und jetzt gewissermaßen wird er sich klar, klar-unklar! Der fahrende Scholast steht vor ihm. Es ist aber nur das andere Ich des Faust. Er ist selber nicht viel mehr geworden als ein fahrender Scholast mit all den Irrtümlichkeiten, die im fahrenden Scholasten sind; nur eben derber und gründlicher tritt ihm jetzt, wo er durch seinen Zusammenschluß mit der geistigen Welt die Triebe genauer kennenlernt, der fahrende Scholast, das heißt sein eigenes Selbst, wie er sich es bisher angeeignet hat, entgegen. Faust hat gelernt wie ein Scholast, nur hat er sich dann der Magie ergeben, und durch die Magie ist die Schulweisheit verteufelt worden. Was aus dem alten guten Faust geworden ist, wie er noch ein fahrender Scholast war, das ist er nur dadurch geworden, daß er noch die alte Magie darauf gesetzt hat. In ihm steckt noch der fahrende Scholast: er tritt ihm in verwandelter Gestalt entgegen. Es ist nur das eigene Selbst. Auch dieser fahrende Scholast ist das eigene Selbst. Der Kampf, das alles loszuwerden, was einem da als eigenes Selbst entgegentritt, der ist nun in der weiteren Szene enthalten.

Es ist von Goethe immer versucht, in den verschiedenen Gestalten, mit denen Faust zusammen auftritt, nur das andere Ich des Faust zu zeigen, damit Faust immer mehr und mehr sich selbst erkennt. Vielleicht erinnern sich manche von den Zuhörern, daß ich in früheren Vorträgen auseinandersetzte, wie auch der Wagner in Faust selber darinnensteckt, wie der Wagner auch nur ein anderes Ich des Faust ist. Auch der Mephistopheles ist nur ein anderes Ich. Alles Selbsterkenntnis! An der Welterkenntnis wird Selbsterkenntnis geübt. Aber das alles ist nicht in klarer Geist-Erkenntnis jetzt bei Faust; das alles ist in unklarer, dumpfer, man möchte sagen, doch noch von alter atavistischer Hellseherkunst beeinträchtigter Geist-Seherkraft in Faust enthalten. Es ist nicht geklärt. Es ist nicht helle Erkenntnis, es ist traumhafte Erkenntnis. Das wird uns dargestellt, wie die Traumgeister, die eigentlich Gruppenseelen von all denjenigen Wesen sind, die Mephistopheles begleiten, Faust umgaukeln, und wie er zuletzt erwacht. Und da läßt Goethe Faust ganz klar und deutlich sagen:

Bin ich denn abermals betrogen?
Verschwindet so der geisterreiche Drang,
Daß mir ein Traum den Teufel vorgelogen,
Und daß ein Pudel mir entsprang?

Goethe gebraucht schon die Methode, immer wieder und wiederum auf die Wahrheit hinzudeuten. Daß er es eigentlich als Innenerlebnis des Faust meint, das ist in diesen vier Zeilen deutlich genug ausgesprochen. Auch diese Szene zeigt uns, wie Goethe rang nach Erkenntnis des Überganges der alten Zeit in die neue, in der er selbst lebte, des vierten nachatlantischen Zeitraums in den fünften nachatlantischen Zeitraum. Die Grenze ist im 14., 15., 16. Jahrhundert. Wer im heutigen Denken lebt, der kann sich, wenn er nicht besondere Studien macht, keine gute Vorstellung machen von der Seelenentwickelung vergangener Jahrhunderte, so sagte ich vorhin. Und zu Fausts Zeiten waren nur noch die Trümmer vorhanden. Wir erleben es oft, daß heute die Menschen nicht zu der neueren Geistesforschung, wie wir sie anstreben, herankommen wollen, sondern die alte Weisheit wieder aufwärmen wollen. Wie mancher glaubt, wenn er dasjenige, was die Alten besessen haben, wieder aufwärmt bei sich, dadurch zu einer tieferen, magisch-mystischen Weisheit über die Natur zu kommen! Zwei Unfuge, möchte ich sagen, stehen da allem geistigen Streben der Menschen ungemein nahe. Das erste ist, daß die Menschen alte, uralte Bücher sich kaufen und studieren und nun höher schätzen als die neuere Wissenschaft. Sie schätzen sie meist nur deshalb höher, weil sie sie nicht verstehen, weil die Sprache wirklich schon nicht mehr verstanden werden kann. Das ist der eine Unfug, daß man immer wieder und wiederum mit dem zum Kauderwelsch gewordenen Inhalt der alten Bücher kommt, wenn man von Geistesforschung reden will. Das andere ist, daß man möglichst den neueren Bestrebungen alte Namen geben will und sie sich damit geheiligt hat. Sehen Sie sich manche, die sich okkulte oder geheime oder sonstige Gesellschaften nennen, an. Ihr ganzes Bestreben geht dahin, möglichst weit sich zurückzudatieren, möglichst viel zu erklären über eine legendarische Vergangenheit, in alten Namengebungen sich zu gefallen. Das ist der zweite Unfug. All das braucht man nicht mitzumachen, wenn man wirklich die Bedürfnisse und Impulse unserer Zeit und der notwendigen Zukunft durchschaut. Man kann jedes beliebige Buch aufschlagen aus der Zeit, wo noch gewissermaßen Traditionen vorhanden waren. Da sieht man aus der Art und Weise, wie dargestellt wird, daß Hinterlassenschaften, Traditionen von einer alten Urweisheit vorhanden waren, welche die Menschheit besessen hat, daß aber diese Weisheit in Verfall geraten war. Die Ausdrucksweise, alles ist noch da, sogar ziemlich spät noch da.

Es steht mir gerade ein Buch zur Verfügung, das gedruckt ist im Jahre 1740, also sogar erst im 18. Jahrhundert. Ich will eine kleine Stelle daraus vorlesen, eine Stelle, der gegenüber man sicher sein kann, daß mancher, der heute geistige Wissenschaft sucht, wenn solch eine Stelle an ihn herantritt, sagt: Abgrundartige, tiefe Weisheit! Oh, was ist darinnen alles enthalten! – Es gibt sogar dann manche, die glauben, daß sie eine solche Stelle verstehen. Nun, ich will Ihnen zunächst vorlesen die Stelle, die ich meine:

«Die Crone des Königes soll von reinem Golde sein, und eine keusche Braut soll ihm vermählet werden. Darum, so du durch unserer Cörper wirken willt, so nimm den geitzigen grauen Wolff, so seines Namens halben dem streitigen Marti unterworffen, von Gebuhrt aber ein Kind des alten Saturni ist, so in den Thälern und Bergen der Welt gefunden wird, und mit großem Hunger besessen, und wirf ihm für den Leib des Königes, daß er daran seine Zehrung haben möge.»

So hat man in alten Zeiten diese chemischen Vorgänge, die man eingerichtet hat, benannt, hat gesprochen von gewissen chemischen Vorgängen, auf die Faust auch anspielt, wenn er davon spricht, wie ein roter Leu vermählt wird der Lilie im Glase und so weiter. Es ist nicht ordentlich, zu spotten über diese Dinge aus dem einfachen Grunde, weil die Art und Weise, die heute die Chemie spricht, für die Leute, die später kommen, wieder geradeso klingen wird, wie das für uns. Aber klar sollen wir uns sein, daß das auch entstanden ist sogar schon in einer sehr späten Verfallzeit. Hingedeutet wird auf einen «grauen Wolff». Mit diesem «grauen Wolff» ist ein gewisses Erz gemeint, das man in den Bergen überall findet und das einer gewissen Prozedur unterworfen wird. «König» nannte man einen gewissen Zustand von Substanzen. Und dasjenige, was hier erzählt wird, soll auf eine gewisse

Hantierung hindeuten. Man nahm das graue Erz, behandelte es in einer gewissen Weise. Dieses graue Erz nannte man den «geitzigen grauen Wolff», das andere den «goldenen König», wo das Gold, nachdem es in einer gewissen Weise behandelt wurde, der «goldene König» war. Und da entstand eine Verbindung. Diese Verbindung beschreibt der Verfasser so noch: «Und wenn er den König verschlungen ...»

Also es entsteht das, daß der «graue geitzige Wolff», das heißt, das graue Erz, das in den Bergen gefunden war, sich mit dem goldenen König – das ist ein gewisser Zustand des Goldes, nachdem es chemisch behandelt worden ist – verschmolzen hat. Da ist das Gold verschwunden in das graue Erz hinein. Er stellt es dar: «Und wenn er den König verschlungen, so mache ein gross Feuer, und wirff den Wolff darein ...» Also der Wolf, der das Gold aufgefressen hat, den goldenen König, wird in das Feuer geworfen. «Daß er gantz und gar verbrenne, so wird der König wieder erlöset werden.» Das Gold kommt wiederum zum Vorschein!

«Wenn das dreymal geschiehet, so hat der Löwe den Wolff überwunden und wird nichts mehr an ihm zu verzehren finden, so ist dann unser Leib vollkommen zum Anfang unsers Werkes.»

Also er macht auf diese Weise irgend etwas. Wollte man wissen, was er macht, so müßte man diese Prozeduren sehr ausführlich beschreiben, namentlich wie der goldene König gemacht wird; aber es läßt sich das hier nicht beschreiben. Diese Prozeduren werden heute auch nicht mehr ausgeführt. Aber was verspricht sich denn der Mann? Er verspricht sich etwas, was durchaus nicht ganz aus der Luft gegriffen ist, denn er hat jetzt etwas gemacht. Wozu hat er denn das eigentlich gemacht? Das heißt, derjenige, der das hat drucken lassen, wird es wohl gar nicht mehr gemacht haben, sondern er hat es alten Büchern nachgeschrieben. Aber wozu ist das gemacht worden in der Zeit, als man die Dinge noch verstanden hat? Das können Sie aus dem folgenden ersehen:

«Und wisse, dass dieses nur allein der rechte Weg ist hiezu, tüchtig unsere Cörper zu reinigen, denn der Leo säubert sich durch das Geblüte des Wolffs, und des Geblüts Tinctur freuet sich wunderbarlich mit der Tinctur des Löwens, denn ihr beyder Geblüt sind in der Gesippschafft naher Verwandnus.»

Also jetzt lobt er das, was er hat entstehen lassen. Eine Art Arzenei hat er bekommen.

«Und wann sich der Löwe ersättiget hat, ist sein Geist stärcker worden denn zuvor, und seine Augen geben einen stoltzen Glantz von sich wie die helle Sonne.»

Das ist alles die Eigenschaft dessen, was er da in der Retorte darinnen hat!

«Sein inners Wesen vermag denn viel zu thun, und ist nützlich zu alle dem, dazu man ihn erfordert, und so er in seine Bereitschaft gebracht wird, so danken ihm die Menschenkinder, mit schweren herfallenden Kranckheiten und mehrern Seuchen beladen, die zehen aussätzigen Männer lauffen ihm nach und begehren zu trincken von dem Blut seiner Seelen, und alle, so Gebrechen haben, erfreuen sich höchlich seines Geistes; denn wer von diesem güldenen Brunnen trinckt, empfindet eine gantze Erneuerung der Natur, Hinnehmung des Bösens, Stärcke des Geblüts, Krafft des Hertzens und eine vollkommene Gesundheit aller Glieder.»

Sie sehen, es ist hingedeutet darauf, daß man es mit einer Arzenei zu tun hat, aber es ist hier auch hinlänglich darauf hingedeutet, daß das etwas zu tun hat auch mit dem, was als moralische Eigenschaft des Menschen auftritt. Denn natürlich, nimmt es derjenige, der gesund ist, in der entsprechenden Menge, dann tritt das auf, was der da beschreibt. So meint er es, und so ist es auch bei den Alten gewesen, die noch etwas von den Dingen verstanden haben.

«Denn wer von diesem güldenen Brunnen trinckt, empfindet eine gantze Erneuerung der Natur.»

Also er hat gestrebt durch diese Kunst, die er da beschrieben hat, nach einer Tinktur, durch die wirkliche Lebensregung in den Menschen hineinkommt:

«Kraft des Hertzens, Stärcke des Geblüts und eine vollkommene Gesundheit aller Glieder, sie seynd innen beschlossen, oder ausser dem Leibe empfindlich: denn es eröffnet alle Nervos und Poros, damit das Böse kan ausgetrieben werden, und das Gute dero Stäte ruhiglich bewohnen kan.»

Ich habe dieses zunächst vorgelesen, um zu zeigen, wie schon selbst noch in diesen Trümmern einer alten Weisheit ein Niederschlag zu bemerken ist von dem, was man in alten Zeiten anstrebte. Man hat angestrebt, durch äußerliche Mittel, die man sich aus der Natur hergestellt hat, den Körper anzuregen, das heißt, gewisse Tüchtigkeiten nicht bloß durch inneres, moralisches Streben zu erlangen, sondern durch Mittel der Natur selber, die man sich hergestellt hat. Halten Sie das einmal einen Augenblick fest, denn da werden wir auf etwas Wichtiges geführt, was unseren Zeitraum unterscheidet von früheren Zeiträumen. Es ist heute durchaus billig, über den alten Aberglauben zu spotten, denn dann handelt man sich dafür ein, daß man vor der ganzen Welt als ein gescheiter Mensch gilt, während man sonst nicht als ein gescheiter Mensch gilt, wenn man in uraltem Wissen etwas Vernünftiges sieht. Etwas, was sogar der Menschheit verlorengegangen ist und verlorengehen mußte aus gewissen Gründen, weil in diesem Streben der alten Zeit die Menschen niemals hätten zur Freiheit kommen können. Aber sehen Sie, Sie finden in alten Büchern, die jetzt in ältere Zeiten zurückgehen als dieser Schmöker, der eben einer sehr späten Verfallzeit angehört, Sie finden in alten Büchern, was Sie gut kennen: Sonne und Gold mit einem gemeinsamen Zeichen, mit diesem Zeichen: ⊙; Sie finden Mond und Silber mit diesem Zeichen: ☾. Für den heutigen Menschen ist dieses Zeichen angewendet auf Gold und Sonne, und dieses Zeichen angewendet auf Mond und Silber, für Seelenfähigkeiten, die der heutige Mensch notwendigerweise hat, natürlich ein voller Unsinn. Es ist ein voller Unsinn, wie in der Literatur, die sich oftmals auch eine «esoterische» Literatur nennt, über diese Dinge gesprochen wird, denn man hat meistens gar nicht die Mittel zu erkennen, warum in alten Zeiten Sonne und Gold und Mond und Silber mit dem gleichen Zeichen bezeichnet worden ist.

Gehen wir einmal aus von Mond und Silber mit diesem Zeichen: ☾. Wenn wir zurückgehen noch in die Zeit, sagen wir, ein paar Jahrtausende vor dem Mysterium von Golgatha, vor der christlichen Zeitrechnung, dann haben die Menschen nicht nur die Fähigkeiten besessen, die schon in Trümmern waren zu der Zeit, als solche Dinge entstanden sind, sondern sie haben noch höhere Fähigkeiten besessen. Wenn ein Mensch der ägyptisch-chaldäischen Kultur Silber gesagt hat, so hat er zunächst nicht dasjenige gemeint, was wir meinen, wenn wir Silber sagen. Wenn der Mensch in seiner damaligen Sprache das Wort gebraucht hat, das für ihn Silber bedeutet hat, so hat er das ganz anders angewendet. Solch ein Mensch hat innere Fähigkeiten gehabt, und er hat eine gewisse Art der Kraftwirksamkeit gemeint, die sich nicht bloß in einem Stückchen Silber findet, sondern die sich im Grunde über die ganze Erde ausbreitet. Er wollte sagen, wir leben in Gold, wir leben in Kupfer, wir leben in Silber. Gewisse Arten von Kräften hat er gemeint, die da leben, und die insbesondere stark ihm entgegenströmten vom Monde. Und das hat er im gröbsten materiellen Sinne sensitiv, fein auch in dem Stückchen Silber empfunden. Er hat wirklich dieselben Kräfte vom Monde ausströmend, aber auch auf der ganzen Erde gefunden, und besonders ins Materielle umgesetzt in dem Stückchen Silber. Nun, der heutige aufgeklärte Mensch sagt: Ja, Mond – der leuchtet so silberweiß, da hat man halt geglaubt, daß er aus Silber besteht. – So war es nicht, sondern ein heute verlorengegangenes, inneres Seelenerlebnis hatte man beim Mond, was in der ganzen Erdensphäre als Kraft lebte, und – ins Materielle umgesetzt – bei dem Stückchen Silber. Es mußte also die Kraft, die im Silber steckt, gewissermaßen über die ganze Erde ausgebreitet sein. Heute sieht das der Mensch natürlich als einen kompletten Blödsinn an, wenn man ihm das sagt, und dennoch ist es nicht im Sinne der heutigen Wissenschaft ein kompletter Unsinn. Es ist gar kein Unsinn, durchaus kein Unsinn, denn ich will Ihnen eines sagen, was heute die Wissenschaft weiß, wenn sie es auch nicht immer sagt. Die heutige Wissenschaft weiß, daß etwas über vier Pfund Silber, fein verteilt, enthalten ist in einem Körper, aus dem Weltenmeere herausgeschnitten gedacht in Würfelform, der eine englische Seemeile lang ist, so daß im gesamten Weltenmeere, das die Erde umgibt, zwei Millionen Tonnen Silber, fein verteilt, enthalten sind. Dies ist einfach eine wissenschaftliche Wahrheit, die auch heute geprüft werden kann. Das Weltenmeer enthält zwei Millionen Tonnen Silber, fein verteilt, in äußerster Homöopathie, könnte man sagen. Es ist wirklich das Silber ausgebreitet über die Erde hin. Heute muß man das dadurch konstatieren, wenn man es mit normalem Wissen konstatiert, daß man eben Meerwasser schöpft und mit allen möglichen minuziösen Untersuchungen methodisch prüft; aber dann findet man eben mit den Mitteln der heutigen Wissenschaft, daß zwei Millionen Tonnen Silber im Weltenmeere enthalten sind. Diese zwei Millionen Tonnen Silber sind darinnen nicht etwa so enthalten, daß sie sich irgendwie aufgelöst haben oder ähnliches, sondern die gehören dem Weltenmeere an; die gehören zu seiner Natur und Wesenheit. Und das wußte die alte Weisheit; das wußte sie durch die noch vorhandenen feinen, sensitiven Kräfte, die vom alten Hellsehen herrühren. Und sie wußte, daß, wenn man sich die Erde denkt, man sich diese Erde nicht bloß zu denken hat so, wie die heutige Geologie sie sich denkt, sondern daß eben in dieser Erde in feinster Weise Silber aufgelöst ist.

Ich könnte jetzt weitergehen, könnte zeigen, wie auch Gold aufgelöst ist, wie alle diese Metalle – außer dem, daß sie materiell da oder dort abgelagert sind – in feiner Auflösung wirklich enthalten sind. Die alte Weisheit hatte also nicht Unrecht, als sie von Silber sprach. Das ist in der Erdensphäre enthalten. Als Kraft aber kannte man es, als gewisse Arten von Kraft. Andere Kräfte enthält die Silbersphäre, andere Kräfte die Goldsphäre und so weiter. Man wußte viel mehr noch von dem, was da als Silber ausgebreitet ist in der Erdensphäre; und man wußte, daß in diesem Silber die Kraft liegt, welche bewirkt Ebbe und Flut, weil eine gewisse belebende Kraft dieses ganzen Erdenkörpers in diesem Silber liegt, beziehungsweise identisch ist mit diesem Silber. Ebbe und Flut würden gar nicht entstehen; diese eigentümliche Bewegung der Erde wird ursprünglich angefacht von dem Silbergehalt. Das hat nichts mit dem Mond zu tun; aber der Mond hat mit derselben Kraft zu tun. Daher treten Ebbe und Flut in gewisser Beziehung mit den Mondbewegungen auf, weil beide, Mondbewegungen und Ebbe und Flut, von demselben Kräftesystem abhängig sind. Und die liegen in dem Silbergehalt des Weltenalls.

Man kann, selbst ohne hellseherische Erkenntnisse, bloß auf solche Dinge eingehen, und man wird mit einer Sicherheit des Beweises, der auf keinem Gebiete der Wissenschaft sonst erreicht wird als höchstens in der Mathematik, nachweisen können, daß es eine alte Wissenschaft gegeben hat, die solche Dinge wußte, die solche Dinge gut kannte. Und mit solchem Kennen und Können hing zusammen, was alte Weisheit war, jene Weisheit, die wirklich die Natur beherrschte, und die erst wiederum errungen werden muß durch Geistesforschung von der Gegenwart in die Zukunft hinein. Wir leben gerade in dem Zeitalter, in dem eine alte Art der Weisheit verlorengegangen ist, und eine neue Art der Weisheit erst heraufkommt. Was hatte diese alte Weisheit im Gefolge? Sie hatte das im Gefolge, was ich schon angedeutet habe. Man konnte wirklich, wenn man also die Geheimnisse des Weltenalls kannte, den eigenen Menschen tüchtiger machen. Denken Sie, durch äußere Mittel konnte man den Menschen tüchtiger machen! Also die Möglichkeit war vorhanden, daß ein Mensch einfach dadurch, daß er sich gewisse Substanzen herstellte und diese in entsprechender Menge zu sich nahm, Fähigkeiten sich aneignete, von denen wir heute mit Recht annehmen, daß der Mensch sie nur als angeborene Fähigkeiten haben kann, als Genie, als Talent und so weiter. Nicht dasjenige, was der Darwinismus phantastisch träumt, ist im Anfange der Erdenentwickelung, sondern solche Möglichkeit, die Natur zu beherrschen und dem Menschen selbst moralische und geistige Fähigkeiten zu geben aus der Behandlung der Natur heraus. Sie werden es nun begreiflich finden, daß man daher die Behandlung der Natur in ganz bestimmten Grenzen halten mußte: deshalb die Geheimnisse der urältesten Mysterien. Wer solche Erkenntnisse, die wirklich etwas mit diesen Naturgeheimnissen zu tun hatten, die nicht bloß Begriffe und Ideen und Empfindungen waren, nicht bloß Glaubensvorstellungen, wer solche Erkenntnisse erlangen sollte, der mußte zuerst sich als vollkommen dazu geeignet erweisen, nichts, aber auch gar nichts mit diesen Kenntnissen für sich selber machen zu wollen, sondern lediglich diese Erkenntnisse, diese Tüchtigkeiten, die er sich durch diese Erkenntnisse aneignete, im Dienste der sozialen Ordnung anzuwenden. Daher wurden diese Erkenntnisse, sagen wir, in den ägyptischen Mysterien so geheimgehalten. Die Vorbereitung bestand darinnen, daß derjenige, dem solche Erkenntnis übermittelt wurde, eine Garantie dafür abgab, daß er das Leben, das er vorher führte, in genau derselben Weise weiterführte, daß er nicht den geringsten Vorteil sich verschaffte, sondern die Tüchtigkeit, die er von jetzt ab erlangte durch die Behandlung der Natur, bloß in dem Dienst der sozialen Ordnung geltend machte. Unter dieser Voraussetzung hat man einzelne zu Eingeweihten werden lassen, die dann jene alte Kultur leiteten, deren Wunderwerke zu sehen sind und die nicht verstanden werden, weil man nicht weiß, woraus sie erflossen sind.

Aber die Menschheit hätte so niemals frei werden können. Man hätte sozusagen den Menschen durch Natureinflüsse zum Automaten machen müssen. Ein Zeitalter mußte heraufkommen, wo der Mensch durch bloße innere moralische Kräfte wirkte. So wird sozusagen verhüllt vor ihm die Natur, weil er sie entweiht hätte, indem in der neuen Zeit seine Triebe freigelassen wurden. Und am meisten sind seine Triebe freigelassen worden seit dem 14., 15. Jahrhundert. Daher verglimmt die alte Weisheit, da bleibt nur mehr eine Buchweisheit, die nicht verstanden wird. Denn niemand würde sich heute abhalten lassen, wenn er solche Dinge wirklich verstünde, wie nur den Satz, den ich Ihnen vorgelesen habe, diese Dinge zu seinem eigenen Vorteil zu gebrauchen. Das aber würde die schlimmsten Triebe in der menschlichen Gesellschaft hervorrufen, schlimmere Triebe, als jenes tastende Fortschreiten hervorbringt, das man heute wissenschaftliche Betriebe nennt, wo man so im Laboratorium, ohne daß man in die Dinge hineinsehen kann, herauskriegt: dieser Stoff berührt den andern in dieser Weise, – wo man, ohne in die Dinge hineinzusehen, etwas herauskriegt – nun, wie jetzt der Inhalt der Chemie ist. Man laviert so fort. Und Geisteswissenschaft wird erst wieder den Weg finden müssen hinein in die Geheimnisse der Natur. Aber zu gleicher Zeit wird sie eine soziale Ordnung begründen müssen, die ganz anders ist als die heutige soziale Ordnung, so daß der Mensch erkennen kann, was die Natur im Innersten zusammenhält, ohne deshalb zum Kampf der wildesten Triebe verführt zu werden.

Es ist Sinn und es ist Weisheit in der menschlichen Entwickelung, und das suchte ich jetzt schon durch eine ganze Reihe von Vorträgen Ihnen zu beweisen. Das, was geschieht in der Geschichte, geschieht – wenn auch oft durch so zerstörerische Kräfte als möglich – doch so, daß ein Sinn durch das geschichtliche Werden hindurchgeht, wenn es auch oftmals nicht der Sinn ist, den der Mensch sich erträumt, und wenn der Mensch auch viel leiden muß durch die Wege, welche der Sinn der Geschichte oftmals geht. Durch alles, was im Laufe der Zeit geschieht – es geschieht ja gewiß so, daß das Pendel manchmal nach dem Bösen, manchmal nach dem weniger Bösen ausschlägt –, werden aber doch durch dieses Ausschlagen gewisse Gleichgewichtslagen erreicht. Und so war denn auch bis ins 14., 15. Jahrhundert – wenigstens einzelnen – eine gewisse Summe von Naturkräften bekannt, deren Kenntnis verlorengegangen ist, weil die Menschen der neueren Zeit nicht die richtige Gesinnung dazu haben würden.

Sehen Sie, so schön ist das in dem Symbole beschrieben, das die Naturkraft in der ägyptischen Legende von der Isis ausdrückt. Dieses Isis-Bild, was für einen ergreifenden Eindruck macht es uns, wenn wir es uns vorstellen, wie es dasteht in Stein, aber – im Stein zugleich – der Schleier von oben bis unten: das verschleierte Bild zu Sais. Und die Inschrift trägt es: Ich bin die Vergangenheit, die Gegenwart und die Zukunft; meinen Schleier hat noch kein Sterblicher gelüftet. – Das hat wiederum zu einer ungemein gescheiten – obwohl sehr gescheite Leute diese gescheite Erklärung aufgenommen haben, muß es doch einmal gesagt werden –, zu einer sehr gescheiten Erklärung geführt. Man sagt da: Die Isis drückt also aus das Symbolum für die Weisheit, die vom Menschen nie erreicht werden kann. Hinter diesem Schleier ist eine Wesenheit, die ewig verborgen bleiben muß, denn der Schleier kann nicht gelüftet werden. Und doch ist die Inschrift diese: Ich bin die Vergangenheit, die Gegenwart und die Zukunft; meinen Schleier hat noch kein Sterblicher gelüftet. – Alle die gescheiten Leute, die also sagen, man kann das Wesen nicht ergründen, sie sagen logisch ungefähr dasselbe, wie wenn einer sagt: Ich heiße Müller, meinen Namen wirst du nie erfahren. – Es ist ganz genau dasselbe, was Sie immer über dieses Bild reden hören, wie wenn einer sagt: Ich heiße Müller, meinen Namen wirst du nie erfahren. – Wenn man das: Ich bin die Vergangenheit, die Gegenwart und die Zukunft; meinen Schleier hat noch kein Sterblicher gelüftet – so auslegt, ist natürlich diese Auslegung ein völliger Unsinn. Denn es steht ja da, was die Isis ist: Vergangenheit, Gegenwart und Zukunft – die dahinfließende Zeit! Wir werden morgen noch genauer über diese Dinge reden. Es ist die dahinfließende Zeit. Aber ganz etwas anderes, als was diese sogenannte geistvolle Erklärung will, ist ausgedrückt in den Worten: Meinen Schleier hat noch kein Sterblicher gelüftet. – Ausgedrückt ist, daß man sich dieser Weisheit nähern muß wie denjenigen Frauen, die den Schleier genommen hatten, deren Jungfräulichkeit bestehen bleiben mußte: in Ehrfurcht, mit einer Gesinnung, die alle egoistischen Triebe ausschließt. Das ist gemeint. Sie ist wie eine verschleierte Nonne, diese Weisheit früherer Zeit. Auf die Gesinnung wird hingedeutet durch die Sprache von diesem Schleier.

Und so handelte es sich darum, daß in den Zeiten, in denen uralte Weisheit lebendig war, die Menschen sich dieser Weisheit in der entsprechenden Weise näherten, respektive gar nicht zugelassen wurden, wenn sie sich ihr nicht in der entsprechenden Weise näherten. Aber der Mensch mußte sich selbst überlassen sein in der neueren Zeit. Da konnte er nicht diese Weisheit der alten Zeit, die Weisheitsformen der alten Zeit, haben. Die Kenntnis gewisser Naturkräfte ging verloren, jener Naturkräfte, die nicht erkannt werden können, ohne daß man sie im Inneren erfährt, ohne daß man sie innerlich zugleich lebt. Und in dem Zeitalter, in dem, wie ich Ihnen vor acht Tagen auseinandergesetzt habe, der Materialismus einen gewissen Höhepunkt erlangte, im 19. Jahrhundert, kam eine Naturkraft herauf, die in ihrer besonderen Eigenart dadurch charakterisiert ist, daß jeder heute sagt: Die Naturkraft haben wir, aber verstehen kann man sie nicht, für die Wissenschaft ist sie verborgen. – Sie wissen, wie gerade die Naturkraft der Elektrizität in menschliche Verwendung kam; und die elektrische Kraft ist eine solche, daß der Mensch sie durch seine normalen Kräfte im Inneren nicht erleben kann, daß sie im Äußeren bleibt. Und mehr, als man glaubt, ist dasjenige, was im 19. Jahrhundert groß geworden ist, durch die Elektrizität groß geworden. Es wäre ein leichtes, zu zeigen, wieviel, wie unendlich viel von der elektrischen Kraft abhängt in unserer gegenwärtigen Kultur, wieviel mehr noch in der Zukunft abhängen wird, wenn die elektrische Kraft durch die moderne Art, ohne in das Innere einzugehen, verwendet werden wird. Viel mehr noch! Aber gerade die elektrische Kraft ist eine solche, die an die Stelle der alten, gekannten Kraft gesetzt worden ist in der menschlichen Kulturentwickelung, und an der der Mensch heranreifen soll in moralischer Beziehung. Heute denkt er bei ihrer Anwendung nicht an irgendeine Moral. Weisheit ist in der fortlaufenden geschichtlichen Entwickelung der Menschheit. Der Mensch wird heranreifen, indem er eine Zeitlang noch tiefere Schädigungen – Schädigungen sind ja, wie unsere Tage zeigen, genügend da –, indem er noch tiefere Schädigungen in seinem niedern Ich-Träger, dem wüsten Egoismus, entfalten kann. Hätte der Mensch noch die alten Kräfte, so wäre das ganz ausgeschlossen. Gerade die elektrische Kraft als Kulturkraft macht das möglich; die Dampfkraft in einer gewissen Weise auch, aber da ist es noch weniger der Fall.

Nun steht die Sache so, daß, wie ich Ihnen früher einmal auseinandersetzte, das erste Siebentel unseres Kulturzeitraumes, der bis ins vierte Jahrtausend dauern wird, vorbei ist. Der Materialismus hat einen gewissen Hochpunkt erreicht; die sozialen Formen, in denen wir leben, die ja zu solch traurigen Ereignissen in unseren Jahren geführt haben, sind wirklich so, daß sie nicht mehr fünfzig Jahre die Menschheit tragen werden, ohne daß eine gründliche Änderung der menschlichen Seelen geschieht. Das elektrische Zeitalter ist für den, der die Weltentwickelung geistig durchschaut, zu gleicher Zeit eine Aufforderung, eine geistige Vertiefung, eine wirkliche geistige Vertiefung zu suchen. Denn zu jener Kraft, die unbekannt im Äußeren bleibt für die Sinnesbeobachtung, muß die geistige Kraft hinzukommen in die Seelen, die im tiefsten Inneren so verborgen ruht wie die elektrischen Kräfte, die auch erst erweckt werden müssen. Denken Sie sich, wie geheimnisvoll die elektrische Kraft ist; sie wurde erst durch *Galvani, Volta* aus ihren geheimen Verborgenheiten herausgeholt. So geheim verborgen ruht auch dasjenige, was in den menschlichen Seelen sitzt, und was die Geisteswissenschaft erforscht. Beide müssen zueinander kommen wie Nord- und Südpol. Und so wahr, wie die elektrische Kraft heraufgezogen ist als die in der Natur verborgene Kraft, so wahr wird heraufziehen die Kraft, die in der Geisteswissenschaft gesucht wird als die in der Seele verborgene Kraft, die dazugehört; wenn auch heute noch vielfach die Menschen vor dem, was Geisteswissenschaft will, so stehen – nun, wie ungefähr einer gestanden haben würde in der Zeit, wo eben Galvani, Volta die Frösche präpariert und bemerkt hatten an dem Zucken des Schenkels, daß da eine Kraft wirkt in diesem zuckenden Froschschenkel. Hat da die Wissenschaft gewußt, daß in diesem Froschschenkel alles lag von Berührungselektrizität, alles, was heute an Elektrizität bekannt ist? Denken Sie sich in die Zeit hinein, wo Galvani in seinem einfachen

Versuchshaus gewesen ist und seinen Froschschenkel zum Fensterhaken hinaushängt, und dieser zu zucken beginnt, und er zum ersten Male dies feststellte! Es handelt sich da nicht um Elektrizität, nicht wahr, die erregt ist, sondern um Berührungselektrizität. Als Galvani das zum ersten Male feststellte, konnte er da annehmen, mit der Kraft, mit der da der Froschschenkel angezogen wird, wird man einmal Eisenbahnen über die Erde befördern, mit der wird man einmal den Gedanken um den Erdball herumkreisen lassen? Es ist noch nicht so sehr lange her, daß Galvani an seinen Froschschenkeln diese Kraft beobachtet hat. Einen, der dazumal schon sich versprochen hätte, was alles aus dieser Erkenntnis fließen wird, den hätte man gewiß für einen Narren angesehen. So kam es denn auch so, daß man heute denjenigen für einen Narren ansieht, der die ersten Anfänge einer geistigen Wissenschaft darzustellen hat. Es wird eine Zeit kommen, wo dasjenige, was von Geisteswissenschaft ausgeht, ebenso bedeutsam sein wird für die Welt – aber jetzt die moralische, geistig-seelische Welt – wie dasjenige, was von dem Galvani-Froschschenkel ausgegangen ist, für die materielle Welt, für die materielle Kultur. So vollziehen sich die Fortschritte in der Menschheitsentwickelung. Nur wenn man auf solche Dinge achtet, dann entwickelt man auch den Willen, mitzugehen mit dem, was erst in den Anfängen sein kann. Hat die andere Kraft, die elektrische Kraft, die aus ihrer Verborgenheit gezogen worden ist, bloß eine äußere materielle Kulturbedeutung und nur mittelbar eine Bedeutung für die moralische Welt, so wird dasjenige, was aus der Geisteswissenschaft kommt, die größte soziale Bedeutung haben. Denn die sozialen Ordnungen der Zukunft werden geregelt werden durch das, was Geisteswissenschaft den Menschen geben kann. Und alles dasjenige, was äußere materielle Kultur sein wird, wird in mittelbarer Weise ebenfalls von dieser Geisteswissenschaft angeregt werden. Darauf kann ich heute am Schlusse nur hinweisen.

Wir wollen dann morgen das Bild des Faust, das wir heute gesehen haben, der noch halb in der alten, aber halb schon in der neueren Zeit drinnen steht, wie ich Ihnen heute gesagt habe, zu einer Art von Weltanschauungsbild noch erweitern.

DIE «ROMANTISCHE WALPURGISNACHT»

Dornach, 10. Dezember 1916

Ich möchte Ihnen nur einige Bemerkungen machen über die «Walpurgisnacht», die wir gestern gespielt haben und morgen wieder spielen werden, weil es mir doch von Bedeutung scheint, eine richtige Vorstellung davon zu haben, wie sich diese «Walpurgisnacht» hineinstellt in den Fortgang und Gesamtzusammenhang der Faust-Dichtung. Es ist merkwürdig, daß, nachdem Faust Gretchen ins Unglück gebracht hat so weit, daß die Mutter durch Gift – durch den Schlaftrunk – zugrunde gegangen ist, nachdem der Bruder erschlagen worden ist durch die gemeinsame Schuld von Faust und Gretchen, Faust flieht und gewissermaßen Gretchen vollständig im Stiche läßt und nichts weiß von alledem, was vorgeht.

Solch eine Sache hat natürlich nicht geringen Eindruck gemacht auf diejenigen, die gerade mit einer gewissen Liebe die Faust-Dichtung betrachtet haben. Und ich will Ihnen nur die Worte *Schröers* vorlesen, der sicher den «Faust» mit einer ungeheuren Liebe betrachtet hat. Sie können über ihn in meinem letzten Buche «Vom Menschenrätsel» lesen. Karl Julius Schröer sagt über die «Walpurgisnacht»: «Es ist anzunehmen, daß Faust, von Mephisto fortgerissen, geflohen sei. Er ließ Gretchen im Jammer zurück. Ihre Mutter war tot, ihr Bruder erschlagen. Unmittelbar nach diesem Ereignis folgte ihre Entbindung. Sie verfiel in Wahnsinn, ertränkte ihr Kind und irrte umher, bis sie eingefangen und in den Kerker geworfen wurde.

Obwohl Faust alles, was nach dem Tode Valentins mit Gretchen geschah, nicht wissen konnte, so war er doch unter solchen Umständen geschieden, daß es ganz unnatürlich scheinen muß, ihn so wie hier – den zweiten Tag darauf? – als behaglichen Spaziergänger auf dem Blocksberge zu sehen. So erscheint er uns nämlich in den Worten Vs. 3838 ff. Es ist ersichtlich, daß auch die Walpurgisnacht nicht in vollem Zusammenhange mit dem Ganzen gedichtet ist. Der Dichter ist aus allem Pathos offenbar heraus und steht dem Stoff mit einer Anwandlung von

Ironie gegenüber. Der allgemeine Grundgedanke, der den Auftritt mit dem Ganzen verbindet, ist deutlich. Mephistopheles führt Faust mit sich fort auf den Blocksberg, um ihn zu betäuben und Gretchen vergessen zu machen; die Liebe in Faust ist aber stärker, als Mephistopheles begreifen kann. Der Hexenspuk zieht ihn nicht an: das Bild Gretchens taucht in ihm auf mitten in dem wüsten Taumel. – Dieser Gedanke tritt, freilich nicht kräftig genug, hervor, und die ganze Walpurgisnacht erscheint im Verhältnis zur dramatischen Handlung viel zu groß. Sie war zu einem selbständigen Ganzen geworden, das noch obendrein durch den angeschlossenen Walpurgisnachtstraum übermäßig erweitert wird. Dies gilt natürlich nur vor der Walpurgisnacht als Bestandteil der Tragödie.»

Also selbst ein Mann, der den «Faust» sehr lieb hat, kann sich nicht eigentlich einverstanden erklären damit, daß zwei Tage, nachdem das große Unglück geschehen war, Faust als rüstiger Spaziergänger mit Mephistopheles zusammen auf dem Blocksberg erscheint.

Nun möchte ich zunächst rein äußerlich dem aber entgegenstellen, daß die «Walpurgisnacht» zu den reifsten Teilen der Faust-Dichtung gehört. Sie ist geschrieben 1800 bis 1801. *Goethe* hat als ganz junger Mann am «Faust» zu schreiben begonnen, so daß wir zurückgehen können in den Anfang der siebziger Jahre des 18. Jahrhunderts: 1772, 1773, 1774. Da beginnt er die ersten Szenen aufzuschreiben. Nun war er um so viel älter geworden, hatte die großen Erfahrungen hinter sich, die sich unter anderem auch ausgesprochen haben in dem «Märchen von der grünen Schlange und der schönen Lilie», das früher geschrieben ist, und er fügt in seinen Faust jetzt die «Walpurgisnacht» ein; der «Walpurgisnachtstraum» ist sogar ein Jahr früher geschrieben als die «Walpurgisnacht» selber. Wir dürfen uns daraus doch die Vorstellung bilden, daß es Goethe sehr ernst war mit dem Hineingeheimnissen der «Walpurgisnacht» in den «Faust». Aber man kommt nie und nimmer aus einer gewissen Unmöglichkeit des Verständnisses heraus, wenn man nicht ins Auge faßt, daß Goethe wirklich spirituell die Sache gemeint hat.

Ich kenne so ziemlich die Faust-Kommentare, die geschrieben worden sind bis zum Jahre 1900 – später nur noch weniger –, aber bis zum Jahre 1900 kenne ich sie so ziemlich alle; nachher habe ich mich nicht mehr so stark mit dem, was darüber geschrieben worden ist, eingelassen.

Aber so viel ist mir ganz gut bekannt, daß niemand eigentlich darauf eingegangen ist, die Sache spirituell zu nehmen. Nicht wahr, man kann leicht einwenden, daß es eigentlich eine Zumutung ist an unser Empfinden, an unser Gefühl, daß Faust zwei Tage nach dem großen Unglück seelenvergnügt spazierengehen soll. Aber Goethe war wirklich nicht der plattherzige Wald- und Wiesenmonist, als der er oftmals vorgestellt wird, sondern er war ein Mensch, wie das gerade auch die Einzelheiten der «Walpurgisnacht» zeigen, welcher tief gründlich eingeweiht war in gewisse spirituelle Zusammenhänge. Wer bekannt ist mit diesen Zusammenhängen, der sieht daran, daß in der «Walpurgisnacht» nichts dilettantisch, sondern alles sachgemäß ist; er sieht daran, wenn ich mich jetzt des trivialen Ausdrucks bedienen will, daß etwas dahinter ist, daß es nicht eine bloße Dichtung ist, sondern daß es aus spirituellem Verständnis geschrieben ist. Für den, der mit gewissen Dingen bekannt ist, ist es merklich gerade an Einzelheiten, ob jemand Wirklichkeiten erzählt – also ein Dichter mit spirituellem Verständnis schildert –, oder ob jemand sich etwas ausgedacht hat über geistige Welten und das, was damit zusammenhängt, etwa die Hexenwelt. In solchen Dingen muß man eben auch ein bißchen Aufmerksamkeit entwickeln.

Ich will Ihnen, obwohl ich auch diese Geschichte verhundertfachen könnte, eine einfache kleine Geschichte erzählen, welche Ihnen anschaulich machen soll, wie man erkennen kann an Einzelheiten, ob man es zu tun hat mit etwas, wo was dahinter ist oder nicht. Selbstverständlich kann man noch irren; da kommt es dann auf das, wie erzählt wird, an. Ich war einmal in einer Gesellschaft, in der Theologen, Historiker, Dichter und so weiter waren. In dieser Gesellschaft erzählte man – es ist das jetzt lange her, es war in den achtziger Jahren des 19. Jahrhunderts, also fast dreißig Jahre her – das Folgende: Einmal predigte in einer Pariser Kirche ein Domherr in sehr fanatischer Weise gegen den Aberglauben, indem er nur dasjenige zulassen wollte, was die Kirche zuläßt, und vor allen Dingen verwehren wollte, daß die Leute an gewisse Dinge glauben, welche eben ihm eigentlich unheimlich waren. So namentlich wollte er begreiflich machen, der betreffende Domherr in seiner fanatischen Predigt, daß Freimaurerei zwar ein sehr böses Ding sei – Sie wissen, katholische Geistliche predigen sehr häufig über Freimaurerei und reden dabei alles mögliche von der Gefährlichkeit der Freimaurerei –, aber nun wollte er nur gelten lassen, daß es eine sehr verwerfliche Lehre sei und daß auch die Menschen, die dabei sind, recht böse Menschen seien; er wollte aber nicht gelten lassen, daß irgend etwas Spirituelles in manchen solchen Brüderschaften stecke. Und das hörte denn ein Mensch an, der wiederum von einem andern hineingeführt war, und dem kam das sehr sonderbar vor, daß da der Domherr einer großen Gemeinde den Leuten etwas vorerzählte, was er für unrichtig hielt, weil er wirklich glaubte, daß geistige Kräfte durch solche Gesellschaften schon gehen. Die beiden erwarteten nach der Predigt den Domherrn, und nun beredeten sie sich mit ihm; er aber beharrte sehr fanatisch auf seiner Meinung, daß man es mit nichts Geistigem zu tun habe, sondern daß das eben bloß schlechte Menschen seien mit einer sehr bösen Lehre. Da sagte der eine, der etwas wußte über die Sache: Hochwürden, ich mache Ihnen den Vorschlag, kommen Sie nächsten Sonntag in einer bestimmten Zeit mit mir; ich werde Sie an einen verborgenen Ort einer gewissen Loge setzen, wo Sie die Dinge mit ansehen können. – Und der sagte: Ja, das werde ich tun, aber darf ich mir auch Reliquien mitnehmen? – Er fing nämlich an, sich zu fürchten! Er nahm sich also Reliquien mit; dann wurde er dahin geführt und saß dort im Verborgenen. Als das bestimmte Zeichen losging, da sah er, daß sich zum Präsidentenstuhle hin eine sehr merkwürdige Persönlichkeit blassen Gesichtes bewegte, und bewegte so, daß sie nicht die Füße vorsetzte, einen nach dem andern, sondern sich vorgleiten ließ. Das wurde nun in einer bestimmten Weise erzählt, und weiter erzählte der Betreffende, nun habe er seine Reliquien wirken lassen, den Segen gesprochen und so weiter, da sei plötzlich eine Unruhe in die ganze Versammlung gekommen, und die ganze Sache sei zerstoben!

Nachdem ein sehr fortgeschrittener Priester, der dabei war, ein Theologe, seine Meinung dahin abgegeben hatte, er glaube einfach nicht an die Sache, und ein anderer Priester vorbrachte, er habe in einem Kollegium in Rom gehört, daß für die Wahrhaftigkeit jenes Domherrn zehn Priester einen Eid in Rom abgelegt hätten, jener erste Priester aber noch meinte: Ich glaube lieber noch, daß zehn Priester einen falschen Eid ablegen, als daß das Unmögliche möglich ist, da sagte ich dazumal:

Mir ist die Art und Weise genug, wie erzählt worden ist. Denn auf das *Wie* kam es an, auf die Sache von dem Fortgleiten.

Sie treffen dieses Fortgleiten auch hier in der «Walpurgisnacht»: Gretchen, wie es wieder erscheint, gleitet fort. Also selbst eine solche Einzelheit ist sachgemäß von Goethe dargestellt. Und so ist jede Einzelheit sachgemäß, nichts im spirituellen Sinne dilettantisch dargestellt.

Mit was haben wir es denn eigentlich zu tun? Mit etwas haben wir es zu tun, welches bezeugt, daß es für Goethe gar nicht in Frage kam, ob Faust nach zwei Tagen, nachdem das Unglück geschehen war, als ein seelenvergnügter Wald- und Wiesenwanderer auf dem Blocksberg erscheine, sondern wir haben es zu tun mit einem geistigen Erlebnis des Faust in der «Walpurgisnacht», das er nicht abweisen konnte, das gerade als Folge der ihn erschütternden Ereignisse, die er durchgemacht hat, kommt. Wir haben es also damit zu tun, daß Fausts Seele herausgerissen wird aus seinem Leib und Mephisto gefunden hat in der geistigen Welt. Und innerhalb der geistigen Welt machen sie die Wanderung nach dem Brocken, das heißt, sie kommen zusammen mit denjenigen, die auch nun, wenn sie die Brockenwanderung machen, aus ihrem Leibe herausgerückt sind, denn selbstverständlich liegt der physische Leib derjenigen Menschen, welche die Wanderung nach dem Brocken machen, im Bette.

In den Zeiten, in denen man solche Dinge besonders intensiv getrieben hat, haben sich diejenigen, die diese Brockenwanderung machen wollten – der Tag dazu, respektive die Nacht, ist vom 30. April zum 1. Mai –, gesalbt mit einer gewissen Salbe, wodurch die vollständigere Trennung, die von astralischem Leib und Ich, hergestellt werden konnte, als sie sonst im Schlafe vorhanden ist. Dadurch machen sie im Geiste diese Brockenfahrt durch. Das ist ein Erlebnis – selbstverständlich recht niederer Art –, aber es ist ein Erlebnis, das schon durchgemacht werden kann. Nur darf niemand glauben, daß er irgendwo auf leichte Art Auskunft über die Zusammensetzung der Hexensalbe erlangen kann, geradesowenig als Sie Auskunft erlangen werden auf leichte Weise, wie man es so wie *van Helmont* macht, um mit bestimmten Chemikalien, die man einreibt an einer bestimmten Körperstelle, aus seinem Leib bewußt herauszurücken. Das ist bei van Helmont geschehen. Aber derlei

Dinge werden denjenigen nicht empfohlen, die – wie der Franz in *Hermann Bahrs* «Himmelfahrt» – es zu langweilig finden, die Übungen zu machen, um die Sache in gerechter Weise zu absolvieren. Ich weiß aber wohl, daß mancher gar nicht unglücklich wäre, wenn ihm derlei Mittel verraten würden!

Faust trifft nun – also Faustens Seele – mit Mephisto wirklich die aus ihrem Leib herausgerückten und in der Nacht vom 30. April zum 1. Mai sich zusammenfindenden Hexen. Das ist ein wirklicher geistiger Vorgang, und dieser wirkliche geistige Vorgang wird nun von Goethe sachgemäß geschildert. Goethe stellt also nicht nur dar, daß man eine subjektive Vision haben kann, sondern ihm ist klar, wenn man wirklich aus seinem Leib herausgeht, so trifft man auch andere Seelen, die aus ihrem Leib herausgegangen sind. Das deutet schließlich Mephisto sehr genau an, wenn er sagt:

In die Traum- und Zaubersphäre
Sind wir, scheint es, eingegangen.

Wirklich in eine andere Sphäre sind sie eingegangen. In die Seelenwelt sind sie eingegangen; da treffen sie mit den andern Seelen zusammen. Und in dieser Welt finden wir sie selbstverständlich so darinnen, wie sie darinnen sein müssen unter der Nachwirkung desjenigen, was aus ihrem physischen Leben ist. Faust muß ja wieder zurückkehren in seinen physischen Leib. Solange man überhaupt dazu veranlagt ist, wieder zurückzukehren in seinen physischen Leib, das heißt, nicht physisch stirbt, so lange trägt man, wenn man mit seinem astralischen Leib herausgeht, gewisse Neigungen, Affinitäten des physischen Daseins an sich. Daher sagt Faust sehr begreiflich, daß er sich wohl fühle in der Frühlingsluft, in der April-Mailuft; denn die vernimmt er natürlich, da er nicht ganz getrennt ist von seinem Leib, sondern nur heraußen ist und ihn wieder beziehen will, die vernimmt er natürlich durchaus. Man kann, wenn man so heraußen ist wie Faust hier aus seinem physischen Leib, alles dasjenige, was flüssig, luftförmig ist in der Welt, wahrnehmen, nur nicht das Feste. In allen Wesen draußen in der Natur ist ja Flüssigkeit darinnen. Der Mensch ist weit über neunzig Prozent eine Flüssigkeitssäule, und nur ganz wenig Prozent feste Körper sind in ihm.

Also Sie dürfen nur nicht glauben, daß er, wie er so draußen ist, nicht einen andern Menschen sehen könnte; nur sieht er bloß dasjenige, was flüssig ist. Deshalb kann er auch die Natur, die vom Flüssigen durchdrungen ist, wahrnehmen. Sachgemäß alles, was da geschildert ist! Faust kann es so wahrnehmen. Aber Mephistopheles – also Ahriman –, ein ahrimanisches Wesen hat kein Verständnis für die gegenwärtige Erde; er gehört eigentlich demjenigen an,was zurückgeblieben ist; daher hat er es gar nicht besonders gern, wenn es beim Frühling ankommt. Erinnern Sie sich,wie ich in einem der letzten Vorträge auseinandersetzte, im Winter kann man sich erinnern an das Mondhafte. Aber das jetzige Mondhafte, wenn der Mond der Erdenmond ist, sagt ihm gar nicht besonders zu. Dasjenige Mondhafte aber, was mit dem früheren Mondhaften zusammenkommt, wenn das Feurige, Leuchtende aus der Erde hervorkommt, das ist sein Element: die Irrlichter, nicht das Mondenlicht. Ganz sachgemäß dieser Zug zu den Irrlichtern, die er herausholt aus dem noch jetzt in der Erde Mondhaften!

Ich bemerke nur nebenbei: das Manuskript, das vorliegt zu der «Walpurgisnacht», ist undeutlich, und es muß irgendeine Nachlässigkeit vorliegen, denn in den Ausgaben findet sich überall etwas fast Unmögliches; und eigentlich ist mir erst, als wir hier unsere Vorübungen machten zu der Vorstellung, aufgefallen, daß Korrekturen notwendig sind gerade in der «Walpurgisnacht». Es ist in den Ausgaben so, daß erstens dieser Wechselgesang zwischen Faust, Mephistopheles und den Irrlichtern nicht verteilt ist auf die einzelnen Personen. Nun haben die Gelehrten allerlei Verteilungen gemacht, aber die stimmen nicht, so daß ich so verteilt habe, daß dasjenige, was sich so sehr häufig findet als dem Faust zugeteilt, dem Mephistopheles gehört:

In die Traum- und Zaubersphäre
Sind wir, scheint es, eingegangen.
Führ' uns gut und mach' dir Ehre!

– sagt er zum Irrlicht –

Daß wir vorwärts bald gelangen
In den weiten, öden Räumen.

Selbst bei Schröer finde ich es hier bei Faust angezeichnet, das gehört aber dem Mephistopheles, wie es auch gestern gesprochen worden ist, wenn Sie sich erinnern. Das Nächste:

Seh' die Bäume hinter Bäumen,
Wie sie schnell vorüberrücken,
Und die Klippen, die sich bücken,
Und die langen Felsennasen,
Wie sie schnarchen, wie sie blasen!

– das gehört dem Irrlicht.

Dann ist die Reihe an Faust, in den hereinkommen diejenigen Dinge, welche ihn erinnern an das erschütternde Erlebnis, das er hinter sich hatte:

Durch die Steine, durch den Rasen
Eilet Bach und Bächlein nieder.
Hör' ich Rauschen? Hör' ich Lieder?
Hör' ich holde Liebesklage,
Stimmen jener Himmelstage?
Was wir hoffen, was wir lieben!
Und das Echo, wie die Sage
Alter Zeiten, hallet wieder.

Dann ist merkwürdigerweise gerade bei Schröer das nächste dem Mephistopheles zugeteilt; das ist natürlich dem Irrlicht zuzuteilen.

Uhu! Schuhu! tönt es näher ... und so weiter.

Das hat Schröer dem Mephistopheles zuerteilt; das ist natürlich falsch. Dann ist das letzte dem Faust zuzuteilen:

Aber sag' mir, ob wir stehen,
Oder ob wir weitergehen?
Alles, alles scheint zu drehen,
Fels und Bäume, die Gesichter
Schneiden, und die irren Lichter,
Die sich mehren, die sich blähen.

Ich will gleich bemerken, daß auch in dem Nachfolgenden sich noch Fehler befinden. Nachdem Faust die Worte gesprochen hat:

> Wie ras't die Windsbraut durch die Luft!
> Mit welchen Schlägen trifft sie meinen Nacken! –

finden Sie dem Mephistopheles zugeteilt eine lange Rede; sie gehört nicht dem Mephistopheles – sie ist in allen Ausgaben dem Mephistopheles zugeteilt –, nur die drei Zeilen gehören dem Mephistopheles:

> Du mußt des Felsens alte Rippen packen,
> Sonst stürzt sie dich hinab in dieser Schlünde Gruft.
> Ein Nebel verdichtet die Nacht.
>
> Höre, wie's durch die Wälder kracht!
> Aufgescheucht fliegen die Eulen ... und so weiter.

Das gehört nun dem Faust. Und erst wieder die letzten Zeilen:

> Hörst du Stimmen in der Höhe?
> In der Ferne, in der Nähe?
> Ja, den ganzen Berg entlang
> Strömt ein wütender Zaubergesang!

gehören dem Mephistopheles. Das mußte korrigiert werden, weil die Dinge doch richtig stehen müssen. Dann habe ich mir nur eine Zeile einzuschieben erlaubt. Weil natürlich einiges, gerade wenn es unter Hexen zugeht, wirklich nicht aufführbar ist, habe ich mir eine Zeile einzuschieben erlaubt, aber die gehört ja nicht dazu.

Nun, ich muß gestehen, es hat mich eigentlich etwas betrübt, zu sehen, wie korrumpiert die Überlieferung ist in sämtlichen Ausgaben, und wie niemand darauf gekommen ist, die Sachen in der richtigen Weise zu verteilen. Man muß durchaus sich klar sein darüber, daß Goethe den «Faust» so nach und nach geschrieben hat, und daß natürlich – er nannte das Manuskript selber ein konfuses Manuskript – manches schon durchaus korrigiert werden muß; es muß aber sachgemäß geschehen. Nicht Goethe soll korrigiert werden selbstverständlich, aber diejenigen, welche die Ausgaben gemacht haben.

Aus dem Gesagten ist also verständlich, daß Mephistopheles sich auch des Irrlichtes als Wegeweiser bedient, und daß sie gleichsam einziehen in eine Welt, die eben so wahrgenommen wird, so beweglich, wogend, wie wahrgenommen wird, wenn das Feste fort ist. Nun versetzen Sie sich in alles dasjenige, was da gesprochen wird, wie sachgemäß wiederum das Feste fortgelassen ist, wie das durchaus stimmt mit allem, daß Goethe nun die Irrlichter, Mephisto, Faust als Wesen, die außer dem Leibe sind, zeigt. Mephisto hat nicht einen physischen Leib, er nimmt ihn nur an; Faust lebt augenblicklich nicht in seinem physischen Leib; Irrlichter sind elementarische Wesenheiten, die natürlich nicht den physischen Leib ergreifen können, weil der fest ist. Das alles, indem Goethe es zusammen wie Wechselgesang fortführt, zeigt, daß er uns einführen will in das Wesenhafte der geistigen Welt, nicht in etwas bloß Visionäres, sondern in das Wesenhafte der geistigen Welt. Daß es nun aber, wenn man so im Geistigen ist, auch anders aussieht, darauf werden wir gleich aufmerksam gemacht, denn wahrscheinlich wird ein ganz gewöhnlicher Beschauer nicht im Berg den Mammon glühen sehen, das Gold im Inneren. Überhaupt das Ganze, was beschrieben wird – man braucht das nun nicht zu erklären –, zeigt, wie hier eine außer dem Leibe befindliche Seele geschildert wird. Wir haben es also zu tun mit einem wirklichen Zusammenhang, der uns dargestellt wird innerhalb geistiger Wesenheiten, und Goethe läßt einfließen dasjenige, was ihn selber verbindet mit der Erkenntnis der geistigen Welt. Daß Goethe so sachgemäß den Mephistopheles überhaupt in seine Dichtung einführen konnte, bezeugt, daß er schon mit diesen Dingen gut bekannt war, daß er bekannt war damit, daß Mephistopheles ein Wesen ist, das zurückgeblieben ist. Daher führt er Zurückgebliebene sogar ein. Denken Sie doch einmal – eine Stimme, die kommt:

Welchen Weg kommst du her?

Eine Stimme von unten – das ist also eine solche Stimme, die mehr von einem Wesen herrührt, das untermenschliche Instinkte hat – antwortet ihr:

Übern Ilsenstein!
Da guckt' ich der Eule ins Nest hinein.
Die macht' ein paar Augen!

Stimme: O fahre zur Hölle!
Was reit'st du so schnelle!

Stimme: Mich hat sie geschunden,
Da sieh nur die Wunden;

Nun bedenken Sie, daß später darauf geantwortet wird:

Stimme, oben: Kommt mit, kommt mit, vom Felsensee!
Stimme von unten: Wir möchten gerne mit in die Höh.
Stimme von oben: Wer ruft da aus der Felsenspalte?

Und dann werden wir durch eine Stimme angesprochen, die dreihundert Jahre kriecht. Das heißt: Goethe ruft die Geister auf, die dreihundert Jahre zurück sind. Drei Jahrhunderte liegt die Entstehung des Faust zurück, der Faust-Sage; im 16. Jahrhundert ist sie entstanden. Die Geister, die zurückgeblieben sind aus jener Zeit, die sich nun vermischen mit denen, die als gegenwärtige Hexen nach dem Brocken kommen, treten auch auf, denn die Sachen muß man wörtlich nehmen. Also Goethe sagt: Oh, es walten in unserem Zusammenhang immer noch solche Seelen mit, und sie sind verwandt den Hexenseelen, da sie zurückgeblieben sind dreihundert Jahre. – Da, wo alles unter die Leitung des Mephistopheles kommt, in der «Walpurgisnacht», können solche, ich möchte sagen, noch ganz junge «Mephistopherln» auch erscheinen mitten unter den Hexenseelen. Und dann kommt eine Halbhexe, welche aus der Gegenwart ist; denn die Stimme, die früher gerufen hat:

Nehmt mich mit. Nehmt mich mit!
Ich steige schon dreihundert Jahr,

das ist nicht die Halbhexe, sondern ein wirklich dreihundert Jahre altes Wesen. So alt werden die Hexen nicht, wenn sie auch auf den Blocksberg gehen. – Die Halbhexe, die trippelt langsam, kommt langsam in die Höhe. Da also trifft sich wirklich Geistiges, sogar Geistiges, welches die Zeit überwunden hat, gewissermaßen zurückgeblieben ist in der Zeit. Manche Worte sind geradezu wunderbar. Das sagt die eine Stimme, gerade diejenige, die dreihundert Jahre schon steigt:

Und kann den Gipfel nicht erreichen.
Ich wäre gern bei meinesgleichen.

Damit drückt Goethe sehr schön aus, daß die Hexenseelen und diejenigen, die auf solche Weise Verstorbenen angehören, die so intensiv zurückbleiben, etwas Verwandtes haben. Zu «ihresgleichen» wollen diese zurückbleibenwollenden Seelen. Sehr interessant!

Dann sehen wir, wie Mephistopheles immer eigentlich den Faust beim Gewöhnlichen, beim Trivialen erhalten will; er will ihn unter den Hexenseelen erhalten. Aber Faust will die tieferen Geheimnisse des Daseins kennenlernen, und deshalb will er noch mehr, noch weiter; er will zu dem wirklich Bösen, zu den bösen Urgründen:

Doch droben möcht' ich lieber sein!
Schon seh' ich Glut und Wirbelrauch.
Dort strömt die Menge zu dem Bösen;
Da muß sich manches Rätsel lösen.

Für dieses Tiefere, was Faust selbst im Bösen aufsuchen will, hat Mephistopheles nicht das rechte Verständnis; er mag auch nicht den Faust dahin führen, denn da wird die Geschichte nämlich etwas – penibel. Zu den Hexen noch geführt zu werden als Seele, das geht; aber wenn einer wie Faust in diese Gemeinschaft hineingeführt wird, dann kann er, wenn er weiterkommt zum Bösen, für manche Menschen höchst gefährliche Dinge entdecken, denn man würde den Ursprung für so manches, was auf der Erde ist, da im Bösen entdecken. Daher war es auch für manche Leute besser, die Hexen zu verbrennen. Denn wenn man auch selbstverständlich die Hexerei nicht gerade zu protegieren braucht, so könnte doch dadurch, daß Hexen auftreten und gewissermaßen durch ihre medialen Eigenschaften von gewissen Menschen, die hinter manche Geheimnisse kommen wollen, benützt werden könnten, so könnte, wenn die Medialität weit genug ginge, der Ursprung von manchem, was in der Welt ist, dadurch ans Tageslicht kommen. Dazu läßt man es nun nicht kommen; daher verbrannte man die Hexen. Diejenigen, welche die Hexen verbrannt haben, hatten ein entschiedenes Interesse daran, daß nicht dasjenige verraten werden könnte, was herauskommt, wenn irgendein Kundiger weiter in die Hexengeheimnisse hineingeht. Nun, auf solche Dinge kann man nur hinweisen. Man würde von mancherlei den Ursprung gefunden haben, und niemand, der eigentlich so etwas nicht zu scheuen hat, ist für das Hexenverbrennen gewesen.

Aber Mephisto will, wie gesagt, Faust mehr beim Trivialen erhalten. Und Faust wird dann schon ungeduldig, denn er hat von einem Mephistopheles doch die Vorstellung, daß er ein wirklicher Teufel ist, und daß er ihm nicht triviale Zauberkünste vormache, daß er ihn ordentlich ins Böse hineinführe, nachdem er ihn schon einmal aus dem Leibe herausgebracht hat. Dann will er, daß er sich ihm als «Teufel» produziert und nicht als ein ganz gewöhnlicher Zauberer, der nur in die Kinkerlitzchen der geistigen Welt einzuführen vermag. Aber Mephistopheles lenkt ab; er will doch nur in das Triviale einführen. Außerordentlich interessant ist nun, wie von dem eigentlich Bösen, das dem Faust nicht jetzt schon in diesem Stadium verraten werden soll, Mephistopheles ablenkt und ihn wieder so auf das Elementare aufmerksam macht. Und eine wunderbare Stelle ist diese:

> Siehst du die Schnecke da? Sie kommt herangekrochen;
> Mit ihrem tastenden Gesicht
> Hat sie mir schon was abgerochen.

Wunderbar sachgemäß ist das in die Geruchsphäre Heruntergerückte! Es ist wirklich so: in dieser Welt, in die Mephistopheles da den Faust eingeführt hat, da riecht sich's viel mehr, als sich's schaut. «Tastendes Gesicht» – wunderbar anschaulich ausgedrückt, weil es nicht solch ein Geruch ist, wie die Menschen ihn haben, weil es auch nicht ein Gesicht ist, weil es so ist, wie wenn man aus den Augen etwas herausstrecken könnte, um mit feinen Augenstrahlen die Dinge zu betasten. Daß so etwas in den niederen Tieren lebt, das ist wahr, denn die Schnecke hat nicht bloß Fühler, sondern diese Fühler verlängern sich in außerordentlich lange Ätherstangen, und mit denen kann wirklich solch ein Tier dasjenige, was weich ist, betasten, aber nur ätherisch betasten. Denken Sie, wie sachgemäß, gar nicht dilettantisch.

Aber nun kommen sie zu einem munteren Klub – wir sind natürlich in einer geistigen Welt! –, da kommen sie zu einem munteren Klub. Und Goethe hatte schon verstanden, nicht einer zu werden von der Sorte, die von der geistigen Welt nur reden mit einem tragisch verlängerten Gesicht, sondern auch mit dem nötigen Humor und mit der nötigen Ironie zu sprechen, wenn diese am Platze sind. Warum sollten denn nicht ein alter General, ein Minister, «Seine Exzellenz», ein Parvenu und auch ein Autor, wenn sie gerade miteinander ihre Sachen sprechen und etwas – im Deutschen nennt man es picheln –, etwas Wein schlürfen, und nach und nach das selber so wenig interessant finden, was sie reden, daß sie dabei einschlafen, warum sollten sie denn nicht, wenn sie unter der besonderen Wirkung desjenigen stehen, was im Klub spielt, wenn sie so ein bißchen knobeln und noch die Spielleidenschaft unter ihnen ist, warum sollten denn nicht diese Seelen so herausrücken, daß man sie in einem munteren Klub unter den andern, die da herausgegangen sind, zusammen findet? In einem Klub: den General, Seine Exzellenz den Minister, den Parvenu und nun auch den Dichter? Warum sollte denn das nicht sein? Die trifft man also auch, denn sie sind außer ihrem Leibe. Und wenn man Glück hat, so kann man auch solch eine Gesellschaft finden, denn sie sind manchmal schon so, die Gesellschaften, daß sie miteinander durch ihr eigenes Amusement einschlafen. Sie sehen, Goethe verkennt nicht gerade die Sache. Aber Mephistopheles ist so überrascht, daß hier einmal durch die Natur selber, ohne daß es durch etwas anderes als nur durch einen etwas abnormen Fortgang des naturgemäßen Lebens so weit kommt, sie in ihren Seelen in diesen Zustand geraten, – er ist so überrascht, daß es in dieser Weise an ihn herantritt, daß er sich noch an ältere Schichten seines Daseins erinnern muß. Deshalb wird er plötzlich alt an der Stelle, das kann er in der Gestalt gar nicht erleben; da pfuscht es ihm sogar herein aus der Menschenwelt, und das möchte er nicht. Denn sogar zu dem Irrlicht sagt er, es soll nicht zickzack gehen, sondern gerade, sonst bläst er ihm sein Flackerlicht aus. Es will das Irrlicht, indem es zickzack geht, den Menschen nachmachen; er will aber geradeaus gehen, die Menschen gehen zickzack. So stört ihn auch, daß da nur durch einen abnormen Gang des Lebens – nicht durch Höllenveranstaltung – vier ehrenwerte Mitglieder der menschlichen Gesellschaft in die Blocksbergzone eintreten.

Dann aber geht es schon wieder besser. Zunächst ist die Trödelhexe da, die natürlich auch aus ihrem Leib gefahren ist, mit all ihren Künsten, die so schön angeführt werden:

> Kein Kelch, aus dem sich nicht in ganz gesundem Leib
> Verzehrend heißes Gift ergossen,
> Kein Schmuck, der nicht ein liebenswürdig Weib
> Verführt, kein Schwert, das nicht den Bund gebrochen.

Da fühlt er sich schon wiederum, da ja diese Hexe ganz gewiß «gesalbt» ist, in seinem Elemente, spricht sie als «Frau Muhme» an; aber er sagt:

> Frau Muhme! Sie versteht mir schlecht die Zeiten.
> Getan geschehn! Geschehn getan!
> Verleg' sie sich auf Neuigkeiten!
> Nur Neuigkeiten ziehn uns an.

Er möchte etwas haben, das den Faust mehr interessieren kann. Faust aber ist gar nicht so sehr angezogen, fühlt sich nun darinnen in einem sehr niedrigen geistigen Elemente und sagt jetzt – und das bitte ich Sie zu beachten –, sagt jetzt wunderbar:

> Daß ich mich nur nicht selbst vergesse!

Daß ich nicht das Bewußtsein verliere! – Also er will nicht die ganze Sache bei herabgedrängtem Bewußtsein, atavistisch etwa erleben, sondern bei vollem Bewußtsein erleben. Aber bei einer solchen Hexenmesse könnte man leicht das Bewußtsein herablähmen, das soll nicht sein. Denken Sie sich, wie weit Goethe geht.

Und jetzt wird darauf hingewiesen, wie das Seelische heraus muß aus dem Leibe, wie auch noch ein Stück Ätherleib herausgeholt werden muß, was während der ganzen Erdenentwickelung sonst nicht geschieht, als wie in einem besonderen Herausfahren, ich möchte sagen, in einer Art Natur-Initiation. Der Ätherleib des Faust ist mitgegangen zum Teil; das wird, weil der Ätherleib – ich habe das öfter erwähnt – des Mannes weiblich ist, als Lilith gesehen. Das führt hinauf in Zeiten, in denen der Mensch überhaupt nicht so konstituiert war. Lilith ist der Sage nach Adams erste Frau und Luzifers Mutter. Also hier sehen wir, wie schon luziferische Künste, die dem Mephistopheles auch zu Hilfe stehen, mitspielen, wie aber doch etwas Niedriges dabei ist. Das ist in der nachfolgenden Rede der Fall, die einer Verführung gleichkommt. Faust fürchtet sich ohnedies schon, daß ihm das Bewußtsein schwinden könnte, und dafür möchte Mephistopheles schon sorgen, daß Faust das Bewußtsein verliert und so recht untertaucht. Er hat ihn nun dazu gebracht, sogar ein Stück Ätherleib herauszuziehen, so daß er die Erscheinung der Lilith haben kann. Er möchte schon, daß es recht weit käme, daher verführt er ihn zu diesem Hexentanz, wo er selber mit der alten Hexe tanzt und Faust mit der jungen Hexe. Und da ergibt sich denn, daß Faust nicht das Bewußtsein verlieren kann. Er kann nicht das Bewußtsein verlieren!

Nun haben wir also von Goethe richtig geschildert eine Szene, die unter Geistern vorgeht. Wenn die Seelen aus dem Leibe sind, können sie es erleben. Goethe konnte es so darstellen. Aber auch andere Seelen können hineinkommen in solche Gesellschaft. Sie bringen nur wiederum ihre irdischen Eigenschaften mit. Goethe wußte wohl, daß in Berlin *Nicolai* lebte, der sogar ein Freund Lessings war. Dieser Nicolai war einer der fanatischsten Aufklärer seiner Zeit, derjenigen Menschen, die dazumal – ja, wenn es schon einen Monistenbund gegeben hätte, so wären sie ihm beigetreten, wären sogar «Vorstände» im Monistenbund geworden, denn von solcher Sorte waren die Menschen im 18. Jahrhundert! –, die dazumal gegen alles Spirituelle zu Felde zogen. So einer ist der Proktophantasmist – das Wort will ich nicht übersetzen, das können Sie sich im Lexikon nachschlagen –, aber das ist so einer. Also der Nicolai, der hat nicht nur, als Goethe «Die Leiden des jungen Werther» schrieb, «Die Freuden des jungen Werther» geschrieben, um die Goethesche Sentimentalität zu verspotten vom freigeistigen Standpunkte aus, sondern er hat auch, um dadurch, heute würde man sagen, richtig Monist sein zu können, in der Berliner Akademie der Wissenschaften über die Verwerflichkeiten des Aberglaubens der geistigen Welt geschrieben. Und er konnte das! – Er litt an Visionen, sah hinein in die geistige Welt; aber er hatte das ärztliche Gegenmittel, das man schon damals kannte; er ließ sich nämlich an einer gewissen Gegend des Leibes Blutegel setzen. Da vergingen die Visionen. Und daher konnte er in jenem Vortrage der Akademie der Wissenschaften eine materialistische Deutung des Visionären geben; denn er konnte zeigen an seinem eigenen Beispiel, daß man, wenn man sich Blutegel setzen läßt, dann die Visionen vertreibt. Also ist alles nur unter dem Einflusse des Materiellen! Goethe hat da nicht etwa nur so blindlings aus der Luft gegriffen, sondern er hat den Nicolai, Friedrich Nicolai, geboren 1733, Buchhändler und Schriftsteller, gestorben 1811, sehr gut gekannt. Und damit kein Zweifel ist, daß er den Nicolai meint, so läßt er den Proktophantasmist noch sagen, nachdem dieser unter die Geister als Geist selber gezogen ist und sie wegdiskutieren wollte, er läßt ihn nach einiger Zeit sagen:

Ihr seid noch immer da! Nein! das ist unerhört.

Sie sollten jetzt schon weg sein, denn er will sie ja wegdiskutieren.

Verschwindet doch! Wir haben ja aufgeklärt!

Heute würde man sagen: wir haben ja den Monismus verbreitet.

Das Teufelspack, es fragt nach keiner Regel.

Nun muß er es doch sehen, denn er kann es ja wirklich sehen; er ist ja einer, der an Visionen leidet, denn solche Menschen sind nun auch geeignet, sich zu vereinigen in der «Walpurgisnacht».

Goethe hat wiederum nicht dilettantisch geschildert, sondern einen Menschen genommen, der durch seine Imaginationen, wenn die Sache gerade günstig abläuft, in der Nacht vom 30. April auf 1. Mai eben auch bewußt in die geistige Welt eintreten und den Hexen begegnen kann. Es muß gerade ein solcher sein. Goethe schildert nicht dilettantisch, sondern er verwendet schon Menschen, die durchaus brauchbar sind. Aber sie bleiben in den Neigungen, in den Affinitäten, die sie auf der Welt haben. Daher will er, der Proktophantasmist, auch als Geist die Geister abschaffen; und Goethe macht das sehr deutlich. Denn Friedrich Nicolai selber hat als Nachtrag zu dieser Abhandlung – die Abhandlung über die Blutegelgeistertheorie – einen Geisterspuk auch besprochen, welcher sich zugetragen hat auf dem Gute *Wilhelm von Humboldts* in Tegel. Wilhelm von Humboldt wohnte in der Nähe von

Berlin, in Tegel; Friedrich Nicolai hat sich auch als ein Aufgeklärter über den hergemacht; deshalb läßt Goethe ihn sagen:

> Wir sind so klug, und dennoch spukt's in Tegel.

Tegel ist ein Vorort von Berlin, da hatten die Humboldts ein Gut; dort ist der Spuk passiert, um den sich Goethe sehr wohl bekümmerte; auch wußte er, daß den der Friedrich Nicolai beschrieben hat, aber als Gegner, als Aufgeklärter.

> Wie lange hab' ich nicht am Wahn hinausgekehrt
> Und nie wird's rein; das ist doch unerhört!

Na, selbst im Hause des aufgeklärten Wilhelm von Humboldt in Tegel spukt's. Den «Geistesdespotismus» will er nicht leiden, denn die Geister folgen ihm nicht, die sind nicht gehorsam:

> Mein Geist kann ihn nicht exerzieren.

Und um vollends hinzuweisen darauf, daß er wirklich in sachgemäßer Weise eine Persönlichkeit nimmt, wie eben den Nicolai, führt er noch die Worte an:

> Heut, seh ich, will mir nichts gelingen;
> Doch eine Reise nehm' ich immer mit,
> Und hoffe noch vor meinem letzten Schritt
> Die Teufel und die Dichter zu bezwingen.

Nämlich Nicolai hat damals eine Reise durch Deutschland und die Schweiz gemacht und beschrieben; da hat er alles aufgezeichnet, was ihm so begegnet ist an Merkwürdigem, und da finden sich viele recht gescheite, aufgeklärte Bemerkungen. Besonders hat er sich überall gegen den Aberglauben gewendet, wie er es nannte. Also selbst auf die Schweizer Reise wird angespielt!

> Und hoffe noch vor meinem letzten Schritt
> Die Teufel und die Dichter zu bezwingen.

Die Teufel, weil er gegen die Geister vorgegangen; die Dichter – «Die Freuden des jungen Werther» – gegen Goethe.

Solchen Leuten gegenüber ist schon Mephistopheles im klaren. Deshalb sagt er:

> Er wird sich gleich in eine Pfütze setzen,
> Das ist die Art, wie er sich soulagiert,
> Und wenn Blutegel sich an seinem Steiß ergetzen,
> Ist er von Geistern und von Geist kuriert.

Auch ein Hinweis eben auf die Blutegeltheorie des Friedrich Nicolai. Sie können sie in den Abhandlungen der Akademie der Wissenschaften zu Berlin lesen. 1799 hat Friedrich Nicolai diesen Vortrag gehalten.

Nun aber, nachdem diese Sache abgetan ist, sieht Faust eine sehr gewöhnliche Erscheinung: ein rotes Mäuschen springt aus dem Munde der schönen Hexe. Das ist eine sehr gewöhnliche Erscheinung und ist ein Beweis dafür, daß Faust voll bewußt geblieben ist; denn, wenn er nicht voll bewußt, sondern nur traumhaft wäre, so würde es bei dem roten Mäuschen bleiben, aber er kann diese zunächst durch sinnliche Triebe hervorgerufene Vision nun in dasjenige verwandeln, was es wirklich für ihn sein soll. Die Szene erstarrt – ich denke, das ist ein großer Eindruck – und das rote Mäuschen wird zum Gretchen. Es bleibt nur der rote Blutstrang um den Hals. Die Imagination hat sich aufgelöst. Faust vermag überzugehen von einer niedrigen Imagination zu dem Sehen der Seele von Gretchen, die durch ihr Unglück nun vor ihm in ihrer wahren Gestalt sichtbar wird.

Sie mögen denken, wie immer Sie wollen, aber die Zusammenhänge in der geistigen Welt sind mannigfaltig, vielleicht auch verwirrend; und das, was ich Ihnen jetzt dargestellt habe über die Verwandlung einer niedrigen Vision von einem roten Mäuschen in etwas Höheres, Wahrhaftiges, Tiefes, das ist durchaus eine geistige Tatsache. Es ist höchst wahrscheinlich, daß die ganze Szene von Goethe ursprünglich anders gedacht war; es findet sich eine kleine Skizze, in der die Szene etwas anders dargestellt wird, so, wie Mephistopheles sie dem Faust vorzaubern möchte; aber Faust ist genug bewußt geworden, um sich hier dem Mephistopheles zu entziehen und eine Seele zu sehen, zu der ihn Mephistopheles selber nie geführt hätte; selbst für Mephistopheles bleibt sie die «Medusa», woraus Sie sehen, daß Goethe darauf hindeuten will, wie zwei verschiedene Seelen ein und dieselbe geistige Wirklichkeit in ganz verschiedener Weise deuten können; die eine wahr, die andere in der einen oder andern Richtung falsch. Mephistopheles aus seinen niederen Trieben heraus, welche solche Erscheinungen färben, kommt zu dem frivolen Ausspruch: Jeder sieht eben so etwas wie sein Liebchen. Und jetzt sehen wir auch, daß es sich um ein geistiges Erlebnis des Faust handelt, zu dem er hat kommen müssen. Er ist nicht der rüstige Spaziergänger, sondern er ist derjenige, der ein geistiges Erlebnis durchmacht; und das, was er hier sieht als Gretchen, das ist im Grunde genommen dasjenige, was in ihm lebt, und was das andere nur an die Oberfläche führt.

Nun will Mephisto den Faust ablenken von dem Ganzen, was nun die tiefere geistige Wirklichkeit ist, und führt ihn dann vor etwas – am Schlusse der «Walpurgisnacht» muß das durchaus so angesehen werden –, was Mephisto nur hereinversetzt: nämlich eine Art Theater. Das ist durchaus eine Zauberkunst des Mephistopheles. Aufgeführt wird dasjenige, was folgt: «Der Walpurgisnachtstraum». Aber das Ganze wird in die Blocksbergszene versetzt, weil es so dargestellt werden soll, wie Mephisto eben Faust haben will, und der ganze «Walpurgisnachtstraum», über den ich heute nicht weiter reden will, der wird eigentlich von Mephisto vorgeführt, um Faust in ganz bestimmte Gedankenrichtungen hineinzubringen. Aber eine merkwürdige Art von dichterischer Umschreibung ist da. Erinnern Sie sich, wie Mephisto sagt:

Verachte nur Vernunft und Wissenschaft,
Des Menschen allerhöchste Kraft,
Laß nur in Blend- und Zauberwerken
Dich von dem Lügengeist bestärken,
So hab' ich dich schon unbedingt –

Im «Walpurgisnachtstraum» ist alles vernünftig; aber Faust soll vorgemacht werden, daß er sich an diesem Vernünftigen nur ergötzen soll. Goethe hat das italienische «dilettare» umgedeutet in das deutsche «dilettieren»; es ist eigentlich «ergötzen». Und Servibilis ist schon von Goethe erfunden als ein Diener des Mephistopheles, der Faust dazu bringen soll, daß er sich an dem Vernünftigen ergötzt, das heißt, daß er es in einer niedrigen, frivolen Weise nehme. Deshalb wird, trotzdem der «Walpurgisnachtstraum» ernst zu nehmen ist, gesagt:

Gleich fängt man wieder an.
Ein neues Stück, das letzte Stück von sieben;
Soviel zu geben ist allhier der Brauch.
Ein Dilettant hat es geschrieben,
Und Dilettanten spielen's auch.
Verzeiht, ihr Herrn, wenn ich verschwinde;
Mich dilettiert's den Vorhang aufzuziehn.

Also das ist die Art, wie Mephistopheles jetzt Faust dazu verführen will, daß er das Vernünftige des «Walpurgisnachtstraumes» verachte. Deshalb läßt er es ihm in einer solchen Aura gleichsam vorgesetzt sein. Denn das ist ihm recht, wenn er das Vernünftige hereinschwindeln kann auf den Blocksberg; das findet er gut. Denn nach seiner Ansicht gehört es dahin.

Sie sehen, wir haben es wirklich bei Goethe hier zu tun mit einer Dichtung, die über die niedrigere spirituelle Welt durchaus handelt, und die uns zeigt, daß Goethe beschlagen war in spirituellen Erkenntnissen. Auf der andern Seite kann uns auch das aufmerksam machen, wie sehr es nötig ist, daß die Menschen ein wenig an Geisteswissenschaft herankommen, denn sonst – wie soll man Goethe verstehen? Selbst Goethe liebende, hervorragende Menschen können sonst nur finden, daß dieser Goethe ein so gräßlicher Kerl ist!

Das sagen sie nicht, sie vertuschen es dann. Das gehört auch zu den Lebenslügen!

Er ist ein so gräßlicher Kerl, daß er, nachdem er den Faust das Unglück hat anstellen lassen mit Gretchens Mutter, mit Gretchens Bruder, ihn nach zwei Tagen als Wanderer seelenvergnügt nach dem Blocksberg führt. Aber man muß immer wiederholen: Goethe war schon nicht jener quietschvergnügte Wald- und Wiesen-Goethe, als der er den Menschen bisher erschienen ist, sondern man wird sich bequemen müssen, zu erkennen, daß in ihm etwas ganz anderes noch ist, und daß vieles erst ans Tageslicht kommen muß, was in Goethes Dichtung steckt.

GOETHES AHNUNGEN NACH DEM KONKRETEN HIN
SCHATTENHAFTE BEGRIFFE
UND WIRKLICHKEITSDURCHTRÄNKTE VORSTELLUNGEN

Dornach, 27. Januar 1917
nach einer szenischen Darstellung aus «Faust» II
Zweiter Aufzug: Hochgewölbtes, enges gotisches Zimmer. Laboratorium

Von den Szenen, die Sie eben gesehen haben, möchte man, daß sie verständnisvollen Eingang fänden in weitesten Kreisen der Gegenwart, denn diese Szenen enthalten viele Keime der Entwickelung, in welcher auch die geisteswissenschaftliche Strömung läuft. Man kann sagen, daß *Goethe,* indem er diese Szenen aus langjähriger, allseitiger Erfahrung heraus schrieb, vieles geahnt hat von dem, was durch die Geisteswissenschaft wie eine Saat aufgehen muß. Sowohl wie ein kulturhistorisches Dokument als auch wie ein Ausdruck einer tiefen Erkenntnis stehen gerade diese Szenen des zweiten Teiles des «Faust» vor unserer Seele. Wir dürfen schon, wenn wir an solche tiefste Manifestationen Goetheschen Geistes herantreten, die uns jetzt schon gewohnten geisteswissenschaftlichen Vorstellungen zu Hilfe nehmen, um zum vollen Verständnisse zu kommen. Denn in diesen geisteswissenschaftlichen Vorstellungen liegt formuliert, zum vollen Bewußtsein gebracht, was Goethe aus einer inneren Imagination heraus mit den Erfahrungen seiner Zeit ausgestaltete.

Wir haben in der ersten der beiden Szenen zunächst etwas wie ein bedeutsames kulturhistorisches Dokument. Als Goethe, herangereift durch alles dasjenige, was er in sich aufgenommen hatte aus den Naturwissenschaften auf der einen Seite, aus der Vertiefung heraus, welche diese naturwissenschaftlichen Anschauungen durch seine mystischen Studien erfahren haben, aus jener Vertiefung heraus ferner, die ihm die griechische Kunst gegeben hatte, als Goethe diese Vorstellungen, die da in ihm lebten, zu Gestalten formte, da war zugleich die Zeit, in welcher aus unendlichem Erkenntnis-Enthusiasmus heraus die Geister versuchten, heranzukommen an die höchsten Probleme des Daseins. Es ist etwas, was gerade in unseren Kreisen nicht überraschen darf, nicht überraschen kann, daß das Streben nach der geistigen Welt, wenn es recht intensiv auftritt, man kann sagen seine Karikaturen treibt, richtig seine Karikaturen treibt. Sowohl das mystische Streben wie auch das tiefere philosophische Erkenntnisstreben, sie treiben ihre Karikaturen. In Goethes unmittelbarer Nachbarschaft entwickelte sich zu der Zeit, in der in Goethes Geist diese Szenen sich entfalteten, wirklich ein bedeutsames, man kann sagen philosophisch-theosophisches Streben. Da lehrte *Johann Gottlieb Fichte* aus einem ungeheuren Erkenntnis-Enthusiasmus heraus. Sie können aus den skizzenhaften Ausführungen in meinen Büchern, sowohl in dem einen über «Die Rätsel der Philosophie» wie auch aus dem letzten Buche «Vom Menschenrätsel» ersehen, wie Fichte in elementarer Weise strebte, dasjenige zu gestalten, was im Innersten der Menschenseele an Göttlich-Geistigem lebt, so daß durch diese Entfaltung des Göttlich-Geistigen im Inneren der Seele der Mensch sich seines göttlich-geistigen Ursprunges selber bewußt wird. Fichte suchte das volle Leben des Ich, des schaffenden, wirkenden Ich, aber auch des gotterfüllten Ich in der Menschenseele zu erfassen. Damit versuchte er, den Anschluß des inneren menschlichen Lebens an das ganze kosmische Leben zu erfühlen. Und aus diesem Enthusiasmus heraus sprach er. Es ist nur zu erklärlich, daß gerade ein solcher Geistvorstoß vielfach Anstoß erregte. Nicht wahr, aus dem Konkreten der Geisteswissenschaft heraus konnte Fichte noch nicht sprechen, dazu war die Zeit noch nicht reif. Man möchte sagen, wie in abstrakten, umfassenden Begriffen suchte Fichte das Gefühl lebendig zu machen, das dann durch die Eindrücke der Geisteswissenschaft im Menschen belebt werden kann. Dadurch hatte seine Sprache vielfach etwas Abstraktes, aber etwas von lebendigem Fühlen, von lebendiger Empfindung durchdrungenes Abstraktes. Und es bedurfte schon des starken Eindruckes, den eine solche Persönlichkeit unmittelbar machen kann, um überhaupt dasjenige, was Fichte zu sagen hatte, ernst zu nehmen. Gedruckt nahm es sich vielfach recht paradox aus, noch paradoxer als die Paradoxien – die notwendigen Paradoxien – der Geisteswissenschaft es oftmals sein müssen, weil dasjenige, was wahr ist, den Menschen, die daran nicht gewöhnt sind, vielfach nur als das Lächerliche erscheint. Deshalb konnte gerade ein solcher

Geist wie Fichte, der die Wahrheit sogar noch in ganz abstrakter Form sagen mußte, lächerlich gefunden werden.

Auf der andern Seite konnten Menschen, die schon den großen Eindruck Fichtes bekamen, die Dinge übertreiben, wie ja alles leicht im Leben übertrieben wird. Und dann kamen Karikaturen der Fichteschen Wesenheit heraus, Karikaturen auch der andern, die aus ähnlicher Gesinnung dazumal in Jena lehrten. Lehrte in Jena doch auch *Schelling*, der dann aus einem ähnlichen Streben wie Fichte sich wirklich durchrang, wie ich oftmals betonte, zu einer recht tiefen Auffassung des Christentums, ja des Mysteriums von Golgatha, der sich geradezu zu einer Art von Theosophie hinwendete, die er dann, allerdings ohne von seinen Zeitgenossen verstanden zu werden, in seiner «Philosophie der Mythologie» und in seiner «Philosophie der Offenbarung» zum Ausdrucke brachte, die aber schon lebte in jener Abhandlung, die er in Anlehnung an Jakob Böhme geschrieben hat über die menschliche Freiheit und andere damit zusammenhängende Gegenstände, schon lebte in seinem Gespräche «Bruno oder über das göttliche und das natürliche Prinzip der Dinge», namentlich lebte in seiner schönen Abhandlung «Über die Gottheiten von Samothrake», wo er ein Bild aufrollte von dem, was nach seiner Ansicht wirklich gelebt hat in jenen alten Mysterien. Dann gab es solche Geister wie *Friedrich Schlegel,* die in energischer Weise auf die verschiedenen Zweige des menschlichen Wissens dasjenige anwendeten, was diese mehr philosophisch gearteten Naturen aus dem Zentrum der Weltenordnung herauszulocken versuchten. *Hegel* hatte begonnen, seine Philosophie aufzuzeichnen. Das alles hatte sich in Goethes Nachbarschaft abgespielt. Diese Menschen versuchten über alles Relative in der Welt, über alles dasjenige, was die Menschen in der Alltäglichkeit beherrscht, hinauszudringen zu dem Absoluten, zu demjenigen, was nicht bloß in Relativitäten lebt. So suchte Fichte hinauszudringen über das gewöhnliche alltägliche Ich zu dem absoluten Ich, das in der Gottheit verankert ist und in der Ewigkeit webt. So suchten Schelling und Hegel zu dringen zu dem absoluten Sein.

Die Art, wie die Zeit solches aufnahm, war natürlich verschieden. Man kann sich – insbesondere heute, wo die Geisteswissenschaft an unsere Herzen herandringen kann – schon eine lebendige Vorstellung verschaffen, in welcher Gemütsverfassung sich so ein Fichte, so ein Schelling, so ein Hegel befinden mochten, wenn sie über dasjenige sprachen, was ihnen so klar vor dem geistigen Auge stand, und die Menschen dagegen sich stumpf verhielten, stumpf, feindselig. Und dann kann man es begreifen, daß der jugendliche Fichte, indem er den Zöpfen in Jena entgegentrat, die alles nach ihrer Art zu wissen vermeinten, auch einmal zornentflammt sein konnte. Fichte war öfter zornentflammt, nicht nur, als man ihn von Jena wegschickte, sondern er war auch öfter zornentflammt, wenn er sah, daß er sein Bestes gab, und es in kein Herz, keine Seele hineinging, weil die Leute alles besser zu wissen vermeinten aus den alten herkömmlichen Vorstellungen und dem Wissen, das sie aufgenommen hatten. Und da kann man es dann schon begreifen, daß sich manchmal solch ein Geist wie Fichte, wenn er die Zöpfe von Jena vor sich hatte, zu dem Ausspruch hat hinreißen lassen können, wenn er da zu tun haben sollte mit diesen alten Kerlen, man solle alle, die über dreißig Jahre alt sind, totschlagen. – Es war ein Geisteskampf allererster Art, der dazumal in Jena entbrannte. Man schwärzte das auch an, was dazumal in Jena lebte. Ein Wasserdichter, der aber gerade Publikum hatte, der *Kotzebue,* schrieb ein sehr interessantes dramatisches Pamphlet, das geistvoll ist, geistvoll dadurch, daß er schilderte so eine Art, könnte man sagen, Jung-Baccalaureus, der in Jena ausgebildet worden ist, und der, indem er nach Hause kehrt zu seiner Mutter, in lauter Phrasen spricht, wie er sie in Jena gehört hat. Die werden alle wörtlich hineingenommen in dieses Pamphlet, das da heißt «Der hyperboreische Esel oder die neue Bildung». Es nimmt sich das alles sehr geistvoll aus; es ist aber doch nichts anderes als eine niedrige Denunziation eines großen Wollens. Das müssen wir natürlich fernhalten von dem, was Goethe seinerseits auch tadeln wollte: die Karikatur, die sich herausentwickelt aus dem Großen, denn wir müssen uns klar sein darüber, daß der Briefwechsel zwischen Goethe und Fichte, der Briefwechsel zwischen Goethe und Schelling zeigt, daß Goethe voll zu würdigen verstand diese nach dem Absoluten strebenden Geister. Aber Goethe war, wenn man bei ihm auch nicht okkulte Prinzipien geradezu systematisch verarbeitet findet, man kann sagen ein ganz in der Aura des Okkulten lebender Geist, der da wußte, wie dasjenige, was lebt im guten Fortschritte der Weltentwickelung, nach der einen Seite ahrimanisch, nach der andern Seite – wenn er auch diese Ausdrücke nicht gebrauchte, auf Ausdrücke kommt es nicht an – luziferisch abbiegen kann, und daß eigentlich die Weltentwickelung immer im Pendelschlag ist zwischen dem Ahrimanischen und dem Luziferischen. Und Goethe wollte alles aus dem Tiefsten heraus entwickeln, überall zeigen, wie im Grunde genommen das Streben nach dem Höchsten zu gleicher Zeit eine Gefahr sein kann. Was kann nicht alles eine Gefahr werden! Das Allerbeste kann eine Gefahr werden, selbstverständlich. Und gerade dieses Problem trat Goethe so lebhaft vor das Seelenauge, wie das Beste eine Gefahr werden kann, wenn sich die ahrimanischen, die luziferischen Mächte in die Dinge hineinmischen.

Da hatte er seine Faust-Dichtung im Auge, jenen Faust, der nach den tiefsten Geheimnissen des Daseins strebte, der verwirklicht zeigen sollte, was Goethe immer vor der Seele stand: das unmittelbare Anschauen des Geistig-Lebendigen in allem Natürlichen und Geschichtlichen. Goethe selber strebte zurück nach den Geheimnissen des geistigen Daseins der griechischen Vorzeit. Er wollte sich verbinden mit demjenigen, was schaffend lebendig in einem fertiggewordenen Zeitraume, im vierten nachatlantischen Zeitraume, vorhanden war. Das wollte er gestalten in seinem Faust, der nach dem Lebendigen der Helena hinstrebt. Die Wege sucht Goethe, auf denen er seinen Faust zu Helena führen kann. Aber Goethe war klar, daß dies eine Gefahr bedeutet. So berechtigt, so hochsinnig das Streben ist, das in solchem liegt, eine Gefahr bedeutet es, weil es sehr leicht in das luziferische Fahrwasser hineinführen kann.

So zeigt uns denn Goethe zunächst den Faust ins luziferische Fahrwasser hineingeratend, paralysiert durch die Erscheinung der Helena, paralysiert durch die Verbindung mit dem Spirituellen. Aus dem Reich der Mütter hat Faust Helena heraufgeholt, zunächst nur als geistige Kraft vor sich gehabt. Paralysiert ist er durch das, was er spirituell erleben kann. Das Innere des Faust ist ausgefüllt mit dem, was er aufgenommen hatte. Er lebt in dem lebendigen Geistigen, in dem spirituellen Elemente des alten Griechenlandes, aber er ist dadurch paralysiert.

Und so finden wir ihn, indem Mephisto ihn zurückgebracht hat in seine Zelle, in sein Laboratorium, und ihn paralysiert zeigt durch das Zusammenleben mit dem geistigen Elemente der Vergangenheit.

> Wen Helena paralysiert,
> Der kommt so leicht nicht zu Verstande ...

meint Mephistopheles. Wir sehen auch, wie eine gewisse Scheidung eingetreten ist zwischen Faust, der in das luziferische Fahrwasser geraten ist, und Mephistopheles. Faust ist gewissermaßen mit seiner Seele – ob sie nun mehr oder weniger bewußt dies erlebt, was sie erlebt – in einem andern geistigen Fahrwasser, in das er durch luziferische Impulse gekommen ist, als diejenigen geistigen Wege sind, in denen Mephistopheles wandelt. Sie sind wie durch eine Bewußtseinsgrenze jetzt voneinander geschieden.

Faust träumt, so sagt man in der profanen Sprache. Er weiß nichts von seiner alten Welt, in der er als der ihm gegenwärtigen lebt. Mephisto hat sie aber um sich, und durch Mephisto lebt denn auch alles ahrimanisch wieder auf. Und so haben wir im Grunde genommen die zwei Welten gerade in dieser Szene hart aneinanderstoßend, ganz sachgemäß aneinanderstoßend. Es ist merkwürdig, wie gründlich Goethe in seiner instinktiv geisteswissenschaftlichen Art eigentlich ist. Dieses Aneinanderstoßen, es wird uns ganz deutlich gemacht durch den Famulus, der jetzt eingeführt wird, der ahnungslos hin und her pendelt, könnte man sagen, zwischen den gefährlichsten Dingen, die sich in seiner Umgebung abspielen.

Diesen Ahnungslosen sehen wir zunächst, der uns gewissermaßen repräsentiert eine Art von Menschen, die wie gefangen sind von der Ahnungslosigkeit, der Unaufmerksamkeit, für die sie oftmals nichts können. Er sieht nicht, was um ihn herum vorgeht. In diesem Sinne kann man auch die ganze Rede auffassen, die von diesem Famulus kommt.

Anders schon wird uns das ganze Milieu, in dem wir jetzt leben, durch die Begegnung des zum Baccalaureus gewordenen früheren Schülers mit Mephistopheles dargestellt. Der Baccalaureus, man sieht es ihm an, geht ganz aus der Umgebung hervor, die ich Ihnen vorhin geschildert habe. Aber er stellt eine Karikatur davon dar, ist von alledem infiziert, was die Kant-Fichte-Schelling-Hegelsche Philosophie, die Schlegelschen Auseinandersetzungen haben geben können; aber er nimmt alles im engumgrenzten, egoistischen Sinne. Warum tut er denn das? Ja, diese Frage muß man sich schon vorlegen. Warum ist denn eigentlich der Baccalaureus dasjenige geworden, als was er sich uns darstellt? Hat Goethe etwa wollen die ihm werte Philosophie der Jenenser verspotten in dem Baccalaureus? Ganz und gar nicht. Aber in seinem Sinne ist hineingeschickt worden in dieses philosophische Fahrwasser der Schüler, der da hat als ein Geleitwort von Mephistopheles erhalten:

> Eritis sicut Deus, scientes bonum et malum.
> Folg' nur dem alten Spruch und meiner Muhme, der Schlange,
> Dir wird gewiß einmal bei deiner Gottähnlichkeit bange!

Den Impuls hat der Baccalaureus gewordene Schüler von Mephistopheles selber. Mephistopheles kann sich nicht beklagen, daß ihn der Baccalaureus so behandelt, daß er sagen muß:

> Du weißt wohl nicht, mein Freund, wie grob du bist?

Denn er hat das alles in ihn gepflanzt; er hat das gesät in seiner Seele. Der Baccalaureus ist schon gefolgt dem Spruch und der Muhme, der berühmten Schlange. Und er fühlt sich zunächst gar nicht bange, das wird erst kommen. Er fühlt sich gar nicht bange in seiner Gottähnlichkeit, die er ja sehr deutlich ausspricht, indem er darauf aufmerksam macht, daß er es ist, der die Welt erschaffen hat, der die Welt gestaltet hat. – Schließlich ist dieses ja aus der Kantschen Philosophie für manche karikatursuchenden Menschenkinder geworden, wird es auch noch heute vielfach.

Ja, man kann schon Menschenkinder kennenlernen, welche die Kantsche Philosophie noch ichlicher auffassen als dieser Baccalaureus. Wir haben einmal einen Menschen kennengelernt, der so infiziert war von Kantscher, Fichtescher Philosophie, daß er wirklich die Meinung hatte, er habe die ganze Welt erschaffen. Das war in ihm zur fixen Idee geworden, er habe die ganze Welt erschaffen. Ich sagte ihm dazumal: Nun ja, gewiß, als Vorstellung, als Ihre Vorstellung haben Sie ja die Welt erschaffen, aber zu der Vorstellung kommt noch etwas hinzu, denn Sie haben auch die Vorstellung Ihrer eigenen Stiefel erschaffen, aber der Schuster hat sie gemacht, diese Stiefel, und Sie können nicht sagen, daß Sie diese Stiefel gemacht haben, obwohl Sie die Vorstellung dieser Stiefel gemacht haben! – Im Grunde beruht alle echte Widerlegung, sogar der Schopenhauerschen Philosophie von der «Welt als Vorstellung», auf diesem Schusterproblem, nur sieht man diese Dinge nicht immer im rechten Lichte.

Also der Baccalaureus ist schon gewissermaßen ein Opfer des Mephisto, so wie er ihm jetzt selber entgegentritt. Nach dem Absoluten haben die Philosophen gestrebt. In dem Baccalaureus wird das Streben nach dem Absoluten zu einer Karikatur. Mephisto muß ihm sagen:

Kommt nur nicht absolut nach Haus.

Man sieht den Zusammenhang mit der Kultur, mit der Geisteskultur der damaligen Zeit in sehr geistvoller Weise durch Goethe dargestellt. Daher sind diese Szenen, weil sie aus der lebendigen Wirklichkeit heraus sind, auch so lebendig und so ungemein dramatisch. Und Goethe hat immer wieder und wiederum das Bestreben, die Menschen hinauszuführen über jene etwas nach Kellergeruch duftenden Vorstellungen, die man so leicht hört: Ach, wir wollen uns nur mit dem Guten verbinden; nichts Ahrimanisches und Luziferisches soll da sein; das muß man fliehen. – Weil Goethe nicht liebt diese nach Kellergeruch duftenden Vorstellungen, stellt er auch zuweilen den Mephistopheles recht sympathisch dar, recht gemütvoll, könnte man sagen. Denn wie gemütvoll ist es doch, wenn der gute Mephistopheles, als der Baccalaureus gar zu absolut wird, mit seinem Stuhl hinunterrückt von dem Baccalaureus zu dem – Publikum. Namentlich zu dem jüngeren Parterre, dachte sich Goethe, rückt Mephistopheles heran und sucht jetzt dort ein Unterkommen. Und Goethe läßt den Mephistopheles nicht bloß Teuflisches, sondern ganz Treffendes sagen, weil Goethe weiß, wieviel Mephistophelisches dem Leben beigemischt sein muß, wenn das Leben gedeihen soll, wie ungesund die Vorstellungen sind, die in der angedeuteten Weise nach Kellergeruch duften. Und es ist schon der Mühe wert, einmal nachzudenken darüber, wie auch Goethe nicht ganz kalt geblieben ist bei der Kälte der stumpfen Menge. Daher läßt er seinen Mephistopheles sich sogar etwas erzürnt aussprechen über die Leute, denen er ansieht, wie kalt sie bleiben bei den Weisheitssprüchen, die er doch äußert. Es ist das schon eine Kälte, auf die Goethe auch hinweisen wollte, obwohl diese Kälte lange noch nicht so kalt war, wie heute oftmals die Gesinnung und die Stimmung der Seele ist gegenüber demjenigen, was aus dem geistigen Leben an die Menschheit herandringen kann.

Und dann sehen wir, wie eine echt ahrimanische Tätigkeit sich entfaltet in der Erzeugung des Homunkulus. Goethe ist es nicht leicht geworden, gerade diejenige Partie seines «Faust» zu dichten, die wir hier vor uns gehabt haben. Kleine Dichter werden mit allem fertig! Sogar mit dem großen Problem unter Umständen würde ein kleiner Dichter rasch fertig geworden sein: Faust und Helena zusammenzubringen. Aber Goethe war eben kein kleiner Dichter, daher ist ihm das Dichten schwer und sauer geworden. Daher mußte er einen Weg suchen, Faust wirklich mit der Helena zusammenzuführen, mit der er zusammen lebte, ich möchte sagen, in einem andern Bewußtseinszustande, wie wir gesehen haben. Goethe mußte den Weg suchen. Er war sich gar nicht gleich klar, wie er diesen Weg finden sollte. Zuerst sollte Faust hinuntergeführt werden in die Unterwelt und von Proserpina sich die Hilfe erbitten, daß Helena leibhaftig zu ihm herankomme. Aber Goethe empfand dasjenige, was er da darstellen würde, um sich die Helena von der Proserpina zu holen, so, daß er keine Begriffe und Vorstellungen fand, um die Sache darzustellen. Denn bedenken Sie nur, um was es sich handelte. Es handelte sich darum, daß Faust soweit gekommen war, im Unterbewußtsein seiner Seele, imaginativ, an die Helena heranzukommen; aber er sollte mit denjenigen Fähigkeiten an sie herankommen, die ihm im Leben natürlich waren. Dazu mußte Helena in diese Bewußtseinssphäre hereinsteigen. Also Goethe mußte gewissermaßen eine Verkörperung der Helena zustande bringen. Dazu benützte er dasjenige, was er wußte aus *Paracelsus,* den er wohl studiert hatte, namentlich die Abhandlung von Paracelsus' «De generatione rerum» kam ihm sehr zugute. Da schildert Paracelsus, wie man durch gewisse Vorgänge Homunkeln erzeugen kann. Es ist selbstverständlich für den heutigen Menschen sehr leicht, zu sagen: Nun ja, das war halt ein mittelalterliches Vorurteil des Paracelsus. – Es ist für den heutigen Menschen leicht, zu sagen: Kein Mensch braucht zu glauben an dasjenige, was da Paracelsus phantasiert. – Gewiß, es braucht es ja meinetwillen auch keiner. Aber bedenken sollte man doch, daß Paracelsus in jener Abhandlung «De generatione rerum» ausdrücklich versichert, durch gewisse Vorgänge wäre man imstande, etwas zu erzeugen, was zwar keinen Körper hat – bitte, darauf zu achten! Paracelsus sagt ausdrücklich: es hat keinen Körper –, was aber Fähigkeiten hat, die ähnlich sind den menschlichen Seelenfähigkeiten, nur sich bis zur Hellsichtigkeit steigern. Also Paracelsus dachte an gewisse Hantierungen, die den Menschen dahin bringen, vor sich ein körperloses Wesen zu haben, das aber so wie der Mensch eine Art Verstandestätigkeit, eine Art Intellektualität, ja sogar in höherer Steigerung entfaltet. Das hat Goethe zu Hilfe genommen. Er hat sich etwa gedacht: rein spirituell griff herein die Helena in die Bewußtseinssphäre des Faust, aber sie muß dichter werden.

Dieses Dichterwerden, das ließ er geschehen durch ein solches Wesen, wie der Homunkulus es ist, der gewissermaßen die Brücke baut zwischen dem rein Geistigen, Spirituellen, indem er selber körperlos ist, aber bei Gelegenheit von körperlichen Hantierungen entsteht, zu dem Körperlichen hinüber, so daß man sagen kann: Durch die Anwesenheit des Homunkulus wird es möglich, die ganz spirituelle Helena hereinzuführen in diejenige körperliche Welt, in der Faust heimisch ist.

Natürlich brauchte Goethe zu alldem eine Art Mißverständnis noch. Und das Mißverständnis wird auf dem Umwege durch Wagner herbeigeführt. Wagner ist durch seinen materialistischen Sinn dazu verführt, an die ganz materielle Herstellung des Homunkulus zu glauben; er würde dasjenige nicht zustande bringen, was ein wirklicher Homunkulus ist, denn dazu bedarf es geistiger Kräfte, die Wagner nicht zur Verfügung stehen. Diese geistigen Kräfte werden dadurch herbeigeführt, daß Mephistopheles, das ahrimanische Element, herankommt. Denn dadurch wird wiederum der ahrimanische Impuls gegeben, daß wirklich aus dem etwas wird, was Wagner da zusammenkohobiert. Hätte Wagner auf seinem Wege ganz allein, vielleicht durch Zuhilfekommen von irgendwelchen ja überall verborgenen Kräften seinerseits etwas zustande gebracht, dann wäre es ihm vielleicht so gegangen wie jenem Mann, der mir vor einiger Zeit schrieb, daß er, nachdem er sich lange bemüht hätte, nun wirklich lebende kleine Männchen in seinem Zimmer zustande gebracht habe, aber nun nicht mehr loskommen könne; er könne nicht mehr sich retten vor ihnen! Er wollte Rat, wie er sich retten könnte vor diesen Geschöpfen, die er als lebendige Mechanismen hervorgebracht hat. Sie verfolgten ihn seither überall. Man kann sich schon vorstellen, was aus dem Verstande solcher Menschen wird! Diese Menschen, die solche abenteuerlichen Dinge erleben, gibt es natürlich heute noch immer, ebenso wie es die Spötter gibt gegen diese Dinge.

Durch ein niedliches Zusammentreffen, das aber auch nur ein niedliches Zusammentreffen ist, behauptete ja gerade in der Zeit übrigens, in der Goethe diese Szene schrieb, *Johann Jakob Wagner* in Würzburg, daß man Homunkeln erzeugen könne, und er gab sogar Wege an, wie man Homunkeln erzeugen kann. Es ist dies aber selbstverständlich nicht wahr, daß Goethe von ihm den Namen genommen hat. Denn der Name rührt schon her aus dem alten «Faust», der damals vorhanden war; der wurde niedergeschrieben, als dieser Johann Jakob Wagner noch ein Säugling war.

Es gehört also wiederum Mephistopheles dazu, daß aus dem, was Wagner zustande bringt, wirklich der Homunkulus wird. Aber er wird nun. Und er wird eigentlich im Grunde genommen so, wie Goethe gelernt hatte den Homunkulus darzustellen nach der Anleitung des Paracelsus. Und der Homunkulus wird in der Tat sogleich hellsichtig, denn er schaut den Traum des Faust, beschreibt dasjenige, was Faust gewissermaßen luziferisch abgezogen, wie in einem andern Bewußtseinszustand, erlebt, wie Faust wirklich hingelangt in die griechische Welt. Die Zusammenkunft des Zeus mit Leda, der Mutter der Helena: wir erkennen sie in der Beschreibung, die der Homunkulus von dem Traum des Faust gibt.

Wir sehen also, wie Goethe unmittelbar nebeneinanderstellt dasjenige, was zuerst spirituell im Faust lebt, und den Homunkulus, der es zu deuten, aufzufassen weiß. Wir sehen, wie Goethe herüberarbeitet in die gewöhnliche physische Welt, so daß die Helena in die gewöhnliche physische Welt dann eintreten kann. Und durch all die Vorgänge, die geschildert werden in der «Klassischen Walpurgisnacht», sehen wir, wie Goethe versucht, aus dem Ewig-Geistigen der Helena, mit der Faust zusammen gelebt hat, das Körperliche zu gestalten, indem der Homunkulus durchgeht durch alle Reiche der Natur und seine Körperlosigkeit ablegt, sich verkörperlicht, sich verbindet mit dem geistigen Elemente der Helena. Und dadurch, daß das dann durchgeht durch alle Reiche der Natur, wird die Helena äußerlich auf dem physischen Plane das, als was sie uns im dritten Akte des zweiten Teiles des «Faust» entgegentritt. Durch den Homunkulus und durch die Umwandlung, die der Homunkulus vollziehen kann mit dem, womit Faust spirituell zusammen lebt, wird die Helena neu geboren. Das ist es, worauf es Goethe ankommt. Deshalb hat er den Homunkulus hineingesetzt, deshalb zeigt er die Verwandtschaft dessen, was Faust sozusagen träumt, mit dem, was der Homunkulus schaut.

Damit aber steht Goethe auch wahrem Okkultismus sehr nahe, jenem wahren Okkultismus, auf den ich öfter hingewiesen habe, und von dem alle Denkweise wegführt, die nur in Abstraktionen sich ergeht, die nur in abstrakten Begriffen leben will. Ich habe öfter darauf aufmerksam gemacht, wie eine gewisse einseitige Ausbildung des christlichen Prinzips gerade dahin geführt hat, wesenlose, schattenhafte Begriffe zu zeitigen als Weltanschauung, die nicht imstande sind, gewissermaßen hineinzugreifen ins reale Leben. Und unter solchen Begriffen steht die Menschheit heute. Die Menschheit hat auf der einen Seite das rein mechanische Naturwissen, das aber kein Wissen ist, sondern nur eine Hantierung, woraus das Lebendige herausgetrieben ist.

Encheiresin naturae nennt's die Chemie,
Spottet ihrer selbst und weiß nicht wie,

sagt der Mephisto. Das auf der einen Seite, das nur immer abschreiben will, was äußerlich geschieht. Und auf der andern Seite die abgezogenen Begriffe von irgendeinem Geistigen, das entweder pantheistisch vorgestellt wird, oder einem Geistigen, das in irgendeinem Wolkenkuckucksheim von schattenhaften Begriffen lebt, die nicht in der Lage sind, wirklich unterzutauchen ins Leben, zu erfassen das wirkliche Leben.

Deshalb habe ich darauf hingewiesen, wie Geisteswissenschaft imstande ist, den realen, unmittelbaren Menschen wieder zu verstehen, zum Beispiel zu sagen: Dieses Haupt des Menschen ist nur auf der einen Seite dasjenige, was der Anatom daraus macht, indem er es rein äußerlich schildert, es ist auch nicht bloß dasjenige, was äußerlich eine abstrakt im Wolkenkuckucksheim der Begriffe segelnde Seele verkörpert, sondern dieses Haupt muß man verstehen als hervorgegangen durch Metamorphose aus dem Leib der vorhergehenden Inkarnation und, wie ich in den letzten Vorträgen ausgeführt habe, aus dem ganzen Kosmos, aus der Sphäre des ganzen Kosmos heraus gebildet. – Dieses Gestalten, im Gestalten in die materielle Welt eingreifen durch die Begriffe, nicht das Schwefeln in allgemeinen abstrakten Begriffen, ist das Wesentliche, was konkrete Geisteswissenschaft anstreben muß. Denn gerade dasjenige, wovor sich manche in der Gegenwart lebende christliche Pastoren und sonstige ähnliche Leute in ihren wesenlosen Abstraktionen von Gott und dem Ewigen am meisten fürchten, das ist dieses lebendige Erfassen der Welt, das konkrete Erfassen des Materiellen, das auch eine Offenbarung des Geistigen ist. Dieses Untertauchen mit den Begriffen in die wirkliche Welt ist es, was die Menschen heute nicht haben wollen.

Das ist es aber gerade, auf das auch Goethe ganz energisch hinweisen will. Daher kontrastiert er diesen Geist des Homunkulus, der das wirkliche, konkrete Geistige schaut, wie es dann in dem Bewußtsein des Faust, wenn auch von anderer Art, lebt, dieses Schauen kontrastiert er mit der Art, wie Mephisto die Welt gern haben möchte aus der Vereinseitigung des christlichen Mittelalters heraus: die Auslöschung alles desjenigen, was spirituell an die Menschenseele herankommt. Darum sieht der Homunkulus dasjenige, was weder Wagner noch Mephistopheles sehen. Und daher, weil Mephistopheles sagt:

Was du nicht alles zu erzählen hast!
So klein du bist, so groß bist du Phantast.
Ich sehe nichts –,

antwortet Homunkulus:

Das glaub ich. Du aus Norden,
Im Nebelalter jung geworden,
Im Wust von Rittertum und Pfäfferei,
Wo wäre da dein Auge frei!
Im Düstern bist du nur zu Hause.

Goethe erstrebt bewußt ein konkretes Erfassen der Wirklichkeit.

Ich habe darauf aufmerksam gemacht, daß selbstverständlich an der Stelle, wo der Homunkulus zu Mephistopheles spricht, durch irgendwelchen Umstand ein Vers ausgefallen ist; denn wir sehen überall den Reim:

Das glaub ich. Du aus *Norden,*
Im Nebelalter jung *geworden,*
Im Wust von Rittertum und *Pfäfferei,*
Wo wäre da dein Auge *frei!*
Im Düstern bist du nur zu *Hause.*

Auf «zu Hause» fehlt der Reim.

Verbräunt Gestein, bemodert, widrig,
Spitzbögig, schnörkelhaftest, niedrig!

Also, es ist durch irgendwelchen Umstand beim Diktieren ein Vers ausgefallen, denn es fehlt der Reim – und es ist kein Grund, daß der Reim hier nicht stehen sollte –, also ein Vers, der etwa so gelautet haben muß:

Was aber soll uns die dumpfe Klause –

so daß Homunkulus, nachdem er gesehen hat, daß der Mephisto ihn nicht versteht, ihn deutlich darauf verweist, wie die Menschen entfernt worden sind von der konkreten geistigen Welt durch die Verabstrahierung, durch die nebelhaften Begriffe, die ausgebildet worden sind, und die ins Enge getrieben worden sind eben in solchen Verrichtungen, wie *die* waren, aus denen Faust herausgewachsen ist, der ihnen aber entwachsen ist. Aber Mephisto fühlt sich da wohl in seiner Teuflischkeit. Daher meint Homunkulus etwa:

Das glaub ich. Du aus Norden,
Im Nebelalter jung geworden.

Das Mittelalter ist hier gemeint, aber mit Anspielung an das alte Niflheim:

Im Nebelalter jung geworden –

Jung geworden ist ein alter Ausdruck, der sehr gut ist. So wie man alt wird vom Physischen aus, so wird man jung vom Geistigen aus, wenn man geboren wird. Und dieses war ein alter deutscher Ausdruck; statt «geboren werden» sagte man «jung werden», womit man bezeugte, daß in der Sprache schon ein Verständnis dafür enthalten ist. Also:

Du aus Norden,
Im Nebelalter jung geworden,
Im Wust von Rittertum und Pfäfferei,
Wo wäre da dein Auge frei!
Im Düstern bist du nur zu Hause.
Was aber soll uns die dumpfe Klause?

Und nun blickt er umher in der dumpfen Klause und sieht da alles, was da ist:

Verbräunt Gestein, vermodert, widrig,
Spitzbögig, schnörkelhaftest, niedrig,

Dann:

Erwacht uns dieser, gibt es neue Not,

denn der muß in das lebendige Leben eingeführt werden, weil er nicht bloß abstrakte Begriffe will; er will nicht bloß zum Beispiel das Griechentum geschildert haben dadurch, daß man es zeigt, so wie es Humanisten oder Philologen gemacht haben, sondern er will lebendig mit diesem Griechentum leben, indem der Repräsentant dieses Griechentums, die Helena, leibhaftig vor ihn treten soll.

So sehen wir überall gerade in dieser Szene Goethes wunderbare Ahnung nach dem Konkreten hin. Es ist ja, man könnte sagen, bei diesen Altersdichtungen Goethes jedes Wort aus einer tiefen Welterfahrung heraus geschrieben. Und das gibt diesen Worten Gewicht, ungeheures Gewicht, gibt ihnen auch eine Unvergänglichkeit. Denn wie schön sind solche Worte gerade von Mephistopheles gesprochen, wodurch sie ihre besondere Färbung erhalten:

O weh! hinweg! und laßt mir jene Streite
Von Tyrannei und Sklaverei beiseite.

Mich langeweilt's; denn kaum ist's abgetan,
So fangen sie von vorne wieder an;
Und keiner merkt: er ist doch nur geneckt
Von Asmodeus, der dahinter steckt.

Von dem Zwietrachtteufel, mit dem sich der Mephisto recht verwandt fühlt.

Sie streiten sich, so heißt's, um Freiheitsrechte.

Man fühlt sich fast in die Gegenwart herein versetzt, denn da heißt es auch: Sie streiten sich um Freiheitsrechte! Schon Goethe antwortet:

Genau besehn sind's Knechte gegen Knechte.

Im Ganzen möchte man sagen: O könnte doch die Zeit kommen, wo auch aus dem Gedichte eines solchen Strebens, wie man es gerade geoffenbart durch diese Szene bei Goethe findet, an das ja durchaus angeknüpft werden soll aus Geisteswissenschaftlich-Anthroposophischem der Gegenwart – o könnte doch dasjenige, was in dem Gedichte eines solchen Strebens liegt, die Leute mehr ergreifen, könnte es sich einbürgern in die Seelen! Wir kämen wahrhaftig als Menschen weiter.

Aber statt dessen hat seit Goethes Zeiten die Verabstrahierung alles Strebens noch unendlich weitere Fortschritte gemacht. Und hier ist der Punkt, wo gerade der, der sich geisteswissenschaftlich bestrebt, versuchen sollte – meinetwillen sich heraufrankend an Goethe –, sich klarzumachen den Unterschied zwischen konkret-geistigem Streben und abstrakt-geistigem Streben. Die Beschäftigung mit Geisteswissenschaft gibt solche Begriffe, durch die man wirklich untertaucht in das Reale, in das Wirkliche, durch die man verstehen lernt dieses Wirkliche. Der Materialismus gibt gar keine wirklichen Begriffe, der gibt nur Begriffsschatten. Wo kann denn der Materialismus so etwas verstehen, wie den von uns klargemachten Unterschied zwischen dem Haupte des Menschen und dem übrigen Leib? Oder wie kann der Materialismus zum Beispiel folgendes verstehen? Nehmen wir einen Begriff, der unendlich wichtig ist.

Wir wissen, der Mensch hat seinen physischen Leib, seinen Ätherleib, seinen astralischen Leib, sein Ich. Das Tier hat seinen physischen Leib, seinen Ätherleib, seinen Astralleib. Wir sehen das Tier. Interessant ist es, Tiere zu beobachten, wenn sie so, nachdem sie auf der Weide sich reichlich vollgefressen haben, daliegen und verdauen. Es ist interessant zu beobachten. Warum denn? Weil das Tier ganz mit seinem astralischen Wesen in seinen Ätherleib zurückgezogen ist. Was tut denn eigentlich die Seele des Tieres, wenn es da verdaut? Mit unendlichem Wohlbehagen nimmt die Seele teil an dem, was in dem Leibe geschieht. Es liegt da und schaut sich beim Verdauen zu. Mit unendlichem Wohlbehagen schaut es sich zu; das Wohlbehagen ist bei dem Tier ganz ungeheuer. Interessant ist es, zum Beispiel eine Kuh verdauen zu sehen, geistig, wenn sie daliegt und nun wirklich ihr innerlich sichtbar werden alle die Vorgänge, die sich da abspielen, indem die Nahrungsstoffe in den Magen aufgenommen sind und vom Magen nun in die übrigen Partien des Leibes befördert werden. Dem schaut das Tier mit innerstem Behagen zu, weil eine innige Korrespondenz zwischen seinem Astralleib und seinem Ätherleib besteht. Das Astralische lebt in dem, was der ätherische Leib spiegelt von den physisch-chemischen Vorgängen, durch die sich die Nahrungsstoffe einführen in den Organismus. Das ist eine ganze Welt, welche die Kuh sieht! Allerdings besteht diese Welt nur aus Kuh und aus den Vorgängen, die in der Kuh stattfinden. Aber wahrhaftig, wenn auch alles dasjenige, was dieser astralische Leib in dem Ätherleib der Kuh wahrnimmt, bloß die Vorgänge in dem ganzen Umkreis, in der Sphäre der Kuh sind, so vergrößert sich das alles, so daß es so groß wird für das Bewußtsein der Kuh, wie unser menschliches Bewußtsein groß ist, indem es bis zum Firmament geht. Ich müßte Ihnen die Vorgänge, die da zwischen dem Magen und dem übrigen Organismus der Kuh stattfinden, als eine große Sphäre zeichnen, die sich entfaltet, weit hinaus entwickelt, indem in diesem Augenblick für die Kuh nur der Kuh-Kosmos, aber in riesiger Größe, da ist.

Das ist kein Scherz, das ist so. Und die Kuh fühlt sich ungeheuer gehoben, wenn sie so ihren Kosmos sieht, sich als Kosmos sieht. Da sieht man in die konkrete Natur der Tiere hinein. Denn dadurch, daß der Mensch ein Ich hat, reißt dieses Ich den astralischen Leib von jener innigen Verbindung mit dem Ätherleibe los, in der dieser astralische

Leib mit dem Ätherleib zum Beispiel bei der Kuh ist. Er wird losgerissen. Und dadurch ist dem Menschen die Möglichkeit entzogen, wenn er nach dem Essen verdaut, das ganze Verdauungsgeschäft des Kosmos zu überblicken. Es bleibt für ihn das alles unbewußt. Dagegen beschränkt das Ich durch seine Tätigkeit die Impulse des Ätherleibes so, daß sie nur in dem Bereiche der Sinnesorgane von dem astralischen Leib erfaßt werden. So daß dasjenige, was beim Tier als Ganzes mit dem astralischen Leib zusammen lebt, beim Menschen nur in den Sinnesorganen konzentriert ist. Dadurch aber wird für den Menschen der Sinnesprozeß so groß, wie für gewisse Augenblicke der tierische Prozeß für das Tier wird.

Es ist in gewissem Sinne eine Unvollkommenheit des Menschen, daß er, wenn er sein Nachmittagsschläfchen eben beginnt, nicht träumend seiner Verdauung zusehen kann, denn er würde eine ganze Welt sehen. Aber dieser Welt entreißt das Ich den astralischen Leib des Menschen und läßt ihn schauen als Kosmos nur dasjenige, was in den Sinnesorganen selber erlebt wird.

Ich wollte dieses nur als Beispiel anführen. Denn man sieht daraus, daß es der konkreten Geisteswissenschaft darauf ankommt, in die Wesen wirklich hinunterzusteigen mit den Begriffen; nicht schattenhafte Begriffe zu konstruieren, sondern Begriffe, die in die Wirklichkeit eintauchen. Und alle Begriffe der Geisteswissenschaft sollen ja so sein, daß sie in die Wirklichkeit eintauchen. Das aber ist gerade die Begleiterscheinung der materialistischen Zeit, daß sie diese Begriffe, die in die Wirklichkeit untertauchen, verschmäht. Sie will solche nicht haben. Für die Erkenntnis der Natur führt das bloß zu dem Mangel, daß man nichts in Wirklichkeit erkennt. Aber für das Leben führt das zu einem weit größeren Mangel. Es macht den Menschen unmöglich, Sinn zu haben für konkrete, inhaltsvolle Begriffe. Daher ist die Erziehung im Materialismus zugleich eine Erziehung zu inhaltsleeren, schattenhaften Begriffen. Die Dinge gehen durchaus parallel: nicht spirituell verstehen können die Wirklichkeit, alles für einen Mechanismus ansehen, und unfähig sein, zu irgendwelchen Begriffen zu kommen, die wirklich in die Verhältnisse der Welt, des Menschen einlaufen können.

Und in dieser Beziehung muß man die Gegenwart verstehen, denn darinnen liegen gerade die Schwierigkeiten der Gegenwart. In der Gegenwart gibt es gewiß idealistische Naturen, aber sie sind die idealistischen Naturen einer materialistischen Zeit, und daher reden sie in schattenhaften allgemeinen Begriffen, die nicht eingreifen können in die Wirklichkeit, die höchstens eingreifen können auf dem Umwege der Leidenschaft, auf dem Umwege, daß man sich aufbläst und sie möglichst stark in die Welt hinausposaunt. Während man also auf der einen Seite mit Bezug auf die Erkenntnis der Natur nur die Unmöglichkeit hat, die Natur zu verstehen, hat man auf der andern Seite als die notwendige Parallelerscheinung das Deklamieren von schattenhaften Begriffen. Und wenn man so redet, redet man wahrhaftig nicht von irgend etwas selber Unrealem, sondern von demjenigen, was in der schlimmsten Weise mit den leidvollen Ereignissen der Gegenwart zusammenhängt.

Zu Goethes Zeiten war die Sache noch nicht so weit gediehen, aber heute stehen wir schon vor dem Unverständnis vieler Leute, überhaupt einen Unterschied zu finden zwischen einem schattenhaften und einem wirklichen Begriffe. Der Wagner, wie ihn Goethe schildert, lebt auch in schattenhaften Begriffen, und der Homunkulus versucht es ihm sogar klarzumachen, wie er in schattenhaften Begriffen lebt, zum Beispiel durch die Worte, nachdem der Wagner in Angst gefragt hat:

Und ich?
Was wird aus mir, wenn die andern fortziehen?

Eh nun,
Du bleibst zu Hause, Wichtigstes zu tun.
Entfalte du die alten Pergamente,
Nach Vorschrift sammle Lebenselemente
Und füge sie mit Vorsicht eins ans andre.
Das *Was* bedenke, mehr bedenke *Wie?*
Indessen ich ein Stückchen Welt durchwandre,
Entdeck' ich wohl das Tüpfchen auf das i.

Wenn ich diese Stelle lese, muß ich mich immer erinnern, daß sie so recht aus dem Leben ist, gerade aus dem Gelehrtenleben. Denn ich weiß von einer Doktorpromotion, wo ein junger Doktorand einem sehr gelehrten Herrn, der Historiker war, aber als Historiker vorzugsweise als Urkundenmensch über die historische Wissenschaft Professor war, gegenüberstand: das war derjenige, welcher der hauptsächlichste Lehrer dieses jungen Doktoranden war. Unter den Fragen, die er ihm stellte, war diese, daß er fragte: Nun, sagen Sie mir, Herr Kandidat, in welcher päpstlichen Urkunde kommt zum erstenmal der I-Punkt vor? – Das wußte der gleich, unter welchem Papste in den Urkunden der I-Punkt vorkommt: Innozenz IV.! – Nun saß ein anderer Historiker, der nicht so war, daneben, und der wollte so ein bißchen den Mephisto spielen, und deshalb sagte er: Na, Herr Kollege, jetzt muß ich auch einmal, da ich der andere Examinator bin, an den Kandidaten eine Frage stellen. Sagen Sie mir, Herr Kandidat, wann hat denn dieser Innozenz IV. den päpstlichen Stuhl bestiegen? – Der Kandidat wußte nichts. Wann ist denn der Innozenz IV. gestorben? – Der Kandidat wußte nichts. Nun, mein lieber Herr Kandidat, dann sagen Sie mir was anderes, was Sie überhaupt über den Innozenz wissen, außer dem, daß in seinen Urkunden der I-Punkt zuerst vorkommt! – Der wußte gar nichts. Da sagte der Professor der Urkundenlehre, der alten Pergamente: Aber Herr Kandidat, es ist ja gerade, wie wenn Ihnen heute ein Brett vor den Kopf genagelt wäre! – Da sagte der andere, der so den Mephisto spielen wollte: Oh, Herr Kollege, er ist ja Ihr Lieblingsschüler! Wer hat ihm denn dieses Brett vor den Kopf genagelt?

Nun, so konnte auch der gute Wagner, anders als der Homunkulus, in seinem Pergamente das Tüpfelchen auf das i entdecken. Aber seit jener Zeit ist, ich möchte sagen, universell und historisch die abstrakte, rein in Begriffen lebende Denkweise gekommen. Und so sehen wir dann, daß wirklich das tief in die ganze Weltgeschichte eingreifende Schauspiel sich vollziehen kann, daß in wichtiger Angelegenheit ein Dokument vor die Welt hintritt, das in lauter Schattenbegriffen lebt. Man kann sich nichts Unwirklicheres und Unrealeres denken als jene Note, die neulich *Woodrow Wilson* an den Senat der amerikanischen Staaten gerichtet hat! Heute, wo es nur frommt, zu versuchen, die Wirklichkeiten der Welt zu verstehen, sieht man die Ohnmacht an hervorragender Stelle, anderes zu fassen als nur Schattenbegriffe, Begriffsschatten.

Da darf man sich wohl fragen: Soll denn das Leid ins Unendliche fortgesetzt werden deshalb, weil an den hervorragendsten Stellen aus der Kultur des Materialismus heraus die Menschen die Wirklichkeit fliehen und nur noch Begriffsschatten fassen können? – Ich weiß, daß, wenn man an solche traurigen Ereignisse der Gegenwart streift, man wenig Verständnis findet, weil heute die wenigsten Menschen auch nur fassen können den Unterschied zwischen Begriffsschatten und Wirklichkeit. Denn derjenige, der ein bloßer Idealist ist – es ist ja immer anerkennenswert, Idealist zu sein –, aber nicht versteht die spirituelle Wirklichkeit, der wird sogar schön finden, so unendlich schön, wenn so nett von Freiheit und Menschenrechten gesprochen wird und von internationalen Staatenverbänden und dergleichen. Man wird gar nicht einsehen, worin eigentlich das Unheilbringende dieser Dinge liegt, man wird es in weitesten Kreisen gar nicht einsehen.

Man wird so wenig verstanden, daß man selbst Verständnis gewinnt für die Worte, die der Mephisto spricht, nachdem er abrückt von dem Baccalaureus. Denn schließlich, so wie der Baccalaureus redet, so redet heute mancher, der als ein großer Mann gilt, der, wenn er auch nicht die ganze Welt erschaffen will, so die ganze Welt nach dem düstersten Schattenbegriff regieren will. Und mit Bezug auf das Verständnis solcher Dinge wollen die Menschen durchaus nicht vorrücken. Sie bleiben immer Kinder, bleiben Kinder, die da glauben können, mit Begriffsschablonen könne die Welt regiert werden. Deshalb kann man Verständnis haben auch für die mephistophelischen Worte:

> Ihr bleibt bei meinem Worte kalt,
> Euch guten Kindern laß ich's gehen;
> Bedenkt: der Teufel, der ist alt,
> So werdet alt, ihn zu verstehen!

Diejenigen, die da glauben, daß man mit Begriffsschatten die Welt regieren kann, verstehen noch nicht einmal dasjenige, was Goethe durch den Teufel, da wo der Teufel die Wahrheit ausspricht, sagt!

Wie, ich möchte sagen, ein Kolleg zum Verständnis des Reellen, des Wirklichen in unserer von Begriffsschablonen beherrschten Zeit kann man auffassen gerade die Homunkulusszene im zweiten Teil von Goethes «Faust». Aber man muß diese Dinge wirklich in vollem Ernste nehmen. Und insbesondere an uns wäre es, uns recht klare Begriffe zu machen über den Unterschied all der Deklamationen, die jetzt so reichlich durch die Welt gehen, die seit Jahrzehnten durch die Welt gegangen sind, und die endlich die Situation von heute herbeigeführt haben.

FAUST UND DIE MÜTTER

Dornach, 2. November 1917
nach einer szenischen Darstellung aus «Faust» II: «Finstere Galerie». «Am Kaiserhof»

Die Betrachtungen des heutigen Abends möchte ich anknüpfen an die Szenen, die wir eben gesehen haben. Es wird sich uns dasjenige, was in Anknüpfung an diese Szenen gesagt werden kann, recht gut einfügen in den Lauf unserer gegenwärtigen Betrachtungen.

Ich habe nun schon öfter hier über die bedeutungsvolle «Mütter»-Szene im zweiten Teil von *Goethes* «Faust» gesprochen. Allein diese Szene ist eine solche, auf die man immer wieder und wiederum aus dem Grunde zurückkommen kann, weil sie durch ihren bedeutungsvollen Inhalt, abgesehen von dem ästhetischen Wert, durch den sie sich in die Dichtung einfügt, eine Art Höhepunkt neuzeitlichen Geisteslebens wirklich in sich schließt. Man wird leicht sagen können, wenn man diese «Mütter»-Szene auf sich wirken läßt, daß sie eine ganze Summe von Andeutungen, die Goethe machen wollte, in sich schließt. Sie ist ebenso herausgeholt aus Goethes unmittelbaren seelischen Erlebnissen, wie sie auf der andern Seite Licht wirft auf bedeutungsvolle, tiefe Erkenntnisse, die man einfach bei Goethe anerkennen muß, wenn man nur einigermaßen versteht, was diese Szene bedeutet, in der Faust durch Mephistopheles die Möglichkeit geboten wird, in das Reich der Mütter hinunterzusteigen. Fassen wir einmal ins Auge, daß der Astrologe, als Faust wieder erscheint, wieder heraufkommt von den Müttern, von Faust als Priester spricht, daß Faust sich selbst als Priester nunmehr bezeichnet. Wir müssen dann in dieser Umwandlung desjenigen, was Faust vorher war, zum Priester, etwas Bedeutungsvolles sehen. Er ist hinuntergestiegen zu den Müttern. Eine Umwandlung ist mit ihm vorgegangen. Man braucht nur zu bedenken, ganz abgesehen von dem übrigen, was man über die Sache weiß, was wir im Lauf der Jahre über die Sache zu sagen hatten, wie die griechischen Dichter, indem sie von den Mysterien sprechen, andeuten, daß derjenige, der in die Mysterien eingeweiht wird, kennenlernt die drei Weltmütter: Rhea, Demeter und Proserpina.

Die drei Mütter, ihre Wesenheit, dasjenige, was sie eigentlich sind, sollte durch unmittelbare Anschauung derjenige kennenlernen, der in Griechenland in die Mysterien eingeweiht wurde.

Wenn man die bedeutungsvolle Art ins Auge faßt, wie Goethe in dieser «Mütter»-Szene spricht, und wenn man das ins Auge faßt, was er vorgehen läßt in der nächsten Szene, dann wird man nicht mehr in Abrede stellen können, daß Faust in der Tat in Regionen, in Reiche geführt wird, die Goethe sich gleich gedacht hat den Reichen der Mütter, in die der griechische Mysterieneingeweihte geführt wurde. Damit ist aber schon angedeutet, daß Bedeutungsvollstes von Goethe gemeint ist.

Nun vergegenwärtigen Sie sich: in dem Augenblicke, wo Mephistopheles das Wort «Mütter» erwähnt, schaudert es Faust. Und dann spricht Faust die bedeutungsvollen Worte:

Die Mütter! Mütter! – 's klingt so wunderlich!

Eingeleitet wird das Ganze damit, daß Mephistopheles sagt:

Ungern entdeck' ich höheres Geheimnis.

Also um ein Geheimnis, um ein Mysterium handelt es sich wirklich, um etwas, was Goethe gewissermaßen in dieser halb und halb verborgenen Art für nötig fand, im Zusammenhange mit seiner Faust-Entwickelung der Welt mitzuteilen.

Wir müssen uns fragen und wir können es auf Grundlage der Betrachtungen, die wir im Laufe der Jahre angestellt haben: Was soll denn eigentlich in diesem Augenblicke, wo höheres Geheimnis vor Faust enthüllt werden soll, mit Faust geschehen? In welche Welt wird er eigentlich geführt? – Die Welt, in die er geführt wird, in die er eintreten soll, sie ist die Welt, die unmittelbar als geistige Welt angrenzt an unsere physische Welt.

Nun erinnern Sie sich wohl, daß ich gerade im Laufe dieser Betrachtungen gesagt habe, daß das Überschreiten der Schwelle zu dieser unmittelbar angrenzenden Welt schon gar vorsichtig aus dem Grunde ins Auge gefaßt werden muß, weil zwischen unserer Welt, die wir durch die Sinne betrachten und durch den Verstand begreifen, und jener Welt, aus der sich unsere sinnliche Welt heraus erhebt, gewissermaßen als

Grenzland ein solches Gebiet ist, in dem man sehr leicht, wenn man nicht in genügender Reife und in genügender Vorbereitung in dieses eintritt, der Täuschung, der Illusion verfällt. Man möchte sagen: Feste Formen, feste Konturen, Grenzen gibt es eigentlich nur in der Welt, die wir durch unsere Sinne sehen. In der Welt, die angrenzt an diese Welt unserer Sinne als übersinnliche, gibt es solche feste Formen, solche feste Grenzen nicht. – Das ist gerade das, was dem materialistischen Verstande der Gegenwart so schwer beizubringen ist, daß in dem Augenblicke, wo man die Schwelle übertritt, alles in Bewegung ist, daß diese Welt, die unseren Sinnen gegeben ist, nur wie Erstarrungsformen sich heraushebt aus einer durch und durch bewegten Welt.

In diese durch und durch bewegte Welt, die wir die imaginative Welt nennen, soll nun Faust versetzt werden. Aber durch einen äußeren Anlaß soll er in diese Welt versetzt werden, nicht nach und nach in sorgfältiger meditativer Art, sondern durch einen äußeren Anlaß soll er versetzt werden. Mephistopheles, also die Kraft des Bösen, die in die physische Welt hereinwirkt, soll ihn in diese Welt versetzen.

Nun muß man etwas sehr scharf ins Auge fassen, wenn man auf diesem Gebiete nicht mißverständlichen Auffassungen sich hingeben will. Sehen Sie, wir auf anthroposophischem Gebiete suchen Erkenntnisse der geistigen Welt. Auch dasjenige, was in dem Buche «Wie erlangt man Erkenntnisse der höheren Welten?» oder in ähnlichen Büchern gesagt ist von der Praxis, um in die geistige Welt einzudringen, geht nicht weiter als bis dahin, wo vermittelt wird, Erkenntnisse dieser Welt zu gewinnen. Hier muß selbstverständlich, soweit es sich handelt um die heutige Zeit und um die Notwendigkeit, heute diese Dinge der Welt zu übergeben, Halt gemacht werden. Würde man weitergehen, so würde das Gebiet beginnen, welches man bezeichnen kann als dasjenige des Handelns in der übersinnlichen Welt. Das muß gewissermaßen jedem selbst überlassen werden. Wenn er die Sicherheit der Erkenntnis findet, dann muß ihm das Handeln selbst überlassen werden. Aber bei dem, was sich abspielen soll zwischen Faust und Mephistopheles, ist es nicht so. Faust soll wirklich die Abgeschiedenen, Paris und Helena, heraufbringen, er soll also nicht nur in die geistige Welt hineinschauen, er soll gewissermaßen nicht nur ein Eingeweihter, er soll ein Magier werden, beziehungsweise er soll magische Handlungen vollziehen. Ja, hier zeigt es sich an der ganzen Art und Weise, wie Goethe die Szene behandelt, daß er gründlich vertraut war mit gewissen Geheimnissen der menschlichen Seele. Der Bewußtseinszustand des Faust soll umgeändert werden. Aber zu gleicher Zeit soll Faust die Kraft übergeben werden, aus übersinnlichen Impulsen heraus zu handeln.

Mephisto gehört als solcher, als ahrimanische Kraft, so wie er Faust gegenübersteht, dieser Welt, in der wir mit unseren Sinnen leben, an, aber als übersinnliche Wesenheit. Er ist ja versetzt. Er hat keine Gewalt über die Welten, in die Faust nunmehr hineinversetzt werden soll. Die sind für ihn eigentlich nicht da. In einen andern Bewußtseinszustand soll Faust übergehen, in jenen Bewußtseinszustand, der unter dem Grunde unserer sinnlichen Welt wahrnimmt das Weben und Wesen, das Wogen und Werden, das nie stillesteht und aus dem sich unsere sinnliche Welt heraus erhebt. Und mit den Kräften, die da unten sind, soll Faust bekannt werden.

Die Mütter, das ist eine Bezeichnung, die für den Eintritt in diese Welt nicht ohne Bedeutung ist. Fassen Sie ins Auge den Zusammenhang des Wortes Mütter mit allem Wachsenden, mit allem Werdenden. Im Mütterlichen schließt sich zusammen das Physisch-Sinnliche mit demjenigen, was nicht physisch-sinnlich ist. Stellen Sie sich das Werden des menschlichen Geschöpfes vor, das physische Werden, die Inkarnation. Sie müssen sich einen gewissen Prozeß vorstellen, der sich abspielt durch ein Zusammenwirken zwischen dem Kosmos und dem mütterlichen Prinzip, bevor eine Vereinigung des Weiblichen und des Männlichen geschieht. Der physisch werdende Mensch bereitet sich im weiblichen Wesen vor. Wir fassen jetzt diese Vorbereitung so auf, daß wir sie nur ins Auge fassen bis zu dem Augenblick hin, wo die Befruchtung ist, also vor der Befruchtung. Es ist eine ganz mangelhafte einseitig-materialistische Vorstellung, wenn man glaubt, daß einfach in der Frau all die Kräfte vorgebildet liegen, die zum Menschenkeime, zum physischen Menschenkeime führen. Das ist nicht der Fall, sondern es findet eine Wirkung kosmischer, sphärischer Kräfte statt. In die Frau wirken hinein die Kräfte des Kosmos. Der Menschenkeim ist immer ein Ergebnis kosmischer Wirksamkeiten. Das, was die Naturwissenschaft, was der naturwissenschaftliche Materialismus als Eizelle beschreibt, ist gewissermaßen nur auf dem Mutterboden erzeugt, aber ist ein Abbild, herauserzeugt aus dem großen Weltenei.

Fassen wir also diesen werdenden Menschenkeim vor der Befruchtung ins Auge, und fragen wir uns: Was wollten die Griechen mit ihren drei Müttern, der Rhea, Demeter und Proserpina? Unter diesen drei Müttern stellten sie sich jene Kräfte vor, die aus dem Kosmos hereinwirken und den Menschenkeim vorbereiten, aber aus jenem Teil des Kosmos, der nun nicht sinnlich, sondern übersinnlich ist. Die Mütter, Demeter, Rhea, Proserpina, gehörten der übersinnlichen Welt an. Kein Wunder, daß Faust ahnt: ein unbekanntestes Reich deutet sich ihm an, als das Wort Mütter ausgesprochen wird.

Bedenken Sie, was nun Faust eigentlich erleben soll. Würde es sich bloß um imaginative Erkenntnisse handeln, so würde er nur regelrecht meditativ eingeführt zu werden brauchen, aber, wie gesagt, er soll magische Handlungen vollziehen. Dazu ist notwendig, daß der gewöhnliche Verstand, der gewöhnliche Intellekt, in dem der Mensch die Sinneswelt wahrnimmt, aufhört. Dieser Intellekt beginnt, wenn die Inkarnation im physischen Leibe beginnt, hört auf mit dem physischen Tode. Dieser Intellekt soll abgedämpft, abgetrübt werden. Davor steht Faust also, daß dieser Intellekt seine Wirksamkeit einstellen soll. In eine andere Region soll er mit seiner Seele aufgenommen werden. Das ist natürlich etwas, was bedeutungsvoll in die Entwickelung des Faust eingreifen soll.

Von seiten des Mephisto gesehen – wie nimmt sich denn da die Sache aus? Nicht wahr, dadurch, daß Mephisto den Faust in diesen andern Bewußtseinszustand versetzen soll, wird die Sache gefährlich. Aber sie wird gewissermaßen auch für Mephisto höchst unbehaglich, sie wird auch für Mephisto in gewissem Sinne gefährlich. Denn, was kann passieren? Entweder Faust kommt hinüber in den andern Bewußtseinszustand, lernt die andere Welt kennen, aus der er höhere Kräfte herauszaubern kann, und er kommt mit seinem vollen Bewußtsein hin und zurück, dann entwächst er dem Mephisto, denn Faust lernt eine Welt erkennen, in der Mephisto nicht zu Hause ist. Damit ist er entwachsen dem Mephisto. Oder aber das gelingt in der denkbar schlechtesten Weise, dann würde Faust in seinem Verstande getrübt werden. Mephisto setzt sich selber wirklich in eine höchst peinliche Situation. Aber er muß etwas tun. Er muß Faust die Möglichkeit geben, sein Versprechen zu erfüllen. Er hofft, daß in irgendeiner Weise sich die Sache applanieren lassen werde, denn er will weder das eine noch das andere. Er will nicht, daß Faust ihm entwächst, noch will er auch, daß Faust ganz und gar paralysiert werde.

Das bitte ich Sie alles zu bedenken und dann ins Auge zu fassen, daß Goethe das alles andeuten wollte, also in dieser Szene des Faust wirklich die Welt hinweisen wollte darauf: es gibt ein spirituelles Reich, dieses ist die Art und Weise, wie sich der Mensch zu diesem übersinnlichen Reich verhalten kann. So hängen die Dinge zusammen.

Die Erkenntnis von diesen Dingen ist dem fünften nachatlantischen Zeitraum wohl eigentlich zum großen Teil verlorengegangen. Goethe, sagte ich, verwandte dasjenige, was sich ihm persönlich ergeben hatte, in den großen Augenblicken geistiger Erkenntnis. Persönlich ist Goethe dieses ganze Verhältnis zu den Müttern vor die Seele getreten aus der Lektüre des *Plutarch*. Plutarch, der griechische Schriftsteller, den Goethe gelesen hat, spricht von den Müttern. Insbesondere eine Szene im Plutarch scheint auf Goethe dem Gemüte nach einen tiefen Eindruck gemacht zu haben: Die Römer sind mit den Karthagern im Kriege. Nikias ist römisch gesinnt, und er will die Stadt Engyion den Karthagern entreißen. Er soll an die Karthager deshalb ausgeliefert werden. Da stellt er sich wahnsinnig und läuft auf den Straßen herum und ruft: Die Mütter, die Mütter verfolgen mich! – Sie sehen daraus, daß in der Zeit, von der Plutarch spricht, man diese Verwandtschaft der Mütter nicht mit dem gewöhnlichen sinnlichen Verstande, sondern mit einem Zustand des Menschen, wo dieser sinnliche Verstand nicht da ist, in Zusammenhang bringt. Zweifellos hat alles dasjenige, was Goethe im Plutarch gelesen hat, ihm die Anregung gegeben, den Ausdruck, die Idee der Mütter einzuführen in den Faust.

In Plutarch wird auch davon gesprochen, daß die Welt eine dreieckige Form habe. Nun muß man natürlich sich die Dinge so vorstellen, daß dieser Ausdruck, die Welt habe dreieckige Form, nicht klotzig-räumlich gemeint ist, sondern das Räumliche ist nur ein Sinnbild für

Unräumliches und Unzeitliches. Aber da wir im Raume leben, müssen räumliche Bilder für das Überbildliche und Überräumliche und Überzeitliche gebraucht werden.

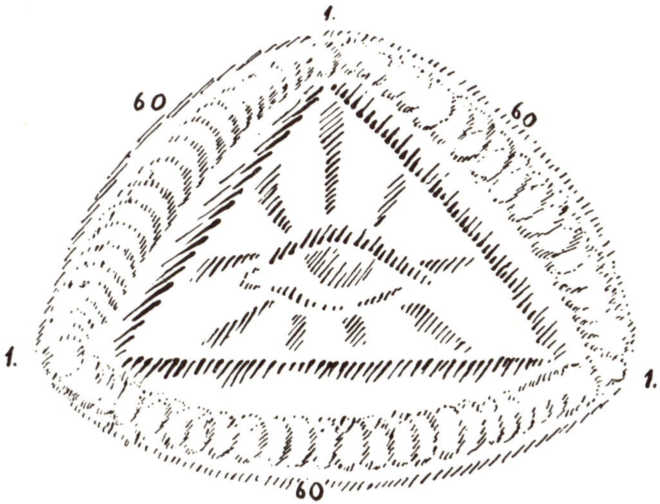

Dreieckig also – so wird in Plutarch geschildert – sei die Welt. (Eine Zeichnung wird entworfen.) Das ist die Gesamtwelt: in der Mitte dieses Weltendreiecks – meinte Plutarch – befindet sich das Feld der Wahrheit. Nun unterscheidet Plutarch gegenüber dieser Gesamtwelt 183 Welten. 183 Welten, sagt er, sind im Umkreise, sie bewegen sich ringsherum, in der Mitte das ruhige Feld der Wahrheit. Dieses ruhige Feld der Wahrheit, abgetrennt durch die Zeit, sagt er, von den 183 Welten, die ringsherum sich drehen: überall an jeder Seite 60, in den Ecken je eine = 183. Wenn also diese Plutarchsche Imagination genommen wird, so haben wir dreigliedrig die Welt gedacht: die Wolkenbildung ringsherum, die 183 Welten wellend und wogend. Das ist zu gleicher Zeit die Imagination für die Mütter. Die Zahl 183 ist von Plutarch angegeben.

Also Plutarch, der in gewissem Sinne die Mysterienweisheiten beherrschte, gibt die merkwürdige Zahl an: 183 Welten. Rechnen wir einmal heraus, wieviel Welten wir kriegen, wenn wir richtig rechnen bis zu der Welt des Plutarch hin. Da müssen wir so rechnen:

Erst einmal das ganze Weltengeschehen als eine Welt 1
Dieses Weltengeschehen gliedert sich für uns so, daß wir fertige
Weltenbildungen haben: Saturn, Sonne, Mond – Sie wissen –
das sind 3
Aber jede von diesen Welten: Saturn, Sonne, Mond gliedern
wir so, wie wir auch das Irdische gliedern. Wir gliedern das
Irdische: in die polarische Zeit, in die hyperboräische Zeit,
dann haben wir die lemurische Zeit, die atlantische, die nach-
atlantische und so weiter: 7. In jeder 7 Perioden, denn wir
unterscheiden die indische, die urpersische, die chaldäisch-ägyp-
tische, die griechisch-lateinische, die gegenwärtige; zwei andere
werden folgen. Wenn wir auf Saturn, Sonne und Mond das 49
nehmen, so haben wir auf jedem 49 aufeinanderfolgende Wel- 49
ten, die sich so fortbilden. 49
Dann haben wir, wenn wir zu den drei aufeinanderfolgenden
Welten noch die Erde hinzufügen, die nicht eine fertige Bildung
darstellt, dann in der Erdenbildung: die polarische Zeit: 7; die
hyperboräische: 7; die lemurische Zeit: 7; das sind 21. Die
atlantische Zeit: 7 28
rechnen wir das einmal zusammen: 179
Nun sind wir mit der Atlantis fertig. Plutarch lebte im 4. Zeit-
alter; wir müssen also noch hinzurechnen 4
183

Sie sehen, wenn wir unsere Rechnung anwenden und richtig rechnen, die einzelnen Glieder und die ganzen Welten, wie sie sich so fortgewälzt haben bis zu der vierten nachatlantischen Periode, in der Plutarch lebte, so konnte man wirklich sagen: diese Rechnung ergibt 183 Welten.

Außerdem aber, wenn wir unsere Erde nehmen, auf der wir uns noch entwickeln, der gegenüber wir also nicht von einem Abschluß sprechen können, und sehen hinauf zu Saturn, Sonne, Mond, haben wir dort die Mütter, die nur die griechischen Mysterien in einer andern Form ausgesprochen haben: Proserpina, Demeter, Rhea. Denn alle die Kräfte, die in Saturn, Sonne und Mond sind, sie wirken ja nach, wirken herein in unsere Zeit. Und dasjenige, was physische Kräfte sind, ist immer nur die Abschattierung, die Abbildung des Spirituellen. Alles Physische ist immer nur das Bild des Spirituellen.

Der Mond, wenn Sie nicht seinen äußeren, klotzigen physischen Leib nehmen, sondern die Kräfte, die Impulse, die in ihm sind: er ist mit seinen Kräften zugleich in der Erde. Die Mondenwesenheit gehört mit zur Erdenwesenheit. Sie brauchen sich nur die Sache folgendermaßen vorzustellen, wenn Sie eine grobe Vorstellung haben wollen. Da ist die Erde (eine Zeichnung wird entworfen), da hat sie einen Stiel, da ist der Mond daran; sie dreht ihn herum auf dem Stiel; der Stiel ist nur nicht physisch. Und alles dasjenige, was Mondenimpulse sind, sind nicht nur auf dem Monde, sondern diese Sphäre durchdringt die Erde.

Sind diese Kräfte irgendwie vorhanden, die mit dem Mond zusammenhängen? Die Griechen haben diese Kräfte als sehr geheimnisvoll betrachtet, als recht geheimnisvoll. Es hängt mit all den Verhängnissen der neueren Zeit zusammen, daß diese Kräfte, ohne daß der Mysteriencharakter gewahrt geblieben ist, offenbar geworden sind. Wenn wir diese Kräfte ins Auge fassen, die mit dem Monde zusammenhängen – wollen wir nur das eine ins Auge fassen –, dann haben wir die eine der Mütter. Was ist diese eine der Mütter? Wir werden uns auf die folgende Weise am besten nähern können dem, was diese eine der Mütter ist.

Nehmen Sie, um ein Bild zu haben, irgendeinen Fluß, sagen wir, den Rhein. Was ist eigentlich der Rhein? Wer nachdenkt – ich habe das schon einmal hier erwähnt –, kann eigentlich nicht sagen: Das ist der Rhein. – Man bezeichnet den Fluß als den Rhein. Aber was ist er real, der Rhein, wenn wir hinübergehen und ihn anschauen? Ist das Wasser der Rhein? Nun, das ist nächstens fort und anderes ist da, das geht in die Nordsee hinein und anderes kommt nach, das ändert sich fortwährend. Was ist der Rhein? Ist der Rhein die Mulde, das Bett? Daran denkt wiederum keiner. Wenn das Wasser nicht darinnen wäre, würde niemand daran denken, daß das der Rhein wäre. Eigentlich, wenn Sie das Wort der Rhein brauchen, brauchen Sie es nicht für etwas, das real da ist, sondern für etwas, das sich fortwährend ändert, aber doch wiederum nicht sich ändert in gewisser Beziehung. Wenn Sie sich die Sache schematisch so vorstellen (es wird gezeichnet), daß wir annehmen, das sei der Rhein, und das sei das in ihm fließende Wasser: nun ja, einmal verdunstet dieses Wasser und kommt wiederum herunter. Wenn Sie alle Flüsse als zusammengehörig betrachten, so müssen Sie doch sich vorstellen: es verdunstet, kommt wieder herunter. In gewisser Beziehung kommt das Wasser, das vom Ursprung zur Mündung hingeht, wiederum aus denselben Reserven des Wassers, das herauf- und hinuntergeht; der Kreislauf des Wassers vollzieht sich da. Nur zersplittert sich, verbreitet sich dieses Wasser in die ganze Umgebung. Natürlich können Sie nicht jedem Tropfen nachlaufen, aber man muß das Wasser, das zur Erde gehört, als eine Einheit betrachten. Die Frage nach juvenilem Wasser kommt hierbei nicht in Betracht. So ist es mit dem Wasser.

Etwas Ähnliches ließe sich auch mit der Luft machen. Aber es läßt sich etwas Ähnliches mit etwas noch anderem machen. Wenn Sie hier eine Telegraphenstation haben und hier (es wird wiederum gezeichnet) die andere Telegraphenstation, so wissen Sie, daß eine Verbindung ist nur durch einen Draht; die andere wird durch die ganze Erde hergestellt, denn der Strom geht in die Erde. Hier: darinnen ist die Erdleitungsplatte. Das Ganze geht durch die Erde durch.

Sie haben, wenn Sie sich diese zwei Dinge vorstellen: das Wasser, das hingeht, sich verbreitert, sich zum Kreislauf veranlagt, und wenn Sie sich vorstellen nach der andern Seite die Elektrizität, die in die Erde hinein sich so verbreitert – Sie haben zwei entgegengesetzte Dinge, ein zweifach entgegengesetzt Wesenhaftes haben Sie. Ich deute das hier nur an. Sie können sich das aus jeder elementaren Physik zusammenstellen. Aber es führt uns dies dahin, gewissermaßen in der Elektrizität das Gegenbild, das unterirdische Gegenbild zu dem zu sehen, was über der Erde vorgeht in dem Kreislauf des Wassers.

Was da unter der Erde als elektrisches Wesen waltet, das ist nun zurückgebliebener Mondenimpuls. Es gehört eigentlich gar nicht zur Erde. Das ist zurückgebliebener Mondenimpuls und wurde von den Griechen so angesprochen. Die Griechen kannten nämlich noch die Verwandtschaft dieser über die ganze Erde verteilten Kraft mit den Kräften der Fortpflanzung – diese Verwandtschaft gibt es nämlich –, mit den Kräften des Wachsens, Gedeihens. Das war eine der Mütter.

Nun können Sie sich denken: all die Ahnungen von diesen großen Zusammenhängen stehen vor Faust nicht nur theoretisch, sondern er soll sich in dieses Gebiet hineinbegeben, soll sich durchdringen mit diesen Impulsen. In den griechischen Mysterien wurde allerdings diese Kraft vor allen Dingen an die Einzuweihenden kundgegeben, diese Kraft neben den andern beiden Müttern. Die Griechen haben alles, was mit der Elektrizität zusammenhängt, mysterienhaft im Geheimen gehalten. Darinnen wird die Dekadenz liegen der Erdenzukunft, von der ich von einem andern Gesichtspunkte aus schon gesprochen habe, daß diese Kräfte nicht mehr heilig, nicht mehr mysterienhaft gehalten werden, sondern herauskommen. Eine ist während der fünften nachatlantischen Zeit herausgekommen: die Elektrizität. Die andern werden im sechsten und siebenten Zeitraum herauskommen bei der Dekadenz.

Das alles gehört selbst noch in den dekadenten neueren Geheimgesellschaften zu den Dingen, von denen die konservativen Mitglieder nicht sprechen wollen. Goethe hat es mit Recht angemessen gefunden, in der Art von den Dingen zu künden, in der er dazumal schon künden konnte. Aber zu gleicher Zeit haben Sie hier eine der Stellen bei Goethe, aus der Sie sehen können, daß der große Dichter nicht so dichtet wie viele, die auch dichten, sondern da steht jedes Wort geprägt und festgelegt an seinem Orte. Denken Sie einmal: die Mütter sind also verwandt mit Elektrizität. Goethe gehört zu denen, die diese Dinge wirklich sachgemäß behandeln:

> Merkst du nun bald, was man an ihm besitzt!
> Der Schlüssel wird die rechte Stelle wittern,
> Folg' ihm hinab, er führt dich zu den Müttern.

Faust (schaudernd):

> Den Müttern! Trifft's mich immer wie ein Schlag!

Wie wenn er vom elektrischen Schlag getroffen wird. Goethe braucht das Wort Schlag mit voller Absicht, nicht als irgendein zufälliges Wort, wie nichts in dieser Szene bei den Dingen, bei denen es sich um etwas handelt, irgendwie zufällig dasteht.

Das Bild also, das vorbildet dasjenige, was er da finden soll als die

Impulse der 183 Welten, das gibt Mephisto dem Faust. Dieses Bild, das wirkt schon in Faustens Seele so, wie es wirken soll, denn Faust hat mancherlei durchgemacht, was ihn in die Nähe der geistigen Welten bringt. Daher wirken diese Dinge schon für ihn.

Das wollte ich heute hauptsächlich auseinandersetzen, daß Goethe Bedeutungsvollstes in dieser «Mütter»-Szene auseinandersetzen will. Daraus sehen Sie aber schon, aus welchen Welten her – aus andern Bewußtseinswelten – Faust die Helena und den Paris zu holen hat. Weil Goethe so Bedeutungsvolles vorführte, deshalb ist auch wirklich die Sprache in diesen Szenen anders, als es auf den ersten Blick hin scheinen könnte. Dasjenige, was nun Faust heraufholt aus dieser Welt, die ich Ihnen angedeutet habe, sehen auch die andern, die sich zu einer Art von Drama versammelt haben. Aber wodurch sehen sie es? Es ist ihnen halb suggeriert. Wer suggeriert? Der Astrolog. Darum ist er auch als Astrolog gewählt. Seine Worte haben suggestive Kraft. Das ist auch deutlich zum Ausdruck gekommen. Diese Astrologen hatten die Kunst des Suggerierens schon in sich aufgenommen; nicht die beste, schon eine solche, die ahrimanisch war. Was tut denn eigentlich unser Astrolog, wenn er da so steht, und dieser Hof, der sich Ihnen, nun ja, als nicht besonders gescheit, wenn ich so sagen darf, vorstellte? Was tut denn eigentlich der Astrolog unter diesem Hofe? Er suggeriert ihnen das, was nötig ist, damit dasjenige, was durch Fausts verändertes Bewußtsein als eine besondere Welt heraufsteigt, den andern gegenwärtig wird. Erinnern Sie sich, was ich Ihnen hier einmal dargestellt, einmal gesagt habe: Man kann heute nachweisen, daß die Worte, die man spricht, ihr Erzittern in gewissen Substanzen zeigen. – Ich habe daran zeigen wollen, daß man heute schon experimentell das Wesen der Beschwörungsszenen klarlegen könne. Aus dem Weihrauchnebel der entsprechenden Worte entwickelt sich wirklich dasjenige, was Faust aus einer ganz andern Welt für sein Bewußtsein herausbringt. Aber für die Hofgesellschaft wird dieses gegenwärtig, wird wirklich gesehen dadurch, daß der Astrolog das Suggestive hinzufügt. Was tut der Astrolog? Er bläst ein, er ist der Einbläser für jedes der Ohren der Hofgesellschaft. Aber: Einbläsereien sind des Teufels Redekunst. Also indem das Wort gesprochen wird:

Einbläsereien sind des Teufels Redekunst,

wird die teuflische Kunst des Astrologen bezeichnet. Das ist die eine Bedeutung dieses Satzes. Die andere ist diese unmittelbar auf die Szene bezügliche: der Teufel sitzt selber im Souffleurkasten drin und bläst ein.

Hier haben Sie das Urbild eines solchen Satzes mit absolutem Doppelsinn. Rein szenisch: der Teufel sitzt selber im Souffleurkasten und bläst ein! Aber in Wirklichkeit: der Astrolog bläst der Hofgesellschaft ein! Und das ist eine teuflische Kunst, so wie er sie übt.

So werden Sie, wenn Sie richtig zu Werke gehen, in sehr vielen dieser Sätze, die hier gesprochen werden, Doppelsinn finden. Goethe gebraucht diesen Doppelsinn, weil er darstellen will etwas, was wirklich geschieht, und doch wiederum nicht in dem Sinne wirklich geschieht, wie das Materiell-Klotzige wirklich geschieht. Aufgeführt werden kann es ja, aber es ist nicht im sinnlichen Sinne wirklich. Aber Goethe wollte etwas darstellen, was nun wirklich in der neueren Geschichte einen Impuls, eine Rolle gespielt hat, was wirklich geschehen ist. Goethe meinte nicht etwa nur, daß da einmal so etwas aufgeführt worden ist, sondern er meinte, in die neuere Geschichte sind schon diese Impulse hineingeflossen, sind darinnen. Das wirkt. Er wollte eine Wirklichkeit darstellen. Er wollte gewissermaßen sagen: In dem, was sich seit dem 16. Jahrhundert heraufentwickelt hat, da hat schon der Teufel mitgespielt. – Und wenn Sie die Szene in diesem Sinne ernst nehmen, so haben Sie wiederum die zweite Seite der Sache, haben Goethes Erkenntnis von dem Mitspielen von übersinnlichen Wesenheiten in den historischen Vorgängen. Und in dem Schluß haben Sie das, was ich öfter schon angedeutet habe, daß Faust noch nicht reif ist, die Sache zu Ende zu führen, daß er nicht in der rechten Weise die Möglichkeit bekommen hat, in die andere Welt hineinzugehen, sondern durch Mephistopheles' Kraft. Daher kommt dasjenige, was eben den Schluß der Szene bildet.

Doch an diese Dinge will ich dann morgen noch anknüpfen, um unsere Betrachtungen weiterzuführen. Aber Sie sehen, es kann uns gerade dasjenige, was Goethe sagen wollte, manches verdeutlichen, das gar sehr in dem Laufe unserer bisherigen Betrachtungen liegt.

FAUST UND DAS PROBLEM DES BÖSEN

Dornach, 3. November 1917

Wenn wir die aufeinanderfolgenden Epochen der Menschheitsentwickelung auf der Erde zunächst nur für die nachatlantische Zeit charakterisieren, so können wir zur Charakteristik dies oder jenes aus der Geistesforschung heraus für die einzelnen Epochen angeben; dadurch verschafft man sich allmählich konkrete Vorstellungen über diese einzelnen Epochen. Heute wollen wir über die vierte, die griechisch-lateinische Zeit, und über die fünfte, unsere eigene Zeit, die ungefähr mit dem Jahr 1413 begonnen hat, einiges Besondere zu dem, was wir schon wissen, hinzufügen. Man kann sagen: Jede solche Epoche hat eine besondere Aufgabe – wobei ich Sie bitte, nicht zu denken an eine bloße theoretische, wissenschaftliche Aufgabe, an irgend etwas, was nur mit Erkenntnissen zu tun hat, sondern jede Epoche hat eine Aufgabe in dem Sinne, daß diese Aufgabe lebensvoll gelöst werden muß; daß im Leben selber Impulse auftreten müssen, mit denen sich die einzelnen Menschen, die in diesen Epochen leben, abzufinden haben, an denen sie zu ringen haben, aus denen heraus nicht nur ihre Vorstellungen entstehen, aus denen heraus ihre Gemütsbewegungen entstehen, dasjenige sich ergibt, was sie lieben, was sie hassen, aber auch sich ergibt, was sie als Willensimpuls in sich aufnehmen. Also im weitesten Umkreise können wir sagen, daß eine jede solche Epoche eine Aufgabe zu lösen hat.

Sehen wir auf die griechisch-lateinische Epoche, so finden wir, daß sie die Aufgabe zu lösen hat, die sich vorzugsweise bezieht auf das, was man zusammenfassen kann mit den Worten Geburt und Tod im Weltenall. Diese Dinge sind heute schon etwas verschwommen geworden, weil nicht eigentlich im tiefsten Lebenssinne, sondern nur mehr in einem theoretischeren Sinne die großen Probleme von Geburt und Tod vor dem Menschen der fünften nachatlantischen Zeit stehen. Dieser Mensch der fünften nachatlantischen Zeit hat nicht mehr eine genaue Empfindung davon, wie tief in das Gemüt des Menschen der vierten nachatlantischen Zeit die Erscheinungen der Geburt und des Todes eingriffen. Wir, die Menschen der fünften nachatlantischen Zeit – und wir stehen im Grunde genommen ziemlich am Anfange: 1413 hat diese fünfte nachatlantische Epoche begonnen, 2160 Jahre dauert eine solche Epoche –, haben zu lösen im weitesten Umfange lebenskräftig dasjenige Gebiet, was man nennen kann das Problem des Bösen. Das bitte ich Sie durchdringend ins Auge zu fassen. Das Böse, das in allen möglichen verschiedenen Formen herantreten wird an den Menschen der fünften nachatlantischen Zeit, so herantreten wird, daß er wissenschaftlich wird zu lösen haben die Natur, das Wesen des Bösen, daß er wird zurechtzukommen haben in seinem Lieben und Hassen mit alledem, was aus dem Bösen stammt, daß er wird zu kämpfen, zu ringen haben mit den Widerständen des Bösen gegen die Willensimpulse – das gehört alles zu den Aufgaben der fünften nachatlantischen Zeit.

Ja noch intensiver, als Geburt und Tod dem Leben der vierten nachatlantischen Zeit angehörte, gehört das Problem des Bösen dieser fünften nachatlantischen Zeit an. Warum? Sehen Sie, so lebensintensiv, wie diese fünfte nachatlantische Zeit das Problem des Bösen wird lösen müssen, so lebensintensiv hatte zu lösen die Frage nach Geburt und Tod die atlantische Zeit. In der atlantischen Zeit selber traten die Erscheinungen der Geburt und des Todes in viel anschaulicherer, viel unmittelbarerer, viel elementarerer Art an die Menschen heran als jetzt, wo sich dasjenige, was sich hinter Geburt und Tod verbirgt, auch für das menschliche Anschauen und Empfinden mehr verbirgt. Und die griechisch-lateinische Zeit war im Grunde genommen nur eine abgeschwächte Wiederholung desjenigen, was die Atlantier zu erleben hatten mit Bezug auf Geburt und Tod. Daher war das, was in dieser griechisch-lateinischen Zeit erlebt wurde, nicht so intensiv, wie intensiv werden wird das Ringen der fünften nachatlantischen Epoche, die 1413 begonnen, mit all den Mächten des Bösen, mit all dem, was aus dem Bösen herausquillt, und wovon sich eigentlich der Mensch zu befreien hat durch die entgegengesetzten Kräfte, auf deren Entwickelung daher ganz besonders angewiesen ist diese fünfte nachatlantische Epoche. Man braucht das, was ich soeben gesagt habe, nur intensiv genug ins Auge zu fassen, dann wird sich manches, das wir in diesen Wochen charakterisiert haben, noch ganz besonders illustrieren. Manches wird wie eine

Folgeerscheinung dieses Obersatzes wirken, daß diese fünfte nachatlantische Zeit zu ringen hat mit dem Lebensproblem des Bösen.

Und nun fragen wir uns: Wie hat *Goethe* eingesehen, daß dies so ist, als er den Menschheitsrepräsentanten, den Faust, so dramatisch charakterisiert hat, daß er ihn in Kampf gestellt hat mit dem Vertreter des Bösen, mit Mephistopheles? – Daraus können Sie ersehen, daß dieses Faust-Drama wirklich hervorgeholt ist aus den tiefsten Interessen des Gegenwartszeitalters.

Es ist eine Eigentümlichkeit des Menschen, daß er mit solchen Dingen, mit denen er zu ringen hat, nur zurechtkommt, wenn er – wir haben das auch in diesen Betrachtungen öfters betont – sein Bewußtsein über sie ausdehnt, wenn sie nicht unbewußt bleiben. Das ist die eine Eigentümlichkeit. Das, was aus den Untergründen der Weltordnung an Möglichkeiten zu bösen Impulsen aufsteigen kann – dem Bewußtsein muß es sich verraten.

Aber noch eine andere Notwendigkeit liegt vor. Es genügt in der Regel nicht, bloß zu wissen, was einer Epoche angehört. Man kann eigentlich die Dinge nur richtig durch Vergleichung beurteilen. Es genügt also eigentlich nicht, zu wissen: jetzt in der fünften nachatlantischen Zeit hat der Mensch zu ringen mit dem Bösen in der geschichtlichen Entwickelung des Erdenseins, sondern es ist notwendig, daß hinzutritt ein gewisses Bewußtsein über die vorhergehende Epoche, in diesem Falle also über die griechisch-lateinische Epoche, daß gewissermaßen die Impulse, die in der griechisch-lateinischen Epoche lebten, nun auch Impulse des Menschen werden in der fünften nachatlantischen Zeit. Bedenken Sie, wie ganz wunderbar in Zusammenhang steht mit dieser aus der Natur der menschlichen Entwickelung, der historischen Entwickelung der Menschheit geholten Anschauung, was Goethe empfand. Goethe hatte Sehnsucht, die Antike aus unmittelbarer Anschauung kennenzulernen – so gut sie sich kennenlernen ließ in seiner Zeit –, sie in Italien gewissermaßen zu erraten aus dem, was sich ihm in Italien ergeben hatte. Daher war die Sehnsucht nach Italien wie eine Krankheit in Goethe lebend. Das hing aber damit zusammen, daß Goethe sich im eminentesten Sinne als einen Sohn der fünften nachatlantischen Zeit empfand. Goethe strebte nicht mit einem solchen Impuls nach Italien, wie irgendein Universitätsprofessor der Kunsthistorie, der schon glaubt, daß er gescheit ist auf jedem Gebiete, und nur sein Wissen ausdehnen will. Das war nicht das, was Goethe anstrebte. Goethe strebte geradezu eine Veränderung seines Bewußtseinszustandes an, eine andere Art des Anschauens. Und vieles könnte angeführt werden, aus dem Ihnen das hervorgehen könnte. Goethe sagte sich: Bleibe ich bloß im Norden, dann wird meine Seele eine Anschauungsform haben, die nicht umfassend genug ist. Ich muß in der Atmosphäre des Südens leben, um andere Anschauungsformen, Begriffsformen, Gedankenformen, Empfindungsformen zu bekommen. – Auch dasjenige, was im eminentesten Sinne nordischen Gehalt hat, zum Beispiel die «Hexenküche», Goethe hat diese Szene in Rom geschrieben, weil er glaubte, in die Natur des geistigen Anschauens sich nur dadurch voll hineinleben zu können, daß sein Bewußtseinszustand durch die dortige Atmosphäre umgestaltet werde. In feiner, intimer Art sich in Goethe hineinzufinden, das muß man anstreben.

Nun kann man also sehen, daß Goethe seinen Faust nicht aus irgendeiner wesenlosen Abstraktion heraus dem Mephistopheles gegenüberstellt, sondern weil er den Repräsentanten der fünften nachatlantischen Zeit innerhalb der Menschheitsentwickelung hinstellen wollte. Aber aus dem andern Bestreben heraus, gewissermaßen innerhalb zweier Bewußtseinszustände lebendig zu vergleichen, erstand ihm die Notwendigkeit, den Faust nicht nur erleben zu lassen Verhältnisse, Begebenheiten des fünften nachatlantischen Zeitraums, sondern ihn zurückzuführen und seine Seele untertauchen zu lassen in den vierten nachatlantischen Zeitraum, damit auch dieser seinem Bewußtseinszustand das Gepräge gibt. Das geschieht dadurch, daß Faust mit der Helena zusammenkommt.

Mancherlei ist interessant an einzelnen Szenen zusammenzustellen im umfassenden «Faust». Es wäre zum Beispiel interessant, einmal hintereinander aufzuführen die «Hexenküche», die Beschwörungsszene am «Kaiserhof» und dann die Erscheinungsszene der Helena selbst; denn diese drei Szenen stellen drei aufeinanderfolgende Bekanntschaften des Faust mit Helena dar. In der «Hexenküche» sieht Faust, während sich Mephistopheles mit den Meerkatzen und mit der Hexe unterhält, im Zauberspiegel ein Bild, dem gegenüber er nur spricht von der Schönheit der Frau. Aber es wird schon erinnert durch die Worte des Mephistopheles, daß auftaucht das Helena-Bild:

Du siehst mit diesem Trank im Leibe
Bald Helenen in jedem Weibe.

Da taucht zuerst dasjenige auf, was dann hier in der Szene am «Kaiserhof» weitere Gestaltung gewinnt, und was endlich in der «Klassisch-romantischen Phantasmagorie» im dritten Akt des zweiten Teiles in seiner dritten Form auftritt. Diese drei Dinge hintereinander einmal zusammengestellt zu sehen, wäre aus dem Grunde interessant, weil dann vielleicht die Menschen sehen würden, daß dieser «Faust» gar sehr ein organisches, ein innerlich zusammengeordnetes lebendiges Gebilde ist.

Nicht umsonst hören wir wiederum hier am «Kaiserhof» aus dem Munde des Faust selber:

Hier wittert's nach der Hexenküche.

Wo es wiederum an die Helena geht, wittert's nach der «Hexenküche». Also es wird an die Helena erinnert. Die Sätze sind alle wohl erwogen gestellt. Goethe ist kein Dichter wie andere, sondern ein Dichter, der wirklich aus großen, weither impulsierten Notwendigkeiten heraus gedichtet hat.

Aber fragen wir uns einmal genauer: Warum denn diese dreifache Bekanntschaft des Faust mit Helena? Warum dieses? – Sind doch diese drei Bekanntschaften recht sehr voneinander verschieden. In der ersten Bekanntschaft, in der «Hexenküche», im Zauberspiegel, ist Faust zunächst auf leichte Art entrückt. Er sieht ein Bild. Derjenige, der mit den feineren Unterschieden der okkulten Wissenschaft bekannt ist, der weiß dieses Bild, welches Faust im Zauberspiegel sieht, wohl zu taxieren. Ich habe Ihnen öfter davon gesprochen, wie unsere Gedanken, unsere Vorstellungen im gewöhnlichen Leben eigentlich die Leichen desjenigen sind, was wir erleben. Hinter allen Gedanken stehen Imaginationen, aber das Imaginative töten wir. Sie können es philosophisch etwas genauer sehen, wenn jetzt mein Buch erscheinen wird, das ein kleines Kapitel über die Sache enthält: «Von Seelenrätseln». Dasjenige, was

Faust in der «Hexenküche» im Zauberspiegel sieht, ist etwas, was in ihm lebt, zur Imagination erhoben. Er hat sonst die Vorstellung nur abstrakt; da erlebt er die Vorstellung der Helena, die Goethe aus dem ganzen Bereich des Vorstellungslebens heraushebt, zur Imagination umgestaltet. Wir haben also – ich bitte Sie, das zu beachten – erstens: Eine imaginativ gewordene Vorstellung – «Hexenküche».

In der Beschwörungsszene am «Kaiserhof» geht die Sache weiter. Da wird mehr ergriffen als das bloße Vorstellungsleben bei Faust. Wenn Faust bloß aufgenommen hätte das Bild, das er im Zauberspiegel sieht, könnte er es nicht nach außen wiedergeben, gleichgültig, ob durch Rauch oder durch etwas anderes. Daß er es nach außen wiedergeben kann, dazu ist notwendig, daß es zusammenhängt mit seinem Gefühls- und Emotionsleben. Man kann auch wirklich nur sagen, daß Goethe das, was er da sagen will, so intensiv wie möglich andeutet. Daß Faust nicht mehr bloß die Schönheit im Vorstellungsleben bewundert, wie in der «Hexenküche» im Bilde des Zauberspiegels, das geht Ihnen daraus hervor, daß Goethe die ganze Skala von Emotionen, von Gefühlen, von Gemütsbewegungen, durch die Faust sich mit der Helena verbunden fühlt, bei dieser Beschwörungsszene wunderbar anführt. Es ist wirklich eine wunderbare Steigerung, wo kein Wort an einer andern Stelle stehen könnte, wenn Faust ausbricht in die Worte, die sein Gemütsverhältnis zur Helena charakterisieren: Neigung, Liebe, Anbetung, Wahnsinn. Seelensachgemäßer kann man nicht schildern. Stellen Sie sich diese Steigerung vor, dann werden Sie sehen, wie Goethe das Zusammengekoppeltsein desjenigen, was Faust in seinem Gemütsleben erlebt, darstellt. Was da also auftritt in der Beschwörungsszene, das ist nicht mehr bloß imaginativ gewordene Vorstellung, das ist imaginativ gewordenes Fühlen. Und da haben Sie als zweites: Imaginativ gewordenes Fühlen – Beschwörungsszene am «Kaiserhof».

Und wenn wir dann den Übergang finden zur «Klassisch-romantischen Phantasmagorie», wo die Helena nicht bloß als Gespenst, sondern als für Faust selbst vorhandene Wirklichkeit auftritt – er hat den Euphorion als Sohn –, da finden wir, daß Goethe deutlich andeutet: diese «Klassisch-romantische Phantasmagorie» geht hervor aus Faustens Wollen, jetzt nicht mehr bloß aus dem Fühlen und der Vorstellung.

Diese «Klassisch-romantische Phantasmagorie» ist imaginativ gewordenes Wollen. Drittens: Imaginativ gewordenes Wollen – Dritter Akt des zweiten Teiles.

Vorstellen, Fühlen und Wollen ins Imaginative umgesetzt, Sie haben es in den drei Steigerungen der Helena-Erscheinung. Das alles ist sachgemäß künstlerisch gestaltet. Auch derjenige, der den «Faust» sich nicht so zergliedert, wie wir das jetzt machen, sondern ihn einfach genießt, der hat diese Dinge darinnen.

Nun hängt mit dem, daß Goethe gerade die Helena als Erscheinung für Faust wählt, wirklich etwas zusammen vom Wesen der Lebensaufgaben des vierten und fünften nachatlantischen Zeitraums. Allerdings berührt man dabei ein Problem, das selbst die Bibel nur zart berührt, *Ricarda Huch* in ihrem neuen Buch über «Luthers Glaube» etwas unzarter: diesen Zusammenhang des Problems der Frauenerkenntnis und der Erkenntnis des Bösen. Da gibt es einen geheimnisvollen Zusammenhang in der Bibel, dadurch angedeutet, daß die luziferische Versuchung im Paradiese auf dem Umweg durch die Frau geschehen ist. Die Sehnsucht nach dem Teufel wird – in so schöner Weise – jetzt in diesem fünften nachatlantischen Zeitraum beschrieben in dem Buche von Ricarda Huch über «Luthers Glaube». Das ist sehr charakteristisch. Aber man kann auf diese Dinge nicht weiter eingehen, denn man würde heute noch auf sehr dünnes Eis treten, wenn man sie andeuten, geschweige weiterhin besprechen würde.

Aber das Griechentum und Goethe im Verein mit dem Griechentum hat aus diesem Impuls heraus die Gestalt der Helena-Erscheinung. Dabei müssen wir nur bedenken, die Helena-Erscheinung, das Helena-Problem bildete wirklich einen Inhalt der griechischen Mysterien. Und es gehörte zu einem gewissen Vorgange der Einweihung, das Wesen der Helena zu erkennen. In diesem Wesen der Helena erfuhr man etwas in den griechischen Mysterien über die Aufgabe des vierten nachatlantischen Zeitraums im Verhältnis zur geistigen Welt. Daher gab es in Griechenland eine exoterische Helena-Sage und eine esoterische Helena-Sage. Die exoterische Helena-Sage ist die bekannte. Die andere ist auch bekannt geworden, denn alles Esoterische wird nach und nach exoterisch. Exoterisch ist diese, daß durch jenen Vorgang mit den drei Göttinnen

Paris angestiftet wurde, dem Menelaus die Helena zu rauben, daß er erschienen ist in Griechenland, die Helena mit ihrem Einverständnis entführt hat, sie nach Troja gebracht hat, daß darüber der Trojanische Krieg ausgebrochen ist, und nachdem die Griechen Troja belagert, erobert hatten, sich Menelaus seine Helena wieder zurückgebracht hat. Das ist die exoterische Helena-Sage.

Sie wissen, Homer läßt eigentlich nur diese exoterische Helena-Sage durchblicken, weil er, obwohl er eingeweiht war in die esoterische Helena-Sage, von dieser nichts verraten wollte. Erst die Dramatiker Äschylos, Sophokles, Euripides, in einer späteren Zeit des Griechentums, haben sich herbeigelassen, von der esoterischen Helena-Sage etwas zu verraten, das dahin ging, Helena sei nicht einverstanden gewesen mit ihrer Entführung, Paris habe sie nicht entführt, sondern geraubt gegen ihren Willen; er fuhr mit ihr über das Meer. Hera verschlug die Schiffe, so daß Paris mit Helena in Ägypten landen mußte, wo dazumal der König Proteus herrschte. Proteus wurde von Sklaven, die den Schiffen des Paris entlaufen waren, die ganze Sache mitgeteilt, so daß er Paris und seine Gefolgschaft und die Helena gefangen nahm. Und Paris wurde entlassen von Proteus, Helena ihm weggenommen. Sie ist niemals des Paris Weib geworden nach dieser Sage; seine Schätze wurden ihm abgenommen, er ohne Helena nach Troja geschickt. Aber mitnehmen konnte er auf diese Reise nach Troja statt der wirklichen Helena, die in Ägypten geblieben war bei dem Proteus, das Idol der Helena, so daß Paris in Troja nur mit dem Idol der Helena erschien. Und um das Idol haben sich die Griechen gestritten, weil sie den Trojanern nicht geglaubt haben, daß die wirkliche Helena gar nicht in Troja ist. Dann, nachdem der Trojanische Krieg beendet war, machte Menelaus selber die Reise nach Ägypten und brachte sich von dort seine unschuldig gebliebene Gattin nach Hause.

Sie wissen vielleicht, daß Goethe sehr wohl in der «Klassisch-romantischen Phantasmagorie» im dritten Akt des zweiten Teils diese esoterische Seite der Helena-Sage andeutet. Mephistopheles-Phorkyas setzt die Rede der Helena, die sich schon nicht mehr auskennt, selber fort. Goethe stellt Helena im dritten Akt des zweiten Teils hin mit all den Zweifeln, die sie befallen. Sie ist ja geraubt. Nun hört sie alles das, was man von ihr erzählt. Es ist alles durcheinanderkommend. Dinge, die sich auf das Idol beziehen, nicht auf die Wirklichkeit, treten vor ihren Ohren auf. Sie weiß schließlich selber nicht mehr, wer sie ist. Aus all diesen Zweifeln heraus hören wir sie sagen:

> Gedenke nicht der Freuden! Allzuherben Leids
> Unendlichkeit ergoß sich über Brust und Haupt.

Mephistopheles-Phorkyas erwidert darauf:

> Doch sagt man, du erschienst ein doppelhaft Gebild,
> In Ilios gesehen und in Ägypten auch.

Also Goethe deutet dieses Komplizierte der Helena-Gestalt sehr wohl an und bringt dieses Komplizierte der Helena-Gestalt in seinen «Faust» hinein. Mit dem Helena-Problem ist nämlich sehr viel gesagt, und es ist doch nicht ganz ohne Bedeutung, daß im zweiten Teil des Dramas Mephistopheles so vermittelt, daß er durch den Schlüssel Faust nach den Orten weist, die für ihn nichts sind, in denen Faust das All zu finden hofft. Jedes Wort ist da wiederum von einer gewissen Bedeutung. Faust hat in sich die Möglichkeit, den Bewußtseinszustand zu ändern, ihn hinüberzuführen in das, was in der griechisch-lateinischen Vorzeit, in der vierten nachatlantischen Periode, von dem Bewußtsein erlebt worden ist. Das All soll man nicht bloß abstrakt nehmen, sondern konkret, in geistiger Gestaltung. In diese geistige Gestaltung kann Mephistopheles nicht hinein. Er gehört einer andern Region an. Er ist eigentlich dazu da, so recht als Geist in der geistlosen Welt des materiellen Geschehens zu wirken, welche vorzugsweise ihre Impulse überliefern soll dem Menschen der fünften nachatlantischen Zeit. In dieser fünften nachatlantischen Zeit haben gewisse Menschen die Aufgabe, auf den Gesichtspunkt zu sehen, der in der geistigen Welt liegt, so daß bewußt werden kann, was zu erringen ist mit dem Impulse des Bösen.

So wenig das Auge sich selber sehen kann, sondern anderes, so wenig sieht Mephistopheles, er, der Impuls des Bösen, dieses Böse selbst. Es gehört zu dem, was Faust sehen muß, was Faust kennenlernen muß. Mephistopheles kann eigentlich die Helena nicht sehen, wenigstens nicht mit voller Aufmerksamkeit. Und ganz ohne Verwandtschaft mit der

Helena ist er doch nicht. Die Hinlenkung zu Mephistopheles war nur möglich aus den Impulsen heraus, die das Christentum für den fünften nachatlantischen Zeitraum gab. Nicht ohne daß da eine gewisse Hinlenkung für die Helena vorhanden ist, aber fremd bleibt doch dasjenige, was das Griechentum, besonders für seine Eingeweihten, im Helena-Problem zum Ausdruck bringen wollte. Die Christen der verflossenen Jahrhunderte kennen die Helena auch, aber in der Form der Hölle. Das Wort Hölle ist nicht ganz ohne etymologische Verwandtschaft mit Helena – die Dinge haben etwas miteinander zu tun –, wenn es auch entfernte Verwandtschaft ist. Das Helena-Problem ist kompliziert, wie es sich Ihnen schon in der esoterischen Form der griechischen Sage andeutet.

Was in meinen Mysteriendramen an verschiedenen Stellen deutlich ausgedrückt ist: Ahriman-Mephistopheles muß erkannt und durchschaut werden, das sagt in gewisser Beziehung das Faust-Drama. Und für Ahriman-Mephistopheles hat Goethe wiederum einen Satz geprägt, der sehr wichtig ist für den fünften nachatlantischen Zeitraum. Der Mensch dieses Zeitraums muß es dazu bringen, daß gewissermaßen Ahriman-Mephistopheles sich von ihm erkannt fühlt. Erinnern Sie sich an den Schluß meines letzten Mysteriendramas; das ist ein wichtiges Moment, wenn Ahriman-Mephistopheles sich erkannt fühlt, wenn der Impuls des Bösen weiß, diejenigen, die das Böse zu erleben haben, finden einen Gesichtspunkt, um nicht in dem Bösen darinnen, sondern außer dem Bösen zu stehen. Das ist sehr wichtig. Eine tiefe Bedeutung hat es, daß Mephistopheles dem Faust die Worte zuruft:

> Ich rühme dich, eh du dich von mir trennst,
> Und sehe wohl, daß du den Teufel kennst.

Das ist sehr wichtig. Das würde Mephistopheles zu *Woodrow Wilson* nicht sagen! Es wäre keine Veranlassung dazu.

Diese Beziehung zwischen Faust und Mephistopheles enthält vieles von dem ganzen Problem des fünften nachatlantischen Zeitraums. Dieser Zeitraum, sagte ich, hat gewissermaßen die Aufgabe, nach dem Kampfe sich hinzubewegen, der mit den mannigfaltigsten Formen des Bösen notwendig ist. Ja, scharf müssen die Impulse der Menschheitsentwickelung wieder werden. Solche Impulse müssen entstehen, die im Kampfe mit dem Bösen entstanden sind, und viel intensiver, sagte ich, ist dieses Erleben als das des vierten nachatlantischen Zeitraums, weil dieser in gewissem Sinne eine Wiederholung des atlantischen Zeitraums ist.

Worin besteht ein erstes Erleben im Laufe der menschheitlichen Erdenentwickelung? Denn ein solches erstes Erleben haben wir hier. Nicht wahr, der vierte nachatlantische Zeitraum hatte das Problem von Geburt und Tod zu durchleben, aber als Wiederholung des atlantischen Zeitraums. Ein erstes Erleben ist jetzt im fünften nachatlantischen Zeitraum wiederum eingetreten. Das besteht darinnen, daß von neuem herausgeschöpft wird aus der Maja, aus der Illusion. Der Mensch muß mit der Illusion Bekanntschaft machen, mit der Maja, mit der großen Täuschung.

Ich habe zu wiederholten Malen von ganz andern Gesichtspunkten aus auf die Sache hingewiesen, einmal in meinem Buche «Vom Menschenrätsel», wo ich das Freiheitsproblem zusammenbrachte mit der Tatsache, daß im Bewußtsein vorgehen zunächst Spiegelbilder, Maja; dann in dem demnächst erscheinenden Aufsatz über Christiani Rosencreutz' Chymische Hochzeit 1459, wo ich die Aufgabe der Täuschung für das Bewußtsein hervorgehoben habe. Diese Dinge können eigentlich jetzt zum ersten Male nur in der unmittelbaren Form gesagt werden. Aber diese Dinge gehören nicht einer abstrakten Theorie an, nicht irgendeiner abstrakten Phantastik, sondern der unmittelbaren Wirklichkeit. Und es ist wirklich wunderbar, wie Goethe in diese Dinge eingeweiht war. Dieser fünfte nachatlantische Zeitraum muß vieles aus der Illusion heraus schaffen. Goethe stellt den Menschen dieses Zeitraums in Faust dar. Als Faust in die große Welt eintritt, schafft er das Papiergeld, das charakteristisch ist für die ahrimanische Natur des Verkehrs im fünften nachatlantischen Zeitraum, dieses Papiergeld, welches nur der reale volkswirtschaftliche Beweis dafür ist, daß das Imaginäre, das Unreelle, das Illusorische im Verkehr darinnen waltet, seine Rolle spielt.

In den Zeiträumen der menschlichen Entwickelung, in denen Geld nicht die Hauptsache war, sondern Warenaustausch, Tauschhandel –

wenn auch Geld vorhanden war, so basierte die Volkswirtschaft nicht auf dem Geld –, konnte man nicht davon sprechen, daß das äußere volkswirtschaftliche Leben durchsetzt ist von einem Netze von Illusionen, wie das im fünften nachatlantischen Zeitraum der Fall ist. Aber Goethe bringt den Faust selbst mit dieser volkswirtschaftlichen Illusion in Zusammenhang. Was will er eigentlich damit sagen, daß er das zweite Erscheinen der Helena just nach dem «Kaiserhof» hin versetzt? Womit haben wir es eigentlich zu tun? Mit Einbläsereien des Astrologen, mit dem, was suggestiv ist. Ich habe es gestern schon erwähnt, mit Täuschung, mit Illusion. Sie lebt – das wollte Goethe sagen – in der äußeren geschichtlichen Wirklichkeit, sie lebt dadrinnen geistig. Die Begriffe, die Vorstellungen – wie oft haben wir in diesen Betrachtungen davon gesprochen –, die so sehr zu Irrtümern führen. Die Irrtümer, die ich Ihnen angeführt habe, sie sind alle aus der Illusion entsprungen. Erinnern Sie sich, ich nannte Ihnen als einen charakteristischen Irrtum – aber man könnte Hunderte anführen von dieser Art –, daß gewisse Volkswirtschafter, die sich besonders gescheit dünkten, 1914 gesagt haben aus ihren volkswirtschaftlichen Gesetzen heraus: Dieser Krieg kann nicht länger als höchstens vier bis sechs Monate dauern, das geht gar nicht anders. – Er dauert jetzt aber bald so viele Jahre! Warum ist das? Warum leben die Menschen in solchen Vorstellungen, die durch die Wirklichkeit ad absurdum geführt werden? Weil in dieses Vorstellungsleben jenes Gespenst-Gespinste hineinspielt, das Goethe durch seinen Faust am «Kaiserhof» eingreifen läßt, und weil die Menschen nicht durchschauen, was in ihren Vorstellungen als Gespenst-Gespinste lebt. Sogleich als der fünfte nachatlantische Zeitraum heraufkam, wurde die Imagination derjenigen, die so etwas empfinden konnten, hingelenkt nach dem Aufnehmen der Wirklichkeit gegenüber solchen Gespenst-Gespinsten. Denn gerade für diese Erscheinung am «Kaiserhof» hatte Goethe ein Vorbild in der schönen Sachsschen Darstellung, wie ein Nekromant am Hofe Kaiser Maximilians die Helena erscheinen läßt. Da ist es nicht Faust, da ist es der Kaiser selber, der die Erscheinung fassen will, und der ihr verfällt, paralysiert wird. Dieses Hineinspinnen von Gespenst-Gespinsten in die Realität des historischen Werdens – ich möchte fragen: Wo ist sie noch so großartig dargestellt und so sachgemäß, so aus der Fülle der spirituellen Wirklichkeit heraus, wie in diesem Faust? Und ineinandergreifen müssen, sagte ich, das Bewußtsein des fünften nachatlantischen Zeitraums und des vierten nachatlantischen Zeitraums. Faust entwächst dem Mephistopheles. Für Mephistopheles kommt nichts anderes dabei heraus als das Fazit:

Mit Narren sich beladen,
Das kommt zuletzt dem Teufel selbst zu Schaden.

Faust ist von Apoplexie befallen, ist paralysiert. Getrennt hat sich sein Seelisches von seinem Leiblichen. Aber es folgt die Szene, die wir im vorigen Jahre hier dargestellt haben: der Traum des Faust, den der Homunkulus durchschaut.

Woher kommt denn, wenn sie auch bloß ein Gespenst ist, die Helena dieser zweiten Erscheinung? Das wird sehr deutlich angedeutet. Der Astrolog ist es, der sie vermittelt, wenn auch nur aus der Suggestion, aus dem Takt der Sterne heraus. Verbinden Sie das, was sich uns da ergibt aus dem Takt der Sterne heraus, mit dem, was ich von dem Makrokosmischen sagte, was in der Frau vor der Befruchtung wirkt. Diese Helena, sie kommt aus den Sternen, aber sie führt die Impulse in Faustens Seele zu einer andern Helena. Homunkulus sieht es, wie in Faustens Vision auftaucht die Geburt der Helena: Zeus, Leda mit dem Schwan, die ganze Szene. Da wird Faust hinübergeleitet, da haben Sie die Hinüberleitung zu dem Problem der vierten nachatlantischen Zeit, das Problem der Geburt zu lösen. Das taucht auf in dem Augenblicke, als Faust wirklich dem Mephistopheles entwächst, als Mephistopheles nichts hat von Faust als den äußeren physischen Leib. Da taucht auf in Faustens Seele der Impuls zum Hinübergehen in den vierten nachatlantischen Zeitraum.

Wunderbar verketten sich da die Motive. Man sieht das Ineinanderspielen desjenigen, was in uns lebt vom vierten und fünften nachatlantischen Zeitraum, im eminentesten Sinne von Goethe verwendet. Aber Goethe wußte noch mehr, denn er deutet auf die esoterische Helena-Sage, wie in Troja bloß das Idol war, dasselbe, was in den Sternen begründet, was kosmischen Ursprungs ist. Das andere, das Individuelle der Helena ist nach Ägypten hinüber zu Proteus gerückt. In dem untergehenden Troja verblieb nämlich das von der Helena, was dem dritten nachatlantischen Zeitraum angehört, was dieser dritte Zeitraum ausgestoßen hat, was Ägypten entließ. Was aber Ägypten aufbewahrte für den vierten nachatlantischen Zeitraum, das holte sich Menelaus wiederum von Ägypten und brachte es nach Griechenland zurück.

So spielt in der esoterischen Helena-Sage, die Goethe wohl benützte, auch der dritte und der vierte nachatlantische Zeitraum herein in den fünften. So hat Goethe wunderbarerweise dieses Helena-Problem verwendet.

Nun, davon wollen wir morgen noch weitersprechen, das Helena-Problem nicht nur in bezug auf den Faust behandeln, sondern wir wollen dann einiges noch von dem Helena-Problem angeben, was uns wirklich über vieles in uns aufklären kann, was als Frage entstehen kann aus den Betrachtungen, die in dieser Zeit durch unsere Seele gehen müssen.

DIE HELENA-SAGE UND DAS FREIHEITSRÄTSEL

Dornach, 4. November 1917

Ich habe Sie gestern darauf aufmerksam gemacht, wie in der Entwickelung der Menschheit Zusammenhänge sind, spirituelle Zusammenhänge, die ihre Wirkungsweise durch die Menschenseele hindurchschicken. Ich habe das getan im Zusammenhange mit den Bestrebungen *Goethes* in seiner Faust-Dichtung, Faust in Zusammenhang zu bringen mit dem, was der Impuls der fünften nachatlantischen Zeit ist, dadurch, daß er ihn mit Mephistopheles zusammenführt, einer ahrimanischen Macht. Dann habe ich versucht zu zeigen, wie Faust untertauchen soll in die Impulse der vierten nachatlantischen Zeit, die ich Ihnen in ihrem Wesen zu charakterisieren versuchte, damit sich in Fausts Seele ein Ineinanderarbeiten desjenigen bewußt vollzieht, was unbewußt in den Menschenseelen durch die Entwickelungsgesetze waltet.

Nun sagte ich Ihnen, daß der fünfte nachatlantische Zeitraum, unser Zeitraum, mit der großen, bedeutungsvollen Lebensfrage des Bösen, der Bewältigung des Bösen nach allen Seiten zu tun haben wird. Die Menschen werden kennenlernen müssen, was alles die Seele aufbringen muß, um die Gewalten des Bösen teils zu überwinden, teils in gute Impulse zu verwandeln. Das alles entwickelte sich auf der Grundlage der Impulse des vierten nachatlantischen Zeitraumes, der es zu tun hatte insbesondere mit dem Problem der Geburt und des Todes, das er schon wie eine Erbschaft aus der atlantischen Zeit übernommen hatte. Man braucht nur auf den Christus-Impuls selbst seine Blicke zu wenden, wie er eintrat im ersten Drittel der vierten nachatlantischen Periode. Diese beginnt 747 mit der Begründung Roms, so daß also von den 2160 Jahren im Zeitraum, wie wir ihn betrachten als Kulturzeitraum, 747 Jahre vergehen mußten, bis der Hauptimpuls, der Christus-Impuls, gerade in diesen vierten nachatlantischen Zeitraum hereinspielte. Hat es nicht dieser Christus-Impuls mit der großen, bedeutungsvollen Frage zu tun, die hereinruft in die Entwickelungsgeschichte der Menschheit Fragen nach Geburt und Tod in ihrer übersinnlichen Bedeutung? Wieviel ist auf christlichem Boden diskutiert worden, gedacht, empfunden worden über die Geburt des Christus. Welch unendlich bedeutungsvolle Rolle spielt der Tod Christi. In der Geburt und in den Tod Christi sehen wir an besonders prägnanten Punkten auftreten dieses Ringen in der Seele des Menschen mit dem Problem der Geburt und des Todes. Es war ein Ringen in der Seele aus dem Grunde, weil, ich möchte sagen, in einer elementareren, physischeren Gestalt dieses Ringen schon in dem großen atlantischen Zeitraum vorhanden war. Da waren gerade im vierten atlantischen Zeitraum, in der Mitte der atlantischen Zeit – damit auch noch in dem fünften als Nachwirkung – im Menschen selber Kräfte tätig, die im Zusammenhang standen mit Geburt und Tod. Einiges davon habe ich schon charakterisiert. Da waren Kräfte in jenen Menschen, in jenen Atlantiern, die entwickelt werden konnten, die Einfluß hatten auf Geburt und Tod, in ganz anderem Maße als in bloß natürlichem Maße. Da wirkten die guten und die bösen Kräfte im Menschen auf Gesundheit und Krankheit der Mitmenschen im weiten Maße, damit auch auf Geburt und Tod. Da sah man einen Zusammenhang zwischen dem, was man in der atlantischen Zeit tat als Mensch, und dem, was sich im sogenannten Naturlaufe als Geburt und Tod vollzieht.

Später, im vierten Kulturzeitraum der nachatlantischen Zeit, war dieses Problem von Geburt und Tod mehr hereinverlegt in die menschliche Seele. Aber jetzt in unserem fünften Zeitraum werden die Menschen so elementar zu ringen haben mit dem Bösen, wie elementar in der atlantischen Zeit gerungen worden ist mit Geburt und Tod. Da werden namentlich durch die Beherrschung der verschiedenen Naturkräfte die Antriebe und Impulse zum Bösen in einer großartigen Weise, in gigantischer Weise in die Welt hineinwirken. Und im Widerstand, den die Menschen aus geistigen Untergründen heraus werden bringen müssen, werden die entgegengesetzten Kräfte, die Kräfte des Guten zu wachsen haben. Insbesondere wird es schon während des fünften Zeitraums sein, wo durch die Ausbeutung der elektrischen Kraft, die noch ganz andere Dimensionen annehmen wird, als sie bisher angenommen hat, es den Menschen möglich sein wird, Böses über die Erde zu bringen, wo aber auch direkt aus der Kraft der Elektrizität selber heraus Böses über die Erde kommt.

Diese Dinge sind nur notwendig, sich vor das Bewußtsein hinzuhalten. Denn derjenige, der spirituelle Impulse aufnehmen will, findet die Angriffspunkte des Widerstands, findet die Ausgangspunkte für jene Impulse, die sich gerade am Widerstand des Bösen entwickeln sollen. Allerdings ist es schwierig, heute schon in dieser Beziehung über Einzelheiten zu sprechen, da diese Einzelheiten zumeist noch in weitestem Umfange Interessen der Menschen berühren, welche die Menschen nicht berührt haben wollen. In dieser Beziehung sind die Menschen geteilt auf der einen Seite in solche, welche schwer leiden dadurch, daß sie sich nicht klarmachen können, wie sie in das Weltkarma verstrickt sind und dies oder jenes mitmachen müssen, ohne daß sie im Handumdrehen abstrakt fromm werden können; auf der andern Seite in Menschen, die vielfach verstrickt sind in dasjenige, was das Weltenkarma dieses fünften nachatlantischen Zeitraums ist, die nicht hören wollen, was eigentlich in den Impulsen liegt, die durch die Welt gehen, weil die Menschen vielfach ein Interesse daran haben, gerade diejenigen Impulse, die zerstörerisch sind, als aufbauende hinzustellen. Wir haben dargestellt, wie seit dem letzten Drittel des 19. Jahrhunderts unter den Menschen diejenigen Wesenheiten wirken, die ich bezeichnet habe als abgefallene Geister der Finsternis, Wesen aus der Hierarchie der Angeloi. Diese Wesen waren noch dienende Glieder der guten, fortschreitenden Mächte in der vierten nachatlantischen Periode. Da dienten sie noch in der Herstellung jener Ordnungen, die – wie ich Ihnen charakterisiert habe – aus der Blutsverwandtschaft der Menschen herausgeholt sind. Jetzt sind sie im Reiche der Menschen, und als zurückgebliebene Angeloiwesen wirken sie hinein in die Impulse der Menschen, um dasjenige, was mit Bluts-, Stammes-, Nationalverwandtschaft, Rassenverwandtschaft zusammenhängt, in einer nachhinkenden Weise und dadurch in einer ahrimanischen Weise geltend zu machen, zu beeinträchtigen diejenigen andern sozialen Menschheitsstrukturen, die sich aus ganz andern Unterlagen heraus bilden sollen als zum Beispiel aus den Blutsbanden der Familie, der Rassen, der Stämme, der Nationen, so daß heute ein beträchtlicher Anfang der Arbeit dieser Geister gerade in dem abstrakten Betonen des Nationalitätsprinzips besteht. Dieses abstrakte Betonen des Nationalitätenprinzips, dieses Programmemachen auf

Grundlage eines Nationalitätsprinzips, das gehört in die Bestrebungen der Geister der Finsternis hinein, die den Menschen viel näherstehen werden, die viel intimer an die Menschen herankommen als die zurückgebliebenen Geister der vierten nachatlantischen Periode, die in die Hierarchie der Archangeloi gehörten. Das wird gerade das Bedeutungsvolle dieses fünften nachatlantischen Zeitraums sein, daß diese Wesen, die unmittelbar über der Hierarchie der Menschen stehen, die Angeloiwesen, recht intim an den einzelnen Menschen herankommen können, nicht bloß an die Gruppen, so daß der einzelne glauben wird, er verträte aus seinem eigenen persönlichen Impuls heraus die Dinge, während er – man kann schon sagen – besessen ist von solcher Art von Angeloiwesen, von denen gesprochen worden ist.

Machen wir uns noch einmal klar, welcher Art die Bestrebungen der zurückgebliebenen Geister der Finsternis in der vierten nachatlantischen Zeit waren, um dann besser verstehen zu können, welcher Art diese Bestrebungen in unserer fünften Epoche sind. Ich habe schon darauf hingewiesen: in der vierten nachatlantischen Zeit war es normal, alle Menschheitsstruktur aufzubauen auf den Blutsbanden, auf den Blutsverwandtschaften. In dieser Zeit, also in der griechisch-lateinischen Kulturepoche, lehnten sich die ahrimanisch-luziferischen zurückgebliebenen Wesenheiten gerade gegen die Blutsbande auf. Sie waren die Eingeber jener Rebellenschaft, welche die Menschen aus den Blutsverwandtschaften herauslösen wollte. Insbesondere – das können Sie ja schon aus dem Allgemeinen der Geisteswissenschaft entnehmen – waren es in gewisser Beziehung die Nachkommen der in der atlantischen Zeit noch auf magische Weise wirksamen Individualitäten, welche als sich auflehnende Individualitäten, als Rebellen, Heroen wurden, gerade in der Wiederholung der atlantischen Zeit in der vierten nachatlantischen Zeit. In einer besonderen Art und Weise kam diese griechisch-lateinische Zeit diesen Rebellen entgegen. In der damaligen Zeit, wo eine kluge Mysterienführung der Menschen doch noch vorhanden war, hat man den Menschen nicht gesagt, meidet die Rebellennaturen, meidet die ahrimanischen, die luziferischen geistigen Wesenheiten! Das hat man ihnen nicht gesagt. Sondern man wußte, im Plane des weisheitsvollen Weltenganges liegt es, diese Wesenheiten an ihre Stelle zu setzen, sie zu benützen. Es ist heute eine Schwäche vieler Menschen, wenn sie von Luzifer und Ahriman hören, zu empfinden, um Gottes willen, den meiden wir! – Als ob sie sie meiden könnten! Ich habe darüber öfter gesprochen. So wie die Erkenntnis sein mußte in der vierten nachatlantischen Zeit, so brachte man sie heran an die Menschen dieser Zeit. Und die Wirkung der guten Götter, wenn ich so sagen darf, lag schon in den Blutsbanden, der gaben sich die Menschen hin dazumal – heute muß sie vergeistigter sein –, der gaben sich die Menschen hin in jener gegenseitigen Liebe, die durch die Blutsverwandtschaft begründet wird. Um weiterzukommen, mußten immer Auflehnungen stattfinden. Diesen Gang der Weltenentwickelung mußte man, so wie man es den Leuten eben klarmachen konnte, in Mythen, in Sagen, in Legenden ihnen klarmachen. Den Eingeweihten wurden die Dinge dann noch anders mitgeteilt, schon in einer Form, die ähnlich war derjenigen, die heute an den Menschen herantritt. Aber es wären die Menschen im weitesten Umkreise des Lebens nicht reif gewesen, Erklärungen für die Mythen aufzunehmen. Da wurden ihnen die Mythen erzählt, die exoterischen Mythen, in denen aber tiefe, bedeutungsvolle Entwickelungswahrheiten verborgen sind.

Betrachten wir einen solchen hervorragenden Mythus, der gerade mit dem zusammenhängt, was ich jetzt vor Ihre Seele hingeführt habe, betrachten wir den Mythus, der da erzählt, wie ein Orakel dem Laios von Theben bei seiner Vermählung mit Jokaste weissagte, daß aus seiner Ehe mit Jokaste hervorgehen werde ein Sohn, welcher der Mörder seines Vaters werden wird, der mit seiner Mutter in Blutschande leben wird. Laios hat sich zwar nicht abhalten lassen, die Vermählung zu vollziehen, aber als aus der Ehe doch der Sohn hervorging, ließ er ihm die Fersen durchbohren und ließ ihn aussetzen auf dem Kithäron. Einem Hirten wurde dieser Sohn übergeben. Die Gemahlin des Hirten nannte ihn Ödipus, von den durchlochten Fersen. Sie wissen, wie die Sache weitererzählt wurde. Sie wissen, daß der Knabe Ödipus heranwuchs, daß sich seine Talente entwickelten, daß er sich früh von Zweifeln in seiner Seele beunruhigt fand wegen seiner Abstammung, weil Jugendgenossen ihn auf verschiedenes aufmerksam machten; daß dann das delphische Orakel einen bedeutsamen Ausspruch tat. Ihn heute zu studieren, ist eine schmerzliche Angelegenheit, wenn man ihn in seinem ganzen Zusammenhange studieren kann. Er heißt ja einfach: Meide die Heimat, sonst wirst du deines Vaters Mörder und deiner Mutter Gemahl. – Das war also dem Ödipus gesagt.

Nun war er aber in einer vollkommenen Illusion darinnen. Er wußte nicht, wer sein Vater wirklich war und seine Mutter. Er mußte Korinth für seine Heimat halten, wo er aufgewachsen war. Schließlich wanderte er von Korinth fort, um dort nicht Unheil zu stiften, seinen Vater zu töten und seine Mutter zu heiraten. Aber gerade, daß er fortwanderte, daß er den Weg nach Theben antrat, gerade das wurde ihm zum Verhängnis. Auf dem Wege traf er ein Gefährt, in dem sein Vater Laios fuhr mit einem Wagengefährten. Er kam in Streit, tötete den Vater, setzte den Weg fort nach Theben, und seine erste Tat, die er verrichtete, war ja, wie Sie wissen, die Lösung des Rätsels der Sphinx. Dadurch haben wir Ödipus so recht hineingestellt in den ganzen Entwickelungszusammenhang des vierten nachatlantischen Zeitraums. Denn in einer gewissen Beziehung gehörte das Rätsel der Sphinx, das Menschenrätsel, diesem Zeitraume an. Also Ödipus war einer von denjenigen, die Bescheid wußten. Er sagte zur Sphinx nicht: «Ungern entdeck' ich höheres Geheimnis», sondern er löste das Geheimnis. Damit war etwas in den vierten nachatlantischen Zeitraum hineinversetzt als ein Impuls, der weiter wirkte, an dem Ödipus beteiligt war. Man könnte Stunden über Stunden reden über die Lösung des Rätsels der Sphinx durch Ödipus. Aber das ist heute nicht nötig. Wir wollen uns nur klarmachen, daß dasjenige, was da Ödipus tut, ihn so recht zeigt als einen Helden des vierten nachatlantischen Zeitraums.

Nun ging er nach Theben, heiratete seine Mutter, die er natürlich nicht für seine Mutter hielt, war verhältnismäßig glücklich, bis eine Pest auftrat. Der Seher Teiresias war es, welcher zuletzt die Wahrheit von dem Ganzen herausbrachte. Jokaste, die sich plötzlich als die Gemahlin des eigenen Sohnes wußte, tötete sich. Ödipus blendete sich und wurde vertrieben von seinen eigenen Söhnen, wurde von einem andern dann im Haine von Attika, von Theseus, geschützt bis zu seinem Tode, ruhte dann in attischer Erde. Nur soweit brauchen wir das Ödipus-Drama vor unsere Seele zu führen.

Was stellt es uns denn dar? Es stellt uns dar, wie eine Individualität, die Ödipus-Individualität, herausgenommen wird aus dem Blutszusammenhang, herausversetzt wird, sich entwickelt außerhalb der Blutsbande und dann zu seinem Verderb wiederum hineinversetzt wird. Nicht nur einen subjektiven Rebellen gegen die Blutsbande haben wir vor uns, sondern einen Menschen, der durch die, man möchte sagen, Naturgesetze selber zur Auflehnung gebracht wird gegen die Blutsbande, und diese gerade dadurch gegen sich wachruft.

Versuchen Sie die griechische Mythologie auf solche Menschen hin durchzusehen, auf solche Heroen, die auf eine gewisse Weise hineingestellt sind in den Blutszusammenhang, die ausgesetzt werden, daß sie ihre Entwickelung außerhalb des Blutszusammenhanges durchmachen und dann gerade andere Entwickelungsimpulse hereinbringen dadurch, daß sie aus der alten, der normalen Ordnung hinausversetzt werden. Ein solcher ist Ödipus, ein solcher ist auch Theseus, der ihn schützt im Haine von Attika.

Es ist kein Wunder, daß man in Griechenland dem Volke nicht sagen konnte, was eigentlich hinter diesen Heroen steckte, daß das die großen Rebellen sind, die aber notwendig sind im ganzen weisheitsvollen Gang der Weltenentwickelung. Theseus selber, denken Sie doch nur daran – auch da war es ein Orakelspruch, der an den Vater herangetreten ist, so daß er den Sohn fern von sich hat erziehen lassen. Der Mutter, die ihn fern von der Heimat geboren hat, wurde gesagt, wenn der Jüngling heranwächst, so daß er ein gewisses Schwert gebrauchen kann, dann möge er zurückkommen. Wiederum hinausversetzt ist Theseus aus dem Blutszusammenhang. Auch er – Sie kennen die Sage, wie er Athen befreit hat von jener Tributszahlung von Jünglingen, die dem Minotaurus geopfert werden mußten, wie er mit Hilfe des Ariadne-Fadens sich gerettet hat –, auch er löst wichtige Rätsel der vierten nachatlantischen Zeit. Und er wurde der Schützer des Ödipus. Aber Theseus ist derjenige, der die Helena, als sie zehnjährig ist, entführt und sie verborgen hält. Also gerade Theseus wird mit der Helena in Zusammenhang gebracht.

Hinter diesen Dingen stecken tiefe Entwickelungsrätsel des vierten nachatlantischen Zeitraums. Die Hofdame des 16. Jahrhunderts macht sich freilich von diesen Dingen nicht mehr kund als:

Vom zehnten Jahr an hat sie nichts getaugt.

Aber damit deutet Goethe wiederum auf etwas sehr Bedeutungsvolles. Goethe wußte wohl, eigentlich müßte dasjenige, was hinter der Helena steckt, so verehrt werden, wie Faust die Helena verehrte. Aber gerade in bezug auf die Helena sind die schlimmsten Kräfte der Verleumdung im Spiel gewesen. Die Menschheit könnte lernen an solchen Dingen, wie gerade dasjenige, was anerkannt werden sollte, was vielleicht am höchsten steht, am meisten verleumdet werden kann.

Ich wollte dieses nur andeuten, um Ihnen zu zeigen, wie die Helena in einem geheimnisvollen Zusammenhange steht mit denjenigen Individualitäten, welche die Rebellenindividualitäten waren des vierten nachatlantischen Zeitraums, die dazumal im Sinne der weisheitsvollen Weltenlenkung die Aufgabe hatten, den Blutszusammenhang zu durchbrechen.

Wie steht es mit Paris, der uns von Goethe – verzeihen Sie das triviale Wort, aber es ist nicht so trivial gemeint – in der Geisterbeschwörungsszene ja eigentlich als Konkurrent des Faust vorgeführt wird, als der Nebenbuhler des Faust, wie steht es um Paris? Ja, da wird uns auch erzählt: er war der Sohn des Priamos und der Hekuba. Und das Merkwürdige wird uns erzählt, daß seine Mutter, als sie mit ihm schwanger war, einen Traum hatte. Hier ist es zunächst nicht ein Orakelspruch, sondern ein Traum, der aber tiefere Weisheit enthält. Dieser Traum kündigte der Mutter des Paris vor der Geburt an, daß sie gebären werde eine brennende Fackel, welche die Stadt Troja in Brand stecken werde. Deshalb spricht die Sage, die parallel geht, auch von einem Orakelspruch, der dem Vater Nachricht davon gegeben habe, daß dieser Sohn zum Unheil von Troja dienen werde. Sei es der eine, sei es der andere Grund, der Vater setzte den Paris auch aus. Paris ist also auch einer der Ausgesetzten, einer der aus der Blutsgemeinschaft Herausgesetzten. In Parion wird er erzogen, fern von den Blutsbanden. Und da spielt sich dasjenige ab, was nun von der Sage erzählt wird, daß die Eris den Apfel der Schönsten bestimmt habe, daß Paris aufgerufen worden sei von den Göttinnen Hera, Pallas und Aphrodite, zu bestimmen, welche die Schönste sei. Es wurde sogar gesagt, daß dem Paris versprochen worden ist von Hera Asien, das heißt also die Herrschaft über die Erde, denn Asien bedeutete dazumal überhaupt die Erdenherrschaft; von Pallas Athene kriegerischer Ruhm; von Aphrodite die schönste Frau. Paris hat Aphrodite den Preis der Schönheit zuerkannt.

Wie bedeutungsvoll er damit eingegriffen hat in den Gang der griechischen Angelegenheiten, das schildert Ihnen der Gesang, der große, bedeutungsvolle Gesang Homers. In Paris selbst also haben wir eine solche gegen die Blutsbande sich auflehnende Individualität. Er nimmt die Helena heraus aus den griechischen Blutsbanden, will sie hinübersetzen nach Troja. Er will die Blutsbande brechen. Immer hängen die Dinge so zusammen, daß wir sehen, wie in den griechischen Heroensagen in die Entwickelung dasjenige hineingestellt wird, was die Blutsbande durchbrechen soll. Denn die Blutsbande, die an sich stark, mächtig und gewaltig sind, sind das die ganze soziale Struktur eigentlich Bewirkende.

Eine Frage, die uns in diesem Falle besonders deutlich vor Augen treten kann, soll uns auch ein paar Minuten jetzt beschäftigen. Es könnte leicht jemand die folgende Frage aufwerfen: Ja, wie steht es noch mit der menschlichen Freiheit, wenn bedeutungsvolle Handlungen, wie der Raub der Helena durch Paris, dadurch vollzogen werden, daß sich oben in der geistigen Welt so etwas vollzieht wie der Streit der Göttinnen? Der Mensch sieht dann aus wie das bloße Werkzeug, durch das vollzogen wird dasjenige, was sich oben in den geistigen Regionen nicht nur vorbereitet, sondern auswirkt. Ja, man muß in einer gewissen Weise wirklich sagen: Dasjenige, was hier unten durch den Menschen geschieht, das alles ist das Spiegelbild dessen, was in der geistigen Welt geschieht. – Da pocht die Frage der Freiheit gewaltig an die Tore der menschlichen Erkenntnis. Sind wir wirklich Automaten, die durch ihre Handlungen das Spiegelbild desjenigen zeigen, was da oben in der geistigen Welt vor sich geht? Und wiederum, wie stünde die geistige Welt da, welche die Lenkerin und Leiterin desjenigen ist, was überhaupt vorgeht, wenn sie gewissermaßen gar nichts zu tun hätte, wenn sie tatenlos wäre? Zweierlei ist notwendig zu verstehen. Erstens, daß der Weltengang wirklich von geistigen Kräften und geistigen Mächten gelenkt und geleitet wird und nichts geschieht, was nicht aus der geistigen Welt herunter geschieht; zweitens, daß der Mensch einen freien Willen hat. Die beiden Dinge scheinen sich diametral gegenüberzustehen. Und in der Tat ist damit ein Problem, ein Rätsel berührt, das den Menschen ungeheuer viel zu schaffen macht, über das die Menschen kaum leicht hinauskommen, denn es ist so. Schauen wir hinauf in die geistige Welt – dasjenige, was die Götter tun, sind der Götter Handlungen, und die Menschen hier unten führen die Impulse der Götter aus. So ist es. Wie können da die Menschen frei sein dabei?

Lassen Sie mich Ihnen – natürlich kann man von diesem Problem nur immer einiges geben – andeutend dieses Problem mit ein paar Strichen hinstellen. Nehmen wir also an: da oben (es wird gezeichnet) seien die drei Göttinnen mit ihrem Streit, der sich unter ihnen abspielt. Das Resultat dieses Streites ist, daß auf die Erde herunterkommt der Impuls, der aus diesen Taten der drei Göttinnen hervorgeht. Wie die wiederum zusammenhängen mit den übergeordneten Hierarchien, das braucht uns bei dieser Frage nicht zu berühren. Das, was da oben geschieht, geschieht mit absoluter Notwendigkeit. Was der Paris tut, tut er also, weil oben die drei Göttinnen ihre Sache getan haben. Sie sagen: Wie ist da noch eine Freiheit bei Paris möglich? – Es ist fast ausgeschlossen! Aber der Strahl fällt herunter gewissermaßen auf die Erde, und da, auf der Erde, ist nicht einer, den er treffen kann, sondern da sind viele, die er treffen kann. Nehmen Sie an, da unten seien hundert. Neunundneunzig tun die Sache nicht, der Hundertste tut sie! Hier spielt nämlich wiederum das Geheimnis der Zahl eine Rolle. Man verwechselt immer den Umstand, daß Paris die Sache tut, damit, daß der Paris erst zum vollen Paris wird dadurch, daß er sich bereit findet, sich dahinzustellen, wo der Impuls hat stattfinden können. Die Götter hätten eben einen andern gefunden, wenn es der Paris nicht getan hätte. Dann würde man das von einem andern erzählen.

Auf dem Umwege durch die Zahl kommen Sie nämlich zur Lösung dieses Freiheitsrätsels. Und wenn sich in irgendeinem Zeitpunkte unter den hundert Untenstehenden keiner findet, dann warten die Götter, bis einer kommt; der vollzieht das, was die Götter ihm vorlegen. Er ist dadurch nicht im geringsten in seiner Freiheit beeinträchtigt, weil er die Sache ja auch unterlassen könnte. Denken Sie nur nach über diesen

Teil des Problems der Zahl, dann werden Sie finden, daß göttlich-notwendige weisheitsvolle Weltenlenkung in keinem Widerspruche steht mit der menschlichen Freiheit. Natürlich umfaßt das nicht das ganze Problem der Freiheit, aber wiederum einen Teil.

Sie sehen, daß diejenigen Heroen des Griechentums schon in der gesamten Entwickelung der Menschheit etwas bedeuten, die so hineingestellt werden, daß sie ausgesetzt werden. Erinnern Sie sich: Sie werden in einem meiner Vorträge finden – ich weiß nicht, ob ich es öfters gesagt habe –, daß eine solche Sage des Ausgesetztwerdens sich auch an Judas anlehnt, daß auch von Judas erzählt wird, daß er in seiner Jugend ausgesetzt worden ist; von dem Judas Ischariot wird das erzählt. Dieses Ausgesetztwerden ist dasjenige, was in der Sprache des Mythus, in der Sprache der Sage das Hineingestelltsein der rebellischen Mächte, die sich auflehnen gegen die Blutsbande der vierten nachatlantischen Zeit, anbetrifft.

Die Region, von der diese Dinge im vierten nachatlantischen Zeitraum impulsiert sind, ist die Region, in der die Erzengelwesen herrschen. Daher müssen die Erzählungen so gehalten werden, daß schon immer der Mensch ferner steht den Einflüssen, die aus der geistigen Welt geschehen. Es wird immer erzählt, wie es entweder ein Orakel ist, das die Kunde aus der geistigen Welt bringt, oder wie es der unmittelbare Einfluß ist der Götterwelt selber. Sie wissen, Helena ist eine Tochter der Leda mit dem Zeus, also da wirkt die geistige Welt herunter. In unserer Zeit, wo es zurückgebliebene finstere Engelwesen sind, wirken diese natürlich, ich möchte sagen, aus viel intimerem Umgang mit den Menschen heraus. Und ich habe schon gestern gesagt: Will man verschiedene Dinge, die sich an dieses Wirken der finsteren Mächte seit dem letzten Drittel des 19. Jahrhunderts anknüpfen, auch nur andeutend besprechen, so tritt man auf sehr, sehr dünnes Eis. – Aber aus dem ganzen Zusammenhange können Sie entnehmen, daß dasjenige, was gerade die richtige, normale Entwickelung für den vierten nachatlantischen Zeitraum war, das Struktursuchen durch die Blutsbande, daß das in der Zurückgebliebenheit für den fünften nachatlantischen Zeitraum einer der Impulse ist, mit denen die Menschen in diesem Zeitraum werden zu kämpfen haben. Dazu muß man allerdings hinzufügen, was ich auch schon gestern getan habe, daß etwas völlig Neues auftritt, während der vierte nachatlantische Zeitraum in seinem Ringen mit Geburt und Tod eine Wiederholung der atlantischen Zeit ist. Jetzt tritt etwas ganz Neues auf, welches unmittelbar aus der Maja, der Illusion heraus geschaffen wird. Aber diese Illusion, die müssen wir nun auch wiederum nur in der richtigen Weise verstehen. Maja war immer da, selbstverständlich. Denn alles Bewußtsein entsteht aus der Täuschung, wie ich in meinem Aufsatze, den Sie demnächst lesen werden im «Reich», in Anknüpfung an die Chymische Hochzeit des Christian Rosencreutz ausgeführt habe. Aber seit dem fünften nachatlantischen Zeitraum ist die Illusion, die Täuschung noch in einem ganz besonderen Maße vorhanden, weil sie immer mehr und mehr auftreten wird in der Form, daß die Menschen sich Illusionen hingeben werden. Und diese Illusionen waren immer da, waren aber verbunden mit andern Mächten, im dritten nachatlantischen Zeitraum mit den Kräften der Wahlverwandtschaft, im vierten mit den Kräften von Geburt und Tod, im fünften werden die Kräfte der Illusion verbunden sein mit den Kräften des Bösen, die Illusion, die Maja selber wird von dem Bösen ergriffen werden. Und alles das wird durchsetzt sein von dem, was ich auch schon besprochen habe, von der Gescheitheit, von der Intelligenz.

Es klingt paradox, wenn man sagt: Es ist gut für die Menschen, daß sie das alles kennenlernen können, denn nur dadurch, daß der Mensch am Widerstande wachsen muß, kann er wirklich zur Freiheit kommen. – Das kann man leicht einsehen. Aber eben dasjenige, was mit der Zahl Fünf zusammenhängt, hängt immer zusammen in dieser Weise mit der Entfaltung, mit der Entwickelung des Bösen. Und die Menschen werden sich an eines gewöhnen müssen, das Hereinbrechen der Kräfte des Bösen wie das Hereinbrechen von Naturgesetzen, von Naturkräften aufzufassen, um sie kennenzulernen und zu wissen, was auf dem Untergrund der Dinge waltet und webt. Nicht das Böse betrachten von vornherein so, daß man nur in vollem Egoismus sich fluchtartig davon wegbringen will; das kann man nicht. Man muß es mit dem Bewußtsein durchdringen, aber man muß es auf der andern Seite wirklich kennenlernen, richtig kennenlernen. Vor allen Dingen in unserer Zeit schon breitet sich im Reiche der Menschen eine Kraft aus, die darauf hinausläuft, Illusionen zu erzeugen, die schädigend, störend sind. Ein kleines Beispiel für eine solche Illusion. Indem ich dieses Beispiel angebe wiederum, will ich durchaus nicht nach der einen oder nach der andern Richtung auch nur im geringsten Partei ergreifen, sondern ich will nur ein Beispiel für das Hereinbrechen der Illusion, des Illusionären angeben.

Nehmen Sie an, ein Politiker trete heute auf und wolle sich aussprechen nach seinem innersten Impulse über seine Stellung zu dem Weltrat, zu den verschiedenen Dingen, die man von da und dort geltend macht. Dieser Politiker würde veranlaßt werden, sich auszusprechen über dasjenige, was der Anteil – also mit den Völkern haben wir es dabei gar nicht zu tun – des britischen Staatswesens mit den entsprechenden Hintermächten, von denen wir ja oft gesprochen haben, ist an den gegenwärtigen Ereignissen. Ein Politiker würde sich veranlaßt fühlen, sich einmal auszusprechen darüber und klarzumachen, wie er meint, daß ein richtiges Verhältnis zu den britischen Impulsen einzurichten ist.

Wenn ein solcher Politiker nun das Folgende sagen würde: Es wäre eine unfreundliche Handlung gegen die Macht, die das Meer beherrscht, ihre Überlegenheit zu lähmen. – Was würden Sie sagen? Dieser Politiker konstatiert: Es ist da eine Macht, die das Meer beherrscht; man muß Stellung nehmen. Es ist aber eine unfreundliche Handlung, diese Macht, da sie doch das Meer beherrscht, in ihrer Entfaltung zu lähmen. Also unterlasse man diese unfreundliche Handlung. – Was könnte man von einem solchen Politiker sagen? Ich glaube, das Geringste, was man sagen könnte, wäre, er vertritt eine Machtpolitik. Wo die Macht ist, da wendet man sich hin, nicht wahr. Das scheint doch zum mindesten aus seinen Worten hervorzugehen. Heute tut man das nicht. Man stellt sich nicht hin in einem solchen Fall und sagt: Ich vertrete eine Machtpolitik, ich schließe mich derjenigen Macht an, welche eben die Macht hat –, sondern heute sagt man, wenn man dieses so definiert: Ich trete ein für Recht und Freiheit und Unabhängigkeit der Völker.

Diese zwei Dinge sagt man nebeneinander: Man trete ein für Recht und Freiheit der Völker – und man sagt daneben: Man soll nur ja sich anschließen und keine unfreundliche Handlung begehen gegenüber derjenigen Macht, die eben die Macht hat. – Sehen Sie, wie sich die Menschen hineinverstricken in die Illusionen! Ich habe Ihnen das Beispiel des schwedischen Politikers *Branting* vorgeführt, denn das ist der Mann, der so gesprochen hat, ein neutraler Politiker. So treibt man Neutralitätspolitik natürlich. Darinnen liegt kein Vorwurf, darinnen liegt keine Parteinahme, sondern darinnen liegt nur eine Charakteristik, wie die Dinge heute gehen müssen. Man ist selbstverständlich enthusiasmiert für Recht und Freiheit der Völker, aber man vertritt eine solche Politik. Aber man gesteht nicht, man vertritt diese Politik, weil man eben nicht anders kann – das wäre ja die Wahrheit –, sondern man sagt, man vertritt diese Politik aus den Impulsen des Rechts und der Freiheit der Völker heraus.

Mit solchen Dingen muß man sich heute schon befassen. Es genügt nicht, daß irgend jemand die Märchen, die durch die Welt gehen, auf sich wirken läßt, sondern die Dinge müssen heute ins Bewußtsein hereingenommen werden. Sie müssen ins Bewußtsein aufgenommen werden. Nur dadurch ist es möglich, den Anschluß zu gewinnen an die Entwickelungsimpulse, wie wir sie dargestellt haben. Denn sehen Sie, kein Zeitalter eigentlich war so wenig über sich selbst aufgeklärt wie dieses jetzige, und kein Zeitalter hat so nötig Aufklärung über sich selbst wie dieses jetzige! Denken Sie doch nur einmal, dieses jetzige Zeitalter war sehr stolz auf seine großen Fortschritte in allen möglichen menschlichen Gedanken. Man hatte es endlich dahin gebracht, aus der Naturwissenschaft heraus Impulse zu finden auch für die Sozialwissenschaft. Ich habe Ihnen über die Sozialwissenschaft öfter gesprochen.

Gehen Sie aber hin und suchen Sie sich dasjenige, was heute von offiziellen Stätten oftmals noch gesagt wird über Erziehungsfragen, über soziale Fragen, über Rechtsfragen und so weiter. Versuchen Sie sich zu versetzen in die Gesinnung, mit der die Menschen glauben ihre unfehlbaren Wahrheiten vorzubringen, mit der sie alles, alles zu Boden treten wollen, was aus irgendeinem andern Winkel heraustönt. Ein Teil desjenigen, was die moderne Menschheit geglaubt hat, hat dazu geführt, daß durch die Impulse dieser modernen Menschheit, durch die Illusionsimpulse auf der einen Seite – die Illusionsimpulse auf der einen Seite, will ich nur sagen –, durch die Nationalitätsimpulse auf der andern

Seite, das eingetreten ist, was bereits nach zwei Jahren – jetzt sind es schon über drei Jahre – in Europa fünf Millionen Tote gebracht hat und drei bis drcieinhalb Millionen unheilbar Verwundete. Das war nach zwei Jahren, jetzt sind es weit über drei Jahre. Und das ist nur die Konsequenz desjenigen, was erst an falschen Gedanken gelebt hat, an Gedanken, in denen sich verbindet die Illusion mit der zerstörenden Macht. Aus mancherlei anderem, was über Erziehung gesprochen wird, was über Rechtsfragen gesprochen wird, wird sich ein Ähnliches entwickeln, wenn es in der vom spirituellen Wesen unbeeinflußten Weise weiterrollt. Alles kommt darauf an, daß dieser fünfte nachatlantische Zeitraum notwendig hat ein Entfachen der spirituellen Kräfte im Menschheitsbewußtsein. Die Kritik der entgegengesetzten materialistischen Meinung ist nur ein Teil des Eifers, mit dem wir die spirituellen Impulse in uns wachrufen. Und das ist die Hauptsache. Denn dasjenige, was unter Menschen geschehen soll, muß durch Menschen unternommen werden. Haben wir uns reif gemacht, uns hinzustellen da, wo der Strahl herunterfällt, er wird schon kommen, dessen können Sie sicher sein! Aber dies Reifmachen kann nur auf dem Wege der Gemeinsamkeit geschehen. Das wird im fünften nachatlantischen Zeitraum nur in bezug auf die Idee die Sache der einzelnen Menschen sein. Auf das Verständnis, das die Gemeinschaften diesen Ideen entgegenbringen, darauf wird es ankommen.

Halten Sie an diesem Gedanken fest, meine lieben Freunde!

GEISTESWISSENSCHAFTLICHE AUSFÜHRUNGEN IN ANKNÜPFUNG AN DIE «KLASSISCHE WALPURGISNACHT»

Dornach, 27. September 1918

Eigentlich wollte ich heute nach der Aufführung einige Bemerkungen daran knüpfen, die in der Art einer künstlerischen Betrachtung sich hätten anschließen sollen an die aufgeführten Szenen des «Faust». Da aber die Aufführung wegen einiger Erkrankungen nicht stattfindet und der Vortrag daher für sich stehen kann, so werde ich die Sache etwas anders einrichten. Ich werde anknüpfen an die Szene, die dann am Sonntag, einhalb sieben Uhr, hier aufgeführt werden soll, aber ich werde – das bemerke ich ausdrücklich – nicht über die Szene vom künstlerischen Standpunkt aus sprechen, sondern ich werde von einem andern Gesichtspunkte aus über diese Szene sprechen, mehr in Anknüpfung an diese Szene, indem ich an das Vorliegen dieser Szene als Goethesche Leistung einige geisteswissenschaftliche Ausführungen anknüpfe, die sich wiederum in einer gewissen Beziehung anschließen an das schon in diesem Herbst hier Gesagte. Gerade um Mißverständnisse nach dieser Richtung zu vermeiden, bitte ich, das ausdrücklich ins Auge zu fassen, daß ich nicht vom künstlerischen Standpunkt aus sprechen, sondern an diese Szene geisteswissenschaftliche Bemerkungen anknüpfen werde.

Wer diese Szene, um die es sich dann handeln wird, an seiner Seele vorüberziehen läßt, hat Gelegenheit, recht tief in *Goethes* Seele hineinzuschauen, insofern als diese Szene und auch die nächstfolgende, die dann zur Helena-Phantasmagorie hinüberführt, ganz besonders zeigen, wie Goethe fühlte und ahnte – wenn er das auch noch nicht in ausgesprochenen Ideen hatte – geisteswissenschaftliche Wahrheiten. Ein Dichter, der nicht mit seinem Erkennen in geisteswissenschaftliche Wahrheiten hineinragt, hätte diese Szenen ganz gewiß so nicht gemacht. Es würde zu weit führen, wollte ich auch nur einleitend – was ein anderes Mal geschehen kann – darüber sprechen, auf welchem Wege Goethe zu seinen geisteswissenschaftlichen Einsichten gekommen ist. Ich will einfach dasjenige an die Szene anknüpfen, was Ihnen ersichtlich machen kann, wie Goethe gewisse Dinge der geistigen Welt ansehen mußte, um die Szene so zu gestalten, wie sie ist. Das, was ich vor einigen Tagen hier ausgeführt habe über die Entwickelung des Menschen als zeitlich-leibliches Wesen, kannte Goethe in ausgesprochenen Ideen allerdings nicht. Man kann nicht sagen, daß sich irgendwie in Goethes Entwickelungsgang nachweisen ließe ein ausgesprochenes Wissen davon, daß der Mensch in seiner Lebensmitte erst aus seinem Leibesorganismus heraus die Fähigkeit zur Selbsterkenntnis erhält. Wir wissen das aus den Betrachtungen, die wir in diesen Wochen hier angestellt haben, daß in einer gewissen Weise der Mensch erst etwa mit dem Ende der Zwanzigerjahre fähig wird, durch die Kräfte, die er aus seiner eigenen Leibesorganisation heraus entwickelt, Selbsterkenntnis zu erringen. Man muß, wenn man über diese Dinge sich sachgemäß unterrichten will, ins Auge fassen, daß der Mensch wirklich ein kompliziertes Wesen ist. Man versteht ihn nur, wenn man zunächst sich klarmacht, inwiefern er – wenn ich den Ausdruck gebrauchen darf, der heute vielfach von der Wissenschaft angefochten wird – ein Geschöpf ist, und daß dieses Geschöpf zurückweist auf seine Schöpfer, auf seine geistigen Schöpfer.

Nun kann man – ich möchte sagen gewissermaßen geistig-chemisch, wenn ich den pedantischen Ausdruck gebrauchen darf – herausheben aus dem Menschen dasjenige, was dieser Mensch rein dadurch ist, daß er in einer gewissen Abhängigkeit von seinen ihm ureigenen geistigen Schöpfern ist, von denjenigen Wesen unter den Hierarchien der Weltenordnung, deren besondere Mission im Weltenall gipfelt in der Schöpfung des Menschen, von denjenigen Wesen, mit denen sich daher der Mensch als Mensch ganz besonders verwandt fühlen muß. Wenn man den Menschen so loslöst, kann man schematisch die Sache so darstellen. Denken wir, in irgendeinem Punkte seiner Entwickelung würde der Mensch durch diesen Kreis hier dargestellt werden. Verfolgt man dann die menschliche Wesenheit, die ich durch diesen Kreis darstellen will, rücklaufend in ihrem Hervorgehen aus ihren geistigen Schöpfern, so würde das diese Strömung darstellen, die ich hier also – orange – andeuten will. Wenn man zurückgehen, prüfen würde, wie der Mensch durch die Monden-, Sonnen-, Saturnzeit und später durch die Erdenzeit sich entwickelt, würde man die Eigenheiten der einzelnen Wesenheiten

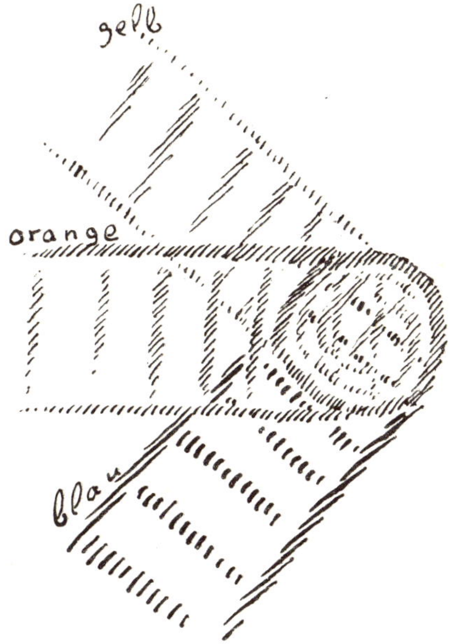

der höheren Hierarchien finden, so wie sie Ihnen aus meiner «Geheimwissenschaft im Umriß» bekannt sind. Man würde finden das Zusammenwirken, die Wechselbeziehungen dieser Hierarchien, und man würde, wenn man durchschaute den Zusammenhang des Menschen mit den Hierarchien, zu einer Anschauung darüber kommen, wie der Mensch gewissermaßen das Ziel der Götterschöpfung ist in der Art, wie ich das in dem zweiten Mysteriendrama in einem Gespräche, das Capesius gleich in der ersten Szene zu führen hat mit dem Hierophanten, zur Darstellung gebracht habe. Ich habe dort auch auf die bedenkliche Seite einer solchen Erkenntnis für den unreifen Menschen hingewiesen.

Aber gerade, wenn man sich nun frägt: Was würde der Mensch im Laufe seiner physischen Lebensentwickelung zwischen Geburt und Tod, wenn er nur dem Einflusse dieser seiner Schöpfer unterworfen wäre, was würde er dann? Er würde dann jenes Wesen für die physische Welt, das gewissermaßen erst für die Selbsterkenntnis am Ende der Zwanzigerjahre reif wird. Denn diese schöpferischen Wesenheiten haben sich die Aufgabe gestellt, den Menschen so zu gestalten, daß er innerhalb seiner irdischen Entwickelung das erlangt, was er erlangt auf der Grundlage seiner Leibesorganisation, derjenigen Organisation, die selbst aus dem Irdischen genommen ist, die also verwandt ist mit den irdischen Stoffen, verwandt ist mit dem Wechselspiel der irdischen Kräfte. Ich möchte sagen: Von ihren Intentionen aus geben diese göttlichen Wesenheiten dem Menschen Gelegenheit, sich gesund allseitig vorzubereiten durch seine Leibesorganisation bis zu dem Ende der Zwanzigerjahre zur Selbsterkenntnis und zur Welterkenntnis, welche von der Selbsterkenntnis ausgeht. – Und dann würden sie ihm Gelegenheit geben in der zweiten Lebenshälfte, diese Selbsterkenntnis in einem ganz andern Maße zu treiben, als der Mensch sie jetzt als Erdenmensch, so wie er ist, betreiben kann. Der Mensch würde, wenn er wirklich erst aufwachte, wie es in den Intentionen der zu ihm gehörigen Geister der Hierarchien lag, dann zwar spät, mit dem Ende der Zwanzigerjahre, zur Selbsterkenntnis und der damit verbundenen Welterkenntnis aufwachen, aber er würde diese Selbsterkenntnis und damit verbundene Welterkenntnis in einem hohen Glanze erlangen. Er würde wirklich sich innerlichst Aufschluß geben können über die Frage: Was bin ich als Mensch? – was er in der Gegenwart unter gewöhnlichen Verhältnissen nicht kann. Er würde diese Selbsterkenntnis auch als Anschauung haben, würde sie nicht durch abstrakte Begriffe erwerben müssen. Beides ist nicht vorhanden. In der ersten Hälfte des Lebens ist nicht jener herabgeminderte Bewußtseinszustand vorhanden, welcher, ich möchte sagen, nicht durch ein Schlafleben, aber durch ein Dämmerleben, in dem der Mensch dann von höherer Intelligenz, nicht von seiner eigenen, durchstrahlt wäre, in ganz anderer Weise seine leibliche Organisation ausbilden würde, um dann zur Selbsterkenntnis zu erwachen. Weder ist dieser Dämmerzustand vorhanden, sondern es tritt verhältnismäßig früh für den Menschen eine gewisse, wenn auch nicht durchaus jene glanzvolle Selbsterkenntnis auf, welche in den Intentionen seiner Schöpfer liegt, noch tritt dann wiederum nach der Lebensmitte jene Selbsterkenntnis auf, welche auftreten könnte wiederum nach den Intentionen dieser Schöpfer. Und wenn wir fragen: Was ist eigentlich schuld daran, daß dies nicht so ist? – dann kommen wir zu den andern Strömungen, welche Einfluß haben auf den Menschen. Wir kommen dann zu jener

Strömung, die nicht eigentlich in seinem Wesen liegt, sondern die sich gewissermaßen zeitlich mit ihm vereinigt hat, wir kommen zu der luziferischen Strömung – gelb –, zu jener Strömung, die ihm möglich machte, daß er in der ersten Lebenshälfte schon eine gewisse, wenn auch nicht die geschilderte glanzvolle Selbsterkenntnis hat.

Und eine andere Strömung – blau – vereinigt sich mit ihm zeitlich, wie Sie wissen, etwas später. Es ist die ahrimanische Strömung, diejenige Strömung, welche verhindert, daß der Mensch, so wie er jetzt ist als Erdenmensch, in der zweiten Lebenshälfte zur glanzvollen Selbsterkenntnis kommt, welche ihm von seinen Schöpfern zugedacht ist. Das Bewußtsein des Menschen ist gewissermaßen nach den Intentionen seiner Schöpfer für einen viel helleren Zustand veranlagt als den, in den es eintritt in der zweiten Lebenshälfte. Es wird herabgedämmert durch die ahrimanische Strömung. Natürlich dürfen wir nicht glauben, daß die luziferische Strömung nur in der ersten Lebenshälfte und die ahrimanische Strömung nur in der zweiten Lebenshälfte vorhanden wären; sie dauern durch das ganze Leben hindurch. Aber, ich möchte sagen, zu tun machen sich diese Strömungen in den angegebenen Zeiten des menschlichen Lebens mit dem, was ich angedeutet habe. In andern Zeiten haben sie mit etwas anderem zu tun. Darauf kommt sehr viel an, daß man in diesen Dingen nicht etwa falsche Schlüsse zieht aus dem, was gesagt wird. Also es darf niemals etwa jemand sagen, es wäre hier ausgesprochen worden, der Mensch sei in der ersten Lebenshälfte luziferisch, in der zweiten Lebenshälfte ahrimanisch; das wäre total falsch. Solche Mißverständnisse entstanden oft, und es ist sehr wichtig, daß man sich solchen Mißverständnissen nicht hingibt. Deshalb betone ich immer wieder und wiederum, in der Geisteswissenschaft wird angestrebt, genau zu sprechen. Und in der Geisteswissenschaft wird viel gesündigt dadurch, daß das genau Gesprochene in einer beliebig abgeänderten Form, nachlässig abgeänderten Form dann in die Welt hinausgetragen wird.

So steht der Mensch in einer, man möchte sagen, dreigliedrigen Strömung darinnen, wovon nur die eine diejenige ist, zu der er eigentlich gehört. Die andern beiden Strömungen liegen nicht ursprünglich in der menschlichen Entwickelung, sondern sie vereinigen sich, wenn wir so sagen dürfen, zeitlich mit ihr. Wir können sogar den Zeitpunkt angeben, und Sie finden ihn in meiner «Geheimwissenschaft» verzeichnet: die luziferische Strömung in der sogenannten lemurischen Zeit, die ahrimanische Strömung in der sogenannten atlantischen Zeit.

Nun kann man nicht sagen, daß Goethe ganz ausgesprochen irgend etwas gewußt hat von jener eigentümlichen Entwickelungsphase des Menschen, die in der Lebensmitte für diesen Menschen eintritt. Aber er hat gefühlt, geahnt und sehr deutlich geahnt, daß der Mensch durch Impulse, die in der Weltenordnung liegen, in seiner zweiten Lebenshälfte im Grunde doch ein anderes Wesen ist als in der ersten Lebenshälfte. Und wenn man mit einem Blick ins Seelenleben, der tiefer blicken kann, als die heutige Oberflächlichkeit oftmals will, Goethes ganze Sehnsucht ansieht, aus der südlichen Kultur, aus Italiens Kultur für sein eigenes Leben etwas ganz Besonderes zu gewinnen, wenn man dann verfolgt, was für einen Einfluß er über diesen Gewinn durch seine italienische Reise für sein Erkennen, für sein Künstlertum bei sich selbst verzeichnet, dann bekommt man auch eine Empfindung davon, wie Goethe das Hinübergehen in die zweite Lebenshälfte für sich fruchtbar machen wollte durch einen tiefgehenden, intensiven Einfluß, von dem er glaubte, daß er ihn nicht finden könne, wenn er in seinen alten Verhältnissen bleibe. Goethe war sich also bewußt, daß in den Vierzigerjahren etwas eintritt für die menschliche Seele, was in ganz anderer Weise Aufschluß geben muß über das Wesen des Menschen, als in der ersten Lebenshälfte durch eigene menschliche Kräfte ein solcher Aufschluß zu gewinnen ist. Und diese ahnende, aber sehr deutlich ahnende Erkenntnis ist eingeflossen in die Schöpfung des zweiten Teiles des Goetheschen «Faust». Für Goethe war es immer eine ganz besondere Schwierigkeit, sich der Frage zu nähern: Wie gewinnt man Selbsterkenntnis? – Das Ringen nach Selbsterkenntnis ist zu bemerken in der allerinteressantesten, in der allerbedeutsamsten Weise, wenn man Goethes Entwickelung im rechten Lichte verfolgt. Und nach und nach – nicht schon, als er die Jugendpartien des «Faust» schrieb –, sondern nach und nach nahm die Schöpfung seiner Faust-Gestalt und der ganzen Faust-Dichtung ein solches Gepräge an, daß das Ringen nach menschlicher Selbsterkenntnis in dem Faust sich besonders ausdrücken sollte.

Im Zusammenhange damit hat Goethe ersonnen die Figur des Homunkulus. Wie gesagt, ich spreche heute nicht vom künstlerischen Standpunkte, sondern ich knüpfe geisteswissenschaftliche Bemerkungen an Goethes «Faust» an. Also die Figur des Homunkulus hat Goethe ersonnen im Zusammenhange mit dem Streben, in Faust den nach Selbsterkenntnis ringenden Menschen darzustellen. Was wurde unter dem Einflusse dieses Sinnens nach der Selbsterkenntnis des Faust die Homunkulus-Gestalt? Sie wurde dasjenige, was repräsentiert die Menschenerkenntnis durch den Menschen. Was kann man wissen über den Menschen, wenn man das Wissen zusammennimmt, das man über die Stoffe, über die Kräfte der Erde hat? Wie kann man sich denken, daß dasjenige, was uns sonst in den Reichen der Natur umgibt an Ingredienzien des Erdendaseins, sich zusammengestaltet und den Menschen bildet? Wie kann man sich das vorstellen? Das wurde für Goethe eine brennende Frage.

Bedenken Sie nur: als *Schiller* seine Freundschaft mit Goethe schloß, da schrieb er einen bedeutungsvollen Brief an Goethe. Ich habe diesen Brief oftmals zitiert, weil er sowohl charakteristisch ist für Goethes und Schillers Freundschaft wie auch für Goethes ganzen Seelencharakter. Da schreibt Schiller: Ich habe lange, obzwar aus ziemlicher Ferne, das Wesen und den Gang Ihres Geisteslebens angesehen, mit immer erhöhter Bewunderung betrachtet, und ich habe gesehen, daß Sie sich bemühen, alles dasjenige, was die Natur sonst darbietet, gewissermaßen zusammenzufassen und aus der Totalität des ganzen Naturwirkens im Geiste sich zuletzt den Menschen zusammenzusetzen. Ein heldenmäßiges Unternehmen – schreibt Schiller –, vor dem jeder andere Intellekt scheitern müßte. Wären Sie als ein Grieche geboren oder nur als ein Italiener – meint Schiller –, so wäre schon von Ihrer frühesten Jugend ab die imaginative Kraft in Ihnen gelegen, aus den einzelnen Ingredienzien der Natur sich den Menschen zusammengestellt zu denken. Da Sie aber in dieser nordischen Natur geboren sind, waren Sie genötigt, in Ihrer Seele geistig ein Griechenland zu gebären und durch die Imagination dasjenige zu ersetzen, was nicht in Ihrer Natur lag.

Also Schiller schreibt Goethe zu dieses Streben nach Menschenerkenntnis durch Zusammenfügung aller Einzelheiten, welche man aus der Erkenntnis der Reiche der Natur gewinnen kann. Und vor Goethe stand in der Tat als Ideal des Erkennens ein solches Erkennen des Menschen. Was kann man vom Menschen wissen? Da kamen ihm doch in gewissen Stunden die Gedanken, daß es im Grunde mit irdischem Wissen wenig ist, was man als Menschenerkenntnis erwirbt, daß kein Mensch wird in dieser Menschenerkenntnis, daß nur ein Menschlein wird, ein Homunkulus. Und oftmals stand vor Goethe der brennend-quälende Gedanke: Nun sind wir in der Welt als Menschen, fühlen, denken, wollen als Menschen, aber wir wissen eigentlich nur etwas, nicht von dem Homo, sondern von dem Homunkulus. Das, was wir uns an Ideen bilden über den Menschen, das ist wirklich im Verhältnis zu dem, was der Mensch in Wahrheit ist, wie ein kleines Menschlein in einer gläsernen Phiole.

Und zu dieser brennend-quälenden Frage gesellte sich für Goethe die andere: Wie kann das, was in der Erkenntnis so gar nicht entspricht dem Natur-, dem kosmischen Dasein, auferweckt, belebt werden, so daß es in der Erkenntnis wenigstens annähernd auch das werde, was der Mensch in Wirklichkeit ist, und wovon er so wenig weiß, daß er eigentlich nicht von einem Homo, sondern nur von einem Homunkulus weiß. Deshalb läßt er durch Wagner nun dieses Menschlein, diesen Homunkulus, erzeugen. Und er unternimmt es dann, in der weiteren Entwickelung seiner Dichtung solches aufzuzeigen, was der Mensch erleben kann, damit sich seine Menschenkenntnis erweitert, damit aus dem Homunkulus wenigstens annähernd ein Homo wird.

Nun war es ein Goethescher, ich will sagen, Glaube, daß die Vorstellungen, die man nur in der – also in der Goetheschen – Gegenwart gewinnen kann, die man aus der nordischen Welt heraus gewinnen kann, nicht eigentlich biegsam und schmiegsam genug sind, um das Homunkuluswissen über den Menschen zu erweitern. Es war Goethes Glaube, daß man besser fährt, wenn man versucht, dasjenige, was dem Menschen doch möglich ist in seinem Seelenleben an Erkenntnis über den Menschen zu erwerben, in solche Vorstellungen zu kleiden, wie sie eine der Natur noch näherstehende Zeit, wie sie die griechische Zeit hatte. Es war Goethes unablässiger Glaube, daß man einen bedeutsamen, tiefen, erfrischenden Eindruck bekommt, an Wahrheitswert gewinnt für seine Vorstellungen, wenn man in die Art und Formung des griechischen Gedankenlebens sich einfügt. Diese Empfindung liegt dem zugrunde, daß er Faust der griechischen Welt entgegenführt, daß er Faust nach Griechenland führen will, um dort als Mensch menschlich zu leben und Kultur zu erwerben. Würde man Goethe – ich will das etwas radikal ausdrücken – aufs Gewissen gefragt haben: Was halten Sie eigentlich von dem, was die Menschen Ihrer Umgebung über die Griechen gedacht und empfunden haben oder denken und empfinden? – so würde er wahrscheinlich geantwortet haben: Ach, das halte ich doch alles für törichtes Zeug. Da reden die Menschen über das griechische Leben, aber sie haben gar keine Vorstellungen, um dieses griechische Leben zu erfassen. Was so unsere Pedanten – so würde Goethe ungefähr geantwortet haben – über die griechische Helena schreiben, denken und drucken lassen: philiströses Zeug! Denn sie lernen doch nicht kennen diese Helena und auch keinen andern Griechen und keine andere Griechin, so wie die Griechen waren. – Aber das war gerade Goethes Streben, Griechenland wirklich in der Seele näherzukommen. Daher sollte auch sein Faust in der Dichtung Griechenland näherkommen, menschlich unter griechischen Menschen leben. Die Helena bot nur den Anknüpfungspunkt dazu eben als eine Griechin, als die schönste Griechin, als eine hervorstechende Griechin, um die sich soviel Zank und Streit erhoben hat und so weiter. Erhöhung und Erweiterung, Verstärkung von Menschenerkenntnis und Menschenanschauung, das ist dasjenige, was sich in Faust ausbilden soll.

Nun müssen wir ins Auge fassen, daß Goethe, indem er sich eine solche Frage mehr oder weniger deutlich ahnend vorlegte – aber in diesem ahnenden Erkennen wurde sie für ihn brennend, quälend –, sich bewußt war, daß der abstrakte, der philosophische, der naturwissenschaftliche Erkenntnisweg, welchen manche für den einzig richtigen halten, doch nur eine Erkenntnisströmung ist, und er ahnte, daß es viele Erkenntnisströmungen gibt. Und wer glaubt, daß Goethe ein rationalistischer Philister war, wie im Grunde genommen alle Vertreter moderner Wissenschaft sein müssen – sonst würde Wissenschaft nicht im modernen Sinne echte Wissenschaft sein, denn sie ist im modernen Sinne selbst pedantisch, philiströs und rationalistisch –, wer glaubt, daß Goethe solch ein pedantischer, rationalistischer Philister war, versteht nichts von

Goethe. Der versteht tatsächlich nichts von Goethe, welcher glaubt, daß Goethe nur einen einzigen Augenblick angenommen habe, man könne durch gewöhnliches wissenschaftliches Nachdenken sich über die Menschennatur in ihrer Fülle und in ihrer Totalität irgendwie unterrichten. Goethe hat gut gewußt, daß die menschliche Seele nicht bloß auf dem Wege des Denkens oder auch auf dem Wege derjenigen Betätigung, die auf dem physischen Plane liegt, die Wahrheit finden kann, sondern daß die menschliche Seele auf verschiedenen Wegen sich hineinfinden muß in die Wirklichkeit und in die Wahrheit. Goethe hat gut gekannt jene Annäherung an die Wahrheit, welche erfolgt gewissermaßen eine Schichte tiefer, als das gewöhnliche tagwache Bewußtseinsleben verläuft. Dieses tagwache Bewußtseinsleben, in dem sich unsere gescheiten Vorstellungen tummeln, das von allen Pedanten so hoch geschätzt wird, liegt im Grunde genommen recht weit ab von alldem, was in der Welt webt und west als Grundlage für das Dasein. Der Mensch nähert sich in einer gewissen Beziehung schon mehr dem, was webt und west unter der Oberfläche dieses Daseins, wenn er – man muß das nur nicht mißverstehen – aus seinem Unterbewußtsein, wenn auch noch so chaotisch, wenn auch noch so sporadisch, sinnvolle Träume heraufkommen fühlt und schaut. Ich habe es öfter ausgeführt im vorigen Jahre: auf den Inhalt der Träume kommt es wenig an, aber auf die innere Dramatik der Träume, auf den Zusammenhang des Traumlebens mit der tieferen menschlichen Wirklichkeit kommt es an. Ein Philosoph, *Johannes Volkelt,* hat in den siebziger Jahren in einem Büchelchen «Die Traumphantasie» nur leise gewagt, daran zu rühren, daß der Mensch in seinen Träumen sich dem Welträtsel nähert. Oh, wenn er nicht später diesen furchtbaren Professorenfehler verbessert hätte durch gut pedantische erkenntnistheoretische Werke, wäre er sicher nicht der *Professor* Johannes Volkelt geworden, der in Basel, Würzburg, Jena und Leipzig Philosophie lehren durfte! Denn das ist eine große Sünde wider die moderne Wissenschaft, auf so etwas hinzuweisen, daß der Mensch untertaucht in eine wirkliche, wesenhafte Weltenströmung, wenn er im Schlafesleben ist, und daß dann aus diesem Erleben Dinge heraufttauchen, die sich allerdings nur bildhaft, chaotisch zeigen, so daß man sie nicht in ihrer unmittelbaren Gestalt hinnehmen darf, die aber doch verraten, daß der Mensch im Schlafesweben in einer Sphäre ist, in der er dem vollinhaltlichen Weben und Wesen, aus dem das Sichtbare, das Sinnlich-Sichtbare auch herauswächst, näher ist, als er es ist vom Aufwachen bis zum Einschlafen.

Wenn man in diese Sphäre untertaucht, die der heutige Mensch nur dadurch kennenlernt, daß er Träume hat, die, wenn auch schlechte, aber doch eben Interpreten sind, wenn der Mensch untertaucht in diese Welt, deren Interpreten die Träume sind, dann steht er in der ganzen Weltenordnung in einer andern Weise darinnen, als er darinnensteht, wenn er im gewöhnlichen tagwachen Bewußtsein ist. Natürlich kann man aus dem bloßen Traumleben nicht merken, wie der Unterschied ist zwischen dem Leben im tagwachen Bewußtsein und dem Leben, das man durchläuft, wenn man da unten ist in dem Gebiete, aus dem die Träume herauf weben und wesen. Aber Geisteswissenschaft kann uns hinunterführen in dieses Gebiet. In diesem Gebiete, da hört selbst die menschliche Sprache auf, ihre rechte Bedeutung zu haben. Deshalb ist die Verständigung so schwierig. Da unten in diesem Gebiete beziehen sich die Worte, die wir hier für die sinnenfällige Welt gebildet haben, nicht mehr in der richtigen Weise auf das, was dort vorgeht. Man kann nicht recht ausdrücken durch Worte, wie sie heute gebraucht werden von dem tagwachen Bewußtsein, das, was sich da unten abspielt. Nehmen Sie nur einmal die gewöhnlichen Elemente, so wie sie früher genannt wurden; heute nennt man das Aggregatzustände und bezeichnet sie etwas anders, aber wir können uns verstehen, wenn wir die alten Ausdrücke gebrauchen. Man sagte: Erde, Wasser, Luft, Feuer oder Wärme. Wir kennen diese Dinge aus der «Geheimwissenschaft». Wir können dasjenige, was fest ist, festen Aggregatzustand hat, das Erdartige nennen; dasjenige, was den flüssigen Aggregatzustand hat, das Wasser nennen; dasjenige, was den Aggregatzustand so hat, daß, wenn es nicht eingeschlossen ist, es sich stark ausdehnt, Luft nennen, und dasjenige, was diese drei Substanzen durchdringt, Wärme oder Feuer. Ja, das können wir, wenn wir hier vom Gesichtspunkte des tagwachen Bewußtseins aus über unsere Umgebung sprechen, weil die Dinge da sind, wenn ich mich so ausdrücken darf, die mit diesen Worten: Erde, Wasser, Luft, Feuer bezeichnet werden. Aber tauchen wir unter in diejenige Welt, aus der die Träume heraufwirken, dann gibt es da nicht Erde, Wasser, Luft, Feuer. Das gibt es da nicht; da hat es keinen Sinn mehr, diese Worte in derselben Weise anzuwenden, wie hier für die Welt, in der wir mit unserem tagwachen Bewußtsein sind. Daraus sehen Sie schon die Relativität dieser Dinge, sobald man in ein anderes Gebiet des Daseins eintritt, das durch ein anderes Bewußtsein aufgefaßt werden muß. Da sind diese Dinge gar nicht mehr vorhanden, die das gewöhnliche materialistische Bewußtsein für absolute Dinge hält. Erde ist da nicht Erde. Überhaupt hat es keinen Sinn, davon zu reden, wenn man in die Welt untertaucht, die nun auch eine Wirklichkeit ist, aber die mit einem andern Bewußtsein aufgefaßt werden muß. Wohl aber ist da unten etwas, wovon man sagen kann, es ist ein Mittelding zwischen Luft und Wasser. Man erlebt es in diesem andern Bewußtsein durch ganz andere Gedankenformen, als man sonst erlebt. Luft ist nicht Luft, und Wasser ist nicht Wasser, aber ein gewisses Mittelding von Luft und Wasser, man möchte sagen eine Art wässeriger Rauch, wie es noch die alte hebräische Sprache «Ruach» nannte. Aber es ist damit nicht der jetzige physische Rauch, es ist schon dieses Mittelding zwischen Wasser und Luft gemeint.

Und ein anderes Mittelding ist da zwischen Erde und Feuer, das, möchte ich sagen, was Sie sich so vorstellen müßten, daß unsere Metalle allmählich glühend und so feurig würden, daß sie eigentlich schon nichts mehr sind als Feuer, daß sie durch und durch Feuer sind. Und dieses Mittelding zwischen Erde und Feuer und zwischen Luft und Wasser, das ist da unten, das ist unten in einer Welt, aus der die Träume heraufwirbeln. Wir könnten, wie Sie es leicht begreiflich finden werden, in dieser Welt mit unserem physischen Leib nicht sein. Wir müssen mit unserer Seele vom Einschlafen bis zum Aufwachen hineingehen, denn mit unserem physischen Leib könnten wir in dieser Welt nicht atmen, denn darinnen gibt es keine Luft. Ich habe ein Wesen geschildert, das in dieser Welt atmen kann, aber das ist ein Wesen – Sie kennen es aus meinen Mysterien –, das nicht Luft zum Einatmen braucht, sondern das Licht atmet. Also solche Wesen kann man, wenn man sie kennt, wohl schildern. Aber der Mensch darf seinen physischen Leib nicht in diese Welt hineintragen, denn er könnte nicht atmen und würde verbrennen darinnen. Dennoch ist der Mensch vom Einschlafen bis zum Aufwachen mit dieser Welt verbunden, und die Träume sprudeln aus dieser Welt herauf.

Diese Welt, die da der Mensch antrifft, von der man sagen kann, sie liegt unter der Schwelle seines Bewußtseins, ist zwar recht unähnlich derjenigen Welt, die wir heute sehen vom Aufwachen bis zum Einschlafen, aber sie ist nicht so unähnlich den früheren Welten, aus denen sich die jetzige herausentwickelt hat. Frühere Welten, schon die Sonnenwelt – Sie können das entnehmen aus meiner Darstellung in der «Geheimwissenschaft» – ist auch als physische Welt so gestaltet, daß in ihr, wenn ich sagen darf, Feuererde, Erdfeuer und Wasserluft miteinander brodeln, nicht dasjenige, was heute so hübsch getrennt ist. So daß wir also, wenn wir historisch, kosmisch-historisch die Weltenentwickelung auffassen, das schon so tun müssen, daß wir uns vorstellen: Gehen wir zu früheren Entwickelungszuständen unseres Daseins zurück, dann müssen wir uns diese früheren Entwickelungszustände ähnlich dem vorstellen, was wir erreichen heute, wenn wir in die Welt untertauchen, zu der wir gehören zwischen dem Einschlafen und Aufwachen.

Aber an diese Welten, die heute nur schlafend erlebt werden, früher so physisch da waren, wie jetzt unsere Welt physisch da ist, kann man nicht herankommen, ohne daß man das, was in unserer heutigen Welt nicht mehr sichtbar ist, als sichtbar, als offenbar sich denkt. Sie können sich nicht vorstellen die Wasserluft in derselben Weise, wie Sie sich vorstellen müssen heute nebeneinander Wasser und Luft. Heute stellen Sie sich nebeneinander Wasser und Luft vor. Das ist entstanden dadurch, daß sich differenziert hat die Wasserluft, die früher substantiell einheitlich war. Die Wasserluft hat sich in diese zwei polarischen Gegensätze Wasser und Luft auseinandergelegt. Sie war früher eine Einheit, die Wasserluft, dafür aber war sie mit einem andern Pol durchsetzt. Heute ist der Mensch gewissermaßen heruntergestiegen und hat den andern Pol, den die Wasserluft hatte, ganz verloren. Dafür ist die Wasserluft selbst in die zwei Pole Wasser und Luft auseinandergetreten. Will man eine Vorstellung gewinnen über dasjenige, was der andere Pol zur Wasserluft war, so muß man sich gewisses Wesenhaftes vorstellen, das man auch in der Welt erlebt, in welcher der Mensch ist zwischen dem Einschlafen und Aufwachen, aus der die Träume heraufspielen. Man muß sich aber auch, wenn man zum alten Sonnendasein zurückgeht, vorstellen, daß die Wasserluft neben sich etwas hatte, was geistig wesenhaft war, was von der Wesenheit der Elementargeister war. Und die Elementargeister, die zu der Wasserluft gehören, haben sich in der Mythe noch erhalten, wie sich in der Mythe, der Mythologie Anklänge an alte Wahrheiten noch erhalten haben. Und zu den Wesenheiten, die zu der Wasserluft gehören, gehört dasjenige, was die griechische Mythologie oder überhaupt die alte Mythologie Sirenen genannt hat. So daß man von der Welt, auf die wir jetzt hinweisen, ebenso spricht, wenn man sagt: Es sind in ihr Wasserluft und Sirenen. – Wie man von unserer Welt äußerlich sachgemäß spricht, wenn man sagt: Es ist Wasser und Luft. – Es ist Wasserluft und sind Sirenen. Die Sirenen gehören also zu denjenigen Elementarwesen, welche der andere Pol der Wasserluft sind. Das andere, wofür wir heute Erde haben, das ganz herabgerückt ist unter das Wasser, und droben Feuer oder Wärme, das war wiederum eines: das war Erdfeuer oder Feuererde. Wiederum gehört zu denjenigen Wesenheiten, welche sich so wie die heutige Wärme und das heutige Feuer zu der Erde polarisch entgegengesetzt verhalten, unter andern Elementargeistern derjenige, den Goethe mit den Griechen Seismos nennt. Indem Goethe auftreten läßt in der Szene, um die es sich da handelt, die Sirenen, deutet er zu gleicher Zeit, ich möchte sagen recht handgreiflich darauf, wie sie mit dem Wasser zusammenhängen, aber nicht eigentlich mit dem Wasser von heute, denn das ist schon dichter geworden, das ist nur ein Pol der alten Wasserluft. Die Sirenen fühlen sich auch nur geistig zum Wasser gehörig, sie sind, wenn man das Wasser so denkt wie die alte Wasserluft, dasjenige, was zu diesem Wasser gehört wie die Luft zum heutigen Wasser. Und wie die Luft im Winde ihre Klänge entwickelt in chaotischer Weise, so entwickelt das geistige Element in den Sirenen dasjenige, was zum Wasser gehört, respektive der Wasserluft, das geistige Element, das mit dieser Wasserluft so zusammenhängt wie die Luft mit unserem Wasser. Und die Tätigkeit des Seismos, als kosmische Kraft gedacht, ist dasjenige, was als Feuer wirtschaftet im Haushalte der Natur. Darauf deutet die griechische Mythe, darauf deutet Goethe. Und so wie Goethe die Sache darstellt, fühlt jeder, der mit der Wirklichkeit bekannt ist, daß Goethe ein ahnendes

Erkennen von diesen Dingen hatte. Er wußte, so verhält es sich mit der Welt, die wir betreten vom Einschlafen bis zum Aufwachen, und die wir wiederfinden, wenn wir erkennend den Blick zurückwenden in Ursprungszustände unseres jetzigen Daseins.

Aber bedenken Sie, welche Angst Sie kriegten, wenn Sie plötzlich bewußt versetzt würden, nicht so, wie es in den bloßen Träumen geschieht, sondern wenn Sie plötzlich bewußt versetzt würden in ein Element, eine Sphäre, wo Sie keine feste Erde unter sich haben. Denn die hört auf. Das ist alles feurig, was Erde sein sollte; da können Sie beliebig selbst schmelzen und kalt und warm werden im Elemente des Feuers. Und in der Wasserluft, wo Sie nicht atmen können, sondern wo Sie nur abwechselnd Licht- und Finsterniszustände erleben – denken Sie, welche Angst Sie zunächst kriegen müßten über dieses Unsichere, in das Sie da untertauchen, in dieses Wogende und Wirbelnde! Was ist denn in den Menschen gefahren in derjenigen Epoche der Weltenordnung, wo er sich, wie es ja einmal gewesen sein muß – denn er ist in alten Zeiten in diesem wogenden und webenden Elemente gewesen, wie ich Ihnen gesagt habe –, was ist denn in den Menschen gefahren, daß er fest stehen konnte mit der Bildung der festen Erde zugleich? Was hat den Menschen ergriffen? Die Sphinx-Natur! Die gibt in dem wogenden Elemente den festen Gleichgewichtspunkt. Gleichzeitig mit demjenigen, was der Erde jene Form gegeben hat, wodurch sie dieser feste Planet ist, auf dem man stehen kann, webte dieselbe Kraft dem Menschen das ein, was charakterisiert oder repräsentiert werden kann durch die Sphinx-Natur.

Nun führt Goethe in dieser Szene etwas vor, was eigentlich nur vom Einschlafen bis zum Aufwachen erlebt werden kann. Und er glaubt, daß er es am besten charakterisieren kann, indem er nicht unsere heutigen, nur vom Tagwachen hergenommenen Begriffe nimmt, sondern griechische Begriffe; die findet er biegsamer und passender. Daher versetzt er die ganze Sache nach Griechenland, wo er glaubt, eher fertig zu werden mit den Vorstellungen, die von der griechischen Natur her genommen werden. Da glaubt er, besser charakterisieren zu können all dasjenige, was der Mensch erlebt heute vom Einschlafen bis zum Aufwachen, was er erlebt hat in alten Zeiten, wo dem Wasser nicht die Luft, der Erde nicht das Feuer, sondern der Wasserluft die Sirenen, dem Erdfeuer oder der Feuererde so etwas wie der Seismos entgegenstehen.

Und nun läßt er die Welt auftreten in seinem «Faust». Warum läßt er sie auftreten? Es handelt sich ihm darum, daß man vom Homunkulus zum Homo kommt, daß der Homunkulus eine Aussicht bekomme, nicht bloß Homunkulus zu bleiben, sondern Homo zu werden, so viel zu verstehen, daß er Mensch werden kann. Er soll also in seinem Weltbild eine Erweiterung erfahren. Und so sachgemäß macht das Goethe, daß, indem er nun in diese kosmisch-alte Welt einführt, er die Sphinxe gleich aufstellt:

Sphinxe haben Platz genommen.

Und die Sphinxe bilden das feste Element. Rundherum wogt es, wie es jetzt nicht wogen darf, weil die Menschen heillose Angst bekommen würden davor. Ringsum wogt es. Aber mag auch die ganze Hölle losgehen, wenn die Geister sich so benehmen wie die Sirenen, wie der Seismos, es wird zurückgewiesen darauf, daß der Mensch den Stützpunkt, die Gleichgewichtslage gefunden hat:

Welch ein widerwärtig Zittern,

– es wird geschildert diese Welt, von der ich eben gesprochen habe.

Häßlich grausenhaftes Wittern!
Welch ein Schwanken, welches Beben,
Schaukelnd Hin- und Widerstreben!

Das würden Sie schon empfinden, dieses Hin- und Widerstreben, wenn Sie in diese Welt untertauchen würden!

Welch unleidlicher Verdruß!

Aber nun die Besinnung:

Doch wir

– die Sphinxe –

ändern nicht die Stelle,
Bräche los die ganze Hölle.

Nun fließt in die menschlichen Vorstellungen immer etwas von solcher Anschauung ein. Die Menschen wissen es nicht, aber ihre Vorstellungen werden beeinflußt von dem, was in den Untergründen des Daseins lebt. Und dadurch entstehen mehr oder weniger phantasievolle Theorien. Die Theorie, daß die Gebirge sich durch Feuer gebildet haben, was für ältere Zeiten der kosmischen Entwickelung ganz richtig ist, aber durch das Erdfeuer – nicht durch das heutige Feuer, durch die Feuererde –, mischt sich hinein in die heutigen Vorstellungen. Dadurch entstehen konfuse Vorstellungen, und die meisten heutigen Vorstellungen sind konfus vom höheren Standpunkte aus. Man kann sie nur verstehen, wenn man – so paradox das klingt, es ist so –, wenn man sie übersetzt. Sie erklingen in der gewöhnlichen landläufig philiströsen täglichen Menschensprache. Übersetzt man sie in die Sprache, die man eigentlich vom Einschlafen bis zum Aufwachen sprechen müßte, da gewinnen diese Theorien erst einen Sinn, denn da zeigt sich, daß man in diesen Theorien doch leise Hindeutungen auf frühere Erdepochen hat. Und man kann die ganze Szene, wie sie anfängt hier, nicht anders verstehen, als indem man sich darüber klar ist, Goethe wollte dasjenige auftauchen lassen, was der Mensch erlebte, wenn er vom Einschlafen bis zum Aufwachen bewußt würde, was er so erlebte, daß er dadurch ein Bewußtsein von einem früheren kosmischen Zustand der Erde entwickelt.

Denken Sie, wie stark Goethe ahnen mußte geisteswissenschaftliches Erkennen, daß er so sachgemäß diese Dinge hinstellt. Aber das geht weiter. In diese Welt soll der Homunkulus geführt werden. Goethe will gleichsam sagen, wenn ich das wiederum radikal ausdrücken darf: Nun, wenn ich mich an die Vorstellungen der philiströsen Wissenschaft wende, da kriege ich natürlich nichts zustande, was den Homunkulus zu einem Homo machen könnte, da wird nichts daraus. Aber wenn ich solche Vorstellungen zu Hilfe nehme und sie aufnehme in die Menschenseele, sie einverleibe der Faust-Szene, Vorstellungen, wie sie gewonnen werden können, wenn der Mensch bewußt erlebt die Welt vom Einschlafen bis zum Aufwachen, da geht es vielleicht schon eher, daß man erweiterte Menschenkenntnis gewinnt, daß der Homunkulus zum Homo wird. – Daher läßt Goethe den Homunkulus untertauchen nicht in die philiströse wissenschaftliche Welt, in das, was der Mensch gegenwärtig erfährt, sondern in eine andere Welt, die er hier vorführt, und die der Mensch erlebt vom Einschlafen bis zum Aufwachen. In dieser Welt erfährt man aber auch so manches; kurioserweise erfährt man da auch etwas darüber, wie ungleich eigentlich in ihren Entwickelungsstadien die Wesen sind, die so neben uns im Weltenall wohnen. Man versteht nichts, aber auch schon gar nichts von dieser Welt, wenn man diese Wesen so nebeneinander betrachtet und sie, ich möchte sagen, gleichwertig nebeneinander stehen läßt. Wenn man Ameisen betrachtet, Bienen betrachtet, überhaupt dieses ganze eigentümliche Insektenvolk betrachtet, dann kommt man zu der Anschauung – ich habe sie an andern Orten und zu andern Zeiten als unsere geisteswissenschaftlichen Anschauungen ausgeführt –, das sind zurückgebliebene Formen aus früheren Zeiten, oder auch Formen, welche schon vorausnehmen das, was in späteren Zeiten kommen soll, wie die Bienen respektive der Bienenstock; das sind Wesen, die eigentlich einer andern Zeit in ihren Formen angehören, die hereinragen in unsere Zeit.

Wenn die wissenschaftlichen Nichtwisser kommen und diese Welt beschreiben, wie zum Beispiel *Forel*, der sich so viel mit Ameisen beschäftigt hat, dann geschieht es, daß die Leute allerlei Staunenswertes über die Ameise erzählen. Aber wenn sie bei der wissenschaftlichen Tapsigkeit bleiben, nicht zur Geisteswissenschaft kommen, dann ist es natürlich, daß sie nichts Wesenhaftes sagen können, warum man zu staunen hat über diese Welt, die überall durchdrungen ist von einer Vernunft. Nicht über die einzelne Ameise, aber über das Ganze des Ameisenhaufens und der Ameisenwelt selbst, der Bienenwelt, ist kosmische Vernunft, die viel gescheiter ist als unsere Hirnvernunft, ausgegossen; die gehören alle eigentlich in einer gewissen Beziehung einer früheren Welt an. Denken Sie, wie sachgemäß Goethe schildert. Indem er eine frühere Welt schildert, läßt er darin die Ameisen auftreten, die Imsen. Und indem er einen Berg so entstehen läßt, wie er in früherer kosmischer Entwickelung erstanden ist, wie man ihn wieder sieht für eine andere Wirklichkeitssphäre in der Zeit vom Einschlafen bis zum Aufwachen, läßt er Ameisen auftreten, die sich dann mit dem beschäftigen, was der Berg mit ans Dasein gebracht hat. Aber zu Genossen dieser Ameisen macht er besonders andere Wesen. Die Ameisen, überhaupt fast das ganze Insektenvolk, sind eigentlich eine Rasse, die nicht recht hereinpaßt in die Gegenwartserde. Diese Welt der Ameisen fühlt sich eigentlich anachronistisch in der gegenwärtigen Welt. Sie haben nicht viel damit zu tun, sie haben keine rechten Genossen. Die andern Tiere sind von ganz anderer Artung. Es sind furchtbar große Unterschiede zwischen der seelisch-geistigen Artung des Insektenvolkes, solchen Volkes zum Beispiel wie das Ameisenvolk und anderer Tiere. Die Genossen der Ameisen sind eigentlich nicht die gegenwärtigen physischen Tierformen, sondern die geistigen Elementarwesen, die Goethe als Pygmäen auftreten läßt, als Zwerge, als Daktyle; denen stehen sie in verwandtschaftlicher Beziehung, trotzdem die Ameisen eine physische Natur sich errungen haben in diesem Erdendasein, viel näher als diesen Gegenwartswesen. Also von dieser zu einer alten kosmischen Epoche gehörigen Art des Ameisenvolkes weiß Goethe, und er geheimnißt es hinein in diese Szene.

Nun, wie ist denn eigentlich diese unsere Welt entstanden? Nicht wahr, sie hat ihren gegenwärtigen Zustand aus dem alten Zustand herausentwickelt. Wir haben jetzt gesprochen von dem alten Zustand, und auf den gegenwärtigen braucht man nur hinzuweisen, denn er ist dasjenige, was in der physischen Erdenumgebung ist. Aber ohne Kampf ist das nicht abgegangen. Das gab einen mächtigen kosmischen Kampf, indem das Alte sich zum Neuen entwickelte. Die Frage entsteht: Kann man auch diesen Kampf beobachten? – Man kann auch diesen Kampf beobachten! Man beobachtet ihn dann, wenn man erfassen kann das Aufwachen aus einem sehr deutlich erschauten Traum zu einem noch nicht ganz Wachsein, sondern zu einem halb Wachsein. Also wenn man aus einem tieferen Schlafzustand zu einem weniger tiefen herauf aufwacht, wenn man noch nicht aufwacht, sondern auf dem Wege des Aufwachens ist. Da nähert man sich der Sinnenwelt, und man hat noch nicht ganz verlassen diese Welt da unten, und da gerät man hinein in einen Kampf, der ganz ähnlich ist dem Kampfe, der sich abgespielt hat, als die alte Welt in die neue sich verwandelte. So sachgemäß geht Goethe wieder vor, daß er, indem er hier einen Traum als Ausdruck für die alte Weltenordnung auftreten läßt, auch das Erwachen aus diesem Traum darstellt, das einen Kampf im Kosmos zum Ausdruck bringt. Dasjenige, was der Gegenwart angehört, kommt in Kampf mit dem, was der alten

Zeit angehört: die Pygmäen, die zu der alten Welt gehören, mit den Reihern, die zu den gegenwärtigen Wassern gehören. Dieser Kampf spielt sich ab. Und dieses Erblicken des Kampfes ist zu gleicher Zeit ein Aufwachen. Und daß es sich um das Aufwachen handelt, das drückt Goethe so deutlich aus, daß er das andeutet, was oftmals das Aufwachen bewirkt. Man hört irgend etwas, das noch geistig im Traume erscheint, imaginativ-bildlich, und das dann übergeht in die äußere Wirklichkeit: das Herannahen der Kraniche des Ibykus, die ja auftreten in dieser Szene. Das zeigt uns Goethe im ersten Teil dieser Szene, was man im Traumbewußtsein, wenn es voll entwickelt ist, erleben kann, und was auf frühere Erdzustände hinweist, was er glaubte, mit griechischen Vorstellungen besser durchdringen zu können als mit Gegenwartsvorstellungen.

Und nun der Homunkulus. So weit geht es doch nicht! Denn für den Gegenwartsmenschen ist es – das deutet Goethe nun ganz klar an – nicht möglich, zu voller, klarer Bewußtheit das zu bringen, was da unten sich abspielt. Furcht, Angst hindert den Menschen, wenn auch unbewußte Angst. Ich habe das oft dargestellt. Der Homunkulus wagt sich nicht hinein in diese Welt, das spricht er auch ganz deutlich aus. Als er wieder erscheint, da erklärt er, nein, da will er nicht hinein, er will zwar entstehen, das heißt, es soll ein Homo daraus werden, aber in diese Welt, da will er nicht hinein.

> Ich schwebe so von Stell' zu Stelle
> Und möchte gern im besten Sinn entstehn,
> Voll Ungeduld, mein Glas entzwei zu schlagen;
> Allein, was ich bisher gesehn,
> Hinein da möcht' ich mich nicht wagen.

Also, es ist eine gefährliche Welt, in die der Homunkulus noch nicht untertauchen will. Er möchte doch in einer weniger gefährlichen Welt seinen Weg vom Homunkulus zum Homo antreten.

Nun, hätte man Goethe gefragt: Ja, also mit der Traumwelt, respektive mit der Schlafeswelt, da glauben Sie nicht, daß viel zu machen ist, wenn Sie im Menschenkopf den Homunkulus zu einem Homo werden lassen wollen. Aber wie wäre es mit der Philosophie? Die Philosophen denken ja über die Weltenrätsel nach. Wie wäre es mit der Philosophie? Wie wäre es, wenn man anfrägt über das wahre Menschentum bei Leibniz oder bei Kant? Da würde Goethe ein recht skeptisches Gesicht gemacht haben, ein recht ungläubiges Gesicht! Den modernen Philosophen hat er alles mögliche Gute zugeschrieben, aber daß sie in das Wesen des Menschen eindringen können, daß sie irgend etwas beitragen können, so daß der Homunkulus zu einem Homo im Menschenleben wird, das glaubte er nicht. Auch da glaubte er, daß man schon näherkomme, wenn man griechische Vorstellungen verwende. Von den Griechen namentlich der älteren Zeit, in der Anaxagoras und Thales lebten, wußte Goethe. Die standen mit ihren Anschauungen noch näher jenen alten Mysterienanschauungen, welche noch etwas von jener geistigen Welt gewußt haben, aus der dem Menschen nur die Träume heraufsfluten. – Deshalb läßt er den Homunkulus begegnen zwei uralten griechischen Philosophen, von denen der eine, Anaxagoras, sehr viel noch weiß von der alten Mysterienweisheit, namentlich viel von den Geheimnissen der Feuererde. In das Denken, in die vernünftige Philosophie des Anaxagoras ragen hinein noch diejenigen Vorstellungen, welche die alten Mysterien gehabt haben, und die anknüpften an die Geschehnisse innerhalb der Feuererde.

Bei Thales waren zwar auch noch Reminiszenzen an alte Vorstellungen vorhanden, Anknüpfungen an die Geheimnisse der Wasserluft; aber zu gleicher Zeit macht es Goethe klar, daß die Anschauungen des Anaxagoras untergehende sind, wenn auch die höheren, und daß mit Thales die neuere Zeit beginnt. Mit Recht – ich habe es sogar in meinen «Rätseln der Philosophie» ausgesprochen – beginnt die Geschichte der neueren Philosophie, die Geschichte der Philosophie überhaupt, mit Thales. Thales ist gewissermaßen der Urphilister, als den ihn Goethe hier hinstellt, der die philiströse Weltanschauung der fünften nachatlantischen Periode einzuleiten hat, die zwar in einer gewissen, aber nur dunklen Weise anknüpft an die Geheimnisse der Wasserluft.

So charakterisiert Goethe im ersten Teil dieser Szene, wo er noch aus den Erfahrungen der Traumeswelt heraus schildert, die Welt des Seismos, zu dem die Pygmäen gehören, all dasjenige, was zusammenhängt mit den schöpferischen Kräften des Seismos auf der einen Seite. Und das Element des Wassers, das er in die Gegenwart schon überführen läßt, daher nicht als Wasserluft, sondern als Wasser charakterisiert mit den Reihern und so weiter, das stellt er dem Feuer entgegen: Wasser, Feuer, eigentlich Wasserluft, Feuererde. Und zwischen Wasser und Feuer kommt es zum Kampf: die Pygmäen mit den Reihern. Und nur in anderer Weise in den Verstand herübergetragen spielt sich derselbe Kampf, der sich zuerst abspielt zwischen den Pygmäen, als den Repräsentanten der Erde oder des Erdfeuers, und den Reihern, als den Repräsentanten des Wassers, der Wasserluft, dann im Verstande ab zwischen Anaxagoras, dem Philosophen des Feuers, und Thales, dem Philosophen des Wassers.

So schön ist der Parallelismus, daß in dieser zweiten Stufe seiner Darstellung Goethe richtig zur Anschauung bringt, wie nunmehr, da sich der Homunkulus zum Homo-Werden nicht hinuntergewagt hat ins unterbewußte Element, er jetzt ins Bewußte hinauf sich flüchtet. Und bei denen, die im Bewußtsein noch so manches sich bewahren wollen von dem, was man aber im Unterbewußten erfahren würde, bei den Philosophen, möchte Homunkulus erfahren, wie man zum Homo wird. Da stellt es sich heraus, daß, weil die Philosophen ihre Impulse von verschiedenen Gebieten des Erlebens hernehmen, sie nicht einig sind und selbst in solche Kämpfe kommen, in solche Ideenkämpfe, die sich auf Grundlage der Kämpfe im Kosmos abspielen! Wie zwischen den Pygmäen und Reihern, so zwischen den Begriffen des Anaxagoras und den Begriffen des Thales: derselbe Kampf!

Was tut Goethe? Er schildert also zuerst dasjenige, was sich da unten abspielt in der unterbewußten Welt, führt dann herauf in die Welt des Bewußtseins, aber knüpft an die Reminiszenzen an, die aus dem Unterbewußten heraufkommen, die namentlich bei Anaxagoras deutlich sind, daher wird Anaxagoras auch von dem Thales für einen Phantasten gehalten.

Aber wir haben es schon mit einer zweiten Schichte des Menschenlebens zu tun, mit derjenigen Schichte, die das tagwachende Bewußtsein auch hat, wenn auch der eine oder andere in mehr geistiger Weise, oder auch mehr oder weniger – wie ich es dargestellt habe – wachend-schlafend, schlafend-wachend es hat. Man kann es auch wachend-schlafend und schlafend-wachend haben. Das ist die zweite Schichte des Erlebens, die da dargestellt wird. Und sehr bedeutsam ist das Folgende. Was da erlebt wird, das läßt Goethe in einer andern Form erleben, als er das erste erleben läßt. Mit den Sirenen läßt er einfach beginnen. Die beginnen die Szene. Man ist in der Schlafeswelt, in der Traumeswelt, man hat nicht nötig, irgend etwas dazu zu tun, um in dieser Welt zu sein, daher führt sie Goethe einfach vor. Nun wacht man aber auf aus dieser Welt. Indem man aufwacht, kommt man in das gewöhnliche Bewußtsein. Goethe hat aus einem gewissen Grunde Luzifer und Ahriman in dem einen Mephistopheles zusammengefaßt. Dieses Aufwachen zeigt er in dem Erlebnisse des Mephistopheles. Und interessant ist es, indem Mephistopheles gewissermaßen repräsentiert das noch nicht voll Aufgewachtsein, da ist er noch unten, er erlebt es durch die griechischen Lamien; dann geht es ins bewußte Leben herauf. Aber soll es nun ins vollbewußte Leben heraufgehen, soll wirklich der Homunkulus-Mephisto eintreten in das vollbewußte Leben, in das Verstandesleben, da muß sich der Mensch gleichsam aufrütteln, da muß er sich fassen, da muß er aus dem Traum in die Wirklichkeit erwachen. Daher begegnet der Mephisto bei diesem Erwachen der Oreade, der Oreas, die sehr deutlich in Goethes Sprache andeutet, daß es sich um das handelt, was ich gesagt habe.

> Herauf hier! Mein Gebirg ist alt,
> Steht in ursprünglicher Gestalt.
> Verehre schroffe Felsensteige,
> Des Pindus letztgedehnte Zweige.
> Schon stand ich unerschüttert so,
> Als über mich Pompejus floh.
> Daneben das Gebild des Wahns
> Verschwindet schon beim Krähn des Hahns.

Die Oreas, sie macht, indem aufgerüttelt wird das Schlafbewußtsein ins Wachbewußtsein, gewissermaßen darauf aufmerksam, daß man jetzt aus der Welt, die man sonst die Welt des Wahns nennt, wenn sie auch in der Weise eine Wirklichkeit ist, wie ich geschildert habe, herüberkommt in die Welt, wo die Gebirge feststehen, wo nicht alles auf und ab wogt. Und Goethe geniert sich eigentlich nicht, sehr deutlich darauf hinzuweisen, wie man aus dieser Welt erwacht. Denken Sie nur, wie oft man aus der Welt, aus der die Träume heraufsprudeln, erwacht beim Krähn des Hahns. Also Goethe macht das sehr deutlich. Jetzt geht es in die wache Welt hinauf, wo die Philosophen zu reden haben, wo durch die Reden der Philosophen der Homunkulus zu einem Homo werden soll.

Nun wäre viel zu sagen – vielleicht morgen. Ich will nur noch darauf aufmerksam machen, daß, nachdem diese Welt absolviert ist, Goethe auch noch auf eine dritte hinweist. Und wie es erst die Bergnymphe Oreas war, die hingewiesen hat auf diese Welt des Wachens, des Tagwachens, so ist es eine Nymphe wiederum, das heißt, ein Elementarwesen, welches stark aufrüttelt: die Baumnymphe, die Dryade, die Mephistopheles zu einer dritten Schichte des Bewußtseins führt, zu einer dritten Schichte, in der man Vernunft und Hellsichtigkeit vereinigt: Unterbewußtes, Bewußtes, Überbewußtes. Auch auf diejenige Welt, auf die wir gerade durch die Geisteswissenschaft hinweisen wollen, deutet Goethe in einer gewissen Beziehung schon hin. Nur deutet er in einer sehr eigenartigen Weise darauf hin. Die Wesen, welche Mephistopheles zunächst findet, sind die Phorkyaden.

Aus unseren Darstellungen übermorgen werden Sie sehen, was für angenehme, schöne Wesen diese Phorkyaden sind, und namentlich, was für eine eindringliche, Herzenstöne anschlagende Sprache diese Phorkyaden führen! Und dennoch, wer da weiß, welchen Erlebnissen der Mensch die Stirne bieten muß, wenn er in bewußter Art in die geistige Welt einzudringen hat, der versteht die Begegnung des Mephistopheles mit den Phorkyaden.

Doch davon will ich dann morgen weiter sprechen, weil sich die Sache doch nicht in einer Auseinandersetzung erledigen läßt.

GEISTESWISSENSCHAFTLICHE AUSFÜHRUNGEN IN ANKNÜPFUNG AN DIE «KLASSISCHE WALPURGISNACHT»

Fortsetzung: Dornach 28. September 1918

Daß der Mensch in seinem Wesen umfassender ist, mehr ist, als was erkennbar ist, was durchdringbar ist mit dem Verstande und den andern Seelenkräften, die der Mensch hat, das wollte ich hauptsächlich gestern in Anknüpfung an das Goethesche Faust-Werk zunächst klarmachen. *Goethe* selber fühlte tief, daß man mit den Geisteskräften, die man im heutigen bewußten Leben entwickeln kann, nicht so weit gehen kann, wie der Mensch seinem Wesen nach reicht. Diejenigen, welche glauben, daß das, was man heute Wissenschaft nennt, nur erweitert zu werden brauche, um gewissermaßen das Mögliche und Unmögliche zu erkennen, sagen einfach: Nun ja, mit demjenigen, was die Wissenschaft heute bietet, kommt man allerdings nur zu einer sehr eingeschränkten Erkenntnis vom Menschen. Aber diese Wissenschaft wird sich erweitern, diese Wissenschaft wird immer mehr und mehr vordringen, und dann wird man auch immer mehr und mehr zu der Erkenntnis des Menschen kommen.

Dies ist sehr kurzsichtig gesehen, denn es ist einfach unrichtig. Nicht daran hängt es, daß die wissenschaftliche Anschauung, die man gegenwärtig als solche gelten läßt, sich immer mehr und mehr erweitert, um den Menschen zu erkennen, sondern darauf kommt es an, daß man zu andern Erkenntniskräften und Erkenntnisfähigkeiten seine Zuflucht nimmt, als sie überhaupt diese heutige Wissenschaft verwendet. Diese heutige Wissenschaft kann noch so weit kommen auf ihren Bahnen, dasjenige, was Goethe so empfand, daß es nicht erkannt werden kann innerhalb der Wesenheit des Menschen, kann mit dieser Wissenschaft in keinem Falle jemals durchdrungen werden. Denn alle Wissenschaft, die wir haben als offiziell gültige Wissenschaft, bezieht sich nur auf irdische Wesenheit, auf die Wesenheit des Erdenplaneten. Niemals kann durch dasjenige, was man heute Wissenschaft nennt, über etwas anderes entschieden werden als über die Vorgänge des Erdenplaneten. Der Mensch aber ist nicht nur Erdenmensch, sondern er hat als Erdenmensch hinter sich die Saturn-, Sonnen- und Mondenentwickelung, und er hat in sich die Keimanlage zu der Jupiter-, Venus- und Vulkanentwickelung. Über diese andere planetarische Lebensform außerhalb des Irdischen kann die Wissenschaft nichts wissen, denn diejenigen Gesetze, die diese Wissenschaft hat, gelten nur für das Irdische. Den Menschen in seiner Totalität also kann man mit diesen Gesetzen nicht erkennen, weil man ihn nur erkennen kann, wenn man seine Erkenntnis über das Irdische hinausdehnt.

Nun habe ich gestern darauf hingewiesen, wie der Mensch in Bewußtseinszuständen lebt, die gewissermaßen unter der Schwelle des gewöhnlichen Bewußtseins und über der Schwelle des gewöhnlichen Bewußtseins liegen. Unter der Schwelle des gewöhnlichen Bewußtseins liegt vieles von dem, aus dessen Regionen die Traumerlebnisse heraufsprudeln. Unter dieser Bewußtseinsschwelle liegt aber allerdings auch sehr, sehr vieles von dem, was der Mensch im wachen Tagesleben erfährt vom Aufwachen bis zum Einschlafen. Denn eine einigermaßen hinreichende Besonnenheit kann Ihnen zeigen, daß die Menschen über den Traum viel mehr wissen würden, wenn sie sich anstrengen würden, einiges mehr zu wissen, als sie es tun, über das Wachen. Wenn die Menschen mehr sich anstrengen würden, über das Wachen etwas zu wissen, so würden sie nämlich finden, daß sie während dieses Wachens viel mehr träumen, als sie eigentlich glauben. Es ist wirklich nur scheinbar, daß eine sichere, feste Grenze besteht zwischen Wachen und Schlafen. Nicht nur träumen, kann man sagen, viele Menschen während des Wachens, sondern auch schlafen, schlafen mit Bezug auf sehr, sehr viele Dinge. Und in wahrhaft wachem Zustande sind wir nur, wie wir wissen, mit Bezug auf unsere Vorstellungen und einen Teil unserer Gefühle, während ein großer Teil des Gefühlslebens und vor allen Dingen des Willenslebens, wie wir wissen, eigentlich immer verträumt und verschlafen wird. Das Schlafensleben ragt durchaus in das wache Leben herein. Der Mensch würde sich viel mehr aufklären können über das Traumleben, wenn er versuchen wollte, anzuschauen, welcher Unterschied besteht zwischen den Vorstellungen, die so auf und ab wogen, die gewissermaßen kommen und gehen, die alles Mögliche anrufen, und die zum Verwechseln ähnlich sind dem Traumleben, und denjenigen Vorstellungen, bei denen man mit seinem vollen Willen tätig ist. Man wird nur einen kleinen Teil der Vorstellungswelt des Menschen finden, bei dem man mit seinem vollen Willen eine Vorstellung an die andere reiht, während der Mensch gar oftmals in seinem Tagesleben auch diejenigen Augenblicke hat, wo er sich dem Vorstellungsablauf so hingibt, wie es dieser Vorstellungsablauf selber haben will. Bedenken Sie einmal, wie, wenn Sie sich so Ihrem Vorstellungsablauf hingeben, die eine Vorstellung die andere heraufruft, wie Sie sich an längst Vergangenes dadurch erinnern, daß Sie eine Gegenwartsvorstellung angeschlagen haben und diese Gegenwartsvorstellung längst vergangene Erlebnisse in Ihnen heraufruft. Das ist ein Vorgang, der oftmals nicht stark verschieden ist von dem Träumen. Weil man so wenig, ich möchte sagen, innere technische Denkkraft hat, um das wache Tagesleben richtig zu verfolgen, deshalb haben auch die wenigsten Menschen heute schon die richtige Begabung, das Schlafesleben mit dem heraufsprudelnden Traumesleben richtig zu taxieren. Erleben wir es doch, daß es sich wissenschaftlich dünkende Theorien gibt, die etwa das Folgende über das Traumleben behaupten. Die Freudsche und andere Schulen, gewisse Anhänger, nicht alle, der Psychoanalytiker, sagen von den Träumen, daß sie dadurch hervorgerufene Vorstellungen sind, daß dem Menschen gewisse Wünsche nicht in Erfüllung gehen im Leben. Der Mensch durchläuft das Leben, er wünscht das Allerallerverschiedenste, aber es ist unleugbar, sagen diese Leute, daß uns im Leben viele Wünsche nicht in Erfüllung gehen. Da treten, wenn das Bewußtsein herabgedämmert ist, diese Wünsche vor die Seele. Und weil der Mensch sich diese Wünsche nicht in Wirklichkeit erfüllen kann, erfüllt er sie sich im Vorstellen, so daß die Träume nach der Anschauung mancher Leute heute in der Phantasie erfüllte Wünsche sind. Ich möchte nur, daß die Menschen, die solches behaupten, einmal nachdenken würden, wie sie dazukommen, den Traum zu haben, daß sie geköpft werden! Diese Dinge alle, die heute vielfach den Inhalt von Theorien ausmachen, sind furchtbarste Einseitigkeiten. Und diese Einseitigkeiten müssen ganz notwendig die Köpfe der Menschen durchdringen, wenn die Menschen nicht an die geisteswissenschaftlichen Untersuchungen über die der äußeren Sinnenwelt und dem äußeren Verstandesdenken unbekannten Welten sich wenden, die Aufschluß geben über das, was der Mensch noch außer dem ist, was seine Sinne und sein Verstand begreifen.

Aber aus dem gestern Gesagten werden Sie eines über die Träume mit voller Bestimmtheit entnehmen können. Sie werden daraus entnehmen können, daß im Traumesleben etwas webt und lebt, was zusammenhängt mit unserer menschlichen Vergangenheit, mit jener Vergangenheit, in der wir ein Dasein hatten, das noch Bezug hatte zum Erdfeuer und zu der Wasserluft. Gewissermaßen rufen wir, während wir unbewußt im Schlafe sind, unsere Vergangenheit wiederum zurück. Wir sind heute nicht in der Lage, mit dem, was unser Gehirnbewußtsein ist, und unser gewöhnlicher freier Wille ist, uns bewußt zu versetzen in diese Welt. Wir waren auch unbewußt oder unterbewußt, als wir in früheren Stadien unsere Entwickelung durchgemacht haben. Doch es ist eine Beobachtung verhältnismäßig gar nicht so besonders schwierig zu machen. Wenn Sie Ihr Traumleben verfolgen, so werden Sie allerdings finden, daß Sie die Bilder der Träume in außerordentlich schwieriger Weise sinnvoll sich deuten können. Wie sich so ein Traumbild an das andere reiht, das hat doch zumeist einen recht chaotischen Charakter. Aber dieser chaotische Charakter ist nur an der Oberfläche. Unter dieser Oberfläche lebt der Mensch in einem Elemente, das durchaus nicht chaotisch ist, aber es ist anders, total anders, als das Erleben im wachen Tagesleben ist. Man braucht sich nur in einem Falle klarzumachen, inwiefern das Traumesleben anders ist als das wache Tagesleben, und man wird gleich den radikalen Unterschied sehen. Im wachen Tagesleben wäre es sehr unangenehm, wenn mit Bezug auf das Verhältnis zu andern Menschen auch das vorhanden wäre, was im Traume vorhanden ist. Denn im Traume erlebt der Mensch fast zu allen Menschen, mit denen er irgendwie in karmischer Beziehung steht, ein Band; er erlebt das Zusammensein mit all den Menschen, mit denen er in irgendeiner karmischen Beziehung steht. Von da an, wo Sie anfangen einzuschlafen, bis Sie wieder aufwachen, geht von Ihnen eine Kraft zu unzähligen Menschen, und von unzähligen Menschen gehen Kräfte zu Ihnen. Sie – ich kann nicht sagen – sprechen, weil man das Sprechen erst lernt im wachen Tagesleben, aber wenn Sie mich nicht mißverstehen und mit Bezug auf diejenigen Kommunikationen, die wir im Schlafe haben, das denken, was ich jetzt sage, dann werden Sie auch verstehen, wenn ich sage, im Schlafe sprechen Sie mit unzähligen Menschen, und unzählige Menschen sprechen mit Ihnen. Und was Sie in Ihrer Seele erleben während des Schlafes, sind die Mitteilungen unzähliger Menschen; und was Sie tun während des Schlafes, das ist, daß Sie Ihre Gedanken an unzählige Menschen hinsenden. Dieses Verbinden der Menschen, dieses Verbundensein der Menschen untereinander ist während des Schlafes ein sehr, sehr inniges. Es wäre im höchsten Grade peinlich, wenn während des wachen Tageslebens sich das fortsetzte. Das ist ja das Wohltätige des «Hüters der Schwelle», daß er dem Menschen das verbirgt, was unter der Schwelle seines Bewußtseins ist. Im Schlafe wissen Sie es in der Regel, wenn Sie einer anlügt; Sie wissen in der Regel, wenn einer recht böse an Sie denkt. Überhaupt die Menschen kennen einander im Schlafe verhältnismäßig recht gut, aber in einem dumpfen Bewußtsein. Das alles wird durch das wache Bewußtsein überdeckt, und es muß überdeckt werden, aus dem einfachen Grunde, weil der Mensch nie zu demjenigen selbstbewußten Denken kommen würde, das er gerade durch die Erdenmission lernen soll, und auch zur Handhabung des freien Willens, den er wiederum durch die Erdenmission gewinnen soll, wenn er so fortgelebt hätte, wie er während der Saturn-, Sonnen- und Mondenzeit, namentlich während der Mondenzeit gelebt hat. Da hat er auch in dem äußeren Leben so gelebt, wie er jetzt lebt vom Einschlafen bis zum Aufwachen.

Nun kommt aber etwas anderes, das bedeutsam ist. Aus diesem Leben, das der Mensch unbewußt wirklich durchmacht vom Einschlafen bis zum Aufwachen, tauchen die Träume herauf. Warum sind die nicht ein wahres Abbild des Lebens da unten? Oh, diese Träume wären, wenn sie wahre, unmittelbare Abbilder wären, alles mögliche. Sie wären erst bedeutsame Mitteiler über unsere Beziehungen zu der Welt und zu den Menschen, sie wären auch bedeutsame Mahner. Sie würden uns ungeheuer stark ins Gewissen reden über diese oder jene Dinge, über die wir uns so gerne im Leben Illusionen hingeben. Daß wir – ich möchte schon fast sagen – nicht ausgesetzt sind dem, was die Träume mit uns beginnen würden, wenn sie wahre Abbilder des Lebens unter dem Bewußtsein wären, das kommt davon her, daß unser waches Tagesleben uns so stark mit Kräften durchdringt, daß es, ich möchte sagen, seine Schatten wirft über das ganze Traumleben hin. Und so tragen wir die Vorstellungen, die Bilder des wachen Tageslebens in das Traumesleben, respektive in das Schlafesleben hinein, und dadurch entstehen die Träume. Nehmen wir zum Beispiel an, Sie träumen, oder sollten träumen von einer Persönlichkeit, welche sich zur Aufgabe stellt, Ihnen klarzumachen, daß Sie wiederum etwas recht Ungeschicktes, etwas recht Ungehöriges getan haben. Das kommt vor. Auch andere Persönlichkeiten könnten Mahner sein, könnten uns ins Gewissen reden während des Schlafes. Sie haben aus den Erfahrungen und aus den Gewohnheiten des tagwachen Lebens den Wunsch oder die Begierde – könnte ich auch sagen –, solches Gerede nicht anzuhören. Sie wollen nichts hören von dem, was Ihnen diese Persönlichkeit während des Schlafes sagt. Gut, der Wunsch setzt sich um in eine Verdunkelung des Erlebnisses; aber wenn zu gleicher Zeit eine so rege Seelentätigkeit vorhanden ist, daß das Bild heraufsprudelt, dann legt sich Ihnen aus dem wachen Tagesleben über dasjenige, was Sie eigentlich als Bild erleben sollten, das andere, daß Ihnen irgendein guter Freund, den Sie lieber anhören als den Mahner, sagt: Ach, was bist du doch für ein außerordentlich feiner, immer nur das Beste, Netteste wollender und tuender Mensch! Gerade das Entgegengesetzte kann manchmal aus dem wachen Tagesleben und seiner Reminiszenz in Bildform hinübergehängt werden über dasjenige, was eigentlich erlebt wird. Im Grunde ist doch das wache Tagesleben die Veranlassung für alle Illusionen und Täuschungen, die während des Traumlebens entstehen.

Ein weiteres ist dieses, daß nun der Mensch heute im gegenwärtigen Entwickelungszyklus an die Geisteswissenschaft herankommen kann. Nun gibt es, ich weiß es, sehr viele, die an die Geisteswissenschaft herankommen und sagen: Jetzt befasse ich mich jahrelang mit der Geisteswissenschaft, sie bringt mich nicht vorwärts. Sie sagt mir, daß man das oder jenes durch die Geisteswissenschaft erlangen könne, aber sie bringt mich nicht vorwärts. – Ich habe es oft betont: dieser Gedanke ist kein richtiger. Geisteswissenschaft bringt, auch wenn sie nicht esoterisches Leben entfaltet, jeden Menschen vorwärts, denn die Gedanken der Geisteswissenschaft selbst sind vorwärtsbringend. Aber man muß achtgeben auf die subjektiven Erlebnisse, die sich in der Seele wirklich abspielen. Denn es ist das Eigentümliche, daß dasjenige, was neu auftritt bei jemandem, der in die Bahn der Geisteswissenschaft einmündet, sich zunächst gar nicht in bezug auf den Bildcharakter von der Traumeswelt unterscheidet. Dasjenige, was man erlebt, wenn man Geisteswissenschafter wird, sieht sehr ähnlich der übrigen Traumeswelt aus, aber bei feinerer Unterscheidung läßt sich doch ein gewaltiger Unterschied bemerken zwischen den gewöhnlichen Träumen und denjenigen Wahrnehmungen, die durch bewußt in Gedanken aufgenommenes geistiges Leben verlaufen. Auch bei den Traumesbildern, welche der Geisteswissenschafter in seiner Seele erlebt, mag manches chaotisch erscheinen. Analysiert man sie aber nach den Anleitungen, die man doch aus der Geisteswissenschaft gewinnen kann, dann wird man finden, daß sie in der Tat immer treuere und treuere Abbilder, namentlich in ihrem Verlaufe Abbilder werden des inneren Erlebens des Menschen. Und man muß schon Rücksicht nehmen auf diese dem gewöhnlichen Verstande und dem gewöhnlichen Sinnesleben verborgene Schichte des Erlebens, das so verläuft wie ein Sinnen, wie ein sinnendes Träumen, und das doch sinnvoll ist, und das, wenn man es in der richtigen Weise ins Auge faßt, aufschlußgebend ist über geistige Geheimnisse. Man muß achtgeben, wie sich allmählich, ich möchte sagen, einnistet in das gewöhnliche Vorstellungsleben dieses Leben, das sehr ähnlich den Träumen aussieht, aber gerade durch seinen sinnvollen Verlauf, wenn man nicht auf die einzelnen Bilder schaut, sondern auf den sinnvollen Verlauf der Bilder, hineingeleitend ist in die geistige Welt. Man kommt, wenn man auf solche Dinge achtgibt, durchaus zu jener Unterscheidung von drei Bewußtseinsschichten, von denen Goethe, wie ich Ihnen gestern ausführte, so schöne, ahnende Erkenntnisse hatte.

Eine Bewußtseinsschichte ist diejenige, die gewissermaßen ohne unser Zutun so auftritt, daß wir die gewöhnlichen Träume haben. Wenn wir nicht Traumdeuter sind, wenn wir nicht abergläubisch sind, sondern wenn wir versuchen, das Jenseits der Traumbilder zu suchen, dann wird uns diese Traumeswelt doch auch verraten können, daß wir als Menschen durch frühere Entwickelungsstadien gingen, als diejenigen des Erdenlebens sind.

Dann haben wir das gewöhnliche tagwachende Bewußtsein, das wir kennen oder wenigstens zu kennen glauben. Wir kennen es der Tatsache nach, die Menschen lassen sich nicht immer ein darauf, es sich voll zu erklären, aber man kennt es der Tatsache nach.

Die dritte Schichte ist das Hereinragen der wirklichen übersinnlichen Erkenntnis. Diese übersinnliche Erkenntnis ist natürlich etwas, was der Mensch der heutigen Zeit und gegen die Zukunft hin aus den Gründen anstreben muß, die wir oft genug besprochen haben.

Ich habe nun gestern gezeigt, wie Goethe in dem ersten Teile der Szene des zweiten Teils des «Faust», die für uns zunächst in Betracht kommt, das Traumleben in seiner Eigentümlichkeit verkörpert. Und von dem Momente an, wo die Oreade redet zu Mephistopheles, wo dann die Philosophen auftreten, haben wir es mit der Welt der gewöhnlichen tagwachenden Wirklichkeit zu tun. Von dem Momente an, wo die Dryade den Mephistopheles hinweist auf die Phorkyaden, haben wir es zu tun mit einem Hinweis auf bewußte übersinnliche Erkenntnis. Diese drei Schichten des Bewußtseins sind es, auf die Goethe sein Denken und sein Vorstellen richtet, indem er sich die Frage vorlegt: Wie wird aus diesem Homunkulus, der zunächst dem menschlichen Erkennen zugänglich ist, ein Homo? – Durch die gewöhnliche Wissenschaft des Verstandes und der Sinne nicht, sondern nur dadurch, daß man zu andern Schichten des Bewußtseins seine Zuflucht nimmt. Denn der Mensch ist weiter als die Erde in ihrem Sein, und der Verstand und die Sinne sind nur für Erdendinge geeignet.

Wir haben aber gestern bereits auseinandergesetzt, wie die Gleichgewichtslage der Sphinx noch fehlt, wenn der Mensch untertaucht in die Welt seiner Vorzeit, wie der Mensch sich darinnen eigentlich unsicher fühlt, der Homunkulus sich unsicher fühlt. Denn der Mensch weiß von sich – verzeihen Sie, aber es ist schon so – nicht viel mehr als von einem Homunkulus; er weiß ja nicht von einem Homo in Wirklichkeit. Und der Homunkulus wagt sich bei Goethe nicht in das Getriebe hinein der Sirenen, des Seismos und so weiter, weil er sich fürchtet vor dem wogenden, stürmischen Elemente, in das der Mensch untertaucht, wenn er die Sinneswelt verläßt, und in die Welt eintaucht, aus der sonst die Träume heraufsprudeln. Da wagt sich Homunkulus nicht hinein.

Homunkulus möchte einen bequemeren Weg zum Homo-Werden einschlagen. Er ist zwei Philosophen, dem Anaxagoras und dem Thales, auf der Spur. Er möchte von ihnen erfahren, wie man mehr in seine Menschenwesenheit hereinbringen kann, als einem so ein Wagner im Laboratorium geben kann. Das möchte er erfahren. Wir wissen schon, von neueren Philosophen versprach sich Goethe nicht, daß man so etwas erfahren kann; da will er gar nicht erst «geduldig Volk am Seile führen» und etwa den Homunkulus nach Königsberg in die Nähe Kants bringen, um Auskunft an ihn heranzubringen, wie man entstehen kann als Mensch, wie man sein Menschenwesen erweitern kann, sondern Goethe versuchte gerade, sich in die Welt der Griechen aus dem Grunde einzuleben, weil er glaubte, daß man durch Einleben in die noch biegsamen, weicheren Vorstellungen der Griechen das Menschenleben auch eher erfassen kann aus den andern Bewußtseinsschichten heraus als durch dasjenige, was die neueren Philosophen doch nur aus Verstand und Sinnesbewußtsein herausholen. Und so bringt er denn den Homunkulus nicht in die Gesellschaft von Kant oder Leibniz oder Hume oder Locke, sondern er bringt ihn in die Gesellschaft von solchen Philosophen, die noch den älteren Anschauungen der Menschen, den alten Mysterienanschauungen nahegestanden haben, wo aus zwar nicht so hellen Bewußtseinserlebnissen wie heute, aber aus umfassenderem Bewußtseinserleben etwas über das Wesen des Menschen gewußt werden konnte. Aber im Grunde genommen sind Anaxagoras und Thales nur noch Nachzügler der alten Mysterienweisheit. Anaxagoras weiß noch mehr von dem alten Mysterienwissen. Das zeigt uns alles dasjenige, was Anaxagoras in der Szene vorbringt. Thales ist eigentlich der Inaugurator, der Initiator, der Anfänger der neueren wissenschaftlichen Richtung, und er weiß nur noch wenig von dem, was alte Mysteriengeheimnisse sind. Natürlich weiß er deshalb mehr, weil er doch noch nähersteht den alten Mysteriengeheimnissen als seine späteren philiströsen Nachzügler, aber er weiß weniger als der Anaxagoras. Thales, man sieht das aus seinen Reden, weiß eigentlich nur Auskunft zu geben über dasjenige, was in seiner sinnlichen Umwelt geschieht, wie sich da nach und nach – man glaubt, daß Lyell redet, der moderne Geologe – durch langsame Vorgänge Gebirge und sonstige Verhältnisse der Erde bilden. Anaxagoras will das Gegenwärtige aus dem Vergangenen erklären, das Irdische aus dem erklären, was vorgegangen ist, wie die Erde noch nicht Erde war. Anaxagoras will erklären aus jenen Zeiten heraus, welchen mit ihrem Wesen, wie ich Ihnen gestern ausgeführt habe, die Ameisen, die Imsen angehören, aber auch die Pygmäen angehören. Anaxagoras lebt ganz in dieser Welt, die heute eine übersinnliche oder meinetwillen untersinnliche ist, ohne deren Kenntnis man aber die sinnliche nicht verstehen kann. Anaxagoras gibt damit im Grunde eine tiefe Überzeugung Goethes wieder. Denn Goethe hat in einem seiner Sprüche in schöner Weise gerade über diesen Punkt sich ausgesprochen. Er hat gesagt: «Was nicht mehr entsteht, können wir uns als entstehend nicht denken. Das Entstandene begreifen wir nicht.» Und er sagt an einer andern Stelle seiner Schriften: «Die Vernunft ist auf das Werdende, der Verstand auf das Gewordene angewiesen ...»

Das Gewordene, das ist dasjenige, was Thales um sich herum sieht. Anaxagoras geht auf das Werden, das dem Gewordensein vorangegangen ist, auf das Entstehen. Goethe unterscheidet deshalb streng zwischen Verstand, der auf dasjenige gerichtet ist, was man heute Gegenstand der Wissenschaft nennt, und der Vernunft, die über das Sinnenfällige und Verstandesmäßige hinausgeht, und die auf das Übersinnliche geht, also auch auf dasjenige Übersinnliche, was sich abgespielt hat, bevor der heutige Erdenzustand gekommen ist. Es ist Anaxagoras, in dem Goethe den Repräsentanten sieht eines Wissens, einer Erkenntnis, die auf das Entstehen geht, heimisch in alldem, was die Pygmäen treiben. In alldem, was solche Wesen treiben, die zwar ein physisches Dasein in der Gegenwart entwickeln, aber ihrem Wesen nach eigentlich der Vorzeit angehören wie die Imsen und so weiter.

Und nun möchte Anaxagoras, als der Wunsch, die Bitte des Homunkulus an ihn herantritt, dem Homunkulus die Gelegenheit geben, durch sein Wissen das Menschenwesen zu bereichern. Er will den Homunkulus führen in die Welt der Pygmäen, der Imsen und so weiter, er will ihn darinnen sogar zum König machen. Das ist Anaxagoras schon klar, daß man in der Welt, von der Thales redet, die nur die Welt der gegenwärtigen Verhältnisse ist, nicht viel gewinnen kann, um vom Homunkulus zum Homo zu gelangen, aber wenn man eintritt in die

Werdewelt, in die Welt, die der unseren vorangegangen ist, da könnte man etwas gewinnen, um vom Homunkulus zum Homo zu gelangen. Aber Homunkulus ist unschlüssig:

Was sagt mein Thales?

Er hat noch in sich den Gedanken des Sich-nicht-Hineinwagens in die Welt. Als sie ihm entgegengetreten ist als Traumeswelt, da wagte er sich nicht hinein. Jetzt, wo sie ihm in den Gedanken des Anaxagoras entgegentritt, wagt er sich auch nicht recht hinein, wenigstens will er noch den Rat des Thales. Und der hält ihn ab, in diese Welt der Anaxagoras-Gedanken unterzutauchen. Was ist das für eine Welt, die Welt der Anaxagoras-Gedanken? Es ist im Grunde genommen die Welt der alten Mysterien, aber abgeflacht und abgeplattet bis zur menschlichen Verständigkeit. Es sind die Schattenbegriffe aus den alten Mysterien heraus. Daher können sie nicht bestehen gegenüber der Welt. Hat man die wirklichen, lebendigen Begriffe vom Werden, dann kommt man schon zum Verständnis dieser Welt, dann ist man ihr gewachsen. Aber mit den schattenhaften Begriffen, die der Anaxagoras hat, ist Homunkulus nun den Einwänden des Thales nicht gewachsen, denn die Einwände des Thales sind aus der gegenwärtigen Sinneswelt. Und geradeso wie die flüchtigen Träume, die der Abglanz sind hoher Geisteswelten, vor dem Menschen verglimmen, wenn der Hahn kräht, oder wenn einer die Tür zuschlägt, so verglimmt überhaupt dasjenige, was da lebt wie in der Gedankenwelt des Anaxagoras sehr leicht, wenn sich die andern Gedanken geltend machen, die aus der gegenwärtigen Sinneswelt genommen sind. Thales braucht nur darauf aufmerksam zu machen, daß doch die gegenwärtige Sinneswelt da ist. Er weist in sehr kräftiger Art darauf hin. So wie die Gegenwartswelt die Vorwelt, die uns im Traume wiederersteht, totschlägt, so schlagen die Kraniche die Pygmäen und die Imsen tot. Es ist nur ein Abbild davon. Anaxagoras hat sich an die Welt zuerst gewendet, die dem Menschen wiederum in der Traumeswelt in einer unsicheren Kunde erscheint. Nachdem er es hat erleben müssen, daß aus dieser Welt heraus dem Homunkulus kein Segen erwuchs, wendet er sich nach der oberen Welt. Und er fleht zunächst an in einer wunderbaren Rede das Überbleibsel der irdischen Vorzeit unter den Himmelserscheinungen, er fleht den Mond an. Nachdem er sich zuerst verbreitet hat in seinen Ideen und Gedanken über dasjenige, was aus der Mondenzeit zurückgeblieben ist: Imsen, Pygmäen, das Untere, – nachdem ihm das mißglückt ist gegenüber dem Homunkulus, wendet er sich nach oben, wo der Mond zurückgeblieben ist aus jener alten Mondenzeit.

Denken Sie einmal, wie klar Goethe gerade in dieser Szene eigentlich hinweist auf alle diese Geheimnisse, die dem irdischen Werden zugrunde liegen. Er läßt nun auch noch den Anaxagoras aus der alten Mysterienweisheit sein Hinflehen zu dem Monde vornehmen. In einer wunderschönen Rede wendet sich Anaxagoras an den Mond. Diese Rede zeigt so recht, wie Goethe in Anaxagoras schildern wollte eine Persönlichkeit, die darinnensteht in der geistigen Welt, aber die in dieser geistigen Welt nur noch mit ihrem Verstande darinnensteht, jenem Verstande, der, wenn er nur das Gegenwärtige beobachtet, überhaupt an das Geistige nicht kommen kann, der aber bei Anaxagoras das Geistige aus den alten Mysterien noch bewahrt hat. Anaxagoras sagt:

> Konnt' ich bisher die Unterirdischen loben,
> So wend' ich mich in diesem Fall nach oben . . .
> Du! droben ewig Unveraltete,
> Dreinamig-Dreigestaltete,
> Dich ruf' ich an bei meines Volkes Weh,
> Diana, Luna, Hekate!
> Du Brusterweiternde, im Tiefsten-Sinnige,
> Du Ruhig-Scheinende, Gewaltsam-Innige,
> Eröffne deiner Schatten grausen Schlund,
> Die alte Macht sei ohne Zauber kund!

Aber er hat nur noch die Schatten. Statt daß er etwas erreicht für Homunkulus, nimmt er wahr, wie aus dem Monde Verheerung herunterfällt auf die Erde, wie nun auch dasjenige, was noch am Leben übriggeblieben war, zerstört wird durch eine Elementarerscheinung. Bedeutsam aber ist für die Charakteristik des Anaxagoras, wie er den Mond, dieses Überbleibsel der Erdenvorzeit, anruft: «Diana, Luna, Hekate.» Für Anaxagoras ist also der Mond nicht eine Einheit, sondern eine Dreiheit. Der Mond, insoferne er am Himmel oben seine Kreise vollendet, ist Luna. Als Luna wirkt er von außen herein auf die Erde ein.

Insoferne er auf der Erde selbst tätig ist, ist er Diana. Diejenigen Kräfte, die als kosmische Kräfte wirken durch den am Himmel kreisenden Mond, sie haben, ich möchte sagen, ihre Geschwister auch in irdischen Kräften. Nicht nur kosmisch ist der Mond vorhanden, sondern er ist auch irdisch vorhanden. Dieselben Kräfte, die kosmisch an den am Himmel kreisenden Mond gebunden sind, sie durchweben und durchleben auch das Irdische und gehören zu wichtigen unbewußten Kräften des Menschen. Sie wirken in der menschlichen Natur, gehören zu wichtigen unterbewußten Kräften. Dasjenige, was innerhalb der Erde wirkt, indem vom Unterbewußten herauf in dem Menschen ein gewisses Verhältnis, das nicht ganz zum Bewußtsein kommt, zur Natur waltet, das nannte der Grieche Diana. Man sagt gewöhnlich, Diana sei die Göttin der Jagd. Gewiß, das ist sie auch, weil in der Jagdlust auch dieses Unterbewußte waltet, was aber in zahlreichen andern menschlichen Gefühlen und Willensimpulsen waltet. Diana ist nicht nur die Jagdgöttin, sondern sie ist die schaffende und wirkende Göttin in alldem, was so angestrebt wird, halb unbewußt und halb unterbewußt wie das Jagdvergnügen. Solches tut der Mensch sehr vieles im Leben. Das ist das Mittlere.

Dann lebt im Menschen aber auch und vor allen Dingen in der Erde eine dritte Gestalt, die Gestalt der Hekate, die unterirdische Gestaltung des Mondes. Auch vom Erdeninneren, vom Unterirdischen wirken herauf die Kräfte, die im Monde von oben hinunterwirken, insofern der Mond eine Himmelserscheinung ist. Der heutige Mensch kennt von diesem Mond eigentlich nur noch die abstrakte mineralische Kugel, von der er glaubt, daß sie da draußen in vier Wochen die Erde umkreist. Der Grieche kannte den dreifachen Mond: Luna, Diana, Hekate. Und indem der Mensch ein Mikrokosmos ist, ist er ein Abbild von allen möglichen Dreiheiten, also auch ein Abbild des dreifachen Mondes, von Luna, Diana, Hekate. Haben wir nicht kennengelernt den dreifachen Menschen? Wir haben kennengelernt den Hauptesmenschen, den Kopfmenschen. Der Kopfmensch kann, indem er das Ergebnis von Saturn-, Sonnen- und Mondenzeit ist, das Ergebnis der Vorzeit überhaupt, in

Zusammenhang gebracht werden mit dem himmlischen Reste, mit der Luna. So daß der Kopf im Menschen entsprechen würde als ein Mikrokosmos der makrokosmischen Luna. Der Mittelmensch, der Brustmensch würde der Diana entsprechen. Im Herzen entstehen auch diejenigen unterbewußten Impulse, deren Göttin die Diana ist. Und alles dasjenige, was in dem Extremitätenmenschen mit seiner Fortsetzung im Sexualmenschen spielt, das rührt her von der unterirdischen Macht der Hekate: alle die dunklen, rein organischen, leibesartigen Gefühle und Impulse, die im Menschen walten. Und Goethe läßt alles anklingen, um die Sache für den, der sie erkennen will, recht deutlich zu machen. Zum Reich der Hekate zum Beispiel gehört die Empuse, die unter den Lamien erscheint um den Mephistopheles herum in dieser Szene, neben den Lamien, bei denen das nicht so ausgesprochen ist, bei denen nur dasjenige ausgesprochen ist, was mehr zu der Diana neigt. In der Empusa wirkt aber mehr dasjenige, was im Unterirdischen des Irdischen, was mikrokosmisch in der niederen Natur des Menschen lebt und in Mephistopheles wachgerufen werden soll. Das läßt Goethe anklingen. Anaxagoras will gewissermaßen stärker geltend machen seine Wissenschaft, als er sie schon vorher geltend gemacht hat, indem er nur auf das Irdische, aber auf das zurückgebliebene Irdische hingewiesen hat, auf die Imsen, auf seine Myrmidonen, wie er sich ausdrückt. Er wendet sich an den dreifachen Mond, der makrokosmisch dasselbe ist wie mikrokosmisch der Mensch. Hatte Goethe davon eine Ahnung, daß in dem dreifachen Mond makrokosmisch-wirklich Hauptesmensch, Brustmensch, Unterleibsmensch oder Extremitätenmensch vorhanden war? Nun, lesen wir die folgenden Zeilen:

> Du Brusterweiternde – Diana –,
> Im Tiefsten-Sinnige – Luna –,
> Du Ruhig-Scheinende, Gewaltsam-Innige – Hekate –.

Hier haben Sie die drei Prädikate von Luna, Diana, Hekate, insoferne sich diese drei Prädikate auch auf den dreigliedrigen Menschen beziehen, von Goethe voll ausgesprochen und handgreiflich gemacht dadurch, daß er das Mittlere sogar mit dem Ausdruck Brusterweiternde bezeichnet.

Sie sehen, derjenige, der behauptet, daß Goethe ahnendes Wissen tief untertauchte in geisteswissenschaftliche Wahrheiten, hat gute Gründe dazu. Nur muß dasjenige, was in einem solchen Werke steht wie Goethes «Faust», in seiner wahren Gestalt gelesen werden. Gerade wenn Sie bei Goethe dieses eigentümliche Stehen mit einem ahnenden Erkennen in dem Geisteswissenschaftlichen in Erwägung ziehen, dann werden Sie es begreiflich finden, wie Goethe, ich möchte sagen, in einer gewissen Beziehung immer wieder und wiederum das Geistige, das Übersinnliche als etwas doch Unheimliches empfand. Er stand in seiner nordischen Welt einmal darinnen, wie ich gestern gesagt habe, und fühlte mit dem, was diese Umwelt an Begriffen, an Vorstellungen darbietet. Wenn man das größte Genie ist – man kann nur dieselben Begriffe haben wie die andern. Man kann sie anders verbinden, aber man kann nur dieselben Begriffe haben. Da kommt man den andern zwei Schichten des Bewußtseins nicht bei: dem Untersinnlichen und dem Übersinnlichen; man kommt ihnen nicht bei. Der gewöhnliche Philister macht sich nichts daraus, ist froh, wenn er nicht beizukommen braucht den andern Schichten des Bewußtseins. Aber Goethe, der mit allen Fasern seiner Seele danach strebte, menschliches Wesen zu durchdringen, empfand es oftmals als etwas recht, recht sehr die menschliche Natur Einschränkendes, daß er keine Vorstellungen, keine Begriffe hatte, um hineinzuschauen in diejenige Welt, aus welcher der Mensch doch auftaucht, und in die er mit seinem Verstand und mit seiner gewöhnlichen Wissenschaft nicht hineinschauen kann. Und da entstand in Goethe aus alldem, was er durch natürliche Anlagen gefühlt hat, was ihm auch sonst zugänglich war, oder was er namentlich in Italien beobachtet hatte an der griechischen Kunst, der Gedanke: Wenn man sich erfüllt mit griechischen Vorstellungen, griechischem Leben, dann kommt man näher dem Übersinnlichen als mit den modernen Vorstellungen. – Und es war das so tief gewurzelt bei Goethe, daß er seit den achtziger Jahren des 18. Jahrhunderts immer danach strebte, seine Vorstellungen so biegsam zu machen, wie die Vorstellungen der Griechen waren. Er hoffte dadurch beizukommen der übersinnlichen Welt. Was aber war damit verbunden? Damit war verbunden, daß er in der Tat große Anstrengungen machte, nicht um durch die Anschauung des griechischen Lebens die übersinnliche Welt zu erkennen, aber um Vorstellungen zu gewinnen, um die übersinnliche Welt in das Seelenleben herein fassen zu können. Es ist interessant, wie Goethe, gerade als er an diesen Szenen geschrieben hat, sich vertieft hat in alles mögliche, um das griechische Leben vor seiner Seele lebendig erstehen zu lassen. Heute ist man nicht näher dem griechischen Leben, als man zu Goethes Zeiten war. Und Goethe fand immerhin an einem Werke, wie zum Beispiel *Schlossers* «Universalhistorische Übersicht der Geschichte der alten Welt und ihrer Kultur», das 1826 erschienen ist und das Goethe gleich gelesen hat neben vielen andern Werken, die ihn in das griechische Leben versetzten, er fand immerhin die Möglichkeit, indem er sich kongenialisch verhalten wollte zum griechischen Leben, das griechische Leben in seiner Seele lebendig zu machen. Aber mit welchen Gedanken versuchte er das? Denken Sie, da schreibt er: Es fordert uns auf, in das Allgemeinste, Vergangenste, Nichtheranzubringende der Urgeschichte unser Schauen hinzuwenden und von da an die Völkerschaften nach und nach zu unserem Blick heranquellen zu lassen.

Goethe beschäftigt sich schon in den letzten zwanziger Jahren, in denen gerade diese Szenen seines «Faust» entstehen, intensiv mit solchen Studien, die das Längstvergangene vor seinem Geiste lebendig machen und ihm zeigen, wie es heranquillt in die Gegenwart. Goethe ist kein solcher Dichter wie viele andere, die gewissermaßen aus dem Handgelenk heraus dichten, sondern er ist ein Dichter, der untertauchen will in diejenige Welt, die ihn in das Übersinnliche führt, damit er als Dichter Kunde bringen könne von diesem Übersinnlichen. Und weil er an die griechische Welt glaubte, so verwandelte sich für ihn in einer gewissen Beziehung die Vorstellung. Der Wahrheitsbegriff und der Begriff der Güte rückten für ihn, weil er griechisches Leben suchte in der Seele, dem Schönheitsbegriff nahe. Und der Begriff des Bösen rückte dem Häßlichkeitsbegriff nahe. Das ist für die heutige Menschheit schon schwer verständlich. Im griechischen Denken war das anders. Kosmos ist ein Wort, das auch ebensogut die schöne Weltenordnung wie die wahre Weltenordnung bedeutet. Die heutige Menschheit denkt nicht mehr so nahegerückt die Schönheit an die Wahrheit und die Häßlichkeit an das Böse, wie der Grieche das tat. Dem Griechen verschmolzen sich noch Schönheit mit Wahrheit, Häßlichkeit mit Irrtum und mit dem

Bösen. Und Goethe bekam durch sein Verhältnis zum Griechentum gewissermaßen die Empfindung, wer so organisiert ist, wie die Griechen waren, die der übersinnlichen Welt noch näherstanden, empfindet das Unwahre und das Böse als häßlich, wendet sich aus Schönheitsgefühl davon ab, und die Wahrheit empfindet er als schön. Diese Empfindung bildete Goethe aus. Und er glaubte, er komme vielleicht dem Übersinnlichen näher, wenn er sich durchdringe mit einer Empfindung für die Schönheit der Welt. Dann aber, wie man das Licht nur an seinen Schatten kennenlernen kann, muß man sich auch durchdringen mit einer Empfindung für die Häßlichkeit der Welt. Das suchte Goethe.

Aus diesem Grunde bringt er den Mephistopheles, der ja nur eine andere Seite des Faust-Lebens ist, in die Nähe der Urbilder der Häßlichkeit, der Phorkyaden, welche die Urbilder der Häßlichkeit sind. Damit rührt Goethe an ein großes Geheimnis des Daseins. Sie werden aus meinen Vorträgen, die ich im Verlauf der Zeit hier an diesem Orte gehalten habe, ersehen haben, daß schon auch in der Gegenwart gewisse Leute im Besitze gewisser Geheimnisse sind. Vor allen Dingen ist zum Beispiel die Führerschaft des römischen Katholizismus – die Führerschaft – im Besitze gewisser Geheimnisse. Es kommt dabei darauf an, wie man diese Geheimnisse anwendet. Aber auch gewisse Eingeweihte der englisch sprechenden Bevölkerung sind im Besitze gewisser Geheimnisse. Aus einem gründlichen Mißverständnis heraus bewahren nicht nur die römisch-katholische Kirche – die Führer – vor ihren Gläubigen diese Geheimnisse, sondern auch gewisse esoterisch Eingeweihte der englisch sprechenden Bevölkerung. Die haben nun verschiedene Gründe, und von einem der Gründe will ich nun sprechen.

Die Erde hat eine Vergangenheit: Saturn-, Sonnen- und Mondenzeit; eine Gegenwart: Erdenzeit; eine Zukunft: Jupiter-, Venus-, Vulkanzeit. Es gibt in der Entwickelung ein Gutes und ein Böses. Aus dem Kosmos, aus der kosmischen Entwickelung ist das Gute nur zu erkennen aus der Vergangenheit, aus der Saturn-, Sonnen- und Mondenzeit und aus der halben Erdenzeit. Weisheit und das Gute hängen mit dem Rückblick in die Vergangenheit zusammen. Weisheit und das Gute impfen jene Mitglieder der höheren Hierarchien, die zu den Menschen gehören, in *der* Zeit der menschlichen Natur ein, in welcher diese menschliche Natur noch nicht so wie auf der Erde zum vollen Bewußtsein erwacht ist. Für die folgende Zeit, für die Jupiter-, Venus-, Vulkanzeit und auch für die jetzige Erdenzeit schon – es beginnt schon –, für die halbe Erdenzeit noch muß der Mensch bewahren das Gute, wenn er zum Guten gelangen will, muß die Impulse dieses Guten aus seiner Natur heraus entwickeln, denn es offenbaren sich aus dem Umkreise, aus dem, was neu herantritt, die Kräfte des Bösen. Ohne daß sich diese Kräfte des Bösen offenbaren würden, würde der Mensch nicht zum freien Willen kommen. Und diejenigen Eingeweihten, die ich meine, wissen dieses bedeutsame Geheimnis und wollen es, weil sie die Menschheit nicht reif machen wollen, der Menschheit nicht mitteilen. Sie wissen dieses Geheimnis. Wenn dasselbe, was als Menschennatur auf dem alten Saturn entstanden ist, durch Saturn, Sonne und Mond sich entwickelt hat und nun weitergeht, wenn dieses selbe, was für uns Menschen sich auf dem Saturn entwickelt hat und eine Vergangenheit hat, jetzt entstehen würde aus den Bedingungen der Erde heraus, so würde es ein radikal Böses werden, würde es nur das Böse aufnehmen können. Aus den äußeren Bedingungen ergibt sich nur die Möglichkeit, das Böse aufzunehmen. Diesem dem Bösen Ausgesetztsein verdankt es der Mensch, daß er zum freien Willen kommen kann, daß er wählen kann zwischen dem Bösen, das an ihn herantritt, und dem Guten, das er aus seiner Natur heraus entwickeln kann, wenn er sich vertrauensvoll hingibt an dasjenige, was durch seine Vorzeit in seine Natur gelegt worden ist. Daher sagen diese Eingeweihten denjenigen, die sie auch einweihen wollen: Es gibt drei Schichten des Bewußtseins. – Das ist eine ständige Formel, die man in diesen englisch sprechenden Einweihungsschulen haben kann. Taucht der Mensch in dieses Unterbewußte hinunter, aus dem die Träume heraufquellen, dann erlebt er eine innige Verwandtschaft mit andern Wesen – ich habe Ihnen vorhin charakterisiert: auch mit andern Menschen –, die nicht heraufragen kann in die gegenwärtige Welt. Lebt der Mensch, wie es in der Gegenwart der Fall ist, mit seinem Tagesbewußtsein in der sinnenfälligen oder verständigen Welt, so ist das die Welt, in der er durch Geburt und Tod geht. Und lebt sich der Mensch hinauf in die Welt, die er als physischer Mensch betreten wird in der Zukunft, die er durch übersinnliche Erkenntnisse erringt, dann ist das die Welt, in der er zunächst das Böse erlebt. Denn gerade darinnen muß des Menschen Stärke bestehen, daß er dem Bösen gewachsen ist, daß er gegenüber dem Bösen sich aufrechterhalten kann. Er muß das Böse kennenlernen können.

Es ist natürlich die wahre Folge dieser Tatsache diese, daß die Notwendigkeit besteht für die gegenwärtige Menschheit, Licht zu verbreiten über die Vergangenheit, was nur durch Geisteswissenschaft geschehen kann, damit der Mensch gewachsen ist dem notwendigen Entgegenkommen des Bösen. Auf diese drei wird gerade bei den Eingeweihten der englisch sprechenden Bevölkerung immer wieder und wiederum hingewiesen. Darauf wird jener Kampf begründet, der da sehr, sehr bedeutsam ist, wenn auch die äußere Zeit wenig davon weiß, zwischen gewissen Leuten, die da wollen, daß das Notwendige geschehe und dem Menschen solche Geheimnisse mitgeteilt werden, und denjenigen, die den Menschen unreif lassen wollen. Bis jetzt haben noch die letzteren gesiegt. Das ist sehr wichtig, daß man diese Dinge kennt. Welches Unheil angerichtet würde, wenn geisteswissenschaftliche Wahrheiten der Welt vorenthalten würden, das können Sie daraus ersehen, denn dem Bösen wird der Mensch schon ausgesetzt. Geschützt wird er vor dem Bösen nur dadurch, daß er sich in das spirituelle Leben des Guten vertieft. Enthält man ihm das spirituelle Leben des Guten vor, dann wirkt man nicht als Menschenfreund, ganz gleichgültig ob man Mitglied irgendeines Freimaurerordens ist, oder ob man Jesuit ist, man wirkt nicht menschenfreundlich. Dann liefert man die Menschen durch die Vorenthaltung der spirituellen Weistümer dem Bösen aus. Und man kann dabei einen gewissen Zweck haben. Man kann den Zweck haben, im engen Kreise selber nur das Gute zu wissen, um mit Hilfe dieses Guten die hilflose Menschheit, die durch das Böse sich in die Lebensabsurdität hineinführt, zu beherrschen.

Sie können sich denken, daß derjenige, der – wie Goethe – eine ahnende Erkenntnis hat von diesen Dingen, nur zögernd an diese Dinge herantritt. Sie werden eine Vorstellung haben aus mancherlei, was ich schon gesagt habe in Ihrer Gegenwart über die ganz eigentümliche Geistesart Goethes, und werden sich daraus einen Begriff bilden können, daß Goethe nur mit der Sache wirklich kongruenten Vorstellungen an diese subtilen, aber welterschütternden Dinge herantritt. Daher wollte er sich auch nicht der Vorstellung aussetzen, indem er seinen «Faust» konzipierte, geradezu aufmerksam zu machen, wie der Mensch, wenn er vorwärtsdringen will in der Kultur, furchtlos sich dem Anblick des Bösen aussetzen muß, sondern er kleidet auch das in die griechischen Vorstellungen, indem er Mephistopheles aussetzt dem Anblick der Urhäßlichkeit, dem Anblick der Trinität der drei Phorkyaden, der urhäßlichen Phorkyaden. Statt die Menschen in rückhaltloser Weise, wie es die Geisteswissenschaft muß, auf die Realität des Bösen hinzuweisen, weist Goethe auf die Realität der Häßlichkeit neben der Schönheit hin. Daher das eigentümliche Verhalten des Mephistopheles gegenüber den Phorkyaden. Würde Mephistopheles in seiner nordischen Heimat geblieben sein, das heißt also in einer Welt, die doch gegenüber der griechischen fortgeschritten ist in der Weltenordnung, dann würde er der bitteren, aber notwendigen Welt, aus welcher das Böse der Zukunft quillt, entgegentreten müssen. Statt dessen läßt ihn Goethe in der Welt der Antike den Urbildern der Häßlichkeit entgegentreten, den Phorkyaden. Damit stellt er ihn gewissermaßen noch in die Vorgeschichte der Geschichte des Bösen hinein. Er stellt, indem er mit griechischen Begriffen spricht, eine grundernste Wahrheit in einer den Menschen noch sympathischeren Weise vor diese Menschen hin. Und auch hier erweist sich Goethe wiederum als ein gründlicher Kenner der Sache. Wir wissen – lesen Sie das in meiner «Geheimwissenschaft» –, die Zukunft ist in einer gewissen Weise die Wiederhervorbringung des Vergangenen auf einer höheren Stufe. Jupiter in einer gewissen Weise die Wiederholung des Mondes, Venus die Wiederholung der Sonne, Vulkan die Wiederholung des Saturn. Auf einer höheren Stufe in Späterem tritt auf das Frühere. So ist es auch mit Bezug auf das Böse, das auftritt, damit der Mensch sein Gutes aus seiner eigenen Natur heraus möglichst stark entfalten kann. Aber dieses Böse, das wird Zerrbilder, Karikaturen von Bildungen der Urzeit zeigen.

So wie wir jetzt sind, sind wir vieles nur dadurch, daß wir symmetrisch gestaltet sind, daß in uns der Linksmensch und der Rechtsmensch zusammenwirken. Die Physiker und Physiologen denken immer nach, warum wir eigentlich zwei Augen haben, und was uns diese zwei Augen nützen. Wenn sie wüßten, warum wir zwei Hände haben, und was uns diese zwei Hände nützen, wüßten sie auch, warum wir zwei Augen haben, und was uns diese zwei Augen nützen. Wenn man nämlich nicht mit der rechten Hand die linke befühlen könnte, würde man nicht zum Ich-Bewußtsein kommen. Dadurch, daß wir imstande sind, mit dem rechten Menschen den linken zu umfassen, daß wir in uns selber die Erkenntnis des rechten Menschen durch den linken anstellen können, kommen wir zum Selbstbewußtsein und zum Bewußtsein, daß das Ich dabei ist. Wenn wir einen Gegenstand anschauen, ist notwendig, daß der Mensch nicht nur ein Auge hat. Wenn der Mensch durch Geburt oder Anlage oder Unglücksfall nur ein Auge hat, zufällig, so hindert das nicht, es kommt auf die Veranlagung an, auf die Kräfte, nicht auf die äußere Erscheinung. Wenn wir einen Menschen anschauen, so kreuzen sich die Augenachsen; dadurch ist das Ich verbunden mit diesem Anschauen: durch diese Kreuzung der linken Richtung mit der rechten Richtung. Und je weiter man zurückgeht, je größer wird die Verwandtschaft, desto mehr gemeinsam aber auch das Bewußtsein. Daher läßt Goethe den drei Phorkyaden ein Auge und einen Zahn gemeinschaftlich sein, eine sehr sachgemäße Darstellung. Also die drei haben ein Auge und einen Zahn. Das haben sie, weil noch nicht die Sinne zusammenwirken sollen, sondern noch isoliert dastehen sollen. Die Verwandtschaft wird dadurch auf der einen Seite ausgedrückt, und auf der andern Seite wird aber auch ausgedrückt, daß noch nicht die Elemente zusammenwirken, daß nicht eintreten kann, was zum Beispiel bei uns durch den Links- und durch den Rechtsmenschen eintritt. So präzis drückt Goethe dasjenige aus, was er ausdrücken will. Es weist das auf sehr, sehr vieles hin.

Und wenn Sie gar bedenken, wie Sie aus der «Geheimwissenschaft» wissen, daß die gegenwärtige zweigeschlechtliche Menschheit aus der eingeschlechtlichen hervorgegangen ist! Das Männliche und Weibliche hat sich erst im Laufe der Entwickelung gebildet. Eine Rückentwickelung wird stattfinden. Indem Mephistopheles dem Bösen in der Form des Häßlichen entgegentritt und sich ihm anschließt, mit den Phorkyaden geht, sagt er ja:

> Da steh' ich schon ...

– nachdem er Gemeinschaft geschlossen hat mit den Phorkyaden –

Da steh ich schon,
Des Chaos vielgeliebter Sohn!

Phorkyaden:

Des Chaos Töchter sind wir unbestritten.

Und Mephistopheles:

Man schilt mich nun, o Schmach! Hermaphroditen.

Selbst Hermaphrodit wird er, indem auf diesen Umstand hingewiesen werden soll, auf den ich jetzt als den der Zweigeschlechtlichkeit vorangehenden Zustand hingewiesen habe. Ganz sachgemäß schildert wirklich Goethe. Aus dieser Szene kann man schon erkennen, wie tief Goethe ahnend in den Wahrheiten der Geisteswissenschaft darinnengestanden hat.

Und nun erinnern Sie sich einmal, daß ich vor kurzem gesagt habe: Der kann nicht zu einer irgendwie befriedigenden Weltanschauung kommen, der, verführt durch das, was der Mensch nun einmal ist und sein muß, auf der einen Seite zum Beispiel zu abstrakten Idealen kommt, die dann keine Kraft haben – wie Naturkräfte, die in der physischen Weltenordnung nicht eingreifen können, die daher wie Nebel zerstieben müssen, wenn die Erde an ihrem Ziele, das heißt bei ihrem Grabe angelangt sein soll, – der kommt zu keiner befriedigenden Weltanschauung, der entweder ein solcher abstrakter Idealist ist, oder der Materialist ist. – Man muß beides sein, habe ich gesagt. Man muß sich erheben können zu geistgemäßen Ideen, und man muß das, was materiell ist, materiell anschauen können und materialistische Vorstellungen davon bilden können. Man muß eine materialistische und eine idealistische Weltanschauung bilden können und nicht durch abstrakte Begriffe eine Einheit herstellen, sondern, indem man auf der einen Seite die naturwissenschaftlichen Begriffe hat und auf der andern Seite die idealistischen Begriffe, muß man die beiden sich ineinanderleben lassen. Wie sich Geist und Materie ineinanderleben, so muß man im Erkenntnisprozesse selbst, wie ich Ihnen sagte, das Materielle durch das Ideelle, das Ideelle durch das Materielle beleuchten und durchdringen.

Auch darauf kam Goethe. Er kam darauf, wieviel Einseitiges darinnen ist, wenn die Menschen in abstrakten Begriffen entweder eine mehr dem Stoff oder eine mehr dem Geist zugeneigte Weltanschauung suchen. Und er war daher nicht geneigt, in solchen abstrakten Begriffen eine Weltanschauung zu suchen, sondern suchte anders zu verfahren. Und dieses andere charakterisiert er so: Da sich gar manches unserer Erfahrungen nicht rund aussprechen und direkt mitteilen läßt, so habe ich seit langem das Mittel gewählt, durch einander gegenübergestellte und gleichsam in einander abspiegelnde Gebilde den geheimen Sinn den Aufmerkenden zu offenbaren.

Nun, wie kann man klarer ausdrücken, daß man nicht Idealist oder Realist ist, sondern Idealist und Realist, und die beiden Weltanschauungen sich ineinander spiegeln läßt! Goethe sucht, von den verschiedensten Seiten der Welt nahezukommen und durch gegenseitige Spiegelungen der Begriffe zur Wahrheit zu kommen. Es steckt also auch schon in den Goetheschen Impulsen der Weg, der eingeschlagen werden muß durch die Geisteswissenschaft, um die Menschheit der Zukunft, der heilsamen Zukunft entgegenzuführen.

Man möchte, daß in dieser Art an Goethe angeknüpft würde. Dann aber muß so etwas wie der «Faust» vor allen Dingen gelesen werden! Aber die Menschheit hat sich mehr oder weniger das Lesen abgewöhnt. Es ist so, daß die Menschen höchstens sagen, wenn da steht: Luna, Diana, Hekate, die Brusterweiternde, die im Tiefsten-Sinnige, die Ruhig-Scheinende, aber Gewaltsam-Innige – na: dichterisch. Da braucht man nicht sehr weit zu gehen, man braucht sich nicht einzulassen darauf, über jedes Wort nachzuspintisieren. Die Menschen trösten sich heute, wenn ihnen irgend etwas geboten wird, woran sie eigentlich nicht zu glauben brauchen, denn sie möchten so über die Dinge obenhin gehen. Aber das läßt die Welt nicht zu. Wenn Sie an die ernste Wahrheit denken, die ich in Anknüpfung an die Begegnung des Mephistopheles mit den Phorkyaden eben aussprechen mußte, und die doch bewahrt wird, wenn auch schlecht bewahrt wird, in manchen okkulten Schulen der Gegenwart, dann werden Sie neben vielem andern, aus dem Sie Gelegenheit haben, den großen Ernst des geisteswissenschaftlichen Strebens zu erkennen, den Ernst, der in diesem geisteswissenschaftlichen Streben liegen muß, schon verstehen lernen. Manchmal dringt, man möchte sagen, halbbewußt nur aus Menschen, die in die Nähe desjenigen kamen, was für den Menschen der Zukunft erforderlich ist, so ein Stoßseufzer herauf, wie bei *Nietzsche,* als er sein Mitternachtslied dichtete: «Die Welt ist tief, und tiefer als der Tag gedacht.»

Man muß schon sagen: der Tag gibt dem Menschen das Tagesbewußtsein, aber der Mensch gelangt nicht zu mehr von sich selbst als zu einem Homunkulus, nicht zu einem Homo, wenn er sich nur an das hält, was der Tag bringt. Denn die Welt ist tief, und tiefer als der Tag gedacht. Und da Goethe den Faust nicht bloß in das einführen wollte, was der Tag bringt, sondern in das, was Ewigkeiten bergen, so mußte er ihn den Weg nehmen lassen in Gemeinschaft mit dem Homunkulus und mit dem Mephistopheles, der dem Übersinnlichen entgegengeht. Dem glaubte wiederum Goethe dadurch nahezukommen, daß er sich in griechische Vorstellungen vertiefte und sie in sich belebte.

DAS SEELENLEBEN GOETHES VOM GEISTESWISSENSCHAFTLICHEN STANDPUNKTE

Dornach, 29. September 1918

Wir haben durch die vorgestrigen und gestrigen Betrachtungen sehen können, wie Goethesches Schaffen durchdrungen ist von einer gewissen, wenn auch vielleicht als geahnt zu bezeichnenden geisteswissenschaftlichen Anschauung. Und es ist außerordentlich wichtig und bedeutsam, sich darauf einzulassen, einmal solch ein interessantes Faktum zu durchschauen, wie es das Goethesche Geistesleben ist. Erst dann erscheint ein solches Geistesleben richtig im Zusammenhange mit der ganzen Entwickelung der Menschheit, wenn man es in vertiefter Betrachtung mit alle dem, was es enthält, sich vor die Seele führt. Nun möchte ich aber zu all dem Gesagten noch etwas anderes hinzufügen. Ich möchte Sie nämlich darauf hinweisen, daß man Goethes ganze Geistesstruktur, die ganze Art des Goetheschen Geisteslebens eigentlich doch nur richtig erfassen kann, wenn man dies wiederum von geisteswissenschaftlichem Standpunkte aus tut. Nicht nur, daß ein ungeistiger Standpunkt natürlich dasjenige nicht finden kann in Goethes Schaffen, was wir durch eine geisteswissenschaftliche Betrachtung vorgestern und gestern haben finden können, sondern es wird auch nur erklärlich, wie ein solches Seelenleben innerhalb der Menschheitsentwickelung möglich ist, wenn man dieses Seelenleben vom geisteswissenschaftlichen Standpunkt aus betrachtet. Ich habe in verschiedenen Zusammenhängen Sie auch auf andere Offenbarungen des Goetheschen Seelenlebens aufmerksam gemacht, auf Offenbarungen, die vielleicht dem allgemeinen Menschenleben ferner zu liegen scheinen, aber nur scheinen, als dasjenige, was sich in der umfassenden Faust-Dichtung, die eigentlich jeden Menschen im höchsten Grade interessieren sollte, dargestellt findet. Ich habe Ihnen gesprochen davon, daß *Goethe* eine besondere Art von Naturwissenschaft gepflogen hat. Und dies, daß Goethe eine besondere Art von Naturwissenschaft gepflogen hat, ist etwas außerordentlich Wichtiges und Bedeutsames. Man kann sagen, daß gerade die besondere Denkweise Goethescher

Naturwissenschaft etwas in den weitesten Kreisen gegenwärtig noch recht Unverstandenes ist. Dennoch erscheint mir gerade für die verschiedensten Zweige des Geisteslebens der Gegenwart, nicht zum wenigsten auch für das religiöse Leben der Gegenwart von ganz besonderer Bedeutung, daß man einen Einblick gewinne in diese besondere Konfiguration, in diese besondere Art, wie Goethe die Natur angesehen hat. Sie wissen, er versuchte zu begründen für die Welt des Unlebendigen eine Naturwissenschaft, die er aufbaute nach seinem eigenen Ausdrucke auf die Urphänomene, und er begründete eine Pflanzenlehre, die er aufbaute auf die Metamorphose.

So gut es ganz populär geht, möchte ich über diese beiden Seiten, über die Urphänomenenlehre und über die Metamorphosenlehre Goethes, ein paar Worte auch heute charakterisierend zu Ihnen sprechen.

Was beabsichtigt Goethe, indem er für eine Naturerklärung nur zu den sogenannten Urphänomenen, zu keinen Hypothesen und Theorien übergehen will? Ich bemühe mich jetzt seit den achtziger Jahren des vorigen Jahrhunderts, von den verschiedensten Seiten her, die Menschheit darauf hinzuweisen, was das eigentliche Grundwesen des Urphänomens ist. Man kann aber nicht sagen, daß von der Sache eigentlich bis jetzt in weiteren Kreisen viel verstanden worden ist. Man kommt vielleicht am besten hinein in eine Anschauung darüber, was Goethe unter dem Urphänomen in der unlebendigen Natur verstand, wenn man sich vor Augen führt, wie er dazugekommen ist, gerade eine besondere Farbenlehre auszubilden. Er erzählt das selbst. Ich weiß, daß dasjenige, was ich nun zu sagen habe, für die gegenwärtige naturwissenschaftliche, physikalische Anschauung ein Greuel und eine Ketzerei ist. Das macht aber nichts. Was die gegenwärtige Physik nicht anerkennt, wird sich die zukünftige Physik genötigt finden, schon anzuerkennen. Die gegenwärtige Physik ist für die Goethesche Farbenlehre wirklich noch nicht reif.

Goethe glaubte so wie andere Menschen – wie gesagt, er erzählt das selber – bis zum Beginn der neunziger Jahre des 18. Jahrhunderts an die sogenannte Newtonsche Farbenlehre, welche auf einer gewissen Hypothese, auf einer Theorie aufgebaut ist. Es besagt diese Theorie, daß dem Lichte zugrunde liegt irgend etwas – nun, darauf braucht man nicht einzugehen –, irgend etwas, was nicht wahrgenommen wird. Ob es, wie von *Newton* selbst, in Stoffströmungen vorgestellt wird, oder ob es als Schwingungen oder irgendwelche elektrischen Impulse vorgestellt wird, das ist schon schließlich gleichgültig. Es wird so vorgestellt die Farbenentstehung, daß das Licht gewissermaßen ungetrennt die verschiedenen Farben wie neutralisiert enthalte in einer Art übersinnlicher Wesenheit, und daß sich durch das Prisma oder durch andere Vorgänge die Farben herausdrängen lassen aus dem einheitlichen weißen Licht.

Goethe hat sich genötigt gefunden, in einer Weise, wie es selbstverständlich für den heutigen Physiker primitiv und töricht erscheinen muß, diese Vorstellung, die er mit den andern auch geteilt hat, eines Tages zu verlassen. Er hat diese Newtonsche Optik studiert, war Gläubiger derselben geworden, wie es selbstverständlich ist, wenn man nichts Besseres kennt, hat aber gefunden, wenn er nun diese Newtonsche Optik, diese Farbenlehre anwenden will, um etwas künstlerisch, malerisch zu durchdenken, da kann man nichts damit anfangen. Für eine materialistische physikalische Vorstellung taugt diese Newtonsche Physik zur Not, aber man kann künstlerisch nichts mit ihr anfangen. Das störte Goethe immer mehr, und das veranlaßte ihn, wenigstens nachzusehen, wie es sich mit den Farbenerscheinungen physikalisch verhält. Da ließ er sich von dem Hofrat *Büttner*, der Professor in Jena war, Apparate kommen, um zu sehen, was er durch eigene Untersuchungen, eigene Experimente in bezug auf die Farbenentstehung sich für Anschauungen bilden könnte. Der Hofrat Büttner hat Exzellenz von Goethe selbstverständlich bereitwilligst alles zur Verfügung gestellt. Aber die Sachen verstaubten zunächst bei Goethe zu Hause. Er kam lange nicht dazu, die Untersuchungen zu machen, bis der Hofrat Büttner vorstellig wurde, daß er jetzt seine Apparate brauche und daß er sie gern zurückhaben möchte. Goethe stellte sie zusammen, um sie dem Mann zurückzusenden. Vorher wollte er aber doch noch rasch durch ein Prisma schauen, und da glaubte er – wie gesagt, für den heutigen Physiker höchst primitiv und töricht –, wenn er durch ein Prisma schaut, dann müßte er die weiße Wand, weil sie sich doch in sieben Farben spaltet, in allen sieben Farben hintereinander sehen. Aber nichts! Sie blieb weiß! Das störte ihn. Es war töricht nach den üblichen Voraussetzungen; nur war es – ein gesundes Denken.

Er guckte da durch das Prisma – die Wand blieb weiß. Das bewirkte, daß er noch einmal den Hofrat Büttner ersuchte, die Instrumente, die Apparate behalten zu dürfen. Und da hat er denn doch seine weiteren Untersuchungen angestellt. Und aus diesen Untersuchungen heraus ist ihm erwachsen: erstens seine Farbenlehre und zweitens seine Anschauung über die physikalischen, das heißt die unlebendigen Erscheinungen der Natur überhaupt, eine solche Anschauung, die alle Hypothesen und alle Theorien ablehnt, die gar nichts ausdenkt über die Naturerscheinungen, sondern diese zurückführt wiederum auf Erscheinungen, nur auf Urerscheinungen, auf Urphänomene.

Und so wurde er sich klar darüber: Wenn man irgendeine Farbe schaut, so liegt auf irgendeine Art zugrunde ein Zusammenwirken von Licht und Finsternis, die übereinandergeschoben werden. Wird das Licht über die Finsternis geschoben, erscheinen die dunklen Farben: blau, violett und so weiter. Wird über das Helle, über das Licht, die Finsternis geschoben in irgendeiner Weise, also verfinsterte Materie und dergleichen oder das Prisma selber, so erscheinen die hellen Farben: rot, gelb und so weiter. – Da ist gar keine Theorie dabei. Dunkles und Helles wirkt in der unmittelbaren Wahrnehmung. Nur sind es einfach Wahrnehmungen. Wenn Dunkles und Helles zusammenwirkt, entstehen Farben. Darin ist nichts ausgesprochen von einer Hypothese, von einer Theorie, sondern es ist nur ein Einfaches, Wahrnehmbares ausgesprochen.

Und nun handelt es sich für ihn nicht darum, Hypothesen zu erfinden, wie etwa die Undulationshypothese oder die Emissionshypothese und dergleichen, um zu sagen, so und so entstehen Farben, sondern lediglich um die Frage, wie Licht und Finsternis zusammengestellt werden müssen, damit Gelb oder Rot oder Blau oder Violett erscheine. Also worauf es Goethe ankam, das ist, nichts hinzuzudenken an Hypothesen und Theorien zu den Erscheinungen, sondern ganz streng die Erscheinungen für sich selber sprechen zu lassen. Goethe brachte auf diesem Wege eine Farbenlehre zustande, die in einer wunderschönen Art in die künstlerische Auffassung des Farbigen führt. Denn das Kapitel über die sinnlich-sittliche Wirkung der Farben, worin sich so viele auch für den Künstler bedeutungsvolle Andeutungen finden, gehört zu dem Schönsten der Goetheschen Farbenlehre.

Das war nun Goethes Grundlage für die Gesamtauffassung der unlebendigen Natur, nirgends Theorien oder Hypothesen zu suchen. Die können, meint er, aufgestellt werden, um Gerüste zu haben. Aber wie man die Gerüste nicht stehen läßt, wenn der Bau fertig ist, sondern sie abnimmt, so verwendet man auch Hypothesen nur, um einen Weg zu finden, wie man sie zusammenstellt; nachher aber werden sie abgerissen, wenn man bis zu dem Urphänomen, zu dem einfachsten Phänomen gekommen ist.

Das versuchte Goethe auch für die gesamte Physik wenigstens zu skizzieren. Und Sie finden in der großen weimarischen Ausgabe in dem Bande, wo von mir veröffentlicht sind die Goetheschen allgemeinen naturwissenschaftlichen Aufsätze, auch ein Schema, in dem Goethe eine ganze Physik schematisiert gegeben hat von diesem Gesichtspunkte aus. Besonders interessant ist in diesem Schema die Tonlehre zum Beispiel, die im Einklange mit seiner Farbenlehre, allerdings nur schematisiert ist. Aber es wäre interessant, einmal eine Tonlehre, die ebensogut in das Musikalische einmünden würde, wie die Goethesche Farbenlehre in das Malerische einmündet, zu schaffen. Sie konnte natürlich noch nicht geschaffen werden, weil die moderne Naturwissenschaft ganz andere Wege geht, als sie in der Goetheschen Weltanschauung, respektive in der Goetheschen Naturanschauung begründet sind. Das versuchte Goethe mit Bezug auf die unlebendige Natur.

Ein Ähnliches versuchte er mit Bezug auf das lebendige Pflanzenleben durch die Metamorphosenlehre, wo er auch nicht Theorien und Hypothesen aufstellte, sondern verfolgte, wie das Laubblatt sich umwandelt, metamorphosiert die verschiedensten Gestalten annimmt und nachher zum Blumenblatt wird, so daß die Blüte nichts anderes ist als das umgewandelte Laubblatt. Wiederum eine Anschauung, die keine Hypothesen will, die keine Theorie aufstellen will, sondern die rein bleiben will bei dem, was die Anschauung darbietet. Nur braucht man dann bewegliche Begriffe, Begriffe, die ebenso beweglich sind wie die Natur selber. Wie die Natur im Schaffen lebt, das ist, daß sie an den Gestalten nicht festhält, sondern die Gestalten verwandelt. Man muß also solche Begriffe haben, wie sie die Mehrzahl der Menschen zu bequem ist auszubilden, Begriffe, die sich selbst innerlich wandeln, um von Gestalt zu Gestalt, wie sie sich in der Natur wandeln, wirklich mit den Begriffen mitfolgen zu können. Aber dann bleibt man ohne Hypothesen und ohne Theorien nur im rein Sinnenfälligen stehen.

Es ist dieses Eigentümliche, daß Goethe gerade dadurch charakterisiert ist, daß er für die Naturerscheinungen jegliche Theorie ablehnt und eigentlich das Denken nur dazu verwenden will, um die Phänomene in der richtigen Weise zusammenzustellen, daß sie sich selbst aussprechen in ihrem Wesen. Ja, man kann das Paradoxe sagen, ich bitte Sie, das wohl ins Auge zu fassen: Gerade dadurch wird Goethe in der richtigen Weise so in das Geistgebiet hineingetrieben, wie wir das vorgestern und gestern charakterisieren konnten, daß er für die Erscheinungen der äußeren Natur sich nicht durch allerlei Theorien und Hypothesen die Naturerscheinungen verunreinigt, sondern daß er die Naturerscheinungen so auffaßt, wie sie sich dem sinnenfälligen Dasein darbieten.

Das hat aber eine weitere Folge. Wenn man Newtonsche oder Spencersche oder ähnliche Theorien bildet, also das, was die Natur selbst bietet, verunreinigt durch Theorien und Hypothesen, so denkt man über die Natur so, daß man im physischen Menschenleben so denken kann, aber der Ätherleib des Menschen nimmt die Sache nicht auf. Und sie übertragen sich, alle diese Theorien, die nicht durch die reine Naturbetrachtung gewonnen werden. Alle diese Theorien und Hypothesen machen erst den menschlichen Ätherleib zur Karikatur, ja, dadurch auch den astralischen Leib zur Karikatur und stören dadurch im übersinnlichen Gebiet das Menschenleben.

Gegen diese Zerstörung der Formen, die der Ätherleib für sich fordert, wandte sich die gesunde Natur Goethes. Das ist gerade – und deshalb sage ich: man kann Goethe nur geisteswissenschaftlich verstehen – das Bedeutsame für Goethe. Er hatte einen Instinkt für das, was nicht aus der unmittelbaren Wirklichkeit stammt, weil er verspürte, wenn er solche Begriffe bildete, wie die Newtonschen waren, da zwickt es und zwackt es im Ätherleib. Bei den andern zwickt es und zwackt es nicht, weil sie gröber organisiert sind. Goethe war so organisiert, daß es ihn zwickte und zwackte im Ätherleib, während er so hindurchschaute. Und weder eine Theorie noch die kostbarste Hypothese verhindern, daß es in ihm zwickt und zwackt, als nur das Weiß erscheint, und er denken muß, die Wand ist trotzdem weiß, obwohl stufig die sieben Farben erscheinen sollten. Es ist nicht geschehen. Und es ist ein Beweis für die durch und durch gesunde, das heißt, als Mikrokosmos dem Makrokosmos eingepaßte Natur Goethes, daß er in dieser Weise empfand.

Und noch eine andere Seite dieser Sache ist hervorzuheben. Wir wissen, der Mensch ist nicht nur dieses Wesen, das da lebt zwischen der Geburt und dem Tod, sondern der Mensch ist auch das Wesen, das lebt zwischen dem Tod und einer neuen Geburt. In diesem Leben zwischen dem Tod und einer neuen Geburt hat man diejenigen inneren Kräftezusammenhänge, die man sich ausgebildet hat im physischen Leib. Und wenn man sich nach ein paar Tagen vom Ätherleib getrennt hat, sieht man auf diesen Ätherleib hin. Es handelt sich darum, daß man diesen Ätherleib so behandelt hat als Mensch, daß man auf ihn hinschauen kann, ohne daß er einen als Karikatur beirrt. Nun ist das Eigentümliche, wenn man die Natur rein naturgemäß anschaut, so wie sie Goethe angeschaut hat, wenn man Theorien und Hypothesen ablehnt und nur Urphänomene gelten läßt, dann ist dieses Auffassen, dieses Anschauen der Urphänomene so, daß sie in uns gesunde Empfindungen und Gefühle auslösen, diejenigen Empfindungen, die Goethe in dem Kapitel «Sinnlich-sittliche Wirkungen der Farben» beschreibt. Selbstverständlich, die Anschauung der sinnlichen Phänomene fällt ab mit unserem Leben. Was aber durch die reine Anschauung, die Goethe als Naturwissenschaft allein gelten läßt, in unserem Geistig-Seelischen verbleibt, das ist gesund und paßt auch zur geistig-seelischen Welt. So daß man sagen kann: Die Goethesche Naturwissenschaft ist, trotzdem sie sich beschränkt auf die Phänomene, auf das Sinnliche, gerade eine geistgemäße, weil sie nicht durch eine ahrimanische oder luziferische Beeinflussung des Geistes hier die reine Naturanschauung durch Theorien verunreinigt. – Solche Theorien verdunkeln für das Geistig-Seelische die reinen Anschauungen des Irdischen.

Nun habe ich Ihnen gestern gesagt, der Mensch lebt nicht nur auf der Erde, sondern er hat, bevor er die Erde betrat, eine Saturn-, Sonnen- und Mondenentwickelung durchgemacht. Er wird, nachdem er die Erde verlassen wird, oder besser gesagt, die Erde ihn verlassen wird, eine Jupiter-, Venus- und Vulkanentwickelung durchmachen. Aber ich habe Ihnen gesagt: Unsere naturwissenschaftlichen Begriffe können nur auf die Erdenentwickelung Bezug haben. – Und in der Tat, wenn wir eine gesunde Naturwissenschaft ausbilden, haben wir gerade den Trieb, nicht die Erdenentwickelung so darzustellen, daß wir alles Mögliche hineinkonfundieren, was auf den Saturn, die Sonne und den Mond nur paßt, die natürlich in Wirklichkeit mit der Erdenentwickelung verquickt sind, sondern eine gesunde Naturwissenschaft will die Erde herausheben und die Erde als Erde darstellen in ihrer Gesetzmäßigkeit. Das tut Goethe. Und deshalb können die Menschen so wenig aufrücken zu einer gesunden Auffassung der Monden-, Sonnen- und Saturnentwickelung, weil sie auch keine gesunde der Erdenentwickelung haben. Wenn auch Goethe selbst noch nicht zu dieser Anschauung gekommen ist von der Monden-, Sonnen- und Saturnentwickelung – wer sich vertieft in seine Naturwissenschaft, die eine von allem andern gereinigte ist, die sich nur auf die Erde bezieht, der bereitet gerade dadurch seinen Geist vor, das Irdische herauszusondern durch eine gesunde Erdenwissenschaft, und dadurch sich bereit zu machen zu einer gesunden Anschauung desjenigen, was nur im Übersinnlichen gesehen werden kann: Saturn-, Sonnen- und Mondenentwickelung und überhaupt das Geistige. So daß man sagen kann: Gerade durch seine rein auf das Sinnliche gerichtete Anschauung ist Goethe veranlagt worden, daß er dieses, wie wir gestern und vorgestern gesehen haben, in seinem «Faust» verarbeitet hat. – Deshalb stand Goethe für dasjenige, was geistige Auffassung ist, so im Geiste darinnen, weil er nicht irgendwelche konfuse Theorien oder Hypothesen aus dem Geiste heraus auf die Naturerscheinung anwandte. Das eine bedingt das andere.

Worauf ich Sie gestern am Schlusse aufmerksam machte, ist, daß Goethe nicht auf der einen Seite Idealist und auf der andern Seite Realist war, sondern die äußeren Erscheinungen realistisch, dasjenige, was idealistisch aufzufassen ist, idealistisch auffaßte, aber nicht glaubte, durch das eine oder das andere eine Weltanschauung begründen zu können, sondern die beiden Anschauungen sich gegenseitig spiegeln ließ in seinem Seelenleben, wie sie sich auch in der äußeren Wirklichkeit spiegeln.

Wenn auch Goethe das wiederum nicht selbst so verfolgt hat, so führt es dazu, daß, wenn man sich so recht tief hineinversetzt in die Goethesche Art des Vorstellens, man in ganz gesunder Weise dazu kommt, nun auch die beiden Lebensarten, die der Mensch durchzumachen hat, richtig vorstellen zu können.

Wodurch kommt es denn, daß die gewöhnliche heutige menschliche Anschauung so wenig geneigt ist, das Geistige zuzugeben? Und wenn sie sich über die geistige Welt Begriffe macht, so sind sie so abstrakt, daß mit ihnen wiederum die äußere Natur nicht zu fassen ist. Woher kommt es denn, daß den gegenwärtigen Menschen Idealismus und Realismus so auseinanderfallen, daß sie entweder nur einen lahmen Monismus daraus begründen, der doch nichts besagt, oder überhaupt nicht zu Rande kommen mit einer Weltanschauung? Woher kommt das? Das kommt davon her, daß die Menschen in einer ganz bestimmten Weise heute ihre Weltanschauung begründen wollen. Man wird heute entweder Naturwissenschafter, lernt die Natur kennen und versucht sie zu durchsetzen mit allerlei Theorien und Hypothesen. Denn dasjenige, was die Naturwissenschaft heute als Vererbung denkt und so weiter, sind nicht Urphänomene, sondern Theorien und Hypothesen. Man sucht die Naturerscheinungen mit solchen Hypothesen zu durchtränken, oder auch man wird Theologe oder Philosoph, versucht aus den Traditionen gewisse Begriffe, Ideen über das Geistige zu gewinnen. Die sind dann so dünn und schattenhaft, daß man wiederum nicht die Natur begreifen kann, dadurch, daß sie nicht hinreichend Kraft haben, um die Natur richtig damit anzufassen.

Sehen Sie sich heute einmal um in den theologischen und philosophischen Erörterungen der Gegenwart, wo finden Sie einen gesunden Anhaltspunkt darinnen, um aus ihnen heraus auch richtig die Natur zu beleuchten! Und wo finden Sie im Ernst innerhalb der Vertreter der heutigen Naturwissenschaft, wenn sie nicht monistische Schwadroneure sind, wo finden Sie eine Möglichkeit, aus der Naturwissenschaft heraus aufzusteigen zu den göttlich-geistigen Daseinsformen und Daseinsgebieten in Wirklichkeit? Das ist heute nicht möglich, wenn man gesundes Denken entwickelt, die beiden Gebiete, so wie sie heute sind, miteinander zu vereinigen. Die beiden Gebiete vereinigen sich nur, wenn man die Fähigkeit hat, sich der Naturbetrachtung und einer Wissenschaft so hinzugeben, wie sich Goethe der Natur hingegeben hat: rein den Blick auf das Phänomen, auf die Erscheinungen gerichtet, nicht Theorien anders hineinmischen, als um aufzubauen die Phänomene, das Denken nur den Diener sein lassen, der mittut, aber nicht in die Resultate, in die Ergebnisse das Denken hineinmischen. Das ist es, was wir der Natur gegenüber müssen, der Natur die Macht zuerkennen, daß sie sich selbst interpretiere. Nicht spintisieren über die Natur, sondern gerade voll materialistisch sein, indem man die materiellen Erscheinungen für sich selber sprechen läßt, das ist dasjenige, was wir einer gesunden Naturwissenschaft gegenüber als Aufgabe haben. Kommen wir mit einer solchen gesunden Naturwissenschaft zu Rande, so begreifen wir das menschliche Leben wirklich zwischen Geburt oder sagen wir Empfängnis und Tod. Aber wir müssen nun, indem wir auf der einen Seite so in die Natur hineinschauen, unbehelligt durch unmögliche Theorien und Hypothesen, auch in den Geist hineinschauen können. Dann bleiben wir nicht bei abstrakten Theologien oder Philosophien stehen, sondern dann ergeben sich uns geistige Anschauungen. Und gerade durch die Kraft, welche in uns die reine Naturbetrachtung auslöst, die Goethesche Naturbetrachtung, können sich geistige Anschauungen, Anschauungen des reinen Geistes ergeben. Wer seine Begriffe und Ideen in konfuser Weise hineinmischt in die Naturerscheinungen, an dem rächen sich diese Begriffe, lassen ihn nicht zur Geistesanschauung kommen. Wer die Natur rein anschaut, erschaut sie in seiner eigenen Seele so, daß er auf den Geist auch in einer wirklichen Weise hinschauen kann. In dieser Beziehung kann die Goethesche Weltanschauung eine großartige Erzieherin sein für die moderne Menschheit.

Dann aber muß man getrennt für sich entwickeln Naturanschauung, Geistesanschauung. Aber man muß sich auch bewußt sein, man kann mit der einen für sich und mit der andern für sich nichts anfangen. Wenn Sie bloß Theologe oder Philosoph bleiben wollen, dann ist es, wie wenn Sie irgendeine Sache, die nach zwei Seiten hin ganz verschieden ist, nur von der einen Seite photographieren wollten; ebenso wenn Sie bloßer Naturwissenschafter bleiben wollen. Sie sollen beides ganz sein können, und das eine in dem andern sich spiegeln lassen, das heißt, nicht durch abstrakte Begriffe die Vereinigung suchen, sondern die Dinge sich selbst vereinigen lassen, indem Sie zuerst für jedes Gebiet gesondert reinliche Anschauungen entwickeln. Dann spiegeln sich die beiden Gebiete ineinander. Dann aber bekommen Sie durch die Fähigkeit eines solchen Spiegelns auch eine gesunde Anschauung über das Gesamtmenschenleben. Dann sehen Sie die Naturerscheinungen draußen außer dem Menschen im Sinne einer Goetheschen Naturwissenschaft. Sie sehen aber, wenn Sie den Menschen betrachten, daß dasjenige, was für die äußere Natur vorhanden ist, nicht ausreicht für seine Erklärung. Da kommen Sie nur zu einem Homunkulus, zu keinem Homo.

Sie sehen, wie gerade für die Menschenerfassung notwendig ist, daß man von Gegenseiten herankommt, mit Naturwissenschaft und mit Geisteswissenschaft, und sich die beiden spiegeln läßt. Dann passen sie auf den Menschen. Dann spiegelt sich in dem Menschen das Leben zwischen der Geburt oder Empfängnis und dem Tod in demjenigen, was einem erscheint als Leben zwischen dem Tod und einer neuen Geburt, und umgekehrt: das Leben zwischen dem Tod und einer neuen Geburt spiegelt sich in dem Leben zwischen der Geburt und dem Tode. Nicht eine einzige Theorie ersinnen, welche das eine oder das andere erklären soll, sondern zwei Anschauungen, nicht Theorien, zwei reine Anschauungen, und diese nicht in Begriffen vereinigen, sondern in der Anschauung sich selbst gegenseitig spiegeln lassen.

Daß Goethe durch seine gesunde Seelenentwickelung zu solchen Anschauungen von der gegenseitigen Spiegelung desjenigen, was wesenhaft in der Wirklichkeit draußen ist, kam, bezeugt, wie er wirklich auf dem Wege in die neuere Geisteswissenschaft hinein war. Und wenn Goethe auch für seine Zeit in einer gewissen Beziehung noch unsicher war, weil – wie ich immer wieder betonen muß – sein geisteswissenschaftliches Erkennen ein ahnendes war, so hat er doch so viel gesundes Urteil abgegeben auch über das geistige Leben, das verfolgt werden kann in unserer Zeit bis zu Gebieten, wo Goethe noch nicht hingekommen ist, was Goethe aber veranlagt hatte.

Ich tadle nicht, daß der Goetheanismus so wenig verstanden worden ist, denn derjenige, welcher die Dinge durchschaut, tadelt nicht und kritisiert nicht, sondern er weiß, daß man nur positiv zu sprechen hat.

Ich tadle nicht das, was geschehen ist, ich stelle nur dasjenige hin, was die Forderung für die Zukunft hin ist. Und Forderung für die Zukunft ist es, daß die Menschheit sich vertieft, ob sie es nun Goetheanismus nennt oder nicht, in solche Vorstellungen, die im Goetheschen Denken schon veranlagt waren. Und das Goethesche Denken wirkt überhaupt ungeheuer wirklich und wirklichkeitsgemäß. Das ist auch sehr bedeutsam zu beachten.

Ich muß Sie darauf hinweisen, um in diesem Punkt Sie zum richtigen Verständnis zu weisen, wie der Mensch sich gewöhnlich verhält, wenn er sich enträtseln will die eine oder die andere Erscheinung der Natur oder des Lebens. Betrachten wir jetzt so einen richtigen Durchschnittsmenschen, aber einen Durchschnittsmenschen, der gescheit ist – heute sind ja die Gescheiten gerade die Durchschnittsmenschen –, also, betrachten wir einen Durchschnittsmenschen, der gescheit ist. Nicht wahr, der Durchschnittsmensch lebt von der Geburt bis zum Tode. Sagen wir in seinem fünfunddreißigsten oder auch fünfundvierzigsten oder zweiundvierzigsten Jahre, in irgendeinem Lebensjahr, vielleicht auch früher, da will er sich irgend etwas enträtseln, vielleicht sogar eine Weltanschauung begründen, will sich über irgend etwas aufklären. Was tut er? Ja, da murkst solch ein Mensch in das Vorstellungsmaterial hinein, das er, nehmen wir an, als Zweiundvierzigjähriger in sich hat. Nehmen wir an, er will sich meinetwillen die Kopernikanische Weltanschauung richtig erklären, dann nimmt er alle diejenigen Begriffe und Vorstellungen zusammen, die er so finden kann. Wenn er nun in sein Seelenleben hineinmurkst und dann etwas finden kann, was mit sich selbst zusammenstimmend ist, wenn er sich eine Reihe von solchen Begriffen zusammengestellt hat, in denen er, wie er sagt, keinen Widerspruch findet, dann ist er fertig, dann versteht er die Geschichte. Das ist so der Durchschnittsmensch. Das ist aber nicht Goethe!

Goethes Seele wirkt in ganz anderer Weise. Wenn man das nicht berücksichtigt, dann mag man Goethe-Biographien schreiben, es wird etwas herauskommen, was in Frankfurt im Jahre 1749 geboren ist und in Weimar 1832 gestorben ist, was aber nicht Goethe ist. Goethes Seele wirkte ganz anders. Wenn Goethe in seinem zweiundvierzigsten Jahre irgendeiner Erscheinung sich gegenüberstellte, dann wirkte nicht bloß jenes abstrakte Gebilde, das man herausbekommt, wenn man alle Begriffe, die man in sich hat, zusammentut zu einer widerspruchslosen Anschauung, wie man sagt, sondern wenn Goethe in seinem zweiundvierzigsten Jahre eine Pflanze anschaute oder irgend etwas anderes, worüber er Aufklärung gewinnen wollte, da wirkte real sein ganzes Seelenleben in ihm, nicht bloß die abstrakten Begriffe, sondern real das ganze Seelenleben wirkte. Also, wenn Goethe zweiundvierzig Jahre alt war und sich überlegen wollte, sagen wir, ein Pflanzenleben, so wirkten in ihm auch diejenigen Impulse, die er nicht bloß zusammenholte, sondern die auch in seiner Kindheit gewirkt haben, zum Teil auch unbewußt; es wirkte das gesamte Seelenleben, die Totalität, immer zusammen. Das will der moderne Mensch immer ausschalten, er will zu einer vorurteilslosen Anschauung kommen. Das geht aber nicht weiter als zu ein paar zusammengerafften Begriffen, die man leicht und bequem anschauen kann. Deshalb kann man gerade über Goethe diese großen Aufschlüsse gewinnen, wenn man auch wieder zusammenschaut, wie die verschiedenen Phasen seines Lebens sind.

Ich habe zum Beispiel versucht, Spätestes in Goethes Auffassung dadurch zu verstehen, daß ich immer wiederum hinweise auf jenen Prosahymnus «Die Natur», den er Anfang der achtziger Jahre gedichtet hat, und in dem in unreifem Zustande das Spätere enthalten ist. Aber das wirkte, was dazumal in unreifem Zustande enthalten war. Und ich habe auch früher öfter darauf hingewiesen, wie Goethe als siebenjähriger Knabe Mineralien sammelt, sich ein Notenpult nimmt von seinem Vater, die Mineralien darauf aufbaut, oben ein Räucherkerzchen daraufstellt und nun eine Art Gottesdienst unternimmt, dem «Großen Gotte», der durch die Naturerscheinungen selbst wirkt, ein Opfer darbringen will. Er fängt morgens – denken Sie, als siebenjähriger Knabe! – den Sonnenstrahl auf, läßt ihn durch ein Brennglas gehen, daß er ihm das Räucherkerzchen entzünde. Ein Naturfeuer zündet er über den Mineralien an. Darinnen liegt in einer kindlichen Weise all das schon vorgebildet, was da nachwirkt in reifsten Anschauungen. Man versteht Goethe nur, wenn man ihn so aus der Totalität seines Wesens heraus richtig aufzufassen in der Lage ist. Und dann, wenn man ihn so auffaßt, kommt man auch dazu, das, was Goethe noch wenig pflegen konnte aus den Voraussetzungen seiner Zeit heraus, die Anschauungen der geistigen Welt, erst in einer Weise zu treiben, die man auch gemäß der Goetheschen Weltanschauung finden kann. Denn bedenken Sie, man kann gar nicht anders, wenn man Goetheisch über die Natur denkt, wenn man im Sinne der Urphänomenlehre und im Sinne der Metamorphosenlehre wirklich denkt, als durch dieses Denken solche Kräfte in seiner Seele auszulösen, die einen zur Anschauung der geistigen Welt führen, und die einen zuletzt auch zur Anschauung desjenigen Lebens führen, das der Mensch führt, wenn er durch die Pforte des Todes gegangen ist. Gerade mit der Goetheschen, auf die reine Natur hingewendeten, reinen Naturanschauung ist eine wahre Unsterblichkeitslehre im selbstverständlichen Sinne veranlagt. Man bekommt gerade dadurch die Kraft für jene entgegengesetzten Vorstellungen, die man braucht, damit das Übersinnliche, das der Mensch durchlebt zwischen dem Tod und einer neuen Geburt, in die Anschauung hereinkommt; man bekommt die Kraft für solche Anschauung dadurch, daß man sich den Blick zuerst schärft für dasjenige, was reine Natur ist, was nicht durch Theorie und Hypothese in der Natur verdorben ist.

Dadurch machen die Menschen die größten Fehler, daß sie für die äußere Welt immer glauben, die Dinge müssen einlinig gehen und einströmig. Wenn jemand in dem Sinne einem Menschen, der die Sache durchschaut, von Monismus redet, wie es sehr viele gegenwärtige Menschen tun, indem sie einen abstrakten Monismus begründen, wenn solch ein abstrakter Monismus also einem Menschen, der die Dinge durchschaut, vorgetragen wird, so kommt dem das gerade so vor, als wenn ein Mensch dasteht, linke und rechte Seite wohl ausgebildet, und ein anderer sagt ihm: Das ist aber falsch, das ist ein falscher Dualismus, der Mensch muß monistisch gebaut sein, das ist unrecht, daß der eine rechte Hälfte hat, da muß irgend etwas nicht richtig sein daran.

Geradeso muß unsere Anschauung gegenüber der Welt sein. Wie wir nicht deshalb falsch sind, weil wir zwei Hände haben und die rechte durch die linke unterstützen können, so ist es auch nicht falsch, zwei Weltanschauungen zu haben, die sich gegenseitig ineinander spiegeln und sich gegenseitig beleuchten. Und wer das für falsch hält, daß zwei Weltanschauungen gefordert werden, der sollte auch sagen: Man muß irgendwelche künstlichen Verrichtungen einmal ersinnen, damit nicht so schrecklich getrennt die linke und rechte Hand und das linke und rechte Bein durch die Welt marschieren und handeln, sondern daß endlich einmal durch eine Errungenschaft die rechte Hand in die linke, das rechte Bein in das linke hineingesteckt werden kann, damit man monistisch ist, ein Monon ist, und dann der Mensch auf diese Weise sein Leben fortfristen kann!

Für den, der die Dinge durchschaut, der die Wirklichkeit im Auge hat und nicht vertrackte abstrakte Theorien, für den ist, wie gesagt, das Anstreben des abstrakten Idealismus auf der einen Seite, des groben Realismus auf der andern Seite als Monismus, gerade so einseitig, wie etwas einseitig wäre, was mit der grotesken Sache verglichen werden kann, mit der ich eben die Sache verglichen habe. Und es liegt wirklich im Sinne der Goetheschen Weltanschauung, wenn in der heute noch sehr, sehr angefochtenen Weise von mir immer wieder und wiederum hingewiesen wird auf der einen Seite auf eine reine Naturanschauung, nicht auf eine von Hypothesen durchsetzte, sondern auf eine Anschauung, die als Anschauung lebt, nicht gedacht ist, wo das Denken nur verwendet wird, um die Anschauung herbeizuführen, auf der andern Seite auf eine Geistanschauung, wo wiederum das Denken nur verwendet wird, um die geistige Anschauung herbeizuführen, die uns dann wirklich hineinführt in das Gebiet, in dem wir zu suchen haben den Menschen, wenn er auf der andern Seite seines Lebens ist zwischen dem Tod und einer neuen Geburt.

Wenn man solch eine geisteswissenschaftliche Weltanschauung den Menschen vorträgt, so finden sie heute noch wahrhaftig logisch klingende Theorien, gescheite Theorien, um die Sache zu widerlegen. Ich habe oft gesagt: Widerlegungen der Geisteswissenschaft, oh, sie sind sehr leicht auszudenken. – Ich habe in Prag einmal den Versuch gemacht, bei zwei hintereinander folgenden öffentlichen Vorträgen, einen zu halten, in dem ich die Geisteswissenschaft widerlegt habe, und einen andern zu halten, in dem ich sie begründet habe, was mir einzelne Leute übelgenommen haben. Aber ich habe einmal den Versuch gemacht, eben einen Vortrag zu halten zur Widerlegung der Geisteswissenschaft und einen zur Begründung der Geisteswissenschaft. Man kann ganz gut die

Geisteswissenschaft selbstverständlich widerlegen, man kann sie widerlegen. Wie soll man sie nicht widerlegen können? Derjenige, der glaubt, daß man Geisteswissenschaft nicht widerlegen kann, der ist ungefähr auf demselben Standpunkt, wie einer, der sagt, er kann sich mit einer Nadel, die er in der rechten Hand hält, nicht in die linke stechen. Ganz selbstverständlich kann man das, aber es besagt das alles nichts. Und man muß sagen: Dieser Gegnerschaft, die so scheinbar mit recht logischen Theorien arbeitet, liegt im Grunde eigentlich etwas ganz, ganz anders in ihrem Inneren. Man spricht auch von Unbewußtem und Unterbewußtem. Man mißversteht, namentlich bei den Psychoanalytikern, aber auch sonst, dasjenige, was eigentlich das unterbewußte Seelenleben, Geistesleben für eine Bedeutung für den Menschen hat. Ich habe darüber öfter schon hier gesprochen. Nun, wirklich wie der Blinde von der Farbe, so reden die heutigen analytischen Psychologen von dem unbewußten Geistesleben. Sie werden nur darauf gestoßen durch die wissenschaftlichen Forderungen der Gegenwart, aber sie haben eine Wissenschaft, wie ich sie genannt habe im vorigen Jahre in Zürich und auch hier, die mit unzulänglichen Mitteln arbeitet. Denn man muß wirklich die Fähigkeit haben, für dasjenige, was im Bewußtsein vorgeht, immer das darunter liegende Unterbewußte richtig zu finden.

Bewußtsein	logische Gründe	Glaube an Erkenntnisgrenzen
Unterbewußtsein	Furcht vor dem Geistigen	Interesselosigkeit für das Geistige

Sehen Sie, die Sache liegt so, daß wir sagen können: Hier ist das Bewußtsein – siehe das Schema – und darunter liegt das Unterbewußtsein. Nun, wie ist die Sache heute? Heute ist die Sache so, daß ungefähr seit dem 16. Jahrhundert sehr starke ahrimanische Einflüsse auf den Menschen und sein ganzes Denken sich geltend machen. Das hat sein Gutes, das hat sein Schlimmes. Das hat für die Naturwissenschaft vor allen Dingen die Folge, daß sie in einer ganz bestimmten ahrimanischen

Weise sich ausbildet. Dieser ahrimanischen Naturwissenschaft hat Goethe die seinige entgegengesetzt, die ich Ihnen eben charakterisiert habe. Aber nichts geht vor in der menschlichen Seele – das können Sie gerade aus den Vorträgen entnehmen, die ich vor acht Tagen hier gehalten habe –, nichts geht vor in dem Geiste des Menschen, ohne daß im Unterbewußten auch etwas vorgeht. Indem man die heutige Form des Naturdenkens ausbildet, entwickelt man im Unterbewußten zwei ganz besondere Gefühle: Furcht vor dem Geistigen und Interesselosigkeit für das Geistige. Man kann gar nicht im Sinne des heutigen Denkens Naturwissenschaft ausbilden, wenn man nicht gerade Goethesche Naturwissenschaft ausbildet, ohne daß man ausbildet zu gleicher Zeit unterbewußte Furcht gegenüber der spirituellen Welt und unterbewußte Interesselosigkeit gegenüber der spirituellen Welt. Man fürchtet sich vor dem Geistigen. Das ist die notwendige Folge der heutigen naturwissenschaftlichen Eindrücke. Aber eine unterbewußte Furcht, von der man nichts weiß. Und diese unterbewußte Furcht zieht sich an, und erst angezogen mit allerlei Flitter und Gaukelgewand erscheint sie dem Menschen im Bewußtsein. Sie zieht nämlich logische Gründe an. Die Furcht verwandelt sich in logische Gründe. Und mit diesen logischen Gründen geht nun der Mensch herum.

Wer die Sache durchschaut, hört, wie die Menschen sehr gescheite logische Gründe vorbringen, aber er weiß auch, unten, im Unterbewußtsein sitzt die Furcht vor dem Spirituellen, wie das Unbekannte immer Furcht einjagt – die Wasserscheu der Hunde ist auch zurückzuführen darauf –, und die Interesselosigkeit, die sich insbesondere darinnen zeigt, daß man, wenn man eine richtige Naturerkenntnis entwickelt, den Geist mit Fingern greifen kann. Denn ich möchte einmal einen Menschen, der nun wirklich restlos erkennen will, auffordern, zu sagen, aus welchen irdischen Naturerscheinungen heraus, ohne zum Geiste seine Zuflucht zu nehmen, er die Form des menschlichen Kopfes erklären kann. Die reine, richtige naturwissenschaftliche Erklärung des menschlichen Kopfes führt zurück zu dem, was man nur geisteswissenschaftlich erkennt, wie ich auseinandergesetzt habe. Hat man Interesse für das, was wirklich da ist in der menschlichen Natur, dann drängt es natürlich zum Geiste hin. Nur Interesselosigkeit verführt einen dazu, zu sagen, darinnen weise nichts auf den Geist hin! Nun, wenn Sie zuerst alles, was zum Geiste hinführt, ausschließen – man achtet es nicht, man macht sich zuerst leere Hypothesen und Theorien zurecht –, flugs zeigen sie auch nichts, wenn man sie anführt, wenn man sie zuerst so recht präpariert hat! Der Naturforscher heute verfährt größtenteils so wie einer, der zuerst sorgfältig den Fisch putzt, so daß keine Schuppen mehr daran sind, und nachher behauptet, der Fisch habe keine Schuppen. So putzt der heutige Naturforscher von den Erscheinungen erst alles dasjenige, was zum Geiste hinweist, weg, weil er kein Interesse daran hat. Aber er weiß ebensowenig von der Interesselosigkeit als von der Furcht. Daher kann auch die Interesselosigkeit sich Flitter- und Gaukelkleider anziehen, und diese Flitter- und Gaukelkleider sind Glaube an Erkenntnisgrenzen. Und im Bewußtsein redet man von Erkenntnisgrenzen – Ignorabimus. Dasjenige, was man da redet, ist eigentlich im Grunde genommen ganz gleichgültig. Man könnte, wenn man wollte, ganz andere Wortzusammenstellungen erfinden für dasjenige, was zum Beispiel *Du Bois-Reymond* geredet hat in seinem Vortrag über die Grenzen der Naturerkenntnis – sie wären geradeso wertvoll, denn das, was er will, ist im Grunde genommen ganz gleichgültig. Bewirkt wurde es von seiner unterbewußten Interesselosigkeit gegenüber den abgeschuppten Fischen, die keine Schuppen haben – nun als Vergleich gebraucht.

Sie sehen, es würde schon sehr dienlich sein, wenn sich die gegenwärtige Menschheit orientieren wollte an geisteswissenschaftlichen Begriffen, denn sie würde dadurch eine richtige Natur- und eine richtige Geist-Erkenntnis, wenigstens in die Vorstellungen herein, vor das Seelenauge bekommen können. Die braucht die Menschheit. Beide Anschauungen braucht die Menschheit. Man findet heute eigentlich recht häufig schon Hinweise darauf, daß die Menschheit in der Gegenwart etwas Neues an Weltanschauungen, an Welterkenntnis brauche. Aber unterbewußte Furcht, unterbewußte Interesselosigkeit, die wirken sehr stark. Und daraus ergeben sich heute die auf diesem Gebiete merkwürdig zutage tretenden Erscheinungen. Ein ernst zu nehmender Mann hat in einem der letzten Hefte der Zeitschrift «Wissen und Leben» merkwürdige Worte gesprochen, die man doch ein wenig ins Auge fassen muß, wenn man Unterlagen gewinnen will für die Art, wie man sich eigentlich zu dem Denken auch der ernst zu nehmenden Menschen, die aber betroffen sind durch die geschilderte Furcht und Interesselosigkeit in sich selber, zu stellen hat.

Im Verlaufe eines Aufsatzes, der heißt «Der internationale Kitt», wird da in der folgenden Weise gesprochen:

«Es gehört zu den größten weltgeschichtlichen Enttäuschungen, daß auch diese geistige Macht» – die geistige Macht des Christentums – «versagt hat dem Kriege gegenüber und keinen Damm aufwarf gegen die sich heranwälzende Flut von Haß und Zerstörung. Ja, gerade im Christentum sind während der Völkerentzweiung noch ganz besonders häßliche Erscheinungen zutage getreten, wie zum Beispiel die Kriegstheologie mit ihrem Versuch, auch die höchsten absoluten Werte herabzuziehen in die Relativität unseres Weltgeschehens. In dem Bestreben, dieses zu rationalisieren und auf irgendeine Formel zu bringen, kam man dazu, auch das Schreckliche, das radikale Böse durch den ethischen Gott der Liebe irgendwie rechtfertigen zu wollen, anstatt im Angesicht des furchtbaren Unterganges von Liebe und Leben demütigst stehen zu bleiben bei Luthers Deus absconditus, dem verborgenen Gott, der in der ethisch indifferenten Dynamik der Welt auch in die Erscheinung tritt. Durch die religiös-ethische Verklärung des Krieges wurden dem ‹lieben Gott› politische Ziele untergeschoben, die denen der Machthaber und Kabinette verzweifelt ähnlich sehen.»

Nun, wer ein wenig die zeitgenössische Literatur verfolgt, der wird wissen, daß dies sehr richtig ist, daß von allen Seiten her dem Gotte die Absichten der Machthaber als göttliche Absichten untergeschoben werden, so daß der Mann hier wirklich manche unerfreulichste Erscheinung der Gegenwart in nicht unrechter Weise charakterisiert. Dann sagt er weiter:

«Nicht nur das. Auch die gegenseitigen Spannungen unter den christlichen Kirchen wurden verschärft. Der historische Gegensatz zwischen Luthertum und Calvinismus wurde neu ausgegraben. Die extremen Anglikaner rückten soweit von dem festländischen Protestantismus ab, daß sie ihm kaum noch den Namen des Christentums zugestehen wollten. Gar nicht zu reden von dem Zerreißen der internationalen christlichen Bande in der Missionsarbeit. So scheint das national beschränkte

Völkerideal den Sieg über das internationale Gemeinschaftsideal des Christentums errungen zu haben.

Aber wo das geschah, hat das Christentum einen Verrat am Evangelium begangen. Judas, der Christus verrät. Denn das Wesen des Christentums weist auf eine umfassende menschliche Gemeinschaft hin und kann sich nur in einer solchen auswirken.»

Nun, und so weiter. Ja, der Mann redet manches Gescheite, aber er kommt nicht dazu, zu fragen: Ja, wir haben nun dieses Christentum gepflegt durch nahezu zwei Jahrtausende. Woran liegt es denn, daß es, obwohl es seinem Wesen nach einen solchen Zustand wie den gegenwärtigen ausschließen würde, daß es ihn nicht ausgeschlossen hat? – Damit sagt man nichts, daß man sagt: Die Menschen sind schlechte Christen, sie sollen bessere Christen werden, wenn man damit meint, sie sollen solche Christen werden, wie es sie schon gegeben hat! Ich könnte Ihnen Hunderte von gegenwärtig erscheinenden Äußerungen sonst ganz ernst zu nehmender Menschen vorführen, und Sie würden aus diesen sehen, daß schon da und dort auftaucht ein gewisser, wenn auch ganz unterbewußter Impuls, daß etwas notwendig ist wie eine neue Weltanschauung. Aber in dem Augenblick, wo nun diese Menschen wirklich herankommen sollen an das, was nötig ist, an eine geisteswissenschaftliche Weltanschauung, da umnebeln sie sich selber ihre Begriffe, und da schlagen diese Begriffe sofort in die Furcht und Interesselosigkeit um. Sie fürchten sich vor der Geisteswissenschaft. Das kann man bei den einzelnen Persönlichkeiten ganz genau nachweisen aus ihren Äußerungen und aus ihrem Leben. Oder sie zeigen die Interesselosigkeit. Ihr Geist faßt es nicht, sie können es überhaupt nicht, auf das einzugehen. Dann kommt man zu so merkwürdigen Widersprüchen, die natürlich der heutige Leser nicht sieht, weil heute so gelesen wird, wie ich das schon gestern und auch sonst andeutete. Dieser Mann, der den Artikel schrieb, der, wie gesagt, durchaus ernst zu nehmen ist, schreibt in einer richtigen Weise so, wie er da geschrieben hat. Aber, sehen Sie einmal, er sagt, es muß wieder etwas geschehen, damit das Christentum seine internationale Bedeutung und Wirksamkeit entfalten kann. Da macht er allerlei Vorschläge. Er sagt: Warum sollte denn das nicht möglich sein, daß das Christentum die internationalen Impulse, die Haß und

Zerstörung verhindern, pflegt? – Da kommt er darauf, auch folgenden Satz zu schreiben:

«Noch im August 1914 haben die freien britischen Kirchen an Professor Harnack geschrieben: ‹Außer den englisch sprechenden Völkern steht kein Volk uns so hoch in unserer Liebe und Bewunderung wie das deutsche. Wir haben alle eine unermeßliche Schuld gegenüber deutscher Theologie, Philosophie und Literatur.›»

Da haben wir doch, sagt er, eine ganz erfreuliche Erscheinung, da haben wir es, wie die britischen Theologen den deutschen Theologen ein Kompliment machen von wunderbarster Art. Könnte es nicht so in der Zukunft sein?

Ja, aber wirklichkeitsgemäß gedacht: die Sache ist im August 1914 geschrieben, wo gerade diese Zerstörung ausgebrochen ist! Der wirklichkeitsgemäße Schluß wäre also: trotzdem die britischen Theologen dieses geschrieben haben, konnte es nichts irgendwie zur Verhinderung des Zerstörungswerkes beitragen. Also, Sie sehen, statt von links nach rechts, denkt der Mann von rechts nach links oder umgekehrt, je nachdem die Sache liegt; während der wirklichkeitsgemäße Gedanke sagt: man muß untersuchen, was nicht richtig ist, was fehlt, trotzdem sich die Leute so schöne Komplimente gemacht haben. Da sagt er: Wenn wir es nur so machen, wie wir es im August 1914 gemacht haben, da werden wir schon weiterkommen.

Ja, da können wir wieder anfangen! Denn das kann nicht helfen, das hat die Wirklichkeit gezeigt! Also, der richtige Gedanke wäre dieser, daß man sagt: Es muß irgend etwas nicht stimmen! Das Christentum muß irgend etwas unberücksichtigt lassen. – Was es unberücksichtigt läßt, ist gerade, daß es sich nicht hineinfindet in das, was die Zeit durch ihre eigene Notwendigkeit fordert. Und das ist, was solchen Menschen fehlt: das willige Eingehen auf dasjenige, was gerade durch die Impulse unserer Zeit gefordert wird. – So kann man sehen, daß die Leute erkennen, die alte Weltanschauung hat Schiffbruch gelitten. Aber sie wollen keine neue, sie wollen die alte wieder, damit man noch einmal Schiffbruch leiden kann. Das aber bleibt natürlich in ihrem Unterbewußten stecken. Sie wollen selbstverständlich das Beste, sie sind nur zu bequem, um dasjenige, was das Notwendige ist, wirklich aufzusuchen.

Das ist es, was einem immer wieder und wiederum im Hintergrunde liegt, wenn man von so etwas sprechen muß wie von der Bedeutung des Goetheanismus für die Gegenwart, oder auch von der Bedeutung dessen, was natürlich größer ist als der Goetheanismus, der ganzen geistigen Welt und ihrer Erkenntnis. Auch da braucht man nicht kritisch zu sein. Man braucht nicht zu sagen, wie grundschlecht die Menschen sind, die das nun nicht tun, was da getan werden sollte, sondern man sollte sich darauf beschränken, einzusehen, was geschehen muß. Man sollte auf das Positive sehen. Vielleicht kann man sich dann sagen: Ja, wenn ich nur nicht so furchtbar wenig tun könnte, ich kann so furchtbar wenig tun. – Man kann vielleicht auch die Frage stellen: Ja, was soll denn der einzelne eigentlich tun? – Solche Fragen werden oftmals gestellt unter der Voraussetzung, als ob es sich zum Beispiel in meinen Auseinandersetzungen darum handeln könnte, ein bestimmtes konkretes Rezept für den einzelnen zu geben, das wiederum, wenn es allgemein gegeben würde, natürlich dadurch abstrakt und inhaltslos würde. Heute handelt es sich überhaupt für sehr viele Menschen zunächst darum, einzusehen, wie gerade bei denjenigen, in deren führender Hand viel gelegen ist, sei es auf diesem, sei es auf jenem Gebiete, Unendliches verfehlt wird, weil sich gerade die führenden Menschen der Gegenwart sträuben gegen dasjenige, wogegen sie sich nicht sträuben dürften. Und das ist wichtig, daß wir nicht von falschem Autoritätsgefühl angefressen werden, daß wir nicht einen riesigen Respekt haben, weil wir nicht prüfen. Darum handelt es sich, daß wir nicht ohne weiteres heute den historischen Autoritäten einfach verfallen, sondern gerade um Aufmerksamkeit und um Aufpassen handelt es sich, sich ein Urteil darüber zu bilden, wie auf den verschiedensten Gebieten das Leben durch die heutigen führenden Persönlichkeiten oftmals mißgeleitet wird. Das geschieht doch nicht in genügender Schärfe und vor allen Dingen oftmals nicht in genügender Besonnenheit. Denn gerade in Besonnenheit und nicht in Unbesonnenheit sollte es geschehen. Das ist von einer ungeheuren Wichtigkeit, selbst zu prüfen in dem Unterbewußten, wieviel man verkehrten Autoritätsglauben noch in sich trägt, zu erkennen auch, daß gerade Geisteswissenschaft wirklich einen vom Autoritätsglauben wegführt, einen zu einem freien, urteilenden Menschen machen kann, wenn man sich lebendig von ihren Urteilen durchdringen läßt. Man denkt immer, die Welt müsse eindeutig gradlinig verlaufen. Wenn man sich gewöhnt, die Natur in einer gewissen naturwissenschaftlichen Weise anzuschauen, will man alles naturwissenschaftlich anschauen. Wenn man sich gewöhnt, die Welt nach abstrakten Theorien anzuschauen, wie man oft sagt, idealistisch, so will man wieder alles in dieser Weise anschauen. Aber das Leben verläuft nicht in dieser gradlinigen, eindeutigen Weise, sondern das Leben fordert von uns Beweglichkeit, Vielgestaltigkeit, Mannigfaltigkeit des Denkens. Das ist es, was wir uns im Grunde nur aus dem richtigen Betreiben der Geisteswissenschaft aneignen können, und was so ungeheuer notwendig ist, um sich in der Gegenwart in der richtigen Weise zu orientieren.

Aus diesem Grunde wollte ich diesmal etwas ausführlicher an Goethe anknüpfen. Ich wollte nicht eigentlich etwas Besonderes über Goethe sagen – das hat sich, wie Sie gesehen haben, wie von selbst gegeben –, sondern ich wollte auf wichtige geisteswissenschaftliche Wahrheiten hinweisen, die sich anknüpfen lassen an dasjenige, was sich gerade in der Szene, die nun vorgeführt werden soll, von Goethe künstlerisch verarbeitet findet. Gar manche gehen über Goethe hochmütig hinweg, weil sie ihn nicht wissenschaftlich finden, wie sie die Geisteswissenschaft selbst nicht wissenschaftlich finden. Aber es würde vielen schon nützen, wenn sie sich ein wenig versenken wollten gerade in solch einen Geist, in solch eine Seele, wie die Goethesche ist, denn sie bringt ab von dem falschen Glauben, der eigentlich ein Aberglaube ist, daß man immer mit eindeutigen Begriffen, mit eindeutigem Leben wirklich vorwärts kommt. Wo eine Entwickelung ist, ist auch eine Rückentwickelung, ist auch die entgegengesetzte Entwickelung. Und wo eine Rückentwickelung ist, ist auch eine Entwickelung. Wenn Sie die Seele auf der einen Seite rein auf die Urphänomene und Metamorphosen der Natur richten und sich nicht verderben Ihre Naturanschauung durch verdunkelnde Theorien, dann entwickelt sich nicht bloß einseitig diese reine Naturanschauung, sondern dann entwickelt sich in der Seele die andere Anschauung, die nach dem Geiste hingeht. Und wenn Sie entwickeln die Anschauung, die nach dem Geiste hingeht in wahrer Weise, dann können Sie nicht mehr falsche Theorien in die Natur hineintragen, sondern dann drängt es Sie, die

Natur in ihren materiellen Erscheinungen rein durch sie selbst sich interpretieren zu lassen.

So auch ist es, wenn man auf dem Gebiete der Geisteswissenschaft genötigt ist, Bedenkliches, wie das gestern Ihnen über das Böse in Anknüpfung an die Phorkyaden-Erscheinung zu Sagende zum Ausdruck zu bringen, oder wenn man genötigt ist, davon zu sprechen, daß im Unterbewußten des Menschen vieles sitzt, wovon er in seinem Bewußtsein nichts weiß. So etwas nehmen einem oftmals die Menschen übel, weil sie einen verkennen. Denken Sie doch nur, wenn jemand sachgemäß davon spricht: Du hast in deinem Unterbewußtsein so manches –, da denkt der andere, der ist mein Feind, wenn er auch so etwas unbewußt sein läßt, der denkt, in meinem Unterbewußten führe ich allerlei im Schilde. So können nun auch unsere Zeitgenossen denken: Dieser Anthroposoph schimpft uns, daß wir unterbewußte Furcht und unterbewußte Interesselosigkeit haben, er setzt uns eigentlich herunter. – Aber die Welt ist nicht eindeutig. Ich sage ja nicht bloß, daß die Leute in ihrem Unterbewußten Furcht und Interesselosigkeit haben, sondern ich sage auch: Ihr habt in eurem Unterbewußtsein die ganze geistige Welt, erfaßt ihr sie nur. Die ist auch da unten. – Das ist die andere Seite. Man stellt geisteswissenschaftlich keine Behauptung auf, ohne daß diese Behauptung involviert eine andere Behauptung. Und wem ich sage: Du hast unterbewußte Furcht und unterbewußte Interesselosigkeit, der sollte sich bewußt sein, daß ich ihm auch sage: Zwar bist du dir deiner Furcht und Interesselosigkeit nicht bewußt, du verbrämst sie durch allerlei Lügen und durch deinen Glauben an Erkenntnisgrenzen, aber du hast deine ganze unterbewußte Welt zu umfassen, wenn du nur in deine unterbewußte Welt untertauchen willst. – Ich sage ihm nicht nur einen Tadel, wie er es auffaßt, sondern ich sage ihm auch über seine unterbewußte Welt etwas Gutes. Das ist das, woraus Sie sehen, daß das Leben nicht einseitig ist, daß aber Geisteswissenschaft es auch nicht einseitig darstellen kann.

Und so wird auf der einen Seite so gesprochen, wie oftmals gesprochen werden muß. Wenn man dann den Menschen Abneigung, Aversionen, Furcht und Interesselosigkeit für eingeflößt erklären muß, hat man auch den Menschen zu sagen: Ihr müßt gewisse Gefahren überwinden, wenn ihr zur geistigen Welt kommen wollt, ihr müßt gewisse Unbequemlichkeiten überwinden. – Gewiß, das ist die eine Seite, die man geltend machen muß. Aber bedenken Sie, welche Summe von seelenbeglückenden Empfindungen darinnen liegt, daß eine geisteswissenschaftliche Anschauung uns den Blick eröffnet von dem Leben, das wir hier vollbringen mit andern Menschen zwischen Geburt und Tod, welche weltbeglückenden Empfindungen eröffnet werden dadurch, daß man weiß, man lebt noch inniger mit denjenigen, die durch des Todes Pforte gegangen sind. Und denken Sie sich, wenn einmal dieser Gedanke der Zweiseitigkeit richtig erfaßt wird, wenn richtig diese Welt einmal angesehen wird im Sinne der Geisteswissenschaft, so wird nicht nur dasjenige, was Geisteswissenschaft zu sagen hat, ausgießen die Forderung von unbequemem Eindringen in die geistigen Welten, sondern es wird auszugießen haben diese Geisteswissenschaft über die Herzen der Menschen ungeheure Summen von Trostesempfindungen, ungeheure Summen von andern seelenbeglückenden Empfindungen, die dadurch die menschliche Seele ergreifen, daß diese menschliche Seele immer mehr und mehr fähig sein wird, nicht nur mit denen zu leben, die in der sinnenfälligen Welt sie umgeben, sondern mit all den Menschen zu leben, mit denen irgendein Lebensband eingegangen worden ist in dem physischen Leben, zu leben mit ihnen über des Todes Pforte hinaus. Können wir denn nur verlangen, wenn wir vernünftig sind, daß eine Wissenschaft, welche unsere Seelen erlebend hinausträgt über des Todes Pforte, eine bequeme Wissenschaft sein soll? Nein, das können wir, wenn wir verständig und vernünftig sind, ohnedies nicht verlangen. Durch die Unbequemlichkeit auch zu einer gewissen Weltbeglückung wird die Menschheit der Zukunft entgegengehen müssen. Dazu wird sie sich entschließen müssen, Wissenschaft zu suchen von geistigen Welten.

DIE SAMOTHRAKISCHEN KABIREN-MYSTERIEN
DAS GEHEIMNIS DER MENSCHWERDUNG

Dornach, 17. Januar 1919
nach einer Darstellung der «Klassischen Walpurgisnacht»

Wer sich intimer auf *Goethe* und Goethes Weltanschauung einläßt, wird in der Szene, die wir jetzt hier zur Vorführung bringen, die den zweiten Akt des zweiten Teiles des «Faust» abschließt und den Übergang bildet zum Eintritte Fausts in das alte Griechenland, sehen, wie tief Goethe durch seine Weltanschauung eingedrungen ist in das Geistige des Weltenalls und in das Menschengeheimnis, insofern dieses Menschengeheimnis zusammenhängt mit dem Eindringen in das Geistige des Weltenalls. Zunächst darf betont werden, daß auf der einen Seite gerade den tiefsten, den bedeutsamsten Szenen des zweiten Teiles gegenüber gilt, was Goethe einmal dadurch aussprechen wollte, daß er sagte, er habe viel in den zweiten Teil des «Faust» hineingeheimnißt. Es ist viel Weisheit, allerdings von vollkommenem Künstlertum verarbeitete Weisheit, im zweiten Teil des «Faust». Aber auf der andern Seite ist alles so, daß es, auf der Bühne dargestellt, durch seine unmittelbar sinnliche, anschauliche Bildlichkeit anziehen kann.

Diese zwei Seiten in der Betrachtung namentlich des zweiten Teiles des Goetheschen «Faust» muß man sich, wenn man Verständnis dieser Dichtung sucht, immer vor Augen halten. Wer – so meint Goethe – mit naiven Sinnen diesen «Faust» ansehen will, soll Freude, soll ästhetische Lust haben an der Bilderfolge; der Eingeweihte soll aber tiefe Lebensgeheimnisse darinnen anschauen können. Nun ist, wenn man zunächst ausgeht von dem Bildhaften, diese Szene die Darstellung eines Meeresfestes, zu dem Homunkulus durch Thales geführt wird. Aber dieses Meeresfest enthält allerlei in dasselbe Hineingeheimnißtes. Dieses Meeresfest soll eigentlich darstellen die das Meer bewohnenden dämonischen, das heißt geistigen Gewalten. Warum greift Goethe in seinem «Faust» zu solchen dämonischen Gewalten, wie sie sich ihm darboten in der griechischen Welt, indem er seinen Faust durch die menschliche Entwickelung zu höchstem Ziel der Selbsterkenntnis und der Selbsterfassung hinaufführen will? Man kann sagen, daß Goethe sich vollkommen klar war darüber, daß der Mensch unmöglich zu der wirklichen Anschauung seines eigenen Wesens jemals dadurch kommen könne, daß er bloß die Erkenntnis seiner Sinne und des an diese Sinne gebundenen Verstandes sich erwirbt. Wirkliche Menschenerkenntnis kann nur vermittelt werden durch wirkliche Geistesanschauung, so daß alles dasjenige, was an Menschenerkenntnis und Menschenanschauung durch die bloße äußere physische Welt erstrebt wird, auf welche die Sinne und der sinnliche Verstand gerichtet sind, keine wirkliche Menschenerkenntnis ist. Das will Goethe dadurch andeuten, daß er in seine Dichtung den Homunkulus einführt.

Homunkulus entsteht durch dasjenige, was Wagner an Erkenntnis über den Menschen erreichen kann, erreichen kann mit ideal gedachten physischen Mitteln, so ideal gedachten physischen Mitteln, daß sie natürlich von der gewöhnlichen Naturerkenntnis höchstens als ein Ziel angesehen werden können, aber daß nicht daran gedacht werden kann, mit ihnen irgend etwas heute oder in der Erdenzukunft zu erreichen. Goethe setzt gewissermaßen als Hypothese, es sei möglich, einen Homunkulus in der Retorte zu erzeugen, das heißt, den Zusammenhang der Naturkräfte bis zu einer solchen Vollkommenheit erkannt zu haben, daß man aus den verschiedenen Ingredienzien den Menschen verstandesmäßig zusammensetzt. Aber es kommt eben kein Mensch dabei heraus, selbst nicht, wenn das, was der Mensch in der physischen Welt erreichen kann, im höchsten Maße der Vollkommenheit gedacht wird, es kommt kein Mensch, kein Homo heraus, sondern nur ein Homunkulus. Dieser Homunkulus ist also dramatisch gedacht im Grunde nichts anderes als das Bild, das der Mensch sich von sich selbst machen kann mit Hilfe seines physischen Verstandes, mit Hilfe seiner gewöhnlichen irdischen Erkenntnis. Dieses Bild, das sich der Mensch machen kann, das also ein Homunkulus ist, wie kann es dahin kommen, wirkliche Menschenanschauung zu vermitteln? Wie kann es dahin kommen, daß der Mensch in dieser Anschauung nicht beim bloßen Homunkulus bleibt, sondern zum Homo vorrückt? Da ist sich Goethe klar, daß dieses nur erreicht werden kann durch jene Erkenntnisse, die im leibfreien

Zustand von dem Geistig-Seelischen des Menschen erlangt werden können.

Nun versucht Goethe in der verschiedensten Weise nahezukommen jenem Reiche, in das der Mensch sich versetzen muß, wenn er völlige Menschenerkenntnis, das heißt, Erkenntnis im leibfreien Zustande sich erwerben will. Also Goethe will wirklich zeigen, daß es möglich ist, aus seinem Leib herauszugehen, Erkenntnisse zu gewinnen, die dann als Erkenntnisse etwas über das Wesen des Menschen ausmachen. Nun war Goethe keineswegs eine derjenigen Persönlichkeiten, welche leichtfertig in Erkenntnisfragen vorgegangen sind. Goethe strebte sein ganzes Leben hindurch, um die Seele immer mehr und mehr zu vertiefen. Denn er war sich klar darüber, daß man, wenn man alt wird, nicht umsonst lebt, sondern daß auch die Erkenntniskräfte immer zunehmen und zunehmen, und daß man im Alter mehr wissen kann als in der Jugend. Er war sich aber auch klar darüber, welch problematischer Art der Aufenthalt des Geistig-Seelischen außerhalb des Leibes ist. Daher versuchte er in der verschiedensten Weise, die bildhafte Erkenntnis, die wir die imaginative nennen, an den Menschen, an seinen Faust heranzubringen. So schon in der «Romantischen Walpurgisnacht» des ersten Teiles des «Faust», und so wieder in der «Klassischen Walpurgisnacht», wo er die Imaginationen vom alten Griechenland her nimmt, in das er den Faust versetzen will. Man könnte etwa so sagen: Goethe denkt sich, wenn man zur Verwandlung des Homunkulus in den Homo, in den Menschen, aus dem Leibe herausrückt, so bekommt man Imaginationen, die für den einen so, für den andern anders aussehen. – In der Anschauung der alten Griechen waren diese Imaginationen noch so, daß sie gewissermaßen an die geistige Wirklichkeit herankamen. Man kann, wenn man sich die Dämonenwelt der alten Griechen vor die Seele rückt, durch die Anschauung dieser überlieferten Mythenwelt sehen, wie in hochgebildetem, atavistischem Hellsehen der Mensch wirklich die Natur geschaut hat, deren Schoß er selber entquillt, wenn er geistig-seelisch außerhalb seines Leibes ist. Also ich möchte sagen: Goethe zieht, weil er nicht selber erfinden will eine imaginative Welt, die griechische Welt heran, um sagen zu können, was auch der Mensch ersinnen mag aus seiner gewöhnlichen Erkenntnis, es bleibt ein Homunkulus, mit dem muß man erst einrücken in die imaginative, inspirierte Welt und so weiter, wenn ein Mensch daraus werden soll. – Das ist die Anschauung eines Menschen natürlich zunächst.

Warum wählt Goethe gerade das Meeresfest, ich möchte sagen, den Traum vom Meeresfest? Man muß, um die Empfindungen, die da Goethe beseelten, zu verstehen, sich wirklich ein wenig zurückversetzen in die Anschauungsweise der alten Griechen, in die sich Goethe selber zurückversetzt hat, als er an die Darstellung dieses «heiteren Meeresfestes» ging. Man muß sich da nämlich klar sein darüber, daß bei den Griechen das noch etwas bedeutete, wenn der Mensch das Land verließ und in das freie, offene Meer hinausfuhr. Der Grieche lebte noch mit der äußeren Welt wie die alten Völker überhaupt. Wie für die alten Völker innerlich etwas vorging, wenn sie den flachen Erdboden, die Ebene verließen und hinaufstiegen auf den Berg, was der gegenwärtige Mensch in abstrakt prosaischer Weise erlebt, so ging auch in der menschlichen Seele Gewaltiges vor, wenn sie das Land verließ und hinausschiffte ins freie Meer. Diese Empfindung, daß das freie Meer besonders loslöst das Geistig-Seelische vom Leibe, diese Empfindung hatten alle Menschen der älteren Völker. Mit dieser Empfindung hängt mancherlei zusammen.

Erinnern Sie sich bitte, welche große Rolle in den verschiedenen Verbildlichungen des Erkenntnisweges die Säulen des Herkules in der alten Mythe spielten. Da wird immer gesagt: Wenn der Mensch verschiedene Erkenntnisstufen durchschritten hat, schifft er hinaus durch die Säulen des Herkules. – Man meinte, er schifft hinaus ins unbegrenzte, freie Meer, wo er sich nicht mehr in der Nähe von Küsten weiß. Heute bedeutet das für den Menschen kaum noch etwas. Für den Griechen bedeutete es, daß er eigentlich eine ganz andere Welt betrat, und er fühlte, wenn er über die Säulen des Herkules hinausschiffte, daß er dann frei wurde von alldem, was ihn mit der Erde zusammenhielt, vor allen Dingen mit den Kräften seines Leibes. Das Seefahren ins freie Meer hinaus wurde schon empfunden in diesen älteren Zeiten, wo man Alltägliches noch in einer geistig-seelischen Weise erfühlte, als eine Befreiung vom Körperlichen.

Goethe dichtete nicht wie andere Dichterlinge, sondern er dichtete aus Weltenempfinden heraus, und wenn er von etwas spricht, das er in die griechische Welt versetzt, dann versetzt er sich mit seiner ganzen Seele da hinein. Das ist dasjenige, was man immerzu den Menschen zurufen möchte, die Goethe auch so lesen wie irgendeinen andern beliebigen Dichter, die gar keine Empfindung dafür haben, daß, wenn sie Goethe lesen, sie dann wirklich in eine andere Welt eingeführt werden.

Nun sehen wir, indem die Szene beginnt, die lockenden Sirenen. Äußerlich bildlich stellt Goethe eine Szene dar, die auch eine alltägliche Szene sein könnte. Die lockenden Sirenen sammeln Strandgut, das sie den Nereiden und Tritonen verschaffen. Aber dabei sind zu gleicher Zeit, von der andern Seite gesehen, diese lockenden Sirenen jene Stimmen nicht nur des menschlichen Inneren, sondern auch des Äußeren, Stufen der Welt, weil auf diesen Stufen der Anschauung Inneres und Äußeres zusammenfließt, wie ich das öfters angeführt habe. Es sind die Sirenenklänge diejenigen, welche die Seele des Menschen herauslocken aus der Leiblichkeit und versetzen in die Weiten des geistig-seelischen Kosmos.

Und nun nehmen wir zusammen: erstens läßt Goethe ein Meeresfest sich abspielen, also Träume, die erweckt werden durch das Meeresfest. Zweitens spielt sich dieses Meeresfest unter dem Einfluß des Mondes in der Nacht ab. Alles wird veranstaltet von Goethe, um zu zeigen, es handelt sich darum, Anschauung zu gewinnen, die unabhängig vom Leibe gewonnen wird, Anschauung zu gewinnen, die der Mensch gewinnen würde, wenn er vom Einschlafen bis zum Aufwachen außerhalb des Leibes bewußt würde und die Bilder jenes Seins wahrnehmen würde, in das er dann versetzt ist außerhalb des Leibes. Und nun sehen wir gleich, während Goethe auf der einen Seite die Triviallinge befriedigen will – das ist jetzt gar nicht im absprechenden Sinne gesagt –, indem er die Sirenen die Sammler des Strandgutes für die nach solchem Strandgut begehrenden Nereiden und Tritonen sein läßt, wir sehen, wie diese Nereiden und Tritonen auf dem Wege sind nach Samothrake, um die Kabiren aufzusuchen, ja, zu holen zu diesem Meeresfeste. Indem Goethe die Götter des uralten samothrakischen Heiligtums hier in dieser Szene auftreten läßt, deutet er wirklich an, daß er an höchstes menschliches und Weltengeheimnis hier rühren will. Was muß denn eigentlich geschehen, wenn der Homunkulus Homo werden soll, die Anschauung vom Homunkulus die Anschauung des Homo werden soll? Was muß denn eigentlich geschehen?

Nun, die Idee des Homunkulus, die innerhalb der Sinneswelt gefaßt ist, muß aus der Sinneswelt herausgenommen und hineinversetzt werden in die geistig-seelische Welt, in welcher der Mensch vom Einschlafen bis zum Aufwachen ist. Da hinein muß der Homunkulus getragen werden, in die Bilderwelt, die dann der Mensch durchlebt, wenn er leibfrei zusammen ist mit jenem Dasein, das ein geistig-seelisches ist. In diese Bilderwelt hinein muß Homunkulus getragen werden.

Wenn der Mensch zuerst sich mit Hilfe seiner gewöhnlichen physischen Anschauung das Homukulusbild verschafft, so muß er dann dieses Homunkulusbild in die andere Welt, in die imaginative, inspirierte Welt und so weiter hineintragen. Dadrinnen kann erst die abstrakte Homunkulusidee ergriffen werden von den realen Kräften des Daseins, von jenen Kräften, die nimmermehr an die menschliche Erkenntnis herantreten, wenn der Mensch beim bloßen Sinnesverstand bleibt. Da wird alles wirklich, wenn man mit der Homunkulusidee herauskommt aus dem Leibe und sie hineinträgt in die geistig-seelische Welt. Da wird es ernst mit der Wirklichkeit. Da muß man also herantreten an diejenigen Kräfte, welche dem Menschenentstehen, dem Menschenwerden gegenüber die wirklichen Kräfte sind.

Damit aber zeigt Goethe, daß er eine tiefe und bedeutungsvolle Auffassung von den Kabiren von Samothrake hatte, daß er eine Empfindung dafür hatte, daß diese Kabiren im uralten Altertum verehrt wurden als die Hüter jener Kräfte, die mit dem Menschenwerden, mit der Menschengenesis zusammenhängen. Also an Höchstes rührt Goethe, indem er aufruft aus der Zeit des atavistischen Hellsehens die Bilder jener Götterkräfte, die mit dem Menschenwerden zusammenhängen.

Die griechische Anschauung verwies selbst schon auf sehr Altes, wenn sie von den Mysterien von Samothrake sprach. Und man darf sagen: Gegenüber allem, was die Griechen an verschiedenen Göttervorstellungen und an Vorstellungen des Zusammenhanges des Menschen mit diesen Göttern hatten – die Vorstellungen über die Gottheiten von Samothrake, über die kabirischen Gottheiten durchzogen alles. Und der alte Grieche war davon überzeugt, daß er durch dasjenige, was als Vermächtnis der samothrakischen Mysterien in das griechische Bewußtsein hineingekommen war, eine Vorstellung, eine Idee bekommen hat von der menschlichen Unsterblichkeit. Der Grieche dachte sich, daß er verdankt die Idee der menschlichen Unsterblichkeit, das heißt, der Zugehörigkeit des Menschen zum geistig-seelischen Weltenall, dem Einfluß der samothrakischen Kabiren-Mysterien.

So will also Goethe zu gleicher Zeit sagen: Vielleicht kommt die abstrakte Menschenidee des Homunkulus mit den wirklichen Menschenwerdekräften zusammen, wenn im leibfreien Zustande erfaßt werden die Impulse, die sich der Grieche verbunden dachte mit seinen Kabiren von Samothrake. – Daß schließlich im griechischen Bewußtsein etwas war, was gewissermaßen in Goethe wieder so lebendig werden konnte gerade da, wo er an ein solches tiefstes Geheimnis rührte, das kann man etwa daraus sehen, auch aus vielem andern, aber auch daraus sehen, daß sich die Griechen sagten: Philipp von Macedonien fand Olympias beim Anblicke der samothrakischen Mysterien. – Und es war im griechischen Bewußtsein, daß dazumal der große Alexander beschlossen hat, zu diesem Elternpaar hinunterzutauchen in die Erdenwelt, als sich vor den Kabirengöttern Seele an Seele Philipp von Macedonien und Olympias gefunden haben. Man muß an solche Vorstellungen rühren, um all den Schauer in die Seele hereinzubekommen, den der Grieche wirklich empfand und Goethe nachempfand, wenn es sich handelte um die Kabiren.

Äußerlich betrachtet sind sie wiederum einfache Meeresgötter. Samothrake – die Griechen wußten es – war in verhältnismäßig gar nicht alter Urzeit von den furchtbarsten, erdbebenartigen Stürmen umbrandet, zerklüftet, durcheinandergeworfen. Also die Naturdämonen hatten hier in ganz ungeheuerlicher Weise so gewaltet, daß das noch wie in einer historischen Erinnerung für die alten Griechen war. Und in den Wäldern, in den dichten, damals dichten Wäldern von Samothrake war verborgen das Mysterium der Kabiren. Unter den mancherlei Namen, die die Kabiren tragen, sind auch die, wo der eine Kabir genannt wird Axieros, der zweite Axiokersos und der dritte Axiokersa, Kadmilos der vierte. Dann hatte man so ein unbestimmtes Gefühl, daß es noch einen fünften, sechsten und siebenten gab. Aber im wesentlichen war der Menschen geistiger Blick hingerichtet auf die drei ersten Kabiren. Es handelte sich bei den alten Vorstellungen von den Kabiren nun wirklich um das Menschenwerde-Geheimnis. Und eigentlich sollte derjenige, der in die heiligen Mysterien von Samothrake eingeweiht wurde, zu der Anschauung kommen: Was entspricht in der geistigen Welt, geistig angeschaut, demjenigen, was hier auf Erden geschieht, wenn für eine auf der Erde sich verkörpernde Seele der Mensch entsteht, der Mensch wird in der Generationsfolge? – Gewissermaßen das geistige Korrelat des menschlichen Geborenwerdens sollte geschaut werden in der geistigen Welt.

Durch diese Schauung glaubte Goethe den Homunkulus zu einem Homo in der Idee bekommen zu können. Aber in dieses Schauen sollte auch der Eingeweihte der samothrakischen Mysterien eingeführt werden. Nun kann man nicht den Menschen in seinem Wesen wirklich schauen, wenn man ihn eingeschlossen sich denkt in seine Haut, wenn man der Täuschung unterliegt, daß das nur mit dem Menschen etwas zu tun hat, was da in äußerer physischer Gestalt vor einem steht, wenn man einen Menschen mit Augen schaut. Wer einen Menschen wirklich kennenlernen will, der muß aus diesem herausgehen, was innerhalb der Haut eingeschlossen ist, und das menschliche Wesen als ausgebreitet im ganzen Weltenall ansehen. Er muß die geistige Fortsetzung außer der Haut wirklich ins Auge fassen.

Nun hingen mit diesem Impuls der Griechen, das Menschenwesen außerhalb der Haut zu schauen, mancherlei Göttervorstellungen zusammen. Aber von allen diesen Göttervorstellungen gab es gewissermaßen eine exoterische und eine esoterische Seite. Die exoterische Seite des Menschenwerdens, aber im Zusammenhange mit dem ganzen Naturwerden, also des Menschenwerde-Geheimnisses mit dem Naturwerde-Geheimnis, diese ganzen Vorstellungen wurden angeschlagen, wenn der Grieche sprach von Demeter, später, wenn gesprochen wurde von Ceres, Kersa. Die esoterische Seite der Ceres, der Demeter, der Werdewelt, waren gewissermaßen die Kabiren. Aber man muß den Menschen in der richtigen Weise anschauen, wenn man irgendwie hinter sein Geheimnis kommen will.

Den Menschen so anschauen, wie seine Gestalt hier in der physischen Welt ist, das hieße eigentlich, sich über den Menschen täuschen. Denn dieser Mensch ist zusammengeflossen zunächst aus einer Trinität. Und wie wenn drei Lichter ihren Schein nach einem Punkte, nach einem Kreise meinetwillen hinwerfen, und man den Zusammenfluß der drei Lichter sieht, und man nicht dazu übergehen will, zu sehen, wie das eine, meinetwillen ein gelbes, das andere ein blaues, das dritte ein rötliches Licht zusammenfließen in einem, wenn man nicht dieses Zusammenklingen sehen will, wie man da glauben kann, das, was da als Mischlicht entsteht, sei eine Einheit, so täuscht man sich, wenn man dieses Mischprodukt, das man vor sich hat in dem, was als Mensch innerhalb seiner Haut vor uns steht, für eine Einheit hält. Es ist keine Einheit. Und nie kann man hinter das Menschengeheimnis kommen, wenn man das für eine Einheit hält. Jetzt ist es den Menschen nicht bewußt, daß das keine Einheit ist. Aber als das atavistische Hellsehen die Menschenerkenntnis durchglühte, da waren die Menschen sich dessen bewußt. Und so setzten die samothrakischen Eingeweihten den Menschen zusammen gewissermaßen aus dem, was in der Mitte steht: Axieros, und aus dem, was Extreme sind: Axiokersos und Axiokersa, deren Kräfte sich mit der Kraft des Axieros verbanden. Man könnte sagen: Drei sind da – Axieros, Axiokersos, Axiokersa. Diese drei Kräfte fließen zusammen, bilden eine Einheit. Die höhere Wirklichkeit ist die Dreiheit. Aber die Einheit entsteht dadurch. Das tritt vor das Menschenauge.

Man könnte auch so sagen: Der samothrakische Eingeweihte lernte den Menschen kennen, wie er vor ihm stand im sinnlichen Anschauen, und ihm wurde gesagt: Du mußt von diesem Menschen zwei Extreme abziehen; Axiokersa, Axiokersos, die strahlen nur herein. Dann kannst du eventuell zurückbehalten Axieros. – So daß man auch die Sache so darstellen konnte, daß von den dreien Axieros gewissermaßen darstellt den menschlichen Mittelzustand, und die andern, die beiden Unsichtbaren, bestrahlen ihn nur.

Also als eine Trinität stellte man sich in den samothrakischen Mysterien den Menschen dar. Goethe fragte sich: Kann man vielleicht den abstrakten Homunkulus zu dem völligen Homo in der Idee umbilden, wenn man sich anlehnt an dasjenige, was in den samothrakischen Mysterien als ein Geheimnis des Menschen selbst, als die menschliche Trinität, angeschaut worden ist? Er sagte sich: Man kann zu dieser Trinität nur dadurch kommen, anschauungsgemäß, wenn man mit dem Geistig-Seelischen aus dem Leibe herausrückt. – So sagte er sich.

Aber man muß immer betonen, Goethe lebte mit Bezug auf die geistige Anschauung gewissermaßen in einem Anfangszustande. Das ist gerade das Wunderbare am Goetheanismus, daß er, wie ich neulich sagte, nur richtig vorgestellt wird, wenn man ihn so vorstellt, daß er fortgesetzt, ausgebildet, daß er entwickelt werden muß, daß er zu immer höheren und höheren Höhen hinanführt, daß man bei Goethe einfach die Metamorphosenlehre hat von Blatt zu Blatt, vom grünen Laubblatt zum farbigen Blumenblatt und so weiter, oder etwa vom Rückenwirbel zu den Kopfknochen, daß aber dieses Geheimnis von einer Inkarnation zur andern Inkarnation, von einem Erdenleben zum andern Erdenleben führt, wenn man das richtig versteht, wie ich Ihnen öfter ausgeführt habe. Daher kann man ganz innerhalb der Goetheschen Weltanschauung stehenbleibend sagen: Wie würde denn das samothrakische Mysterium sich heute verbildlichen lassen für die Gegenwart? – Das samothrakische Mysterium als solches, mit seinen Kabirenverbildlichungen des Menschengeheimnisses, ist ganz und gar entsprechend der alten atavistisch-hellseherischen Weltanschauung, aber dasjenige, was in irgendeiner Menschheitsperiode lebt an Erkenntnisinhalt, kann in rechtmäßiger Weise fortgesetzt, muß umgebildet werden. Es ist unberechtigt, zu den alten Anschauungen, die für ganz andere Menschheitsepochen da waren, einfach wieder zurückkehren zu wollen; sie müssen umgebildet werden. Das samothrakische Geheimnis hat natürlich nur einen historischen Wert. Heute würden wir sagen: Wir stellen dar, wie in der Mitte der Menschheitsrepräsentant steht, Axieros, wie der Menschheitsrepräsentant umkreist wird von Axiokersa, wie Axiokersos heute wiederum mit dem Irdischen in Zusammenhang gebracht werden muß, und wir haben den Menschheitsrepräsentanten, Luzifer, Ahriman. Wir haben darinnen die für das heutige und das kommende Zeitalter angemessene Umgestaltung des heiligen samothrakischen Mysteriums.

Man möchte sagen: Goethe, wenn er heute unter uns treten würde und mit dem, was die Menschheit sich mittlerweile hat erringen können, das sagen wollte, was seinen Homunkulus zum Homo umgestaltet, so würde er hinweisen auf den Menschheitsrepräsentanten, umkreist und im Kampfe mit Luzifer, Ahriman. Nur bitte ich Sie, diese Dinge nicht in abstrakter Weise zu nehmen, ja nicht die beliebte Methode von heute anzuwenden, diese Dinge als Symbol zu nehmen, diese Dinge mit ein paar abstrakten Begriffen abtun zu wollen. Je mehr Sie fühlen, daß auch bei der Darstellung des Menschheitsrepräsentanten im Zusammenhang mit jeder Linie des Luzifer und Ahriman eine ganze Welt verborgen liegt über das Menschheitsgeheimnis, je mehr Sie verleugnen den Hochmut, den unbegründeten, kindischen Hochmut des modernen Menschen auf seine abstrakten naturwissenschaftlichen Begriffe, und je mehr Sie erweitern die Seele zu einer Welt im Anblicke dieser Verbildlichung des Menschengeheimnisses, desto näher kommen Sie dadurch dem Menschengeheimnis.

Heute hat Geisteswissenschaft mannigfaltige Gegnerschaft. Aber einer ihrer stärksten Feinde ist die Sehnsucht des Menschen nach Abstraktion, die Sehnsucht der Menschen, alles mit ein paar Begriffen überkleistern zu wollen. Goetheanismus ist auch empfindungsgemäß das gerade Gegenteil dieses modernen Unfuges, alles mit ein paar Begriffen überkleistern zu wollen. Man macht in dieser Beziehung besondere Erfahrungen. Die Menschen kommen zunächst aus den verschiedensten Motiven in eine geisteswissenschaftliche Bewegung hinein. Viele gibt es, die fangen dann an, möglichst alles verabstrahieren zu wollen. Sieben Prinzipien hat der Mensch – ich habe es einmal erlebt, oh, schauderhaft, ganz schauderhaft, wie jemand den Hamlet dadurch erklärt hat, daß er das eine Prinzip zum Buddhi, das andere zum Manas und so weiter gemacht hat. Das ist etwas, was viel schlimmer ist als aller äußere Materialismus. Diese ganzen abstrakten Erklärungen, diese ganze Symbolisierung abstrakter Natur ist viel schlimmer, innerlich angeschaut, als aller äußere Materialismus. Jedenfalls aber sehen wir, daß Goethe zunächst wirklich an ein höchstes Menschliches heranführen will die Idee des Homunkulus, indem er seine Nereiden und Tritonen auf dem Wege zeigt nach Samothrake, um die heiligen Kabiren zu bringen.

Und so werden wir denn bei den Kabiren empfinden müssen, was gerade Urvölker bei ihren Göttergestalten empfunden haben. Diese Göttergestalten der Urvölker kommen den heutigen Menschen primitiv vor: Götzen. Als Götzen erscheinen dem heutigen Menschen diese Götterbilder der Urvölker, weil der heutige Mensch kein Verständnis hat für dasjenige, was aus den Elementarkräften hervorquillt. Der heutige Mensch erhebt sich nicht einmal in der Kunst zu einem wirklich Schöpferischen. Er hält sich ans Modell, oder beurteilt irgend etwas, was ihm in der Kunst dargestellt wird, so, daß er sagt: Ist das ähnlich? – Ja, man hört oftmals sogar den Einwand gegen irgendeine Darstellung: Das ist nicht natürlich –, weil heute wirklich wenig künstlerische Empfindung unter den Menschen ist. Wer allerdings zum Verständnisse vorrücken will der vielleicht grotesk ausschauenden alten Götterbilder, muß versuchen, sich von jenen Wesenheiten eine Vorstellung zu machen, die der dritten elementarischen Welt angehören, aus der erst unsere Welt hervorquillt in ihren mineralischen Produkten auf der einen Seite, und auf der andern Seite in ihren organischen Produkten.

Sie wissen, wie die Szene damit beginnt, daß die Nereiden und Tritonen auf dem Wege nach Samothrake sind, um die Kabiren heranzubringen, unter die Homunkulus zum Homo-Werden versetzt werden soll. In der Zwischenzeit, während die Nereiden und Tritonen auf der Reise nach Samothrake sind, begibt sich Thales, der den Homunkulus zum Menschwerden führen soll, zum alten Meergreis Nereus. Thales, der alte Naturphilosoph, ist es, den der Homunkulus zunächst aufgesucht hat. Nun, Goethe ist weder Mystiker im schlechten Sinne des Wortes noch bloßer Naturphilosoph, wenn es ihm darauf ankommt, die Wirklichkeit zu finden. Daher kann der Thales selber dem Homunkulus nicht zum Homowerden verhelfen. Gerade die Weltanschauung des Thales verehrte Goethe sehr, aber er schreibt dem Thales nicht das Vermögen, die Kraft zu, dem Homunkulus den Rat zu geben, wie man es zum Menschen, zum wirklichen Menschen bringen kann. Da soll man sich also schon zu einer dämonischen Macht begeben – außerhalb des Leibes –, zum alten Nereus. Goethe bringt die verschiedensten Dämonengewalten an den Homunkulus heran. Was ist denn der Nereus eigentlich für eine Gewalt? Nun, das sieht man aus der Art und Weise, wie dieser Meergreis spricht in der Goetheschen Dichtung. Man möchte sagen: Dieser Nereus ist im gewissen Sinne doch der allerdings weise, prophetische, aber etwas philiströse Bewohner der dem Menschen nächsten geistigen

Welt, in die der Mensch eintritt, wenn er aus seinem Leibe herauskommt. – Ob der nun etwas weiß, wie der Homunkulus Homo werden kann? Ja, sehen Sie, Verstand, sogar bis zur prophetischen Hellsehergabe, hat der Nereus schon; er handhabt zwar diesen Verstand großartig, aber so, wie er ihn handhabt, gelangt er wirklich nicht an das Innere des Menschen damit heran. Daher empfindet er, wie die Menschen ihn nicht hören, auf seinen Rat nicht hören. Er hat gewissermaßen keinen Zugang zu der Seele des Menschen. Er hat den Menschen geraten, von Verschiedenem abgeraten, hat einstmals Paris abgeraten, die ganze Misere über Ilion zu bringen. Nichts hat es gefruchtet. Es hat also einfach dieser Nereus den menschlichen Verstand, den die Menschen in einem sehr minderen, ich will sagen, in einem sehr hohen Grade schon auf dem physischen Plane ausgebildet haben, aufs Höchste ausgebildet, weil er gar nicht beschränkt ist auf einen physischen Leib. Aber es hilft doch mit diesem Verstande nicht recht weiter vom Homunkulus zum Homo. Es langt nicht dazu, was der Nereus zu sagen hat, es wird dadurch für die Aufgabe des Homunkulus nichts eigentlich gewonnen.

Aber es sagt der Nereus, daß er, während er sich nicht beschäftigen will mit dem Ratgeben zum Menschwerden des Homunkulus, seine Töchter erwartet, die Doriden, und namentlich die auserlesenste von ihnen, Galatee, die zu diesem Meeresfeste heute kommen soll, die der Vater erwartet. Galatee: eine Imagination gewaltigster Art.

Zusammenhänge zu sehen in der Welt, das ist dasjenige, auf was es ankommt. Es ist sogar gar nicht leicht, über diesen Punkt zu sprechen, weil die heutige Seele die Sehnsucht hat, alles zu verabstrahieren. Wer sich in diesen Dingen umschaut, erfährt gar manches. Gewiß, es gibt gutwillige Leute, die sprechen davon, daß sie an den Geist glauben. Es ist nicht übel, wenn die Menschen wenigstens an den Geist glauben. Aber wie ist es, wenn man nachgeht und so recht aufs Herz hin die Menschen frägt: Was stellt ihr eigentlich euch unter dem Geist vor, an den ihr glaubt? Was ist das, der Geist? – Nicht wahr, die Spiritisten verzichten überhaupt darauf, vom Geist etwas zu erfahren, indem sie sich allerlei Ungeistiges vormachen. Es ist die materialistischste Lehre, die überhaupt existieren kann, der Spiritismus. Gewisse feiner gestimmte Seelen sprechen wohl vom Geist, aber was ist denn eigentlich das, was sie im Kopfe

Am Werdetag treten an
Die Werdewesen uralter Zeit
Gedanken der Liebe tragen sie
Von Herz zu Herz
Und sie mögen die Gedanken
Festigen zu tragender Erinnerung an das Werdefest
28. Januar 1918 für Helene Röchling.

DIE KABIREN

Zeichnung von Rudolf Steiner nach den von ihm
für die Faust-Aufführungen entworfenen plastischen Figuren
(Originalgröße 26,5 × 21 cm).

haben, wenn sie vom Geist sprechen? Das ist es ja, warum skeptische, so recht moderne Gemüter den Geist am liebsten aufgeben – nein, ich meine natürlich nur in Gedanken –, den Geist am liebsten aufgeben gegenüber dem, was man im modernen Sinne wissen kann. Lesen Sie den Artikel «Geist» im philosophischen Wörterbuch von *Fritz Mauthner*, dann werden Sie wahrscheinlich Zustände Ihres Leibes erhalten können, die nicht Zustände des Kopfes sind.

Alles dieses abstrakte Gerede, selbst wenn es das Gerede vom Geist ist, sollte überwunden werden gerade in wahrer Geisteswissenschaft. Verfolgen Sie, wie aufsteigend im Fortgange unserer geisteswissenschaftlichen Arbeiten eigentlich gesprochen wird. Es wird alles herangezogen, was nach und nach wirklich in die geistige Welt hineinführen kann. Es wird nicht bloß mit Worten gesprochen, sondern es wird gewissermaßen eine vergleichsweise Methode herangezogen. Denken Sie doch, daß wirklich begreiflich wird durch die Art, wie Geisteswissenschaft hier vertreten wird, daß der Mensch einen Lebensweg durchmacht hier im physischen Leibe. Lesen Sie zum Beispiel die zusammenfassenden Darstellungen im letzten Hefte «Das Reich». Es wird da angedeutet, wie und durch welche Kräfte der Mensch, wenn er ein ganz kleines Kind ist, am meisten der materiellen Welt ähnlich ist, wie er dann mehr seelisch wird in der Mitte seines Lebens, wie er aber geistig wird – nur daß er diesen Geist oftmals nicht erfaßt, weil er sich nicht vorbereitet dazu –, wie er geistig wird dann, wenn der Leib verfällt, wenn der Leib trocken und sklerotisch wird, wie da der Geist sich dann befreit, auch im wachen Zustande. Nur wird der Mensch sehr selten sich bewußt dessen, was er da erleben kann, wenn er mit einiger Begabung alt wird, ich meine jetzt mit spiritueller Begabung alt wird, wenn er nicht einfach hinfällig wird im Leibe, sondern wenn er dann die sich verjüngende, zum Geist verjüngende Seele erlebt.

Dies zeigt, daß man aufmerksam wird darauf, daß man natürlich den Geist nicht anschauen kann im Greis oder in der Greisin, daß er unsichtbar ist. Man sieht den verfallenden Leib, sieht nicht den Geist, der jung und frisch wird; man sieht die Runzeln auf den fleischlichen Wangen und sieht nicht die Pausbacken des Geistes, die dann entstehen; die sind übersinnlich. Aber man weist wenigstens darauf hin, wo man finden kann hier in der Welt, in der wir unseren gewöhnlichen Umgang haben, das Geistige. Und wenn man dann sagt, die ganze Natur ist durchdrungen vom Geiste, dann verlangt man eigentlich, daß man sich vorstellt, da draußen in der Natur, wo die Mineralien, wo die Pflanzen die äußere Welt offenbaren, lebt etwas von derselben Kraft, in die man hineinwächst, wenn man ein alter Mann oder eine alte Frau wird. Sehen Sie, da ist anschaulich ausgedrückt die Sache. In pantheistischer Weise zu reden: Da draußen ist Geist – das ist gar nichts, weil da Geist ein bloßes Wort bleibt. Wenn man aber nicht in direkt abstrakter Weise, sondern in den verschiedensten Umschreibungen, die dazu notwendig sind, darauf aufmerksam macht, die Kraft, die in dir immer größer wird, wenn du alt wirst, suche als die innigste, schärfste Naturkraft auf, dann sagt man etwas. So eine Kraft neben die andere stellen und aufmerksam machen, wo die eine und die andere Kraft ist, das ist das Wesentliche. Und so kann man, wenn man den Blick hinwendet auf diejenigen Kraftimpulse, die da leben im ganzen Zusammenhange von der Empfängnis durch das Embryonalleben bis zu der Geburt, wenn ein physischer Mensch hier auf der Erde entsteht, sich diese Dinge vergegenwärtigen. Der trockene Naturforscher, der besser ein Naturschleicher genannt werden könnte, bleibt stehen bei dieser Kraft, die er auf alle mögliche Weise untersucht, aber er untersucht sie auf seine Art; er bleibt stehen dabei. Derjenige aber, der sich einen geisteswissenschaftlichen Überblick über die Welt zu verschaffen vermag, weiß, daß diese Kraft auch an andern Orten vorhanden ist. Ganz dieselbe Kraft, nur rascher wirksam, macht sich geltend, wenn Sie des Morgens aufwachen, genau dieselbe Kraft, die von der Empfängnis durch das Embryonalleben bis zu der Geburt führt, gewissermaßen verdünnt, macht sich geltend, wenn Sie vom Schlafen ins Aufwachen übergehen. Es ist genau dieselbe Kraft. Aber diese Kraft ist nicht nur in Ihnen, im Inneren in Ihnen, sondern diese Kraft ist durch das ganze äußere Kosmische ausgedehnt, lebt überall in den Dingen und Vorgängen.

Diese Kraft ist die Tochter des kosmischen Verstandes. Man muß an mancherlei heute recht Ungewohntes rühren, wenn man diese Dinge charakterisieren will. Was tut denn eigentlich der heutige Naturforscher, wenn er dem physischen Geheimnis des Keimens nahekommen will? Er mikroskopiert, er untersucht im Mikroskop, wie der Keim ist, wenn er unbefruchtet ist, wenn er befruchtet ist und so weiter. Er hat keine Ahnung davon, daß er, was er da im Kleinsten darinnen in dem Mikroskop untersucht, im Makrokosmischen fortwährend vor sich sieht. Genau derselbe Vorgang, der sich zum Beispiel im Leibe der Mutter abspielt vor der Empfängnis, während der Konzeption, nach der Konzeption, dann im Embryonalleben, genau derselbe Prozeß spielt sich makrokosmisch ab, indem die Pflanze dem Samen nach in die Erde gesenkt wird, die Erde den Pflanzenkeim herausschickt. Die Uteruswärme, die Gebärmutterwärme ist genau dasselbe, was die Sonne draußen ist für die gesamte Weltvegetation. Es ist schon sehr bedeutsam, anerkennen zu können, daß dasjenige, was der Mikroskopiker im Kleinsten sieht, fortwährend makrokosmisch überschaut werden kann draußen in der Welt. Wir gehen gewissermaßen, indem wir unter der werdenden Pflanzenwelt herumgehen, eigentlich in dem Weltenuterus herum in Wahrheit. Kurz, die Kraft, die dem Menschenwerden zugrunde liegt, ist draußen in der makrokosmischen Welt, durchwallt und durchwebt die ganze makrokosmische Welt. Denken Sie sich diese Kraft personifiziert, diese heilige Kraft des Menschenwerdens in ihrem geistigen Korrelat draußen erfaßt außerhalb des menschlichen Leibes, geistig-seelisch, und Sie haben Galatee, verwandt mit alledem, was zu ihr gehört, ihren Schwestern, den Doriden. In diesen Imaginationen werden wir schon hineingeführt in eine geheimnisvolle, aber durch und durch wirkliche Welt. Es ist eine der tiefsten Szenen, die Goethe geschrieben hat. Und er war sich dessen bewußt, daß man im höchsten Alter eine Ahnung haben kann von diesen tiefsten Naturgeheimnissen.

Es hat etwas ungeheuer Bedeutungsvolles, wenn man sich vergegenwärtigt: Goethe hat als Jüngling seinen «Faust» begonnen, und kurz vor seinem Lebensende sind solche Szenen geschrieben wie diejenigen, die wir jetzt vorführen. Gestrebt hat er durch sechzig Jahre hindurch, den Weg zu finden, um das auszugestalten, was er in frühester Jugend konzipiert hat. Alles zieht er heran, da es sich ihm darum handelt, die Homunkulus-Idee zur Homo-Idee zu erheben, alles zieht er heran, da es sich ihm darum handelt, das Geheimnis der Menschwerdung außerhalb des Leibes darzustellen. Er zieht heran das Kabiren-Geheimnis, er zieht heran das Geheimnis vom Menschwerden, wie es sich im Bilde der Galatee abspiegelt. Und er weiß, daß dasjenige, was die Wirklichkeit ist, so umfassend und so tief ist, daß ihm gegenüber die Imaginationen, zu denen man kommen kann, die erweckt werden durch die Kabiren-Impulse, durch den Galatea-Impuls, doch vorüberhuschen, daß das Geheimnis noch größer ist als dasjenige, das so festgehalten werden kann.

Goethe hat selbst wirklich alles versucht, um in lebendiger Art dem Geheimnis des Lebens nahzukommen. So hat er seine Metamorphosenlehre ausgebildet, wo er die verschiedenen Formen in der Natur verfolgt, wie eine Form aus der andern wird. Diese Metamorphosenlehre Goethes darf auch nicht abstrakt vorgestellt werden. Daß sie das nicht darf, zeigt uns Goethe, der mit dieser Metamorphosenlehre, die doch nur konzipiert werden kann in leibfreier Weltanschauung, an dasjenige herantritt, was atavistisch empfunden wurde in der alten Proteus-Mythe. Vielleicht kann Proteus, der in seinem eigenen Werden verschiedene Gestalten annimmt – Sie wissen, er führt ihn vor, oder wir stellen ihn dar in der Szene als Schildkröte, als Mensch, als Delphin: diese Gestalten stehen nebeneinander, treten nacheinander auf –, vielleicht kann man durch dasjenige, was Proteus erlebt, von ihm erfahren, wie Homunkulus zum Homo werden kann.

Aber Goethe empfand das doch noch Eingeschränkte seiner Metamorphosenlehre. Ja, meinen Sie, ein so gründlicher, ein so tiefer Erkenntnismensch, wie Goethe war, hat das nicht empfunden, was ihm da folgte aus der Tatsache: Du kannst, wenn du die Metamorphosenlehre hast, Pflanzenblatt nach Pflanzenblatt bis zum Blütenblatt verfolgen, wie sie sich verwandeln, du kannst auch den Rückenwirbelknochen verfolgen, wie er sich verwandelt in den Kopfknochen, Schädelknochen. – Aber Goethe – das weiß der, der Goethes eigene Anschauung durchgearbeitet hat, wie Goethe ringt auf diesem Gebiete – wußte: Da kann ich nicht weiter. Er empfand: Da gibt es etwas darüber hinaus. – Wir wissen, was es gibt! Der Kopf des gegenwärtigen Menschen ist die Metamorphose des Leibes des früheren Menschen, des Menschen im früheren Erdenleben. Der übrige Leib des Menschen in diesem Erdenleben wird zum Kopf im nächsten Erdenleben. Da haben wir die Metamorphose, die Krönung der Metamorphose für das Menschenleben. Das empfand

Goethe, daß er einen großen Anfang gemacht hat mit der proteischen Metamorphosen-Idee, daß sie aber ausgebildet werden muß, wenn man von Homunkulus zum Homo kommen will. Er zieht heran, was er empfindet beim Proteus. Aber das kann nicht dazu führen, die Idee des Homunkulus zu der Idee des Homo zu bringen. Goethe stellt in ehrlicher Weise dichterisch dar, was er kann und was er nicht kann. Man sieht schon tief in die Seele Goethes hinein. Bequemer ist es freilich, sich einen abstrakten, vollkommenen Goethe vorzustellen, um sich dann zu sagen: Der hat alles gewußt. – Nein, Goethe wird gerade dadurch groß, daß man auch seine Grenzen kennenlernt, sintemalen er diese Grenzen so ehrlich selbst gestanden hat, wie das geschehen ist, indem er auch den Proteus, wie er ihn fassen konnte, das heißt die Metamorphosenlehre, wie er sie fassen konnte, nicht ratgeben läßt über das Werden des Homunkulus zum Homo.

Goethe hat allerdings in der verschiedensten Richtung gestrebt, diesem Werden, welches das Menschenwerden ist, näherzukommen. Für ihn war auch die Kunstanschauung nicht das, was sie so vielen ist, im Grunde auch etwas Abstraktes. Für Goethe ging dasjenige, was im Kunstwerke sich ausdrückte, zusammen mit alldem, was schöpferisch in der Welt lebte. All das, was ihn hat führen sollen nach seinen Sehnsuchten, das Geheimnis des Menschenwerdens zu ergründen, führt Goethe in dieser Szene vor. Wie er vor den griechischen Kunstwerken, vor den ihm die griechische Kunst vergegenwärtigenden italienischen Kunstwerken stand und sich sagte: Ich bin auf der Spur, wie die Griechen verfahren sind, indem sie ihre Kunstwerke geschaffen haben; sie verfuhren nach denselben Kräften, nach denen die Natur schafft –, da hat Goethe empfunden: Ja, wenn der Künstler ein wirklicher Künstler ist, dann vermählt er sich mit denselben Kräften, die in der Natur schaffen, schafft seine Formen, schafft alles dasjenige, was künstlerisch zu schaffen ist, aus demselben heraus, was da wirkt im Pflanzen-, im Tier-, im Menschenwerden. – Aber es bleibt doch ohne das innere Wissen. Das ist dann dasjenige, was Goethe sich auch gestehen mochte: Die schöpferischen Kräfte, sie lassen sich anschauen, sie lassen sich fühlen, aber man steht nicht darinnen in der Metamorphose. – Die Telchinen von Rhodus treten auf; sie sind so große Künstler, daß natürlich jede äußere Menschenkunst klein dagegen erscheint. Sie haben Neptunen den Dreizack geschmiedet, sie haben es zuerst versucht, Götter in Menschengestalt darzustellen, also den Menschen wirklich aus den kosmischen Kräften heraus nachzuschaffen. Man ist auf dem Wege damit, wenn man diese Telchinenkunst ausführt, das Menschenwerden nachzubilden, aber man kommt doch nicht an es heran. Das will Goethe sagen. Er spricht es aus durch den Proteus, der zuletzt sagt: Auch das führt nicht zum wirklichen Menschengeheimnis heran.

So recht will Goethe die Empfindung hervorrufen, wie das doch zwei Welten sind: die wache Tageswelt und die, in welche man eintritt, wenn man leibfrei wird, und die man schauen würde, wenn man aus dem Leibe aufwachte im leibfreien Zustande im Schlafe, die Welt, die man schaut, wenn man nicht im Leibe herinnen ist. All das, was er da sagen will, deutet Goethe in dieser Szene so fein, so großartig an. Bitte, nehmen Sie nur den Teil der Szene, wo die Doriden herbeiführen die Schifferknaben, und lesen Sie diese Worte. Lesen Sie die Worte, wie da die Welt charakterisiert ist, wie zusammenkommt die physische Welt mit der geistigen, in die man eintritt, wenn man leibfrei ist: die Doriden mit dem Physischen, mit den hier in der Welt herinnen stehenden Schifferknaben. Sie haben sich gefunden und doch nicht gefunden; Menschen und Geister finden sich und finden sich doch nicht, nähern sich und bleiben sich fremd. Dieses Verhältnis der physischen Welt zur geistigen Welt ist in diesem Teil der Szene wunderbar angedeutet. Überall das Bestreben bei Goethe, zu zeigen, wie notwendig es ist, in die geistige Welt sich zu versetzen, wenn das erreicht werden soll, was aus dem Homunkulus einen Homo macht, und zugleich die Andeutung, die feine, intime Andeutung des Zusammen- und Getrenntseins der physischen Welt und der geistigen Welt.

Man möchte sagen: Goethe sieht oder läßt in seiner künstlerischen Darstellung sehen, wie der Homunkulus zum Menschen werden könnte für die Seele, wenn sie sich nähert dem intimen Mysterium der Kabiren, demjenigen, was Nereus heraufruft in seiner Tochter Galatee, demjenigen, was in der wahren, aus dem Kosmos heraus wirkenden Kunst wirkt. Aber ach, es ist, wie wenn man im Traume eine Wirklichkeit ergreift, und der Traum gleich wieder vorbeihuscht, es ist, wie wenn man halten möchte dasjenige, was zusammenschmiedet die geistige Welt und die physische Welt. Aber: «Die Götter wollen's nicht leiden.» Es geht wieder auseinander.

Diese Schwierigkeit des Geist-Erkennens steht als die Grundempfindung, als der Grundimpuls vor der Seele dessen, der diese Szene mit wirklichem Verständnisse schaut. Das ist es, was dann Goethe dazu führt, den gewaltigen Abschluß dieser Szene herbeizuführen: das Zerschellen des Homunkulus am Muschelwagen der Galatee, jenes Zerschellen, das zugleich ein Entstehen ist, jenes Entwerden, das zu gleicher Zeit ein Werden, jenes Aufgehen in den Elementen, das zu gleicher Zeit ein Sich-Finden in der Wirklichkeit ist. Davon wollen wir dann morgen sprechen, von diesem Schluß der Szene im Anschlusse an die Vorstellung.

DAS WIRKLICHKEITSSCHAUEN IN DEN GRIECHISCHEN MYTHEN

Dornach, 18. Januar 1919
nach einer Darstellung der «Klassischen Walpurgisnacht»

Gestern habe ich versucht, über die eben zur Aufführung gekommene Szene aus dem zweiten Teil des «Faust» zu Ihnen zu sprechen. Ich möchte die Hauptgedanken kurz wiederholen, die gestern hier zur Geltung gebracht worden sind, denn wir haben es mit dieser Szene in der Tat als mit einer der bedeutsamsten Schöpfungen *Goethes* zu tun, mit einer Szene, die Goethe seinem «Faust» eingefügt hat, nachdem er etwa sechzig Jahre mit dem Faust-Problem gerungen hatte. Wir haben es außerdem zu tun mit einer Szene, durch die man wirklich in intensivster Weise hineinschauen kann in Goethes Seele, insofern in dieser Seele waltet Erkenntnisdrang und vor allen Dingen Ernst des Erkenntnisdranges, Größe des Erkenntnisdranges. Nur muß man niemals, wenn man «Faust» gewissermaßen als Erkenntnisdichtung auffaßt, aus dem Auge verlieren, daß alles, was in höchster Weisheit sich durch den «Faust» offenbart, nirgends, wie das bei geringeren Dichtern, die derlei versuchen, so häufig der Fall ist, die künstlerische Gestaltungskraft, das rein Künstlerische, beeinträchtigt. Ich habe darauf aufmerksam gemacht, daß Goethe selbst zu Eckermann betont hat, daß er in seinen «Faust» vieles hineingeheimnißt hat, und daß der Eingeweihte viele Menschenrätsel darinnen finden werde, daß er aber sich bemüht hat, dabei alles so zu gestalten, daß rein von der Bühne aus das Bildmäßige angeschaut, auch dem naiven Gemüte ein Eindruck werden kann.

Nun wollen wir die Hauptgedanken des gestern Mitgeteilten über das Hineingeheimnißte noch einmal vor unsere Seele führen, um dann übergehen zu können zu dem, was gestern noch nicht berührt werden konnte, zu dem Schlusse dieser Szene. Ich sagte gestern, daß diese Szene so recht beweist, wie Goethe nachging dem Problem der menschlichen Selbsterkenntnis und der menschlichen Selbsterfassung. Denn niemals war für Goethe das Erkennen – das Ergreifen der Wahrheit war für Goethe wissenschaftlicher Drang – etwa nur etwas Abgezogenes, Theoretisches, sondern stets war, wie es beim Vollmenschen immer mehr und mehr werden muß in der zukünftigen Menschheitsentwickelung, für Goethe dasjenige, was er als Erkenntnis in seiner Seele suchte, etwas, was Impuls werden mußte zum vollen Sich-Hineinstellen in das Leben, zum Erfühlen alles desjenigen, was das Leben an Glück und Unglück, an Freuden und Schmerzen, an Schicksalsschlägen und Entwickelungsmöglichkeiten den Menschen bringen kann. Aber auch zu alledem soll der Erkenntnisdrang Bezug haben, was sich als Forderungen stellt durch das Leben an den Menschen mit Bezug auf sein Verhalten zum sozialen Ganzen, mit Bezug auf sein Tun und Schaffen. Faust soll nicht bloß als ein nach höchster Erkenntnis Strebender dargestellt werden, sondern als ein Mensch, der mit allem, was das Leben vom Menschen fordert und dem Menschen bringt, in innigster Weise verbunden ist. Dazu sucht Goethe für seinen Faust Selbsterkenntnis, also Menschheitserkenntnis und Selbsterfassung, Erfassung der Kräfte, die im Menschen zur Tat schlummern. Aber ebenso klar ist sich Goethe, daß das gewöhnliche, an die Sinne gebundene, vom Verstand bedingte Erkennen zu solcher Selbsterkenntnis nicht führen kann. Deshalb läßt Goethe auftreten in der «Klassischen Walpurgisnacht» den Homunkulus, jenes Produkt, welches dem mittelalterlichen Forscher eine Nachbildung des Menschen sein sollte aus den Naturkräften und den Naturgesetzen heraus, welche der physische Verstand innerhalb der äußeren Natur fassen kann. Fassen wir jetzt alles das in der Homunkulus-Idee – ich habe gestern genauer darüber gesprochen, was Goethe mit seinem Homunkulus gemeint hat, abgesehen von allem Aberglauben, der mit dem Homunkulus verbunden war –, fassen wir ins Auge, was Goethe damit meint. Goethe wollte in seiner Homunkulus-Idee dasjenige vom Menschen darstellen, was der Mensch hier in der physischen Welt von sich selbst durchschauen kann. Derjenige, der sich nur jener Erkenntnisse bedient, die physische Naturwissenschaft oder physische Lebenserkenntnis liefern können, gelangt niemals nach Goethes Anschauung zur Menschheitserkenntnis und zur Menschheitserfassung. Er wird niemals den Homo, den Menschen erkennen, er wird nur einen Homunkulus, einen auf dem Wege zur Menschwerdung stehengebliebenen, elementaren Geist sich vor die Seele stellen können.

Damit rang nun Goethe als mit einem Erkenntnisproblem. Wie kann aus diesem Gedanken des Homunkulus der Gedanke des Homo werden? Da war sich Goethe klar, das zeigt die ganze Haltung, die ganze Stimmung, die künstlerische Gestaltung der «Klassischen Walpurgisnacht», daß nur in einer solchen Erkenntnis die Frage nach dem Menschenwesen beantwortet werden kann, die hergenommen ist aus der Forschung, die das Geistig-Seelische des Menschen vollführt außerhalb des physischen Menschenleibes. Das wollte Goethe durchaus als sein Bekenntnis aus dem «Faust» herausleuchten lassen, daß über den Menschen jemand nur Auskunft geben kann, der Erkenntnisse gelten läßt, die außerhalb der physischen Leibeswerkzeuge gewonnen werden. Also nur wirkliche Geisteswissenschaft oder, wie wir es auffassen, Anthroposophie kann zur Erkenntnis des Menschen, des Homo führen, während alle übrige in der physischen Welt sich betätigende Erkenntnis bloß zum Gedanken des Homunkulus führen kann. Goethe war auch sein ganzes Leben hindurch unablässig bemüht, soweit es ihm möglich war, aufzusteigen zu solch übersinnlicher Erkenntnis. Er suchte sie auf verschiedenen Wegen. Die Wege, die sich ihm dargeboten haben, versuchte er künstlerisch auszugestalten in seinem «Faust». Faust sollte ihm sein der Repräsentant eines Menschen, der nun zu wirklicher Menschenerkenntnis und Menschenerfassung kommt.

Nun war zu Goethes Zeiten anthroposophisch orientierte Geisteswissenschaft noch nicht vorhanden, konnte nicht vorhanden sein. Goethe versuchte deshalb anzuknüpfen an jene Zeitkulturen, in denen noch die Nachklänge atavistischer Geistanschauung vorhanden waren. Und ihm lag es nahe, nachdem er gezeigt hat alles Ungenügende für die Menschenerkenntnis in der «Romantischen Walpurgisnacht» des ersten Teiles des «Faust» – wir haben öfter über Goethe gesprochen und können deshalb ermessen, von welchen Untergründen aus ihm das nahelag –, zu den Imaginationen der griechischen Mythe seine Zuflucht zu nehmen. Das fühlte, das empfand Goethe, mit den Begriffen des physischen Verstandes ist Menschheitserfassung nicht zu gewinnen. Zu eigenen Imaginationen wollte er noch nicht übergehen. Er versuchte daher wieder zu gestalten griechische Imaginationen. So daß, wenn wir genauer sprechen, wir gerade die Szene, die sich vor unseren Augen eben abgespielt hat, so ansprechen können: Goethe wollte darstellen, wie ein Mensch, Faust, dem nahegetreten ist – es ist ihm von außen nahegetreten, das tut aber nichts – die Idee des Homunkulus, die einzig und allein in der physischen Welt zu gewinnen ist, wie ein solcher Mensch dadurch, daß sein Bewußtseinszustand sich umändert, daß er aus seinem Leibe herausgeht, sich anders nun verhält, daß der Mensch sich so verhält, wie wenn er des Nachts, wenn er schläft, außerhalb des Leibes in die Möglichkeit versetzt würde, wahrzunehmen, was dann geistig-seelisch um ihn herum ist. Und dann, wenn er gewissermaßen bewußt einschläft und bewußt weiter sich verhält im Schlafe, wie ein solcher Mensch, wenn er mitnimmt in den Erkenntnisschlaf hinein die im physischen Leben gewonnene Homunkulus-Idee, sie so umgestalten kann, daß sie menschliche Wirklichkeit ergreift. Das wollte Goethe darstellen, und dazu nahm er zu Hilfe die Bilder der griechischen Mythe. Er war in seiner Empfindung wenigstens weit hinaus über jenen Gelehrtenaberglauben – er hat es gerade in dieser Szene mehrfach angedeutet –, daß in solchen Mythen wie der griechischen Mythe nur vorhanden seien Dichtungen, Phantasiegeschöpfe. Sie wissen, ich habe es oftmals besprochen, daß Gelehrtenaberglaube sogar zustande gebracht hat, zu sagen, daß die Legenden, die Sagen, die Mythen, die im einfachen Volke leben, durch die Phantasie umgewandelte Naturanschauungen seien. Solcher Gelehrtenaberglaube hat nämlich keine Ahnung, wie wenig die Phantasie im naiven Gemüte Anteil hat an dem, was geschaffen wird, wie aber Anteil hat ein gewisses atavistisches Wirklichkeitssehen, das im Traume stattfindet. Nun, in den Mythen, die der griechische Geist ausgebildet hat, ist nicht bloß Dichtung, ist Wirklichkeitsanschauen.

Goethe führte erstens dasjenige Element vor, in dem alle alten Völker gesehen haben den Impuls, der auf die Seele so wirkt, daß sie sich vom Leibe trennt. Der Zusammenhang mit der Welt war für die Menschen der alten Zeit ein viel intensiverer, als er für den heutigen abstrakten, rationalistischen Menschen ist. Wenn der Mensch der alten Zeit auf den Berg hinaufstieg, so war das nicht bloß ein physisches, kaum bemerkbares Verändern der Dichtigkeit der Atmungsluft oder eine Veränderung der Perspektive, die das Auge übersieht, sondern es war für ihn der Übergang aus einem Seelenzustande in einen andern Seelenzustand.

Viel lebendiger erlebten bei einem Aufstieg auf den Berg die alten Leute als der neuere, abstrakt gewordene Mensch. Und insbesondere erlebten diese Leute intensiv dasjenige, was grob und ins Barbarische umgesetzt heute noch einige Seeleute auch erleben, daß sich ein gewisses Herausbegeben des Geistig-Seelischen aus dem Leibeswerkzeuge wirklich vollzieht. Tiefer angelegte Seefahrernaturen kennen die Sache noch. Aber für die alten Menschen war das etwas ganz Selbstverständliches, daß sie empfanden, wenn ich hinausschiffe in das weite Meer und nicht mehr meinen Zusammenhang mit der festen Erde habe, die alles mit festen Konturen versieht, dann löst sich die Seele vom Leibe, und man sieht mehr vom Übersinnlichen, als man, wenn man fest verknüpft ist mit den festen Konturen des Irdischen, von diesem Übersinnlichen ahnt. Daher läßt Goethe da, wo der Homunkulus in den Homo umgewandelt werden soll, ein heiteres Meeresfest spielen. Thales, der Naturphilosoph, führt den Homunkulus in dieses heitere Meeresfest ein.

Die Sirenen sehen wir. Ich will heute nicht wiederholen – gestern habe ich es getan –, wie das alles äußerlich, bühnenmäßig, bildhaft gestaltet ist. Ich will aber aufmerksam machen auf das tiefere Geheimnis, das Goethe doch auch darinnen gesehen haben will, das tiefere Geheimnis des Gesanges der Sirenen, dieser dämonischen Wesenheiten, die auf der einen Seite Meeresdämonen sind, aber als Meeresdämonen nur lebendig werden, wenn der Mond das Meer bescheint. Das mondbeglänzte Meer lockt hervor die Sirenen, und die Sirenen locken wiederum des Menschen Seele aus seinem Inneren hervor. Das Aufrufen also zu einem solchen Bewußtseinszustand, in dem die übersinnliche Welt wahrgenommen werden kann in Imaginationen, in Bildern, das führen die Sirenen herbei. Zunächst werden herbeigelockt die Nereiden und Tritonen. Sie sind auf dem Wege nach Samothrake zu den heiligen Mysterien der Kabiren.

Warum läßt Goethe gerade die Kabiren auftreten? Weil sein Homunkulus Homo werden soll, Mensch werden soll, und weil in den heiligen Mysterien der Kabiren in Samothrake vor allen Dingen die in diese Mysterien Einzuweihenden bekanntgemacht werden sollten mit dem Geheimnis der Menschwerdung. Dasjenige, was in den Kabiren sich darstellte, war das Geheimnis der Menschwerdung. Hier in der physischen Welt vollzieht sich das physische Menschwerden, aber dieses physische

Menschwerden hat ein geistig-seelisches Gegenbild, und dieses geistig-seelische Gegenbild kann nur außerhalb des Leibes geschaut werden in Imaginationen. Ohne daß die abstrakte Idee des Homunkulus in Zusammenhang gebracht wird mit dem, was da geschaut werden kann, kann aus dem Homunkulus kein Homo werden. So glaubte Goethe, in alledem, was der Grieche gefühlt hat, wenn er an seine Kabiren in Samothrake dachte, darinnen etwas zu finden, was hinzukommen könne zu dem abstrakten Homunkulusgedanken, damit dieser Homunkulusgedanke zum Homogedanken werde. Sprechen wir einmal unbefangen aus, um was es sich dabei eigentlich handelt.

Goethe sah in dem, was der Mensch durch gewöhnliches Wissen über sich selbst erfahren kann, was also nur ein Homunkulus ist, mit Bezug auf die Erkenntnis etwas, was sich vergleichen läßt mit einem unbefruchteten Menschenkeim. Wenn man nur an den unbefruchteten Menschenkeim in der menschlichen Frau denkt, so kann daraus niemals ein physischer Mensch werden. Der Keim muß befruchtet werden. Dann wird erst ein physischer Mensch. Wenn der Mensch bloß mit dem physischen Verstande nachdenkt, so kann in seinen Gedanken niemals das innere Wesen des Menschen aufleuchten, sondern nur dasjenige, was einseitig hervorgebracht werden kann und etwa sich vergleichen läßt mit dem, was einseitig die Frau hervorrufen kann. Dasjenige, was der physische Verstand vom Menschenwesen erfassen kann, muß befruchtet werden im Erkennen außerhalb des physischen Leibes. Die Hälfte des Menschenrätsels verbirgt sich für das bloße physische Erfassen. Das alte atavistische Hellsehen hat in einer der alten Zeit angemessenen Weise gerade mit dem Kabirengeheimnis auf dasjenige im geistigen Naturzusammenhang hinweisen wollen, was die andere Hälfte des Menschenwerdens ist, die dann hinweist auf des Menschen Unsterbliches. Deshalb meinte Goethe: Vielleicht läßt sich das Homo-Werden aus dem Homunkulus mit Hilfe des Kabiren-Impulses darstellen.

Aber Goethe war als Erkennender nicht nur ein im intensivsten Maße Ringender, sondern er war zu gleicher Zeit das, was auf dem Gebiete des Erkennens viel, viel seltener ist, als man eigentlich glaubt, eine intensiv ehrliche Seele. Er wollte gewissermaßen probieren, wie weit er kommt, wenn er solche Geheimnisse belebt, wie das Kabirengeheimnis eines ist. Weniger ehrliche Erkenner machen einige antiquarische Studien, machen sich vielleicht auch einige Phantasien auf Grundlage ihrer antiquarischen Studien und wissen dann nach ihrer Meinung dasjenige, was etwa durch die Kabiren ausgedrückt ist. Der ehrliche Erkenner weiß immer weniger als diejenigen, die nicht ehrliche Erkenner sind. Der ehrliche Erkenner hält sich eigentlich immer für viel dümmer, als sich diejenigen halten, die leichten Herzens aus dem oder jenem sich eine sogenannte möglichst vollständige, den Menschen erreichbare Erkenntnis zusammenzimmern. Goethe war nicht von denen, die so leichten Herzens das Erkennen nehmen. Goethe wußte, daß auch, wenn man als erkennender Mensch gestrebt hat vom Jahre 1749 bis zum Jahre 1829, in welchem er wohl die Szene, die jetzt vor unseren Augen sich abgespielt hat, geschrieben hat – etwa zwei Jahre vor seinem Tode im strengsten Falle ist diese Szene geschrieben –, er wußte, wenn man auch im Erkenntnisstreben alt geworden ist und niemals nachgelassen hat, dann bleibt immer gerade dem ehrlichen Erkenntnisstreber ein Stachel übrig: Vielleicht mußt du doch noch weiter gehen da oder dort! – Das ist gerade, was so intensiv aus Goethes Natur heraus wirkt, diese absolute Ehrlichkeit. Diese anerkennt zum Beispiel auch gegenüber dem Kabirenrätsel: Ja, ich kann aber als moderner Mensch, dem nicht mehr das alte atavistische Hellsehen zur Verfügung steht, nicht wissen, was die Griechen bei den Kabiren gedacht haben, ich kann es nicht ganz wissen! – Aber vielleicht ist das nicht einmal das Wichtigste, sondern Goethe hatte die Empfindung, in ihm lebe eine Art Wissen von dem Kabirengeheimnis, aber er könne es selbst nicht erfassen, was in ihm lebt. Es ist wie ein Traum, der nicht nur gleich erlischt, sondern wie ein Traum, von dem man weiß, es huscht etwas vorüber, was ein Allertiefstes enthält, aber es huscht so schwach vorüber, daß der Verstand, der Intellekt nicht ausreicht, daß die Seelenkräfte nicht ausreichen, um es zur Deutlichkeit, zu deutlichen Konturen zu bringen. Gerade in diesem intimen inneren Entwickeln liegt das Bedeutsame dieser Szene. Man versteht diese Szene nicht, wenn man alles letzten Endes erklären will. Denn Goethe hat geradezu Bilder aufgerufen, um an seinen Bildern zu zeigen: Da bin ich ganz nahe an dem Orte, zu dem ich hin will, aber es geht nun doch nicht.

Und so führt er die Kabiren vor, um zu zeigen, vielleicht nicht er, aber jemand, der das Kabirengeheimnis voll erfaßt, wird den Übergang des Homunkulus zum Homo durch das Kabirengeheimnis ergründen. Für ihn geht es noch nicht. Daher werden auch andere Wege in der imaginativen Welt gewählt; daher läßt er den Naturphilosophen Thales, den Goethe sehr schätzte, dem er aber doch nicht zumutete, daß er selber Auskunft darüber geben könne, wie aus dem Homunkulus der Homo wird, als Führer des Homunkulus vor den Nereus treten. Der Nereus hat eine scharfe, eine so scharfe menschliche Auffassungsgabe, das Göttliche ins Dämonische umzusetzen und daher prophetisch die Zukunft vorauszusehen, daß man ihm vielleicht zumuten könne, er wisse etwas darüber, wie aus dem Homunkulus der Homo wird. Aber da will Goethe wiederum zeigen: Nein, auf diesem Weg geht es auch nicht. – Denn wird es auf diesem Wege versucht, so kommt man zu einer einseitigen Ausbildung, zu einer ins Dämonische hinaufgehobenen Ausbildung des kritischen menschlichen Verstandes, der nicht nur ins stumpf Kritische ausläuft, sondern sogar ins prophetisch Kritische ausläuft, also die gute Seite der menschlichen Kritik ins Auge faßt. Aber Nereus, der gewissermaßen unter den Dämonen der Priester ist, ist auch nicht imstande, irgendwie an das Homunkulusproblem heranzutreten. Er will es auch gar nicht. Goethe hat die Empfindung, wenn man dasjenige, was nur Menschenverstand ist, bis ins Dämonische hinein ausbildet, wenn es sich sogar, ich möchte sagen dämonisiert, was der Mensch an kritischem, forschendem Verstande schon hat, dann verliert man das Interesse an diesem tiefsten Menschheitsproblem des Homunkulus zum Homo hin. Und so wird denn vom Nereus nichts gewonnen. Aber Nereus macht wenigstens darauf aufmerksam, daß er gerade in diesem Augenblicke erwarte das Herannahen seiner Töchter, der Doriden, die Schwestern der Nereiden sind, und ihrer ausgezeichnetsten, der Galatee. Ich habe schon gestern versucht, etwas darauf hinzuweisen, wovon nun diese Galatee das Bild ist.

Heute sieht der Mensch, der forscht, alles so eingeschachtelt in einzelne Momente des Lebens. In der griechischen Weltanschauung, die durchaus nicht in dem enthalten ist, was man gewöhnlich innerhalb der klassischen Philologie lernt, war das, was im Menschen lebte, noch durchaus in einer Verbindung mit dem, was in der ganzen Natur draußen lebt. Dasjenige, was den Menschen werden läßt, existiert in anderer Form als durchwellend und durchwebend alle Naturvorgänge. Aber man muß es auffinden können. Des Menschen gegenwärtiges Erkenntnisvermögen ist zu grob, um in diejenigen Regionen einzudringen, durch die man draußen in der Natur dieselben Erlebnisse in der großen Welt mitmacht, die sich auch beim Menschen verbergen, wenn er aus dem Menschenkeim von der Konzeption, von der Befruchtung bis zu der Geburt hin sich entwickelt und dann als Mensch erscheint. Dieselben Vorgänge, die sich da in dem Menschen selbst verhüllt abspielen, spielen sich fortwährend um uns herum ab. Es war gerade das, was im Kabirengeheimnis auch den Einzuweihenden enthüllt worden ist, wie in der Natur Empfängnis und Gebärung lebt. Der Mensch sieht den Mond aufgehen und untergehen, sieht die Sonne aufgehen und untergehen, fühlt die Wärme, die die Sonne verbreitet, nimmt das Licht wahr, das die Sonne verbreitet, er sieht die Wolken ziehen, er hört die Meereswelle brausen, sieht sie ihre Form annehmen. In alledem liegt darinnen der die Welt durchwallende und durchwogende Werdeimpuls. Aber nicht mehr nimmt ihn der moderne Mensch wahr. Er wird ihn wahrnehmen, wenn er sich geisteswissenschaftlich weiterentwickelt, und es hat ihn wahrgenommen der atavistische Erkenntnissinn, der atavistische Wahrnehmungs- und Anschauungssinn der alten Zeiten.

Da muß man sich schon einlassen auf jenes feinere Wahrnehmungsvermögen, das in alten Zeiten noch vorhanden war. Heute ist es, man möchte sagen, höchstens noch ahnend erträumt, träumend geahnt, aber nicht ins volle Bewußtsein heraufgehoben, was geschieht, wenn statt des tätigen Sonnenlichtes das Mondenlicht das Meer bescheint, auf den Meereswogen sich das Mondenlicht spiegelt. Der Mensch schaut das heute an, wie sich in den Meereswogen das Mondenlicht spiegelt. Der Physiker sagt höchstens: Mondenlicht ist polarisiertes Licht. – Das ist eine Abstraktion, da ist nicht viel damit gesagt. Er erlebt nicht dasjenige, was da eigentlich geschieht. Wir erleben es heute, wenn man uns mit einer feurigen Zange brennt. Dazu reicht noch die Feinheit unseres Empfindungsvermögens aus. Daß aber etwas lebt in den Sonnenstrahlen, das geistig-seelisch ist, daß etwas Ähnliches lebt, aber doch wieder etwas anderes, in den Mondenstrahlen, daß etwas geschieht, wenn sich das Mondenlicht, dieses erborgte Sonnenlicht, mit dem Meere, mit dem Wogenmeere vermählt, das wußte die griechische Weltanschauung. Sie wußte, was heranwogt, wenn mit der Meereswoge zugleich das sich damit vermählende Mondenlicht heranwogt. Wenn es so herankam, mit der Woge sich vermählend, da nahm in dieser lichtdurchzauberten Welle der Grieche wahr den Impuls draußen wogend, wellend in der Welt, welcher im Menschen wellt und wogt von der Konzeption bis zu der Geburt. Draußen in der Natur in anderer Form dasselbe, was im Menschen vorhanden ist, wenn sich das Mysterium des Menschwerdens im physischen Sinne vollzieht.

Goethe drückt deutlich aus, wie er nachempfindet und künstlerisch nachgestaltet diese feine, intime Empfindung, die der Grieche haben konnte. Goethe drückt es aus, indem er den Thales hinweisen läßt zu dem Mondenhof auf die Wölkchen, die heranziehen und den Muschelwagen der Galatee begleiten. Der Muschelwagen der Galatee, der ist die durch das Meer wallende Gebärungskraft der äußeren Natur, die Goethe mit Luna, mit der Mondenkraft, mit dem Mond-Impuls zusammenbringt. So wird wiederum eine bedeutungsvolle Imagination der griechischen Weltanschauung von Goethe aufgerufen, um nahezukommen jenem Prozeß, durch den die abstrakte Homunkulus-Idee zur Homo-Idee in der menschlichen Anschauung werden kann. Nur dann, wenn man die Intimitäten gefühlsmäßig empfindet bei dem, was da wellt und wogt in Goethes wunderbaren Bildern dieser Szene, dann geht man mit dem mit, was wirklich in Goethes Seele gelebt hat bei dieser Szene. Sobald man versucht, in unsere groben, abstrakten Begriffe diese Szene zu fassen, so daß man nicht sich stimmt auf ein intimes Miterleben desjenigen, was Goethe empfunden haben kann, bleibt man dem Eindringen in diese Szene ferne.

So kann das Problem Homunkulus-Homo gewissermaßen, wenn ich mich trocken und theoretisch ausdrücken darf, seiner Lösung nahegebracht werden, indem diese Idee, die hinausgetragen ist in das leibfreie Anschauen, eingesenkt wird in den Gebärungsimpuls, der durch die Natur wallt und webt. Goethe hat schon vorher, bevor er den Homunkulus zusammenbringt mit diesem Gebärungsimpuls, den Proteus heranrufen lassen, Proteus, derjenige Dämon, dessen innerem Seelengefüge

Goethe am nächsten gekommen zu sein glaubte in seiner Metamorphosenlehre, in der er versucht hat, die Umgestaltung der lebendigen Form zu verfolgen von den untergeordneten Wesen bis hinauf zum Menschen, um dadurch dem Rätsel des Menschenwerdens, dem Rätsel Homunkulus-Homo näherzukommen. Wir wissen, Goethe hat das nur auf längeren Wegen sich lösen können. Er glaubte zu erkennen, wie das Laubblatt sich in das Blütenblatt und dieses wiederum sich in das Staubgefäß und in den Stempel der Pflanze verwandelt; er glaubte auch zu erkennen, wie die Knochen des Rückgratskeletts sich verwandeln in die Knochen des Schädels. Er blieb dabei stehen, denn er konnte nicht durchdringen zu der Krönung dieser Metamorphosen-Idee, die dadurch vorhanden ist, daß wir wissen, eine Metamorphose findet statt auch für die Kräfte, die den menschlichen Leib durchziehen von der einen Inkarnation, von dem einen Erdenleben bis zum andern Erdenleben. Was heute mein Haupt ist, das ist der metamorphosierte übrige Leib aus der vorhergehenden Inkarnation, und was heute mein Leib außerhalb des Hauptes ist, wird sich umgestalten bis zur nächsten Inkarnation zu der Gestalt meines Hauptes in der nächsten Inkarnation. Das ist die Krönung der Metamorphose. Aber Goethe konnte erst die elementare Stufe dieser in anthroposophisch orientierte Geisteswissenschaft hineinmündenden Metamorphosen-Idee geben. Sie trat ihm nahe, als er das Problem Homunkulus-Homo zu erfassen versuchte und es dichterisch zu gestalten bestrebt war.

Auch da stellt er, ich möchte sagen ehrlich-skeptisch alles dasjenige hin, was der die Metamorphosen-Idee repräsentierende Proteus vermag. Proteus tritt auf in seinen verschiedenen Gestaltungen. Allein, sie stehen nebeneinander. Alles wird herbeigezogen, möchte ich sagen, von Goethe, was wirklich zu der Geburt, zu der übersinnlichen Geburt der Homunkulus-Idee führen kann. Goethe verzagt dann wiederum. Da blitzt herein, möchte ich sagen, ein anderer Strahl. Gegenüber all den Dämonen, den geistigen Wesenheiten elementarer Art, Nereiden, Tritonen und Doriden, dem Nereus. dem Proteus und so weiter, gegenüber all denen treten die Telchinen auf. Diese, gewissermaßen die ältesten Künstler der vierten nachatlantischen Erdenwelt, erinnern uns daran, daß Goethe nicht nur auf dem Wege über sinnliche Wissenschaft, sondern auf einem andern sinnlichen Wege sich dem Menschenrätsel zu nähern versuchte: auf dem Wege der Kunst. Goethe war in der Tat nicht einseitig erkennender Mensch oder einseitig künstlerischer Mensch, sondern in ihm verband sich der Künstler bewußt mit dem Erkenner. Daher sagte er, als er vor den Kunstwerken in Italien stand, in ihnen vernehme er etwas, wie wenn er erkennen würde, daß die Griechen beim Schaffen ihrer Kunstwerke nach denselben Gesetzen verfahren seien, nach denen die Natur selbst verfährt und denen er auf der Spur ist. Und wenn man Goethes Buch über «Winckelmann» auf sich wirken läßt, so wird man sehen, wie Goethe auf dem Wege der Kunst versuchte, gewissermaßen das menschliche Erkenntnisrätsel sich nahezubringen, zu verfolgen den Wandel der Naturerscheinungen bis da herauf, wo die Natur im Menschen ihrer selbst bewußt wird, wie er das im Buche über «Winckelmann» so schön ausdrückt. Was da die Naturanschauung, die künstlerische Naturanschauung vermag, angeschaut von der andern Seite, vom übersinnlichen Erkennen aus, das wird uns nahegebracht durch das Auftreten der Telchinen, die alte Künstler sind, die Götter zuerst menschlich gestaltet haben.

Goethe zeigt uns an, daß, während er sonst immer gewissermaßen hinüberleitet das menschliche Bewußtsein aus dem Sinnlichen ins Übersinnliche, er da wiederum zurückschauen läßt aus dem Übersinnlichen ins Sinnliche. Die Telchinen sind im Übersinnlichen, aber ihr Sinn geht gewissermaßen wiederum ins Sinnliche herüber; sie sind im Gegensatze gezeichnet zu all den andern Gestalten, welche rein geweiht sind dem Monde, der Luna, sie sind diejenigen, welche von den Sirenen angesprochen werden:

> Euch, dem Helios Geweihten,
> Heiteren Tags Gebenedeiten,
> Gruß zur Stunde, die bewegt
> Lunas Hochverehrung regt!

Sie gehören also eigentlich der Sonne. Sie haben auf Rhodus dem Gotte Apollon Statue über Statue errichtet. Es wird gewissermaßen gesucht, durch Hinüberschauen in die übersinnliche Welt dem Homo-Homunkulus-Problem nahezukommen. Aber auch das geht nicht. Und

Proteus selbst weist energisch ab, daß etwas gewonnen ist für den Übergang des Homunkulus zum Homo durch die Telchinen. Was geschieht?

Nun, die Psyllen und Marsen, eine Art Schlangendämonen kommen heran, und sie bringen den Muschelwagen mit der Galatee, die wir vorhin charakterisiert haben. Die Psyllen und Marsen sind Schlangendämonen, Dämonen, welche gewissermaßen das Seelische aus dem Menschen herausführen ins Geistige hinein und zu gleicher Zeit Diener sind in derjenigen Welt, die dann der Mensch betritt, wenn er seinen physischen Leib verläßt. Da ist keine Trennung zwischen reinem Tier und reinem Menschen; da geht die Tiergestalt in die menschliche über.

Nun wird, nachdem noch gezeigt worden ist, wie schwierig es wird, das Verhältnis der geistigen Welt zu der sinnlichen Welt dem Menschen vorzuführen an den Doriden und den Schifferknaben, die sie bringen, das Zerschellen des Homunkulus am Muschelwagen der Galatee gezeigt. Auch das ist eine Intimität in dieser Szene, daß die Doriden die Schifferknaben heranbringen. Die Doriden sind Dämonen, Meereswesen; die Schifferknaben Menschenwesen. Goethe will anzeigen, daß der Mensch nahekommen kann den geistigen Wesen von der andern Seite des Daseins, daß das Schicksal – wir werden ja deutlich hingewiesen: gerettet worden sind durch die Doriden die Schifferknaben –, daß das Schicksal den Menschen mit den Göttern zusammenbringt. Allein hier im physischen Leben löst sich das Verhältnis alsbald wieder auf; es kann nicht festgehalten werden, wenn sich Übersinnliches mit Sinnlichem verbinden will:

Die Götter wollen's nicht leiden.

Und dann tritt uns am Schlusse dieser Szene in einer ganz wunderbaren Weise entgegen, wie, nachdem all das versucht worden ist in grandiosen Imaginationen, was den Homunkulus zum Homo machen kann, gewissermaßen als höchste, als bedeutsamste, intensivste Annäherung an die Lösung dieses Menschenrätsels das eintritt, daß wirklich Homunkulus untertaucht in die Gebärungskraft der Natur, insoferne sie sich durch die mondbeglänzte und mondeslichtdurchzauberte Meereswelle kundgibt. Da taucht Homunkulus ein. Was sehen wir am Schlusse der Szene? Ein Aufblitzen, Aufflammen. Alle Elemente machen sich geltend: Erde, Wasser, Feuer, Luft, alle Elemente – überwältigend gewissermaßen dasjenige, was da geschieht. Und es steht vor uns etwa so, wie wenn wir nun selbst uns eingesenkt hätten in den Erkenntnisschlaf, uns mit den Imaginationen, die allein über das Menschenrätsel in der andern Seite des Daseins aufklären können, uns bekanntgemacht hätten, und dann durch das Fortrollen der Gebärungskraft wieder zurückgerufen werden in das Leben, das wir im Leibe vollbringen. Ich habe Ihnen schon gestern gesagt: Die Kraft, welche der Konzeption, der Empfängnis, dem Embryonalen, der Geburt zugrunde liegt, ist nur eine ausgebreitetere, intensivere Kraft, aber sie ist gleicher Art, ist ganz dieselbe Kraft eigentlich wie diejenige, die uns aus dem nächtlichen Schlafe oder auch aus dem Erkenntnisschlafe zurückzaubert in das körperliche Wachsein. Jeden Morgen, wenn wir aufwachen, wachen wir auf durch dieselbe Kraft, die nur in anderer Intensität da ist, durch die ein Mensch empfangen, getragen, geboren wird. Nur wird das eine hier, aber auch nur seiner Außenseite nach, nicht seiner tief geheimnisvollen Innenseite nach, auf der Erde geschaut; das andere geht ganz unvermerkt vorüber. Dieses heilige Mysterium des Aufwachens, es geht unvermerkt vorüber. – Wir sind eingesenkt in eine geistige Welt, wir sind untergetaucht in eine geistige Welt; wir wachen auf, beziehen unseren Leib, sind in der physisch-sinnlichen Welt.

Es gibt immerhin auch unter den nicht hellsehenden Menschen einige, welche ganz gut wissen, was eigentlich lebt, wenn sie drüben sind im schlafenden Zustande und durch den Schlaf mehr als Traumhaftes, traumhaft wogend die geistige Wirklichkeit empfinden und dann aufwachen, aufwachen durch dieselbe Kraft, die im Muschelwagen der Galatee lebt: die Gebärungskraft der Natur, mit der sich der Homo-Homunkulus verbindet zur Menschwerdung. Einige Menschen wissen es, auch wenn sie nicht Hellseher sind. Die Wissenschaft des Hellsehens gibt es aber vollständig klar bei diesem Aufwachen: es ist ein Untertauchen aus der geistigen Welt heraus, die nur in Imaginationen zu erfassen ist, in die physisch-sinnliche Welt, die in den Elementen: Feuer, Wasser, Erde, Luft, lebt. Da zerschellt wiederum dasjenige, was wir glauben, schon gewonnen zu haben für das Homo-Werden des Homunkulus drüben in der andern Welt, da zerschellt es, wenn er wiederum in die Wirklichkeit zurückgeht.

Faust soll in die Wirklichkeit des alten Griechentums untertauchen, Faust soll die Helena persönlich in seine Nähe bekommen. Wenn Sie nur umblättern von jenem gewaltigen Schlusse dieser Szene, wo es heißt:

Heil dem Meere! Heil den Wogen!
Von dem heiligen Feuer umzogen;
Heil dem Wasser! Heil dem Feuer!
Heil dem selt'nen Abenteuer!

Heil den mildgewogenen Lüften!
Heil geheimnisreichen Grüften!
Hochgefeiert seid allhier,
Element' ihr alle vier!

– wenn Sie nur umblättern, so haben Sie den dritten Akt:

Bewundert viel und viel gescholten, Helena,
Vom Strande komm' ich, wo wir erst gelandet sind,
Noch immer trunken von des Gewoges regsamem
Geschaukel, das vom phrygischen Blachgefild uns her . . .

und so weiter.

Faust soll sein in der griechischen Wirklichkeit, Faust soll sein aufgewacht aus der Wahrnehmung höchster Geistigkeit für das Homunkulus-Homo-Rätsel, in der griechischen Welt. Da soll er bewußt aufwachen, wie Goethe es wollte. Da mußte sich der Moment des Aufwachens so vollziehen, daß gewissermaßen gezeigt wird, wie das im Geistig-Übersinnlichen über das Menschenrätsel Wahrgenommene zerschellt, indem man in die äußere physische Wirklichkeit, in seinen Leib, wieder untertaucht. Das ist ein Vorgang draußen in der Natur, wenn der Mond erlischt und die Morgenröte wird. Aber diesen Zusammenhang empfindet der Mensch heute höchstens allegorisch, symbolisch oder dichterisch. Die Realität, die dem zugrunde liegt, ist wenig bekannt. Hier tritt sie auf in etwas, was zu gleicher Zeit Verkörperung des Erkenntnisrätsels, aber wahre Dichtung ist. Es ist Goethe wirklich gelungen, in grandioser Weise Faust einzuführen in die übersinnliche Welt und aufwachen zu lassen für das Zusammenleben mit der griechischen Wirklichkeit.

Man möchte sich sagen: Es war in den achtziger Jahren des 18. Jahrhunderts, Goethe trat seine Flucht nach Italien an, denn eine Flucht war es. Er wollte kennenlernen, nachdem er sich in der nordischen Natur umgetan hatte, dasjenige, was er glaubte, für die Anschauung der Weltenrätsel nur durch die Anschauung der südlichen Kunst gewinnen zu können. – Er hatte viel gewonnen, denn wir wissen, was dann geworden ist aus Goethe in den neunziger Jahren des 18. Jahrhunderts. Dann war er wieder älter geworden, das heißt, jünger in der Seele. Während der Mensch äußerlich alt wird, wird er jung in der Seele; wenn er stirbt, ist er in der Seele am allerjüngsten. Das seelische Leben ist rückgängig. Nun war so etwas wie das Jahr 1829 herangerückt. Man spürt, man empfindet, wie Goethe da etwa in sich selber fühlte: Wie hätte ich erst, als ich die Möglichkeit hatte, unterzutauchen in die Welt der südlichen Kunstwerke, das Griechentum vor meiner Seele aufzuerwecken, wie hätte ich das alles erleben können viel reicher, viel intensiver, als ich es erlebt habe, wenn ich dazumal schon hätte so in die geistige Welt untertauchen können, wie ich es jetzt ahnend erlebe. – Das macht die eigentümliche Stimmung in diesem zweiten Teil von Goethes «Faust» aus, daß man die jung gewordene, aber in der Verjüngung reich gewordene Seele in einem erhöhten Maße noch einmal das sich künstlerisch vorführen sieht, was das Leben hindurch erfahren worden ist. Philister werden daher den zweiten Teil von Goethes «Faust» niemals irgendwie sich nahebringen können. Und ich kann es vollständig verstehen, wenn der in vieler Beziehung so geistreiche Schwaben-Vischer, der sogenannte V-Vischer, der manches recht Gute über Goethes «Faust» gesagt hat, gefunden hat, so etwas ist ledern, das ist zusammengeschustertes, zusammengeleimtes Machwerk des Alters. Aber Philisterei, wenn sie noch so gelehrt, noch so gescheit, noch so intelligent ist, wird auch in das Poetische, gerade in das höchst Poetische, das der zweite Teil von Goethes «Faust» hat, nicht eindringen können. Man wird nur eindringen können, wenn man seinen poetischen Sinn durchglühen, befeuern läßt von demjenigen, was geistige Anschauung gibt.

Wir wollen dann noch morgen nach der Vorstellung dieser Szene einiges im Zusammenhange mit dieser Darstellung Goethescher Impulse sagen.

STATT HOMUNKULISMUS UND MEPHISTOPHELISMUS: GOETHEANISMUS

Dornach, 19. Januar 1919

Durch die beiden Betrachtungen, die ich anknüpfte an die Darstellung der letzten Walpurgisnachtszene aus dem zweiten Teil von Goethes «Faust», wollte ich die Empfindung hervorrufen, daß *Goethe* in der Tat mit seinem ganzen inneren Leben auf dem Wege war, wenn man so sagen darf, in die übersinnliche Welt hinein, und daß es ihm, wie vielleicht keinem andern Künstler, keinem andern Dichter, gelungen ist, künstlerisches Schaffen aus solchem spirituellem Leben heraus wirklich zu entfalten, so daß weder die Kunst noch die Weisheit in diesem Goetheschen Schaffen zu kurz kommt, sondern jedes dieser Weisheits-Strebensgebiete an seinem Platze voll zum harmonischen Ausdruck kommt.

Ich möchte nicht den Glauben erwecken, als ob ich mit alldem, was ich gesagt habe, eine Interpretation dieser Dichtung hätte geben wollen; das will ich überhaupt nie. Denn Interpretationen halte ich für das Unnützlichste, was es überhaupt auf diesem Gebiete geben kann. Alles das, was versucht wird durch solche Betrachtungen, wie die beiden vorangegangenen, zu geben, das ist, die Möglichkeiten hervorzurufen, in demselben Elemente eine Dichtung oder ein Kunstwerk zu genießen, aufzunehmen, in dem es geschaffen ist. Gewissermaßen soll eine solche Betrachtung nur lehren die Sprache, die Geistessprache, in der so etwas geschrieben ist, nicht irgend etwas auslegen oder erklären, was ohnedies meistens nur ein Unterlegen und ein Mißerklären ist.

Wenn man diese Stimmung der Sache festhält, dann darf man auch vielleicht das Folgende geltend machen. Allem Erkenntnisstreben, allem nach geistigem Erleben überhaupt gerichteten Menschheitsstreben liegen zwei Grundempfindungen unter. Die eine Grundempfindung kommt daher, daß der Mensch, indem er sein Leben zwischen Geburt und Tod im physischen Leibe verbringt, denken muß, vorstellen muß. Nicht wahr, wir wären nicht voll Mensch, wenn wir nicht über die Dinge und über uns selbst denken würden. Dann aber müssen wir, wenn wir unser Leben vollenden wollen zwischen Geburt und Tod im physischen Leibe, nicht nur denken, sondern auch wollen. Das Fühlen liegt eigentlich zwischen dem Denken und Wollen in der Mitte darinnen. Es ist manchmal mehr ein Denken und Vorstellen, manchmal mehr ein Wollen. Daher kann man, wenn man diese Betrachtung, auf die wir jetzt hinsteuern wollen, anstellen will, von dem Fühlen absehen, nach dem einen Pol des Denkens und Vorstellens hinblicken und auch nach dem andern Pol der menschlichen Betätigung, nach dem Wollen. Der Mensch ist einmal ein denkendes und ein wollendes Wesen. Aber mit diesem Denken und Wollen hat es doch noch seine ganz besondere Bewandtnis. Der Trivialmensch, der gewöhnliche Durchschnittsbürger, betrachtet schon dasjenige, zu dem man kommen kann, als etwas Erreichtes, wenn er auf der einen Seite – wenigstens nach seinen Vorstellungen – möglichst klar denkt, möglichst nach seinen Vorstellungen eindringlich denkt, und wenn er nach seinem Bedürfnisse entsprechend will. Dadurch unterscheidet sich aber gerade der wirklich bis ins tiefe Innerste seiner eigenen Wesenheit hinein ehrliche Erkenntnismensch, daß er sich, wenn er versucht, auf dem Wege des Denkens weiterzugehen, zuletzt gesteht: Ach, mit diesem Denken innerhalb des physischen Leibes komme ich doch nur bis zu einem gewissen Abstand an dasjenige heran, nach dem ich eigentlich hinstrebe.

Es ist mit dem Denken gerade so, wie wenn man nach einem Ziele hinstreben würde; die Richtung hat man, aber keine Anschauung vom Ziel. Man will bis zum Ziele hineilen, man weiß, in welcher Richtung das Ziel etwa liegen kann, aber es ist noch alles dunkel um das Ziel herum. Man hat genau die Vorstellung, hell kann es erst werden, wenn man hinkommt. Aber indem man noch lange nicht am Ziele sich fühlt, sondern in einem gehörigen Abstande vom Ziele ist, packt einen gewissermaßen ein Wesen dahinten und hält einen auf, läßt einen nicht weiter. Und man fühlt: Das Denken, das Vorstellen treiben einen in einer gewissen Richtung, aber man wird aufgehalten. Wenn man nur auf diesem Wege des Denkens bleiben will in dieser Richtung, kann man nicht an das Ziel gelangen, das einem das Denken selber, das Vorstellen, eigentlich vorzeichnet. – So gelangt der Mensch an die eine Grenze, die seinem Wesen gesetzt ist für das Leben zwischen Geburt und Tod. Und man kann sagen: Eigentlich hat derjenige kein tieferes Erkenntnisleben, der nicht alle Schmerzen und Schicksalsrückschläge empfunden hat, die sich aus einem solchen Zurückgehaltenwerden gegenüber dem Denkziele auf dem Denkwege selbst ergeben. – Man ist gewissermaßen verurteilt, oberflächlich zu bleiben, wenn man durch seine innere Seelenkonstitution die Meinung haben kann, man könne durch das Denken zum Ziele dieses Denkens selber kommen. Man bewahrt sich bloß vor der Oberflächlichkeit, wenn man gerade, indem man versucht, mit aller Klarheit, mit aller Eindringlichkeit zu denken, durch diese Klarheit, durch diese Eindringlichkeit des Denkens dahin gebracht wird, daß man fühlt, wie einem der Denkhinderer im Nacken sitzt. Dieses Im-Nacken-sitzen-Fühlen des Hinderers, das ist ein tiefes menschliches Erlebnis, und ohne das geht es eigentlich nicht aus der Oberflächlichkeit in die Tiefe der Lebensauffassung hinein.

Aber nun ist dies nicht die einzige Grenze, die dem Ausleben des menschlichen Wesens zwischen Geburt und Tod gezogen ist, sondern die andere Grenze ist aufgerichtet da, wo das Wollen sich entfaltet. Wo das Wollen sich entfaltet, da keimen erstens auch die Begierden des Menschen, die aus dem Triebleben heraus kommen. Der Mensch wird zum Wollen getrieben durch Hunger und Durst im gröbsten Sinne, durch andere Triebe; und es ist dann eine ganze Skala von den Trieben hinauf bis zu den reinsten geistigen Idealen. In all dem, von den gröbsten Trieben bis hinauf zu dem reinsten geistigen Ideal entfaltet, liegen die Impulse des Wollens. Wenn man nun aber versucht, mit dem Wollen ins Leben sich hineinzustellen – das war im Grunde gerade Goethes Ziel in seinem «Faust», den Faust mit dem Wollen ins Leben hineinzustellen, damit er erfahren könne alles Lebenbeglückende, alles Lebenzerschmetternde, alles Befreiende und alles Sündhafte im Leben –, wenn man versucht, mit dem Wollen, das ins Tun übergeht, in die Tat sich übersetzt, in das Leben sich hineinzustellen, so kommt man wiederum an eine Grenze. Aber es ist jetzt eine andere Empfindung, die auftritt. Nicht so sehr, daß einen wie beim Denken einer im Nacken faßt und hält vor dem Ziele, sondern indem man will, faßt einen einer und setzt eigentlich immer in einer Weise, wie man es nicht selber haben will, das Wollen fort. Man wird sich gewissermaßen selbst entrissen im Wollen. Da tritt ein anderer auf im Wollen und reißt einen mit sich fort.

Das ist die Empfindung, die, wenn sie der Mensch hat, wiederum aus dem Oberflächlichen ins Tiefe einer Lebensauffassung hineinführt. Philiströse Sattlinge, satte Menschen sind allerdings der Meinung, daß man, wenn man das Denken nur weit genug ausbildet, das Wollen nur weit genug entwickelt, am Ziele ankommt. Aber in diesem satten Sich-Fühlen auf erfüllbaren Wegen liegt des Lebens Oberflächlichkeit, liegt nicht das, was möglich macht in der Lebensprüfung – denn geprüft wird man, wenn man mit gehöriger Intensität die zwei angedeuteten Grenzen sich im Inneren der Seele ausmalt – nach gehöriger Prüfung, gewissermaßen über einen Abgrund hinübersetzend, in eine andere Welt einzutreten, die nicht mit dem Bewußtsein durchlebt werden kann, das sich im Leben zwischen Geburt und Tod entfaltet. Es muß die Menschheit schon einmal gerade aus dem Goetheanismus heraus begreifen, daß wahrhaftig nicht bloße Beseligung des Strebens, die man sich oftmals nur einredet, die oftmals nur von Illusionen getragen ist, erlebt werden kann, sondern daß dasjenige, was den Menschen zu seinem Ziele führt, über Hindernisse, über Enttäuschungen, über Desillusionierungen führt, und wer sich sträubt, Entillusionierungen zu erleben, und sich dadurch sträubt, den ganzen Menschen in gewissen Zeitmomenten des Lebens umzugestalten, zu metamorphosieren, der kann nicht zur Menschheitserkenntnis, nicht zur Menschheitserfassung vorwärtsdringen.

Man darf schon annehmen, daß in dieser Beziehung gerade die durchchristete Weltauffassung und Lebensanschauung gegen die nächste Zukunft hin einen bedeutsamen Umschwung erfahren muß. Das Christentum ist bisher durch die Entwickelung, die es in verschiedenen Konfessionen erlebt hat, eigentlich nur in seinem Anfangsstadium. Will man ausdrücken, was das Christentum bis jetzt ausgestaltet hat, so könnte man sagen, eigentlich nur die Empfindung in dem Menschen, daß ein Christus einmal da war. Und diese Empfindung ist eigentlich der materiellen Forschung im 19. Jahrhundert wieder verlorengegangen, daß ein Christus da war. Was der Christus in die Welt gebracht hat, wie der Christus im Zusammenhang steht mit dem menschlichen Seelenstreben, da hinein soll erst Licht kommen gegen die Zukunft hin durch geisteswissenschaftliche Untersuchungen und geistige Art der Weltempfindung, durch übersinnliches Erleben, wenn auch zunächst die Menschheit in diesem intellektualistischen Zeitalter dieses übersinnliche Erleben nur im Vorstellen, in den Bildern des Vorstellens wird in ihrer großen Masse haben können.

Aber diese zwei Grundempfindungen, die ich angedeutet habe, von den beiden Grenzen des menschlichen Selbsterkennens und Selbsterfassens, müssen den Übergang finden aus einem mehr passiven Christentum zu einem aktiven Christentum. Denken Sie nur einmal, bei wie vielen Menschen der Christus eigentlich nichts weiter war in der Vergangenheit als eine Art Helfer in der Not für dasjenige, was der Mensch nur ja nicht selber tun mag. Jene eigentümliche Art, wie die römisch-katholische Kirche von einem bestimmten Zeitpunkte an die Sünden vergeben hat – man konnte sündigen, was man wollte, wenn man dann nur aufrichtig Buße leistete, Reue hatte und so weiter, so war einem das vergeben. Schließlich, der Christus war da zum Helfen in der Not, zum Gutmachen desjenigen, was man selber gar nicht beabsichtigte in erheblichem Maße gutzumachen, von dieser Abirrung, wo man eigentlich auch passiv bleibt, das weltliche Leben, das weltliche Treiben für sich einrichtet, und dann womöglich nur dadurch, daß man an den Christus glaubt, daß man sich ganz in Passivität mit dem Christus verbunden fühlt, von dem Christus sich erlösen läßt – dieses zwiefache passive Verhalten zu dem Christus gehört und muß angehören der Vergangenheit. Und dasjenige, was an die Stelle treten muß, das muß sein ein Verhältnis zu dem Christus als zu einer aktiven Macht, ein Entgegengehen dem Christus so, daß er nicht für sich das tut, was man selber nicht gerne tut, sondern so, daß er einem durch sein Dasein die Kraft gibt, selber etwas zu tun. Ein aktives, oder besser gesagt, ein zur Aktivität kommendes Christentum ist dasjenige, was an Stelle des Passivitäts-Christentums treten muß, wo man im Grunde genommen – nun, verzeihen Sie, daß ich es so trivial ausdrücke – selber auf dem physischen Plane tut, was man will, und dann Gott einen guten Mann sein läßt, der einem alles verzeiht, wenn man nur im rechten Momente zu ihm zurückkommt.

Das bezeichnet zu gleicher Zeit die Grenzscheide zwischen dem Zeitalter, das vergangen sein muß, das in eine furchtbare Menschheitskatastrophe hineingeführt hat, und dem, das da kommen muß und nur, wenn es ein Passivitäts-Christentum in ein Aktivitäts-Christentum überführt, geeignet sein kann, jede Schäden, die sich schon herausgestellt haben und die sich aus dem Vergangenheitsprinzip immer mehr herausstellen werden, zu heilen. Diese Schäden sitzen noch tief in den menschlichen Herzen und menschlichen Seelen. Und sie müssen geheilt werden, wenn die Erdenentwickelung weitergebracht werden soll.

Die beiden Grundempfindungen von den Grenzen im Denken und im Wollen kann man auch so bezeichnen, daß man sagt: Die eine Grenze macht einen aufmerksam darauf, wie man an sein eigenes Wesen nicht heran kann. – Ja, wir sind wirklich als Menschen so, daß wir auf der einen Seite an das eigene Menschenwesen nicht heran können, und wir kommen nicht bis zu uns selber mit unserem Denken. Im Wollen, da kommen wir bis zu uns selber, denn das Wollen geht wirklich von uns aus. Aber da erfaßt uns wiederum ein anderer, ein anderes Weltenwesen, da verlieren wir uns. Im Denken erreichen wir uns nicht, und im Wollen verlieren wir uns. Der Mensch ist einfach nach dem Prinzip dieses Dualismus als irdisches Wesen gestaltet, er ist ein duales Wesen, keine Monade, ein duales Wesen. Das eine Glied dieses dualistischen Wesens kann sich nicht erreichen, das andere Glied dieses dualistischen Wesens verliert sich.

Man stellt daher den Menschen niemals richtig dar, wenn man ihn bloß als Monon darstellt, sondern nur, wenn man versucht, ihn darzustellen als einen Mittelzustand zwischen dem Sich-nicht-erreichen-Können und dem Sich-Verlieren. Und wenn man womöglich beides gleichzeitig in aller Stärke fühlt, dann fühlt man sich so recht als Erdenmensch. Wenn man fühlt eine Art Hin- und Herpendeln zwischen Sich-nicht-erreichen-Können und Sich-Verlieren, dann fühlt man sich als Erdenmensch. Und dasjenige, was man erreichen muß, ist, trotzdem man in einem solchen Pendeln darinnensteht, die Ruhe des Daseins. Die Ruhe des Daseins erreicht auf dem physischen Gebiete der Pendel, erreicht die Waage. Auf dem geistig-moralischen Gebiete muß dasselbe, was die Waage, was der Pendel erreicht in seiner Ruhelage, der Mensch erreichen können. Der Mensch soll nicht anstreben, die absolute Ruhelage zu haben, das macht ihn faul, verfault. Der Mensch soll anstreben die Ruhelage, die der Mittelzustand zwischen dem Ausschlagen ist, zwischen dem Nicht-Erreichen und Sich-Verlieren.

Wenn man solche Empfindungen richtig entwickeln will, dann müssen andere Empfindungen über Leben und Wirklichkeit noch wesentlich dazukommen.

Ich habe Sie öfters aufmerksam gemacht, wie einseitig eigentlich heute das Entwickeln aufgefaßt wird. Denken Sie nur einmal, daß die ganze Entwickelung heute so aufgefaßt wird, wie wenn immer das Folgende aus dem Vorhergehenden so herausgezogen würde. Eigentlich denkt sich der heutige Mensch die aufeinanderfolgenden Entwickelungszustände ungefähr wie eine Folge von Pappschachteln, die so ineinandergeschachtelt sind. Und nun, wenn es sich entwickelt – eine Pappschachtel, der Mensch zwischen der Geburt und dem siebenten Jahre. Dann nimmt man die zweite heraus und man hat den Menschen vom siebenten bis vierzehnten Jahr. Dann die dritte, und man hat den Menschen vom vierzehnten bis einundzwanzigsten Jahr, und so eins aus dem andern heraus. Das geradlinige Fortschreiten in der Entwickelung ist das, was dem heutigen Menschen am angenehmsten ist.

Das liegt auch zugrunde all den grotesken Vorstellungen, die wir heute in der Schule lernen, und die in der Zukunft einmal als der wissenschaftliche Wahnsinn der aufgeklärten Periode vom 19. und 20. Jahrhundert dargestellt sein werden. Sich so vorzustellen, daß einmal ein Nebelzustand dagewesen ist – Kant-Laplacesche Theorie –, dann nach und nach eins aus dem andern hervorgehend, Pappschachtel aus Pappschachtel, eine aus der andern hervorgehend, der folgende Zustand immer aus dem früheren, das ist die krankhafte Wissenschaftsvorstellung der Gegenwart. Denn so sind die Dinge nicht. Denken Sie doch, wie die Entwickelung beim Einzelmenschen zwischen Geburt und Tod bei einigermaßen unbefangener Beobachtung Ihnen entgegentritt.

Nicht wahr, die wirkliche Grenze der ersten Lebensperiode ist der Zahnwechsel, das Bekommen der zweiten Zähne. Ich habe öfters darauf aufmerksam gemacht. Was ist denn das eigentlich, dieses Bekommen der zweiten Zähne gegen das siebente Jahr hin, wo die erste Lebensperiode abschließt? Es ist das ein Konsolidieren, ein Verhärten des Menschen, respektive das Verhärten im Menschen gestaltet sich. Es ist wie ein Zusammenziehen aller Lebenskräfte, daß man Dichtestes, Mineralisiertestes zuletzt noch einmal hervorbringen kann, die zweiten Zähne. Es ist ein wirkliches Zusammenziehen aller Lebenskräfte ins Dichte.

Die zweite Lebensperiode schließt ab mit der Geschlechtsreife. Da ist gerade das Umgekehrte der Fall. Da ist nicht wiederum ein Zusammenziehen zur Verhärtung aller Lebenskräfte, sondern da ist im Gegenteil eine Verdünnung aller Lebenskräfte, ein Auseinandertreiben, ein Üppigwerden. Da ist ein entgegengesetzter Zustand, der in dem Organismus pulsiert.

Und nur etwas verfeinert, aber doch wiederum so, wenn um das einundzwanzigste Lebensjahr die dritte Lebensperiode abschließt. Da konsolidiert sich der Mensch wiederum, zieht seine Kräfte zusammen. Mit dem achtundzwanzigsten Lebensjahr dehnt er sie wiederum aus. Einundzwanzigstes Jahr: Zusammenziehung, mehr auf das stellen, was in seinem Inneren lebt. Achtundzwanzigstes Jahr: Ausdehnung, mehr auf das stellen, das ihn zusammenbringt mit der ganzen weiten Welt. Mit dem fünfunddreißigsten Lebensjahr – approximativ zu nehmen – ist wiederum eine Art Zusammenziehung da. Das ist ja die Lebensmitte, das fünfunddreißigste Jahr.

Also die Entwickelung ist nicht so geradlinig, sondern so, daß sie sich in einer Wellenlinie bewegt: Zusammenziehung, Erhärtung; Erweichung, Ausdehnung; Zusammenziehung, Erhärtung; Erweichung, Ausdehnung. Im Grunde genommen ist das auch das Leben des Menschen im Großen. Indem wir hier in die physische Welt hineingeboren werden, ziehen wir uns zusammen, so daß wir innerhalb unserer Haut sind. Indem wir das Leben zwischen dem Tod und einer neuen Geburt durchmachen, dehnen wir uns immer mehr und mehr aus.

Was folgt aus alledem? Aus alledem folgt, daß der Entwickelungsgedanke, der nur geradlinig die Entwickelung denkt, nichtsnutzig ist, daß er die Menschheit nasführt und abgestreift werden muß. Alle Entwickelung schreitet nämlich im Rhythmus voran. Alle Entwickelung geht: Wellental, Wellenberg, Zusammenziehung, Ausdehnung.

Wiederum auf elementaren Stufen hat das Goethe geahnt. Lesen Sie seine Metamorphose der Pflanzen, lesen Sie nur das Gedicht «Die Metamorphose der Pflanzen», so werden Sie sehen, wie jene eigentümliche

Gestaltung, die von Laubblatt zu Laubblatt geht, dann Blütenblatt, dann Staubgefäß, dann Stempel, wie das von Goethe dargestellt wird als ein fortwährendes Ausdehnen, Zusammenziehen, aber nicht in ganz äußerlichen Gebilden nur, sondern auch die Säfte dehnen sich in ihren Kräften aus, ziehen sich wieder zusammen, expandieren, konzentrieren sich. Ich habe versucht, in den achtziger Jahren des vorigen Jahrhunderts, als ich meine erste Einführung geschrieben habe zu Goethes naturwissenschaftlichen Werken, nachzukonstruieren die Goethesche Urpflanze, wo ich versuchte, in das Bild hineinzubringen dieses Ausdehnen und Zusammenziehen, Ausdehnen, Zusammenziehen bis in die Blüte hinauf. Also niemand kann das Leben wirklich erfassen, der dieses Leben nicht rhythmisch, in rhythmischem Gange vorstellt. Die geradlinige Entwickelung – das muß immer wieder betont werden – ist eine Idee, die nichtsnutzig ist als eine wirkliche Lebenserfassung.

Und so ist es auch mit dem Begreifen des geschichtlichen Lebens der Menschheit. Ich habe in den letzten Heften der Zeitschrift «Das Reich», wo ich über Ahrimanisches und Luziferisches im Leben abgehandelt habe, darauf aufmerksam gemacht, wie luziferische Perioden und ahrimanische Perioden der geschichtlichen Entwickelung abwechseln im Rhythmus. Alles Leben geht nicht geradlinig vorwärts, sondern schreitet von Wellenberg zu Wellental. Aber das ist verknüpft mit einer auch äußeren Veränderung, indem von Wellenberg zu Wellental geschritten wird. Und nur, wenn man diese Verhältnisse durchschaut, kommt man zu einer tieferen Lebensauffassung. Wer geradlinig sich die Evolution denkt, der denkt: Erst waren unvollkommenste Tiere, dann immer vollkommenere, dann so affenartige Tiere, dann hat sich daraus der Mensch entwickelt. – Und wenn man das dann aufs Moralische anwendet – ich habe Sie darauf schon öfter aufmerksam gemacht, auch in öffentlichen Vorträgen –, wenn man das dann weiter ausdehnt, ja, dann kommt so für den richtigen, für den waschechten Darwinisten heraus, daß er sagt: Man sieht ja schon im Tierreiche moralische Triebe, Instinkte, Veranlagungen, die dann zu menschlichem Wohlwollen und so weiter hinführen! – Wiederum eine nichtsnutzige Vorstellung, denn diese rechnet ganz und gar nicht mit dem Lebensrhythmus. Sie denkt die Entwickelung in einer geraden Linie, Pappschachtel aus Pappschachtel hervorgehend. In Wahrheit liegt die Sache so. Denken Sie sich die höchstentwickelten Tiere mit ihren Eigentümlichkeiten weiterentwickelt, geradlinig weiterentwickelt, da kommt nicht der Mensch heraus, käme nie der Mensch heraus, sondern das höher entwickelte Tier, das würde gerade die Eigenschaften, die Ihnen sympathisch erscheinen im Tierreich, entwickeln in allerantipathischester Weise. Dasjenige, was Sie bei den Tieren bewundern als eine gewisse Geselligkeit, als den Anfang des Wohlwollens, eines sozialen Verhaltens, das weiter heraufentwickelt, schlägt ins Gegenteil rhythmisch um, wird zum Prinzip des Bösen. Hätte sich der Mensch so entwickelt, wie es *Haeckel* vorstellt, dann hätte sich entwickelt aus den menschenähnlichen Affen eine Menschengesellschaft, die von vornherein den Krieg aller gegen alle vollständig entwickelt haben würde. Denn in allen den Anlagen, die beim Tiere noch gut sind, liegt der weitere Entwickelungsimpuls zum Aufeinanderplatzen in heftigstem, blutigstem Kampfe. Das ist der Rhythmus! Wellenberg schlägt in Wellental um, und niemand sieht hinein in dasjenige, was die Natur birgt, der nicht auf die Entwickelungsmöglichkeiten im Rhythmus sieht. Nach außen anzuschauen das, was geschieht, das lehrt niemals erkennen dasjenige, was wirklich da ist. Nur dadurch, daß gar nicht herauskamen die Entwickelungsmöglichkeiten, die in den höheren Tieren liegen, sondern daß ihnen entgegenkam eine andere Welle des Weltenwerdens, welche abtötete das Bösewerden und gewissermaßen darüberstülpte über das Bösewerden dasjenige, was die Menschen sein sollten vom Urbeginne aus, nur dadurch entwickelte sich die Menschheit. So daß man vorzustellen hat: Tierreich bis zu einer gewissen Höhe; ihm entgegenkommend die andere Welle, welche abstumpft das Bösewerden.

Die Reinkarnation läßt sich auch moralisch anschauen. Was glauben Sie, was wäre dann der Mensch geworden, wenn er nur immer geboren und geboren würde hier auf dem physischen Plane, wenn nicht dem, was geboren wird rein physisch auf dem physischen Plane, entgegenkäme dasjenige, was immer in die geistige Welt aufgenommen und wieder hinuntergetan wird? Wenn der Mensch nur geboren würde, wenn er nicht durchseelt würde von den Wesen, die immer wiederum in die geistige Welt aufgenommen werden und herunterkommen, dann würde der Mensch nur im Kriege auf der Erde leben, nur im Kampfe auf der Erde leben wollen, dann würden sich die furchtbarsten Kampfesinstinkte entwickeln. Diese Kampfesinstinkte ruhen auf dem Grunde der menschlichen Seele, sie ruhen im menschlichen Organismus. Und sie werden abgelähmt durch dasjenige, was, wenn ich mich jetzt so ausdrücken darf, von oben kommt, was aus der geistigen Welt heraus kommt von derjenigen Menschenwesenheit, die immer wiederum in die geistige Welt aufgenommen wird.

Das drückt sich auch aus in der äußeren Form. Es ist geradezu grotesk für den Einsichtigen, wenn das Menschenhaupt so dargestellt wird, als ob es sich aus dem Tierkopf entwickelt hätte nach und nach. Es ist nämlich ein völliger Unsinn. In Wahrheit würde, wenn sich der Tierkopf weiterentwickelte, ein schreckliches Ungetüm herauskommen in dem, was Sie in der gegenwärtigen Inkarnation entwickeln aus Ihrem Unterleibe. Wenn das allein den Kopf bilden würde, wenn es aus sich heraus den Kopf bilden würde, nun, das wäre eine richtige Mißgeburt als Kopf, das wäre ein schreckliches Tierungeheuer. Denn da sitzt die Möglichkeit zum Tierungeheuer. Nur dadurch, daß das Geistige von oben kommt und sich entgegenstülpt, entsteht dasjenige, was Menschenhaupt ist, das aus dem Zusammengehören von zwei Kräften entsteht, von dem, was aus dem Leibe hinaufstrebt, und dem, was aus dem Kosmos entgegenstrebt. Als eine Gleichgewichtslage wird dieses Menschenhaupt herausgebildet. Und in dieser Gleichgewichtslage des Menschenhauptes ruht es, daß wir mit dem, was wir mitbringen aus der geistigen Welt, nicht frei hantieren können. Wir schlüpfen in unseren physischen Kopf hinein, und da können wir nicht das ganz zum Ausdruck bringen, was wir eigentlich sind, wenn wir durch die Geburt ins Dasein eilen. Könnten wir so denken, wie wir gedacht haben vor unserer Geburt, beziehungsweise vor unserer Konzeption, da würden wir nicht einen Homunkulus, da würden wir einen Menschen denken, einen Homo.

Sie erinnern sich, ich habe neulich einmal auf so etwas aufmerksam gemacht vorübergehend, als ich den Weihnachtsvortrag in Basel gehalten habe, wo ich darauf aufmerksam gemacht habe, daß *Nikolaus von der Flüe* vor seiner Geburt geschaut hat Szenen, die er nach seiner Geburt erlebt hat. Da hat er sich als Mensch geschaut vor der Geburt. Aber wenn man geboren ist und nicht den Erkenntnisschlaf überwindet, das heißt, das Erwachtsein außerhalb des Leibes entfalten kann, sondern nur mit dem Leibe denkt, denkt man nie einen Menschen, sondern nur einen Homunkulus. Man erreicht sich nicht, indem man auf dem Wege durch den Kopf in sich hineinzukommen sucht. (Es wird gezeichnet.) Es ist eigentlich so, daß man in sich hineinzukommen sucht, dann gehalten wird, und – irgendwo in der Mitte des Menschen – da irgendwo ist eigentlich das, was man nicht erreicht. Es ist im Menschen selber darinnen. Man bleibt beim Homunkulus und wird nicht kommen zum Menschen.

Und eigentlich, wenn man alle technischen Hilfsmittel hätte, so würde man in die Phiole, die über die Bühne geführt wird als der Homunkulus, hineintun – klein, daher auch niedlich – ein schreckliches kleines Ungetüm, das eigentlich dasjenige wäre, was entstehen würde, wenn es dem menschlichen Leibe allein übergeben wäre, daraus etwas zu entwickeln. Da käme so ein Tier, das doch kein Tier ist, sondern eine menschliche Mißgeburt, zustande, die auf dem Wege zum Menschwerden ist und doch nicht ganz Mensch wird. Daher erlangt man es nicht, wenn man nicht herankommt an dieses, was auf dem Wege zum Menschwerden ist und doch nicht ganz Mensch wird. Man erlangt es nicht, man kommt nicht in sich hinein.

Und wiederum, wenn man mit dem Wollen sich erfaßt, dann faßt einen gleich ein anderer. Dann verliert man sich, dann treten alle möglichen fremdartigen Motive und Impulse in diesem Wollen auf. Nur wenn man versucht, ins Gleichgewicht hinein die inneren Kräfte zu bringen, dann gelangt man zum wahren Menschtum.

Nun, mit dem, was ich gesagt habe, vergleichen Sie drei Momente, die Ihnen jetzt vor Augen treten können im zweiten Teil des «Faust». Jenen erhebenden Moment, wo der Faust vor die Manto hintritt. Da versucht Goethe, auszugießen über diesen ganzen Moment jene innere Ruhe der menschlichen Seele, welche durch die Empfindungen des Gleichgewichtszustandes hervorgerufen wird. Faust möchte weder auf der einen Seite hinein in das Schwärmerische einer abstrakten Mystik: «Könnt' ich» – das ist eine seiner letzten Reden – «Magie von meinem Pfad entfernen». Er möchte nicht äußere Magie, er möchte den inneren Weg in die übersinnliche Welt hinauf. Er ist nahe daran und doch wiederum entfernt.

Goethe ist, wie ich das gestern ausführte, durchaus ehrlich in dem Augenblicke, wo Faust vor der Manto steht. Aber Faust wird auch nicht bloß in abstrakter Ruhe gehalten, sondern durch die Gegensätze hin- und hergeworfen. Daher wird er auf der einen Seite immerfort wiederum in den Gegensatz hineingeworfen, wo der Mensch sich verliert, indem er sich im Wollen zu erfassen versucht. Vergleichen sie alles das miteinander, was dem Faust passiert in den Szenen, in denen er selbst mit dem Mephisto zusammen sein Leben entfaltet. Da haben Sie immer den Willens-Faust, der aber sich immer verliert, indem eigentlich der Mephisto seine Impulse ergreift. Da haben Sie dasjenige, wo der Mensch abirrt in dem Willen, wo er sich verlieren will. Da haben Sie all die Gefahren, die den moralischen Impulsen des Menschen drohen. Und das ist eben in einer ungeheuren Tiefe im Goetheschen «Faust» zum Ausdruck gebracht.

Nehmen Sie den Moment, wo Mephisto sich vereinigt mit den Phorkyaden, wo er selbst die Gestalt einer Phorkyade annimmt, wo er in seiner ganzen Häßlichkeit auch seine Häßlichkeit gesteht, denn vorher lügt er, nachher, als die Phorkyaden ihn umfassen, da muß er seine eigene Häßlichkeit gestehen. Die Phorkyaden gestehen ja – lesen Sie die Rede der Phorkyaden noch einmal nach – ihre Häßlichkeit, sind gewissermaßen ehrlich in ihrer Häßlichkeit. In diesem Moment haben Sie einen Gegensatzmoment zu jenem heilig-erhabenen Moment, da Faust vor der Manto steht. Dasjenige, was uns uns selbst verlieren läßt im Willensmotiv, das steht so recht da, als Mephisto in der «Klassischen Walpurgisnacht» zum letzten Male auftritt. Faust tritt zum letzten Male auf, sichtbarlich, äußerlich dramatisch, in der Manto-Szene, Mephisto in der Phorkyaden-Szene. Und Goethe wollte aus seiner tiefen Empfindung heraus andeuten, daß im Grunde genommen dasjenige, was uns uns selbst verlieren läßt im Willensmotiv, nur dann Heilung finden kann, wenn wir es nicht bloß moralisch verabscheuen, sondern wenn wir es gegen unseren Geschmack verstoßend als Häßliches erleben. Das war ja auch die Grundempfindung *Schillers*, als er das Moralische so nahe heranbrachte an das Ästhetische in den «Briefen über die ästhetische Erziehung des Menschen».

Das ist gerade das Jammervolle, daß innerhalb der neueren Menschheitsentwickelung die Bildung es einmal bis zu einer solchen Höhe gebracht hat, wie sie zum Beispiel in Schillers Ästhetischen Briefen vorhanden ist, und daß das alles von der Menschheit vergessen worden ist. Man denke sich, daß Schiller eigentlich glaubte, eine politische Tat zu verrichten mit seinen zunächst an den Herzog von Augustenburg geschriebenen Ästhetischen Briefen. Der lernt viel über die Entwickelung der Menschheit, der die zwei Tatsachen in ihrer richtigen Tiefe auffaßt, daß einmal das da war, daß Schiller aus der Anschauung von Goethes Werdegang heraus seine Ästhetischen Briefe geschrieben hat, daß einmal das da war; daß das vergessen werden konnte. Und daß durch das Vergessen die heutige Menschheitskatastrophe mit herbeigeführt worden ist. Wer diese zwei Tatsachen ins Auge faßt, der lernt wirklich viel über die Entwickelung der Menschheit kennen.

Und dramatisch groß ist der Moment, wo wie eine ästhetisch-ekelhafte Empfindung das moralisch Unerlaubte im Menschen lebt, dargestellt in der eigentlich furchtbaren Szene, wo Mephistopheles unter den Phorkyaden steht. Da wird charakterisiert in seiner ganzen Abscheulichkeit der Impuls, der wesenhafte Impuls, der den Menschen dazu treibt, sich selber im Willenspol zu verlieren. Lernt man ihn nicht erkennen, so wird man ihm verfallen. Denn nur das Erkennen befreit einen davon. Das finden Sie in der Schlußszene meines ersten Mysteriums «Die Pforte der Einweihung» ausgesprochen. Da ist ausgesprochen, wie nur die Erkenntnis, die unmittelbare Anschauung desjenigen, was eigentlich unser Verführer, unser Versucher ist, uns auch erlösen kann von der Verführung, von der Versuchung. Im Zeitalter der Bewußtseinsseele, in das wir eingetreten sind, ist es daher notwendig, daß wir, um die Versuchung, die Verführung zu überwinden, nach Erkenntnis des Versuchers, des Verführers in rechtmäßiger Weise streben, nicht fortsumpfen in einem bloß äußerlichen Naturerkennen und in einer bloß abstrakten Mystik.

Schließlich ist ebenso schlimm die abstrakte Mystik, das bequeme «den göttlichen Menschen erfassen in seinem Inneren», wobei nichts anderes als eine furchtbare, egoistische Abstraktion herauskommt. Ebenso schlimm als der Materialismus ist dieses abstrakte Mystifizieren.

Drei Momente, sagte ich, nehmen Sie im Goetheschen «Faust».

Nehmen Sie so recht künstlerisch empfindungsgemäß das, was Sie fühlen können, da Faust der Manto gegenübersteht; das, was Sie fühlen können, da Mephisto unter den Phorkyaden selber zu einer Phorkyas wird. Und jetzt den dritten Moment: da Homunkulus am Muschelwagen der Galatee zerschellt, und fühlen Sie, was nun dieser Homunkulus ist. Wir kommen aus der geistigen Welt, suchen durch die Empfängnis und die Geburt das physische Dasein. Im physischen Dasein treten wir entgegen demjenigen, was aus dem physischen Dasein uns als unser Leib gegeben wird. Jeden Abend kehren wir zurück in die Welt, aus der wir heraustreten durch die Geburt; jeden Morgen müssen wir die Geburt bildhaft erneuern, indem wir wiederum in den physischen Körper untertauchen. Da können wir fühlen, wie wir von außen hereinkommend nicht das erreichen, was der Mensch ist, sondern wie uns nur der Homunkulus, das Menschlein, das embryonale Menschentum entgegentritt, und wie schwierig es ist, zum wirklichen Menschen zu kommen. Wir könnten zum wirklichen Menschen kommen, wenn es uns gelingen würde, knapp vor dem Aufwachen, wenn alle Entwickelungsmöglichkeiten der Nacht ausgeschöpft sind, eine ganz helle Vorstellung zu haben. Diese helle Vorstellung wäre eine Weltvorstellung; diese helle Vorstellung wäre so, daß wir uns nirgends begrenzt glaubten, daß wir uns ausgegossen fühlten über die Welt; daß wir uns ausgegossen fühlten über alles Weltenlicht, allen Weltenton, über alles Weltenleben. Vor uns etwas wie einen Abgrund; jenseits des Abgrundes die Fortsetzung desjenigen, was wir gerade noch fühlen, bevor wir den Abgrund betreten beim Aufwachen: Wärme. Wärme, sie strömt über den Abgrund hinüber. Nun aber treten wir über den Abgrund ein durch das Aufwachen in Luft, Wasser, Erde, die ja unseren eigenen Organismus zusammensetzen. Allerdings, wir treten dem Menschen nahe, wir haben uns vorbereitet, indem wir den Homunkulus befruchten ließen in der geistigen Welt, den Menschen zu erfassen. Aber im gewöhnlichen Verlauf des Lebens tun wir das nicht, was ich jetzt eben angedeutet habe. Die lebendige Vorstellung, die wir haben, die ein Sich-Erleben im Licht, im Weltenton, im Weltenleben wäre, die ein Sich-Zusammenfinden wäre mit den Wesenheiten der höheren Hierarchien, die ebensogut sich verbunden fühlen würde mit den Wesen der höheren Hierarchien, wie sich hier der physische Leib verbunden fühlt mit dem mineralischen, mit dem pflanzlichen, mit dem tierischen Reich, diese Vorstellung, die wir entwickeln würden, wenn der Schlaf knapp vor dem Aufwachen an uns sein Werk getan hätte, die müßten wir mitbringen ins Aufwachen hinein, müßten wir hineinversenken in unseren Leibesmenschen. Dann würden wir das verstehen können, was der Leibesmensch ist. Aber, ach:

Die Götter wollen's nicht leiden.

Wir tauchen unter. Es flammt auf, es blitzt – das bemerken wir kaum. Statt in uns selber hineinzuschauen, schauen wir aus dem Auge heraus, statt in uns selber hineinzuhorchen, hören wir aus dem Ohre heraus, statt in uns selber hineinzufühlen, fühlen wir mit den Tastnerven aus der Haut heraus. Homunkulus, der aufleben würde und zum Menschen werden, wenn wir nicht untertauchen würden in das, was durch die physischen Augen nur erreichbar liegt, durch die physischen Ohren, durch den physischen Ton, durch das physische Getaste nur erreichbar liegt, Homunkulus zerschellt in dem Augenblicke an dem Widerstand der Elemente. Das Augenlicht flammt auf statt des Weltenlichtes, der Ohrenton beginnt statt des Weltentones, das Körperleben beginnt statt des Weltenlebens: Homunkulus zerschellt. Und wenn man es bewußt erlebt, so ist der Schluß der «Klassischen Walpurgisnacht» erlebt. So ist dieser Schluß der «Klassischen Walpurgisnacht» aus dem wahren, wirklichen Leben genommen.

Diese Dinge sind nicht dazu da, daß nur in Sonntagnachmittagspredigten in der Anthroposophischen Gesellschaft über sie gesprochen werde, sondern diese Dinge sind wahrhaftig dazu da, daß sie von der Menschheit allmählich gewußt werden, und daß sie als Impulse wesenhaft durchdringen dasjenige, was in die Entwickelung der Menschheit gegen die Zukunft hin aufgenommen werden muß, wenn diese Menschheit dem Heil und nicht dem Unheil entgegengehen soll. Denn seinen richtigen Zusammenhang mit der Wirklichkeit findet der Mensch wirklich nur, wenn er sich von jetzt ab neue Begriffe aneignet. Wenn er anfängt zu durchschauen, daß dasjenige, was man gerade als die große Errungenschaft des 19. Jahrhunderts immer gepriesen hat, ein Ende ist.

Es ist nicht zu verwundern, daß von einem gewissen Gesichtspunkte aus diese Errungenschaft des 19. Jahrhunderts, die ins 20. Jahrhundert hinüberreicht, als vollkommen empfunden wurde. Es ist gar nicht zu verwundern. Denn, nicht wahr, bevor der Baum im Herbste alles abwirft, ist er gerade in seiner vollkommensten Fruchtentfaltung. Diese Naturwissenschaft des 19. Jahrhunderts, die noch hereinspukt in das 20. Jahrhundert, alle diese technischen Vollkommenheiten, die bis zu einer gewissen Höhe gekommen sind, sie sind der Baum, bevor er seine Früchte abwirft. Das, worauf das alles gewachsen ist, es ist ja zum Verdorren, und es genügt nicht, daß dieser Baum weiterwächst, sondern es muß in den Kulturboden der Menschheit ein neuer Same gelegt werden, und ein neuer Baum gepflanzt werden. Es genügt nicht, daß wir denken, wir haben die Entwickelung der Tiere erkannt, wir denken sie uns etwas weitergeführt, dann den Menschen. Es genügt nicht, daß immer mehr solche Geister auftreten, die zuerst in einer genialen Weise über Tiere Artikel schreiben und später ein Buch über die Entstehung des Menschen so wie eine Fortsetzung schreiben, sondern es ist notwendig, daß mit der Geradlinigkeit der Entwickelung gebrochen werde, und die Menschen verstehenlernen den Rhythmus des Lebens, der in Wellenberg und Wellental verfließt; daß die Menschen lernen, wie in das Innere der Menschheit der Weg nicht geht in geradliniger Weise, sondern über zwei Grenzen. An der einen Grenze glaubt man schier ersticken zu müssen, weil einen jemand erfaßt, der einen nicht bis dahin kommen läßt, wo das Denken hinkommen will. Auf der andern Seite glaubt man schier, daß man zugrunde gehe mit dem Geschleiftwerden durch die mephistophelischen Gewalten. Das Gleichgewicht zu finden zwischen dem Homunkulismus und dem Mephistophelismus, zwischen dem im Homunkeltum-Aufgehen und Sich-nicht-erreichen-Können, und dem vom Mephistopheles Erfaßtwerden und Sich-Verlieren. Das Verständnis dieses Gleichgewichtes, das ist es, was über die moderne Menschheit kommen muß, und das ist es, in dem Goethe vorahnend als in der Empfindung davon lebte, als er versuchte, ganz ehrlich zu sagen, was er über das Menschheitsrätsel zu sagen hatte in seinem «Faust».

Herauswachsen aus dem, was heute bildhaft die Vorstellung der platten Menge ist, das ist es gerade, wonach die Menschheit hinstreben soll. Nichts wird heute mehr angefeindet als dieses Herausstreben. Mit nichts schadet sich die Menschheit mehr als durch dieses Anfeinden des Herausstrebens aus der platten Alltäglichkeit. Aber solange dieses Bekämpfen des Herausstrebens aus der platten Alltäglichkeit nicht auf der andern Seite wirklich bekämpft wird von denjenigen, welche die Notwendigkeit des Eindringens in das Übersinnliche anerkennen, so lange kann nicht Heil kommen in die Entwickelung der Menschheit.

Hamerling versuchte am Ende des 19. Jahrhunderts in seinem «Homunkulus», man möchte sagen, einen noch aus der alten Zeit hervorgehenden, letzten Ruf an die Menschheit zu richten, indem er wirklich all das, was an verfaultem Wesen in dieser neueren Menschheit ist, als Homunkeltum hinstellte.

Man könnte sich eines denken: jemand läse jetzt den Hamerlingschen «Homunkulus», der am Ende der achtziger Jahre des 19. Jahrhunderts erschienen ist, diesen «Homunkulus», über den ich ja manchen Vortrag gehalten habe, wahrhaftig auch vor dem Kriege nicht ohne eine gewisse Bedeutung darüber gesprochen habe. Nehmen wir an, es läse jetzt jemand diesen Hamerlingschen «Homunkulus», er lasse auf sich wirken, was Hamerling sich denkt von dem Werdegang seines Homunkel. Das alles hat er gedacht am Ende der achtziger Jahre, als schon gebrochen war mit allem Goetheanismus, als schon die Menschen nichts mehr wissen wollten von allem Goetheanismus. Hamerling hat dargestellt den Werdegang des Homunkel: wie er ganz von materialistischem Denken erfaßt wird, wie er lebt in einer Welt, in der man sich nicht bereichert durch geistige Schätze, wohl aber Billionär wird – Homunkel wird Billionär –, in der man sich in der frivolsten Weise selbst mit der geistigen Welt zu schaffen macht, in der sich schon ausbildet, mit Respekt zu vermelden, jener Journalismus, der seither noch viel furchtbarere Versumpfung erfahren hat. Man nehme an: jetzt läse jemand diesen Hamerlingschen «Homunkulus». Nun würde er sich vielleicht sagen: Ja, Gott, dieser Hamerling – er ist 1889 gestorben – hat eigentlich doch nur mit physischen Augen, als er seinen «Homunkulus» schrieb, die Menschheit gesehen, wie sie damals war auf den Wegen, denen sie zueilte. Nehmen wir an – so könnte ein solcher sagen, der jetzt diesen «Homunkulus» liest –, die Leute hätten damals so etwas, wie das ist, was Hamerling in seinem «Homunkulus» zeigt, ernst genommen, sie hätten es wirklich ein bißchen auf sich wirken lassen, nicht bloß als literarisches Produkt, sondern sie hätten es ernst genommen, dann hätten sie sich wahrhaftig nicht verwundert, wenn jemand gesagt hätte: Aus dieser Menschheit muß diese Weltkatastrophe entstehen ganz notwendigerweise. – Das kann sich jemand sagen, der heute den «Homunkulus» liest. Was ist weiter verwunderlich daran, daß diese Weltenkatastrophe entstanden ist, da ein Dichter der achtziger Jahre den Menschen Homunkel in dieser Weise darzustellen vermochte?

Aber der Ruf, der da liegt in dieser Darstellung des Menschen Homunkel, ist zu gleicher Zeit der, nicht stehenzubleiben bei dem Leben, das doch nur ein Homunkeltum gibt, sondern hinüberzusetzen über den Abgrund da, wo Geisteswissenschaft redet von den übersinnlichen Erkenntnissen, die erst den Homunkulus in einen Homo verwandeln können. Und so könnte man sagen: In den Homunkulismus, der sich in einer Welt, in die sich der Mensch heute nicht so gern versetzen will, befindet in der Szene, die wir heute darstellen, zwischen den Homunkulismus und den Mephistophelismus, der aber in die Region der Phorkyaden führt, ist die Menschheit hineingestellt. – Goethe ahnte das und stellte es dar in seinem «Faust». Er ahnte schon, daß ein Weg gebahnt werden muß, der ebenso sehr die Klippe phantastisch-abstrakter Mystik vermeidet wie die andere Klippe wirklichkeitsfremder gespensterhafter Naturanschauung, der aber hinführt ins übersinnliche Erkennen und aus dem übersinnlichen Erkennen heraus auch wiederum soziale Impulse findet.

Das ist nun gewissermaßen eine tiefere Bewußtseinsschicht. Dringen wir in sie ein, durchdringen wir unsere Empfindung mit ihr, lernen wir gewissermaßen die Sprache jener Bewußtseinsschicht verstehen, die aus den Regionen kommt, wo man fühlt, im Denken kann man sich nicht erreichen, im Wollen verliert man sich. Das Sich-nicht-erreichen-Können im Denken ist homunkelisch, das Sich-Verlieren im Wollen ist mephistophelisch. Empfindet man dies, dann steht man darinnen in so tiefen Szenen mit einer Sprache, die einem eben verständlich macht dasjenige, was in einer solchen Szene gegeben ist, wie die Szene ist vom Schluß der «Klassischen Walpurgisnacht».

Schließlich, jeder sieht die Welt so an, wie sie sich ihm darstellen kann nach seinen empfangenen Kräften. Aber die gegenwärtige Aufgabe der Menschheit besteht darinnen, diese empfangenen Kräfte zu steigern, damit manches von der Welt gesehen werde, was zum Unheil der Menschheit in den letzten Jahrzehnten nicht gesehen worden ist.

Und so ist auch eine wirkliche Vertiefung in solch eine tiefe Szene, wie diejenige ist, die wir jetzt vorführen, ein Weg für den Menschen, um gerade in der Richtung weiterzukommen, in der die Menschheit jetzt weiterkommen soll. Wie überhaupt Goetheanismus – nicht Professoren-Goetheanismus, nicht der Goetheanismus der Goethe-Gesellschaft, an deren Spitze kein Goethe-Mann, sondern ein ehemaliger Finanzminister mit dem symptomatischen Namen Kreuzwendedich steht, nicht all das, was man geglaubt hat, aus Goethe machen zu müssen am Ende des 19. Jahrhunderts und Anfang des 20. Jahrhunderts, sondern was im Goetheanismus wirklich liegt – gesucht werden muß. Das wird ein Gutes und ein guter Impuls sein, um die Menschheit in der Richtung weiterzubringen, in der sie weiterkommen muß, wenn ihr Heil und nicht Unheil werden soll in der nächsten Zeit.

GOETHES PERSÖNLICHES VERHÄLTNIS ZU SEINEM «FAUST»

Prag, 12. Juni 1918

Goethes «Faust» gehört zweifellos zu denjenigen Werken der Weltliteratur, zu denen man immer, ich möchte sagen, von Jahrzehnt zu Jahrzehnt des eigenen Lebens so zurückkehren kann, daß man in ihnen Neues findet, daß man den Glauben haben kann, man gewinnt wesentlich mehr aus ihnen, als man vorher gewonnen hat. Und dies gerade bei Goethes «Faust» nicht aus dem Grunde, weil man reifer geworden ist – denn aus diesem Grunde kann man auch in anderen Werken der Weltliteratur immer Neues und Neues finden –, sondern bei Goethes «Faust» hat man die Empfindung, daß es nötig ist, immer neue Lebenserfahrungen, die das herankommende Alter bieten kann, haben zu müssen, um gewisse Geheimnisse, Innerlichkeiten, die sich in diesem Werke finden, vollständig in sich aufzunehmen. Nun hat man allerdings, wenn man sich in Goethes «Faust» immer wieder und wieder vertieft, aus dem Werke heraus das entschiedenste Bedürfnis, sich an Goethes Leben zu wenden, sein Leben immer neu kennenzulernen, weil man durch die Betrachtung von Goethes «Faust» selber wissen kann, daß erst dadurch die richtigen Lichtstrahlen auf dieses Werk fallen. Man kann nun natürlich einwenden, daß in einer solchen Beziehung eines Dichters zu einem Werke eine Unvollkommenheit liegt. Man kann sagen, daß ein Kunstwerk, so wie es ist, unabhängig von der Persönlichkeit des Schaffenden begriffen werden muß. Man kann aber auch alle solche mehr oder weniger pedantischen Einwendungen beiseite lassen und sich durch die Betrachtung der Beziehungen Goethes zu seinem Werke daran halten, daß eine solche Fülle von Kraft uns als etwas Höheres erscheinen muß, bedeutender als selbst jeder Eindruck und dergleichen. Das sind die Gedanken, aus denen das Thema des heutigen Vortrages erwachsen ist.

Ich möchte gerade über die persönlichen Beziehungen Goethes zu seinem «Faust» sprechen, dabei allerdings nicht über die engsten persönlichen Beziehungen, sondern über die Beziehungen der geistigen Persönlichkeit Goethes zu seinem «Faust». Man könnte nun leicht denken, daß einem bei der Betrachtung dieser Beziehungen der geistigen Persönlichkeit Goethes zu seinem «Faust» das Studium dessen, was Goethe über sich selbst gesagt hat, über sein Leben, über sein Streben, über die Art und Weise, wie er sich zur Erkenntnis, zur Kunstfrage gestellt hat, besonders nützen würde. Doch wenn man immer näher und näher an Goethes Leben herantritt, merkt man, daß dies doch eigentlich nicht so ist. Und gerade darin liegen Schwierigkeiten der Betrachtung über die geistige Persönlichkeit Goethes. Auf der anderen Seite ist da etwas, was tief hineinführt nicht nur in die Eigenheiten Goethes, sondern in das Seelenleben des Menschen selbst. Es geht einem so, daß man sich davon überzeugt, daß Goethes Aussprüche, wie sie von ihm formuliert sind in Briefen, die er an die eine oder die andere Persönlichkeit gerichtet hat, für die oben erwähnte Betrachtung nichts nützen. Man findet, wenn man Goethes Selbstgeständnisse ins Auge faßt, daß man eigentlich dadurch nichts Rechtes gewinnen kann an Aufschlüssen gerade über das tiefste, über das bedeutendste Werk Goethes, über den «Faust». Wenn man sich eine damit ganz deutlich gestellte Rätselfrage richtig beantworten will aus Goethes Werken, aus Betrachtung von Goethes Leben, stellt sich einem heraus, daß, was in Goethes Seele lebte, indem er seine Werke schuf und besonders seinen «Faust», immer etwas so Großes, etwas so Gewaltiges, so Umfassendes und weithin Lichtstrahlendes war, daß Goethe selber in seinem persönlichen Bewußtsein, in seiner Erkenntnis das nicht umfassen konnte, was eigentlich in seiner Seele wirkte. Wenn nicht mit dem Ausdruck «unbewußt – unterbewußt» in den letzten Jahrzehnten so viel Mißbrauch getrieben worden wäre, so möchte ich ihn auf Goethe im eminenten Sinne anwenden, denn dasjenige, was man in Goethes Schaffen findet, strahlt nach und nach so in die eigene Seele hinein, daß es größer wird als alles, was Goethe prosaisch darüber sagen kann.

Gerade das, was ich jetzt sage, gilt in ganz besonderem Maße für die Beziehung Goethes zu seinem «Faust». Ich kann mich der Kürze der Zeit wegen nicht darauf einlassen, die Anregung genauer zu besprechen, die Goethe von der Volkstradition her von einer solchen Erscheinung wie dem «Puppenspiel» und dergleichen gehabt hat. Ich möchte mich beschränken auf die Besprechung des Verhältnisses von Goethe zu seinem «Faust» selber. Es ist vor allem nötig, an den Faust so unbefangen wie möglich heranzutreten. Gerade aus diesem Faust selber kommt die Einsicht der Beziehungen Goethes zu seinem «Faust». Was ist das bewundernswerte Goethesche darin, dasjenige, was man durch lange Betrachtung Goethes darin findet? Was ist das Goethesche am «Faust»? Wenn man den Faust zunächst betrachtet – sehen wir ab vom Prolog, von der Zuneigung, sie waren zuerst nicht vorhanden –, wenn man mit dem Monolog «Habe nun, ach, Philosophie . . .» die Betrachtung von «Faust» beginnt, dann läßt man sich gewöhnlich darauf ein, zunächst sich zu sagen: darin lebt die Auflehnung Goethes gegen die äußerliche Erkenntnis, gegen das äußerliche Wissenschaftsstreben. Man sieht das Große darin, daß Goethe seinen Faust verzweifeln läßt an der Kraft aller vier Fakultäten und so weiter; man sieht dann, wie Faust, verzweifelnd an der Kraft aller vier Fakultäten, zur Magie greift und so weiter. Aber wenn man sich länger mit dem «Faust» beschäftigt, dann hat man nicht das Gefühl, daß man mit diesem Monolog schon in den spezifisch Goetheschen Ideen steht. Das beginnt erst von einem bestimmten Punkte an. Jene Auflehnung gegen die vier Fakultäten, jenes Greifen zur Magie, es trat Goethe aus der Faust-Tradition entgegen, es war nicht dasjenige, worin Goethes Seele sich im eminenten Sinne im «Faust» offenbaren wollte. Dasjenige, worin Goethes Seele sich im eminenten Sinne zum ersten Male im «Faust» offenbart, tritt einem entgegen da, wo Faust, nachdem er das Buch des Nostradamus aufgeschlagen hat, sich von dem Zeichen des Makrokosmos abwendet und sich zum Zeichen wendet, das ihn zur Beschwörung des Erdgeistes führt. Da waltet, als Goethe diese Szene an seinem «Faust» schrieb, dasjenige, was in Goethes Seele ganz besonders als seine Form des Welträtsels lebte. Was ist das aber? Goethe läßt seinen Faust aus einem Zauberbuche, er nennt es das Buch des Nostradamus, das Zeichen des Makrokosmos aufschlagen: es drückt aus den Zusammenhang zwischen dem Menschen und den allwaltenden Weltenmächten. In dem Zeichen des Makrokosmos drückt sich aus, daß die Welt dreigeteilt ist, daß die irdischen und himmlischen Erscheinungen dreigeteilt sind, daß in der dreigeteilten Welt der dreigeteilte Mensch in Geist, Leib und Seele in geheimem Zusammenhang mit ihr steht.

Und auf diesen Zusammenhang kam es Goethe für einen Lebensaugenblick an. Es kam ihm so darauf an, daß er Faust danach trachten läßt, es möge ihm durch die Bilder dieses Zeichens der Zusammenhang des Menschen mit dem ganzen Weltall sich offenbaren. Goethe war aber in jener Zeit nicht geneigt, das, was man auf diese Weise in seine geistige Erkenntnis hineinbekommen kann, als etwas Befriedigendes zu betrachten. Und tief einschneidend vernehmen wir die Worte, mit denen Goethe sich vom Zeichen des Makrokosmos abwendet: «Welch Schauspiel! aber ach! ein Schauspiel nur!». Darin liegt Goethes ganzes Zurückweichen in den siebziger Jahren des 18. Jahrhunderts vor dem, was man überhaupt erkennen, was sich offenbaren kann über den Zusammenhang des Menschen mit der ganzen Welt, mit dem All. Goethe glaubte sich darüber klar geworden zu sein, daß man mit allem, was man in die Vorstellung, in die Idee hineinbekommen kann, nichts hat als ein Spiegelbild der Wirklichkeit. Daher wendet sich Faust von diesem Zeichen und seiner Offenbarung ab zum anderen Zeichen, das ihn dazu führt, den Erdgeist vor sich zu bringen. Man muß nun in das Innerste Goethes hineinschauen, wenn man das Abwenden vom Makrokosmos und das Hinwenden zum Mikrokosmos verstehen will. Goethe gehört schon zu jenen Geistern, welchen es nicht im gewöhnlichen Sinne zu tun war um die Erringung einer bestimmten Erkenntnis, die da besteht in einer Summe von Ideen von Natur- und Menschheitsgesetzen. Nein, eigentlich strebt Goethe nicht in diesem Sinne nach Erkenntnis, sondern er strebt nach Erkenntnis insofern, als das Ergebnis der Erkenntnis die menschliche Seele durchkraftet, daß der Mensch alles dasjenige, was ihn zu menschenwürdigem Dasein bringt, in sich ausgestaltet. Goethe gehört auch zu denjenigen Geistern, welche in einem gewissen Sinne, möchte ich sagen, um nicht mißverstanden zu werden, eine gewisse Ängstlichkeit, eine Furcht davor haben, Erkenntnis-Ideen in die Seele aufzunehmen. Damit ist gemeint: Wer wirklich einmal gerungen hat mit der Erkenntnis-Idee, mit einer solchen Idee, durch die er in die Wirklichkeit der Welt eindringen will, der weiß, wie unbefriedigt man darüber ist, daß man doch mit dieser Idee nicht alles, was sich beim Eindringen in die Tiefe offenbaren kann, zum Ausdruck gebracht hat. Man möchte immer, wenn man eine Erkenntnis gewonnen hat, sich sagen: Ja, du hast dieses oder jenes in den Gedanken gebracht, du weißt aber, was in der Seele unten ist, was sich aus den Tiefen der Seelenwelt heraus offenbart, ist nur zum Teil in diese Idee eingeflossen. – Man ist ängstlich, daß man etwas auf dem Wege vom Leben zur Erkenntnis verloren hat. Und noch ein beklemmendes Gefühl hat man in dieser ganzen Angelegenheit. Hat man einmal eine Erkenntnis-Idee heraufgehoben, dann hat man sich die Möglichkeit genommen, dasjenige, was man dabei verloren hat, später wieder in den Geist hereinzubekommen. Man muß daran verzweifeln, wenn man einmal eine Idee geprägt hat, dasjenige, was sie nicht zum Ausdruck gebracht hat, wieder zur lebendigen Gestaltung zu bringen. Diese Ängstlichkeit lag in Goethes Seele. Daher war er stets bestrebt, viel mehr die Rätsel der Welt als Rätsel rein und stark hinzustellen, als sich mit leichtgewobenen Lösungen zufriedenzugeben. Er hatte die Scheu, die Ehrfurcht vor der Erkenntnis. Er sagt sich aber: Dasjenige, was du als Erkenntnis vor die menschliche Seele treten lassen kannst, kann nur ein Spiegelbild sein, ein Schauspiel . . . aber ach, ein Schauspiel nur! – Darum wendet sich Goethe zu dem, was nicht Schauspiel bleiben muß, läßt Faust sich abwenden von dem, was das All offenbaren kann, und läßt ihn sich zuwenden dem Zeichen, das nicht aus dem All sich offenbart, sondern aus den Tiefen der menschlichen Seele selbst aufsteigt.

So läßt Goethe seinen Faust daran verzweifeln, daß in den Weiten des Alls die Wirklichkeit zur Darstellung kommt, und läßt ihn sich hinwenden zu der Offenbarung aus den Tiefen. Goethes Faust tritt dem Erdgeist so gegenüber, daß er ihn in der Form findet, wie ihn der Mensch, der tiefer hinuntersteigt in die Untergründe der menschlichen Seele, als das sonst der Fall ist, findet. Nähern wir uns dem All, so können wir zum Geist der Offenbarung kommen, nähern wir uns dem, was in den Tiefen der Seele lebt, so kommen wir auch zur Geistesoffenbarung. In diesem Augenblick aber entdecken wir die Gefahr, in die wir uns mit aller Erkenntnis begeben. Diese Gefahren des menschlichen Strebens in dem Erleben des eigenen seelischen Lebens traten Goethe entgegen, und sie geheimnißte er in seinen «Faust» hinein. Nun steht anschaulich durch unmittelbare Offenbarung vor Goethes Faust das eigene Innere. Faust muß sich abwenden. Dasjenige, was im Bewußtsein lebt, was in Fausts Seele klar zum Ausdruck kommt, kann nicht erfassen, was in den Tiefen der eigenen Seele liegt. Vor der Größe des Menschen, des unbekannten Menschen, desjenigen in uns, was wir nicht leichthin erkennen können, schrickt Faust betäubt zurück. Er muß sich abwenden. «Nicht dir? Wem denn? Ich, Ebenbild der Gottheit! Und nicht einmal dir!» Der Geist hat ihm zuvor zugerufen: «Du gleichst dem Geist, den du begreifst, nicht mir!» Wer ist nun der Geist, den Faust begreift? Zu wem muß sich Faust in diesem Augenblick wenden?

Nun, hier ist einer der dramatischsten Momente in Goethes «Faust». Man muß nur absehen von aller Ideenoffenbarung, die man gewöhnlich interpretierend im «Faust» sucht; man muß auf das Dramatische sehen, das Künstlerische selbst, auf die Ausgestaltung. Gibt man sich dem hin, ohne daß man kommentiert, erklärt, unterlegt, so tritt einem gerade an dieser Stelle ein recht gewaltiges Element entgegen. Faust ist betäubt. Er gleicht dem Geist nicht, er kann sich selbst nicht verstehen. Wem gleicht er? Da klopft es und Wagner tritt herein. «Du gleichst dem Geist ...» – welchem Geist? Wagner gleicht er. Das ist der dramatische Knoten. Man darf nicht auf die traditionelle Interpretation sehen, die immer gegeben wird, wo man Faust hinstellt als den Hochstrebenden, als geistigen Idealisten, und Wagner hereinhumpeln läßt auf die Bühne als Unbedeutenden, sich selbst ein wenig faustisch Gebärdenden. Man möchte Wagner in der Maske Fausts selber erscheinen lassen, denn es ist Selbsterkenntnis, die Goethe darstellen will: Du bist nicht mehr, als was als Seele in Wagner steckt. – Derjenige, der sich in den Dialog der beiden vertieft, findet zwar einen gewissen philiströsen Anstrich bei Wagner, aber er ist eine geschlossene Persönlichkeit, eine Persönlichkeit, die ein gewisses Seelenstreben zum Abschluß gebracht hat. Man sehe sich nur einmal etwas unbefangener an, was Faust gerade in dieser Szene dem Wagner entgegnet, was er zum Ausdruck bringt, wenn er sagt, daß er nicht Regenwürmer suche und dergleichen. In dieser Szene, wenn man sie dramatisch, künstlerisch, nicht philiströs auffaßt, tritt die Selbsterkenntnis des Faust hervor. Was war es also, wovon Goethe seinen Faust sich abwenden, wohin er ihn sich wenden läßt?

Vor Goethes Seele stand in der Zeit, als er diese Szene schrieb, in den siebziger Jahren, eine Zweiheit, die ich bezeichnen möchte als «Welterkenntnis» und «Selbsterkenntnis». Von der Welterkenntnis wendet sich Faust ab wie vom Zeichen des Makrokosmos. Goethe will noch nicht zur Welterkenntnis. Aus der Selbsterkenntnis herauf glaubt er alles dasjenige holen zu können, was den Menschen zu einem menschenwürdigen Dasein bringt. Daher ist es zunächst die Hinwendung zur Selbsterkenntnis. Und in dieser Faust-Wagner-Szene tritt uns ganz besonders dieses Streben Goethes entgegen, in der Selbsterkenntnis die menschliche Vollkommenheit zum Ausdruck und zur Anschauung zu bringen. Wenn man nun beide Impulse, Welterkenntnis und Selbsterkenntnis, ins Auge faßt, so kann man nur darauf hinweisen, daß mit beiden gewisse menschliche Gefahren verbunden sind.

Welterkenntnis: Versucht man immer weiter und weiter zu dringen in der Welterkenntnis, das menschliche Vorstellungsvermögen anzuspannen, vorzudringen zu dem, was geistig unter der Sinnesoffenbarung vorhanden ist, dann kommt man bei der Welterkenntnis zu etwas, was man die «Versuchung der Illusion» nennen kann. Es ist einmal in der menschlichen Kultur so, und Goethe fühlt es, daß einen Welterkenntnis durch die Mannigfaltigkeit dessen, was sie darbietet, durch die Verschlingung ihrer Gesetze, in die Illusion hineinbringt, in das, was bei den Indern Maja heißt, die immer die Begleiterin unseres Lebens ist, insofern sie das Leben dazu zwingt, die Persönlichkeit hineinzustellen in die große Welt. Wir sind, indem wir unser Verhältnis zu den Dingen suchen, der Illusion unterworfen. Nur dadurch, daß wir dieser Kraft gegenüber alle Macht anstrengen, unser Bewußtsein zu wahren, nie in Betäubung verfallen wie Faust nach der Beschwörung des Erdgeistes, nur dadurch können wir uns durch die Illusion durchwinden. Sie kann dem tiefen Erkenner in jener Gestalt vor die Seele treten, die Goethe später als mephistophelische Macht bezeichnet. Die Gefahr bei dieser Welterkenntnis besteht darin, daß sich in geheimnisvoller Weise gerade deshalb, weil der Mensch es nicht bemerken kann, in alles Denken über die Welt, in alles Miterleben, während wir in bloßen Vorstellungen zu leben glauben, Gefühlsmäßiges hineinmischt, das nicht einmal von uns selbst kommt. Genauere Betrachtung zeigt, daß, was sich so gefühlsmäßig hineinmischt, nicht von uns selbst kommt, sondern von anderen Kräften. Was man in der Illusion als mephistophelische Gefahr zusammenfassen kann, kommt daher, daß sich Gefühls- und Willensmäßiges, Wunschmäßiges in diese äußere Erkenntnis hineinmischt. Wir glauben oftmals, objektive Erkenntnis zu haben, haben sie aber nur dann, wenn wir uns keiner Illusion darüber hingeben, daß sich das gerade Bezeichnete in alles äußere Erkennen hineinmischt. Wenn wir aber versuchen, alles das aus der Erkenntnis herauszuwerfen, was von Fühlen, Wollen, von Leidenschaften, von Affekten kommt, bleibt dasjenige zurück, was Goethe seinen Faust nennen läßt: Ein Schauspiel! Aber ach, ein Schauspiel nur! – Und man muß andere Wege einschlagen, um zur Wirklichkeit zu kommen. Denn was uns vorgegaukelt wird, ist durchsetzt von der Illusion. Als Faust vor dem Zeichen steht, das in seiner Seele wachrufen will eine solche Anschauung von der Welt, wo alles Willens- und Gefühlsmäßige herausgeworfen ist, steht er vor dem Schauspiel. Das will er nicht. Er will eintauchen in die Selbsterkenntnis. Er glaubt, den Menschen zum Kern der Welt hinunterführen zu können.

Da droht eine andere Gefahr. Während bei der Welterkenntnis die Illusion droht, so droht, indem wir in die Tiefe der Seele hinuntersteigen, daß wir da nicht nur Wünsche, Gefühle, Affekte, nicht nur Erkenntnismäßiges finden, welches zu den Weltengeheimnissen führt, sich aber nicht sondern läßt vom Wunsch- und Willensmäßigen. Es tritt im Zusammenhang damit auch dasjenige auf, was mit unserer Organisation zusammenhängt. Wir suchen in uns durch eine falsche Mystik das Ewige und finden nur das Allerzeitlichste, mit dem Ewigen allerdings in unklarer Weise vermischt. Erkennen wir das, so wissen wir, daß in jedem Augenblick, in dem wir durch Eintauchen ins eigene Innere suchen, wir vor der Vision stehen, die uns ein Unwirkliches vorgaukelt, das mehr zu sein scheint als die bloße Phantasie, das uns aber doch nur in den wüstesten Irrtum hineinführt. Goethe war wohl bekannt mit diesem Geheimnis des Menschendaseins, daß man, wenn man nicht fortwährend mit der Vernunft sich korrigiert, beim Untertauchen in mystischer Art, wodurch man wieder die Tiefe beeinträchtigt, in die Visionen hineingeraten kann. Man braucht nicht krankhaft visionär zu werden, man gelangt aber in ein Leben hinein, das ein visionäres Leben wird, wenn es krankhaft wird.

So stellen sich aber diese beiden Elemente, die ins menschliche Leben hineinkommen, noch in anderer Art gegenüber. Goethe sprach es nicht aus. Es stand aber vor seiner Seele, wenn wir all das ins Auge fassen, was als Illusion in der Welterkenntnis liegt. Wozu ist, wenn man philiströs, pedantisch diese Dinge betrachtet, diese Illusion da? Wozu werden wir durch sie fortwährend von der Wirklichkeit abgetrieben? Diese Illusion hängt mit all dem zusammen, was in unsere Entwickelung, in unsere ganz normale Entwickelung durchaus eingreift. Griffe nicht fortwährend die Gefahr der Illusion in unser Seelenleben hinein, so könnten wir nicht derjenigen Entwickelung unterliegen, die uns nicht zum Wachsen, Sprossen, Gedeihen, nicht zur Kindheitsentwickelung bringt, sondern zur reifen Entwickelung. Die hängt aber mit dem zusammen, was vom fünfunddreißigsten Lebensjahre das absteigende Menschendasein bedeutet. Diese rückwärtsgerichtete Entwickelung hängt gerade mit all dem, was in unserer Seele lebt, zusammen. Wir können nicht klug, gescheit, lebenserfahren werden, wenn wir nicht von der Geburt an entwickeln, was dann in der herabsteigenden Entwickelung zum besonderen Dasein kommt. Der Mensch lebt von den Kräften, welche eigentlich zu seinem Tode führen, nicht von den sprossenden. Der Mensch stirbt von der Geburt an, und im Moment des Todes ist alles zusammengefaßt, was das ganze Leben hindurch wirkt. Es wirkt so, daß es, das Fortentwickeln zurückdrängend, gerade unser Seelisches zum Vorschein bringt. Wäre nicht das Mephistophelische, das Illusionsleben eingebettet in die Welterkenntnis, wir könnten nicht zur menschlichen Entwickelung kommen; die absteigenden Kräfte könnten nicht in uns leben. Dadurch hängt die Illusion mit all dem zusammen, was uns Menschen in die zerstörerische Welt bringt, was uns einzelne Menschen zum Niedergang bringt, was zusammenhängt mit dem Herabstimmen unserer Kräfte.

Anders ist es mit all dem, was aus der Selbsterkenntnis hervorgeht. Indem wir hinuntersteigen in unser Inneres, gelangen wir allerdings in den geistigen Teil unseres Wesens. Wir erfassen uns in unserem eigenen Kern, der zusammenhängt mit dem Kern der Welt und dem, was an unterbewußtem Willen, Wunschgefühlen, mächtig in uns lebt. Dadurch gewinnen wir einen gewissen Einfluß auf unsere Mitwelt, denjenigen Einfluß, den man im Leben kennt, man studiert ihn nur nicht ordentlich. Was zerstörend sich auswirken kann auf die Mitmenschen, indem wir mit ihnen leben, was sie beeinträchtigen kann, das geht in Wirklichkeit aus vom Hinuntersteigen zu Kräften, denen wir nur gewachsen sein können, wenn wir sie in richtiger, geistiger Art erfassen. Diese Kräfte sind die luziferischen Kräfte. Das Eigentümliche ist, daß Goethe in seinen Gefühlen diese Zweiheit vor sich hatte, das Ahrimanisch-Mephistophelische und das Luziferische. Er hatte aber aus der abendländischen Geistesentwickelung und ihrer Tradition heraus eine scharfe Trennung vom Mephistophelischen und Luziferischen nicht in sich aufgenommen. Daher hat Goethe Mephisto leider eingestaltig hingestellt. Und wenn Kommentatoren vielfach hervorgehoben haben, daß Mephisto als einheitliche Figur hingestellt ist, hat Goethe in seinem Unterbewußtsein aber doch gefühlt, daß Mephisto als Zweiheit, als ahrimanisch und luziferisch dargestellt werden müßte. Daher ist es von selbst gegeben, daß in dem Augenblick, wo sich Faust abwenden muß vom Erdgeist, wo er sich ihm nicht gewachsen zeigt mit seiner Erkenntnis, die in der eigenen und in der Seele des Menschen überhaupt ruht, dann Mephisto als Luzifer an Faust herantritt. Das ergibt den Zusammenschluß dessen, was aus den Tiefen sich mit den Wünschen, Gefühlen, Begierden, verbindet. Das ergibt mit anderen Worten die ganz wunderbare, großartig eindringliche Gretchentragödie. Es gibt auch die Möglichkeit, daß Faust in all das sich begeben muß, was zusammenhängt mit Wünschen, Wollen; es ergibt einen großen Teil desjenigen, was wir im ersten Teil von Goethes «Faust» erleben. Dort erleben wir alles das, was durch das luziferische Element auftritt. Aber das alles kommt davon her, daß Goethe eigentlich seinen «Faust» in den siebziger, achtziger Jahren als Träger der Menschenerkenntnis aufnahm, daß Goethe nichts wissen wollte vom Zusammenhang des Menschen mit der großen Welt. Aber immer lebt doch in ihm das Gefühl, daß es einen Ausweg geben muß.

Es ist interessant, daß alles, was sich nach dem luziferischen Element hinwenden muß, in unbefriedigender Weise sich ergibt. Zur Befriedigung kann der Mensch nur kommen, wenn er versucht, das Verhältnis zu finden zwischen dem Luziferischen auf der einen und dem Ahrimanischen auf der anderen Seite, dem Mephistophelischen, das aus der Welterkenntnis heraus kommt. Interessant ist es, daß Goethe anfangs den Zusammenschluß des Mephisto mit dem Faust ganz unausgearbeitet gelassen hat. Er fühlte, da muß ein Tieferes darin leben, in dem, was Mephisto mit Faust zusammenführt, wußte es aber nicht in seinem alltäglichen Bewußtsein. Später wollte er das sogar in einer Disputationsszene vorführen. Das ist der ahrimanische Charakter, der in Mephisto lebt und zum Ausdruck kommt, wenn Mephisto sich hinstellt und über die Weltgeheimnisse disputiert. Denn darin, in der Disputation, lebt gerade die Illusion. So wollte Goethe irgend etwas einführen, was dieses andere Element vor das geistige Auge gebracht hätte.

Nun sehen wir ein Merkwürdiges in Goethes persönlicher Entwickelung. Er hatte Mephisto als eigene Figur behandelt, Faust zu dichterischer Entwickelung gebracht. 1790 veröffentlichte er den «Faust» als Fragment. Von *Schiller* wird er angeregt, ihn weiter auszuführen, und es ist merkwürdig, wie ablehnend Goethe sich dazu stellt. Er betrachtet ihn als alt, abgetan, kann nicht recht weiter. Was ist denn eigentlich da gewesen? – Das persönliche Verhältnis Goethes zu seinem «Faust» wird ein ganz anderes.

Was da gewesen ist, versteht man nur, wenn man sich Einblick verschafft, was für eine Weltanschauung Goethe sich in den neunziger Jahren gebildet hatte. Was wollte diese Naturerkenntnis werden? Man hat viel davon gesprochen, ist ihr auch hier und da gerecht geworden, auf den springenden Punkt ist man aber wenig eingegangen. Dasjenige, auf das es dabei ankommt, ist, daß Goethe durch die Naturerkenntnis die Brücke zu bauen sucht zwischen Selbsterkenntnis und Welterkenntnis. Wenn man dasjenige betrachtet, was von Goethes Art in der Naturanschauung ist, findet man, daß die einzelnen Ereignisse dieser Forschung und seine Entdeckungen gar nicht die Hauptsache sind. Die Art und Weise, *wie* er sich die Entwickelung dachte, ist es, worauf es ankam. Wie war sie? So war sie, daß Goethe nach ganz anderen Begriffen und Ideen suchte, als man sie gewöhnt ist. Wenn man nicht sein Augenmerk auf diesen Punkt wenden will, wird man niemals Goethes Naturanschauung verstehen. Bis in die Farbenlehre hinein versteht man Goethe nicht, wenn man nicht ins Auge faßt, was Goethe wollte. Er wollte mit seiner metaphysischen Lehre zu solchen Begriffen kommen, die nicht von Vorstellung zu Vorstellung, von Begriff zu Begriff in äußerlicher Weise vorgehen, sondern wollte, daß man in die Wirklichkeit selber untertaucht, daß die Idee im Selbsterleben entwickelt wird, welches aber selbstlos genug ist, um gleichzeitig Welterleben zu sein. Er wollte mit dieser seiner Naturanschauung dasjenige erreichen, was wirklich in die Wirklichkeit untertaucht: er wollte verbinden Selbsterkenntnis und Welterkenntnis. Goethe konnte nicht, indem er sich in dasjenige, was ihm wissenschaftlich entgegentrat, vertiefte, eine ihn befriedigende Naturanschauung schaffen; er mußte aus seinem eigenen Wesen heraus zu einer Weltanschauung kommen; die mußte er sich redlich erringen, und dann erst war ihm die Möglichkeit gegeben, Selbsterkenntnis an Welterkenntnis zu knüpfen. Früher glaubte er, daß man durch Selbsterkenntnis zu etwas kommen könne. Aber nur, wenn diese so tief heruntertaucht, daß sie in der Tiefe die Welt mit Seelen-Ideen ergreift wie Goethes Natur-Ideen, dann ist die Brücke geschaffen, um das illusionäre Element der Welt zu finden.

Nun wurde Goethe von Schiller angeregt, den «Faust» wieder aufzunehmen. Hier war nur die Selbsterkenntnis zu ihrem Rechte gekommen. Jetzt aber war sie eine Einseitigkeit und sollte verknüpft werden mit der Welterkenntnis, mit dem Makrokosmos. Faust muß sich wieder hinwenden zu dem Zeichen des Makrokosmos, von dem er sich früher abgewendet hat. Es müssen hineingestellt werden ins Weltall die guten und die bösen Kräfte. Die vorwärts- und rückwärtsschreitenden Kräfte müssen in dem Felde der Welterkenntnis das Streben des Faust aufnehmen. Das war es, was sich ihm als Notwendigkeit ergab. Mephisto mußte den ahrimanischen Charakter annehmen. Daher hat Goethe seinen Mephisto mehr und mehr in diesem Sinne ausgebildet. Daher der Widerspruch in dieser Gestalt. Goethe stellt nun den Faust ins Weltall hinein, indem er den Prolog im Himmel schreibt. Die guten und bösen Mächte kämpfen, und Faust steht mitten drin.

Die geisteswissenschaftliche Entwickelung war nicht so weit, daß Goethe dies klar geworden wäre. Aus dem einen Mephisto konnte er nicht zwei Gestalten machen. In seinem Unterbewußtsein aber lebten sie. Daran krankt Goethe in den neunziger Jahren. Das macht den «Faust» so schwierig. Man hat vielfach den zweiten Teil des «Faust» verkannt, indem man nämlich im zweiten Teil nach Allegorien sucht. Es gibt, wenn man wirklich in ihn eindringt, nichts Lebensvolleres, nichts

Unmittelbareres, Lebendigeres als alle die Gestalten! Aber warum sehen sie allegorienmäßig aus? Weil, wenn wir als einzelne Menschen uns mit unserer Lebensarbeit, unseren Vorstellungen einzeln in die Welt hineinstellen, wir genötigt sind, von der Wirklichkeit etwas abzuwerfen, was – wollen wir absehen von dieser Wirklichkeit als Abstraktion – die Menschen in der Gegenwart dann so recht lernen sollten! Wir leben in einer Gegenwart, in der wir darüber nachdenken sollten, wie das Verhältnis des Menschen zur Wirklichkeit geartet ist, und geben uns den furchtbarsten Illusionen hin. Gerade in den Ideen, die wir auf sozialem, politischem Gebiete haben, darinnen leben die Abstraktionen, die Allegorien. Aber wir leben mit ihnen. Es ist die Art und Weise, wie das Mephisto-Element durch das Welt-Miterleben an unser eigenes Leben herantritt. Das wird anschaulich mit unendlichem Humor in der Kaiserszene des zweiten Teiles vorgeführt, wo die äußeren Verknüpfungen der Wirklichkeiten mit ihren Illusionen grandios humoristisch dargestellt sind. Torheit und Klugheit, wie sie sich im Welt-Miterleben zeigen. In wunderbar anschaulicher Weise treten sie uns entgegen. Wir sehen dann, wie Faust, indem er so recht in eine Wirklichkeit der großen Welt hineingestellt ist, wo illusionäre Elemente leben, wo sie sich mit Torheit verbinden, genötigt, wird, wieder in die Tiefen der eigenen Seele hinunterzusteigen.

Nun ist die Selbsterkenntnis in noch höherem Sinne ausgestaltet. Das ist da, wo Faust zu den Müttern hinuntersteigt. «Die Mütter! Mütter! – 's klingt so wunderlich!» Gar wunderlich klingt es, wenn wir hinuntersteigen ins eigene Innere, so wie Faust jetzt hinuntersteigt! Jetzt ist Goethe genötigt, weil Mephisto in sich die zwei Gestalten hat – Luzifer und Mephisto –, eine Art Nebenrolle dem Mephisto zu geben. Faust steigt hinunter in diejenigen Welten, wo Luzifers Kraft den Menschen in der Einsamkeit ergreift, um ihn recht begreifen zu können. Dasjenige, was er da unten in den Tiefen der Seele erlebt hat, lebt er in einem Traume aus, und er lebt es so aus, daß wir sehen: es strebt dasjenige, was er aus den Tiefen seiner Seele heraufgetragen hat, aus der Selbsterkenntnis in Welterkenntnis sich umzugestalten. Es müßte ja etwas da sein von Wissenschaft, welche auf die Selbsterfassung des Menschen geht. Das, was man in den Tiefen der Seele gefunden hat, betäubt uns, läßt uns bloß träumen, wenn wir es nicht heraufholen können.

Hatte man im Zeitalter Goethes, haben wir in unserem Zeitalter Gelegenheit, eine solche Geist-Erkenntnis zu entwickeln? Was Faust von den Müttern geholt hat, nein, das hatte man nicht! Was Menschenerkenntnis war, war ein künstliches Produkt, das die Menschen wie einen Mechanismus erfaßt. Aus der lebendigen Wirklichkeit quillt kein Homunkulus. Und jetzt kommt dasjenige, wonach Goethe in allen Tiefen seiner Seele strebte. Dasjenige, was aus der Welterkenntnis geworden ist, das soll sich vereinigen mit der Selbsterkenntnis. Sie sollen so verschmolzen werden, daß es eines wird. Das hat Goethe dadurch erreicht, daß er nun seine wunderbare Naturerkenntnis von biologischer und sonstiger Metamorphosen-Erkenntnis als Band gleichsam betrachtet hat zwischen dem, was Faust von den Müttern mitbringt, und demjenigen, was die äußere Welterkenntnis seines Zeitalters ihm geben kann. Dadurch wird Goethe in das Zeitalter des Griechentums hineingeführt. Danach strebt Goethe. Nicht nach einseitiger Geistesabstraktion und Lebensabstraktion – nach der Vollendung der Seele strebt Goethe. So etwas, wie es in der griechischen Seele war, kann nicht wieder kommen, aber es muß sich wieder etwas gewinnen lassen, was ähnlich ist dem Griechentum, aber in der neuen Zeit wieder erlebt werden kann. Goethe hat in Italien selbst dasjenige erfahren, was er an der griechischen Kunst sah. Er sah die griechischen Künstler als solche, welche der Natur ihre Geheimnisse abgelauscht haben. Indem er auf das Griechentum schaute, war Vollendung für ihn gegeben. In seiner Zeit war sie noch nicht da, war noch gespalten in Welt- und Selbsterkenntnis. Faust sollte durch das Hineingeführtwerden ins Griechentum die Kraft aufnehmen, zusammenzubinden Selbsterkenntnis und Welterkenntnis. Nun hat Goethe versucht, am Schlusse seines zweiten Teiles des «Faust», soviel als möglich in moderner Art, wie es seinem Zeitalter gemäß war, Faust von dem zu führen, was er von den Müttern gebracht hat, zu dem, was die große Welt, das Weltall dem Menschen geoffenbart hat. Gerade aus dem Grunde, weil sich für sein Bewußtsein nicht gespalten hat, was in den Tiefen seiner Seele war, deshalb mußte Goethe – was er dann in seiner Art rechtfertigt – traditionelle Formen aufnehmen. Die traditionelle Form des kirchlichen Christentums nahm er auf, um nun Faust, nachdem er die tiefen Elemente der eigenen Seele von den Müttern hervorgebracht hat, in das einzuführen, wovon er sich im Anfang abgewendet hat, was das Zeichen des Makrokosmos offenbaren sollte. Und wir sehen Goethe am Schlusse dasjenige überwinden, was er als junger Mann abgelehnt hatte: die einseitige Selbsterkenntnis. Faust wird eingeführt ins ganze Weltall, in die Ströme des Weltalls, in die Geheimnisse, wo die ahtimanische Welt mit der physischen zusammenfällt.

Das ist das große Tableau am Schlusse des «Faust», wo Goethe anstrebt, Faust einzuführen in den Makrokosmos. Man versteht Goethes «Faust» nicht, wenn man nicht einsieht, daß dieses Werk, das Goethe fast durch sechzig Jahre seines Lebens begleitet hat, Goethes eigene seelische Schicksale mitgemacht hat, aber in höherer Form, als man gewöhnlich meint. Goethe hatte sich als junger Mann einseitig hingewendet zur bloßen Selbsterkenntnis und wollte sie nicht einmünden lassen in die Welterkenntnis. Sein Ringen mit den Naturerscheinungen und Naturgewalten, das sich in seiner Naturanschauung ausspricht, hat ihn dazu kommen lassen, Faust einzuführen in die große Welt. Am Schlusse steht Faust doch da, sagend: Ein Schauspiel, aber ach, *kein* Schauspiel nur, sondern ein Element, das der Mensch erlebt und in das durch das eigene menschliche Leben hereinströmen alle die Strömungen, die durch den Makrokosmos, das Weltall gehen! – Faust wendet sich wieder zurück zu dem, was das Zeichen des Makrokosmos ihm einseitig hat offenbaren wollen.

Es steht schlimm, wenn man immer nur «Faust» zitiert nach dieser oder jener Richtung hin. Man muß gerade anerkennen, daß Goethe dasjenige überwunden hat, was er in seiner frühen Jugend hineingeheimnißt hat. Ich glaube nicht, daß sich Goethe dadurch, daß er sich in seinem Alter gewissermaßen in Widerspruch dazu gesetzt hat, das verkleinert hat, was er im «Faust» in seiner Jugend geschaffen hat. Gerade dadurch steht er groß da, weil er so ehrlich war in seinem persönlichen Verhältnis zum «Faust», weil er zeigt, wie er gerungen und gestrebt hat nach dem Weg von der Selbsterkenntnis zur Welterkenntnis. Und wer die einzelnen Etappen durchmacht, wirklich hineindringt in die einzelnen Elemente, die im «Faust» leben, wird ihn anders beurteilen.

Um in die eigene Seele unterzutauchen, wendet sich in einer Etappe Faust wieder zur Bibelübersetzung. Er bleibt nicht stehen bei der traditionellen Überzeugung: Im Anfang war das Wort, sondern er versucht: Sinn, Kraft, Tat. Im Anfang war die Tat! Gerade diese Übersetzung bringt Mephisto herein. Es ist eine Verkleinerung des bloß Äußerlichen, indem Faust nach diesem Punkt, auf dieser Stufe seiner Entwickelung, in dem trivialen «im Anfang war die Tat», von dem tiefen «im Anfang war das Wort» abkommt. Dadurch aber, weil Faust sich hineinfindet in alle Illusionen der Welterkenntnis, dadurch kann er Mephisto überwinden. Aus jeder Zeile im «Faust» würde sich erhärten lassen, was ich nur habe andeuten können. Es wird kein kleineres Werk in der Weltliteratur dadurch, daß man so sein persönliches Verhältnis ins Auge faßt.

«Faust» ist kein geringeres Kunstwerk geworden. Vollkommener ist es gerade dadurch, daß die größte Kraft in die eigene Seele hineingeflossen ist, daß ein Mensch allerhöchsten Ranges nach den Geistesrätseln der Menschheit strebt und ringt. So glaube ich allerdings, daß in Goethes «Faust» vor der Menschheit ein Werk steht, zu dem diese Menschheit immer wieder zurückkommen muß.

Es hat auf mich einen eigentümlichen Eindruck gemacht, als ich ein auf englisch geschriebenes, ins Französische übersetztes Werk eines Spaniers las, das Kritik, eine herbe Kritik, auch an Goethes «Faust» übt und ihn als Ausgangspunkt alles dessen hinstellt, was man im mitteleuropäischen Wesen bekämpfen muß. Ich glaube, daß man alle Schwächen, alles dasjenige, was einen nicht mitgehen läßt, wo immer man steht, anerkennen kann, daß aber in Goethes «Faust» diesem mitteleuropäischen Wesen und nicht nur diesem, sondern der ganzen Welt ein Werk entstanden ist, das einen gewissen Sinn erhält, was nicht nur ihr, der Menschheit, gegeben werden sollte, sondern was diese Menschheit fortwährend sucht. Doch darf man sich der Hoffnung hingeben, daß dieser Goethesche «Faust» in immer erneuter Gestalt sich in die Menschenseele hineinleben wird, eben deshalb, weil mit ihm der Menschheit nicht bloß ein Werk gegeben worden ist, sondern etwas, was sie sucht. Und weil Goethes eigenes Suchen so innig verbunden ist mit dem Suchen der Menschheit, deshalb glaube ich auch, daß Goethe durch seinen «Faust» der Menschheit ein Kostbarstes mitgeben kann, denn die kostbarsten Güter sind diejenigen, zu denen die Menschheit hinkommen muß, weil, wenn sie sich selber richtig versteht, sie diese Güter unablässig suchen muß.

Die vorliegenden Vorträge der «Geisteswissenschaftlichen Erläuterungen zu Goethes ‹Faust›» bilden mit den Ausführungen des ersten Bandes ein Ganzes. Der in Band I veröffentlichte, am 23. Januar 1910 in Straßburg gehaltene Vortrag «Goethes ‹Faust› vom geisteswissenschaftlichen Standpunkt» dient als Einführung für beide Bände. Es erfolgt kein besonderer Hinweis, wenn auf Szenen oder Ausführungen des ersten Bandes Bezug genommen wird. Nachdem der Vortrag vom 12. Januar 1923 in GA Bibl.-Nr. 220 vorliegt, wurde der Auszug des Vortrages, der die erste Buchausgabe der Faust-Bände abschloß, nicht mehr mit aufgenommen. Ferner fehlen die Ansprachen zu eurythmisch-dramatischen Darbietungen, doch sei auf die 1953 erschienene Veröffentlichung von fünfzehn Ansprachen vor Eurythmieaufführungen in den Jahren 1919 bis 1924 «Eurythmie als Impuls für künstlerisches Betätigen und Betrachten» aufmerksam gemacht. Im Rahmen der Rudolf Steiner Gesamtausgabe erschienen die Eurythmie-Ansprachen gesammelt als «Eurythmie – Die Offenbarung der sprechenden Seele», GA Bibl.-Nr. 277. Die dritte Auflage wurde erneut an Hand der vorliegenden Vortragsnachschriften durchgesehen.

Die Nachschrift vom Vortrag Prag, 12. Juni 1918, ist die einzige, welche existiert. Sie weist spürbare Lücken auf. 1941 hat Marie Steiner ihn im «Nachrichtenblatt»: «Was in der Anthroposophischen Gesellschaft vorgeht», Nr. 6 und 7, veröffentlicht.

Auf das Vorwort von Marie Steiner in Band I sei besonders aufmerksam gemacht.

Die Zitate der Faust-Dichtung wurden nach der durch K. J. Schröer besorgten, mit Einleitung und fortlaufender Erklärung versehenen Ausgabe angeführt. Eine *Chronik*, welche die Entstehung der Dichtung zeigt, findet sich als Abschluß des Buches.

Da die künstlerische Arbeit in Dornach Veranlassung zu den hier veröffentlichten «Geisteswissenschaftlichen Erläuterungen zu Goethes ‹Faust›» gab, ist durch eine *Zeittafel* versucht worden, ein Bild von der Entstehung der Faust-Inszenierung unter der Leitung von Rudolf Steiner in Zusammenarbeit mit Marie Steiner zu geben. Auf Grund dieser Darstellungen konnte 1938 im zweiten Goetheanumbau nach dem Tode von Rudolf Steiner zum ersten Male eine ungekürzte Gesamtaufführung von Goethes Faust I und II in der Inszenierung durch Marie Steiner erfolgen. Seit dieser Zeit gehören die Faust-Festspiele zum ständigen Spielplan der Goetheanumbühne.

Werke Rudolf Steiners, die in der Gesamtausgabe (GA) erschienen sind, werden in den Hinweisen mit der Bibliographie-Nummer angegeben. Siehe auch die Übersicht am Schluß des Bandes.

Zu Seite

9 *jenes abgelaufene Zeitalter:* 747 v. Chr. – 1413, griech.-latein. Kulturperiode, vierter nachatlantischer Zeitraum; 1413–3573 fünfter nachatlantischer Zeitraum.

das eben Vorgestellte . . . morgen: Vgl. «Innere Entwicklungsimpulse der Menschheit», GA Bibl.-Nr. 171, Vorträge IV–VII.

26 *ein Buch . . ., das gedruckt ist im Jahre 1740:* Es könnte sich um eine Ausgabe der Gesammelten Schriften des Basilius Valentinus, Hamburg 1740, handeln, doch ist zu berücksichtigen, daß Rudolf Steiner (Dornach, 26. April 1924) darauf aufmerk-

sam macht, daß es «eigentlich kaum echte Schriften von Basilius Valentinus gibt». Dagegen «schreiben Schüler dasjenige nieder, was Basilius Valentinus ihnen gesagt hat. Es gibt Schriften von Schülern, die sehr viel des Echten von seiner Weisheit, von seiner alchimistischen Weisheit bringen.»

29 *man hat meistens gar nicht die Mittel zu erkennen:* Siehe auch «Das Initiaten-Bewußtsein. Die wahren und die falschen Wege der geistigen Forschung» (11 Vorträge, Torquay, 1924), GA Bibl.-Nr. 243.

33 *Geisteswissenschaft wird eine soziale Ordnung begründen müssen:* «Die Kernpunkte der sozialen Frage in den Lebensnotwendigkeiten der Gegenwart und Zukunft» (1919), GA Bibl.-Nr. 23.

35 *vor acht Tagen . . .:* Vgl. 1. Hinweis zu S. 9.

37 *dann morgen:* Vgl. 1. Hinweis zu S. 9.

38 *über die «Walpurgisnacht»:* Siehe Zeittafel.

In meinem letzten Buche «Vom Menschenrätsel»: «Vom Menschenrätsel. Ausgesprochenes und Unausgesprochenes im Denken, Schauen, Sinnen einer Reihe deutscher und österreichischer Persönlichkeiten» (1916), GA Bibl.-Nr. 20. Das Buch war damals gerade erschienen.

Karl Julius Schröer sagt über die «Walpurgisnacht»: «Faust» von Goethe. Mit Einleitung und fortlaufender Erklärung herausgegeben von Karl Julius Schröer. Erster Teil. Walpurgisnacht (Seite 254/255).

39 *Nun möchte ich zunächst rein äußerlich dem aber entgegengestellen:* Siehe Chronik.

«Märchen von der grünen Schlange und der schönen Lilie», das früher geschrieben ist: Goethe schrieb das Märchen im August/September 1795; es erschien in den «Horen» auf Veranlassung von Schiller bereits im Oktober des gleichen Jahres.

42 *wie van Helmont:* Johann Baptist van Helmont, 1577–1644, holländischer Arzt und Naturforscher.

43 *wie der Franz in Hermann Bahrs «Himmelfahrt»:* Auf den Roman «Himmelfahrt» von Hermann Bahr hatte Rudolf Steiner am gleichen Tage in einem anderen Zusammenhang schon hingewiesen. Siehe dritter Vortrag in «Weltwesen und Ichheit» (7 Vorträge, Berlin 1916), GA Bibl.-Nr. 169.

52 *ich habe das öfter erwähnt:* Siehe «Mein Lebensgang» (1923–25), GA Bibl.-Nr. 28, XXXVII. Kapitel, wo Rudolf Steiner über dieses geisteswissenschaftliche Forschungsergebnis schreibt.

56 *eine kleine Skizze:* Paralipomena zu Faust I.

61 *in jener Abhandlung:* «Philosophische Untersuchungen über das Wesen der menschlichen Freiheit und die damit zusammenhängenden Gegenstände.»

Schelling, «Über die Gottheiten von Samothrake»: Siehe auch Chronik.

62 *Kotzebue, «Der hyperboreische Esel oder die neue Bildung»:* Siehe Rudolf Steiner «Gegenwärtiges und Vergangenes im Menschengeiste», Zweiter Vortrag (12 Vorträge, Berlin 1916), GA Bibl.-Nr. 167.

Briefwechsel zwischen Goethe und Fichte: Siehe Rudolf Steiner, «Gesammelte Aufsätze zur Kultur- und Zeitgeschichte 1887–1901», GA Bibl.-Nr. 31, Briefe von Fichte an Goethe und Schiller mit Erläuterungen von Rudolf Steiner.

69 *Johann Jakob Wagner:* Johann Jakob Wagner, 1775–1841, deutscher Philosoph.

78 *ein anderer Historiker:* Ottokar Lorenz, 1832–1904, Professor der Geschichte an der Wiener Universität. Siehe Rudolf Steiner, «Briefe, Band I», Dornach 1955.

Note, die neulich Woodrow Wilson an den Senat der amerikanischen Staaten gerichtet hat: Wilsons Senatsrede vom 22. Januar 1917. «Aufsätze über die Dreigliederung des sozialen Organismus und zur Zeitlage, 1915–1921», GA Bibl.-Nr. 24.

81 *was wir im Lauf der Jahre über die Sache zu sagen hatten:* Siehe «Weltenwunder, Seelenprüfungen und Geistesoffenbarungen» (11 Vorträge, München 1911), GA Bibl.-Nr. 129.

86 *aus der Lektüre des Plutarch:* K. J. Schröer weist in der Einleitung zum II. Teil der Faust-Dichtung auch auf diese Lektüre des Plutarch hin. (Seite L ff.) Siehe Plutarch, «Über den Verfall der Orakel».

was Goethe im Plutarch gelesen hat: Goethe zu Eckermann am 10. Januar 1830: «Ich kann Ihnen weiter nichts verraten, als daß ich beim Plutarch gefunden, daß im griechischen Altertume von Müttern als Gottheiten die Rede gewesen. Dies ist alles, was ich der Überlieferung verdanke, das übrige ist meine eigene Erfindung.»

92 *was ich Ihnen einmal dargestelle habe:* Vortrag vom 28. Oktober 1916 in Rudolf Steiner, «Innere Entwicklungsimpulse der Menschheit» (16 Vorträge, Dornach 1916). Band II von «Kosmische und menschliche Geschichte», GA Bibl.-Nr. 171.

98 *wenn jetzt mein Buch erscheinen wird:* «Von Seelenrätseln» (1917), GA Bibl.-Nr. 21. In diesem Werke hat Rudolf Steiner zum esten Male «den dreigliedrigen Menschen» öffentlich dargestellt. (IV. Skizzenhafte Erweiterung des Inhaltes dieser Schrift. 6. Die physischen und die geistigen Abhängigkeiten der Menschen-Wesenheit.)

100 *Ricarda Huch in ihrem neuen Buch über «Luthers Glaube»:* Siehe Vortrag vom 18. September 1917 in Rudolf Steiner, «Menschliche und menschheitliche Entwicklungswahrheiten» (17 Vorträge, Berlin 1917), GA Bibl.-Nr. 176, und Vortrag vom 6. Oktober 1917 in «Die spirituellen Hintergründe der äußeren Welt» (14 Vorträge, Dornach 1917), GA Bibl.-Nr. 177.

103 *an den Schluß meines letzten Mysteriendramas:* «Der Seelen Erwachen», fünfzehntes Bild, in «Vier Mysteriendramen» (1910–13), GA Bibl.-Nr. 14.

104 *in dem Aufsatz über Christiani Rosenkreutz' Chymische Hochzeit 1459:* Siehe «Philosophie und Anthroposophie. Gesammelte Aufsätze 1904–1918», GA Bibl.-Nr. 35, und «Die Chymische Hochzeit des Christian Rosenkreutz Anno 1459,

aufgezeichnet durch Johann Valentin Andreae, ins Neudeutsche übertragen von Dr. Walter Weber», Stuttgart 1957.

105 *in der schönen Sachs'schen Darstellung:* Siehe in der Ausgabe von K. J. Schröer zu Faust II, Seite XXI ff., «Entstehung des zweiten Teils».

108 *747 mit der Begründung Roms:* Mit dieser Zeitangabe folgt Rudolf Steiner der Berechnung, wonach die Geburt Christi in das Jahr 747 nach der Begründung Roms fällt.

110 *wir haben dargestellt:* Vortragszyklus «Die spirituellen Hintergründe der äußeren Welt» (14 Vorträge, Dornach 1917), GA Bibl.-Nr. 177.

118 *in einem meiner Vorträge:* Kassel, 4. Juli 1909, in «Das Johannes-Evangelium im Verhältnis zu den drei anderen Evangelien, besonders zu dem Lukas-Evangelium» (14 Vorträge, Kassel 1909), GA Bibl.-Nr. 112, und München, 29. August 1909, in «Der Orient im Lichte des Okzidents. Die Kinder des Luzifer und die Brüder Christi» (9 Vorträge und eine Ansprache, München 1909), GA Bibl.-Nr. 113.

119 *in meinem Aufsatze:* Siehe Hinweis zu S. 104.

121 *des schwedischen Politikers Branting:* Hjalmar Branting, 1860–1925, schwedischer Sozialistenführer. Finanz- und später Premierminister.

Sozialwissenschaft: Siehe Hinweis zu Seite 33.

123 *der Vortrag:* Der Vortrag fand an einem Freitag statt, siehe Zeittafel.

125 *in dem zweiten Mysterien-Drama:* «Die Prüfung der Seele» in «Vier Mysteriendramen» (1910–13), GA Bibl.-Nr. 14.

129 *da schrieb er (Schiller) einen bedeutungsvollen Brief an Goethe:* Jena, den 23. August 1794. Rudolf Steiner zitiert nicht wortwörtlich.

132 *Johannes Volkelt:* Johannes Volkelt, 1848–1930. «Die Traumphantasie», Stuttgart 1875. Siehe Rudolf Steiner, «Die Rätsel der Philosophie in ihrer Geschichte als Umriß dargestellt» (1914), GA Bibl.-Nr. 18. Ferner: «Die Geisteswissenschaft als Anthroposophie und die zeitgenössische Erkenntnistheorie. Persönlich-Unpersönliches» in «Philosophie und Anthroposophie. Gesammelte Aufsätze 1904–1918», GA Bibl.-Nr. 35.

134 *aus meinen Mysterien:* «Der Hüter der Schwelle». Sechstes Bild: Das Märchen von der Phantasie. «Vier Mysteriendramen» (1910–13), GA Bibl.-Nr. 14.

140 *Wenn man Ameisen betrachtet, wenn man Bienen betrachtet:* Siehe Rudolf Steiner, «Mensch und Welt. Das Wirken des Geistes in der Natur. Über das Wesen der Bienen» (15 Vorträge für die Arbeiter am Goetheanumbau, Dornach 1923), GA Bibl.-Nr. 351.

Forel: August Forel, 1848–1931, Schweizerischer Psychiater.

155 *da will er gar nicht erst «geduldig Volk am Seile führen»:* Thales in der «Klassischen Walpurgisnacht» zu Anaxagoras: «Mit solchem Streit verliert man Zeit und Weile / Und führt doch nur geduldig Volk am Seile.»

155 *Lyell, der moderne Geologe:* Siehe Rudolf Steiner, «Methodische Grundlagen der Anthroposophie. Gesammelte Aufsätze 1884–1901», GA Bibl.-Nr. 30.

156 *Goethe hat gesagt:* Dieser und der folgende Spruch in «Sprüche in Prosa», 1. Abteilung, ‹Erkennen›, in «Goethes Naturwissenschaftliche Schriften», herausgegeben und kommentiert von Rudolf Steiner in Kürschners «Deutsche National-Litteratur» (1883–97), 5 Bände, GA Bibl.-Nr. 1a–e, Vierter Band, II. Abteilung.

Goethe sagt an einer anderen Stelle seiner Schriften: (ebenda) «Die Vernunft ist auf das Werdende, der Verstand auf das Gewordene angewiesen; jene bekümmert sich nicht: wozu? dieser fragt nicht: woher? – Sie erfreut sich am Entwickeln; er wünscht alles festzuhalten, damit er es nutzen könne.» Anmerkung von Rudolf Steiner: «Der Verstand unterscheidet die Dinge voneinander; die Vernunft verbindet die von dem Verstande gewonnenen isolierten Begriffe zu einem einheitlichen Bilde. Das Werden, das Entstehen ist ein ewiger Fluß, in dem die Dinge, von denen der Verstand isolierte Begriffe entwirft, entstehen und vergehen. Der Verstand kann daher nur die *gewordenen* Dinge erfassen; das Werden ist Gegenstand der Vernunft, deren Obliegenheit es ist, die Begriffe in den Fluß zu bringen, der dem Werden der Wirklichkeit entspricht.»

162 *Schlossers universal-historische Übersicht der Geschichte der alten Welt und ihrer Kultur:* Friedrich Christoph Schlosser, 1776–1861, Geschichtsschreiber. Das Werk erschien in neun Bänden von 1826–1834.

da schreibt er (Goethe): Siehe K. J. Schröer, Einleitung zum II. Teil der Faustdichtung, Seite LIX ff.
Die knapp gehaltene Besprechung, die wir in Goethes Werken in dem Kapitel «Ferneres über Kunst» finden, schließt mit den folgenden Worten: «Der Verfasser gehört zu denjenigen, die aus dem Dunkeln ins Helle streben, ein Geschlecht, zu dem wir uns auch bekennen. Bleibt es doch unsere Pflicht, selbst die Idee, insofern es möglich ist, zu verwirklichen; warum sollten wir das erlangte Wirkliche einer auflösenden, vernichtenden Einbildungskraft dahingeben?»

165 *was nur durch Geisteswissenschaft geschehen kann:* Siehe Rudolf Steiner, «Die okkulte Bewegung im neunzehnten Jahrhundert» (13 Vorträge, Dornach 1915), GA Bibl.-Nr. 254.

168 *daß ich vor kurzem gesagt habe:* Dornach, 15. September 1918, in Rudolf Steiner, «Die Polarität von Dauer und Entwickelung im Menschenleben. Die kosmische Vorgeschichte der Menschheit» (15 Vorträge, Dornach 1918), GA Bibl.-Nr. 184.

172 *Ich bemühe mich jetzt seit den achtziger Jahren des vorigen Jahrhunderts:* Siehe Rudolf Steiner, «Goethes Naturwissenschaftliche Schriften» (1883–1897). Sämtliche Einleitungen zur Herausgabe in Kürschners «Deutsche National-Litteratur», GA Bibl.-Nr. 1. Siehe auch Hinweis zu Seite 142 in Band I.

175 *die Tonlehre:* Siehe «Goethes Naturwissenschaftliche Schriften», 11. Band, erster Teil, in Goethes Werke. Herausgegeben im Auftrage der Großherzogin Sophie von Sachsen. Weimar 1893. Gleichfalls in «Goethes Werke, Naturwissenschaftliche

Schriften. Vierter Band, zweite Abteilung.» Stuttgart 1897. Rudolf Steiner bemerkt dort zur «Tonlehre»: Goethe wollte das ganze Gebiet der Physik übersichtlich skizzieren. Die Skizze sollte zeigen, in welchem Geiste alle physikalischen Erscheinungen behandelt werden müßten, wenn die Behandlung Goethes Intentionen, wie sie in seiner Farbenlehre zum Ausdruck kommen, entsprechen sollen. Von der Skizze ist nur der hier zum Abdruck kommende Teil über die Tonlehre ausgeführt worden. Er ist hervorgegangen aus Goethes Gesprächen mit Zelter. Ferner: «Methodische Grundlagen der Anthroposophie. Gesammelte Aufsätze 1884–1901», GA Bibl.-Nr. 30.

183 *daß ich immer wiederum hinweise auf jenen Prosa-Hymnus «Die Natur»:* Siehe «Methodische Grundlagen der Anthroposophie. Gesammelte Aufsätze 1884–1901», GA Bibl.-Nr. 30.

185 *Ich habe ja in Prag einmal den Versuch gemacht:* Die beiden öffentlichen Vorträge vom 19. und 25. März 1911 wurden abgedruckt in «Mensch und Welt». Blätter für Anthroposophie, 1968, Nrn. 1–4. Siehe auch den Vortrag mit gleichem Thema Berlin, 31. Oktober 1912, «Wie widerlegt man Geistesforschung?» und Berlin, 7. November 1912, «Wie begründet man Geistesforschung?» in «Ergebnisse der Geistesforschung« (14 öff. Vorträge, Berlin 1912/13), GA Bibl.-Nr. 62.

186 *in Zürich:* «Anthroposophie und Seelenwissenschaft», Vortrag vom 5. November 1917 in «Die Ergänzung heutiger Wissenschaften durch Anthroposophien» (8 öff. Vorträge, Zürich 1917/18), GA Bibl.-Nr. 73.

188 *du Bois-Reymond:* Emil du Bois-Reymond, 1818–1896. Über die Grenzen des Naturerkennens. Leipzig 1872.

Zeitschrift «Wissen und Leben»: 19. Heft, 1. Juli 1918, Artikel von Ad. Keller. Die Zeitschrift erschien in Zürich. Verantwortlicher Redaktor Prof. Dr. E. Bovet. Verlag Art. Institut Orell Füssli.

191 *Professor Harnack:* Adolf von Harnack, 1851–1930. Rudolf Steiner setzte sich mit ihm in den Jahren 1916 und 1917 besonders auseinander: Berlin, 16. Mai 1916 in «Gegenwärtiges und Vergangenes im Menschengeiste» (12 Vorträge, Berlin 1916), GA Bibl.-Nr. 167; Berlin, 14. August 1917, in «Menschliche und menschheitliche Entwicklungswahrheiten. Das Karma des Materialismus» (17 Vorträge, Berlin 1917), GA Bibl.-Nr. 176.

196 *in das Geistige des Weltenalls und in das Menschengeheimnis:* Im Jahre 1924 beginnt Rudolf Steiner seine Darstellung anthroposophischer Leitsätze in folgender Weise: «Anthroposophie ist ein Erkenntnisweg, der das Geistige im Menschenwesen zum Geistigen im Weltall führen möchte.» «Anthroposophische Leitsätze» (1924/25), GA Bibl.-Nr. 26.

auf der Bühne dargestellt: Am 29. Januar 1827 äußerte sich Goethe zu Eckermann: «Aber doch ist alles sinnlich, und wird, auf dem Theater gedacht, jedem gut in die Augen fallen. Und mehr habe ich nicht gewollt. Wenn es nur so ist, daß die Menge der Zuschauer Freude an der *Erscheinung* hat; dem Eingeweihten wird zugleich der höhere Sinn nicht entgehen, wie es ja auch bei der ‹Zauberflöte› und anderen Dingen der Fall ist.»

201 *Mysterien von Samothrake:* Siehe Vortrag vom 21. Dezember 1923 in Dornach «Über die Kabiren-Mysterien in Samothrake» in «Mysteriengestaltung» (14 Vorträge, Dornach 1923), GA Bibl.-Nr. 232.

203 *die drei ersten Kabiren:* Siehe die Wiedergabe der Zeichnung von Rudolf Steiner «Die Kabiren» nach S. 208.

205 *wir stellen dar:* Siehe «Der Baugedanke des Goetheanums», Bibl.-Nr. 290. «Das Gesamtbild der Holzgruppe, wie sie nun im zweiten Goetheanum aufgestellt ist. Das Werk war beinahe, aber nicht ganz vollendet, als Rudolf Steiner den Meißel niederlegte! Man hat es in jenem Stadium gelassen, wie es war, als er zuletzt Hand anlegte» (Marie Steiner).

209 *die zusammenfassenden Darstellungen:* Siehe «Luziferisches und Ahrimanisches in ihrem Verhältnis zum Menschen» in «Philosophie und Anthroposophie. Gesammelte Aufsätze 1904–1918», GA Bibl.-Nr. 35.

211 *wenn man sich vergegenwärtigt:* Siehe Chronik.

213 *Wie . . . Goethe sich sagte:* Rom, den 28. Januar 1787. «. . . Die zweite Betrachtung beschäftigt sich ausschließlich mit der Kunst der Griechen und sucht zu erforschen, wie jene unvergleichlichen Künstler verfuhren, um aus der menschlichen Gestalt den Kreis göttlicher Bildung zu entwickeln, welcher vollkommen abgeschlossen ist, und worin kein Hauptcharakter, so wenig als die Übergänge und Vermittlungen fehlen. Ich habe eine Vermutung, daß sie nach eben den Gesetzen verfuhren, nach welchen die Natur verfährt, und denen ich auf der Spur bin. Nur ist noch etwas anderes dabei, das ich nicht auszusprechen wüßte.»

227 *Goethes Buch über Winckelmann:* «Wenn die gesunde Natur des Menschen als ein Ganzes wirkt, wenn er sich in der Welt als in einem großen, schönen, würdigen und werten Ganzen fühlt, wenn das harmonische Behagen ihm ein reines, freies Entzücken gewährt: dann würde das Weltall, wenn es sich selbst empfinden könnte, als an sein Ziel gelangt, aufjauchzen und den Gipfel des eignen Werdens und Wesens bewundern. Denn wozu dient all der Aufwand von Sonnen und Planeten und Monden, von Sternen und Milchstraßen, von Kometen und Nebelflecken, von gewordenen und werdenden Welten, wenn sich nicht zuletzt ein glücklicher Mensch unbewußt seines Daseins erfreut?» (Antikes).

231 *der ja in vieler Beziehung so geistreiche Schwaben-Vischer:* Friedrich Theodor Vischer, 1807–1887, Ästhetiker und Dichter, verfaßte eine Parodie: «Faust. Der Tragödie dritter Teil», unter dem Decknamen Deutobold Symbolizetti Mystifizinsky, die 1862 erschienen ist.

240 *Ich habe versucht:* Siehe Hinweis zu Seite 172.

wo ich über Ahrimanisches und Luziferisches im Leben abgehandelt habe: Siehe Hinweis zu Seite 209.

242 *den Weihnachts-Vortrag in Basel:* 22. Dezember 1918, «Die Geburt des Christus in der menschlichen Seele» in «Wie kann die Menschheit den Christus wiederfinden» (8 Vorträge, Basel und Dornach 1918/19), GA Bibl.-Nr. 187.

245 *Das finden Sie in der Schlußszene meines ersten Mysteriums: «Die Pforte der Einweihung», ausgesprochen:* Elftes Bild. Der Sonnen-Tempel. In «Vier Mysteriendramen» (1910–13), GA Bibl.-Nr. 14.

Luzifer:

Ich muß die Seelen wohl verlassen.
Die Weisheit, welche sie errungen,
Sie gibt die Kräfte, mich zu schauen.
Ich habe über Seelen nur Gewalt,
Solang sie mich nicht schauen können.
Doch bleibt die Macht bestehn,
Die mir im Weltenwerden zugeteilt.
Und kann ich ihre Seelen nicht
 versuchen,
Wird meine Kraft im Geiste ihnen erst
Die schönsten Früchte reifen lassen.

Ahriman:

Ich muß auf ihren Geist verzichten.
Sie werden sich zum Lichte wenden;
Doch bleibt mir's unbenommen,
Die Seelen mit dem Scheine zu
 beglücken.
Sie werden nicht mehr glauben,
Daß er die Wahrheit sei,
Doch schauen können,
Wie er sie offenbart.

249 *Hamerling . . . in seinem «Homunkulus»:* Epos 1888. Siehe den Vortrag von Rudolf Steiner, Berlin, 26. März 1914 in «Geisteswissenschaft als Lebensgut» (12 öff. Vorträge, Berlin 1913/14), GA Bibl.-Nr. 63.

251 *«Kreuzwendedich»:* Georg Kreuzwendedich, Freiherr von Rheinbaben, 1855 bis 1921.

255 *«Welch Schauspiel! aber ach! ein Schauspiel nur!»:* Faust in der ersten Studierzimmer-Szene (Faust, I. Teil).

257 *«Du gleichst dem Geist, den du begreifst, nicht mir!»:* Ebenda.

262 *. . . Goethes Naturanschauung verstehen. Bis in die Farbenlehre . . .:* Vergleiche hierzu «Goethes Naturwissenschaftliche Schriften», herausgegeben und kommentiert von Rudolf Steiner in «Kürschners Deutsche National-Litteratur», 5 Bände, GA Bibl.-Nr. 1a–e, Nachdruck Dornach 1975.

264 *«Die Mütter! Mütter! – 's klingt so wunderlich!»:* Worte des Faust (Faust, II. Teil, 1. Akt, Finstere Galerie).

267 *ein auf englisch geschriebenes, ins Französische übersetztes Werk eines Spaniers:* George Santayana (eigentlich Jorge Ruiz de Santayana), amerikanischer Dichter und Philosoph spanischer Nationalität, 1863 bis 1952; das besagte Werk erschien zuerst 1916 unter dem Titel «Egotism in German Philosophy» und 1917 mit dem Titel «L'erreur de la philosophie allemande».

ZEITTAFEL

Nachdem in München, wo ursprünglich das Goetheanum errichtet werden sollte, die Festspielzeiten der Jahre 1907 bis 1913 durch den ersten Weltkrieg nicht fortgeführt werden konnten, begann schon kurze Zeit darauf in Dornach – die Grundsteinlegung zum ersten Goetheanum-Bau war dort am 20. September 1913 erfolgt – ein reiches künstlerisches Leben unter der Leitung von Rudolf Steiner und Marie Steiner, vor allem durch die Einstudierung von Szenen aus Goethes Faust-Dichtung, so daß bereits Ostern 1915 die erste eurythmisch-dramatische Darbietung stattfinden konnte. Die Arbeitszeit erlebte mit der Aufführung der «Klassischen Walpurgisnacht» 1919 einen Höhepunkt; sie fand wie alle künstlerischen Darbietungen auf der Bühne im provisorischen Saal der Schreinerei statt.

Soweit sich Programme oder sonstige Angaben noch vorfanden, konnte diese Aufstellung, die keinen Anspruch auf Vollständigkeit machen kann, angefertigt werden; sie umfaßt die Zeit von 1915 bis 1919. Vom Jahre 1920 an fanden auch im Goetheanum-Bau künstlerische Darbietungen statt; die letzte – «Prolog im Himmel» – am 31. Dezember 1922; in dieser Silvesternacht wurde das Goetheanum durch Feuer vernichtet.

Bei der nachstehenden Übersicht ist zu berücksichtigen, daß Rudolf Steiner durch seine Vortragstätigkeit im Ausland oftmals längere Zeit von Dornach abwesend sein mußte, während dort fortgearbeitet wurde.

1915	4. April – Ostern –	Faust I: Osternacht
	11. April	Faust I: Osternacht, mit der Erscheinung des Erdgeistes
	22. Mai – Pfingsten –	Faust II: Ariel-Szene
	29. Mai	Faust I: Osternacht
	15. August – Mariä Himmelfahrt –	Faust II: Fausts Himmelfahrt
1916	6. August	Faust II: Ariel-Szene
	7. August	Wiederholung
	19. August	Faust I: Zueignung. Prolog im Himmel
	20. August	Wiederholung
	26. August	Faust I: Zueignung. Vorspiel auf dem Theater. Prolog im Himmel
	28. August – Goethes Geburtstag –	Wiederholung
	9. September	Faust II: Mitternacht und Grablegung

1916	11. September	Wiederholung
	16. September	Wiederholung
	23. September	Faust I: Zueignung. Vorspiel auf dem Theater. Prolog im Himmel
	26. September	Faust II: Mitternacht und Grablegung
	30. September	Faust I: Studierzimmer
	2. Oktober	Faust I: Studierzimmer
		Faust II: Mitternacht
	7. Oktober	Faust I: Hexeneinmaleins
		Faust II: Philemon, Baucis, Wanderer
	14. Oktober	Faust I: Osterspaziergang
	15. Oktober	Faust I: Osterspaziergang. Studierzimmer
	21. Oktober	Faust I: Nacht und Osterszene
	28. Oktober	Faust I: Nacht und Osterszene
	4. November	Faust I: Szene im Dom
	5. November	Faust I: Nacht und Osterszene
	6. November	Faust I: Szene im Dom
	18. November	Faust I: Studierzimmer. Schülerszene
	25. November	Faust I: Studierzimmer
	27. November	Faust I: Vor dem Bild der Mater Dolorosa. Im Dom
	4. Dezember	Wiederholung
	9. Dezember	Faust I: Romantische Walpurgisnacht
	11. Dezember	Wiederholung
1917	27. Januar	Faust II: Hochgewölbtes gotisches Zimmer. Laboratorium
	28. Januar	Wiederholung
	6. Oktober	Faust I: Prolog im Himmel
	21. Oktober	Faust I: Osterspaziergang
	2. November	Faust II: Finstere Galerie. Am Kaiserhof
	10. Dezember	Faust II: Klassische Walpurgisnacht (I. Teil*)
1918	25. August	Faust I: Prolog im Himmel
	29. September	Faust II: Klassische Walpurgisnacht (II. Teil*)
	5. Oktober	Wiederholung
	25. Dezember	Faust II: Klassische Walpurgisnacht (Teilaufführung)
1919	16. Januar	Faust II: Klassische Walpurgisnacht (Schluß-Szene*)
	17. Januar	Wiederholung
	18. Januar	Wiederholung

1919	19. Januar	Faust II: Klassische Walpurgisnacht (Öffentliche Aufführung)
	25. Januar	Faust II: Klassische Walpurgisnacht
	26. Januar	Wiederholung
	2. Februar	Faust II: Klassische Walpurgisnacht (Schluß-Szene)
	11. Oktober	Faust I: Im Dom
	12. Oktober	Wiederholung
	20. Oktober	Faust I: Nacht
	22. November	Faust I: Studierzimmer (Öffentliche Aufführung)

* Wie aus Nachschriften von zwei Leseproben am 20. und 23. August 1918, die sich erhalten haben, hervorgeht, wurden im Winter 1917 die Szenenbilder «Pharsalische Felder, Peneios» und «Vor dem Tempel der Manto» dargestellt. Im Sommer 1918 begann die Einstudierung der sich anschließenden Bilder: «Am oberen Peneios» und «Mephistopheles in der Schlucht (Phorkyaden)». Zu Beginn des neuen Jahres – 1919 – konnte dann die Einstudierung der «Klassischen Walpurgisnacht» durch die Schluß-Szene, Felsbuchten des Ägäischen Meeres, beendet werden.

CHRONIK

Die folgenden Zeitangaben vermitteln ein Bild von der Entstehung der Goetheschen Faust-Dichtung. Auch dieser Arbeit liegt die Faust-Ausgabe von Karl Julius *Schröer* zugrunde; ebenfalls die Gesamtausgabe des «Faust» durch den Insel-Verlag, Leipzig. Ferner wurde die im gleichen Verlag 1949 erschienene «Chronik von Goethes Leben» berücksichtigt.

Zwischen 1753 und 1759
Die Faustgestalt tritt durch das Puppenspiel in den Gesichtskreis von Goethe.

1768 Anfänge der Faust-Dichtung sind vielleicht schon in Leipzig zu suchen.

1771 Straßburg. Goethe bewegen die Pläne zu Götz und Faust.

1775 Der Urfaust liegt vor.

1787 20. Januar, Rom. «Ich habe Hoffnung, Egmont, Tasso, Faust zu endigen.»

1788 Rom. Zwei Szenen zu Faust: Hexenküche und Wald und Höhle.

1790 10. Januar. Faust, ein Fragment, 7. Band von Goethes Schriften, an den Verlag G. J. Göschen, Leipzig, abgeschickt.

1794 29. November. Schiller an Goethe: «Aber mit nicht weniger Verlangen würde ich die Bruchstücke von Ihrem Faust, die noch nicht gedruckt sind, lesen; denn ich gestehe Ihnen, daß mir das, was ich von diesem Stück gelesen, der Torso des Herkules ist. Es herrscht in diesen Szenen eine Kraft und eine Fülle des Genies, die den besten Meister unverkennbar zeigt, und ich möchte diese große und kühne Natur, die darin atmet, so weit als möglich verfolgen.»
2. Dezember. Goethe an Schiller: «Von Faust kann ich jetzt nichts mitteilen; ich wage nicht, das Paket aufzuschnüren, das ihn umfangen hält. Ich könnte nicht abschreiben, ohne auszuarbeiten, und dazu fühle ich mir keinen Mut. Kann mich künftig etwas dazu vermögen, so ist es gewiß Ihre Teilnahme.»

1797 22. Juni. Goethe an Schiller: «Da es höchst nötig ist, daß ich mir in meinem jetzigen unruhigen Zustande etwas zu tun gebe, so habe ich mich entschlossen, an meinen Faust zu gehen und ihn, wo nicht zu vollenden, doch wenigstens um ein gutes Teil weiterzubringen, indem ich das, was gedruckt ist, wieder auflöse und mit dem, was schon fertig oder erfunden ist, in große Massen disponiere, und so die Ausführung des Plans, der eigentlich nur eine Idee ist, näher vorbereite. Nun habe ich eben diese Idee und deren Darstellung wieder vorgenommen und bin mit mir selbst ziemlich einig. Nun wünschte ich aber, daß Sie die Güte hätten, die Sache einmal in schlafloser Nacht durchzu-

denken, mir die Forderungen, die Sie an das Ganze machen würden, vorzulegen und so mir meine eignen Träume als ein wahrer Prophet zu erzählen und zu deuten.»
23. Juni. Schiller an Goethe: «Ihr Entschluß, an den Faust zu gehen, ist mir in der Tat überraschend, besonders jetzt, da Sie sich zu einer Reise nach Italien gürten. Aber ich hab' es einmal für immer aufgegeben, Sie mit der gewöhnlichen Logik zu messen, und bin also im voraus überzeugt, daß Ihr Genius sich vollkommen gut aus der Sache ziehen wird . . . Wenn Sie jetzt wirklich an den Faust gehen, so zweifle ich auch nicht mehr an seiner völligen Ausführung, welches mich sehr freut.»

23. Juni. Schema für die Weiterdichtung.
24. Juni. Zueignung.

1798 Vorspiel auf dem Theater. Prolog im Himmel. Walpurgisnachtstraum.

1800 27. September. Arbeit an der Helena – später dritter Akt Faust II – begonnen.

1801 Fortsetzung des Faust. Vor dem Tor. Romantische Walpurgisnacht.

1806 13. April. Abschluß von Faust I.

1816 16. Dezember. Diktat einer Skizze zu Faust II für Dichtung und Wahrheit, 18. Buch.

1825 Goethe nimmt die Arbeit am Faust wieder auf. «Am Faust den Schluß fernerhin redigiert.»
26. März. Helena wird vollendet.

1826 11. Februar. Tagebucheintragung. «Hauptgeschäft» für die Arbeit am Faust.
24. Juni. Völliger Abschluß der Helena.

1827 Entschluß, die Klassische Walpurgisnacht auszuführen.
Frühjahr. Anfang vierter Akt von Faust II.
18. Mai. «Griff das Hauptgeschäft an und brachte es auf den rechten Fleck.»
1. Oktober. Goethe liest Eckermann die zweite Szene seines neuen Faust vor (Kaiserhof, Faust II).

1829 6. Dezember. Goethe liest Eckermann die erste Szene vom zweiten Akt aus Faust II vor.

1830 10. Januar. Goethe liest Eckermann die Mütter-Szene aus Faust II vor. Weiterhin Arbeiten an der Klassischen Walpurgisnacht.
22. Februar. Lektüre: «Über die Gottheiten von Samothrake» von Schelling.
25. Juli. In Genua erhält Eckermann die Nachricht von der Beendigung der Klassischen Walpurgisnacht.

1831 4. Januar. Goethe an Zelter: «Die zwei ersten Akte von Faust sind fertig.»
11. Februar. Der vierte Akt zu Faust II angefangen.
2. Mai. Eckermann berichtet, daß es Goethe gelungen sei, den Anfang des fünften Aktes von Faust II «so gut wie fertig zu machen» ... «Die Intention auch dieser Szenen ist über dreißig Jahre alt.»
1. Juni. Goethe an Zelter: «Es ist keine Kleinigkeit, *das,* was man im 20. Jahre konzipiert hat, im 82. außer sich darzustellen.»
6. Juni. Goethe teilt Eckermann den fünften Akt zu Faust II mit.
22. Juli. «Letztes Mundum am Faust. Alles Eingeschriebene eingeheftet.»
Mitte August. Das Manuskript zu Faust II wird eingesiegelt.

1832 8. Januar. Die versiegelte Handschrift von Faust II wieder geöffnet. Goethe liest daraus mit Ottilie von Goethe bis zum 2. Februar. – Der Druck des zweiten Teiles erschien nach Goethes Tod.

Um 1769/70–1775		
	Faust. Älteste Gestalt – Urfaust -	Druck 1887
1788	Faust, ein Fragment	Druck 1790
1797–1806	Faust I	Druck 1808
1773–1832	Faust II	Druck 1832

ÜBER DIE VORTRAGSNACHSCHRIFTEN

Aus Rudolf Steiners Autobiographie
«Mein Lebensgang» (35. Kap., 1925)

Es liegen nun aus meinem anthroposophischen Wirken zwei Ergebnisse vor; erstens meine vor aller Welt veröffentlichten Bücher, zweitens eine große Reihe von Kursen, die zunächst als Privatdruck gedacht und verkäuflich nur an Mitglieder der Theosophischen (später Anthroposophischen) Gesellschaft sein sollten. Es waren dies Nachschriften, die bei den Vorträgen mehr oder weniger gut gemacht worden sind und die – wegen mangelnder Zeit – nicht von mir korrigiert werden konnten. Mir wäre es am liebsten gewesen, wenn mündlich gesprochenes Wort mündlich gesprochenes Wort geblieben wäre. Aber die Mitglieder wollten den Privatdruck der Kurse. Und so kam er zustande. Hätte ich Zeit gehabt, die Dinge zu korrigieren, so hätte vom Anfange an die Einschränkung «Nur für Mitglieder» nicht zu bestehen gebraucht. Jetzt ist sie seit mehr als einem Jahre ja fallen gelassen.

Hier in meinem «Lebensgang» ist notwendig, vor allem zu sagen, wie sich die beiden: meine veröffentlichten Bücher und diese Privatdrucke in das einfügen, was ich als Anthroposophie ausarbeitete.

Wer mein eigenes inneres Ringen und Arbeiten für das Hinstellen der Anthroposophie vor das Bewußtsein der gegenwärtigen Zeit verfolgen will, der muß das an Hand der allgemein veröffentlichten Schriften tun. In ihnen setzte ich mich auch mit alle dem auseinander, was an Erkenntnisstreben in der Zeit vorhanden ist. Da ist gegeben, was sich mir in «geistigem Schauen» immer mehr gestaltete, was zum Gebäude der Anthroposophie – allerdings in vieler Hinsicht in unvollkommener Art – wurde.

Neben diese Forderung, die «Anthroposophie» aufzubauen und dabei nur dem zu dienen, was sich ergab, wenn man Mitteilungen aus der Geist-Welt der allgemeinen Bildungswelt von heute zu übergeben hat, trat nun aber die andere, auch dem voll entgegenzukommen, was aus der Mitgliedschaft heraus als Seelenbedürfnis, als Geistessehnsucht sich offenbarte.

Da war vor allem eine starke Neigung vorhanden, die Evangelien und den Schrift-Inhalt der Bibel überhaupt in dem Lichte dargestellt zu hören, das sich als das anthroposophische ergeben hatte. Man wollte in Kursen über diese der Menschheit gegebenen Offenbarungen hören.

Indem interne Vortragskurse im Sinne dieser Forderung gehalten wurden, kam dazu noch ein anderes. Bei diesen Vorträgen waren nur Mitglieder. Sie waren mit den Anfangs-Mitteilungen aus Anthroposophie bekannt. Man konnte zu ihnen eben so sprechen, wie zu Vorgeschrittenen auf dem Gebiete der Anthroposophie. Die Haltung dieser internen Vorträge war eine solche, wie sie eben in Schriften nicht sein konnte, die ganz für die Öffentlichkeit bestimmt waren.

Ich durfte in internen Kreisen in einer Art über Dinge sprechen, die ich für die öffentliche Darstellung, wenn sie für sie von Anfang an bestimmt gewesen wären, hätte anders gestalten *müssen.*

So liegt in der Zweiheit, den öffentlichen und den privaten Schriften, in der Tat etwas vor, das aus zwei verschiedenen Untergründen stammt. Die ganz öffentlichen Schriften sind das Ergebnis dessen, was in mir rang und arbeitete; in den Privatdrucken ringt und arbeitet die Gesellschaft mit. Ich höre auf die Schwingungen im Seelenleben der Mitgliedschaft, und in meinem lebendigen Drinnenleben in dem, was ich da höre, entsteht die Haltung der Vorträge.

Es ist nirgends auch nur in geringstem Maße etwas gesagt, was nicht reinstes Ergebnis der sich aufbauenden Anthroposophie wäre. Vor irgend einer Konzession an Vorurteile oder Vorempfindungen der Mitgliedschaft kann nicht die Rede sein. Wer diese Privatdrucke liest, kann sie im vollsten Sinne eben als das nehmen, was Anthroposophie zu sagen hat. Deshalb konnte ja auch ohne Bedenken, als die Anklagen nach dieser Richtung zu drängend wurden, von der Einrichtung abgegangen werden, diese Drucke nur im Kreise der Mitgliedschaft zu verbreiten. Es wird eben nur hingenommen werden müssen, daß in den von mir nicht nachgesehenen Vorlagen sich Fehlerhaftes findet.

Ein Urteil über den Inhalt eines solchen Privatdruckes wird ja allerdings nur demjenigen zugestanden werden können, der kennt, was als Urteils-Voraussetzung angenommen wird. Und das ist für die allermeisten dieser Drucke *mindestens* die anthroposophische Erkenntnis des Menschen, des Kosmos, insofern sein Wesen in der Anthroposophie dargestellt wird, und dessen, was als «anthroposophische Geschichte» in den Mitteilungen aus der Geist-Welt sich findet.

RUDOLF STEINER GESAMTAUSGABE

Gliederung nach: Rudolf Steiner – Das literarische
und künstlerische Werk. Eine bibliographische Übersicht
(Bibliographie-Nrn. *kursiv* in Klammern)

A. SCHRIFTEN

I. Werke

Goethes Naturwissenschaftliche Schriften, eingeleitet und kommentiert von R. Steiner, 5 Bände, 1883/97, Neuausgabe 1975, *(1a–e);* separate Ausgabe der Einleitungen, 1925 *(1)*

Grundlinien einer Erkenntnistheorie der Goetheschen Weltanschauung, 1886 *(2)*

Wahrheit und Wissenschaft. Vorspiel einer ‹Philosophie der Freiheit›, 1892 *(3)*

Die Philosophie der Freiheit. Grundzüge einer modernen Weltanschauung, 1894 *(4)*

Friedrich Nietzsche, ein Kämpfer gegen seine Zeit, 1895 *(5)*

Goethes Weltanschauung, 1897 *(6)*

Die Mystik im Aufgange des neuzeitlichen Geisteslebens und ihr Verhältnis zur modernen Weltanschauung, 1901 *(7)*

Das Christentum als mystische Tatsache und die Mysterien des Altertums, 1902 *(8)*

Theosophie. Einführung in übersinnliche Welterkenntnis und Menschenbestimmung, 1904 *(9)*

Wie erlangt man Erkenntnisse der höheren Welten? 1904/05 *(10)*

Aus der Akasha-Chronik, 1904/08 *(11)*

Die Stufen der höheren Erkenntnis, 1905/08 *(12)*

Die Geheimwissenschaft im Umriß, 1910 *(13)*

Vier Mysteriendramen: Die Pforte der Einweihung – Die Prüfung der Seele Der Hüter der Schwelle – Der Seelen Erwachen, 1910/13 *(14)*

Die geistige Führung des Menschen und der Menschheit, 1911 *(15)*

Anthroposophischer Seelenkalender, 1912 *(in 40)*

Ein Weg zur Selbsterkenntnis des Menschen, 1912 *(16)*

Die Schwelle der geistigen Welt, 1913 *(17)*

Die Rätsel der Philosophie in ihrer Geschichte als Umriß dargestellt, 1914 *(18)*

Vom Menschenrätsel, 1916 *(20)*

Von Seelenrätseln, 1917 *(21)*

Goethes Geistesart in ihrer Offenbarung durch seinen Faust und durch das Märchen von der Schlange und der Lilie, 1918 *(22)*

Die Kernpunkte der sozialen Frage in den Lebensnotwendigkeiten der Gegenwart und Zukunft, 1919 *(23)*

Aufsätze über die Dreigliederung des sozialen Organismus und zur Zeitlage 1915–1921 *(24)*

Kosmologie, Religion und Philosophie, 1922 *(25)*

Anthroposophische Leitsätze, 1924/25 *(26)*

Grundlegendes für eine Erweiterung der Heilkunst nach geisteswissenschaftlichen Erkenntnissen, 1925. Von Dr. R. Steiner und Dr. I. Wegman *(27)*

Mein Lebensgang, 1923/25 *(28)*

II. Gesammelte Aufsätze

Aufsätze zur Dramaturgie 1889–1901 *(29)* – Methodische Grundlagen der Anthroposophie 1884–1901 *(30)* – Aufsätze zur Kultur- und Zeitgeschichte 1887–1901 *(31)* – Aufsätze zur Literatur 1886–1902 *(32)* – Biographien und biographische Skizzen 1894–1905 *(33)* – Aufsätze aus «Lucifer-Gnosis» 1903–1908 *(34)* – Philosophie und Anthroposophie 1904–1918 *(35)* – Aufsätze aus «Das Goetheanum» 1921–1925 *(36)*

III. Veröffentlichungen aus dem Nachlaß

Briefe – Wahrspruchworte – Bühnenbearbeitungen – Entwürfe zu den Vier Mysteriendramen 1910–1913 – Anthroposophie. Ein Fragment aus dem Jahre 1910 – Gesammelte Skizzen und Fragmente – Aus Notizbüchern und -blättern – *(38–47)*

B. DAS VORTRAGSWERK

I. Öffentliche Vorträge

Die Berliner öffentlichen Vortragsreihen, 1903/04 bis 1917/18 *(51–67)* – Öffentliche Vorträge, Vortragsreihen und Hochschulkurse an anderen Orten Europas 1906–1924 – *(68–84)*

II. Vorträge vor Mitgliedern der Anthroposophischen Gesellschaft

Vorträge und Vortragszyklen allgemein-anthroposophischen Inhalts – Christologie und Evangelien-Betrachtungen – Geisteswissenschaftliche Menschenkunde – Kosmische und menschliche Geschichte – Die geistigen Hintergründe der sozialen Frage – Der Mensch in seinem Zusammenhang mit dem Kosmos – Karma-Betrachtungen – *(91–244)*
Vorträge und Schriften zur Geschichte der anthroposophischen Bewegung und der Anthroposophischen Gesellschaft *(251-263)*

III. Vorträge und Kurse zu einzelnen Lebensgebieten

Vorträge über Kunst: Allgemein-Künstlerisches – Eurythmie – Sprachgestaltung und Dramatische Kunst – Musik – Bildende Künste – Kunstgeschichte – *(271–292)* – Vorträge über Erziehung *(293–311)* – Vorträge über Medizin *(312–319)* – Vorträge über Naturwissenschaft *(320–327)* – Vorträge über das soziale Leben und die Dreigliederung des sozialen Organismus *(328–341)* – Vorträge für die Arbeiter am Goetheanumbau *(347–354)*

C. DAS KÜNSTLERISCHE WERK

Originalgetreue Wiedergaben von malerischen und graphischen Entwürfen und Skizzen Rudolf Steiners in Kunstmappen oder als Einzelblätter: Entwürfe für die Malerei des Ersten Goetheanum – Schulungsskizzen für Maler – Programmbilder für Eurythmie-Aufführungen – Eurythmieformen – Skizzen zu den Eurythmiefiguren, u. a.

Die Bände der Rudolf Steiner Gesamtausgabe
sind innerhalb einzelner Gruppen einheitlich ausgestattet
Jeder Band ist einzeln erhältlich